I0113143

www.ingramcontent.com/pod-product-compliance
Lightning Source LLC
Chambersburg PA
CBHW071621290326
41931CB00048B/1451
* 9 7 8 0 9 5 7 1 4 1 6 9 8 *

بسم اللہ الرحمن الرحیم

ضربِ عضب

کے بعد

فضل کریم فضلؔ

لا پھر اک بار وہی بادہ و جام اے ساقی
ہاتھ آ جائے مجھے میرا مقام اے ساقی

Book cover world map image courtesy:
NASA/Goddard Space Flight Center Scientific Visualization Studio

British Library Cataloguing in Publication Data

A CIP catalogue record for this book is available from the British Library.

Zarb-e-Azb ke Baad

ISBN-13: 978-0-9571416-9-8

Published 2017 by Libredux Publishing, United Kingdom

www.libredux.com

اِنتساب

بسم اللہ الرحمٰن الرحیم

اس کتاب کا اِنتساب حال اور مستقبل کی اُن تمام معتبر اور معزز شخصیتوں کے نام کیا جاتا ہے جو اسلامی جمہوریہ پاکستان کے اعلیٰ ایوانوں میں اعلیٰ اداروں، عدلیہ اور فوج کی سربراہی کے فرائض سرانجام دیتی رہیں گی۔ اور ساتھ ہی حال اور مستقبل کے سیاسی ایوانوں اور میڈیا ہاؤسز میں بیٹھے صادق اور امین رہنماؤں، صحافیوں اور دانشوروں کے نام بھی۔

مذکورہ بالا اداروں کے سابق سربراہان اعلیٰ (ر) چیف جسٹس آف سپریم کورٹ، محترم انور ظہیر جمالی صاحب و (ر) چیف آف آرمی سٹاف محترم راحیل شریف صاحب آپ کو ذہن میں رکھتے ہوئے اِس کتاب کی شروعات ہوئی لیکن اِس کی اشاعت میں جانے سے قبل ہی آپ کی مدتِ ملازمت ختم ہو چکی ہے۔ چونکہ اس کتاب کے منظر نامہ میں آپ دونوں کے علاوہ سینئر تجزیہ نگار، صحافی، نقاد اور T.V اینکر پرسن جناب ڈاکٹر شاہد مسعود صاحب اور ''چیئرمین پاکستان تحریکِ انصاف پارٹی''، جناب عمران خان صاحب کا کلیدی رول ہے اس لئے خواہش یہ تھی کہ آپ کے دور میں ہی یہ کتاب منظرِ عام پر آ جاتی اور آپ کی خدمت میں پیش کر دی جاتی۔ لیکن ایسا ہو نہ سکا الغرض آپ کے بعد پاکستانی قوم اور ارضِ پاکستان کی خدمت کی ذمہ داریاں محترم چیف جسٹس ثاقب نثار صاحب اور محترم جرنل چیف آف آرمی سٹاف جاوید قمر باجوہ صاحب نے سنبھال لی ہیں۔ چنانچہ دلی خلوص کے ساتھ اس کتاب کو آپ سب کے نام کیا جاتا ہے۔

اس کتاب کے منظر نامہ کے مطابق آپ حضرات L.A.M.P تحریک کے اُن متحرک بانیوں میں سے ہیں جنھوں نے اس کے لئے دن رات ایک کر کے اسے اس کی اصل شکل اور معنی و مفہوم کے ساتھ دنیا کے سامنے پیش کیا اور اِسے اپنے اداروں میں مستقل بنیادوں پر قانونی حیثیت سے قائم بھی کر دیا تاکہ مملکت کے اعلیٰ ترین مناصب پر فائز ہونے والے افسران اس تحریک کی پیروی کرتے ہوئے ملک وملت کی خدمت کرتے رہیں۔ اب سوال یہ ہے کہ اس پیغام کو عملی صورت دینے کے لئے اسکے قوانین کو ملک میں کب نافذ کیا جائے گا؟ کیونکہ آج ہمیں اپنے معاشرتی، عمرانی اور سیاسی بحران میں سے نکلنے کا کوئی حل نظر نہیں آ رہا، تو کیا ''ضربِ عضب کے بعد'' بھی ہم اِسی نظامِ جمہوریت کے تحت زندگی گزارنے پر مجبور رہیں گے، جبکہ اس پر چلنے کے خوفناک نتائج کھل کر سامنے آ چکے ہیں؟

یہی اعتراف ملک کے بالغ النظر سمجھے جانے والے سیاست دان بھی کر چکے کہ یہ لولی لنگڑی جمہوریت ہے لیکن دنیا میں اس سے بہتر کوئی اور نظام موجود نہیں اس لئے ہمیں اسی پر اکتفا کرنا چاہئے۔ اب آپ ہی بتائیں کہ اپنی بے بسی، لاچارگی اور ناکامی کا اظہار اس سے زیادہ اور کن الفاظ میں ہوگا۔ یہ نتیجہ ہے اُس کالی پٹی کا جسے مذہب کے مقدس نام پر ہم سب نے اپنی آنکھوں پر باندھ رکھا ہے۔ وقت کے گزرنے کے ساتھ ساتھ اس کا رنگ مزید گہرا سیاہ ہوتا چلا جا رہا ہے۔ المیہ یہ ہے کہ مسلمانوں نے جس چراغ کی روشنی میں نہ صرف اپنے نصب العین تک پہنچنا تھا بلکہ پوری دنیا کو مُنور کرنا تھا۔ اُسے صدیوں پہلے ہم نے ریشمی جُزدانوں میں لپیٹ کر اپنے طاقوں کی زینت بنا ڈالا اور یوں خود کو اور اپنی آئندہ نسلوں کو اندھیروں میں بھٹکنے کے لئے چھوڑ دیا۔

الغرض، قُرآنِ حکیم کی تعلیم کے مطابق غور و فکر اور تحقیق و جستجو کے نتیجہ میں اسلامی نظام کے حوالہ سے جتنا کچھ سامنے آیا اُسے من وعن آپ تک پہنچا رہا ہوں۔ اس پیغام کو عام کرنے کی حد تک جو ذمہ داری اور فرض مجھ پر عائد ہوتا تھا اُسے میں نے پوری دیانت داری اور خلوصِ نیت سے پورا کیا۔ آپ حضرات سے گزارش ہے کہ آپ بھی اُن فرائضِ منصبی کے پیشِ نظر، جو اللہ کی طرف سے آپ کو مملکتِ اسلامیہ پاکستان اور اسکے باشندوں کی عزت اور جان و مال کی حفاظت کے سلسلہ میں تفویض ہوئے ہیں، انھیں پیشِ نظر رکھتے ہوئے، اس کتاب ''ضربِ عضب کے بعد'' کا مطالعہ اپنے مذہبی عقائد و نظریات کی اُس عینک کو اتار کر کیجئے جس کے ذریعہ ہم مذہب کی دیگر کتب کا مطالعہ کرتے چلے آ رہے ہیں۔ اس کتاب کا تعلق خالص قُرآنِ حکیم کی اس تعلیم سے ہے جس کا براہِ راست تعلق ''اللہ کے دین''، یعنی اُس اسلامی نظامِ حیات سے ہے، جس کے تحت ریاستِ مدینہ کا قیام عمل میں آیا تھا اور یہ بات مصدقہ ہے کہ دنیا میں اِس نظام سے ہٹ کر کوئی دوسرا نظامِ حیات ایسا نہیں جو بنی نوعِ انسان کو تسبیح کے دانوں کی طرح ایک ہی لڑی میں پرو دے اور یوں انھیں ایک عالمگیر انسانی برادری بنا دے۔

نظامہائے عالم پر غور و خوص کے نتیجہ میں مفکرِ قُرآن علامہ اقبال بھی اسی نتیجہ پر پہنچے تھے:۔

> ''میری فارسی نظموں کا مقصود اسلام کی وکالت نہیں بلکہ میری قوتِ طلب و جستجو تو صرف اس چیز پر مرکوز رہی ہے کہ ایک جدید معاشرتی نظام تلاش کیا جائے۔ اور عقلاً یہ ناممکن معلوم ہوتا ہے کہ اس کوشش میں ایک ایسے معاشرتی نظام سے قطع نظر کر لیا جائے جس کا مقصدِ وحید ذات پات، رتبہ و درجہ، رنگ و نسل کے تمام امتیازات کو مٹا دینا ہے۔ اسلام دنیوی معاملات کے باب میں نہایت ژرف نگاہ بھی ہے، اور پھر انسان میں بے نفسی اور دنیوی لذائذ و نعم کے ایثار کا جذبہ بھی پیدا کرتا ہے۔ اور حسن معاملت کا تقاضا یہی ہے کہ اپنے ہمسائیوں کے بارے میں اسی قسم کا طریقہ اختیار کیا جائے۔ یورپ اس گنجِ گراں مایہ (بیش بہا قیمتی خزانہ) سے محروم ہے۔ اور یہ متاع اُسے ہمارے ہی فیض صحبت سے حاصل ہو سکتی ہے۔''

آخر میں عدالتِ عظمیٰ سے مؤدبانہ التماس ہے کہ وہ اس کتاب میں اگر کوئی ایسی بات پائے جو قُرآنِ حکیم کی مجموعی تعلیم کے خلاف جاتی ہے تو اس کی نشاندہی فرما کر مجھے اپنی اصلاح کا موقعہ دے۔ آپ کے اس اِقدام سے نہ صرف یہ کہ ہماری موجودہ نوجوان نسل فائدہ اٹھا سکے گی بلکہ آنے والی نسلیں بھی اس سے مستفید ہو پائیں گی۔ شکریہ

اللہ ہم سب کا حامی و ناصر ہو۔

فضل کریم فضل

ننھے سپاہی

اس اخگرِ ایماں کو بجھنے سے بچا لینا
ظلمات کو سینے کی زینت نہ بنا لینا

یہ باطلِ طاغوتی کمزور ہے، تم اِس سے
مرعوب کبھی ہو کر ، سر کو نہ جھکا لینا

پرچم جو ہمارا ہے اِسلام کا پرچم ہے
میراثِ امامت کو ، ہاتھوں میں اٹھا لینا

جب بات کرے کوئی پھر بات شہیدوں کی
ہر نقشِ وفا اُن کا ، آنکھوں میں بسا لینا

اے میری تمنا کے ننھے سے سپاہی تو
پیشانیِ روشن کو تاروں سے سجا لینا

اللہ تیرا حافظ ، رہ اُس کی حفاظت میں
ہم جیسے اسیروں کی جی بھر کے دعا لینا

ترتیبِ مضامین

ترتیبِ مضامین

بیت اللہ

بِسۡمِ اللّٰهِ الرَّحۡمٰنِ الرَّحِيۡمِ
اَلۡحَمۡدُ لِلّٰهِ رَبِّ الۡعٰلَمِيۡنَۙ ۱ الرَّحۡمٰنِ الرَّحِيۡمِۙ ۲
مٰلِكِ يَوۡمِ الدِّيۡنِؕ ۳ اِيَّاكَ نَعۡبُدُ وَاِيَّاكَ نَسۡتَعِيۡنُؕ ۴
اِهۡدِنَا الصِّرَاطَ الۡمُسۡتَقِيۡمَۙ ۵ صِرَاطَ الَّذِيۡنَ اَنۡعَمۡتَ
عَلَيۡهِمۡ ۙ غَيۡرِ الۡمَغۡضُوۡبِ عَلَيۡهِمۡ وَلَا الضَّآلِّيۡنَ ۷

کوئی ایسی طرزِ طواف تو مجھے اے چراغِ حرم بتا
کہ ترے پتنگ کو پھر عطا ہو وہی سرشتِ سمندری
گلۂ جفائے وفا نما کہ حرم کو اہلِ حرم سے ہے
کسی بت کدے میں بیاں کروں تو کہے صنم بھی ہری ہری

کتاب اللہ

خود بدلتے نہیں قرآں کو بدل دیتے ہیں
ہوئے کس درجہ فقیہانِ حرم بے توفیق
ان غلاموں کا یہ مسلک ہے کہ ناقص ہے کتاب
کہ سکھاتی نہیں مومن کو غلامی کے طریق

مدینۂ اوّل

سرزمینِ حجاز

شیرازہ ہوا ملتِ مرحوم کا اَبتر
اب تو ہی بتا تیرا مسلمان کدھر جائے

وہ لذتِ آشوب نہیں بحرِ عرب میں
پوشیدہ جو ہے مجھ میں وہ طوفان کدھر جائے

ہر چند ہے بے قافلہ و راحلہ و زاد
اس کوہ و بیاباں سے حُدی خوان کدھر جائے

اِس راز کو اب فاش کر اے روحِ محمدؐ
آیاتِ الٰہی کا نگہبان کدھر جائے

مدینۂ ثانی

ارضِ پاکستان

پاک سر زمین شاد باد، کشورِ حسین شاد باد
تو نشانِ عزمِ عالی شان، ارضِ پاکستان
مرکزِ یقین شاد باد
پاک سر زمین کا نظام، قوتِ اخوتِ عوام
قوم ملک سلطنت پائندہ تابندہ باد
شاد باد منزلِ مراد
پرچمِ ستارہ و ہلال، رہبرِ ترقی و کمال
ترجمانِ ماضی شانِ حال، جانِ استقبال!
سایۂ خدائے ذوالجلال

حکیم الامت

ڈاکٹر سر علامہ محمد اقبال

قلندر جز دو حرفِ لاالٰہ کچھ بھی نہیں رکھتا
فقیہِ شہر قاروں ہے لغت ہائے حجازی کا

قائدِ اعظم محمد علی جناح

جہاں بانی سے ہے دشوارتر کارِ جہاں بینی
جگر خوں ہو تو چشمِ دل میں ہوتی ہے نظر پیدا
ہزاروں سال نرگس اپنی بے نوری پہ روتی ہے
بڑی مشکل سے ہوتا ہے چمن میں دیدہ ور پیدا

لا الٰہ الا اللہ محمد رسول اللہ

پارلیمنٹ ھاؤس پاکستان

یہ عقل جو ماہ و پرویں کا کھیلتی ہے شکار
شریکِ شورشِ پنہاں نہیں تو کچھ بھی نہیں
خرد نے کہہ بھی دیا لاالٰہ تو کیا حاصل
دل و نگاہ مسلماں نہیں تو کچھ بھی نہیں

بسم اللہ الرحمٰن الرحیم

فاحکم
بین الناس
بالحق

SUPREME COURT OF PAKISTAN

SUPREME COURT OF PAKISTAN

عدالتِ عظمیٰ پاکستان

قُرآن میں ہو غوطہ زن اے مردِ مسلماں
اللہ کرے تجھ کو عطا جدتِ کردار
جو حرفِ قُلِ العفو میں پوشیدہ ہے اب تک
اِس دور میں شاید وہ حقیقت ہو نمودار

اَفواجِ پاکستان

الفاظ و معانی میں تفاوت نہیں لیکن

ملا کی اذاں اور ، مجاہد کی اذاں اور

پرواز ہے دونوں کی اِسی ایک فضا میں

کرگس کا جہاں اور ہے ، شاہیں کا جہاں اور

پیش لفظ

قُرآنِ حکیم میں غور وفکر کرنا ہر مسلمان کے دینی فریضہ میں شامل ہے، اس لئے میں بھی تقلید کی روش سے ہٹ کر، ذہن کی پوری آزادی کے ساتھ ازخود، قُرآنِ حکیم کی تعلیم پرغور وفکر سے کام لیتا ہوں، ایک ممبر کی حیثیت سے میں کسی مذہبی وغیر مذہبی ادارے، سوسائٹی یا ایسوسی ایشن وغیرہ سے کبھی منسلک نہیں رہا۔ میر اتعلق نہ تو کسی مذہبی پارٹی سے ہےاور نہ ہی کسی سیاسی پارٹی سے۔ اور نہ ہی کسی جماعت، فرقے یا گروہ سے۔ میں ایک سیدھا سادہ سا مسلمان ہوں، اور میرا ایمان ہے کہ، اللہ ایک ہے، نبی اکرم صلی اللہ علیہ وسلم اس کے آخری رسول ہیں۔ قُرآنِ حکیم وہ آخری آسمانی کتاب ہے جسے قیامت تک کے آنے والے تمام انسانوں کی رہنمائی کے لئے رحمت العالمین پر رب العالمین کی طرف سے جبرائیل امین کی وساطت سے نازل فرمایا گیا، اس کی تعلیم میں کسی طرح کا بھی کوئی تضاد نہیں، بشرطیکہ اسے تصریفِ آیات کی رو سے سمجھا جائے نہ کہ روایات و تاریخ کی روشنی میں۔ تصریفِ آیات سے مراد یہ ہے کہ قُرآنِ مجید کی تفسیر خود قُرآنِ مجید کی آیات کی روشنی میں کی جائے۔ ہمارے دور کے مفکرِ قُرآن حکیم الامت علامہ اقبالؒ نے بھی اللہ کی اس کتاب کو تصریفِ آیات ہی کے ذریعہ سے سمجھا ہے۔ میں ایمان رکھتا ہوں ختمِ نبوت پر اور دیگر تمام رسولوں پر، اس کے علاوہ ملائکہ اور روزِ قیامت پر بھی، کہ اس دن ہمیں اپنے اعمال کے حساب کے لئے اللہ کے حضور حاضر ہونا ہے۔

قُرآن حکیم ہی دنیا کی وہ واحد کتاب ہے، جس کی مجموعی تعلیم سراسر حق پر مبنی ہے، جس کی آیات میں کسی بھی طرح کا کوئی تضاد نہیں، باطل اس کو چھو بھی نہیں سکتا۔ اس کتاب کے نزول سے قبل یا اس کے بعد آج تک جتنی بھی کتابیں تصنیف کی گئیں، وہ اپنے مصنفین کی دانائی، ہنرمندی اور علمی خوبیوں کی وجہ سے خوب سے خوب تر تو کہلاسکتی ہیں، لیکن اپنی مجموعی تعلیم میں قُرآنِ حکیم کی ہمسری کا دعویٰ نہیں کرسکتیں، خود اللہ تعالیٰ نے اپنی کتاب کو ''الکتاب'' کہہ کر اسے قیامت تک کے لئے دنیا کی باقی تمام کتابوں سے منفرد قرار دے دیا۔ مقامِ فکر ہے کہ جن کتابوں کو ہم مسلمان نہ صرف یہ کہ صحیح ترین کتابوں میں شمار کرتے ہیں بلکہ قُرآنِ حکیم کے برابر کا مقام دیتے ہیں وہ بھی ضعیف روایات کی حامل قرار پائی گئیں۔

دینِ الٰہی کے حوالہ سے تحریر کی گئی یہ کتاب جو اس وقت آپ کے ہاتھوں ں میں ہے یہ اُن تمام دوسری مذہبی کتابوں سے بہت ہٹ کر ہے جو آج بازار میں دستیاب ہیں، اس لئے کہ نہ تو یہ کسی مذہبی فرقے، سیاسی پارٹی یا کسی ادارے وغیرہ کی خوشنودی کے پیشِ نظر تحریر کی گئی ہے اور نہ ہی عداوت ورقابت کے جذبہ کے تحت کسی کی مخالفت میں۔ اپنی کسی بات کو حرفِ آخر قرار دے کر کسی قسم کا مطالبہ بھی نہیں کیا گیا، جس کے تحت کہ اِس کی اطاعت کسی پر لازمی قرار پاتی ہو۔ دین کے معاملہ میں انفرادی طور پر ایسا کہنے کا حق کسی کو بھی حاصل نہیں، چاہے کوئی اپنے مناسب ومراتب میں کتنے ہی بڑے عہدہ پر فائز کیوں نہ ہو۔

اپنے معاشرے کو مزید انتشار وفساد سے بچانے کی غرض سے یہی مناسب ہے کہ ہم حسبِ معمول اپنے اپنے مروجہ طور طریقوں پر نماز وروزہ وقربانی وحج وغیرہ جیسے اہم اسلامی ارکان پر سختی سے کاربند رہیں اور اس وقت تک کاربند رہیں جب تک کہ کوئی اطاعت کروانے والی (اتھارٹی) یعنی اسلامی حکومت وجود میں نہیں آجاتی۔ ملت کے متنازعہ فیہ معاملات کے فیصلے کرنے اور لوگوں سے ان فیصلوں پر عمل درآمد کروانے کی مجاز بھی وہی اسلامی حکومت ہوگی، جس کے فیصلے اللہ ورسول کے فیصلوں کے مترادف ہوں گے۔ اللہ نے کسی ایک فرد یا کسی ایک فرقہ یا ادارے کو اسلام اور دین کے نام پر کسی طرح کا حکم اور فیصلہ دینے کا کوئی اختیار نہیں دیا، بلکہ فرقوں اور پارٹیوں کو تو اللہ نے اپنا عذاب قرار دے کر اِس برائی کو جڑِ بنیاد سے اُکھاڑ کر اسلام کے گلشن کو ہمیشہ کے لئے پاک کر دیا ہے۔ لیکن ہم نے انفرادی طور پر فیصلے کرنے کی غیر اسلامی اور مشرکانہ روایت کو رواج دے کر اللہ کے حکم سے انکار کیا اور ملت کو ان گنت پارٹیوں اور فرقوں میں منقسم کر دیا۔ نتیجہ میں آپس کے اختلافات کی بنا پر معاشرہ میں ہر طرف فساد وانتشار کے طوفان کھڑے ہو گئے۔ قتل وغارت گری کی آگ کا بازار اسقدر گرم ہے کہ اللہ کی پناہ، اسے جتنا ہی کوئی ٹھنڈا کرنے کی کوشش کرتا ہے یہ اسی قدر اور تیزی سے بھڑکتی اور پھیلتی چلی جا رہی ہے، یہ نتیجہ ہے ہماری اس غلط روش کے اختیار کرنے کا جس کی ممانعت کا ہمیں حکم دیا گیا تھا۔ ملک میں فساد وانتشار کے نتیجہ میں بدحواسی کا وہ عالم ہے کہ خود دانشورانِ اسلام بھی بے بسی کی تصویر بنے بیٹھے ہیں اور کسی کو بھی اس جہنم سے نکلنے کا کوئی راستہ دکھائی نہیں دے رہا۔ انھیں اگر کہیں امید کی کوئی کرن نظر آ بھی جاتی ہے تو یہ اس کی جانب متوجہ ہی نہیں ہوتے۔ یا پھر یہ کہنا درست ہوگا کہ کچھ طاغوتی قوتیں اپنے مفادات کے پیشِ نظر انھیں اِس روشنی کی جانب متوجہ ہونے سے پہلے ہی اُچک لیتی ہیں۔

سچ یہ ہے کہ اِس طوفانِ بلاخیز کی بنیادی وجہ ہماری وہ خود ساختہ شریعتیں ہیں جنہیں ہم نے اپنی معاشرتی زندگی کا جزوِ لاینفک بنالیا ہے جب کہ ان کے اکثر اصول، قُرآنِ حکیم کی آیات اور اِس کے بنیادی اصولوں کے خلاف جاتے اور ان سے ٹکراتے ہیں۔ یوں ہم نے اللہ کے ازلی وابدی قوانین کے بالمقابل اپنے خود ساختہ قوانین کو کھڑا کر کے اپنے اور اللہ کے درمیان ایک حریفانہ کشمکش کا خطرناک آغاز کر دیا ہے۔ مقامِ تاسف ہے کہ ایسا مشرکانہ اور منافقانہ رویہ روا رکھنے کے باوجود خود ساختہ مصائب سے نجات پانے کی لاحاصل دعاؤں کا سلسلہ بھی جاری وساری ہے، ساتھ ہی ساتھ جادو، منتر اور تعویز گنڈے سے بھی بھرپور مدد لی جاتی ہے تاکہ اُن ستاروں کی نحوست ہم پر سے اٹھ جائے جن کی وجہ سے ہم پر مصائب ومشکلات کے پہاڑ ٹوٹ پڑے ہیں۔ کم نگہی وبے حسی اور خود فریبی کی بھی کوئی انتہا ہوتی ہے! یوں لگتا ہے جیسے کہ قُرآن تو ہمارے پاس فقط فال نکالنے اور استخاروں کے لئے ہی رہ گیا ہے، عمل کرنے کے لئے نہیں۔

خوب ہے تجھ کو شعارِ صاحبِ یثرب کا پاس
کہہ رہی ہے زندگی تیری کہ تو مسلم نہیں

میرے بزرگو، ساتھیو، بہنو، بھائیو، بیٹو اور بیٹیو یاد رکھنا! کہ ہم نے اگر اللہ کی رسی (قرآنِ حکیم) کو مضبوطی سے نہ تھاما تو اللہ اپنے وعدے اور قانون کے تحت کسی اور قوم کو ہماری جگہ پر لے آئے گا جو اُس کے قوانین کی اُتنی ہی حرمت و پاسبانی کرے گی جتنا کہ اُس کی حرمت و پاسبانی کا حق بنتا ہے، اعمالِ صالح کے نتیجہ میں وہ اللہ کی پسند دیدہ اور انعام یافتہ قوم ہوگی، جسے دنیا کی امامت کا شرف حاصل ہوگا۔ راندۂ درگاہ قسم کی ایسی قوم نہیں ہوگی کہ جس کی کوئی ایک ادنیٰ دُعا تک بھی قبول نہیں کی جاتی۔ ہماری بدقسمتی یہ ہے کہ ہم اپنے دشمن آپ ہیں، جس قوم کی ذہنی کیفیت کے معیار کا یہ عالم ہو اُس کو باہر کے کسی دشمن کی کیا ضرورت! ہم نے مقدس مذہب کے نام پر اپنے ہی ہاتھوں سے اپنی گردنوں، کلائیوں اور پیروں میں غلامی کی زنجیریں ڈال رکھی ہیں اور انہی کو اپنا سرمایۂ حیات سمجھ لیا ہے۔ ہماری کور نگاہی اور تقلیدی روش کا یہ عالم ہے کہ بلا سوچے سمجھے اور غور و فکر کیئے، شترِ بے مہار کی طرح ایک ہی ڈگر پر اندھا دھند بھاگے چلے جا رہے ہیں، اور کہیں رکنے کا نام ہی نہیں لیتے۔ حالانکہ ہمارے لئے تو جو کچھ اللہ کی کتاب کے مطابق ہو وہی حق اور تسلیم کرنے کے قابل ہونا چاہئے اور جو اسکی تعلیمات کے خلاف ہو وہ باطل اور رد کرنے کے قابل۔

تقلید کی روش سے تو بہتر ہے خودکشی
رستہ بھی ڈھونڈ، خضر کا سودا بھی چھوڑ دے
مانندِ خامہ تیری زباں پر ہے حرفِ غیر
بیگانہ شے پہ نازشِ بیجا بھی چھوڑ دے

افسوس، جب بھی کبھی کوئی اللہ کا بندہ خلوصِ دل سے ہماری اِن غلامی کی اَن دیکھی زنجیروں کو توڑ دینے اور ان سے ہمیں آزاد کرنے کی بات کرتا اور کہتا ہے کہ اللہ کے جن قوانین کے مطابق رسول اللہ صلی اللہ علیہ وسلم نے مدینہ منورہ میں مملکتِ اسلامیہ کی بنیاد رکھ کر بنی نوعِ انسان کو غلامی کی زنجیروں سے آزاد کیا تھا، آؤ! میں بھی انہی مقدس قوانین کے تحت تمہاری زنجیروں کو تم سے الگ کر دوں، یہ وہ انسانیت کش زنجیریں ہیں جو انسان کو حیوانی سطح سے بلند نہیں ہونے دیتیں، آؤ! اور ان سے نجات حاصل کرو تا کہ دنیا و آخرت میں تم اور تمہاری آنے والی نسلیں حریت و آزادی کے ساتھ جنتی زندگی گزارنے کے قابل ہو سکیں۔ یہ سن کر لوگ پاگلوں کی طرح اُس پر جھپٹ پڑتے ہیں اور واویلا مچاتے ہیں کہ یہ شخص ہمیں ہمارے آباؤ اجداد کے راستہ سے گمراہ کر دینا چاہتا ہے، آگے بڑھو، ثوابِ دارین حاصل کرنے اور اللہ کی خوشنودی کے لئے اسے مار ڈالو، پھر تو وہ اسے مار کر ہی دم لیتے ہیں۔

ہماری معاشرتی زندگی کو زیروزبر کرنے کے اصل ذمہ دار وہ تعلیمی ادارے اور مدارس ہیں جو صدیوں سے اپنے غلط اور صحیح قسم کے مخلوط اسلامی نظریات و روایات کو آج تک آگے بڑھاتے چلے آ رہے ہیں اور سختی سے ان پر کاربند ہیں اور ان کا انکار یا ان سے زرہ بھر بھی آگے پیچھے ہونے کو کفر مانتے ہیں۔ یہی وہ روایات ہیں جنھیں حکیم الامت نے ''روایات کے پھندوں'' سے تعبیر کیا ہے۔ ان کی نشاندہی بھی کی اور ان سے آزادی حاصل کرنے کا سبق بھی پڑھایا۔ وہ امت کی تقلیدی روش سے سخت نالاں تھے، اسی لئے انھوں نے اس روش پر قائم رہنے والوں کو کہنہ دماغ اور اپنے زمانے کے پیرو (تقلیدی) کہہ کر مخاطب کیا ہے۔ ان کے نزدیک قرآن کی حامل قوم کو دیگر اقوامِ عالم کا امام (لیڈر) ہونا چاہئے تھا، لیکن بدقسمتی سے ہم اپنے آپ کو اس امامت کا اہل ثابت نہیں کر پائے۔ اس

ناکامی کا منہ بولتا ثبوت یہ ہے کہ ہم ''حاضر و موجود سے'' یعنی گرد و پیش کے ماحول سے مطمئن ہو کر بیٹھ گئے ہیں۔ چنانچہ تقلیدی روش کے نتیجے میں ہم پر جمود طاری ہو گیا ہے اور ہم زمانے کے ساتھ آگے بڑھنے کے قابل نہیں رہے۔ جب کہ اقبال کے نزدیک اسلام ہی دنیا کا وہ ایک ایسا نظام ہے جس پر جمود طاری نہیں ہو سکتا یہ ایسا خزاں نا آشنا نظام ہے جس کا زمان و مکاں کے حوادث نہ تو کچھ بگاڑ سکتے ہیں، اور نہ ہی اسے کہیں پر روک ہی سکتے ہیں۔ اسی لئے اللہ نے اسے قیامت تک کے آنے والے تمام انسانوں کی راہنمائی کا واحد ذریعہ بتایا ہے۔ لیکن اس کے باوجود:۔

دنیا ہے روایات کے پھندوں میں گرفتار
کیا مدرسہ، کیا مدرسہ والوں کی تگ و دو
کر سکتے تھے جو اپنے زمانے کی امامت
وہ کہنہ دماغ اپنے زمانے کے ہیں پیرو

قارئین، قرآنِ حکیم کی رہبری و راہنمائی کے بغیر، ہم اپنی مایوسیوں، محرومیوں، ناکامیوں اور نامرادیوں کے جہنم سے نکل کر، امن، سکون اور سلامتی کی مستقل جنتِ ارضی میں کبھی داخل نہیں ہو سکتے۔ اس لئے کلامِ وحی پر غور و فکر کے نتیجہ میں لکھی جانے والی اس کتاب پر آپ بھی ٹھنڈے دل کے ساتھ غور فرمائیں اور از خود کسی نتیجے پر پہنچنے کے بعد آگے بڑھنے کی کوشش کریں۔

الفاظ کے پیچوں میں الجھتے نہیں دانا
غواص کو مطلب ہے صدف سے کہ گوہر سے
پیدا ہے فقط حلقۂ اربابِ جنوں میں
وہ عقل کہ پا جاتی ہے شعلہ کو شرر سے
جس معنیٔ پیچیدہ کی تصدیق کرے دل
قیمت میں بہت بڑھ کے ہے تابندہ گوہر سے

قُرآنِ حکیم میں اللہ تعالیٰ نے رسول اللہ صلی اللہ علیہ وسلم کی وساطت سے ہمیں اپنی کتاب کو سمجھنے کے لئے جو طریقہ بتایا ہے ہمارا یہ فرض بنتا تھا کہ اپنی اصلاح اور فلاح کے پیشِ نظر اس کے سوا اور کوئی دوسرا راستہ یا طریقہ اختیار نہ کرتے، لیکن ہم نے اس سے انحراف برتا، جس کے نتیجہ میں صراطِ مستقیم ہماری نظروں سے اوجھل ہو گیا، اور ہم جہالت و گمراہی کے غلط راستوں پر چل نکلے، یہاں تک کہ جہنم کے کنارے تک جا پہنچے۔ اب بھی اگر ہم میں اپنی غلطی کا احساس اجاگر ہو جائے اور قُرآنِ حکیم کو، اللہ کے بتائے ہوئے طریقہ کار سے سمجھنے لگ جائیں، تو کوئی وجہ نہیں کہ وہ منہاج یا راستہ جو ہماری کم نگہی اور غلط روش کی وجہ سے وقتی طور پر کہیں اوجھل ہو گیا ہے پھر سے ہمارے سامنے نہ آ جائے۔ البتہ اس کے لئے ضروری ہے کہ قُرآن کو قُرآن ہی کی روشنی میں دیکھا اور سمجھا جائے۔ یہ وہ سچائی ہے جسے اِس کا ایک ادنیٰ سے ادنیٰ طالب علم بھی جانتا ہے۔ لیکن اس بارے میں واقفِ درونِ خانہ، مفتی اعظم اور امامِ کعبہ کا خاموش رہنا تحیر کی بات ہے۔ کچھ تو ہے جس کی پردہ داری ہے۔

خودی کی موت سے ہندی شکستہ بالوں پر
قفس ہوا ہے حلال اور آشیانہ حرام
خودی کی موت سے پیرِ حرم ہوا مجبور
کہ بیچ کھائے مسلماں کا جامۂ احرام

قُرآنِ حکیم کو قُرآن کی آیات سے سمجھنے کا جو اشارہ دیا گیا ہے اس کی تفصیل تو کتاب کے آخر میں درج کردی جائے گی اور بتا دیا جائے گا کہ تاریخ و روایات اور احادیث کو سامنے رکھے بغیر قُرآنِ حکیم کی آیات کو کیسے سمجھا اور سمجھایا جاسکتا ہے۔ لیکن فی الحال قُرآنِ حکیم کی وہ آیت آپ کے سامنے رکھ دی جاتی ہے جس میں تصریفِ آیات کا قانون اور اس کی ''حکمت'' بیان ہوئی ہے:۔

وَلَقَدْ صَرَّفْنَا فِى هَـٰذَا ٱلْقُرْءَانِ لِيَذَّكَّرُوا۟ وَمَا يَزِيدُهُمْ إِلَّا نُفُورًا ۱۷/۴۱

''ہم نے اس قُرآنِ کریم میں حقائق وقوانین کے مختلف پہلوؤں کو لوٹا لوٹا کر بیان کیا ہے تاکہ لوگ انھیں اچھی طرح سے سمجھ سکیں۔ لیکن اس سے انہیں تو نفرت ہی بڑھتی ہے۔''

تصریفِ آیات کا مقصود و مطلوب اور اس کی ''حکمت'' یہ ہے کہ اس (قُرآن) کے قوانین کے تمام پہلو لوگوں کی نگاہ کے سامنے آجائیں، اور وہ انھیں اچھی طرح سے سمجھ سکیں۔ قُرآنِ حکیم نے اپنے مطالب کو واضح کرنے کے لئے یہی طریقہ اختیار کیا ہے۔ یعنی اس کا ایک چیز کو بار بار پھرا کر لانا تاکہ اسکے متعدد گوشے جو نظروں سے اوجھل ہیں نکھر کر سامنے آجائیں۔ یہ چیز ہے جسے سطح بین نگاہیں ''تکرار'' ٹھہراتی ہیں۔ لیکن اس سے انہیں تو نفرت ہی بڑھتی ہے۔ (یعنی یہ ادھر آنا ہی نہیں چاہتے)۔

اگر آج دنیا کی دوسری اقوام کے مقابلہ میں اِس کتاب (قُرآنِ حکیم) کی حامل قوم کی حالت بد سے بدتر ہے تو اِسے یہ جان لینا چاہئے کہ اسکی ذمہ دار وہ خود آپ ہے، جس نے اللہ واحد کی رسی ''قُرآن'' کو چھوڑ دیا اور معبودانِ باطل کے خودساختہ نظاموں میں سے دورِ حاضر کے سب سے بڑے بت ''مغربی جمہوریت'' کے آگے سجدہ ریز ہوگئی، جس کی زندگی کا دارومدار ''سود'' پر قائم ہے۔ وللہ! قُرآن کی حامل قوم اور خاتم النبین کی امت میں قول وفعل کا اتنا بڑا تضاد! اتنا بڑا شرک، اور اتنی بڑی منافقت اور اس پر اس کی بے جا جسارت کا یہ عالم کہ پھر بھی مسلمان ہونے کی دعوے دار ہے! اس کے اس منافقانہ طرزِ عمل پر کوئی اگر سر پکڑ کر نہ بیٹھ جائے تو اور کیا کرے؟ قوم کا ہر دوسرا آدمی سود ''ربوٰ'' سے بیزاری کا اظہار کرتا نظر آتا ہے اور اسے غیر اسلامی قرار دیتا ہے، کوئی ان معصوم حضرات سے پوچھے تو سہی کہ بھئی اسلام کا نظام ہے کہاں کہ جسے آپ سود سے پاک کرنا چاہتے ہیں۔ پہلے اسلام کے نظام کو تو لائیں، پھر نہ تو اُس میں سود کے لئے کوئی جگہ ہی ہوگی اور نہ ہی اِس کی لعنت پر کسی کو لمبے چوڑے لیکچر دینے کی ضرورت ہی پیش آئے گی۔

تیری حریف ہے یا رب سیاستِ افرنگ
مگر اس کے پجاری ہیں فقط امیر و رئیس

بنایا ایک ہی ابلیس آگ سے تو نے
بنائے خاک سے اس نے دو صد ہزار ابلیس

اللہ کے وعدے تو ہر حال میں پورے ہو کر ہی رہتے ہیں چاہے کسی کو ان وعدوں کا پورا ہونا اچھا لگے یا پھر کتنا ہی برا۔ ان قوانین کے نتائج کا تعلق خالصتاً انسانوں کے اپنے اعمال سے وابستہ ہے، اگر تو وہ اعمال اللہ کے قوانین کے مطابق ہوں تو ان کے نتائج بھی مثبت اور خوشگوار نکلتے ہیں اس کے برعکس، اُس کے قوانین کی خلاف ورزی کے نتائج جب بھی نکلیں گے منفی اور برے ہی نکلیں گے۔ بنی نوعِ انسان کے امراضِ کلی کا یہ (قرآن) وہ آزمودہ نسخہ ہے جس کی تاریخ گواہ ہے کہ کوئی ڈیڑھ ہزار برس پہلے ایک قوم نے اس (نسخہ) کتاب کے قوانین کے مطابق عمل کیا تو اللہ کے وعدوں کے مطابق اس پر دنیا جہان کی نوازشات کے تمام در وا ہوتے چلے گئے لیکن جب اُسی بد بخت قوم نے ان سے انحراف برتا اور اُن سے اپنا منہ پھیر لیا تو اس پر سے نوازشات و اکراماتِ خداوندی کے وہی در ایک ایک کر کے بند ہوتے چلے گئے، اور پھر آہستہ آہستہ پوری قوم اندھیروں کی اتھاہ گہرائیوں میں لڑھکتی چلی گئی۔

اگر تو ہم اپنے اِس مروجہ نظام، اس کے قوانین اور اس کی طرزِ حکمرانی وغیرہ سے پوری طرح مطمئن ہیں تو پھر اپنی اس روش پر قائم اور جم کر رہنا چاہئے اور اگر ایسا نہیں تو پھر ہمیں بحیثیتِ مجموعی ایک مسلمان قوم کے اپنے رویہ پر فوری نظر ثانی کرنی چاہئے اور اپنی منافقت کے حصار سے نکل کر خلوصِ دل کے ساتھ کتاب اللہ کی جانب رجوع کر لینا چاہئے۔ اللہ کی مہربانی سے طرزِ حکمرانی کے لئے جن دو چیزوں کا ہونا لازمی ہے وہ دونوں ہی ہمارے پاس موجود ہیں۔

1) ہمارے پاس کتاب کی صورت میں نہ صرف یہ کہ مکمل دستور موجود ہے بلکہ
2) ہمارے پاس وہ علاقہ بھی موجود ہے جسے دنیا، مملکتِ خداداد اسلامی جمہوریہ پاکستان کے نام سے جانتی اور پہچانتی ہے

آپ سوچ رہے ہوں گے کہ یہ کام اِسقدر آسان نہیں جیسا کہ بتایا جا رہا ہے، یقین جانیئے میں یہاں آپ سے اتفاق نہیں کرتا، کیونکہ جس کتاب کی حامل قوم ہم ہیں خود اُس کتاب کا دعویٰ یہ ہے کہ وہ بنی نوعِ انسان کی تمام تر مشکلات کا حل اپنے اندر رکھتی ہے۔ ہمارے لئے تو کرنے کا کام بس اتنا ہے کہ ہم اپنے اُن تمام اعتقادات و عبادات کو، جن کے مطابق ہم اپنی زندگیاں گزار رہے ہیں اور اُنہیں عین اسلامی سمجھتے ہیں اُنہیں "تصریفِ آیات" کے اصول کے مطابق اللہ کی کتاب (قرآن) کی کسوٹی پر پرکھ کر دیکھ لیں۔ بس اتنا کر لیں اور دیکھیں کہ اگر وہ اللہ کی کتاب کے مطابق ہیں تو پھر اُن پر سختی سے کاربند رہیں اور جو کسوٹی پر پورا نہ اُتریں، اُنہیں مکمل طور پر رَد کرنے میں ذرا دیر نہ لگائیں۔ اس سے ہماری دنیا اور آخرت دونوں ہی سنور جائیں گی، اور اس نظامِ صلوٰۃ کے عملی قیام سے ہمارا ہی نہیں بلکہ بنی نوعِ انسان کا جڑا درخشاں مستقبل ہمیشہ کے لئے محفوظ ہو جائے گا۔

قارئین اس کتاب میں علامہ اقبال اور قائدِ اعظم محمد علی جناح کے اُن فرمودات کو جن کا تعلق پاکستان، اسلام اور نظامِ اسلامی سے ہے مفصل طور پر بیان کیا گیا ہے علاوہ ازیں قائدِ اعظم کی ۲۱ مئی ۱۹۴۷ء کی تقریر کے حوالے سے چیف جسٹس محمد منیر مرحوم کی

علمی بد دیانتی کے ایک چونکا دینے والے انکشاف کو بھی تفصیل سے بیان کیا گیا ہے جس نے مملکتِ اسلامیہ پاکستان کے اسلامی دھارے کا رخ، مشرکانہ مغربی جمہوری نظام کی طرف موڑنے کی مذموم سازش میں ایک اہم کردار ادا کیا۔ اور بعد میں اپنے دعوے کو مزید مستحکم کرنے کے لئے اِس فرضی اقتباس کے ساتھ قائدِ اعظم کی ۱۱، اگست ۱۹۴۷ء کی اُس تقریر کو بھی جوڑ دیا گیا جس میں انھوں نے کہا تھا کہ:۔

> ''آپ کو یہ بات بطورِ تصور اپنے پیشِ نظر رکھنی چاہیئے آپ کو پتہ چل جائے گا کہ وقت کے ساتھ ساتھ، ہندو، ہندو نہ رہے گا۔ اور مسلمان، مسلمان نہ رہے گا، مذہبی طور پر نہیں کیونکہ یہ تو ہر فرد کا ذاتی عقیدہ ہے میری مراد ایک مملکت کے شہریوں کے طور پر سیاسی لحاظ سے ہے۔''

چنانچہ اپنے نصب العین تک رسائی حاصل کرنے کے لئے ضروری تھا کہ قائدِ اعظم کی ذات کے حوالہ سے پھیلائی گئی اِس قسم کی خرافات کا مدلل جواب دیا جائے اور نظام سے متعلق جس تذبذب اور انتشار میں پوری قوم مبتلا ہے اسے اس سے نجات دلائی جائے۔

اِس کتاب کو دو حصوں میں کچھ اِس طرح ترتیب دیا گیا ہے کہ ''دیــــن'' کے راستے میں اسلام دشمن عناصر نے مذہب کے مقدس نام پر صدیوں سے جن عقائد و نظریات کو ایک بڑی رکاوٹ کے طور پر کھڑا کر رکھا ہے، انھیں کتاب اللہ کی کسوٹی پر پرکھنے کے بعد کے نتائج کو کتاب کے پہلے حصہ میں شامل کر دیا گیا اور دوسرے حصہ میں اپنے مدبرین اور قائدین کی تاریخ ساز تقاریر و تحریرات اور فرمودات کو سامنے رکھتے ہوئے پاکستان کی اسلامی نظریاتی اساس کا تجزیہ پیش کیا گیا اور بتایا گیا ہے کہ وہ عوامل کیا ہیں جو ازل سے انسانوں کے درمیان وجہِ اختلاف بنے رہے اور آج تک طے نہیں ہو پایا کہ اسلامی کیا ہے اور غیر اسلامی کیا۔ یہی وہ اختلافات ہیں جو انکے اتحاد کے راستے میں سب سے بڑی رکاوٹ ہیں، انہیں سمجھے بغیر صراطِ مستقیم تک رسائی مشکل ہی نہیں ناممکن ہے۔ آپ سے گزارش ہے کہ آپ کے ہاتھوں میں جو کتاب ہے یہ کتاب نہیں یہ آپ کا مستقبل ہے اور اسکا مطالعہ گہرے غور و فکر کا متقاضی ہے۔

شکریہ

زمانہ اب بھی نہیں جس کے سوز سے فارغ
میں جانتا ہوں وہ آتش ترے وجود میں ہے
تری دوا نہ جنیوا میں ہے، نہ لندن میں
فرنگ کی رگِ جاں پنجۂ یہود میں ہے
سنا ہے میں نے غلامی سے امتوں کی نجات
خودی کی پرورش و لذتِ نمود میں ہے

سُنت کا استعمال

قارئین! اسلامی نظام کی راہ میں سب سے بڑی رکاوٹ ہمارے وہ غیر اسلامی عقائد ونظریات واقع ہوئے ہیں جنھیں اسلام دشمن طاقتیں سادہ لوح مسلمانوں میں دینِ خالص کے طور پر ''سنتِ رسول'' کے نام سے متعارف کرواتی ہیں، ان نظریات کا تعلق حقیقی اسلامی تعلیمات یعنی قرآنِ حکیم کی تعلیمِ خالص سے بہت کم ہے، البتہ ایک عرصہ گزر جانے کے بعد وہی مخلوط قسم کے اسلامی وغیر اسلامی (خودساختہ نظریات) لوگوں کے ایمان کا حصہ بن چکے ہیں اور آج اگر کوئی شخص ان نظریات وعقائد کی تردید میں ان کے سامنے قرآن خالص کی تعلیم پیش کرے تو وہ انہیں کچھ عجیب لگتی ہے، جسے وہ بلا تامل یہ کہہ کر رد کر دیتے ہیں کہ یہ ہمارے آباء کی تعلیم کے مطابق نہیں، ہم تو اُنہی کی روش پر چلنے والے ہیں، اور اُن ہی کی تقلید کریں گے، وہی ثواب اور نجات کا واحد راستہ ہے۔ غور وفکر کے نتیجہ میں ازخود کسی فیصلہ پر پہنچنے کو بھی وہ لوگ گناہ تصور کرتے ہیں ان کے نزدیک حاضر وموجود سے مطمئن اور جڑے رہنا نہ صرف ثواب اور سعادت کی بات ہے بلکہ آدھے ایمان کی نشانی بھی مانی جاتی ہے۔ ایسے ہی اعتقاداتِ قلبی کے پیشِ نظر وہ اپنے عقیدہ کو صحیح اور خود کو ناجی (نجات پانے والا) تصور کرتے ہیں اور دوسروں کے فرقوں کو غلط جانتے اور بدعت قرار دے دیتے ہیں۔ اس کارِ خیر میں سب سے بڑا حصہ سیاست دانوں اور ان مذہبی پیشواؤں کا ہے جو اپنے مفاداتِ دنیوی کی خاطر انسانوں کو سیاسی پارٹیوں اور مذہبی فرقوں میں تقسیم رکھتے ہیں، صدیوں سے یہی کچھ ہوتا چلا آرہا ہے۔ حیرت ہے کہ یہ سب اسلام کے نام پر کیا جاتا ہے۔

مسلمانوں میں چونکہ اب دورِ اول جیسی ایسی کوئی اتھارٹی موجود نہیں جو حکومتی سطح پر اس بات کا فیصلہ کرے اور لوگوں کو یہ بتائے کہ اس راہ میں صحیح کیا ہے اور غلط کیا۔ اس لئے اب وقت آگیا ہے کہ ان غیر اسلامی عقائد ونظریات پر قرآن کی روشنی میں نظرِ ثانی کی جائے تا کہ اس جمود کو جو غیر اسلامی عقائد ونظریات پر مشتمل ہیں اسلامی نظام کے راستے سے ہٹایا جا سکے۔ ہمارے پاس اللہ کی کتاب کے ساتھ ساتھ اقبالؒ اور قائدِ اعظمؒ جیسے مدبرین وقائدین کے وہ فرمودات بھی محفوظ ہیں جو خالص اسلامی نظریات پر مبنی ہیں۔ اور جن کی بنیاد پر انھوں نے چومکھی لڑائی لڑ کر ہمارے لئے اسلامی جمہوریہ پاکستان کو حاصل کیا تھا۔ لیکن اس کے معرضِ وجود میں آنے کے فوراً بعد ہی اِسے اُس پٹڑی پر سے اتار دیا گیا جس پر چل کر اسے اپنے نصب العین تک پہنچنا تھا۔ اس کی تفصیل آگے چل کر بیان کی جائے گی۔

البتہ واپس اسے اس کی پٹڑی پر چڑھانے کے لئے مقتدر اداروں کے مخلص افراد پر مشتمل ایک ایسی ٹیم کی ضرورت ہے جو ملکی اداروں، ایوانوں اور اقوامِ عالم کی سیاسیات پر گہری نظر رکھتے ہوں۔ ایسی حکمتِ عملی کے بارے میں سوچا بھی اسی وقت جا سکتا ہے جب دین کے نظام کے تمام خدوخال اپنی حقیقی شکل میں ہمارے سامنے موجود ہوں۔ اس کتاب کے قلمبند کرنے کا یہی مقصد ہے کہ اسلامی اور غیر اسلامی نظریات کو قرآنِ حکیم کی روشنی میں پرکھ کر ایک دوسرے سے علیحدہ کیا جائے۔

الغرض، لفظ 'بدعت' سے کون ہے جو واقف نہیں، لیکن فرقہ بندی کی بدعت کا آغاز مسجدِ ضرار کی شکل میں پہلی بار اس وقت سامنے آیا جب اللہ نے بذریعہ وحی نبی اکرم کو اس کی اطلاع دی اور بتایا کہ:۔

وَٱلَّذِينَ ٱتَّخَذُواْ مَسۡجِدٗا ضِرَارٗا وَكُفۡرٗا وَتَفۡرِيقَۢا بَيۡنَ ٱلۡمُؤۡمِنِينَ وَإِرۡصَادٗا لِّمَنۡ حَارَبَ ٱللَّهَ وَرَسُولَهُۥ مِن قَبۡلُۚ وَلَيَحۡلِفُنَّ إِنۡ أَرَدۡنَآ إِلَّا ٱلۡحُسۡنَىٰۖ وَٱللَّهُ يَشۡهَدُ إِنَّهُمۡ لَكَٰذِبُونَ ۹/۱۰۷

''اور ان منافقین میں وہ لوگ بھی ہیں (جو اپنی چالوں میں اس حد تک بڑھ گئے ہیں کہ انھوں نے) ایک مسجد تعمیر کر ڈالی اور اس طرح یہ ظاہر کیا کہ وہ بڑے پکے مومن اور نظامِ خداوندی کے خدمت گزار ہیں) لیکن اس مسجد سے درحقیقت ان کی غرض یہ تھی کہ اس سے اس نظام کو نقصان پہنچایا جائے، اور کفر کی راہیں کشادہ کی جائیں۔ یعنی مسلمانوں میں تفرقہ پیدا کر دیا جائے اور اس طرح یہ مسجد ان لوگوں کے لئے کمین گاہ بن جائے جو پہلے سے نظامِ خداوندی کے خلاف مصروفِ پیکار ہیں۔ یہ لوگ قسمیں کھا کھا کر کہیں گے کہ ہم نے اس مسجد کو بڑی نیک نیتی سے تعمیر کیا ہے۔ لیکن خدا اس کی شہادت دیتا ہے کہ یہ لوگ بڑے جھوٹے ہیں۔''

بحوالہ مفہوم القرآن

اس کے بعد رسول اللہ کو سختی کے ساتھ حکم دے دیا گیا کہ:۔

لَا تَقُمۡ فِيهِ أَبَدٗاۚ لَّمَسۡجِدٌ أُسِّسَ عَلَى ٱلتَّقۡوَىٰ مِنۡ أَوَّلِ يَوۡمٍ أَحَقُّ أَن تَقُومَ فِيهِۚ فِيهِ رِجَالٞ يُحِبُّونَ أَن يَتَطَهَّرُواْۚ وَٱللَّهُ يُحِبُّ ٱلۡمُطَّهِّرِينَ ۹/۱۰۸

''تم نے اے رسول! اس مسجد میں قدم تک نہیں رکھنا (جو مسجد مسلمانوں میں تفرقہ پیدا کر دے، کیا وہ اس قابل ہو سکتی ہے کہ اس میں قدم رکھا جائے؟) تمہارا ان لوگوں سے کچھ واسطہ ہو سکتا ہے، نہ ان کی تعمیر کردہ مسجد سے کچھ تعلق''۔

آپ نے غور فرمایا، کہ اللہ نے کس سختی کے ساتھ دشمنانِ اسلام کی اس سازش کو جس کے ذریعہ سے انھوں نے مملکتِ اسلامیہ کو نقصان پہنچانے کی مذموم کوشش کی تھی، ایک ہی فیصلہ سے اسے ناکام بنا دیا اور اس کی بیخ کنی کر دی اور ساتھ ہی اپنے اس فیصلہ کو قرآنِ کریم میں قیامت تک کے لئے محفوظ بھی کر دیا۔ تاکہ جب بھی کہیں اس قسم کی کوئی سازش سامنے آئے تو مملکتِ اسلامیہ

مسلمانوں کی وحدت کو برقرار رکھنے کی غرض سے ہر زمانہ میں اسی فیصلہ (سنت اللہ) کے مطابق عمل درآمد کرے۔

مسجدِ ضرار اور اس سے متعلقہ لوگوں کے بارے میں اتنا ہی جاننا کافی ہے کہ وہ یہودیوں، نصرانیوں، اور مشرکین و منافقین پر مشتمل ایک جماعت تھی جن میں سرمایہ دار اور ان کے زرخرید علما و مشائخ شامل تھے۔ تاریخ کا بیان ہے کہ اس کا سرغنہ مسیلمہ کذاب نامی ایک شخص تھا۔ وہ لوگ نہیں چاہتے تھے کہ اُن کے مروجہ نظامِ حیات کے مقابلے میں کوئی ایسا دوسرا نظامِ حیات قائم ہو جائے جو اس کا تختہ الٹ دے، اس لئے انھوں نے مسجدِ ضرار کے ذریعے لوگوں میں تفرقہ ڈالنے اور انھیں کمزور کرنے کی ناکام کوشش کی تھی۔ وقتی طور پر تو ان کی وہ سازش ناکام بنا دی گئی تھی لیکن اُن کی اسلام دشمنی میں کبھی کوئی کمی واقع نہ ہوئی بلکہ اس میں بدستور اضافہ ہی ہوا۔ آج بھی مسجدیں ہی مسلمانوں میں تفرقہ ڈالنے کا موجب قرار پاتی ہیں۔ اگر قرآنِ حکیم کے مشورے پر عمل کیا گیا ہوتا تو آج حالات بالکل مختلف ہوتے۔

قرآنِ حکیم نے اس گروہ کو تین طبقوں میں تقسیم کیا اور انھیں فرعون، ہامان، اور قارون کے نام سے تعبیر کیا، جب کہ اقبال نے انھیں لات و منات اور عزیٰ سے تشبیہ دی ہے۔ اور کہا ہے کہ:

بدل کے بھیس پھر آتے ہیں ہر زمانے میں
اگرچہ پیر ہے آدم، جواں ہیں لات و منات

یہ تینوں طبقے نظامِ سرمایہ داری (کیپٹل ازم) کے اصل نمائندے ہیں، متاعِ دنیا ہی ان کے لئے سب کچھ ہے ان کا بس چلے تو یہ باقی اشیائے خورد و نوش کی طرح ہوا پر بھی ٹیکس لگا کر انسانوں سے اسکی قیمت وصول کیا کریں اور جو اس کی قیمت ادا نہ کر سکے یہ اس کی سانس بند کر دیں۔ یہ اتنے فاسق و فاجر ہیں کہ یہ اپنے علاوہ دوسرے کسی انسان کو انسان ہی نہیں سمجھتے، اس نظام کی بنیاد صرف اور صرف لوٹ کھسوٹ پر قائم ہے۔

قارئین، بات سنت کی ہو رہی تھی، یاد رہے کہ ''سنت اللہ اور سنتِ رسول'' کوئی دو الگ ادارے یا شعبے نہیں، یہ ایک ہی ایجنسی اور ادارہ ہے۔ مملکتِ اسلامیہ مدینہ، اسی ''اللہ و رسول'' کے قرآنی مفہوم کے مطابق امورِ مملکت چلاتی تھی اور رسول اللہ کی وفات کے بعد خلفائے راشدین نے بھی اُسی سنت پر عمل کیا، رسول اللہ کی وفات کے فوری بعد جو خلا پیدا ہوا اس سے وقتی طور پر مسلمانوں کو فکر لاحق ہو گئی تھی کہ اب چونکہ رسول اللہ کی ذاتِ اقدس ہم میں موجود نہیں رہی اور اب خدانخواستہ یہ نظام بھی کہیں ان کے ساتھ ہی تو ختم نہیں ہو گیا، جس کی بنیاد رسول اللہ نے اپنے مبارک ہاتھوں سے رکھی تھی۔ اس خلا کو پر کرنے کے لئے حضرت ابوبکر صدیقؓ اٹھے اور لوگوں کو پکار کر کہا کہ:۔

حسبُنا کِتبُ الله. یعنی ''ہمارے لئے اللہ کی کتاب (قرآنِ حکیم) ہی کافی ہے''۔

کون ہے جو اس معروف واقعہ سے واقف نہیں۔ لیکن پھر بھی یہ قیاس کیا جا سکتا ہے کہ اس کا کیا ثبوت ہے کہ انھوں نے ایسا ہی کہا ہوگا۔ آپ جانتے ہیں کہ زمانۂ نزولِ قرآن میں لوگ رسول اللہ سے اکثر یہ مطالبہ کیا کرتے تھے کہ وہ ان کے لئے کوئی دوسری کتاب لے کر آئیں اور یا پھر اس قرآن میں ہی کچھ تبدیلی کر دیں تا کہ، کچھ لو اور کچھ دو، کے مصداق وہ آپ کے ساتھ چل سکیں۔ لیکن

حق اور کفر میں مفاہمت کا کیا کام! اس پر اللہ تعالیٰ نے رسول اللہ کو مخاطب کرتے ہوئے کہا کہ:۔

أَوَلَمْ يَكْفِهِمْ أَنَّآ أَنزَلْنَا عَلَيْكَ ٱلْكِتَـٰبَ يُتْلَىٰ عَلَيْهِمْ ۚ ٢٩/٥١

''کیا انھیں یہ کافی نہیں؟ کہ ہم نے آپ پر کتاب نازل فرمادی جوان پر پڑھی جارہی ہے''

حضرت ابوبکر صدیقؓ کا یہ کہنا کہ ''ہمارے لئے اللہ کی کتاب کافی ہے'' یہ ان کی طرف سے اللہ تعالیٰ کو بھی اپنی بات پر گواہ بنانا تھا کہ ہاں! جو کتاب رسول اللہ کی طرف نازل کی گئی ہے ''وہ ہمارے لئے کافی ہے''۔ اور لوگو تم بھی اس بات کے گواہ رہنا، کہ ہم ان منکرین میں سے نہیں جو کتاب اللہ کے علاوہ دوسری کسی کتاب کے طلبگار ہیں۔

کتاب اللہ کے واضح احکامات کے پیشِ نظر، حضرت ابوبکر صدیقؓ نے یہ بھی کہا تھا کہ:۔

''ایها لناس! من کانَ منکم یعبد محمدَ افاِ نَّه قدما تَ و من کانَ یعبُدو اللهَ فا انه هِی'' لا یموتُ.''

اے لوگو! ''جو تم میں سے محمد صلی اللہ علیہ وسلم کی محکومیت اختیار کئے تھا اسے معلوم ہونا چاہئے کہ اس کا معبود وفات پا گیا ہے۔ لیکن جو اللہ کی محکومیت اختیار کئے تھا تو اس کا معبود زندہ ہے اور ہمیشہ زندہ رہے گا''۔

اس کے بعد انھوں نے قرآنِ حکیم سے جن آیات کو پڑھ کر لوگوں کو سنایا آپ بھی ان پر غور فرمائیں۔

وَمَا مُحَمَّدٌ إِلَّا رَسُولٌ قَدْ خَلَتْ مِن قَبْلِهِ ٱلرُّسُلُ ۚ أَفَإِيْن مَّاتَ أَوْ قُتِلَ
ٱنقَلَبْتُمْ عَلَىٰٓ أَعْقَـٰبِكُمْ ۚ وَمَن يَنقَلِبْ عَلَىٰ عَقِبَيْهِ فَلَن يَضُرَّ ٱللَّهَ شَيْـًٔا ۗ...... ٣/١٤٤

''محمد بجز این نیست کہ اللہ کا رسول ہے۔ اس سے پہلے بہت سے رسول (اپنا فریضۂ پیغام رسانی ادا کرنے کے بعد) دنیا سے چلے گئے سو اگر (کل کو) یہ وفات پا جائے یا قتل کر دیا جائے، تو کیا تم (یہ سمجھ کر کہ یہ نظام اُس کی زندگی تک محدود تھا) پھر اپنی سابقہ روش کی طرف لوٹ جاؤ گے؟''

اس بحث سے یہ نتیجہ اخذ ہوتا ہے کہ رسول اللہ کی وفات کے بعد اِسی اللہ کی کتاب (قرآن) نے رسول کی حیثیت بھی حاصل کر لی ہے، یعنی کہ رسول کی غیر موجودگی میں اس کتاب کے ذریعے سے کئے گئے تمام فیصلے اللہ اور اس کے رسول دونوں کے فیصلے قرار پائیں گے، اور یہی ''اللہ اور رسول'' کی اصطلاح کا قرآنی مفہوم بھی ہے۔ یہ کبھی نہیں ہوگا کہ رسول کی تعلیم کو اس کتاب سے باہر تلاش کیا جانے لگے۔ اگر ایسا کیا جائے گا تو درج بالا آیات کی نفی کرنے کے مترادف اور سابقہ روش (کفر) کی طرف لوٹنے کے برابر

قرار پائے گا۔لیکن افسوس کہ ایسا کیا گیا اوراس کے نتیجہ میں امتِ مسلمہ کی ہوا اکھڑتی چلی گئی اوروہ نسلوں، قبیلوں، مسلکوں اور پارٹیوں میں بٹتی اور تقسیم در تقسیم ہوتی چلی گئی۔

بہرحال اس کے بعد حضرت ابوبکر صدیقؓ امت کے مشورہ سے (خلیفۃ الرسول) رسول اللہ کے جانشین چن لئے گئے اور یوں جو خلا رسول اللہ کی وفات سے پیدا ہوا تھا وہ پُر ہوگیا۔ ''اللہ ورسول'' کے قرآنی مفہوم کے تحت اللہ کا دیا ہوا نظام، رسول اللہ کی غیرموجودگی میں بھی اپنے زورِدروں پر پہلی جیسی شان وشوکت کے ساتھ آگے بڑھنے لگ گیا۔اور تاریخ اس بات کی شہادت دیتی ہے کہ مملکتِ اسلامیہ کے اس دور ہمایوں میں مختلف قبائل کی موجودگی کے باوجود، حضرت ابوبکرؓ اور حضرت عمرؓ کے دورِ خلافت میں ان کے درمیان کسی ایسے اختلافی امر کی کوئی ایسی مثال نہیں ملتی جس کے تصفیہ کے لئے وہ (افرادِ امت) ازخود فیصلہ کرنے بیٹھ گئے ہوں۔ وہ اپنے تمام تر اختلافی امور میں مرکزی اتھارٹی کی طرف رجوع کرتے تھے اور جو فیصلہ بھی اس کی جانب سے دیا جاتا تھا اس کی اطاعت سب پر لازم قرار پاتی تھی، بلکہ اس فیصلہ کو بصد احترام دل کی پوری رضامندی کے ساتھ قبول کیا جاتا تھا، چاہے وہ فیصلہ کسی کے حق میں جاتا یا کہ پھراس کے خلاف۔ اِس کی وجہ یہ تھی کہ اُس مملکت میں سوائے اللہ واحد کے قوانین کے کسی اور قانون کی اطاعت نہیں کی جاتی تھی، یعنی انہیں کسی انسان کے خودساختہ یا تراشیدہ قوانین کے ساتھ خلط ملط کرنے کی کسی کو بھی اجازت نہ تھی۔ وہ خالص اور ہر طرح کی آمیزش سے پاک رکھے جاتے تھے۔ایسا ہرگز نہیں ہوتا تھا جیسے کہ آج کل کی ہماری ان مروجہ اسلامی حکومتوں میں ہوتا ہے، جہاں شرعیہ (فقہی) قوانین کی عدالتیں الگ لگتی ہیں اور انگریزی قوانین کے تحت الگ۔آپ خود فیصلہ کریں کہ جب ایک ہی ملک میں رہنے والے مسلمانوں کی چار سے زیادہ شریعتیں موجود ہوں اور ہر فرقہ اپنی شریعت کو اعلیٰ وارفع اور دوسرے فرقہ کی شریعت کو کم سے کمتر جانتا ہو، وہاں کی عدالتوں کے فیصلوں کا احترام کیونکر ممکن ہے؟

اسلامی مملکت میں اس کے سربراہ اعلیٰ کے دیئے گئے فیصلوں کا احترام کس قدر لازمی ہے، اس کے متعلق قُرآنِ حکیم نے واضح الفاظ میں لوگوں سے کہہ دیا کہ:۔

فَلَا وَرَبِّكَ لَا يُؤْمِنُونَ حَتَّىٰ يُحَكِّمُوكَ فِيمَا شَجَرَ بَيْنَهُمْ
ثُمَّ لَا يَجِدُوا فِي أَنفُسِهِمْ حَرَجًا مِّمَّا قَضَيْتَ وَيُسَلِّمُوا تَسْلِيمًا ۴/۶۵

''سو قسم ہے تیرے پروردگار کی! یہ مومن نہیں ہوسکتے، جب تک کہ تمام (لوگ) آپس کے اختلاف میں آپ کو حاکم نہ مان لیں، پھر جو فیصلے آپ ان میں کردیں ان سے اپنے دل میں کسی طرح کی تنگی اور ناخوشی نہ پائیں اور فرمانبرداری کے ساتھ قبول کرلیں''۔

رسول اللہ کے انتقال کے بعد جب حضرت ابوبکر صدیقؓ نے خلیفۃ الرسول کی حیثیت سے مملکتِ اسلامیہ کی ذمہ داری سنبھالی، تو بحیثیت حاکم جو منصب رسول اللہ کے پاس تھا وہی منصب (خلیفۃ الرسول) کی صورت میں حضرت ابوبکر صدیقؓ کو منتقل ہو گیا۔جس کی بنا پر لوگوں کے لئے لازمی تھا کہ وہ اپنے اپنے اختلافی امور کے تصفیہ کے لئے حضرت ابوبکرؓ کے سامنے پیش ہوا کریں، اور

انھوں نے ایسا ہی کیا جس کی بدولت اس وقت امت میں نہ تو کوئی اختلاف پیدا ہوا اور نہ ہی کوئی فرقہ بنا۔ان کے انتقال کے بعد یہی منصب (خلیفۃ الرسول) حضرت عمر فاروق ؓ کو منتقل ہو گیا۔خلفائے راشدین کے بعد ہونا تو یہ چاہیے تھا کہ افرادِ اُمت میں سے جو بھی اس منصبِ اعلیٰ کے لائق ہوتا اسے اس پر فائز کر دیا جاتا اور یوں یہ سلسلۂ خلافت آگے بڑھتا چلا آتا۔لیکن ابلیسی فنونِ لطیفہ کے ایجاد کرنے والوں کو یہ گوارا ہی کب تھا۔

اسی لئے حضرت عثمان غنی ؓ اور حضرت علیؓ کے دورِ خلافت میں دشمنانِ اسلام کی جن ریشہ دوانیوں کی بدولت مملکتِ اسلامیہ سخت دشواریوں سے دوچار رہی۔اس کا اندازہ اس ایک واقعہ سے بھی بخوبی لگایا جا سکتا ہے، کہ جب کسی شخص نے حضرت علیؓ کے دورِ خلافت میں ان سے سوال کیا اور پوچھا، کہ جناب حضرت ابوبکرؓ اور عمرؓ کے دورِ خلافت میں تو ہر طرف امن وامان کا دور دورہ تھا، یہ کیا بات کہ حضرت عثمانؓ اور آپ کے دورِ خلافت میں ایسا نہیں؟ جواب میں حضرت علیؓ نے اس کو نہایت سادہ مگر پُر از حکمت الفاظ میں فرمایا کہ:۔

''بات صرف اتنی ہے کہ اُن حضرات کے مشیر، ہمارے جیسے لوگ تھے اور ہمارے مشیر، تمہارے جیسے لوگ ہیں۔''

امتِ مسلمہ کی بدقسمتی کہ ان کے بعد وہ سلسلہ جاری نہ رہ سکا اور خلافت کی جگہ ملوکیت اور سلطانی نے لے لی انھوں نے اپنے تحفظات اور مفادات کے پیشِ نظر سیاسی امور کے فیصلے کتاب اللہ سے باہر نکل کر کرنے شروع کر دیئے اور اللہ کے دین کو امورِ سلطنت سے الگ کر دیا۔یہی وہ زمانہ تھا جس میں غرض کے بندوں نے مذہب اور سیاست کو اپنے مفادات کے پیشِ نظر دو الگ الگ شعبوں میں تقسیم کر دیا، انھوں نے حقیر سے دنیوی مفاد کی خاطر امت مسلمہ کے مستقبل کو ایسا داؤ پر لگایا کہ وہ آج تک نہیں سنبھل پائی۔دورِ اول کے بعد سے نام نہاد مسلمان خلیفوں نے حدیثِ نبوی کے نام پر دنیوی مفادات کے پیشِ نظر کیا کیا گل نہیں کھلائے! ملاحظہ فرمائیں:۔

حدیث کے مدوّن اول محدثین کے نزدیک امام ابنِ شہاب زہری متوفی ۱۲۴ھ تسلیم کئے گئے ہیں۔

''یہ خلفائے بنی اُمیہ کے درباروں میں بہت معزز تھے اور اُن ہی کے حکم سے اِنھوں نے حدیثیں لکھیں۔وہ خود کہتے ہیں کہ ہم کو حدیثوں کا لکھنا گوارا نہ تھا۔لیکن ان خلفاء نے مجبور کر کے لکھوایا''۔

بحوالہ مختصر جامع بیان العلم ۔صفحہ ۳۸

تاریخ کے اس بیان کے مطابق، دین اور سیاست کو جس مکروہ طریقہ سے الگ کیا گیا وہ سب کے سامنے ہے۔وہاں کے منافقانہ ماحول کے زیرِ اثر ''اللہ ورسول'' کے اس قرآنی مفہوم کی گنجائش ہی نہ رہی جس کے تحت پہلی ''مملکتِ اسلامیہ مدینہ'' وجود میں لائی گئی تھی۔اب اُس نظام کی غیر موجودگی میں شاطر حکمرانوں کو اپنے دُنیوی مفادات کے حصول کی خاطر ''اللہ ورسول'' کی اطاعت کے

لئے کسی نئی اصطلاح اور نئے مفہوم کی ضرورت پڑ گئی۔جس کے لئے انھوں نے کمال مہارت کے ساتھ مذہبی پیشوائیت کے اجارہ داروں کو اپنے ساتھ ملا کر اپنی مرضی کے فتوے حاصل کئے اور رسول کی سنت کو اللہ کی سنت سے الگ کر دیا، اور اسلام کے نام پر سادہ لوح مسلمانوں کی آنکھوں میں دھول جھونک کر دین کو سیاست سے الگ کر دیا۔اس کے بعد جو ہونا تھا، تسلسل کے ساتھ وہی کچھ ہوتا چلا آ رہا ہے۔

جلالِ پادشاہی ہو کہ جمہوری تماشا ہو
جدا ہو دین سیاست سے تو رہ جاتی ہے چنگیزی

اب اللہ کی اطاعت تو اس کی ''کتاب'' کی اطاعت سے ہو جاتی تھی، لیکن مسئلہ یہ تھا کہ اب رسول کی اطاعت کیسے کی جائے؟ خلافتِ راشدہ میں تو ''اللہ ورسول'' کا عملی مفہوم سامنے تھا اس لئے احادیث کو مرتب کرنے کی ضرورت ہی محسوس نہیں کی گئی تھی، لیکن اب ایسا کرنا ناگزیر ہو گیا اور احادیث کے مجموعے مرتب ہونے لگے۔ان حالات میں ''اللہ ورسول'' کی اطاعت کا طریقہ کار بھی بدل گیا، دور دراز کے لوگوں نے انفرادی طور پر ''قرآن وحدیث'' کے مطابق اپنے متنازعہ فیہ معاملات کے فیصلے کرنا شروع کر دیئے، ایک مدت کے بعد وہاں کے رہنے والوں کے لئے وہی ''اللہ ورسول'' کی اطاعت کا طریقہ قرار پا گئے، جسے عرفِ عام میں ''قرآن و سنت'' کے نام سے تعبیر کیا جاتا ہے۔چونکہ انفرادی فیصلوں میں اختلاف ناگزیر تھا اس لیے مختلف فرقوں کے نزدیک اختلافِ رائے کی بنا پر'' قرآن وحدیث'' کے فیصلے بھی مختلف ہوتے چلے گئے۔اپنے اختلافات کو کم یا ختم کرنے کے لئے مناظروں اور مباحثوں کا رواج چل نکلا جن سے رہی سہی کسر بھی نکل گئی اور امت کی وحدت کا جنازہ نکل گیا۔آج حالت یہ ہے کہ امت میں بیسیوں فرقے موجود ہیں اور ہر فرقہ اللہ اور رسول کی اطاعت کا مدعی اور حقیقی اسلام پر کاربند ہونے کا دعوے دار ہے۔اختلافات کے اس جہنم زار سے نکلنے کا واحد راستہ یہ ہے کہ اللہ نے جس فرقہ بندی کو شرک اور اپنا عذاب قرار دیا ہے ہم اس فرقہ بندی کی زندگی کو یکسر مسترد کر دیں، چاہے وہ مذہب کی صورت میں ہو یا کہ پھر سیاست کی۔فرقہ بندی کسقدر ہولناک اور خطرناک شے ہے، اِس کا اندازہ اُس واقعہ سے لگ سکتا ہے جسے اللہ نے سورۃ طٰہٰ میں بیان کیا ہے، کہ جب حضرت موسیٰ علیہ السلام چند دنوں تک کے لئے کہیں باہر تشریف لے جاتے ہیں اور بنی اسرائیل کو حضرت ہارون کی زیرِ نگرانی چھوڑ جاتے ہیں جب آپ واپس آتے ہیں تو دیکھتے ہیں کہ قوم نے گوسالہ پرستی اختیار کر رکھی ہے۔اس کا جو اثر حضرت موسیٰ پر ہو سکتا تھا وہ ظاہر ہے۔وہ جلال میں آ کر اپنے بھائی ہارونؑ سے پوچھتے ہیں کہ:۔

مَا مَنَعَكَ إِذْ رَأَيْتَهُمْ ضَلُّوٓا ۲۰/۹۲

''جب تو نے دیکھا تھا کہ لوگ گمراہ ہو رہے ہیں تو وہ کون سی بات تھی جس وجہ سے تم نے انہیں (اس روش سے) روکا نہیں''

حضرت ہارون علیہ السلام بھی اللہ کے رسول ہیں کوئی عام آدمی نہیں وہ جواب میں فرماتے ہیں کہ:۔

إِنِّي خَشِيتُ أَن تَقُولَ فَرَّقْتَ بَيْنَ بَنِيٓ إِسْرَٰٓءِيلَ وَلَمْ تَرْقُبْ قَوْلِي ۲۰/۹۴

''مجھے یہ اندیشہ گزرا کہ تو آ کر یہ نہ کہہ دے کہ (اے ہارون) تو نے بنی اسرائیل میں تفرقہ ڈال دیا اور میرے فیصلے کا بھی انتظار نہ کیا؟''

غور فرمایا آپ نے، کہ حضرت ہارون نے کیا جواب دیا ہے؟ انھوں نے کہا کہ اگر یہ لوگ جہالت کی وجہ سے، کچھ وقت کے لئے مورتی کی پوجا کرنے لگ گئے تھے، تو میرے نزدیک یہ اتنا بڑا جرم نہیں تھا بڑا جرم تو ان میں تفرقہ پیدا کر دینا تھا۔ یہ جواب ایک نبی کی طرف سے دیا گیا اور دوسرا نبی اس جواب سے مطمئن ہو جاتا ہے۔ اب صاف ظاہر ہے کہ گوسالہ پرستی بھی شرک تھی اور تفرقہ انگیزی بھی شرک۔ لیکن تفرقہ انگیزی کا شرک ایسا شدید اور سنگین تھا کہ اس سے بچنے کے لئے وقتی طور پر گوسالہ پرستی کے شرک کو روا رکھا جا سکتا تھا۔

چنانچہ قرآن اس بات پر شاہد ہے کہ گوسالہ پرستی کے جرم کا ازالہ توبہ سے ہو گیا:۔

فَتَابَ عَلَيْكُمْ ۚ إِنَّهُۥ هُوَ ٱلتَّوَّابُ ٱلرَّحِيمُ ۲/۵۴

''تو اس نے تمہاری توبہ قبول کی، وہ توبہ قبول کرنے والا اور رحم والا ہے''

قرآنِ حکیم کے ارشاد کے مطابق جب بنی اسرائیل کو گائے (سانڈ) کے ذبح کرنے کے لئے کہا گیا تو انھوں نے اس حکم کی تعمیل کے سلسلہ میں حیل و حجت سے کام لینا شروع کر دیا، یعنی کبھی اس کی عمر کے بارے میں پوچھتے کہ اس کی عمر کتنی ہونی چاہئے، کبھی اس کے رنگ اور قد کاٹھ کے بارے میں سوال کرتے، یہ سب انھوں نے اس لئے نہیں کیا تھا کہ بات ان پر واضح نہیں تھی بلکہ وہ یہ اچھی طرح جانتے تھے کہ اللہ ان کے ہاتھوں سانڈ (دیوتا) اس لئے ذبح کروانا چاہتا ہے تا کہ اس کی عقیدت اور محبت کے جو جذبات ان کے دل کی گہرائیوں میں گھر کر چکے ہیں وہ نکل جائیں۔ بالآخر انہیں اپنے ہی ہاتھوں سے اپنے معبود کے گلے پر چھری چلانی پڑی۔

گو کہ گوسالہ پرستی اور فرقہ پرستی دونوں ہی شرک اور قابلِ مذمت جرم ہیں لیکن جو چیز ایک شرک کو دوسرے شرک سے متمیز کرتی اور اسے سنگین بناتی ہے وہ غور طلب بھی ہے اور سبق آموز بھی۔ دیکھا جائے تو مورتی کی پوجا کے مضر اثرات صرف پجاری کی ذات تک ہی محدود رہتے ہیں اس کے صحیح یا پھر غلط پوجا پاٹ بجالانے کی پاداش میں کسی دوسرے انسان کی ذات پر نہ تو کوئی برا اثر پڑتا ہے اور نہ ہی تعلیم وصحت یا غربت وامارت پر، لیکن فرقہ بندی کے نتیجہ میں انسان کی جتنی تذلیل اپنے ہی جیسے دوسرے انسان کے ہاتھوں واقع ہوتی ہے اس کی مثال پیش نہیں کی جا سکتی۔

اسی لئے عدالتِ خداوندی میں پارٹی بازی کو نہایت سنگین جرم اور موجبِ عذاب قرار دیا گیا ہے اس کا اندازہ ان آیات سے لگ سکتا ہے ملاحظہ فرمائیں۔

مُنِيبِينَ إِلَيْهِ وَٱتَّقُوهُ وَأَقِيمُواْ ٱلصَّلَوٰةَ وَلَا تَكُونُواْ مِنَ ٱلْمُشْرِكِينَ ۳۰/۳۱

''(لوگو!) اللہ تعالٰی کی طرف رجوع ہو کر اس سے ڈرتے رہو اور صلوٰۃ کو قائم رکھو اور مشرکین میں سے نہ ہو جاؤ''

اب اس کا قُرآنی مفہوم ملاحظہ فرمائیں:۔

''یہ نظام کیا ہے؟ یہ کہ سفرِ زندگی میں تمہارا ہر قدم اس منزل کی طرف اٹھے جو خدا نے تمہارے لئے تجویز کی ہے تم اس کی پوری پوری طرح نگہداشت کرو۔ اس کے لئے نظامِ صلوٰۃ قائم کرو۔ جس میں ہر فرد بطیبِ خاطر قوانینِ خداوندی کا اتباع کئے چلا جاتا ہے۔ اس اتباع اور اطاعت میں کسی اور کے قانون اور فیصلے کو شریک نہ کرو۔''

حوالہ مفہوم القرآن

مِنَ ٱلَّذِينَ فَرَّقُواْ دِينَهُمْ وَكَانُواْ شِيَعًا ۖ كُلُّ حِزْبٍۭ بِمَا لَدَيْهِمْ فَرِحُونَ ۳۰/۳۲

''ان لوگوں میں سے جنھوں نے اپنے دین کو ٹکڑے ٹکڑے کر دیا اور خود بھی گروہ گروہ ہو گئے، ہر گروہ اس چیز پر جو اس کے پاس ہے مگن ہے''

''لہٰذا تم بڑی احتیاط برتنا کہ اس طرح توحید کے پیرو بن کر، پھر سے مشرک نہ بن جاؤ۔ یعنی ان لوگوں میں سے نہ ہو جاؤ جنھوں نے اپنے دین کو ٹکڑے ٹکڑے کر دیا، اور اس طرح امتِ واحدہ رہنے کی بجائے مختلف فرقوں میں بٹ گئے۔ فرقوں میں بٹ جانے کے بعد حالت یہ ہو جاتی ہے کہ ہر فرقہ سمجھتا ہے کہ جس طریقے پر ہم چل رہے ہیں، وہی حق وصداقت کی راہ ہے۔ اس لئے وہ اپنے آپ میں مگن ہو کر بیٹھ جاتا ہے۔''

حوالہ مفہوم القرآن

فرقہ بندی اور آپس کے اختلافات سے پیدا ہونے والے نقصانات کا جو نقشہ قُرآنِ حکیم نے کھینچا ہے، اگر کبھی ہم چاہیں تو اس کی تعلیم کی روشنی اور اس کے دکھائے ہوئے راستے پر گامزن ہو کر اپنے موجودہ معاشرہ کی تشکیلِ نو سے فرقہ بندی سے پیدا ہونے والے ان تمام تر مصائب اور مشکلات سے نجات حاصل کر سکتے ہیں جو صدیوں سے ہم پر مسلط ہیں۔ اب ظاہر ہے کہ جب تک ہم فرقہ بندی میں مبتلا رہیں گے اللہ کے قانون کے مطابق اس کا عذاب بھی ہم پر مسلط رہے گا۔ اس لئے کہ یہ معجزات وکرامات کی دنیا نہیں، یہ عملِ مکافات کی دنیا ہے۔ احکامِ الٰہی پر کاربند ہوئے بغیر، ہمارا ہر ایک قدم جس کے بارے میں ہم سمجھتے ہیں کہ وہ منزلِ مراد کی جانب اُٹھ رہا ہے اور ہم عنقریب جنتِ ارضی میں پہنچنے والے ہیں، زعمِ باطل اور بے بنیاد ثابت ہوگا۔ اگر ہم نے مزید دیر کر دی اور سنبھلنے کا آخری موقعہ تک گنوا دیا، تو جن ناکامیوں اور نامرادیوں کے جہنم کے کنارے تک پہنچ چکے ہیں، اس میں گرنے سے ہمیں کوئی نہیں بچا سکے گا۔ اگر تو ہم خود کو اور اپنی آنے والی نسلوں کو جہنم میں گرنے سے بچانا چاہتے ہیں تو پھر سوائے اللہ کی کتاب کی اتباع کے اور کوئی دوسرا

ایسا راستہ نہیں بچتا جو ہمیں وادیٔ خیر و برکت تک لے جانے والا ہو۔

وَهَـٰذَا كِتَـٰبٌ أَنزَلۡنَـٰهُ مُبَارَكٌ فَٱتَّبِعُوهُ وَٱتَّقُواْ لَعَلَّكُمۡ تُرۡحَمُونَ ۱۵۵/۶

''یہ ایک کتاب ہے جس کو ہم نے بھیجا بڑی خیر و برکت والی، سو اس کا اتباع کرو اور ڈرو تا کہ تم پر رحم ہو۔''

کبوتر کی طرح آنکھیں بند کر لینے سے تو حقائق بدل نہیں جایا کرتے، ہماری حالت مسجدِ ضرار کی تعمیر کرنے والے ان مکذبین اور منافقین سے کچھ بھی کم نہیں، جو کہا کرتے تھے کہ وہ بڑے ہی پکے مومن اور مسلمان ہیں۔ لیکن اللہ نے ان کے متعلق فرمایا ہے کہ:۔

وَٱلَّذِينَ ٱتَّخَذُواْ مَسۡجِدٗا ضِرَارٗا وَكُفۡرٗا وَتَفۡرِيقَۢا بَيۡنَ ٱلۡمُؤۡمِنِينَ وَإِرۡصَادٗا لِّمَنۡ حَارَبَ ٱللَّهَ وَرَسُولَهُۥ مِن قَبۡلُۚ وَلَيَحۡلِفُنَّ إِنۡ أَرَدۡنَآ إِلَّا ٱلۡحُسۡنَىٰۖ وَٱللَّهُ يَشۡهَدُ إِنَّهُمۡ لَكَـٰذِبُونَ ۱۰۷/۹

''اور ان منافقین میں وہ لوگ بھی ہیں (جو اپنی چالوں میں اس حد تک بڑھ گئے ہیں کہ انھوں نے) ایک مسجد تعمیر کر ڈالی (اور اس طرح یہ ظاہر کیا کہ وہ بڑے پکے مومن اور نظامِ خداوندی کے خدمت گزار ہیں) لیکن اِس مسجد سے درحقیقت ان کی غرض یہ تھی کہ اس سے اس نظام کو نقصان پہنچایا جائے، اور کفر کی راہیں کشادہ کی جائیں۔ یعنی مسلمانوں میں تفرقہ پیدا کر دیا جائے اور اس طرح یہ مسجد ان لوگوں کے لئے کمین گاہ بن جائے جو پہلے سے نظامِ خداوندی کے خلاف مصروفِ پیکار ہیں۔ یہ لوگ قسمیں کھا کھا کر کہیں گے کہ ہم نے اس مسجد کو بڑی نیک نیتی سے تعمیر کیا ہے۔ لیکن خدا اس کی شہادت دیتا ہے کہ یہ لوگ بڑے جھوٹے ہیں۔''

اللہ کی شہادت (گواہی) سے زیادہ سچی شہادت اور کس کی ہو سکتی ہے؟ افسوس کہ اللہ کے عطا کردہ نظام سے بے اعتنائی کے نتیجہ میں، ہمارا رشتہ، اللہ و رسول سے منقطع ہو گیا۔ اسے بحال کرنے کے لئے ضروری ہے کہ اس کی طرف خلوصِ دل کے ساتھ رجوع کیا جائے اور اس کی عطا کردہ کتاب (قرآنِ حکیم) کو (تصریفِ آیات) کے مطابق سمجھا جائے، نہ صرف یہ کہ اسے سمجھا جائے بلکہ سمجھنے کے بعد اس کے مطابق ملک میں نظامِ خداوندی کی بنیاد ڈال دی جائے، اس لئے کہ اللہ پر ایمان لانے والوں کو یہ حکم دیا گیا ہے کہ:۔

وَأَنِ ٱحۡكُم بَيۡنَهُم بِمَآ أَنزَلَ ٱللَّهُ ۴۹/۵

''اور (لوگوں) میں کتاب اللہ کے مطابق فیصلے کرو''

اس لئے کہ:۔

وَمَن لَّمۡ يَحۡكُم بِمَآ أَنزَلَ ٱللَّهُ فَأُوْلَـٰٓئِكَ هُمُ ٱلۡكَـٰفِرُونَ ۵/۴۴

''جولوگ کتاب اللہ کے مطابق حکومت قائم نہیں کرتے، وہی کافر ہیں۔''

اسی قُرآں میں ہے اب ترکِ جہاں کی تعلیم
جس نے مومن کو بنایا مہ و پروین کا امیر
تن بہ تقدیر ہے آج ان کے عمل کا انداز
تھی نہاں جن کے ارادوں میں خدا کی تقدیر
تھا جو نا خوب بتدریج وہی خوب ہوا
کہ غلامی میں بدل جاتا ہے قوموں کا ضمیر

جہاں تک کہ کتاب اللہ کے پڑھنے سے ثوابِ دارین حاصل ہوتا ہے، ضرور ہوتا ہے اگر اسے سمجھ کر پڑھا جائے تو۔قُرآنِ حکیم کی تعلیم کے مطابق ''ثواب'' معاوضہ جو کہ انگریزی میں Return کہلاتا ہے۔اصولاً یہ معاوضہ (ثواب) ہر انسان کو اُس کی محنت کے صلہ میں ملتا ہے۔ایسا ہرگز نہیں ہوسکتا کہ مزدوری تو کوئی دوسرا کرے لیکن اس کا معاوضہ کسی اور کو دے دیا جائے، یہ عدل کے منافی ہے اور اللہ ہرگز عدل کے خلاف کچھ نہیں کرتا۔عمل کی دنیا میں معاوضہ کے لئے عملی کام کرنے پڑتے ہیں۔اسی لئے محنت ومشقت کے معاوضہ کے سلسلہ میں قُرآن حکیم کا واضح طور پر یہ ارشاد ہے کہ:۔

وَأَن لَّيۡسَ لِلۡإِنسَـٰنِ إِلَّا مَا سَعَىٰ ۵۳/۳۹

''انسان کے لئے وہی کچھ ہے جس کے لئے اس نے خود محنت کی۔''

اس میں اللہ تعالیٰ نے معاشیات کا سنہرہ اصولِ عمرانی بتایا ہے۔اس سے اسلامی نظام کے خدوخال کے جو واضح نقوش ابھر کر سامنے آئے، ان سے یہ سبق ملتا ہے کہ:۔

1) انسان کو صرف محنت کا معاوضہ لینا چاہیئے
2) بلکہ اسلامی معاشرہ میں فرد کا مقام صرف اس کی محنت سے متعین کرنا چاہیئے
3) سرمائے یعنی (Capital) کا معاوضہ، یا یونہی بغیر محنت کے کچھ لینا درست اور جائز نہیں۔اس سے مراد یہ بھی

ہے کہ اپنی فاضلہ دولت سے جائدادیں کھڑی کر کے کرائے پر چڑھا دینا اور محنت کئے بغیر پیسے اکٹھے کرتے رہنا بھی جائز نہیں

حکمِ حق ہے لیسَ لا انسان الّا ما سعی
کھائے کیوں مزدور کی محنت کا پھل سرمایہ دار

چنانچہ ''سنت اللہ'' وہ اصول اور مستقل قدر ہے جسے کوئی بدل نہیں سکتا، نہ ہی ذاتی مفادات کے تحفظات کے پیشِ نظر اسے ناجائز طور پر استعمال کرنے کی جرأت ہی کر سکتا ہے۔ اور سچ یہ ہے کہ اللہ کے نظام میں ایسا کرنے کی نوبت ہی نہیں آتی، کیونکہ ''سنت اللہ'' کے مطابق قائم کردہ معاشرہ، ہر طرح کی محرومی و محکومی سے پاک ہوتا ہے۔ اس لئے کہ اس میں کوئی انسان، اپنے ہی جیسے کسی دوسرے انسان کے خودساختہ قوانین کے سامنے اپنا سر نہیں جھکاتا۔ اس میں حاکم و محکوم کا کوئی تصور ہی نہیں ہوتا۔ وہاں پر صرف اللہ کے قوانین کی محکومیت اختیار کی جاتی ہے۔ وہاں کا ہر شہری، بلاتخصیصِ ملت وقوم، آدم کا بچہ ہونے کی حیثیت سے واجب الاحترام اور صاحبِ کرم ہوتا ہے۔ مملکتِ اسلامیہ میں کوئی اپنی احتیاج کی غرض سے کسی کے آگے ہاتھ نہیں پھیلاتا تاکہ اس کی عزتِ نفس مجروح نہ ہو۔ وہ مملکت سے اپنے لئے سامانِ نشوونما کو بطورِ حق طلب کر سکتا ہے۔ مملکتِ اسلامیہ کو چلانے والی اتھارٹی (جماعتِ مومنین) اپنی حاکمیت کا دعویٰ بھی نہیں کرتی، وہ یہی کہتی ہے کہ حقِ حکمرانی صرف اللہ ہی کو حاصل ہے جو جہانوں کا پالنے والا ہے۔

حَقٌّ مَّعْلُومٌ لِّلسَّآئِلِ وَالْمَحْرُومِ ۷۰/۲۵

کس دریں جا سائل و محروم نیست
عبد و مولا حاکم و محکوم نیست

عملی طور پر اللہ کی محکومیت اختیار کرنے سے مراد حکومتی سطح پر اس کے قوانین کی اطاعت اور تابعداری کرنا ہے۔ اس میں انسانوں کے خودساختہ قوانین کی آمیزش کا کسی بھی طرح کا کوئی عمل دخل نہیں ہوتا، یعنی کہ وہ خالص قرآنی ہوتے ہیں۔ دل و جان کے ساتھ ان پر عمل کرنے والوں کو جماعتِ مومنین کہا جاتا ہے، انہی حضرات کے ہاتھ پر اللہ کا ہاتھ ہوتا ہے۔ ہاتھ پر ہاتھ ہونے سے مراد یہ بھی ہے کہ جو کچھ بھی مملکتِ اسلامیہ کے بیت المال میں سے حق داروں، سوال کرنے والوں اور دیگر امورِ مملکت کے لئے جماعتِ مومنین کے ہاتھوں عدل و انصاف کے مطابق خرچ ہوتا ہے، وہ ایسے ہی ہے جیسے کہ خود اللہ اس مال کو اپنے ہاتھ سے خرچ کر رہا ہو۔ اس سے مملکتِ اسلامیہ کے عدل اور انصاف کا اندازہ لگایا جا سکتا ہے کہ وہ کس قدر اپنی انتہا کو پہنچا ہوتا ہے۔ ان کے آپس کے تمام معاملات باہمی مشوروں سے طے پاتے ہیں۔ چنانچہ، وحدت و توحید کے اس حسین امتزاج کی بدولت اصطلاحِ عام میں وہ اللہ کی سنت کے

مطابق بازاروں، گلیوں اور کوچوں میں چلتے پھرتے قرآن کہلاتے ہیں۔

وَأَقَامُواْ ٱلصَّلَوٰةَ وَأَمۡرُهُمۡ شُورَىٰ بَيۡنَهُمۡ ۴۲/۳۸

وہ ''اقام الصلوٰۃ'' کرتے ہیں اور ان کے معاملات باہمی مشورہ سے طے پاتے ہیں۔''

انہی حقائق کے پیشِ نظر اقبال نے کہا تھا کہ:۔ ''بندۂ مومن خدا کی آیات میں سے ہے''۔

سُنت اللہ یا سُنت الرّسول؟

قارئین، ہمیں اس مضمون میں دیکھنا یہ ہے کہ ہمارے اور قُرآن کے درمیان وہ کون سی چیز حائل ہے جس کی وجہ سے صراطِ مستقیم ہماری نگاہوں سے اوجھل ہوگیا ہے۔ اس گتھی کو سلجھائے بغیر اس راستہ یا منہاج (صراطِ مستقیم) تک ہماری رسائی ممکن نہیں، جسے کہ ہمارے لئے متعین اور خاص کیا گیا ہے۔ یہ سن کر شاید آپ کو تعجب ہو لیکن سچ یہی ہے کہ ''سنت'' ہی وہ ایک ایسی چیز ہے جس کی کنہ و حقیقت سے ناواقفیت اور بے خبری کی بنا پر ہم مسلمانوں میں فرقوں اور پارٹیوں نے رواج پالیا۔ میری اِس بات سے کسی رَسا ذہن میں یہ خیال ضرور آسکتا ہے کہ ایسا کیونکر ممکن ہوا؟ ''سنت'' ہی تو ہماری ساری زندگی پر محیط ہے! اور یہی ہماری زندگی کو جنت بھی بناتی ہے اور جہنم بھی! جی ہاں، خود مجھے بھی اس بات سے پوری طرح اتفاق ہے، لیکن سوال یہ پیدا ہوتا ہے کہ اس کے مطابق چلنے سے جن خوشگوار نتائج کے نکلنے کی امید کی جاتی ہے وہ کہیں نظر کیوں نہیں آتے۔ اصولی طور پر ''سنت'' میں تو یقیناً کوئی جھول نہیں، لیکن اُسے سمجھنے میں ہم غلطی ضرور کر بیٹھے ہیں جس کے نتیجہ میں ہم جہنم کے دہانے تک آپہنچے ہیں۔ ہم سب نے اپنے اپنے طور پر مختلف راستوں کو اپنا کر تمام نظامہائے عالم کو آزما کر دیکھ لیا ہے۔ لیکن اِن راستوں میں سے کسی ایک پر بھی چلنے کے وہ مثبت نتائج سامنے نہیں آئے، جن کی ہم امید لگائے بیٹھے تھے، الٹا ہماری رسوائیوں اور ندامتوں میں روز افزوں اضافہ ہی ہوتا چلا گیا۔

ان حقائق کے پیشِ نظر اصولی طور پر ہمارا یہ فرض بنتا ہے کہ ہم اللہ کے حضور ''توبہ'' کریں، یعنی جہاں سے ہم نے غلط راستے کا تعین کیا تھا اور اندھا دھند اس پر دوڑ پڑے تھے اس مقام پر واپس پلٹ جائیں اور پھر پوری قوت اور صداقت کے ساتھ اللہ کے بتائے ہوئے راستے یعنی صراطِ مستقیم پر گامزن ہوجائیں تاکہ اب تک جو وقت ہم نے غلط راستہ پر چل کر گنوا دیا ہے، نہ صرف یہ کہ اس کا ازالہ ہو جائے بلکہ ہماری سابقہ خطائیں بھی معاف کردی جائیں۔ لیکن اِس کے لئے ضرورت اس امر کی ہے کہ سب سے پہلے یہ معلوم کیا جائے کہ دراصل صراطِ مستقیم ہے کیا، اور ہم اس پر سے اترے کب اور کیسے؟ یہ سب جانے بغیر ہم واپس صراطِ مستقیم پر جا ہی نہیں سکتے۔ توبہ کے بیکار زبانی دعوے تو ہم صدیوں سے کرتے چلے آرہے ہیں لیکن کیا کوئی تبدیلی واقع ہوئی؟ جہاں تک اس بات کا تعلق ہے کہ ہم صراطِ مستقیم پر سے اترے کب تھے؟ اِس کا آسان جواب یہ ہے کہ تب، جب ہم میں فرقوں نے رواج پالیا۔ ہم سب جانتے ہیں کہ اللہ

نے تفرقہ بازی کو اپنا عذاب قرار دیا ہے چنانچہ جب تک فرقہ پرستی باقی رہے گی اللہ کا عذب بھی ہم پر مُسلط رہے گا۔ آج اگر کوئی یہ دعویٰ کرتا ہے کہ ہم صراطِ مستقیم پر چل رہے ہیں تو وہ دراصل جھوٹا ہے یا فریب خوردہ، اِس لئے کہ ہم جانتے ہیں کہ فرقوں کا عذاب ہم سب پر شدت کے ساتھ مُسلط ہے۔ سوال یہ ہے کہ اب کیا کیا جائے؟

اب کرنے کا کام یہ ہے کہ جس ''سنت'' کے غلط استعمال کے نتیجے میں فرقوں نے رواج پایا تھا اُس کی اصلاح کی جائے، لیکن یہ اصلاح قُرآنِ حکیم کی روشنی میں چل کر کرنی ہوگی۔ تب ہی کہیں جا کر ہماری یہ کوشش ثمر بار ہوگی اور توبہ کرنے کے مترادف بھی قرار پائے گی۔ اس کے بعد وہ صراطِ مستقیم جو آج تک ہماری نظروں سے اوجھل رہا، وہ خود ہی جھلمل جھلمل کرتا سامنے آجائے گا۔ پھر اُس پر چلنے کے بعد جو درخشاں نتائج نکل کر سامنے آئیں گے، زمانہ اُن کا خود گواہ ہوگا۔ اور یوں لوگوں کے قلب واذہان میں وَحدت کا وہی تصور قائم ہو جائے گا جو رسول اللہ کے زمانے میں قائم تھا۔

اسلامی نکتہءنگاہ سے یہ بات ہرگز نہیں بھولنی چاہیئے کہ قرآنِ حکیم میں لفظ ''سنت'' فقط ''سنت اللہ'' کی اصطلاح میں ہی استعمال ہوا ہے نہ کہ کسی غیر ''سنت'' کے لئے۔ ''سنت اللہ'' ہی ایک ایسی سنت ہے جس میں کوئی تبدیلی نہیں ہوسکتی، یہ ایک ایسی اٹل حقیقت ہے جس کے لئے قرآن خود کہتا ہے کہ:۔

فَلَن تَجِدَ لِسُنَّتِ ٱللَّهِ تَبۡدِيلًا ۳۵/۴۳ ''اللہ کے قانون (سنت) میں کبھی تبدیلی نہیں ہوتی''

چنانچہ جہاں تک کائنات اور اشیائے کائنات کے ان قوانین کا تعلق ہے جن کے تحت وہ ان پر چلنے کے پابند بنا دیئے گئے ہیں اور ان میں سے کوئی ایک بھی ان قوانین کی خلاف ورزی کرنے پر قادر نہیں۔ بلکہ بلا چوں و چراں انہی قوانین کے مطابق اپنا اپنا فریضہء منصبی جو اِن کے سپرد کر دیا گیا ہے سرانجام دیئے چلے جا رہے ہیں، اور یہی ان کی تسبیح اور صلوٰۃ کہلاتی ہے۔ یہیں سے تسبیح اور صلوٰۃ کا اصل مفہوم بھی نکھر اور ابھر کر سامنے آجاتا ہے کہ یہ وہ تسبیح نہیں جسے کہ ہاتھ میں لے کر لوگ ورد و وظائف کرتے ہیں اور نہ ہی اُن کی یہ وہ صلوٰۃ ہے جو مسجدوں میں ادا کی جاتی ہے۔ دراصل یہ وہ قوانینِ الٰہی ہیں جو ان کے اندر رکھ دیئے گئے ہیں اور جن پر چلنے کے یہ پابند بنا دیئے گئے ہیں۔ یہ ایک عملی پروگرام ہے جس پر ہر شے کو پوری قوت کے ساتھ چلنا پڑتا ہے۔

مثال کے طور پر اجرامِ سماوی کے متعلق کہا گیا ہے کہ:۔

وَكُلٌّ فِي فَلَكٍ يَسۡبَحُونَ ۵/۴۰

''وہ تمام اپنے اپنے دوائر میں تیزی کے ساتھ تیر رہے ہیں''

پرندوں کے متعلق ہے کہ:۔

كُلٌّ قَدْ عَلِمَ صَلَاتَهُۥ وَتَسْبِيحَهُۥ ۲۴/۴۱ ''ہر ایک اپنی صلوٰۃ اور تسبیح سے واقف ہے''

یعنی، ان میں سے ہر ایک، فضا کی پہنائیوں میں، اپنے اپنے راستے سے بھی واقف ہے۔

کائنات کی پستیوں اور بلندیوں میں جو کچھ ہے اس کے متعلق کہا گیا کہ:۔

سَبَّحَ لِلَّهِ مَا فِى ٱلسَّمَٰوَٰتِ وَٱلْأَرْضِ ۱/۵۷

''کائنات کی پستیوں اور بلندیوں میں جو کچھ ہے وہ سب اس پروگرام کی تکمیل میں جو قانونِ خداوندی کی رو سے ان کے لئے متعین کیا گیا ہے پوری شدت اور تیزی سے مصروفِ عمل ہیں''

شہد کی مکھی کے متعلق بھی کچھ ایسا ہی کہا گیا ہے کہ:۔

وَأَوْحَىٰ رَبُّكَ إِلَى ٱلنَّحْلِ أَنِ ٱتَّخِذِى مِنَ ٱلْجِبَالِ بُيُوتًا وَمِنَ ٱلشَّجَرِ وَمِمَّا يَعْرِشُونَ ۱۶/۶۸

''شہد کی مکھی کو دیکھو۔ خدا نے جبلی طور پر اس کے اندر یہ راہنمائی رکھ دی ہے کہ وہ پہاڑوں میں، درختوں میں، اور ان جالیوں میں جو اِس غرض کے لئے بنائی جاتی ہیں، اپنا چھتہ بنائے''

وَأَوْحَىٰ رَبُّكَ إِلَى ٱلنَّحْلِ ۱۶/۶۸ ''شہد کی مکھی کی طرف خدا نے وحی کر رکھی ہے''۔

یعنی اس کے لئے خدا کا قانون یہ ہے کہ وہ یہ کچھ کرے۔ یہ ''وحی'' حکم اور امر کے معنوں میں آتی ہے اسی کو ''قانونِ فطرت'' کہتے ہیں۔

أَفَغَيْرَ دِينِ ٱللَّهِ يَبْغُونَ وَلَهُۥٓ أَسْلَمَ مَن فِى ٱلسَّمَٰوَٰتِ وَٱلْأَرْضِ طَوْعًا وَكَرْهًا وَإِلَيْهِ يُرْجَعُونَ ۳/۸۳

''کیا وہ (انسان) اللہ تعالیٰ کے دین کے سوا اور دین کی تلاش میں ہیں؟ حالانکہ تمام آسمانوں والے اور سب زمین والے اللہ تعالیٰ ہی کے فرمانبردار ہیں وہ ''طوعاً وکرہاً'' بطیبِ خاطر یا بادلِ ناخواستہ، سب اُسی کی طرف لوٹائے جائیں

گے۔''

ان آیات سے یہ بات پوری طرح واضح ہوگئی کہ سوائے انسانوں کے، باقی کائنات کی ہر شے پر بمعہ فرشتوں کے یہ لازم ہے کہ وہ طوعاً وکرہاً اللہ کے ان قوانین کی تابعداری کریں جنھیں ان کے اندر رکھ دیا گیا ہے، اور یہی ان کے لئے ''سنت اللہ'' کی پیروی اور تابعداری کرنا کہلاتی ہے اور یہی ان کی تسبیح اور صلوٰۃ بھی ہے۔ ازل سے یوں ہی اللہ کا نظامِ ربوبیت، خارجی کائنات میں ازخود کارفرما چلا آرہا ہے۔ اللہ جب تک چاہے گا اِسے قائم رکھے گا۔
البتہ باقی اشیائے کائنات کے مقابلہ میں انسانی دنیا کے لئے تبدیلی یہ کی گئی کہ جو قوانین اس کے اندر جبلی طور پر رکھے جانے تھے وہی قوانین بذریعہ ''وحی'' رسولوں کی وساطت سے لوگوں تک پہنچا دیئے گئے، انصاف کا تقاضہ پورا کرنا ضروری تھا۔ اگر اِنھیں آزاد چھوڑ دیا جاتا تو اُنھیں یہ بہانہ مل جاتا کہ اگر اُن کو صحیح اور غلط کا پتہ ہوتا تو وہ غلط راستے پر کبھی نہ چلتے۔ لیکن وحی کے پانے کے بعد، ایسا کہنے کا کسی کے پاس کوئی جواز نہیں بچا۔

اس کے بعد یہ اعلان کر دیا گیا کہ:۔

وَتَمَّتْ كَلِمَتُ رَبِّكَ صِدْقًا وَعَدْلًا لَّا مُبَدِّلَ لِكَلِمَـٰتِهِۦ ۶/۱۱۵

''تیرے رب کی طرف سے عطا کردہ نظریۂ حیات، صداقت اور عدل کے ساتھ مکمل ہوگیا۔ اس میں کوئی تبدیلی کرنے والا نہیں۔''

''ان قوانین میں کوئی تبدیلی کرنے والا نہیں'' کے الفاظ نہایت ہی غور طلب ہیں، یعنی کہ جس طرح سے ''قوانینِ فطرت'' تمام اشیائے کائنات کو اپنی آغوش میں لئے اُس منزل کی جانب بڑھ رہے ہیں جسے اللہ نے ان کے لئے مقرر کر رکھا ہے۔ ویسے ہی انسانوں کی منزل بھی مقرر ہے لیکن انھیں اُس تک لے جانے کے لئے اشیائے کائنات کی طرح قوانینِ فطرت ان کا ہاتھ پکڑ کر لے جانے سے تو رہے۔ اس لئے انسان کو یہ بتا دیا گیا ہے کہ جس طرح سے کوئی میرے ''قوانینِ فطرت'' کو نہیں بدل سکتا، ویسے ہی کوئی میرے قُرآن کے قوانین کو بھی نہیں بدل سکتا۔ یہ الگ بات کہ تم اس کے معانی و مفہوم کو اپنی مرضی کے مطابق جو چاہو لکھ لو لیکن یہ وہ کتاب ہے جس کی کسی بات میں بھی کوئی تضاد نہیں۔ جب کہ تمہارے ہاتھوں کی لکھی کتابوں کا یہ حال ہے کہ وہ تضادات و فسادات کا پلندہ ہیں۔ جو میرے قوانین کے مطابق چلے گا وہ اُسے اُس کی مقرر کردہ منزل تک پہنچا کر رہیں گے، اور جو اُن سے اعراض برتے گا وہ راستے ہی میں جہنم کا ایندھن بن کر رہ جائے گا۔
اسی بات کو یوں بھی سمجھا جا سکتا ہے کہ، چونکہ ہمیں اللہ نے مجبورِ محض نہیں بنایا کہ ہم بھی کائنات کی باقی تمام اشیاء کی طرح ''طوعاً وکرہاً'' اس کے عطا کردہ نظام کی پیروی کریں بلکہ اسے ہماری مرضی پر چھوڑ دیا گیا کہ اگر ہمارا جی چاہے تو ان قوانین کی پیروی

کریں اوران کے مطابق اسلامی حکومت قائم کریں، اگر ایسا نہ کرنا چاہیں تو اس میں بھی کوئی زبردستی نہیں، انگریزوں کا جمہوری نظامِ سرمایہ داری ہو یا روسیوں کا نظامِ کمیونزم اور یا پھر عربوں کے نظامِ ملوکیت اور ڈکٹیٹر شپ، ہم ان میں سے کسی کو بھی اِسلام کے نظام پر ترجیح دے کر اپنا لینے میں خودمختار اور آزاد ہیں۔

اور یا پھر اِن تمام مروجہ نظاموں کی نفی کرتے ہوئے پاکستان میں، مدینہ منورہ کی اُسی اسلامی مملکت کی طرز اور ماڈل پر اسلامی نظام کو تشکیل دے لیں، جسے نبی اکرم صلی اللہ علیہ وسلم نے قُرآن کے قوانین اوراس کے اصولوں کے مطابق قائم کیا تھا۔ جن کی اطاعت کے عوض لوگوں پر اللہ کی نوازشات اور انعام واکرام کے ثمرات کی فراوانی کو دنیا نے اپنی کھلی آنکھوں سے دیکھا تھا۔ لیکن ایک وقت کے بعد جب ہم نے خود ہی ان قوانین سے اپنا منہ موڑ لیا اوران سے اعراض برتا تو اس کے ساتھ ہی ہم پر سے بارانِ رحمت کے نزول کا سلسلہ بھی منقطع ہوگیا۔ اس کے بعد ماحول کی گرمی اور تپش سے ہماری زندگی کی شاداب اور ہری بھری کھیتیاں جھلس کر رہ گئیں۔

اللہ کے عطا کردہ قوانین سے روگردانی کے نتیجہ میں یہی کچھ ہوتا ہے۔ ہم حیوانی سطح سے بھی نیچے گر گئے، حیوانی سطح سے گر جانے کا مطلب یہ ہے کہ حیوانات چونکہ ''قوانینِ فطرت'' کے مطابق چلنے پر مجبور محض ہیں اس لئے ان کے ہاتھوں دنیا میں کسی فساد یا انتشار کے برپا ہونے کا کہیں کوئی خطرہ نہیں۔ لیکن حیوانات کے برعکس، انسانوں کے لئے وحی کی تعلیم اس وقت تک موجبِ رحمت نہیں بن سکتی جب تک کہ وہ دل کی پوری رضا ورغبت کے ساتھ خود اس پر نہ چلنا چاہیں۔ اس لئے ''فطرت'' اور ''اختیار وارادہ'' دوالگ اور متضاد اجنسیاں ہیں۔ اگر انسان کی کوئی ''فطرت'' ہوتی تو اسے ''اختیار اور ارادہ'' کی صلاحیت عطا کرنے اور اسے اس کے استعمال کرنے کا جو مقصد بتایا گیا ہے وہ فوت ہوجاتا اور وہ مقصد یہ تھا کہ تمام انسان ایک قوم بن کر رہیں۔

كَانَ ٱلنَّاسُ أُمَّةً وَٰحِدَةً ۲/۲۱۳ ''تمام نوعِ انسان ایک قوم ہے''

کیوں کہ اللہ کے نزدیک، انسان کا ہر بچہ انسان ہونے کی جہت سے واجب الاحترام ہے۔ اس لئے وہ ان کے درمیان کسی طرح کی تفریق نہیں چاہتا

وَلَقَدْ كَرَّمْنَا بَنِىٓ ءَادَمَ ۱۷/۷۰ ''ہم نے تمام فرزندانِ آدم کو صاحبِ کرم بنایا ہے''

یعنی اللہ نے ہر انسان کو محض آدمی ہونے کی حیثیت سے واجب التکریم بنایا ہے چنانچہ اس درخشاں اصول کے تحت کوئی انسان اپنی طاقت اورزور کے بل بوتے پر کسی دوسرے انسان کا استحصال نہیں کرسکتا۔

دوسرا مقصد یہ تھا کہ، انسان کے وہ اعمال جنھیں وہ اپنے ''اختیار اور ارادے'' کو استعمال میں لانے کے بعد عملی جامہ پہناتا ہے، جب ان کی جزا اور سزا کا معاملہ پیش آئے تو اس پر کسی قسم کی زیادتی نہ ہو اور اسے اس کے اعمال کا پورا پورا بدلہ دیا جاسکے، اور اللہ کے عدل وانصاف پر کسی طرح کا بھی کوئی حرف نہ آئے۔

اس سنہرے اصول کے تحت ''تقدیر'' کا مسئلہ بھی خود ہی حل ہو جاتا ہے۔ اختیار اور ارادے کا حامل انسان اب ''تقدیر کے لکھے'' کو اپنے لئے فرار کا بہانہ نہیں بنا سکتا۔

خبر نہیں، کیا نام ہے اس کا، خدا فریبی، کہ خود فریبی
عمل سے غافل ہوا مُسلماں، بنا کے تقدیر کا بہانہ

الغرض فطرت تو ان مجبور اشیاء کی ہوتی ہے، جن کے اندر ''قوانینِ فطرت'' کو پیوست کر دیا گیا ہے۔ اس وجہ سے وہ ان قوانین پر چلنے کے پابند ہیں۔ اشیائے کائنات کا ان قوانین پر سختی سے کاربند رہنے اور ان کی اس طرح سے پیروی کرنے کو ''فطرت اللہ'' کی پیروی کرنا اور ان کے مطابق چلنا کہلاتا ہے۔ ان کے اسی میکانکی طرزِ عمل کی وجہ سے انہیں ہر طرح کے حساب و کتاب سے بری الذمہ قرار دیا گیا ہے۔ (یہ الگ بات ہے کہ ہماری روایات کے مطابق اگر ایک بکری دوسری بکری کو سینگ بھی مارے گی تو اس سے اس کا حساب لیا جائے گا)

یاد رہے کہ، اللہ نے جو قوانین بنائے ہیں انہیں ''فطرت اللہ'' بھی کہا جائے گا اور انہی کو ''کلمة اللہ'' بھی اور اُس کے بعد ''سنت اللہ'' بھی، یعنی جب یہ قوانین فارمولے کی شکل میں ہوں تو انہیں ''کلمة اللہ'' کہا جائے گا، جیسے کہ وہ تحریری طور پر آیات کی صورت میں قُرآنِ حکیم کی زینت بنے ہوئے ہیں۔ اور جب عملی شکل اختیار کر لیں، یعنی جب یہ حکومتی سطح پر نافذ کر دیئے جائیں تو پھر ان کو ''سنت اللہ'' سے تعبیر کیا جائے گا۔ چنانچہ ان کو جس خطۂ زمین پر بھی جاری کر دیا جائے وہ مملکتِ اسلامیہ کہلائے گی۔ اور ''فطرت اللہ'' وہ قوانین ہیں جنھیں اشیائے کائنات کے اندر رکھ دیا گیا ہے اور وہ ان کے مطابق اپنی منزل کی جانب رواں دواں ہیں ۔

اللہ نے ''فطرت اللہ'' اور ''کلمة اللہ'' دونوں ہی پر غور و فکر کرنے کی ہدایات دی ہیں ۔ فطرت اللہ پر غور و فکر کے نتیجے میں ایجادات معرضِ وجود میں لائی جاسکتی ہیں۔ اور سنت اللہ پر غور و فکر کے نتیجے میں دنیا میں بھی جنتی معاشرہ قائم کیا جاسکتا ہے اور مرنے کے بعد بھی جنت حاصل کی جاسکتی ہے۔ دونوں میں سے اگر ایک کو بھی چھوڑ دیا جائے تو انسان خسارے میں رہے گا۔ یہ بات ہمارے روزمرہ کے مشاہدے میں آتی ہے کہ جو قومیں صرف ''فطرت اللہ'' پر غور کرتی ہیں ایجادات میں وہ دوسری قوموں سے بہت آگے نکل گئیں لیکن ''سنت اللہ'' سے اعراض برتنے کی بدولت اخلاقی اِنحطاط کے نتیجے میں حیوانی سطح سے بھی نیچے گر گئیں۔ اب اگر ہم اپنے گریبان میں جھانک کر دیکھنے کی زحمت گوارا کریں تو خود پتہ چل سکتا ہے کہ ہمیں جہنم کے سب سے نچلے درجے میں کیوں ڈال دیا گیا ہے۔ ہم نہ تو ''فطرت اللہ'' ہی کی پیروی کر پائے اور نہ ہی ''کلمة اللہ'' کی۔

البتہ جن ''کلمة اللہ'' کو انسانوں کے اندر رکھا جانا چاہئے تھا اُنہیں اللہ نے بذریعہ وحی رسولوں کی وساطت سے انسانوں تک پہنچا کر ان سے یہاں تک کہہ دیا کہ وہ اپنے فیصلے میں پوری طرح آزاد ہیں، چاہیں تو اِن کی پیروی کریں اور نہ چاہیں تو بھی کوئی زبردستی نہیں ''دین میں کوئی زبردستی نہیں'' کا یہی مطلب ہے۔ چنانچہ اگر کوئی ''کلمة اللہ'' کے مُطابق ''سنت اللہ'' کی پیروی کرے گا تو وہ نقصان سے بچا رہے گا اور اگر اس کے خلاف اپنی مرضی و منشاء کے مطابق چلے گا تو نقصان اٹھانے والوں میں سے ہو جائے گا۔

آپ نے یہ تو دیکھا ہی ہوگا کہ جانوروں کی بے شمار انواع واقسام ہمارے سامنے چلتی پھرتی زندہ رہتی اور مرتی رہتی ہیں ان میں سے کتنی ہیں جو اپنی ہی نوع کو ختم کرنے کے درپے رہتی ہیں؟ یہ سب ''فطرت اللہ'' کی اس برکت سے ہے جو ان کے اندران کی رہنمائی کی صورت میں رکھ دی گئی ہے اگر یہ بھی ہماری طرح سے آزاد بنا دیئے جاتے تو ہماری طرح ان کے ہاتھوں بھی دنیا میں فساد اور انتشار برپا ہوتا نظر آتا۔ اس سے ثابت ہوا کہ انسان کی اپنی کوئی فطرت نہیں، یہ صاف سلیٹ کی طرح دنیا میں آتا ہے، سارے رنگ تو اس پر بعد میں چڑھتے ہیں۔ چنانچہ فطرت تو حیوانات کی ہوتی ہے۔ اس لئے جو لوگ بات بات میں انسان کی فطرت، انسان کی فطرت، کی رٹ لگائے رکھتے ہیں وہ اس پر ضرور غور فرمائیں۔

ایک انسان ہے کہ جو اپنی ہی نوع کا سب سے بڑا دشمن ہے اس کا جب جی چاہتا ہے اپنے ہی جیسے لیکن کمزور انسانوں سے جینے تک کا حق چھین لیتا ہے۔ یہ اس لئے کہ اللہ نے اپنی سنت کو اس کے اندر دیگر اشیائے کائنات کی طرح نہیں رکھا۔ بلکہ فارمولہ (کلام) کی شکل میں اسے اس کے ہاتھوں میں تھما دیا ہے اور جب تک انسان اس کے مطابق عمل نہیں کرے گا تب تک یہ اپنے ہی جیسے انسانوں کی جان و مال اور عزت سے کھیلتا رہے گا۔

اسی غرض سے اللہ نے کہا ہے کہ:۔

وَمِمَّنْ خَلَقْنَآ أُمَّةٌ يَهْدُونَ بِالْحَقِّ وَبِهِۦ يَعْدِلُونَ ۷/۱۸۲

''اور ہماری مخلوق میں ایک جماعت ایسی بھی ہے جو حق (قرآن) کے موافق ہدایت کرتی اور اس کے موافق انصاف بھی کرتی ہے''

یعنی کہ ''خلق'' کے اعتبار سے تو سب جانور ہی ہیں، لیکن حق اور انصاف کے تقاضے صرف جماعتِ مومنین کے ہاتھوں سے ہی پورے ہو سکتے ہیں جو' کلمۃ اللہ'، قُرآن کے فارمولوں کو حکومتی سطح پر نافذ کرتے ہیں۔ اِن فارمولوں کے استعمال کے بغیر ''انصاف'' ایک ایسا لفظ ہے جس کی کوئی حقیقت ہی نہیں۔ انسانوں کو اس بات کی تنبیہ کرتے ہوئے کہا گیا ہے کہ:۔

وَمَن يَبْتَغِ غَيْرَ ٱلْإِسْلَٰمِ دِينًا فَلَن يُقْبَلَ مِنْهُ وَهُوَ فِى ٱلْءَاخِرَةِ مِنَ ٱلْخَٰسِرِينَ ۳/۸۵

''جو شخص اسلام کے سوا کسی اور دین (نظام) کی تلاش کرے، اس کا دین (نظام) قبول نہ کیا جائے گا اور وہ آخرت میں نقصان پانے والوں میں ہوگا''

بلکہ، جو لوگ اس دین (نظام) کے علاوہ کسی دیگر نظام کو تلاش کریں گے تو وہ مسلمان ہونے کا دعویٰ کرنے کے باوجود کافر رہیں گے، نہ صرف یہ کہ کافر رہیں گے بلکہ ظالم بھی وہی ہوں گے، جنھیں اللہ راہِ راست پر نہیں لاتا۔

كَيْفَ يَهْدِي ٱللَّهُ قَوْمًا كَفَرُوا۟ بَعْدَ إِيمَـٰنِهِمْ وَشَهِدُوٓا۟ أَنَّ ٱلرَّسُولَ حَقٌّ وَجَآءَهُمُ ٱلْبَيِّنَـٰتُ ۚ وَٱللَّهُ لَا يَهْدِي ٱلْقَوْمَ ٱلظَّـٰلِمِينَ ٣/٨٦

''اللہ تعالیٰ ان لوگوں کو کیسے ہدایت دے گا جو اپنے ایمان لانے اور رسول کی حقانیت کی گواہی دینے اور اپنے پاس روشن دلیلیں آجانے کے بعد کافر ہو جائیں، اللہ تعالیٰ ایسے ظالم لوگوں کو راہ ٔ راست پر نہیں لاتا۔''

خَـٰلِدِينَ فِيهَا لَا يُخَفَّفُ عَنْهُمُ ٱلْعَذَابُ وَلَا هُمْ يُنظَرُونَ ٣/٨٧

''ان کی تو یہی سزا ہے کہ ان پر اللہ تعالیٰ کی اور فرشتوں کی اور تمام لوگوں کی لعنت ہو۔''

قارئین، درجِ بالا آیت میں رسول کی حقانیت کی گواہی دینے کی بات سے مجھے خیال آیا کہ شہادت کے معاملے میں اسلام میں اِس قدر سختی ہے کہ اگر کوئی بات آپ کے اپنے خلاف بھی جاتی ہو تو بھی سچی گواہی دینے کا حکم ہے۔ بلکہ دشمن کے خلاف بھی سچی شہادت اور عدل کا حکم ہے۔ جھوٹی گواہی دینے والے جماعتِ منافقین میں سے ہوتے ہیں اس لئے کہ جو ان کی زبان پر ہوتا ہے وہ دل میں نہیں ہوتا۔ مثلاً:۔

إِذَا جَآءَكَ ٱلْمُنَـٰفِقُونَ قَالُوا۟ نَشْهَدُ إِنَّكَ لَرَسُولُ ٱللَّهِ ۗ وَٱللَّهُ يَعْلَمُ إِنَّكَ لَرَسُولُهُۥ وَٱللَّهُ يَشْهَدُ إِنَّ ٱلْمُنَـٰفِقِينَ لَكَـٰذِبُونَ ٦٣/١

''تیرے پاس جب منافق آتے ہیں تو کہتے ہیں کہ ہم اس بات کے گواہ ہیں کہ بیشک آپ اللہ کے رسول ہیں، اور اللہ جانتا ہے کہ یقیناً آپ اُس کے رسول ہیں۔ اور اللہ گواہی دیتا ہے کہ یہ منافق قطعاً جھوٹے ہیں۔''

یعنی کہ، شہادت دینے کے سلسلے میں شاہد (گواہی) دینے والے کا جائے وقوعہ پر موجود ہونا ضروری ہے۔ تا کہ وہ وہی کچھ بیان کرے جو کچھ کہ اس نے اپنی آنکھوں سے ہوتے دیکھا، اور کانوں سے سنا ہو۔ اگر ایسا نہ ہو تو پھر کسی بھی عدالت میں اُس شخص کی گواہی کو مسترد کیا جاسکتا ہے۔ چنانچہ اللہ کے الٰہ (حاکم) ہونے اور رسول کے سچا نبی ہونے کی شہادت دینے والے کے لئے بھی ضروری ہے کہ شہادت دینے والے نے اللہ کی مملکت، (مملکتِ اسلامیہ) کو نہ صرف کہ اپنی آنکھوں سے دیکھا ہے بلکہ وہ اس کے حالات سے بھی واقف ہے۔ بصورتِ دیگر، شہادت دینے والے کو لوگ پاگل یا جھوٹا قرار دے کر اُس پر ہنسیں گے اور پوچھیں گے کہ بھائی، اللہ کی وہ مملکت ہے کہاں پر جس کی شہادت تم گلی گلی قریہ قریہ اس زور و شور سے لگا تار دیئے چلے جا رہے ہو؟ آپ ہی بتائیں کہ اس کا کیا جواب دیا جاسکتا ہے۔ حقیقت میں ہونا تو یہ چاہئے کہ پہلے اللہ کی مملکت کو قائم کیا جائے اور پھر اس کے ثمرات کو دنیا کے سامنے لا کر دکھایا جائے اور پھر فخر کے ساتھ بتایا جائے کہ اللہ کی مملکت ایسی ہوتی ہے، اس لئے ہم شہادت دیتے ہیں کہ سوائے اللہ کے ہمارا کوئی حاکم نہیں اور

محمد صلی اللہ علیہ وسلم اس کے رسول ہیں۔ تاریخ کے بیان کے مطابق رسول اللہ کے زمانے میں بھی اعلانیہ طور پر شہادت اُس وقت دی گئی تھی جب مملکت اسلامیہِ مدینہ قائم ہو چکی تھی، جس میں بلالؓ کا نامِ گرامی پڑھنے سننے میں آتا ہے۔ اِس وقت چونکہ روئے زمین پر کہیں بھی کوئی اسلامی مملکت قائم نہیں، اور جو چیز موجود ہی نہیں اس کے اِثبات کی شہادت کیسی؟

یہ سحر جو کبھی فردا ہے کبھی ہے امروز
نہیں معلوم کہ ہوتی ہے کہاں سے پیدا
وہ سحر جس سے لرزتا ہے شبستانِ وجود
ہوتی ہے بندۂ مومن کی اذان سے پیدا

إِلَّا ٱلَّذِينَ تَابُواْ مِنۢ بَعۡدِ ذَٰلِكَ وَأَصۡلَحُواْ فَإِنَّ ٱللَّهَ غَفُورٌ رَّحِيمٌ ٣/٨٩

"مگر جو لوگ اس کے بعد توبہ اور اصلاح کرلیں تو بے شک اللہ بخشنے والا مہربان ہے۔"

پاکستان کو اسلام کے نام پر حاصل کیا گیا تھا چنانچہ اس میں اللہ کے کلمات کے مطابق اسلامی معاشرے کی تشکیل ضروری ہو گئی ہے اور اگر ہم نے ایسا نہ کیا تو ہمارا شمار ان لوگوں میں سے ہوسکتا ہے جن کے بارے میں کہا یہ گیا ہے کہ:۔

إِنَّ ٱلَّذِينَ كَفَرُواْ بَعۡدَ إِيمَٰنِهِمۡ ثُمَّ ٱزۡدَادُواْ كُفۡرًا لَّن تُقۡبَلَ تَوۡبَتُهُمۡ وَأُوْلَٰٓئِكَ هُمُ ٱلضَّآلُّونَ ٣/٩٠

"بے شک جو لوگ اپنے ایمان لانے کے بعد کفر کریں پھر کفر میں بڑھ جائیں، ان کی توبہ ہرگز ہرگز قبول نہ کی جائے گی، یہی گمراہ لوگ ہیں۔"

ان آیات سے ایک اور بات بھی واضح ہوگئی ہے کہ، اختیار وارادہ کا حامل انسان اس بات پر قادر ہے کہ وہ اللہ پر ایمان لانے کے بعد پھر سے کفر کی راہ اختیار کرلے۔ لیکن اگر وہ اپنے اس رویئے پر نادم اور پشیماں ہوجائے اور صدقِ دل کے ساتھ "توبہ" کر لے اور اپنی اصلاح کی فکر بھی۔ تو اس صورت میں اللہ اس کی توبہ قبول کرلیتا ہے۔ بے شک اللہ بخشنے والا مہربان ہے۔

لیکن دوسری قسم کے انتہا پسندانہ رویہ اختیار کرنیوالے انسانوں کے بارے میں کہا گیا ہے کہ ان کی توبہ ہرگز ہرگز قبول نہیں کی جائے گی کیونکہ وہ اپنے کفر میں حد سے بڑھ چکے ہیں، یعنی جب ہمیشہ ہی کس کے عملی اقدامات اس کے زبانی اظہار واقرار کے خلاف جاتے ہوں تو پھر اس کی توبہ کیونکر قبول کی جاسکتی ہے۔

پہلی صورت میں چونکہ انسان میں اسکی اصلاح کی گنجائش باقی تھی جس کے پیشِ نظر ''سنت اللہ'' (قوانینِ خداوندی) نے اسے صراطِ مستقیم پر چلنے کا ایک موقعہ اور فراہم کر دیا، اسی کو عرفِ عام میں اللہ کی رحمت کا جوش میں آ جانا کہتے ہیں۔ یاد رہے کہ اگر اللہ نے اس کی تقدیر میں پہلے سے یہ لکھا ہوتا کہ یہ کافر ہو کر مرے، گا تو اس صورت میں ''توبہ'' اور مکافاتِ عمل کے اصول کا مقصد ہی فوت ہو جاتا۔ اور یہ سب بچوں کا کھیل بن کے رہ جاتا۔

دوسری صورت میں اسی انسان کے بارے میں کہا گیا کہ اس کی توبہ قبول نہیں ہو سکتی کیونکہ وہ اپنے کفر میں حد سے بڑھ گیا ہے۔ یعنی اس میں اصلاح کی کوئی گنجائش باقی نہیں رہی۔ اور وہ چاہتا ہی نہیں کہ اپنی اصلاح کر لے۔ وہ اللہ کے نظام کے خلاف حد سے بڑھ گیا ہے۔ یہ فیصلہ اس کا اپنا ذاتی فیصلہ ہے۔ اس میں بھی اس کی ''تقدیر'' کا کوئی عمل دخل نہیں۔ اس سے یہ بات واضح ہوگئی کہ انسان اپنے ارادے اور اختیار کے استعمال سے اپنی تقدیر خود بناتا ہے۔ ہوتا صرف اتنا ہے کہ انسان کے عمل کے منفی یا مثبت جذبہ محرکہ کے مطابق اللہ کا قانون حرکت میں آ جاتا ہے اور پھر انسان کی ذات پر اثر انداز ہوتا ہے۔

ستارہ کیا میری تقدیر کی خبر دے گا
وہ خود فراخیٔ افلاک میں ہے خوار و زبوں

اس سے ایک اور بات بھی دلیل و برھان کے ساتھ واضح ہوگئی کہ ستاروں اور برجوں کا حساب کتاب لگا کر قسمت کا حال بتانے والوں اور قرآن سے استخارے کرنے والوں کے دعوؤں میں کوئی سچائی نہیں، قرآنِ حکیم ان کے جھوٹے دعوؤں کی تردید کرتا ہے، اس سے تو اختیار و ارادہ کے اصول پر ایسی کاری ذد پڑتی ہے کہ جس کا ازالہ ہی ممکن نہیں۔ انسان کو وہی کچھ ملتا ہے جس کے لئے کہ اس نے محنت کی ہو۔ یہی قرآن کا اصولِ ازلی ہے۔ اس ''سنت اللہ'' میں کبھی تبدیلی نہیں ہو سکتی۔ اللہ کی عطا کردہ آزادی کا جتنا بھی شکر ادا کیا جائے کم ہے، انسان اگر اپنی اس آزادی کا استعمال وحی کی روشنی میں کرتا تو آج فائدے میں ہوتا۔ اللہ کے لئے یہ کوئی مشکل نہ تھا کہ وہ ہمیں بھی حیوانات کی طرح اختیار و ارادہ کی نعمت سے محروم رکھتا۔ اس نے رسول اللہ سے مخاطب ہو کر فرمایا ہے کہ:۔

وَلَوْ شَآءَ رَبُّكَ لَآمَنَ مَن فِى ٱلْأَرْضِ كُلُّهُمْ جَمِيعًا ۚ أَفَأَنتَ تُكْرِهُ ٱلنَّاسَ حَتَّىٰ يَكُونُوا۟ مُؤْمِنِينَ ۱۰/۹۹

''اور اگر آپ کا رب چاہتا تو تمام روئے زمین کے لوگ سب کے سب ایمان لے آتے تو کیا آپ لوگوں پر زبردستی کر سکتے ہیں یہاں تک کہ وہ مومن ہی ہو جائیں''

پس جناب سارا جھگڑا ہی ختم ہوا! اللہ کو نہ تو کسی کے مسلمان ہونے سے فرق پڑتا ہے اور نہ ہی مومن ہونے سے، نہ ہی اسے کسی کی عبادت سے کوئی فرق پڑنے والا ہے، سارا قرآن دیکھ لیں اس میں انسان کے بارے میں جو کچھ بھی کہا گیا ہے سب اس

کے اپنے فائدے، فلاح اور بھلائی کے لئے کہا گیا ہے، تا کہ یہ اُس کے اہم پروگرام کا حصہ بنا رہے اور اُس سے جُدا نہ ہونے پائے۔ ایسے ہی جیسے اُس کی باقی کائنات اُس کے پروگرام کا حصہ ہے۔ بہر حال بقیہ کائنات تو اُس کے پروگرام کے تحت بلا سوچے سمجھے کامیابی کے ساتھ اپنی منزل کی جانب رواں دواں ہے۔ لیکن اگر ہم اُس کے پروگرام کے مطابق نہ چلے تو پھر پیچھے رہ جانے والوں میں سے ہو جائیں گے۔

چنانچہ اللہ رحیم یہ نہیں چاہتا کہ بنی نوعِ انسان اپنی حماقتوں کی وجہ سے نقصان اٹھانے والوں میں سے ہو جائے اور پیچھے رہ جائے یا منزل پر پہنچنے سے پہلے ہی جہنم کا ایندھن بن جائے۔ اِس غرض کے لئے اُس نے ہر زمانے میں انسانوں ہی میں سے پیغمبروں کا سلسلہ شروع کیا اور اپنی وحی کے ذریعہ سے اپنی ''سنت'' یعنی کہ فارمولہ کو جسے اُس نے کلمۃ اللہ کے نام سے تعبیر کیا ہے، اُسے انسان کے اَندر اُس کے D.N.A کا حصہ بنا کر رکھنے کے بجائے اُسے اِس کے ہاتھوں میں کتاب کی صورت میں دے دیا اور اِس سے مطالبہ کیا کہ وہ اُس کے عطا کردہ (فارمولہ) قوانین کے مطابق معاشرہ قائم کرے اور یوں اُس پروگرام کا حصہ بن جائے جس پروگرام کا حصہ اُس کی دیگر کائنات ہے۔ یہ جو کہا گیا ہے کہ اگر آپ کا رب چاہتا تو تمام روئے زمین کے لوگ سب کے سب ایمان لے آتے، تو اِس سے مراد، اُس فارمولے کو اِنسان کے اندر رکھنے سے ہے جسے ''سنت اللہ'' کہا گیا ہے۔ اگر یہ اِنسان کے D.N.A کے اندر رکھ دیا جاتا تو پھر ایمان لائے بغیر چارہ ہی نہ ہوتا۔

چنانچہ دل کی پوری رضا و رغبت کے ساتھ اللہ کے دیئے ہوئے قوانین کے تحت معاشرہ قائم کر لینے اور اُن کے مُطابق چلنے کا نام ایمان لانا کہلاتا ہے، بصورتِ دیگر تمام بولہبی اَست۔ جس سے واضح ہو گیا کہ اللہ انسانوں کے ہاتھوں ایسا جنتی معاشرہ قائم کروانا چاہتا ہے جس میں سلامتی ہی سلامتی ہو۔ لیکن اگر کوئی قوم ایسا نہیں کرنا چاہتی تو وہ اِس مُعاملہ میں بھی پوری طرح سے آزاد ہے کہ وہ اپنے لئے اپنی مرضی کے بنائے ہوئے قوانین پر مُشتمل معاشرہ قائم کر لے اور اللہ کے بجائے اپنے ہی جیسے انسانوں کو اپنا حاکم تسلیم کر لے۔ لیکن اُس کے بعد، اُسے اپنی کسی بھی درپیش مشکل کے خاتمے کے لئے اللہ سے مدد کی دعا نہیں مانگنی چاہیئے۔ کیونکہ دنیا میں اِس سے بڑی مُنافقت اور کوئی ہو نہیں سکتی۔

''لا اکراہ فی الدین'' ''دین میں کوئی زبردستی نہیں''

یہ بات پہلے بھی بیان کی جا چکی ہے کہ، انسان کے معاملہ میں اگر اللہ کو زبردستی کرنی مقصود ہوتی تو جبلی طور پر حیوانوں کی طرح اِن قوانین کو انسانوں میں بھی رکھ دیتا، یعنی اُن کو ہمارے D.N.A میں بھی سمو دیتا، تو ہم بھی حیوانات کی طرح اپنی تسبیح کے وظائف کی سرانجام دہی میں کسی کمی بیشی کے مجاز ہی نہ ہوتے اور انھیں طوعاً و کرہاً بند آنکھوں سے انجام دیتے چلے جاتے۔

اپنے اختیار اور ارادے کی وجہ سے اگر انسان وحی کی راہنمائی سے استفادہ نہ کرے تو پھر وہ اپنے سرکش جذبات کے تابع چل کر جن حرکات و سکنات کا عملی مظاہرہ کرتا ہے، اس کا نقشہ اللہ نے کچھ ان الفاظ میں کھینچا ہے۔

وَيَدۡعُ ٱلۡإِنسَٰنُ بِٱلشَّرِّ دُعَآءَهُۥ بِٱلۡخَيۡرِ ۖ ۱۷/۱۱

''وہ بھلائی کو بلانے کے بجائے شر کو آوازیں دے کر بلاتا رہتا ہے''

جس انسان کا یہ حال ہو، اُسکے بارے میں اگر یہ خیال کیا جائے کہ اللہ نے اسے اپنی فطرت پر بنایا ہے، تو یہ کسی طرح سے بھی درست نہیں۔ اس سے خود اللہ کی فطرت کے متعلق جو تصور قائم ہوتا ہے کسی تبصرہ کا محتاج نہیں۔ بلکہ یہ بھی کہا جاتا ہے کہ اسلام دینِ فطرت ہے۔ یعنی اگر انسان کو علیٰ حالہ چھوڑ دیا جائے تو وہ خود بخود اسلام کے مطابق زندگی بسر کرنے لگ جائے گا۔ یعنی اِس تصور کی رو سے کہا یہ جا رہا ہے، کہ جنگل میں رہنے والا ایک غیر مہذب انسان جس تک وحی کا پیغام نہیں پہنچا وہ دینِ فطرت کے قوانین کے تحت میکانکی طور پر چل کر ایک اچھا انسان یا مسلمان ثابت ہو سکتا ہے۔ جبکہ اللہ یہ کہہ رہا ہے کہ بغیر وحی کی راہنمائی کے انسان کی حالت یہ ہوتی ہے کہ:۔

وَيَدۡعُ ٱلۡإِنسَٰنُ بِٱلشَّرِّ دُعَآءَهُۥ بِٱلۡخَيۡرِ ۖ وَكَانَ ٱلۡإِنسَٰنُ عَجُولًا ۱۷/۱۱

''وہ بھلائی کو بلانے کے بجائے شر کو آوازیں دیکر بلاتا رہتا ہے، انسان ہے ہی بڑا جلد باز''

إِنَّهُۥ كَانَ ظَلُومًا جَهُولًا ۳۳/۷۲ ''بڑا ہی ظالم اور جاہل ہے''

أَكۡثَرَ شَيۡءٍ جَدَلًا ۱۸/۵۴ ''اکثر باتوں میں جھگڑتا رہتا ہے''

قُتِلَ ٱلۡإِنسَٰنُ مَآ أَكۡفَرَهُۥ ۸۰/۱۷ ''اللہ کی مار انسان پر، بڑا ہی ناشکرا ہے''

ان تصریحات سے اندازہ لگایا جا سکتا ہے کہ اللہ نے انسان کو کسقدر اپنی فطرت پر پیدا کیا ہے، اور بغیر ''وحی'' کی راہنمائی کے دینِ فطرت پر چل کر اختیار و ارادہ کا مالک ایک جنگلی انسان کس قسم کا مہذب انسان بن سکتا ہے! یہاں ''جنگلی انسان'' کی اصطلاح کو صرف سمجھانے کی غرض سے استعمال کیا گیا ہے، ورنہ حقیقت یہ ہے کہ دورِ جدید کے مہذب انسان نے وحی کی موجودگی اور اُس پر ایمان کا دعویٰ کرنے کے باوجود ظلم و بربریت کے تمام ریکارڈ توڑ کر جنگلی انسان کو بہت پیچھے چھوڑ دیا ہے اور کافر کا کافر ہی رہا۔ انسان جب اپنے آپ کو خدا سمجھنے لگ جاتا ہے تو پھر اس کو کسی بھی قسم کی تعلیم کوئی فائدہ نہیں پہنچا سکتی۔ وحی کی تعلیم تو روزِ اول کے انسان کے سامنے بھی تھی، لیکن اس کے باوجود قرآنِ حکیم میں اس پہلے قتل کا واقعہ مذکور ہے جس میں ایک بھائی نے دوسرے بھائی کو قتل کر دیا تھا۔ اس سے جو سبق ملتا ہے وہ یہ ہے کہ فریقین میں سے ایک وحی کی تعلیم کو اہمیت دیتا تھا اور دوسرا اسے غیر اہم سمجھتا تھا۔ بدستور وہی

سلسلہ، آج تک انسانوں میں چلا آرہا ہے۔

فَطَوَّعَتْ لَهُۥ نَفْسُهُۥ قَتْلَ أَخِيهِ فَقَتَلَهُۥ فَأَصْبَحَ مِنَ ٱلْخَـٰسِرِينَ ۵/۳۰

''پس اسے اس کے نفس نے اپنے بھائی کے قتل پر آمادہ کر دیا اور اس نے اسے قتل کر ڈالا، جس سے نقصان پانے والوں میں سے ہوگیا''

عہدِ طفولیت کے اس انسان کی ذہنی حالت کا اندازہ لگایئے، شعور کی آنکھ کھلتے ہی اپنے بھائی کو قتل کر دیا اور قرآنِ حکیم نے اس قتل کی وجہ یہ بتائی ہے کہ، اس کے جذبات اس کے نفس پر غالب آگئے تھے۔ اور یہاں پر جذبات کو اپنے نفس پر غالب نہ آنے دینا قرآن کے سنہری اصولوں میں سے ایک اصول کے طور پر بتایا گیا ہے۔

فَبَعَثَ ٱللَّهُ غُرَابًا يَبْحَثُ فِى ٱلْأَرْضِ لِيُرِيَهُۥ كَيْفَ يُوَٰرِى سَوْءَةَ أَخِيهِ ۚ قَالَ يَـٰوَيْلَتَىٰٓ أَعَجَزْتُ أَنْ أَكُونَ مِثْلَ هَـٰذَا ٱلْغُرَابِ فَأُوَٰرِىَ سَوْءَةَ أَخِى ۖ فَأَصْبَحَ مِنَ ٱلنَّـٰدِمِينَ

''پھر اللہ نے ایک کوے کو بھیجا جو زمین کھود رہا تھا تاکہ اسے دکھائے کہ وہ کس طرح اپنے بھائی کی نعش کو چھپا دے، وہ کہنے لگا، ہائے افسوس! کیا میں ایسا کرنے سے بھی گیا گزرا ہوگیا کہ اس کوے کی طرح اپنے بھائی کی لاش کو دفنا دیتا؟ پھر تو (بڑا ہی) پشیمان اور شرمندہ ہوگیا۔'' ۵/۳۱

اس میں قاتل کی پشیمانی اور شرمندگی کا ذکر بہت اہم ہے۔ اب اگلی آیت میں مقتول کا بیان بھی کم اہمیت کا حامل نہیں۔ ملاحظہ فرمائیں۔

لَئِنۢ بَسَطتَ إِلَىَّ يَدَكَ لِتَقْتُلَنِى مَآ أَنَا۠ بِبَاسِطٍ يَدِىَ إِلَيْكَ لِأَقْتُلَكَ ۖ إِنِّىٓ أَخَافُ ٱللَّهَ رَبَّ ٱلْعَـٰلَمِينَ ۵/۲۸

''گو تو میرے قتل کے لئے دست درازی کرے لیکن میں تیرے قتل کی طرف ہرگز اپنے ہاتھ نہیں بڑھاؤں گا، میں تو اللہ تعالیٰ پروردگارِ عالم سے خوف کھاتا ہوں۔''

غور فرمایا آپ نے۔ وہ کہہ رہا ہے کہ میں اپنا دفاع تو کروں گا لیکن میرا ارادہ تمھیں ہرگز قتل کرنے کا نہیں، کیونکہ میں اس معاملہ میں اپنے رب سے خوف کھاتا ہوں۔ مقتول کا اپنے رب کے خوف کا ذکر کرنا اور قاتل کا اپنے فعل پر بعد از قتل شرمندہ اور پشیمان

ہونااس بات کا بین ثبوت فراہم کرتا ہے کہ قاتل اور مقتول دونوں ہی وحی کی تعلیم سے بہرہ ور تھے۔قُرآنِ حکیم نے مقتول کے بیان کو ریکارڈ پر لاتے ہوئے کہا ہے کہ:۔

إِنِّىٓ أُرِيدُ أَن تَبُوٓأَ بِإِثۡمِى وَإِثۡمِكَ فَتَكُونَ مِنۡ أَصۡحَٰبِ ٱلنَّارِۚ وَذَٰلِكَ جَزَٰٓؤُاْ ٱلظَّٰلِمِينَ ۵/۲۹

''میں تو چاہتا ہوں کہ تو میرا گناہ اور اپنے گناہ اپنے سر پر رکھ لے اور دوزخیوں میں شامل ہو جائے، ظالموں کا یہی بدلہ ہے''

مقتول نے یہ بھی کہا تھا کہ:۔

''گو تو میرے قتل کے لئے دست درازی کرے لیکن میں تیرے قتل کی طرف ہرگز اپنے ہاتھ نہیں بڑھاؤں گا، میں تو اللہ تعالیٰ پروردگارِ عالم سے خوف کھاتا ہوں۔''

یہاں پر''میرا گناہ'' کے الفاظ نہایت اہمیت کے حامل ہیں، یعنی وہ کہہ یہ رہا ہے کہ اگر فیصلہ کن جنگ کرنی ہی پڑ رہی ہے تو پھر میں چاہتا ہوں کہ زیادتی تمہاری طرف سے ہو میری طرف سے نہ ہو اور اگر اس مدافعت میں تمہیں کچھ نقصان پہنچ گیا تو میرے اس گناہ کا بدلہ بھی تمہاری گردن پر ہو۔اُس کے اس فیصلے کی بنا پر اللہ نے قاتل کے متعلق کہا ہے کہ:۔

فَطَوَّعَتۡ لَهُۥ نَفۡسُهُۥ قَتۡلَ أَخِيهِ فَقَتَلَهُۥ فَأَصۡبَحَ مِنَ ٱلۡخَٰسِرِينَ ۵/۳۰

''پس اسے اس کے نفس نے اپنے بھائی کے قتل پر آمادہ کر دیا اور اس نے اسے قتل کر ڈالا جس سے نقصان پانے والوں میں سے ہو گیا''

آپ نے غور فرمایا کہ ایک نے ''سنت اللہ'' وحی کی تعلیم پر چل کر فلاح حاصل کر لی اور کامیاب ہو گیا جب کہ دوسرا اس کے خلاف چلنے کے نتیجے میں نقصان پانے والوں میں سے ہو گیا۔

یہاں پر آپ کی خدمت میں وہ حدیث پیش کی جا رہی ہے جس میں کہا گیا ہے کہ درحقیقت قاتل اور مقتول دونوں ہی جہنمی ہوتے ہیں۔شاہ فہد پرنٹنگ کمپلیکس کے نسخہ میں اسی آیت نمبر ۲۹/ ۵ کی تفسیر کرتے ہوئے مولانا صلاح الدین یوسف لکھتے ہیں کہ:۔

''میرے گناہ کا مطلب، قتل کا وہ گناہ ہے جو مجھے اس وقت ہوتا جب میں تجھے قتل کرتا۔جیسا کہ حدیث میں

آتا ہے کہ قاتل اور مقتول دونوں جہنم میں جائیں گے۔صحابہ کرام نے پوچھا قاتل کا جہنم میں جانا تو سمجھ میں آتا ہے، مقتول جہنم میں کیوں جائے گا؟ آپ صلی اللہ علیہ وسلم نے فرمایا، اس لئے کہ وہ بھی اپنے ساتھی کو قتل کرنے کا حریص تھا''

حوالہ صحیح بخاری (مسلم، کتاب الفتن)

اس کے بعد آیت نمبر ۵/۳۰ سے متعلق بھی ایک حدیث کا حوالہ دیتے ہوئے لکھتے ہیں کہ:۔

''جو قتل بھی ظلماً ہوتا ہے، قاتل کے ساتھ اس کے خونِ ناحق کا بوجھ آدم کے اس بیٹے پر بھی ہوتا ہے کیونکہ یہ پہلا شخص ہے جس نے قتل کا کام کیا''

بحوالہ صحیح بخاری کتاب الانبیاء و مسلم، کتاب القسامۃ

درج بالا حدیث کے معنی و مفہوم کی تردید میں قُرآنِ حکیم کا ارشاد یہ ہے کہ:۔

وَلَا تَكْسِبُ كُلُّ نَفْسٍ إِلَّا عَلَيْهَا ۚ وَلَا تَزِرُ وَازِرَةٌ وِزْرَ أُخْرَىٰ ۚ ۶/۱۶۴

''اور جو شخص بھی کوئی عمل کرتا ہے وہ اسی پر رہتا ہے اور کوئی کسی دوسرے کا بوجھ نہیں اٹھائے گا۔''

یہاں پر ہمارا مقصد قُرآنِ حکیم اور احادیث کا تقابلی مقابلہ کرنا مقصود نہیں بلکہ قُرآنِ حکیم کی اصل تعلیم تک رسائی حاصل کرنا ہے، تاکہ ہم اپنے معاشرے میں اس کی تعلیمِ خالص کو بنیاد بنا کر اسے حکومتی سطح پر نافذ کرسکیں اور اس کے ذریعے اپنی ان مشکلات کا خاتمہ کرسکیں جو عام ہوچکی ہیں۔

قارئین، بات یہ ہورہی تھی کہ انسان زندگی کی راہ میں ''سنت اللہ'' وحی کی تعلیم اور اس کی راہنمائی کے بغیر، یعنی اس کی متعین کردہ حدود سے تجاوز کرکے جب بھی اپنی مرضی سے کوئی قدم اٹھائے گا اُس میں اِس کے لئے نقصان کا احتمال بہرحال موجود رہے گا۔

البتہ، ہمارے ہاں فطرت کا لفظ ''نیچر'' (Nature) کے معنی میں استعمال ہوتا ہے مثلاً کہتے ہیں کہ انسان کی فطرت ہی ایسی ہے۔ اس سے مراد ہوتی ہیں وہ غیر متبدل خصوصیتیں جو ہر انسان میں پیدائشی طور پر موجود ہوں۔ لیکن لفظ ''فطرت'' کا یہ مفہوم بعد کی پیداوار ہے۔ جب یونانی فلسفہ عربی میں منتقل ہوا تو اس میں (Nature) کا لفظ آیا۔ اس لفظ کا ترجمہ ''فطرت'' کے لفظ سے کیا گیا اور اس طرح جو مفہوم لفظ (Nature) کا تھا وہی لفظ فطرت کا ہوگیا۔

لیکن عربی زبان میں (جس میں قُرآنِ حکیم نازل ہوا ہے) لفظ فِطرَۃ'' کے معنی وہ قانون یا قاعدہ ہیں جس کے مطابق کسی چیز کی پہلی مرتبہ تخلیق کی جاتی ہے۔ مثال کے طور پر:۔

فَاطِرِ ٱلسَّمَـٰوَٰتِ وَٱلْأَرْضِ ۶/۱۴ ''وہ (اللہ) جس نے پہلی مرتبہ کائنات کی تخلیق کی ہے''۔

یوں فطرت اللہ کے معنی ہوئے اللہ کا وہ قانونِ تخلیق جس کے ذریعے سے پہلی مرتبہ کائنات کی تخلیق کی گئی۔ چنانچہ ان حقائق کے پیشِ نظر، اب اُس آیت کو بھی ملاحظہ فرمائیں جس سے یہ مفہوم لیا جاتا ہے کہ اللہ نے انسان کو اپنی فطرت پر پیدا کیا ہے۔ تا کہ اس پر مزید روشنی پڑ سکے۔

فِطْرَتَ ٱللَّهِ ٱلَّتِى فَطَرَ ٱلنَّاسَ عَلَيْهَا ۚ لَا تَبْدِيلَ لِخَلْقِ ٱللَّهِ ۚ ذَٰلِكَ ٱلدِّينُ ٱلْقَيِّمُ

''اللہ تعالیٰ کی وہ فطرت (قانونِ تخلیق) جس پر اس نے لوگوں کو پیدا کیا ہے، بدلتا نہیں، یہی سیدھا دین ہے'' ۳۰/۳۰

فَأَقِمْ وَجْهَكَ لِلدِّينِ حَنِيفًا ۚ ۳۰/۳۰

''پس آپ یک سو ہو کر اپنی تمام تو جہات کو دین کی طرف مرکوز کر دیں''

وَلَـٰكِنَّ أَكْثَرَ ٱلنَّاسِ لَا يَعْلَمُونَ ۳۰/۳۰

''لیکن اکثر لوگ علم نہیں رکھتے۔''

یہاں پر اس آیت کے تینوں ٹکڑوں کا یکجا مفہوم پیش کیا جاتا ہے تا کہ ساری بات واضح ہو کر سامنے آ جائے۔ ملاحظہ فرمائیں:۔

'' لہٰذا صحیح روشِ زندگی یہ ہے کہ تو ان تمام غلط راہوں سے منہ موڑ کر، اپنی تمام تو جہات کو اُس نظامِ زندگی پر مرکوز کر دے جو خدا کے قانونِ تخلیق کا تقاضہ ہے، اور جس قانون کے مطابق اس نے خود انسانوں کو پیدا کیا ہے۔ خدا کا یہ قانونِ تخلیق غیر متبدل ہے (اس لئے یہ نظامِ زندگی، جو انسانی معاشرے کے لئے بذریعہ وحی دیا گیا ہے، اُسی طرح غیر متبدل ہے) یہی وہ نظامِ زندگی ہے جو نہایت محکم اور تمام نوعِ انسان میں صحیح توازن قائم رکھنے کا موجب ہے۔ لیکن اکثر لوگ اس حقیقت کا علم نہیں رکھتے۔''

بحوالہ مفہوم القرآن

اس سے اگلی ہی آیت میں عملی کام کرنے کی جو ذمہ داری انسان کو سونپی گئی ہے، اُس کی وضاحت کر دی گئی ہے۔

مُنِيبِينَ إِلَيْهِ وَٱتَّقُوهُ وَأَقِيمُواْ ٱلصَّلَوٰةَ وَلَا تَكُونُواْ مِنَ ٱلْمُشْرِكِينَ ۳۰/۳۱

''اس کی طرف توجہ کئے ہوئے۔ سوتم اس کے قوانین کی نگہداشت کرو۔ اور نظامِ صلوٰۃ کو قائم کرو۔ اور مشرکین میں سے مت ہو جاؤ''۔

یعنی، وحی کی راہنمائی میں اللہ کے قوانین کی نگہداشت کرتے ہوئے، نظامِ صلوٰۃ کو ہر طرف سے منہ موڑ کر قائم کرنا ہی اسلام ہے، اگر ایسا نہیں تو وہ اسلام نہیں۔ اس فرق کے ساتھ اسلامی احکامات کی اطاعت کے نتیجہ میں ایک انسان ''مسلمان'' کہلاتا ہے لفظ ''مسلمان'' پر کسی دوسرے موقع پر تفصیل سے بات کی جائے گی اور دیکھا جائے گا کہ لقب ''مسلمان'' سے درحقیقت مراد کیا ہے۔ اس وقت بس اتنا ہی جاننا ضروری ہے کہ ایک مومن کو بہر حال اللہ کے دین میں پورے طور پر داخل ہونا پڑتا ہے، یہ نہیں ہوسکتا کہ اللہ کے کچھ قوانین کی تو اطاعت کر لی جائے اور کچھ کو چھوڑ دیا جائے، ایسے میں تو یہ غیر ممکن ہے کہ نظامِ صلوٰۃ (مملکتِ اسلامیہ) کی ابتدا بھی ہو سکے۔ اسے قائم کرنے کے لئے تو اس میں پورے طور پر عملاً داخل ہونا پڑتا ہے۔ اس نظام کے ایک اک قانون اور ایک اک اصول کی دل وجان سے پیروی کرنی پڑتی ہے۔ اس لئے سختی سے کہا گیا ہے کہ۔

يَٰٓأَيُّهَا ٱلَّذِينَ ءَامَنُواْ ٱدْخُلُواْ فِى ٱلسِّلْمِ ۲/۲۰۸

''ایمان والو! اسلام میں پورے پورے داخل ہو جاؤ''

''قوانین'' اللہ کی جانب سے عطا کئے گئے ہیں چاہے ان کا تعلق انسانی دنیا سے ہو یا پھر انسانی دنیا سے باہر کی اشیائے کائنات سے۔ اسی لئے اللہ نے انھیں اپنی طرف منسوب کیا ہے، یہی وجہ ہے کہ جب رسول اللہ کی وساطت سے انسانوں کے لئے بذریعہ وحی قوانین دیئے گئے تو ان قوانین کو رسول اللہ نے مِن وعن دنیا کے سامنے رکھ دیا ان میں اپنی جانب سے کبھی کوئی ردوبدل نہیں کی، اور نہ ہی اُنہیں اِس کی اجازت ہی دی گئی تھی۔ اس لئے انھوں نے خود بھی ''سنت اللہ'' کی پیروی کی اور لوگوں کو بھی اسی ''سنت اللہ'' کی پیروی کا حکم بھی دیا۔ اس لئے کہ ''کلمۃ اللہ'' (اللہ کے قوانین) عدل اور انصاف کے ساتھ مکمل بھی ہیں اور غیر متبدل بھی۔ چنانچہ جب تک ''کلمۃ اللہ'' کو حکومتی سطح پر نافذ نہیں کیا جاتا، اس وقت تک سنت اللہ پر چلنے کا دعویٰ بھی نہیں کیا جا سکتا۔ ''اسلام میں پورے پورے داخل ہو جاؤ'' کا یہی مطلب ہے۔

وَتَمَّتْ كَلِمَتُ رَبِّكَ صِدْقًا وَعَدْلًا لَّا مُبَدِّلَ لِكَلِمَٰتِهِۦ ۶/۱۱۵

''تیرے رب کی طرف سے عطا کردہ نظریۂ حیات یا (تصورِ حیات) صداقت اور عدل کے ساتھ مکمل ہو گیا۔ ان تصورات میں کوئی تبدیلی کرنے والا نہیں''

درج بالا آیات کی روشنی میں اسلامک آئیڈیالوجی مکمل بھی ہے اور غیر متبدل بھی۔ یہی وہ اصول اور قوانین ہیں جنہیں مستقل اقدار کہا جاتا ہے۔ اسلامی معاشرہ میں انسانی ذات کی نشوونما انہی اقدار کے مطابق زندگی گزارنے سے ہوتی ہے۔لیکن ہمارا روزمرہ کا مشاہدہ یہ ہے کہ اکثر لوگ پاکستان میں کسی مخصوص طرز کا اسلام لانے کے لئے ''نفاذِ نظامِ مصطفیٰ'' کے بلند و بانگ نعرے لگاتے نظر آتے ہیں، جب کہ کتاب اللہ کا کوئی ادنیٰ سا طالب علم بھی اس کے مطالعہ کی روشنی میں اس بات کا اقرار کرے گا کہ قرآنِ حکیم اللہ کی کتاب ہے، یہ رسول اللہ کی کتاب نہیں ہے۔ اور قرآنِ حکیم کے قوانین' اس کے اصول اور اس کے خدوخال کا نقشہ رسول اللہ کے ذہن کی اختراع نہیں ہے، بلکہ وہ یہی کہے گا کہ یہ قرآن رسول اللہ کو بذریعہ وحی، رب العالمین کی جانب سے بنی نوعِ انسان کی راہنمائی کے لئے عطا کیا گیا ہے۔ اس لئے اسے ''نظامِ مصطفیٰ'' کے نام سے پکارنا کسی صورت درست نہیں۔ ایسی ہی غیر قرآنی اصطلاحا ت، غیر شعوری طور پر دین، اور مذہب کے بنیادی فرق کو سمجھنے میں دشواری کا باعث بنتی ہیں۔

اس لئے اسے رسول اللہ کا نظام یا ''نظامِ مصطفیٰ'' کہنا جائز نہیں، اگر یہ رسول اللہ کے ذہن کی اختراع ہوتا تو بلاشبہ نظامِ مصطفیٰ کہلانے کا مستحق قرار پاتا، چونکہ یہ ''نظامِ اللہ'' ہے اسی کو اللہ نے اپنی طرف منسوب کر کے اسے ''سنت اللہ'' کہا ہے، اس لئے اسے ''سنت اللہ'' ہی رہنے دیا جائے تو اسی میں ہم سب کی بھلائی ہے۔ یہ کوئی ایسا فلسفہ نہیں کہ اسے سمجھنے کے لئے کسی کا افلاطون ہونا ضروری ہو۔ پھر بھی اگر کسی وجہ سے آپ اس اہم نکتہ کو پوری طور پر نہ سمجھ پائے ہوں تو اسے دوسرے زاویۂ نگاہ سے دیکھ کر اس کی کنہ و حقیقت کو سمجھنے کی کوشش کریں۔ مثلاً

اللہ نے قرآنِ حکیم کو اپنی روش، یعنی ''سنت اللہ'' کہہ کر پکارا ہے، اور ساتھ ہی اپنے قوانین پر ابدیت کی مہر ثبت کرتے ہوئے اس بات کا اعلان کر دیا کہ:۔

فَلَن تَجِدَ لِسُنَّتِ ٱللَّهِ تَبْدِيلًا ۳۵/۴۳ ''اللہ کے قانون میں کبھی تبدیلی نہیں ہوتی''

ہوتا یہ تھا کہ جب، رسول اللہ ''سنت اللہ'' (اللہ کے قوانین) کو حکمران طبقہ کے لوگوں کے سامنے پیش کرتے تو وہ قوانین ان کے رائج الوقت معاشرتی قوانین سے ٹکراتے اور ان کے مفادِ عاجلہ کے خلاف جاتے۔ جس سے ان کے تحفظات و مفادات پر کاری ضرب پڑتی۔ یعنی وہ لوگ اپنے جن خودساختہ قوانین کے زور پر عوام الناس کا استحصال کرتے تھے ان سے انھیں باز رہنا اور اپنے ہاتھ روکنا پڑتے تھے۔ جس کی بنا پر وہ رسول اللہ سے کہتے تھے کہ ہمارے لئے کوئی اور قرآن لائیں اور یا پھر اس کے قوانین میں ہمارے تحفظات و مفادات کے پیشِ نظر کچھ ترمیم کر دیجئے۔ (جیسے کہ آج بھی یہی کچھ پاکستان کا حکمران طبقہ اپنے اپنے تحفظات کو دور کرنے اور مفادات کے پیشِ نظر پارلیمنٹ میں اپنی اپنی مرضی کے قارونی قوانین پاس کرتے ہیں اور پھر اُن کے زور پر خلقِ خدا کا خون چوستے ہیں)۔ اِنہی جیسے لوگوں کے اعتراضات پر اللہ تعالیٰ نے رسول اللہ سے فرمایا کہ:۔

وَإِذَا تُتْلَىٰ عَلَيْهِمْ ءَايَاتُنَا بَيِّنَٰتٍ قَالَ ٱلَّذِينَ لَا يَرْجُونَ لِقَآءَنَا ٱئْتِ بِقُرْءَانٍ غَيْرِ هَٰذَآ

أَوْ بَدِّلْهُ ۚ قُلْ مَا يَكُونُ لِي أَنْ أُبَدِّلَهُ مِن تِلْقَاءِ نَفْسِي ۖ
إِنْ أَتَّبِعُ إِلَّا مَا يُوحَىٰ إِلَيَّ ۖ إِنِّي أَخَافُ إِنْ عَصَيْتُ رَبِّي عَذَابَ يَوْمٍ عَظِيمٍ ۱۵/۱۰

''جب ان کے سامنے ہماری آیات پڑھی جاتی ہیں جو بالکل صاف صاف ہیں تو یہ لوگ جن کو ہمارے پاس آنے کی امید نہیں ہے یوں کہتے ہیں کہ اس کے سوا کوئی دوسرا قرآن لائیے، یا اس میں کچھ ترمیم کردیجئے۔ آپ ان سے کہہ دیجئے کہ مجھے یہ حق نہیں کہ میں اپنی طرف سے اس میں ترمیم کردوں۔ بس میں تو اسی کا اتباع کروں گا جو میرے پاس وحی کے ذریعہ سے پہنچا ہے، اگر میں اپنے رب کی نافرمانی کروں تو میں ایک بڑے دن کے عذاب کا اندیشہ رکھتا ہوں''

آیاتِ بالا کی رو سے کہا یہ گیا ہے کہ:۔

1) ان کے سامنے ہماری آیات (قوانین) پڑھے جاتے ہیں جو بالکل صاف صاف (غیر مبہم) ہیں
2) جن کو ہمارے پاس آنے کی امید نہیں، وہی یہ مطالبہ کرتے ہیں کہ اس کے سوا کوئی دوسرا قرآن لائیے
3) یا اس میں کچھ ترمیم کردیجئے
4) آپ صلی اللہ علیہ وسلم ان سے کہہ دیجئے کہ مجھے یہ حق نہیں کہ میں اپنی طرف سے اس میں ترمیم کروں
5) بس میں تو اسی کا اتباع کروں گا جو میرے پاس وحی کے ذریعہ سے پہنچا ہے
6) اگر میں اپنے رب کی نافرمانی کروں تو میں ایک بڑے دن کے عذاب کا اندیشہ رکھتا ہوں

آپ نے غور فرمایا ہوگا کہ قرآنِ حکیم میں اللہ نے اپنی آیات کو ''ہماری آیات'' کہہ کر ''نظامِ مصطفیٰ'' کے نعرے کی نفی کردی ہے۔ یہ اللہ کا نظام ''سنت اللہ'' ہے۔ اسی لئے رسول اللہ نے تاحیات ''سنت اللہ'' یعنی قرآنِ حکیم ہی کی پیروی اور اس کا اتباع کیا جس کے نتیجہ میں دنیا کی سب سے پہلی مملکتِ اسلامیہ مدینہ، دنیا کے نقشہ پر ابھر کر سامنے آئی، جو قیامت تک کے انسانوں کی راہنمائی کے لئے ایک مینارِ نور کی سی حیثیت رکھتی ہے۔ آپ صلی اللہ علیہ وسلم نے اپنی طرف سے اس کتاب اللہ میں نہ تو کوئی اضافہ کیا اور نہ ہی انہیں اس کی اجازت ہی دی گئی تھی۔ ان آیات سے یہ بھی واضح ہوگیا کہ جن کو اللہ کے پاس جانے کی امید نہیں وہی لوگ ''قیامت'' کے دن پر یقین نہیں رکھتے اور وہی اللہ کے نظام کے دشمن بھی ہیں۔ اور وہی اس میں سے کیڑے نکالنے کی جسارت بھی کرتے ہیں۔ لیکن اس آیت میں جو قرآن نے یہ کہا ہے کہ ''جن کو ہمارے پاس آنے کی امید نہیں وہ رسول اللہ سے کہتے ہیں کہ اس کے سوا کوئی دوسرا قرآن لائیے، یا اس میں کچھ ترمیم کردیجئے'' اس میں اللہ نے اپنے دشمنوں کی نشانیاں گنوانے کے بعد اہلِ ایمان کو متنبّہ کیا ہے کہ جو لوگ رسول اللہ سے اِس وقت قرآن کے علاوہ کسی دوسرے قرآن کے لے آنے کا مطالبہ کرتے یا پھر اِس قرآن میں ترمیم کرنے کا مطالبہ کرتے ہیں یہی وہ لوگ ہیں جنھیں اللہ پر اور قیامت کے دن پر یقین نہیں، اس لئے ان جیسے لوگوں کو جس دور میں بھی موقع ملے گا یہ قرآن کی تعلیم میں ترمیم کرنے سے باز نہیں آئیں گے۔

یادرہے کہ، جب بھی کوئی شخص رسول اللہ کی پیروی میں ''سنت اللہ'' (اللہ کے قوانین) کی پیروی کرے گا تو اس کی پیروی دراصل یک جاں دو قالب کے مصداق ''اللہ ورسول'' دونوں کی پیروی کہلائے گی۔ چنانچہ قرآنِ حکیم میں جہاں کہیں بھی یہ دونوں نام ''اللہ اور رسول'' اکٹھے لکھے نظر آئیں، تصریفِ آیات کی رو سے اسکے معنی اللہ کے قرآنی قوانین کے مطابق عمل میں لائے جانے والی مملکتِ اسلامیہ کی سنٹرل اتھارٹی (مجلس شوریٰ) ہی لئے جائیں گے، چنانچہ جب بھی کوئی اللہ کا بندہ اس اصول کو پیشِ نظر رکھ کر قرآنِ حکیم میں غوروفکر کی کوشش کرے گا تو اس کے لئے کتاب اللہ کا سمجھنا سہل ہوجائے گا۔قرآنِ حکیم کی روشنی میں لفظ''فطرت اللہ'' ''کلمۃ اللہ'' اور''سنت اللہ'' کا قرآنی مفہوم واضح ہوچکا ہے۔ یہاں سے آگے وہ مقام آتا ہے جہاں پر کہ لوگوں نے ایک اضافی وحی کا عقیدہ وضع کیا، جس کے غیرقرآنی ہونے کی بناپر ملتِ اسلامیہ روئے زمین پر آج ذلیل وخوار اور رسوا ہے۔

وحی خفی اور حکمت؟!

یہ مضمون ان مذہبی نظریات وعقائد پر مبنی ہے جن کا تعلق یا واسطہ عہدِ رسالتِ نبوی صلی اللہ علیہ وسلم سے کہیں دور کا بھی نہیں، یہ سب بہت بعد کی پیدا کردہ وہ روایات ہیں جنھیں دینِ اسلام میں چور دروازوں سے داخل کیا گیا۔ وقت گزرنے کے ساتھ ساتھ یہی روایات ہمارے ایمان کا جزوِاعظم قرار پا گئیں۔ پھران ہی روایات کی روشنی میں ہمارے لئے قرآنِ حکیم کی تفاسیر بھی رقم کی گئیں، اور اس کے بعد آنے والے حضرات نے بھی انہی روایات کو اپنے سامنے رکھتے ہوئے مزید تفاسیر نقل کیں۔ اس لئے آج ہمارے پاس قرآن بمعہ معنی وتفسیر جگہ جگہ سے دستیاب ہے لیکن ایک نسخۂ قرآن کی تفسیر سے دوسرے نسخۂ قرآن کی تفسیر آپس میں میل نہیں کھاتی، جس کی وجہ سے مشکل یہ پیش آئی کہ اب کیسے پتہ چلایا جائے کہ ان متضاد تفسیروں پر مشتمل ہزاروں لاکھوں تفسیروں میں سے وہ کون سی ایک ایسی ہے جو مستند اور قرآن کی تعلیم کے عین مطابق قرار پا سکتی ہے، اور پھر جس کے ذریعے مسلمانوں کے ان تنازعات کو جن کی بنا پر ان میں فرقہ بندی کی بنیاد پڑ چکی ہے اور ان کی وحدت پارہ پارہ ہو کر رہ گئی ہے اسے ختم کیا جا سکے۔

لیکن افسوس کے ساتھ کہنا پڑتا ہے کہ آج تک ایسا نہیں کیا جا سکا اور مستقبل میں بھی اس مشکل کا کوئی حل نکلتا نظر نہیں آتا۔

وحی خفی کے اس عقیدے کا سب سے بڑا نقصان یہ ہوا کہ اس کی وجہ سے خود قرآنِ حکیم کے متعلق یہ کہا جانے لگا کہ اسے رسول اللہ نے مرتب کر کے نہیں چھوڑا تھا اسے تو بعد میں مرتب کیا گیا، اس کے لئے بھی لوگوں کے مختلف نام دیئے جاتے ہیں اور بتایا جاتا ہے کہ وہ کون تھے۔ پھر اس کے حروف پر زیر اور زبر لگوانے کے بارے میں بھی مختلف آرائیں سامنے آتی ہیں۔ سوچیں کہ جب قرآن کے بارے میں آپ کا یہ عقیدہ ہو کہ اس کے کچھ احکام ایسے بھی ہیں جو اس کے اندر موجود تو ہیں لیکن ان کا حکم ساکت ہو گیا ہے اور بہت سی آیات ایسی بھی تھیں جو ضائع ہو گئیں اور قرآن میں جمع نہیں کی جا سکیں۔ اس قسم کے بے بنیاد اور بے سروپا اعتقادات کی بنا پر تو دین کی پوری عمارت ہی زمیں بوس ہو جاتی ہے۔ اس لحاظ سے دیکھیں تو نام نہاد مسلمانوں نے قرآنِ حکیم کے ساتھ بہت زیادتی کی ہے، تقریباً ہر وہ حکم جو اس کتاب کے مطابق ہے اس کے اصل معنی ومفہوم کو وحی خفی کی بھینٹ چڑھا کر اس کا کچھ سے کچھ بنا دیا گیا، جس سے دین کا صاف اور شفاف چہرہ داغدار ہو گیا۔ اپنی اسی بدبختی کی وجہ سے ہم انسانوں کی سطح سے بہت نیچے گر گئے۔

یاد رہے کہ اللہ تعالیٰ قرآن حکیم کے ذریعے دنیا کے تمام انسانوں سے مخاطب ہے، یہ پیغامِ ازلی صرف مسلمانوں کے لئے نہیں۔ رب العالمین نے اپنے رسول، رحمت العالمین کی وساطت سے اعلان کر دیا کہ وہی ہے:۔

1) بِرَبِّ ٱلنَّاسِ ۱۱۴/۱ انسانوں کا پالنے والا

2) مَلِكِ ٱلنَّاسِ ۱۱۴/۲ انسانوں کا مالک

3) إِلَـٰهِ ٱلنَّاسِ ۱۱۴/۳ انسانوں کا حاکم

4) هَـٰذَا بَصَـٰٓئِرُ لِلنَّاسِ وَهُدًى وَرَحْمَةٌ لِّقَوْمٍ يُوقِنُونَ ۴۵/۲۰

یہ ضابطۂ قوانین (قرآن) جو تمہیں دیا گیا ہے، تمام نوعِ انسان کے لئے علم و بصیرت کی شمعِ نورانی ہے اور اُن لوگوں کے لئے جو اس کی صداقت پر یقین رکھیں۔''

اسلام دشمن عناصر نے مسلمانوں کا بھیس بدل کر اللہ کے دینِ خالص میں ''وحی خفی'' کے عقیدے کو شامل کر کے یہ سمجھ لیا کہ انھوں نے اسلام سے اپنا وہ بدلہ لے لیا ہے جس کی وجہ سے ان کی دو بڑی سلطنتوں ایران اور روم کے قیصر و کسریٰ کا خصوصی طور پر اور دیگر سردارانِ قریش وغیرہ کا عمومی طور پر خاتمہ ہو گیا تھا۔ لیکن اسلام سے کون بدلہ لے سکتا اور اسے ختم ہی کر سکتا ہے، یہ ان کی خواب خیالی ہے۔ جب تک قرآن موجود ہے اسلام بھی موجود رہے گا۔ بدلہ تو انھوں نے ان سادہ لوح مسلمانوں سے لیا ہے جو ان کے دھوکے میں آ گئے اور کتاب اللہ (صراطِ مستقیم) کو چھوڑ دیا اور کفر کی راہیں اختیار کر لیں، جس سے ان کا اپنا ہی نقصان ہوا، یہ دین کے رہے اور نہ ہی دنیا کے، بس ذلیل و خوار ہو کر رہ گئے۔

یہ درست ہے کہ وحی خفی کے ذریعے ''سنت اللہ'' کے مقابل ''سنتِ رسول'' کی خود ساختہ اور غیر قرآنی اصطلاح گھڑ کر اللہ کے خالص دین کو دیگر مذاہب کی سطح پر لے آیا گیا۔ لیکن قرآنِ حکیم کی موجودگی میں اسلام کے خلاف کلی طور پر ایسی کوئی سازش بھی کامیاب نہیں ہو سکتی جس سے کہ اس کا وجود ہی ختم ہو جائے۔ بہر کیف وحی خفی کی خود ساختہ اصطلاح کے ساتھ ساتھ عوام الناس میں ''وحی جلی'' کی تراشیدہ اصطلاح کو بھی خاص مقصد کے تحت آگے بڑھایا گیا، یہ وہ ''وحی'' ہے جو پہلے سے قرآنِ حکیم میں موجود ہے اور پوری امت اس کی با قاعدہ تلاوت بھی کرتی ہے، اس لئے اسے ''وحی متلو'' کے نام سے پکارا جاتا ہے، یعنی کہ وہ وحی جس کی تلاوت کی جاتی ہے۔ یعنی وحی جلی اور وحی متلو ایک ہی چیز ہے۔ اس کے برعکس ''وحی خفی'' چونکہ قرآن میں تو موجود نہیں لیکن اسے تاریخ و روایات اور احادیث کی شکل میں باہر سے حاصل کیا جاتا ہے اور اس کی تلاوت بھی نہیں کی جاتی، اس لئے اسے ''وحی غیر متلو'' کہا گیا۔ اور اس کی برکت یہ بتائی جاتی ہے کہ اگر یہ رسول اللہ پر نازل نہ کی جاتی تو قرآن کی آیات میں جو ''حکمت'' پوشیدہ ہے بنی نوعِ انسان اسکے فیض سے محروم رہ جاتی۔ اور یہ بھی کہا جاتا ہے کہ نماز اور وضو وغیرہ کا عملی طریقہ بھی اسی وحی کے ذریعے سے رسول اللہ کو سکھایا گیا۔ اسکے بغیر امت نماز جیسے اہم، با برکت اور ثواب والے دینی فریضے سے محروم رہ جاتی۔ اس کی ترکیب و ترتیب کو مفصل طور پر تو قرآن میں بیان نہیں کیا گیا لیکن یہ تسلیم کر لیا گیا ہے کہ یہ ایک ایسا عمل ہے جو امت میں رسول اللہ کے عہد مبارک سے متواتر چلا آ رہا ہے۔ اور جو چیز

متواتر (لگاتار) کا درجہ رکھتی ہو اس میں تغیر وتبدل کی کوئی گنجائش نہیں ہوتی۔ ہم آگے چل کر دیکھیں گے کہ مذہب میں جس شے کو متواتر کا درجہ دیا گیا ہے وہ کتنی متواتر ہے۔

ہمارے لئے ضروری ہے کہ ''وحی خفی'' کے جس عقیدہ کو اسلام کے خلاف سوچی سمجھی سکیم کے تحت آگے بڑھایا گیا اسے قرآن حکیم کی آیاتِ مبارکہ کی کسوٹی پر پرکھ کر دیکھ لیا جائے۔ ہم نے ان آیات کو سیاق وسباق کے ساتھ بطورِ نمونہ یہاں پر تحریر بھی کر دیا ہے اور ان کے معنی بھی درج کر دیئے ہیں۔ اور پھر آیت کے جن ٹکڑوں کو لے کر وحی خفی کے خود ساختہ عقائد ونظریات کو عین دین بنا کر لوگوں کے سامنے پیش کیا گیا وہ بھی الگ تحریر کر دیئے گئے ہیں۔ تاکہ تاریخی واقعات اور قرآن کے بیانات میں حق وصداقت کا جو نمایاں فرق پایا جاتا ہے وہ مزید کھل کر ہمارے سامنے آجائے۔

ملاحظہ فرمائیں :۔

لَّقَدْ كَانَ لَكُمْ فِى رَسُولِ ٱللَّهِ أُسْوَةٌ حَسَنَةٌ لِّمَن كَانَ يَرْجُوا۟ ٱللَّهَ وَٱلْيَوْمَ ٱلْـَٔاخِرَ وَذَكَرَ ٱللَّهَ كَثِيرًا ۳۳/۲۱

''یقیناً تمہارے لئے رسول اللہ میں عمدہ نمونہ ہے، ہر اس شخص کے لئے جو اللہ اور قیامت کے دن کی توقع رکھتا ہے اور بکثرت اللہ تعالیٰ کی یاد کرتا ہے۔''

درج بالا آیت میں لفظ ''اسوۃ حسنہ'' استعمال ہوا ہے، اسوۃ کے معنی ہیں قابلِ تقلید نمونہ۔ نیز وہ چیز جس سے غمگین آدمی تسلی حاصل کرے۔ قرآنِ حکیم میں ''اسوۃ حسنہ'' کا استعمال صرف دو مقامات پر استعمال ہوا ہے۔ ایک مقام پر حضرت ابراہیمؑ علیہ اسلام کے لئے، اور وہ اِس لئے کہ انھوں نے اور اُن کے ساتھیوں نے، بدترین حالات میں، بے خوف وخطر اپنی قوم سے کہہ دیا تھا کہ جب تک تم اللہ پر ایمان نہیں لاؤ گے، ہمارا تمہارے ساتھ کوئی تعلق نہیں ہوگا۔ اور دوسرے مقام پر سورۃ احزاب میں جو جنگِ احزاب سے متعلق ہے، رسول اللہ صلی اللہ علیہ وسلم کے لئے استعمال ہوا ہے۔ اس جنگ میں رسول اللہ نے، جس شجاعت، بلند نظری، جرأت اور صبر وتحمل کا عملی نمونہ پیش کیا، اس کے پیشِ نظر اللہ نے اسے قرآنِ حکیم میں محفوظ بھی کر دیا اور کہا کہ تمہارے لئے رسول اللہ میں عمدہ نمونہ ہے، ہمیشہ اسے اپنے پیشِ نظر رکھو، تاکہ اگر تمہارا بھی کبھی اس طرح کے نامساعد حالات سے واسطہ پڑ جائے اور ان سے نبرد آزما ہونا پڑے تو رسول اللہ کی طرح تم بھی ویسے ہی ثابت قدم رہ سکو۔

غور فرمایا آپ نے کہ قرآن کے مطابق ''سنتِ رسول'' اور سنتِ ابراہیمی کیا قرار پائی ہے؟ سنت یہ قرار پائی ہے کہ مشکل ترین حالات میں بھی ''اسوۃ حسنہ'' پر چل کر ثابت قدم رہنا چاہیے۔ آپ ہی بتائیں کہ اس کے بعد ان آیات کی ''حکمت'' یعنی غرض وغایت کو سمجھنے میں کسی کو کوئی مشکل پیش آسکتی ہے؟ ہرگز نہیں، لیکن دشمنانِ اسلام نے کہا کہ نہیں اس آیت میں جو کہا گیا ہے کہ ''یقیناً تمہارے لئے رسول اللہ میں ''عمدہ نمونہ ہے'' تو رسول اللہ سے متعلق یہ ''عمدہ نمونہ'' وحی خفی کی صورت میں قرآن سے باہر حدیث

وروایات میں ملتا ہے، اور یہی اصل میں "سنتِ رسول اللہ" ہے۔ چنانچہ "سنتِ رسول" کی یہ صورت جو آج ہمارے سامنے ہے اور جسے ہم دین کا جزوِ اعظم تصور کرتے ہیں یہ انسانوں کی خودساختہ اور غیر قرآنی ہے۔ وحی خفی کی اس غیر قرآنی اصطلاح کے ذریعے رسول اللہ کی قرآنی تعلیم کو غیر محسوس طریقے سے الگ کر دیا گیا اور اس کا پرچار اس زور وشور اور شدت سے کیا جاتا ہے کہ لوگ اسی کو رسول اللہ کی حقیقی تعلیم سمجھنے لگے ہیں۔ مثال کے طور پر، سیاست دانوں کے اشارے پر جب یہ مذہبی پارٹیاں سڑکوں پر نکلتی ہیں تو "قرآن و سنت" کے نعرے سننے کو بہت ملتے ہیں اور مطالبہ کیا جا رہا ہوتا ہے کہ انھیں ملک میں اسلامی نظام کا نفاذ چاہیے، اور وہ بھی "قرآن و سنت" کے مطابق۔

یاد رہے کہ یہ لوگ جب لفظ سنت سے پہلے قرآن کے لفظ کا اضافہ کرتے ہیں تو اس سے ان کی مراد قرآنی سنتِ رسول ہرگز نہیں ہوتی۔ یہ لوگ جانتے ہیں کہ وحی خفی سے حاصل کردہ سنت کے ذریعے سے دنیا کے کسی کونے میں بھی اسلامی نظام کبھی قائم نہیں کیا جا سکتا۔ اس لئے کہ جس وحی کی بدولت امت میں فرقہ بندی کی بنیاد ڈالی گئی ہو خود اسی کے ذریعے سے امت میں وحدت قائم کرنے کا دعویٰ کرنا منافقت کرنے کے مترادف نہیں تو اور کیا ہے۔ سنت کے ساتھ قرآن کا اضافہ کرنا ان کی مجبوری ہے۔ اگر ان کا بس چلے تو نظام کے حوالے سے یہ کسی کو قرآن کا نام بھی نہ لینے دیں۔

اب دوسری آیت بھی ملاحظہ فرمائیں، جس میں کہا گیا ہے کہ:۔

وَمَآ ءَاتَىٰكُمُ ٱلرَّسُولُ فَخُذُوهُ وَمَا نَهَىٰكُمْ عَنْهُ فَٱنتَهُوا۟ ۵۹/۷

"رسول جو کچھ تم کو دے وہ لو اور جس سے روکے اس سے باز رہو"

لوگوں نے اس آیت کا صرف پہلا ہی حصہ لے کر "وحی خفی" کے عقیدہ کو مضبوط کر دیا، چونکہ اس میں یہ کہا گیا ہے کہ "رسول جو کچھ تم کو دے وہ لو اور جس سے روکے اس سے باز رہو" وحی خفی کے عقیدے کے مطابق اس سے مراد یہ ہے کہ، جو حکم تمہیں رسول دے اس کے مطابق چلو اور جس چیز سے روکے اس سے باز رہو۔ یعنی کہ جو باتیں رسول اللہ کی حدیث اور تاریخ میں بیان کی جا چکی ہیں، ان سب پر ایسے ہی ایمان لانا ضروری ہے جیسے خود قرآن پر، یہ حکم چونکہ خود قرآن میں موجود ہے کہ "رسول جو کچھ تم کو دے وہ لو اور جس سے روکے اس سے باز رہو" اس لئے ہر مسلمان کا فرض ہے کہ وہ پورے طور پر وحی خفی کی تعلیم پر ایمان لائے اور اس کے مطابق عمل بھی کرے۔ یوں تو لاتعداد روایات واحادیث ایسی ہیں جنھیں قرآن کی تعلیم سے کوئی واسطہ ہی نہیں، لیکن حریفانِ اسلام کو اس حصۂ آیت سے بہتر اور کوئی آیت مل ہی نہ سکتی تھی۔ کیا یہ گیا کہ جن نظریات کو وہ آگے بڑھانا چاہتے اس کو پہلے رسول اللہ کی ذاتِ مبارکہ سے منسوب کرتے اور پھر اسی اپنی غیر قرآنی بات کو وہ قرآن ہی سے ثابت کرنے کے لئے اُس آیت کا پہلا حصہ بھی سنا دیتے اور کہہ دیتے کہ اللہ نے خود کہا ہے کہ جو رسول تم کو دے وہ لو اور جس سے روکے اس سے باز رہو۔ ظاہر ہے کہ اس کے بعد تو کسی کو بھی اس پر ایمان نہ لے آنے کی کوئی وجہ ہی نظر نہ آتی۔ اگر تو مسلمان قرآن کی تعلیم کے مطابق عمل کرتے اور ہر سنی سنائی بات کے پیچھے نہ لگ جایا کرتے تو آج

حالات مختلف ہوتے۔لیکن کیا کیا جائے۔مسلمانوں کو غیر تعلیم یافتہ رکھا ہی اس غرض سے گیا ہے کہ جو کچھ ان کو بتایا جائے یہ وہی کیا کریں۔

سیاق وسباق کے ساتھ اس آیت کے نزول کی حکمت اور ''رسول جو کچھ تم کو دے وہ لو اور جس سے روکے اس سے باز رہو' کا اصل مطلب جاننے کے لئے ملاحظہ فرمائیں:۔

مَّآ أَفَآءَ ٱللَّهُ عَلَىٰ رَسُولِهِۦ مِنْ أَهْلِ ٱلْقُرَىٰ فَلِلَّهِ وَلِلرَّسُولِ وَلِذِى ٱلْقُرْبَىٰ وَٱلْيَتَـٰمَىٰ وَٱلْمَسَـٰكِينِ وَٱبْنِ ٱلسَّبِيلِ كَىْ لَا يَكُونَ دُولَةًۢ بَيْنَ ٱلْأَغْنِيَآءِ مِنكُمْ ۚ وَمَآ ءَاتَىٰكُمُ ٱلرَّسُولُ فَخُذُوهُ وَمَا نَهَىٰكُمْ عَنْهُ فَٱنتَهُوا۟ ۚ وَٱتَّقُوا۟ ٱللَّهَ ۖ إِنَّ ٱللَّهَ شَدِيدُ ٱلْعِقَابِ

''بستیوں والوں کا جو (مال) اللہ تعالیٰ تمارے لڑے بھڑے بغیر اپنے رسول کے ہاتھ لگائے وہ اللہ کا ہے اور رسول کا اور قرابت والوں کا اور یتیموں مسکینوں کا اور مسافروں کا ہے تاکہ تمہارے دولت مندوں کے ہاتھ میں ہی یہ مال گردش کرتا نہ رہ جائے اور تمہیں جو کچھ رسول دے لے لو اور جس سے روکے رک جاؤ اور اللہ تعالیٰ سے ڈرتے رہا کرو، یقیناً اللہ تعالیٰ سخت عذاب والا ہے۔'' ۷/۵۹

آپ خود غور فرمائیں کہ اس میں کون سے پوشیدہ علم یا شک وشبہ کی ایسی کوئی بات ہے کہ جو کسی کے وہم وگمان سے بالاتر اور سمجھ میں نہ آنے والی ہو اور جسے بعد میں رسول اللہ صلی اللہ علیہ وسلم کو وحی خفی کے ذریعے سے سمجھانے کی ضرورت پیش آ گئی ہو۔اس میں تو صرف اتنا ہی کہا گیا ہے کہ، جب بغیر جنگ کئے کوئی مال ہاتھ آ جاتا ہے تو پھر اس پر ''اللہ و رسول'' (مملکتِ اسلامیہ) کا حق ہے اس لئے اس کو بیت المال کا حصہ بنایا جائے۔یہاں بھی ''اللہ اور رسول'' کے الفاظ اکٹھے آئے ہیں۔آپ کو یاد ہوگا کہ تصریفِ آیات کی رو سے قُرآن میں جہاں کہیں بھی ''اللہ و رسول'' کے الفاظ اکٹھے آئیں تو اس کا مطلب ''نظامِ خداوندی'' یعنی اسلامی نظام کی مرکزی اتھارٹی مراد ہوگی۔اور یہاں پر کہا گیا ہے کہ حاصل شدہ مال ''اللہ و رسول'' کا ہے، اس لئے بیت المال میں جمع ہوگا۔پھر اس مال میں حصہ ہے، قرابت والوں کا اور یتیموں مسکینوں کا اور مسافروں کا۔اس لئے تم کو اس میں سے جو رسول دے وہ لے لو اور جس کے لینے سے منع کرے اس سے باز رہو۔یعنی کہ:۔

1) مملکتِ اسلامیہ کے قانون کے مطابق جب اور جتنا بھی کوئی مال و دولت بغیر کسی کی محنت کے حاصل ہو جائے گا، وہ اللہ اور اس کے رسول کا مال ہے۔یعنی کہ وہ بیت المال کے لئے ہے

2) اس مال کو عدل کے ساتھ قرابت داروں، یتیموں، مسکینوں اور مسافروں کو دیا جائے گا۔اس کے علاوہ اسے کوئی ہاتھ بھی نہیں لگا سکتا

3) اس میں سے جو کچھ رسول تمہیں دے لے لو، اور جس سے روکے رک جاؤ

4) تا کہ دولت مندوں کے ہاتھ میں ہی یہ مال گردش کرتا نہ رہ جائے

5) ورنہ مملکتِ اسلامیہ کے قانون کی گرفت سے ہرگز نہ بچ سکو گے۔ ڈرتے رہا کرو

6) یقیناً اللہ تعالیٰ سخت عذاب والا ہے

اس آیت کے نازل فرمانے کی غرض و غایت آپ کے سامنے ہے، بتائیں کہ اس کی حکمت کو جاننے کے لئے کسی کو قرآن سے باہر جانے کی کیوں ضرورت پڑے گی؟ لیکن وحی خفی کے عقیدت مندوں نے عموماً سیاق وسباق سے ہٹ کر آیات کا کوئی ایک حصہ استعمال کیا اور اس کے ذریعے سے غیر قرآنی عقائد کو عین اسلامی اور قرآنی قرار دے کر عوام میں عام کر دیا۔ آج جتنا کچھ بھی آپ کو احادیث اور روایات کی شکل میں ملتا ہے وہ سب وحی خفی کے عقیدے کی مرہونِ منت ہے۔ جب تک قرآنِ حکیم کی آیات کا سیاق وسباق کے ساتھ مطالعہ نہیں کیا جائے گا اللہ و رسول کے نام پر دشمن ہمیں بیوقوف بناتا رہے گا، اور ہم بڑے آرام سے اِس کے ہاتھوں میں کھلونا بن کر کھیلتے رہیں گے۔

ہم یہ بھی دیکھتے ہیں کہ روئے زمین پر کوئی ملک ایسا نہیں جو مسلمانوں کی درخواست پر وہاں انھیں مسجدیں تعمیر کرنے کی اجازت نہ دے، نہ صرف یہ کہ وہ اس کے لئے بڑی فراخ دلی کے ساتھ اجازت ہی دے دیتے ہیں بلکہ ان کی تعمیرات کے سلسلہ میں حکومتی سطح پر گرانٹ (مالی امداد) کا بھی انتظام کرتے ہیں۔ تا کہ مسلمان بچوں کو دی جانے والی مذہبی تعلیم میں کسی قسم کی کوئی رکاوٹ پیدا نہ ہو، لمحہ بھر کے لئے بھی کوئی یہ نہیں سوچتا کہ ان پر عنایات کے یہ پھول کس خوشی میں نچھاور کئے جاتے ہیں۔ راہِ خدا میں دیئے گئے اس چندے کے عوض وہ ہمارے پیشواؤں سے صرف اس ایک بات کی گارنٹی لیتے ہیں کہ وہ اپنے لوگوں کو ان کے نظام کے خلاف کبھی مشتعل نہیں ہونے دیں گے اور اپنے دائرہ اختیار میں رکھیں گے۔ اس حکمتِ عملی سے وہ ایسا بندوبست کر لیتے ہیں کہ جس سے ان کے نظام کی کسی بھی خرابی پر کوئی مسلمان اسلامی نکتہ نگاہ سے آواز نہیں اٹھاتا۔ اِن تمام تر انتظامات کے باوجود اقوامِ عالم کے سربراہوں کو اسلام کے عمرانی نظامِ حیات سے ڈر رہتا ہے، انھیں ہماری نماز، روزے، حج اور زکوٰۃ وصدقات سے ہرگز کوئی خطرہ نہیں۔

عصرِ حاضر کے تقاضاؤں سے ہے لیکن یہ خوف
ہو نہ جائے آشکارا شرعِ پیغمبر کہیں

قارئین! اب جس آیت کو آپ کے سامنے پیش کیا جا رہا ہے اِس میں چونکہ ''کتاب اور حکمت'' دونوں الفاظ اکٹھے آئے ہیں اس لئے وحی خفی والوں کا کہنا ہے کہ اللہ نے ''کتاب'' سے ''حکمت'' کو الگ کر کے ان کے بیان کی تصدیق کر دی ہے کہ رسول اللہ کو قرآن سے الگ وحی بھی دی جاتی تھی۔ اب آپ کے سامنے آیت کے اس حصہ کو لایا گیا ہے جس میں کتاب وحکمت کا ذکر موجود ہے، لیکن یہ پوری آیت نہیں۔ آگے چل کر آیت کا پورا متن بھی درج کر دیا جائے گا۔ یہاں پر یہ کہا گیا ہے کہ:۔

وَأَنزَلَ ٱللَّهُ عَلَيۡكَ ٱلۡكِتَٰبَ وَٱلۡحِكۡمَةَ ۴/۱۱۳ ''اور اللہ نے تجھ پر کتاب وحکمت نازل کی''

آیت کے اس ایک حصہ کا مطلب تو آپ نے دیکھ لیا ہے جس میں کہا گیا ہے کہ ''اور اللہ نے تجھ پر کتاب وحکمت نازل کی'' لیکن جب تک پوری آیت آپ کے سامنے نہیں آجائے گی، بات کھل کر سامنے نہیں آسکے گی اور اس بات کا امکان موجود رہے گا کہ کتاب اور حکمت دونوں الگ الگ چیزیں ہوسکتی ہیں۔ اس لئے سیاق وسباق کے ساتھ پوری آیت اور اس کا مطلب بھی درج کیا جارہا ہے۔ ملاحظہ فرمائیں:۔

وَلَوۡلَا فَضۡلُ ٱللَّهِ عَلَيۡكَ وَرَحۡمَتُهُۥ لَهَمَّت طَّآئِفَةٞ مِّنۡهُمۡ أَن يُضِلُّوكَ وَمَا يُضِلُّونَ إِلَّآ أَنفُسَهُمۡۖ وَمَا يَضُرُّونَكَ مِن شَيۡءٖۚ وَأَنزَلَ ٱللَّهُ عَلَيۡكَ ٱلۡكِتَٰبَ وَٱلۡحِكۡمَةَ وَعَلَّمَكَ مَا لَمۡ تَكُن تَعۡلَمُۚ وَكَانَ فَضۡلُ ٱللَّهِ عَلَيۡكَ عَظِيمٗا ۴/۱۱۳

''اگر اللہ تعالیٰ کا فضل ورحم تجھ پر نہ ہوتا تو ان کی ایک جماعت نے تجھے بہکانے کا قصد کر ہی لیا تھا مگر دراصل یہ اپنے آپ کو ہی گمراہ کرتے ہیں، یہ تیرا کچھ نہیں بگاڑ سکتے' اللہ تعالیٰ نے تجھ پر کتاب وحکمت اتاری ہے اور تجھے وہ سکھایا ہے جسے تو نہیں جانتا تھا اور اللہ تعالیٰ کا تجھ پر بڑا بھاری فضل ہے۔'' ۴/۱۱۳

یہ جو رسول اللہ سے کہا گیا ہے کہ ''اللہ نے تجھ پر کتاب وحکمت نازل کی'' یہاں پر ''کتاب'' سے مراد اللہ کے قوانین ہیں اور ''حکمت'' سے مراد ان قوانین کی غرض وغایت ہے۔ جیسا کہ سابقہ آیات میں آپ نے دیکھا ہے کہ وہاں پر ہر بات روزِ روشن کی طرح واضح اور نکھار کر بیان کی گئی ہے اور کسی طرح کی حکمت کو کہیں چھپا کر نہیں رکھا گیا۔ چھپا کر رکھنا مقصود ہوتا تو قرآنِ حکیم کو غیر عربی زبان میں نازل کردیا جاتا جو صرف رسول اللہ ہی کی سمجھ میں آسکتی اور بعد میں رسول اللہ صلی اللہ علیہ وسلم عربوں کو اس کی حکمت سمجھاتے رہتے۔ لیکن ایسا نہیں ہوا بلکہ اس کے برعکس یہ کہا گیا کہ، قرآن صاف عربی زبان میں اتارا گیا ہے تاکہ تم اسے اچھی طرح سمجھ سکو۔ اس کے علاوہ، اس آیت میں جو کہا گیا ہے کہ ''اللہ تعالیٰ کا تجھ پر بڑا بھاری فضل ہے''۔ تو اس بھاری فضل سے بھی یہ لوگ وحی خفی مراد لیتے ہیں۔ یعنی ''بھاری فضل اور لفظ حکمت'' دونوں کا اشارہ وحی خفی کی جانب ہے۔

یاد رہے کہ مذہب کی کہانیوں کا نہ تو کوئی سر ہوتا ہے اور نہ ہی پاؤں اس لئے لوگ جو اصل اسلام تک کبھی پہنچنے کی کوشش بھی کرتے ہیں تو یہ کہانیاں انھیں آگے نہیں بڑھنے دیتیں، جب ایسا ہوتا ہے تو وہ دل برداشتہ ہو کر اِن کہانیوں کو علماء حضرات کے سمجھنے اور سمجھانے کے لئے چھوڑ دیتے ہیں۔ اور خود اس سنگلاخ وادی سے کنارہ کشی اختیار کر لیتے ہیں۔ اس تذبذب اور غیر یقینی کے بھنور سے نکلنے کے لئے ضروری ہے کہ مذہب اور دینِ اسلام دونوں کے حقیقی خدوخال کو ایک دوسرے کے سامنے رکھ کر قرآنِ حکیم کی روشنی میں ان کا مطالعہ کیا جائے۔ تاکہ اسلامی وغیر اسلامی عقائد ونظریات کو ایک دوسرے سے الگ کرنے میں مدد مل سکے۔ ہم یہی کرنے جارہے ہیں، آپ ہمارے ساتھ رہیں۔

قارئین! متذکرہ بالا آیت کو پورے طور پر سمجھنے کے لئے اس کا مفہوم ملاحظہ فرمائیں تا کہ اس آیت کا پسِ منظر بھی آپ کے سامنے آسکے۔

''یہ تو خدا کا خاص فضل اور اس کی رحمت ہے کہ اُس نے تمھیں اس قسم کا ضابطۂ ہدایت دے دیا جس میں ان تمام امور کے متعلق واضح ہدایت ہے اور ساتھ ہی یہ بھی بتا دیا کہ ان قوانینِ خداوندی کی لم اور حکمت، غرض اور غایت کیا ہے، اور اس طرح تمھیں وہ کچھ سکھا دیا جو تم (تنہا عقل کی رو سے) کبھی نہیں سیکھ سکتے تھے۔ اگر تم پر خدا کا یہ فضل نہ ہوتا تو منافقین کا ایک گروہ اس کا تہیہ کر چکا تھا کہ تمھیں صحیح راستے سے بھٹکا دے، اب اس قسم کے ارادوں سے وہ تمھارا کچھ نہیں بگاڑ سکتے، خود اپنے لئے سامانِ ہلاکت بہم پہنچاتے ہیں''۔

بحوالہ مفہوم القرآن

''حکمت'' پر ایک آیت اور بھی نمونہ کے طور پر دیکھ لیتے ہیں۔ اس آیت کو بھی لوگوں نے اپنے عقائد کی پشت پناہی کے لئے ڈھال کے طور پر استعمال کیا ہے، جہاں رسول کی ازواج مطہرات کو قرآن میں حکم دیا گیا ہے کہ:۔

وَٱذۡكُرۡنَ مَا يُتۡلَىٰ فِى بُيُوتِكُنَّ مِنۡ ءَايَٰتِ ٱللَّهِ وَٱلۡحِكۡمَةِ ۳۳/۳۴

''اور تمہارے گھروں میں اللہ کی آیتیں اور حکمت کی باتیں جو تلاوت کی جاتی ہیں، ان کو یاد رکھو''

اس آیت میں لفظ ''حکمت اور آیات'' میں لوگوں کے لئے تفریق پیدا کرنے کا کوئی جواز ہی باقی نہیں بچا، کیونکہ اس میں خود اللہ تعالیٰ نے اپنی آیات ''کتاب وحکمت'' دونوں کو ایک ساتھ لا کر اور دونوں کی ''تلاوت'' کرنے کا ذکر کر کے ''وحی خفی'' کے خود ساختہ، اور بے بنیاد عقیدے کی تردید کر دی ہے، جس کے مطابق کہا جاتا ہے کہ ''حکمت'' قُرآنِ حکیم سے باہر احادیث وروایات اور تاریخ میں ملنے والی وہ ''وحی غیر متلو'' ہے جس کی تلاوت نہیں کی جاتی۔ جب کہ یہاں پر اللہ نے واضح الفاظ میں ''تلاوت'' کرنے کا ذکر فرما کر وحی غیر متلو کے عقیدے کی تردید کر دی ہے۔ چنانچہ ان آیات کی ''حکمت'' یہ بتائی گئی ہے کہ تم لوگ جن آیات ''قانونِ الٰہی'' کو (تلاوت) پڑھتے ہوا نھیں یاد (ذہن نشین) بھی رکھو یعنی کہ ان کے مطابق عمل بھی کرتے رہو، اور زندگی کے ہر گوشے میں ان کو اپنے پیشِ نظر بھی رکھو، ان کا صرف پڑھ لینا ہی کافی نہیں ہے۔ اب کوئی یہ بتائے کہ اس آیت کی حکمت کو سمجھنے کے لئے کوئی قرآن سے باہر کیوں جائے؟

تو جناب جس حکمت کے بارے میں کہا جاتا ہے کہ ''حکمت'' کی تلاوت نہیں کی جاتی یہ وحی خفی (وحی غیر متلو) کے زُمرے میں آتی ہے اور یہ قُرآن سے باہر تاریخ وروایات میں ملتی ہے۔ اس کے متعلق قرآنِ حکیم کا فیصلہ سب کے سامنے آچکا ہے جس میں کہا گیا ہے کہ، اس کی تلاوت بھی ہوتی ہے اور قرآن میں موجود بھی ہے۔ یعنی وحی خفی سے اس کا کچھ واسطہ یا تعلق نہیں ہے۔ حکمت کسی خصوصی علم کا نام نہیں بلکہ یہ بھی منزل من اللہ ہے اور قُرآن میں محفوظ بھی۔ مثلاً جیسا کہ حضرت لقمان کے بارے میں بھی کہا گیا ہے کہ:۔

وَلَقَدْ ءَاتَيْنَا لُقْمَٰنَ ٱلْحِكْمَةَ ۳۱/۱۲ ''اور ہم نے یقیناً لقمان کو حکمت دی''

یہاں پر کہا گیا ہے کہ لقمان کو''حکمت'' دی، اور یہاں پر اِس''حکمت'' کا تعلق بے شک دانائی سے ہے۔اور یہ واقعہ نبی اکرم سے پہلے کا ہے۔جس کی اطلاع رسول اللہ کو بطورِ خبر دی گئی ہے۔اس صورتِ حال کے پیشِ نظر اب اگر کوئی اس واقعہ اور اس خبر کا ناطہ وحی خفی سے جوڑنے کی کوشش کرے تو اس کا یہ دعویٰ کس قدر کمزور اور بودا لگے گا۔خود قرآن میں اس کی موجودگی ان کے اس دعوے کی تردید کرتی ہے کہ یہ وہ وحی خفی نہیں ہے جسے حدیث کا درجہ دیا جاتا ہے، اور جس کے بغیر قرآن سمجھ میں نہ آسکتا ہو۔ بلکہ حقیقت یہ ہے کہ حضرت لقمان کی دانائی کی خبر دے کر اللہ نے وحی خفی کے عقیدے کی خود تردید کر دی ہے۔

''وحی خفی'' اور ''وحی جلی'' کے یہ دو الفاظ ایسے ہیں جنھیں بار بار لکھنے سے مجھے کوفت ہوتی ہے، اور یہ اس لئے کہ یہ دونوں ہی انسانوں کی خود ساختہ اُن اصطلاحات میں سے ہیں جن کا قرآن سے کوئی تعلق ہی نہیں، آپ پورا قرآن دیکھ لیں آپ کو وحی خفی اور وحی جلی کی کہیں کوئی اصطلاح نظر نہیں آئے گی۔ہمیں تو ان پر بات بھی نہیں کرنی چاہئے،جس شے کا تعلق اللہ اور اس کے رسول سے نہ ہو اس کا ذکر کیسا! لیکن جب تک ہم اس پر کھل کر بات نہیں کریں گے اور اسے مقدس گائے کی طرح اپنے استھان پر باندھ کر رکھیں گے، ہم تفرقہ بازی کے جہنم سے کبھی نہ نکل سکیں گے۔کاش ہم نے ان جیسے عقائد کو اسلام کے کسی گوشے میں بھی کوئی جگہ نہ دی ہوتی۔تو آج یہ نوبت ہی نہ آتی کہ لوگ یہ کہتے پھرتے کہ''کسی کے عقیدے کو چھیڑو نہیں اور اپنے عقیدے کو چھوڑو نہیں'' اس کا مطلب سوائے اس بات کے اور کیا ہو سکتا ہے کہ یہ لوگ اپنے اپنے مفادات کے تحفظ کی خاطر مذہبی پارٹیوں کو خوش رکھنے کی غرض سے ایسا کہتے ہیں۔یہ نعرہ اس قدر خطرناک ہے کہ اس کے بعد مذہبی امور پر تنقیدی نگاہ ڈالنا ممنوع قرار پا جاتا ہے۔اور اگر ایسا ہی رہے گا تو پھر جس جہنم میں ہم زندہ درگور ہو چکے اس میں سے نکلنے کی کوئی امید نہیں ۔

قارئین! ہم نے کتاب اللہ کی روشنی میں''تصریفِ آیات'' کی مدد سے''حکمت'' کے عقیدہ کو مختلف زاویوں سے دیکھ پرکھ لیا ہے۔قُرآنِ حکیم کی'' آیات اور حکمت'' کو دو الگ الگ چیزیں سمجھنا درست ثابت نہیں ہوتا۔آخر میں''حکمت'' کو وحی غیر متلو ماننے والے حضرات، قُرآن کی جس آیت کو اپنے دعوے کی سپورٹ میں ریفرنس کے طور پر سب سے زیادہ استعمال کرتے ہیں اس کو بھی دیکھ لیتے ہیں جس میں رسول اللہ صلی اللہ علیہ وسلم کے بارے میں کہا گیا ہے کہ:۔

يَتْلُوا۟ عَلَيْهِمْ ءَايَٰتِهِۦ وَيُزَكِّيهِمْ وَيُعَلِّمُهُمُ ٱلْكِتَٰبَ وَٱلْحِكْمَةَ ۶۲/۲

''جو انہیں اس کی آیتیں پڑھ کر سناتا ہے اور ان کو پاک کرتا ہے اور انہیں کتاب وحکمت سکھاتا ہے۔''

ان آیات کے معنی بھی آپ کے سامنے ہیں اور ان کا مفہوم بھی، کتاب وحکمت پر تفصیل سے بات کی جا چکی ہے اس لئے دوبارہ سمجھانے کی ضرورت نہیں، یہاں پر اتنا ہی کہا گیا ہے کہ رسول لوگوں کو اس قُرآن کی آیتیں پڑھ کر سناتا ہے اور ان کو پاک کرتا ہے یعنی کہ دانائی اور علم سکھاتا ہے۔یاد رہے کہ یہاں پر بھی یہ کہا گیا ہے کہ رسول اللہ لوگوں کو آیاتِ الٰہی پڑھ کر سناتے ہیں، یعنی کہ یہ قُرآن

میں موجود ہیں جنھیں پڑھا جا رہا ہے۔ اور یہ سب وحی متلو ہے۔

اب اسی آیت کا قُرآنی مفہوم بھی ملاحظہ فرمائیں:۔

''یہ رسول ان کے سامنے قوانینِ خداوندی کو پیش کرتا ہے۔ پھر انھیں سمجھاتا ہے کہ ان قوانین کی غرض و غایت کیا ہے۔ اس کے ساتھ ہی ایسا عملی پروگرام دیتا ہے جس سے ان کی صلاحیتوں کی نشو و نما ہوتی جائے۔ چنانچہ اس رسول کی تبلیغ و تعلیم و تربیت سے، وہ قوم جو اس سے پہلے کھلی ہوئی گمراہی میں تھی (زندگی کے صحیح راستے پر گامزن ہوگئی)''

بحوالہ مفہوم القرآن

یہاں پر بھی اللہ تعالیٰ نے اپنے ''قانون'' اور اس کی ''حکمت'' کو کھول کر بیان کر دیا ہے۔ اس کے الفاظ و معنی کے سمجھنے میں بھی کوئی دقت نہیں۔ ''قُرآنی سنتِ رسول'' کا ''وحی خفی'' کے عقیدہ سے کہیں بھی کوئی تعلق ثابت نہیں ہوتا، اور نہ ہی اس کی ''حکمت'' سے کچھ واسطہ ہی۔ اس خلافِ قُرآن عقیدہ کو، جسے عہدِ ملوکیت میں بادشاہوں نے اپنے مفادات و تحفظات کے پیشِ نظر، شریعت کے اجارہ داروں کے ہاتھوں اللہ اور اس کے رسول صلی اللہ علیہ وسلم کی عقیدت و محبت کے نام پر ایجاد کیا تھا تا کہ وہ اس کے ذریعہ سے قُرآن کے معنی و مفہوم کو بدل کر اس کے ابدی پیغام کے اثر کو ختم کر سکیں، اور لوگوں کو فرقوں اور پارٹیوں میں تقسیم کرنے کے بعد ان پر اپنے اقتدار کا اثر و رسوخ قائم رکھ سکیں، جس میں وہ نہایت کامیاب رہے۔

جیسا کہ ہر مسلمان اس بات سے آگاہ ہے کہ رسول اللہ خود قومِ قریش میں سے تھے، جن کی زبان عربی تھی اور جو وحی، رسول اللہ کی جانب اللہ تعالیٰ کی طرف سے بذریعہ جبرائیل علیہ السلام نازل کی گئی وہ بھی عربی زبان میں تھی۔ یعنی اس وحی کی مخاطب قوم کے لوگ عرب ہی تھے تاریخ کی اس حقیقت سے دنیا کا کوئی ایک آدمی بھی انکار نہیں کر سکتا اور نہ ہی اختلاف۔ اس لئے عربوں کو اس وحی کے سمجھنے میں کہیں کوئی دشواری نہیں تھی۔ اس کی تصدیق بھی خود قُرآنِ حکیم نے ہی کر دی، تا کہ بعد کے آنے والوں کو یہ کہنے کا کوئی بہانہ ہاتھ نہ آ جائے، اور وہ اس میں حق بجانب بھی ہوں کہ وحی تو عربی زبان میں اتری ہی نہیں تھی جس کی وجہ سے رسول اللہ کو اس کے معنی و مفہوم کے علاوہ اس کی ''حکمت'' بھی لوگوں کو سمجھانا پڑتی تھی۔ اللہ نے ہمیشہ کے لئے اس طرح کے ہر چور دروازے کو جس کے ذریعہ سے کہ امتِ مسلمہ کو گمراہ کیا جا سکتا تھا یہ کہہ کر بند کر دیا کہ اس کی یہ کتاب:۔

1) بِلِسَانٍ عَرَبِيٍّ مُّبِينٍ ۲۶/۱۹۵ ''صاف عربی زبان میں ہے''

2) وَالْكِتٰبِ الْمُبِينِ ۴۳/۲ ''قسم ہے اس واضح کتاب کی''

3) إِنَّا جَعَلْنٰهُ قُرْءٰنًا عَرَبِيًّا لَّعَلَّكُمْ تَعْقِلُونَ ۴۳/۳

''ہم نے اسے عربی زبان کا قُرآن بنایا ہے، کہ تم سمجھ لو''

4) فَوَرَبِّ ٱلسَّمَآءِ وَٱلْأَرْضِ إِنَّهُۥ لَحَقٌّ مِّثْلَ مَآ أَنَّكُمْ تَنطِقُونَ ۵۱/۲۳

''آسمان وزمین کے پروردگار کی قسم! یہ بالکل برحق ہے ایسا ہی جیسے کہ تم باتیں کرتے ہو''

5) وَإِنَّهُۥ فِىٓ أُمِّ ٱلْكِتَـٰبِ لَدَيْنَا لَعَلِىٌّ حَكِيمٌ ۴۳/۴

''یقیناً یہ لوحِ محفوظ میں ہے اور ہمارے نزدیک بلند مرتبہ حکمت والی ہے''

ارشادِ ربانی ہمارے سامنے آچکا، اللہ نے قسم اٹھا کر اعلان کر دیا ہے کہ میری کتاب عربی زبان میں اس لئے ہے تاکہ اسے تم آسانی سے سمجھ لو، اور یہ بلند مرتبہ ''حکمت'' والی ہے۔ یعنی یہ اتنی آسان ہے کہ اسے اپنی حکمت کے بیان کرنے اور سمجھانے میں باہر کی کسی مدد کی ضرورت نہیں پڑتی۔ یہ اپنی حکمت کو اپنے معنی ومفہوم کے ساتھ اپنی ہی جیسی دوسری آیات کے ذریعہ لوگوں کو اپنی بات سمجھانے کی پوری دسترس اور قدرت رکھتی ہے۔ حکمت کے اصول کو سمجھنے کے لئے مزید ایک اور آیت کا اضافہ کرنا مفید معلوم ہوتا ہے، حالانکہ صرف اسی ایک آیت کو اگر پیش کر دیا جاتا تو ''حکمت'' کا پورا فلسفہ سمجھ لینے کے لئے یہی ایک کافی ہوتی۔ لیکن مجبوری یہ ہے کہ ہمیں بچپن ہی سے ہاتھ گھما کر کان پکڑنے کی عادت ڈال دی گئی ہے اور جب تک اس دیسی طریقے سے کام نہ لیا جائے یقین ہی نہیں آتا کہ کان پکڑا گیا ہے۔ اپنی بات کو سمجھانے کی غرض سے عادتاً مجھے بھی یہی کچھ کرنا پڑ رہا ہے۔

اس آیت کے مطالعہ کے بعد ''حکمت'' کے معنی ومفہوم کو سمجھنے کے امکانات میں یقیناً اضافہ ہوگا اور اس بات کا مزید احساس بڑھ جائے گا کہ ''حکمت'' کو قرآن سے باہر تلاش نہ کیا جائے۔ ملاحظہ فرمائیں:۔

الٓرۚ كِتَـٰبٌ أُحْكِمَتْ ءَايَـٰتُهُۥ ثُمَّ فُصِّلَتْ مِن لَّدُنْ حَكِيمٍ خَبِيرٍ ۱۱/۱

''الر'' یہ ایک ایسی کتاب ہے کہ اس کی آیتیں محکم کی گئی ہیں، پھر صاف صاف بیان کی گئی ہیں ایک حکیم باخبر کی طرف سے۔''

غور فرمایا آپ نے کہ کیا کہا گیا ہے؟ کہا یہ گیا ہے کہ، یہ کتاب ایک حکیم باخبر کی طرف سے ہے، ظاہر ہے کہ ایک حکیم، اگر حکمت کی باتیں نہیں کرے گا تو اور کیا کرے گا۔ اس لئے یہ کتاب پُر از حکمت بھی ہے اور اس کی آیتیں بھی اس قدر محکم ہیں کہ ان میں تبدیلی کرنے کی کوئی سازش کامیاب نہیں ہوسکتی، حفاظت کے انتظامات کے علاوہ ان کو لوگوں کے سمجھنے کے لئے آسان بنایا گیا ہے تاکہ ان کی حکمت کے بارے میں شک وشبہ کی کوئی گنجائش باقی نہ رہے۔

قارئین! قرآنِ حکیم کی تعلیم کے مطابق ''وحی'' صرف ایک ہی ہے اور وہ تمام کی تمام اس میں موجود ہے اور اسی کی تلاوت بھی روزانہ کی جاتی ہے۔ ملاحظہ فرمائیں:۔

كَذَٰلِكَ أَرْسَلْنَٰكَ فِىٓ أُمَّةٍ قَدْ خَلَتْ مِن قَبْلِهَآ أُمَمٌ لِّتَتْلُوَا۟ عَلَيْهِمُ ٱلَّذِىٓ أَوْحَيْنَآ إِلَيْكَ وَهُمْ يَكْفُرُونَ بِٱلرَّحْمَٰنِ ۚ... ۱۳/۳۰

''اسی طرح ہم نے آپ کو اس امت میں بھیجا ہے، جس سے پہلے بہت سی امتیں گزر چکی ہیں کہ آپ انھیں ہماری طرف سے جو وحی آپ پر اتری ہے پڑھ کر سنایئے۔ یہ اللہ رحمٰن کے منکر ہیں......''

رسول اللہ سے کہا گیا ہے کہ ''ہماری طرف سے جو وحی آپ پر اتری ہے پڑھ کر سنایئے'' پڑھ کر سنایئے کے الفاظ نے قُرآن سے باہر ملنے والی وحی غیر متلو کی مکمل طور پر تردید کر دی ہے اور اس بے بنیاد عقیدے کو کہیں کا نہیں چھوڑا۔ ان آیات سے یہ بھی ثابت ہو گیا کہ رسول اللہ سے پہلے بھی جتنے رسول آئے ان پر بھی کتاب کے علاوہ الگ سے کوئی وحی نہیں اترتی تھی۔
یقیناََ اللہ کا فضل و کرم اگر شاملِ حال نہ ہو تو اسکا کلام کون سمجھ سکتا ہے لیکن یہ حقیقت بھی اپنی جگہ پر اٹل ہے کہ قُرآنِ حکیم کی تعلیم کے مطابق جب کوئی بندہ پورے خلوص اور دل کی رضامندی کے ساتھ اللہ کی طرف ایک قدم اٹھاتا ہے تو پھر اس کا قانون انسان کی اس کوشش کے نتیجہ میں اسکی رہبری و راہنمائی کے فرائض سرانجام دینے لگتا ہے اور یہی اللہ کا فضلِ خاص ہے۔ جس سے وہ کسی کو بھی مایوس نہیں کرتا بشرطیکہ آدمی کی نیت میں کسی قسم کا کوئی فتور نہ ہو۔ جیسا کہ قُرآنِ حکیم میں واضح طور پر اس بات کا اعلان کیا جا چکا ہے، جہاں کہا گیا ہے کہ ''انسان کے لئے وہی کچھ ہے جس کے لئے اس نے محنت و کوشش کی۔'' یعنی کہ جس معاملہ میں بھی کوئی کوشش اور محنت کرے گا اس کے مطابق ہی اسے اس کا معاوضہ بھی ملے گا۔ اسلام کی جو خدمت ہم نے کی ہے اس کا معاوضہ ہمیں مل رہا ہے اور وہ ملک میں فساد وانتشار کی صورت میں سب کے سامنے ہے۔ یہ داستان دلخراش بھی ہے اور نصیحت حاصل کرنے والوں کے لئے نصیحت آموز بھی۔
آگے بڑھنے سے پہلے کتاب وحکمت سے متعلق جس چیز کا ذکر کرنا ضروری ہے وہ یہ ہے کہ کتاب وحکمت کے ساتھ ضمیر واحد کا استعمال اس امر کی شہادت ہے کہ یہ ایک ہی چیز ہیں، یعنی کہ نہ تو کتاب، حکمت سے الگ ہے اور نہ حکمت کتاب سے الگ۔ حوالے کے طور پر آیت ملاحظہ فرمائیں:۔

وَمَآ أَنزَلَ عَلَيْكُم مِّنَ ٱلْكِتَٰبِ وَٱلْحِكْمَةِ يَعِظُكُم بِهِۦ ۚ ۲/۲۳۱

''اور جو کچھ کتاب وحکمت اُس نے نازل فرمائی ہے جس سے تمہیں نصیحت فرما رہا ہے''

يَعِظُكُم بِهِۦ ۚ (ضمیر واحد)

قارئین، امتِ مسلمہ کے زوال کے اسباب پر روشنی ڈالتے ہوئے اسلامی تاریخ کے قُرآنی مورخ حافظ علامہ اسلم جیراجپوریؒ لکھتے ہیں کہ:۔

''رسول اللہ صلی اللہ علیہ وسلم، اللہ کی طرف سے صرف ایک کتاب قُرآنِ کریم لے کر آئے تھے، جس پر عمل کر کے صحابہ کرام نے دینی اور دنیاوی سربلندی حاصل کی، خلفائے راشدین رضی اللہ عنہم نے اپنا عمل اسی کتاب پر رکھا اور اُمت کو اس سے ہٹنے نہ دیا جس کی وجہ سے ان کے زمانوں میں کوئی مذہبی تفریق پیدا نہ ہوسکی اور ساری اُمت متحد رہی۔

عہدِ بنی امیہ میں جب استبداد کا تسلط ہوا اس وقت خلفاء نے دنیا کو لے کر دینی قیادت چھوڑ دی جو علماء کے حصہ میں آ گئی اسی وقت سے اختلافات پڑنے لگے اور شخصیت پرستی کی وجہ سے نت نئے فرقے بننے شروع ہو گئے عباسی عہد میں فقہا میں اختلافات واقع ہوئے جن کی وجہ سے رفتہ رفتہ اُن کے پیروؤں کی ٹولیاں الگ الگ ہونے لگیں اُسی زمانے میں علومِ عقلیہ کے عربی میں ترجمے ہوئے اُس وقت سے اختلافات روایات وتاویلات کے باعث یہ ذہنی تشتت اور بڑھ گیا چنانچہ ایک ہی ملت میں، ۷۳ فرقے بن گئے جن میں سے ہر ایک اپنے ہی کو ناجی سمجھنے لگا اور دوسرے کو ناری اس طرح پر ملت کی وحدت پارہ پارہ ہوگئی اور ہر مسلمان صرف انفرادی حیثیت سے مسلمان رہ گیا نہ کہ اجتماعی۔

خاتم النبین صلی اللہ علیہ وسلم کے ذریعہ اُمت کو دو عظیم الشان نعمتیں ملی تھیں ایک قُرآن اور دوسری امامتِ کبریٰ یعنی مرکزیتِ اُمت جس کو آپ نے نصب فرمایا تھا استبداد نے مرکزیت کو فنا کر دیا اور سیاسی لحاظ سے اُمت کے ٹکڑے ٹکڑے کر دیئے اور اشخاص پرستی نے قُرآن کو متروک کر دیا اور مذہبی لحاظ سے اُمت کے فرقے فرقے بنا دیئے جس سے دنیوی اور دینی دونوں حیثیت سے اُس میں لامرکزیت آگئی اِس لئے امت کی آئندہ صلاح وفلاح کی اِس کے سوا کوئی صورت نہیں کہ لامرکزیت کو چھوڑ کر وحدت کی طرف آئے یعنی رفتہ رفتہ مسلمانوں کا مرکز ایک ہو جائے جہاں سے ملت کے اجتماعی مقاصد کے تعین اور ان کو عمل میں لانے کی تشکیل ہو اور دینی مرکز صرف قُرآن ہو، تا کہ ہر قسم کی فرقہ بندی مٹ جائے اور سب کے سب متحد ہو کر ایک راستے پر گامزن ہوں۔''

بحوالہ حافظ علامہ اسلم جیراجپوریؒ تاریخ اسلام کا جائزہ (قُرآن کی روشنی میں)

علامہ حافظ اسلم جیراجپوریؒ نے تاریخ اسلام کے حوالہ سے، حریفانِ اسلام کی ریشہ دوانیوں، ان کی بے جا جسارتوں اور شرارتوں کی لمبی داستانوں کو چند الفاظ میں سمیٹ کر بیان کر دیا ہے۔ آپ کو اِس تاریخی حوالہ سے خود اس کتاب کے سمجھنے میں مدد مل سکے گی جو آپ کے سامنے ہے۔ اور خلافتِ راشدہ کے دورِ ہمایوں کے بعد کے دور کی بھی ایک نمایاں جھلک دیکھنے کو مل جائے گی۔ ہمیں اس کے تمام تر نکات کو اپنے پیشِ نظر رکھ کر آگے بڑھنا ہے۔ مثلاً:۔

1) رسول اللہ صلی اللہ علیہ وسلم، اللہ کی طرف سے صرف ایک کتاب لے کر آئے تھے

2) خلفائے راشدین رضی اللہ عنہم نے اپنا عمل اسی کتاب پر رکھا اور امت کو اس سے ہٹنے نہ دیا

3) جس کی وجہ سے ان کے زمانوں میں کوئی مذہبی تفریق پیدا نہ ہوسکی اور ساری امت متحد رہی

4) عہدِ بنی امیہ میں جب استبداد کا تسلط ہوا اس وقت خلفاء نے دنیا کو لے کر دینی قیادت چھوڑ دی

(5) جو علماء کے حصہ میں آ گئی

(6) اسی وقت سے اختلافات پڑنے لگے اور شخصیت پرستی کی وجہ سے نت نئے فرقے بننے شروع ہو گئے

(7) عباسی عہد میں فقہا میں اختلافات واقع ہوئے

(8) جن کی وجہ سے رفتہ رفتہ ان کے پیروؤں کی ٹولیاں الگ الگ ہونے لگیں

(9) اُسی زمانے میں علومِ عقلیہ کے عربی میں ترجمے ہوئے

(10) اس وقت سے اختلافات روایات وتاویلات کے باعث یہ ذہنی تشتت اور بڑھ گیا

(11) چنانچہ ایک ہی ملت میں، ۷۳ فرقے بن گئے

(12) جن میں سے ہر ایک اپنے ہی کو ناجی سمجھنے لگا اور دوسرے کو ناری

(13) اس طرح پر ملت کی وحدت پارہ پارہ ہو گئی اور، مسلمان صرف انفرادی حیثیت سے مسلمان رہ گیا نہ کہ اجتماعی

(14) خاتم النبین صلی اللہ علیہ وسلم کے ذریعہ امت کو دو عظیم الشان نعمتیں ملی تھیں ایک قرآن اور

(15) دوسری امامتِ کبریٰ یعنی مرکزیتِ امت جس کو آپ نے نصب فرمایا تھا (مملکتِ اسلامیہ مدینہ)

(16) استبداد نے مرکزیت کو فنا کر دیا اور سیاسی لحاظ سے امت کے ٹکڑے ٹکڑے کر دیئے اور

(17) اشخاص پرستی نے قرآن کو متروک کر دیا اور مذہبی لحاظ سے امت کے فرقے فرقے بنا دیئے

(18) جس سے دنیاوی اور دینی دونوں حیثیت سے اس میں لامرکزیت آ گئی اس لئے

(19) امت کی آئندہ اصلاح وفلاح کی اس کے سوا کوئی صورت نہیں کہ لامرکزیت کو چھوڑ کر وحدت کی طرف آئے

(20) یعنی رفتہ رفتہ مسلمانوں کا مرکز ایک ہو جائے

(21) جہاں سے ملت کے اجتماعی مقاصد کی تعیین اور ان کو عمل میں لانے کی تشکیل ہو

(22) اور دینی مرکز صرف قرآن ہو

(23) تاکہ ہر قسم کی فرقہ بندی مٹ جائے اور سب کے سب متحد ہو کر ایک راستے پر گامزن ہوں

قارئین! ''وحی خفی'' اور ''وحی جلی'' کا عقیدہ ہمارے ہاں یہودیوں سے منتقل ہوا ہے۔ ان کے ہاں ''وحی متلو'' یعنی ''وحی جلی''، کو شبکتب اور ''وحی غیر متلو'' یعنی ''وحی خفی'' کو شبعلغہ کہتے تھے۔ معلوم ہوتا ہے کہ حضرت موسیٰ علیہ السلام سے پہلے بھی جتنی قومیں گزری ہیں انھوں نے بھی ایسی ہی وضعی اصطلاحات کے ذریعے سے ان عمرانی اصول وقوانین میں رد و بدل کی جو پیغمبروں کی وساطت سے انھیں عطا کئے گئے تھے۔ یہودیوں کے خود ساختہ یہی عقائد سوچے سمجھے پلان کے تحت اسلام میں بھی داخل کر دیئے گئے، جن کے مضر اثرات فرقہ بندی کی شکل میں کھل کر سامنے آ گئے۔ لیکن ان کے سدِ باب کے لئے جس زمانے میں بھی کوئی کوشش کی گئی وہ ناکام بنا دی گئی۔ اس کی ناکامی کی وجہ یہ نہیں تھی کہ وہ آواز اسلام کے مطابق نہ تھی اور لوگوں نے اسے مسترد کر دیا، بلکہ یہ تھی کہ خود اسلام کے نام پر، اسلام دشمن قوتیں اس قدر طاقت ور ہو گئیں کہ ان کا مقابلہ کرنا کسی ایک آدمی یا گروہ کے بس کی بات ہی نہ رہی۔ لیکن اب

زمانے کے تیور بدل چکے ہیں ان کو دیکھتے ہوئے اقبال نے پروفیسر محمد اکبر منیر کو لکھا تھا کہ:۔

''دنیا کے دل میں انقلاب ہے، اس واسطے قلوبِ انسانی اس سے متاثر ہو رہے ہیں۔ اسلام کی عظمت کا زمانہ انشااللہ قریب آ رہا ہے'' ....

بحوالہ اقبال نامہ ۲ فروری ۲۴ء

وقت آنست کہ آئینِ دگر تازہ کنیم
لوحِ پاک بشوئیم وزسر تازہ کنیم

''وقت آ گیا ہے کہ ایک اور نظام کی بنیاد ڈالیں۔ دل کی تختی صاف کر کے نئے سرے سے شروع کریں'' (اقبال)

یہاں پہنچنے تک ''فطرت اللہ'' اللہ کے وہ قوانین جنھیں کہ اُس نے کائنات کے اندر D.N.A کی صورت میں محفوظ کر دیا ہے اور جن کے مطابق یہ کائنات اپنی منزل کی جانب رواں دواں ہے، انھیں اچھی طرح سے سمجھ لیا گیا ہے اور انھیں بھی جو ''کلمۃ اللہ'' کہلاتے ہیں اور آیات (فارمولا) کی شکل میں قُرآنِ حکیم کی زینت بنے ہوئے ہیں۔ اور جب یہی قوانین حکومتی سطح پر لاگو کر دیئے جائیں تو اُس وقت یہ ''سنت اللہ'' کہلاتے ہیں۔ روئے زمین پر سب سے پہلی مملکت جو ''سنت اللہ کے مطابق چل کر قائم ہوئی تھی وہ مملکتِ اسلامیہ مدینہ تھی۔ چنانچہ دوسری کوئی بھی سنت ایسی نہیں جس پر چلنے کے بعد وہ تقاضے پورے ہوتے ہوں، جن کے پورا کرنے کی ہدایات اللہ نے دی ہیں'' سنت اللہ'' کی پیروی کرنے والوں کو جماعتِ مومنین اور اس کے خلاف چلنے والوں کو کافر کہا گیا ہے۔

قارئین، کلمۃ اللہ اور سنت اللہ کو سمجھنے کے بعد ''وحی خفی'' کی تعلیم (احادیث) کے مطابق سمجھ میں آنے والی ''حکمت'' بھی ہماری نظروں سے گزری اور مطالعہ میں آئی۔ لیکن جب اسے سیاق وسباق کے ساتھ قرآنِ حکیم کے سامنے پیش کیا گیا تو وہ اللہ کی کتاب کی تعلیم کے خلاف اور منافی نکلی۔ اس کے باوجود اس کے عقیدت مند بضد ہیں کہ ''وحی جلی'' اس وقت تک سمجھ میں نہیں آ سکتی جب تک کہ وہ ''وحی خفی'' کی روشنی میں نہ سمجھی جائے۔ چنانچہ ''وحی جلی'' کی تعلیم ''وحی خفی'' کی مرہونِ منت ہے، یہ قرآن کے احکام کو منسوخ بھی کر سکتی ہے۔ بلکہ یہاں تک مانا جاتا ہے کہ قُرآن میں کچھ آیات ایسی بھی ہیں جن کے احکام منسوخ ہوگئے ہیں اب فقط الفاظ کی صورت میں موجود ہیں۔ اور کچھ آیات کے احکام تو برقرار ہیں لیکن وہ قرآن کے اندر الفاظ کی صورت میں موجود نہیں، اگر ان کو دیکھنا ہو تو وہ حدیث کی کتب میں ملیں گے۔ اس لئے تمام شرعی فیصلے احادیث کی روشنی میں کرنے ضروری ہیں۔ کوئی بتائے کہ اس کے بعد قُرآن کی اہمیت ہی کتنی رہ جاتی ہے؟

الغرض ہر بڑے فرقے کی اپنی اپنی حدیثوں کی کتابیں ہیں جو اپنی تعلیم میں تضادات کا پلندہ ہیں۔ اس لئے ایک فرقے کی شریعت دوسرے فرقے کی شریعت سے نہیں ملتی، ان متضاد شریعتوں کی بدولت ان کے درمیان بغض وعناد کی بڑی بڑی دیواریں کھڑی

ہیں۔اس مصیبت سے جان چھڑانے کا واحد حل یہی ہے کہ اللہ کی کتاب کو اپنا راہنما بنایا جائے اور دین کے معاملے میں باہر کی کسی کتاب کا کمزور سہارا نہ لیا جائے۔اللہ کا حکم بھی یہی ہے:۔

وَأَنَّ هَٰذَا صِرَٰطِي مُسْتَقِيمًا فَٱتَّبِعُوهُ ۖ وَلَا تَتَّبِعُوا۟ ٱلسُّبُلَ فَتَفَرَّقَ بِكُمْ عَن سَبِيلِهِۦ ۚ ذَٰلِكُمْ وَصَّىٰكُم بِهِۦ لَعَلَّكُمْ تَتَّقُونَ ۶/۱۵۳

''اور یہ کہ یہ دین میرا راستہ ہے جو مستقیم ہے سو اس راہ پر چلو اور دوسری راہوں پر مت چلو کہ وہ راہیں تم کو اللہ کی راہ سے جدا کر دیں گی۔اس کا تم کو اللہ نے تاکیدی حکم دیا ہے تاکہ تم پرہیزگاری اختیار کرو۔''

چنانچہ اللہ کے نزدیک صرف وہی دین (نظام) قابلِ قبول ہے جو اس کی کتاب میں موجود ہے، اس کے علاوہ ادیانِ عالم کا دوسرا کوئی بھی ''دین'' نظام قابلِ قبول نہیں۔اللہ کے دین (نظام) کو اُس کی کتاب سے باہر ڈھونڈنا گمراہی اختیار کرنے کے مترادف ہے۔چنانچہ پرہیزگار شخص وہی ہوسکتا ہے جو اللہ کی کتاب کے مطابق چلے۔اور جو اس کتاب (راہ) کو چھوڑ کر دوسری کسی کتاب کے مطابق چلے گا وہ اسے اللہ کی راہ سے جدا کر دے گی۔چنانچہ:۔

قارئین، اس بحث کو اپنے انجام تک پہنچانے کے لئے یہ ایک آیت کافی ہونی چاہئے۔ملاحظہ فرمائیں:۔

إِنَّ ٱلَّذِينَ يَكْتُمُونَ مَآ أَنزَلْنَا مِنَ ٱلْبَيِّنَٰتِ وَٱلْهُدَىٰ مِنۢ بَعْدِ مَا بَيَّنَّٰهُ لِلنَّاسِ فِى ٱلْكِتَٰبِ ۙ أُو۟لَٰٓئِكَ يَلْعَنُهُمُ ٱللَّهُ وَيَلْعَنُهُمُ ٱللَّٰعِنُونَ ۲/۱۵۹

''جو لوگ ہماری اتاری ہوئی دلیلوں اور ہدایت کو چھپاتے ہیں باوجودیکہ ہم اسے اپنی کتاب میں لوگوں کے لئے بیان کر چکے ہیں، اُن لوگوں پر اللہ کی اور تمام لعنت کرنے والوں کی لعنت ہے۔''

حدیث اور ناسخِ قُرآن؟!

سابقہ باب میں ہم دیکھ چکے ہیں کہ وحی جلی اور وحی خفی کی تعلیم کے درمیان زمین آسمان کا فرق ہے۔ ایک کی تعلیم وتربیت زمین پر گرے پڑے نادار، غریب اور غلام انسانوں کو سر اٹھا کر چلنے اور عزتِ نفس کے ساتھ جینا سکھلاتی ہے۔ اس کے برعکس دوسری وہ ہے جو انسانوں کے خشک لبوں پر تقدیر کی بے رحم مہر ثبت کرتے ہوئے ظلم وزیادتی کو خاموشی اور صبر کے ساتھ سہنے اور سسک سسک کر مر جانے کو اللہ کی مرضی قرار دے کر اس کے خلاف کسی بھی قسم کی لب کشائی کو حرام اور جرمِ عظیم قرار دیتی ہے۔ صدیوں سے آج تک یہی کچھ ہوتا چلا آ رہا ہے۔ چنانچہ، تقلید کی روش سے نا آشنا ذہن کے وہ لوگ جو کالجوں اور یونیورسٹیوں کے پڑھے لکھے ہیں جب قُرآنِ حکیم اور احادیث (تاریخ و روایات) کا از خود مطالعہ کرتے ہیں تو انھیں ان دونوں کی تعلیم کے درمیان تضادات ہی تضادات نظر آتے ہیں اور وہ کسی نتیجے پر نہیں پہنچ پاتے کہ وہ ان دونوں میں سے کس ''وحی'' کو درست تسلیم کریں، خاص کر اُس وقت جب انھیں ایک نسخۂ قُرآن کی تفسیر دوسرے نسخۂ قُرآن کی تفسیر سے بھی میل کھاتی نظر نہیں آتی۔ پس وہ اسے گورکھ دھندا سمجھ کر اس سے الگ ہو جاتے اور کہتے ہیں کہ اگر مسجدوں، مدرسوں اور سکولوں میں یہی اسلام سکھایا جاتا ہے تو ہم ایسے اسلام سے باز آئے۔ لیکن وہ نہیں جانتے کہ جن تضادات کی وجہ سے وہ ذہنی تشتت وانتشار اور بے دلی وتذبذب کا شکار ہوئے ہیں قُرآنِ حکیم کی آیات اس کی ذمہ دار نہیں بلکہ وحی خفی کے ذریعے آگے بڑھائی جانے والی وہ روایات ہیں جن کی روشنی میں ان آیات کی تفاسیر تحریر کی گئیں۔ سارے تضادات روایات میں ہیں آیات میں نہیں۔ اللہ کی کتاب میں اور دوسری کتب میں جو فرق ہے وہ دین اور مذہب کا ہے یہ وہ نکتہ ہے جسے سمجھے بغیر دین تک رسائی ممکن نہیں۔ قُرآن، خالص اللہ کے دین پر مشتمل تمام نقائص سے پاک اور منزہ ہے، جب کہ احادیث وروایات، انسانوں کے ہاتھوں کی لکھی ہوئی تاریخ پر مشتمل مذہب کی کتابیں ہیں، جو غلطیوں، لغزشوں اور کوتاہیوں کا پلندہ ہیں۔ اس لئے ان کا تقابلی مطالعہ کرنا کسے زیب دیتا ہے۔ اعلیٰ کا ادنیٰ سے کیا مقابلہ! ریشم کے کپڑے میں ٹاٹ کا پیوند لگانا کہاں کی عقلمندی! اِن کو سمجھنا ہو تو پھر انھیں ایک دوسرے سے الگ کر کے سمجھیں تاکہ نور وظلمات میں جو تفاوت پائی جاتی ہے وہ نکھر کر سامنے آجائے۔ سابقہ باب میں ''حکمت''

سے متعلق جب ہم نے وحی خفی کے نظریئے کو اللہ کی کتاب پر پیش کیا تو یہ غیر حقیقی اور غیر قرآنی ثابت ہوا تھا۔ یہاں پر ہم وحی خفی کی اس مجموعی تعلیم کو بھی، جسے کہ عین اسلامی بنا کر پیش کیا جاتا ہے کتاب اللہ کی کسوٹی پر پرکھ کر دیکھ لیتے ہیں کہ وہ کس قدر اسلامی ہے۔

مروجہ اعتقاد کے مطابق وحی خفی (وحی غیر متلو) کے ذریعے جو علم رسول اللہ کو قرآنِ حکیم کی آیات کو سمجھانے کے سلسلہ میں الگ طور پر عطا کیا گیا، عرفِ عام میں اسے علمِ حدیث کے نام سے یاد کیا جاتا ہے۔ ہماری اسلامی شریعت کا دارومدار اسی پر ہے، اور اسی علم کے ذریعہ سے مفسرینِ اسلام نے قرآنِ حکیم کی تفاسیر قلم بند کی ہیں۔ نمونے کے طور پر ان احادیث کو یکے بعد دیگرے قرآنِ حکیم کی روشنی میں دیکھ لیتے ہیں تاکہ اس کی تعلیم کے مطابق ان کی حقیقت ہمارے سامنے آجائے۔ یہ وہ احادیث ہیں جن کا سہارا لے کر قرآنِ حکیم کے قوانین کو اس انداز سے پیش کیا گیا کہ وہی پھر لوگوں کے دین اور ایمان کا حصہ بن گئے۔ اور اللہ کا دیا ہوا اصل نظامِ حیات نظروں سے اوجھل ہو گیا۔ چنانچہ کتاب کا یہ حصہ بڑا ہی اہم ہے۔ اُمید کی جاتی ہے کہ آپ اپنا قیمتی وقت نکال کر اسے سمجھنے کی پوری کوشش کریں گے۔ چنانچہ، زنا کی سزا سے آغاز کیا جاتا ہے، اس لئے کہ اس سزا کا تعلق انسانوں کی زندگی اور موت سے ہے۔ ملاحظہ فرمائیں:۔

وَلَا تَقْرَبُوا الزِّنَىٰٓ إِنَّهُۥ كَانَ فَٰحِشَةً وَسَآءَ سَبِيلًا ١٧/٣٢

''خبردار زنا کے قریب بھی نہ پھٹکنا کیونکہ وہ بڑی بے حیائی ہے اور بہت ہی بری راہ''۔

خود اللہ نے اس قانون کی تفسیر آسان ترین الفاظ میں بیان کر دی ہے، کہا یہ گیا ہے کہ لوگو! اس گناہ کے قریب بھی نہ جاؤ کیونکہ یہ بڑی بے حیائی کا کام ہے اور اسکی وجہ سے معاشرے میں فساد برپا ہوتے ہیں، بری راہ سے یہی مراد ہے۔ اس کی وجہ سے نوبت قتل و غارت گری تک پہنچ جاتی ہے۔ یورپ کے مادر پدر آزاد معاشروں میں بھی جہاں پر جنسی آزادی اپنے عروج پر سمجھی جاتی ہے، یہ لوگ بھی اپنی دوست یا آشنا کی بے وفائی پر اس کی جان لے لیتے ہیں یا پھر دل برداشتہ ہو کر خودکشی کر لیتے ہیں، عورتوں سے بھی اکثر و بیشتر اس طرح کے جرائم سرزد ہوتے رہتے ہیں۔ چونکہ اس کا تعلق لوگوں کے جذبات و احساسات سے جڑا ہوتا ہے اور ان کے بے قابو ہو جانے کی صورت میں وہ کچھ بھی کر سکتے ہیں۔ انتہائی اقدام کی صورت میں اسی طرح کے قتل عزت کے نام پر بھی ہوتے ہیں۔

یہی نہیں بلکہ بدچلن عورتوں اور بدچلن مردوں کی جان لیوا جنسی امراض سے کون واقف نہیں، ان کی لپیٹ میں بے گناہ لوگ بھی آجاتے ہیں جن میں معصوم بچے بھی شامل ہیں۔ جسمانی تکالیف کے علاوہ روحانی نقصان کا اندازہ شائد لگایا ہی نہ جا سکتا ہو۔ اِسی قسم کے نقصانات کے پیشِ نظر اللہ نے قرآنِ حکیم میں لوگوں کو اس سے بچنے کی جو ہدایات نازل فرمائیں، وہ ہمارے سامنے ہیں۔ اب جو کوئی بھی اِن سے فائدہ اٹھانا چاہے وہ اٹھا سکتا ہے۔ بہرحال، علمِ نفسیات کے ماہرین ہی اس نفسیاتی معاملے پر بہتر طریقے سے تبصرہ کر سکتے ہیں۔

جرمِ ''زنا'' اور اس کی سزا سے متعلق ہمارے زمانے کے جید عالم مولانا ابوالاعلیٰ مودودیؒ فرماتے ہیں کہ:۔

''اگر مجرم مریض ہو اور اس کے صحت یاب ہونے کی امید نہ ہو یا بہت بوڑھا ہو تو سو شاخوں والی ایک ٹہنی یا سو تیلیوں والی ایک جھاڑو لے کر صرف ایک دفعہ مار دینی چاہیئے تاکہ قانون کا تقاضہ پورا کر دیا جائے۔''

بحوالہ تفہیم القرآن جلد۔سوم۔طبع اوّل۔صفحہ ۳۴۴

غور فرمایا آپ نے، کہ یہاں پر ایک ایسے مریض کا ذکر ہے جس کی صحت یابی کی کوئی امید ہی باقی نہیں، اور دوسرا ایک ایسا بوڑھا آدمی ہے جو اپنے میں کوڑے کھانے کی ہمت اور برداشت نہیں رکھتا، لیکن اس کے باوجود وہ جرمِ زنا کے مرتکب بتائے گئے ہیں۔ اس تفسیر میں اس قسم کے مجرموں کے لئے جس طرح سے اللہ کے قانون کا تقاضا پورا کیا گیا ہے اس پر کسی تذکرہ کی کوئی گنجائش ہی نہیں بچتی۔ غنیمت ہے کہ آپ (مولاناؒ) نے ایک طرح سے اس جرم کی سزا سو کوڑے ہی بتائی ہے، سنگسار کرنا نہیں۔

اب قُرآنِ حکیم کی رو سے جرمِ ''زنا'' کے متعلق جو ہدایات دی گئی ہیں انھیں ملاحظہ فرمائیں :۔

ٱلزَّانِيَةُ وَٱلزَّانِى فَٱجۡلِدُواْ كُلَّ وَٰحِدٖ مِّنۡهُمَا مِاْئَةَ جَلۡدَةٖۖ وَلَا تَأۡخُذۡكُم بِهِمَا رَأۡفَةٞ فِى دِينِ ٱللَّهِ إِن كُنتُمۡ تُؤۡمِنُونَ بِٱللَّهِ وَٱلۡيَوۡمِ ٱلۡأٓخِرِۖ وَلۡيَشۡهَدۡ عَذَابَهُمَا طَآئِفَةٞ مِّنَ ٱلۡمُؤۡمِنِينَ ۲۴/۲

''زنا کار عورت اور مرد میں سے ہر ایک کو سو کوڑے لگاؤ۔ اللہ کے قانون (شریعت) کی حد جاری کرتے ہوئے تمہیں ہرگز ترس نہ کھانا چاہیے، اگر تمہیں اللہ پر اور قیامت کے دن پر ایمان ہو۔ اُن کی سزا کے وقت مومنین کی ایک جماعت موجود ہونی چاہیئے۔''

غور فرمایا آپ نے کہ زنا سے متعلق مولاناؒ کی تفسیر میں اور قُرآنِ حکیم کی رو سے جرمِ زنا کی سزا میں کتنا فرق ہے۔ صرف فرق ہی نہیں بلکہ قُرآنِ حکیم نے اس جرم کی سزا کے تعین کے علاوہ سختی سے اس بات کی تاکید بھی کر دی کہ جس وقت مجرم کو سزا دی جائے اس پر ترس نہیں کھایا جائے گا، اور پھر وہاں پر جماعتِ مومنین کا موجود ہونا بھی لازمی ہے۔ اس لئے کہ یہی وہ لوگ ہوتے ہیں جن کے ہاتھوں دین کا نظام عمل میں آتا ہے۔ ظاہر ہے کہ وہی حکومتی عہدوں پر بھی مقرر ہوتے ہیں اس لئے اہم سزاؤں کے عمل درآمد کرانے کے موقعوں پر حکومت کے ملازمین کا موجود ہونا اس لئے بھی ضروری ہے تاکہ کوئی مجرم حکومت کی متعین کردہ سزا سے نہ بچ نکلے، یا پھر اسے سو کوڑے لگانے میں کہیں پس وپیش سے کام نہ لیا جائے۔ یہی اس آیت کی حکمت، یا غرض وغایت ہے۔

اسی سلسلے میں اب اس حدیث شریف کو بھی ملاحظہ فرمائیں، جس میں یہ کہا گیا ہے کہ:۔

''حضرت ابو ہریرہؓ اور حضرت زید بن خالدؓ بیان کرتے ہیں کہ نبی کریم صلی اللہ علیہ وسلم سے دریافت کیا گیا کہ لونڈی جو محصنہ (شادی شدہ عاقل بالغ عورت) ہو اگر زنا کرے؟ (تو اس کی سزا کیا ہے) آپ نے فرمایا، اگر لونڈی زنا کرے (محصنہ ہو یا غیر محصنہ) تو اسے کوڑے مارے جائیں اگر دوبارہ زنا کرے تو پھر کوڑے مارے

جائیں اور اگر اس کے بعد بھی زنا کرے تو (حد نافذ کرنے کے بعد) مالک کو چاہیئے کہ اسے فروخت کردے خواہ اس کا معاوضہ بالوں سے بنی ہوئی رسی ہی کیوں نہ ملے (یعنی وہ انتہائی غیر وقیع اور بے حیثیت شے کی مانند ہے)۔''

بحوالہ اللئو لئو والمرجان (بخاری باب ٦٦ بیع العبدالزانی)

مذکورہ بالا حدیث میں لونڈیوں کو کوڑے مارنے کا حکم تو موجود ہے لیکن اس میں ان کی تعداد درج نہیں کی گئی، اور نہ ہی لونڈیوں کے ان متعدد بہ تعلقات پر ہی کوئی روشنی ڈالی گئی ہے کہ جن لوگوں کے ساتھ انھوں نے جنسی تعلقات قائم کئے تھے، خود ان لوگوں کی سزا کیا ہوگی؟ اس سے تو صرف اتنا ہی پتہ چلتا ہے کہ سارا قصور لونڈیوں ہی کا تھا اور ان کے ساتھ تعلق قائم کرنے والے مرد حضرات معصوم اور بے قصور تھے، جس کی وجہ سے ان کی سزا کا کوئی ذکر نہیں کیا گیا۔

یہاں پر ہمیں قُرآنِ حکیم کی پوری آیت درج کرنی پڑے گی تا کہ اس کے قانون اور اصول کے تمام گوشے نظروں کے سامنے آجائیں اور کسی بھی طرح کی مبالغہ آرائی کا کوئی اندیشہ باقی نہ رہے۔

اس آیت کے مترجم نے جہاں پر لفظ ''مومن'' آیا ہے اس نے ''مسلمان'' لکھا ہے لیکن میں نے قُرآنِ حکیم کے اصل متن کو ملحوظِ خاطر رکھتے ہوئے لفظ ''مومن'' ہی کو جگہ دی ہے، اور آئندہ بھی ایسا ہی کرنا پڑے گا۔

وَمَن لَّمْ يَسْتَطِعْ مِنكُمْ طَوْلًا أَن يَنكِحَ ٱلْمُحْصَنَـٰتِ ٱلْمُؤْمِنَـٰتِ فَمِن مَّا مَلَكَتْ أَيْمَـٰنُكُم مِّن فَتَيَـٰتِكُمُ ٱلْمُؤْمِنَـٰتِ ۚ وَٱللَّهُ أَعْلَمُ بِإِيمَـٰنِكُم ۚ بَعْضُكُم مِّنۢ بَعْضٍ ۚ فَٱنكِحُوهُنَّ بِإِذْنِ أَهْلِهِنَّ وَءَاتُوهُنَّ أُجُورَهُنَّ بِٱلْمَعْرُوفِ مُحْصَنَـٰتٍ غَيْرَ مُسَـٰفِحَـٰتٍ وَلَا مُتَّخِذَٰتِ أَخْدَانٍ ۚ فَإِذَآ أُحْصِنَّ فَإِنْ أَتَيْنَ بِفَـٰحِشَةٍ فَعَلَيْهِنَّ نِصْفُ مَا عَلَى ٱلْمُحْصَنَـٰتِ مِنَ ٱلْعَذَابِ ۚ ذَٰلِكَ لِمَنْ خَشِىَ ٱلْعَنَتَ مِنكُمْ ۚ وَأَن تَصْبِرُوا۟ خَيْرٌ لَّكُمْ ۗ وَٱللَّهُ غَفُورٌ رَّحِيمٌ ۴/۲۵

''اور تم سے جس کسی کو آزاد مومن عورتوں سے نکاح کرنے کی پوری وسعت و طاقت نہ ہو تو وہ مومن لونڈیوں سے جن کے تم مالک ہو (اپنا نکاح کرلے) اللہ تمہارے اعمال کو بخوبی جاننے والا ہے، تم سب آپس میں ایک ہی تو ہو، اس لئے انکے مالکوں کی اجازت سے ان سے نکاح کرلو، اور قاعدہ کے مطابق ان کے مہران کو دو، وہ پاکدامن ہوں نہ کہ اعلانیہ بدکاری کرنے والیاں، نہ خفیہ آشنائی کرنے والیاں، پس جب یہ لونڈیاں نکاح میں آجائیں پھر اگر وہ بے حیائی کا کام کریں تو انہیں آدھی سزا ہے اس سزا سے جو آزاد عورتوں کی ہے۔ کنیزوں سے نکاح کا یہ حکم تم میں سے ان لوگوں کے لئے ہے جنہیں گناہ اور تکلیف کا اندیشہ ہو اور تمہارا ضبط کرنا بہت بہتر ہے اور اللہ تعالیٰ بڑا بخشنے والا اور بڑی رحمت والا ہے۔''

تو جناب، صرف یہ دو ہی آیات مبارکہ ایسی ہیں یعنی "۲/۲۴ سورۃ النور" اور دوسری ۲۵/۴ سورۃ النساء جن میں جرمِ "زنا" کی سزاؤں کا ذکر آیا ہے۔ درج بالا آیت سے واضح ہے کہ لونڈیوں کی سزا پچاس کوڑے مقرر کی گئی ہے۔

لیکن ایک اور آیت ایسی ہے جس کو یہاں درج کئے بغیر ہم آگے نہیں بڑھ سکتے، کیونکہ اس کا نزول نبی اکرم صلی اللہ علیہ وسلم کی بیبیوں سے متعلق ہے، یعنی کہ اگر نبی کی بیویوں سے کوئی جرم سرزد ہوتا تو پہلے ہی سے ان کی سزا دگنی مقرر کر دی گئی تھی۔ ملاحظہ فرمائیں:۔

يَـٰنِسَآءَ ٱلنَّبِيِّ مَن يَأْتِ مِنكُنَّ بِفَـٰحِشَةٍ مُّبَيِّنَةٍ يُضَـٰعَفْ لَهَا ٱلْعَذَابُ ضِعْفَيْنِ ۚ وَكَانَ ذَٰلِكَ عَلَى ٱللَّهِ يَسِيرًا ۳۰/۳۳

"اے نبی کی بیبیو! تم میں سے جو بھی کھلی بے حیائی (کا ارتکاب) کرے گی اسے دوہرا دوہرا عذاب دیا جائے گا اور اللہ تعالیٰ کے نزدیک یہ بہت ہی سہل (سی) بات ہے۔"

اب اس آیت مبارکہ کا مفہوم ملاحظہ فرمائیں:۔

"رسول اللہ کے ہاں رہنے کی صورت میں یہ بھی سوچ لو کہ چونکہ تمہاری زندگی کو دوسروں کے لئے نمونہ بننا ہے اس لئے تمہیں بہت ہی محتاط رہنا ہوگا (مثلاً تم میں سے اگر کسی سے نازیبا حرکت سرزد ہوگئی تو اسے اس کی دگنی سزا ملے گی۔ قانونِ خداوندی کی رو سے ایسا کرنا کچھ بھی مشکل نہیں ہوگا"

بحوالہ مفہوم القرآن

ابھی ابھی جس آیت کے معنی و مفہوم آپ کے سامنے لائے گئے ہیں، ان سے ہمیں اسلامی نظام کے سنہرے اصولوں کا جو بنیادی سبق ملتا ہے، اس میں انصاف کے ان تمام تر گوشوں کو بھی سامنے لایا گیا ہے جن کے بغیر کسی بھی انسانی معاشرہ کو قائم رکھنے کا تصور تک کرنا بھی ناممکنات میں سے ہے۔ کسی بھی معاشرے میں ان اصولوں کے نفاذ کی غیر موجودگی میں شر اور فساد کی حکمرانی کے سوا کچھ بھی نہیں ہوتا۔

اسلامی نظام کی خصوصیتِ کبریٰ یہ ہے کہ وہ سب سے پہلے نچلے طبقہ کے لوگوں کی اصلاح اور بہبود پر اپنی تمام تر توانائیاں صرف کرتا ہے تاکہ جلد سے جلد ان کی وہ عزتِ نفس جو غیر اسلامی معاشرہ کے اندر رہتے ہوئے مجروح ہوتی چلی آ رہی تھی بحال ہو سکے اور وہ معاشرے میں سر اٹھا کر چلنے کے قابل ہو جائیں۔ جب تک مملکت اسلامیہ اپنے اس فریضۂ اولین سے سبکدوش نہیں ہو جاتی، تب تک ایسے لوگوں کی سزاؤں میں بھی تبدیلی لانے کی مجاز نہیں ہو سکتی۔ یعنی کہ معاشرہ کے ایک عام آدمی سے ان کی سزا آدھی ہی رہے گی۔ یہی انصاف کا تقاضہ بھی ہے۔

مملکتِ اسلامیہ، معاشرہ کے سوجھ بوجھ رکھنے والے تمام افراد سے برابر یہ توقع اور امید رکھتی ہے کہ وہ قانونِ اسلامی کا احترام کرتے ہوئے اس کی خلاف ورزی نہیں کریں گے، جن میں غیر مسلم شامل ہیں۔ کیونکہ اس کے نزدیک ہر آدمی، انسان کا بچہ ہونے کی جہت سے قابلِ صد احترام مانا جاتا ہے۔ اس لئے اگر کوئی قانون توڑتا ہے تو اسے بغیر کسی تخصیص کے قُرآنِ حکیم کی تجویز کردہ سزا کے مطابق پوری پوری سزا دی جائے گی۔ اور وہ بھی جماعتِ مومنین کی موجودگی میں۔ اور جہاں تک تعلق مملکتِ اسلامیہ کے ذمہ دار عہدہ داروں اور اداروں کے سرکردہ افراد اور ان کے اہلِ خانہ کا ہے، عورت ہو یا کہ مرد، اگر ان دو میں سے کوئی ایک بھی قانون کی خلاف ورزی کرتا ہے تو اسے اس قانون کے تحت عام آدمی کی سزا سے دوگنی سزا دی جائے گی۔ اسے کہتے ہیں بے مثال لوگ، لاجواب معاشرہ!

لیکن ہمارے اربابِ شریعت نے 'قُرآن کی طے کردہ اس جرمِ زنا کی سزا کو، جو کہ سو کوڑے مقرر ہے، اس کے مقابلہ میں اپنی خود ساختہ شریعت کے مطابق ''رجم'' یعنی سنگسار کرنے کی سزا مقرر کردی ہے اور ساتھ ہی یہ بھی کہہ دیا گیا ہے کہ ''رجم'' کی سزا سے انکار صرف خوارج کرتے ہیں۔ بہرحال اپنے علمی اضافہ کے لئے اس کی چند ایک مثالیں اور بھی دیکھ لیتے ہیں تاکہ قُرآن کی سزاؤں اور انسانوں کی خود ساختہ سزاؤں میں جو واضح فرق ہے وہ سامنے آسکے۔ ہم یہ بھی دیکھ چکے ہیں کہ اللہ تعالیٰ کی جانب سے جو قوانین دیئے گئے ہیں ان کے ساتھ ہی ان کی غرض وغایت (حکمت) بھی ساتھ ہی بتا دی گئی ہے اور پھر ان قوانین کو نافذ کروانے کے لئے جن اہتمام وانتظامات کی ضرورت تھی ان کے متعلق بھی سمجھا دیا گیا ہے۔ جن کی انصاف پروری کو کوئی بھی باشعور انسان جھٹلا نہیں سکتا۔ لیکن ان کے برعکس، انسانوں کے خود ساختہ قوانین پر غور کرنے سے آدمی کا ذہن تذبذب وانتشار کی آماجگاہ بن کر رہ جاتا ہے، اور کسی حتمی فیصلہ پر نہیں پہنچ پاتا۔

آگے بڑھنے سے پیشتر مولانا مودودی مرحوم کے اس بیان کی وضاحت ضروری ہے جس میں انھوں نے فرمایا ہے کہ ''اگر مجرم مریض ہو اور اس کے صحت یاب ہونے کی امید نہ ہو یا بہت بوڑھا ہو تو سو شاخوں والی ایک ٹہنی یا سو تیلیوں والی ایک جھاڑو لے کر صرف ایک دفعہ مار دینی چاہیئے تاکہ قانون کا تقاضہ پورا کردیا جائے۔'' درحقیقت اس کا تعلق جرمِ زنا کی سزا سے ہے ہی نہیں، بلکہ اپنی ''قسم'' پوری کرنے سے ہے۔ پہلے اُس آیت کو دیکھ لیتے ہیں اور اس کے بعد اس کے مروجہ معنی ومفہوم کو بھی، لیکن آخر میں مفہوم القُرآن سے اس آیت کا مفہوم درج کریں گے، تاکہ روایات کو سامنے رکھ کر قُرآن کی آیات کے جو معنی کئے جاتے ہیں ان میں، اور قُرآن کو جب اس کی اپنی ہی دوسری آیات کے ذریعے سے سمجھا جائے تو اِن دونوں کے درمیان جو بُعد پایا جاتا ہے وہ سمجھ میں آسکے۔ پہلے آیت اور اس کے مروجہ معنی اور مفہوم ملاحظہ فرمائیں جس میں کہا گیا ہے کہ:۔

وَخُذْ بِيَدِكَ ضِغْثًا فَاضْرِب بِّهِۦ وَلَا تَحْنَثْ ۗ إِنَّا وَجَدْنَـٰهُ صَابِرًا ۚ نِّعْمَ ٱلْعَبْدُ ۖ إِنَّهُۥٓ أَوَّابٌ

''اور اپنے ہاتھوں میں تنکوں کا ایک مٹھا (جھاڑو) لے کر مار دے اور قسم کے خلاف نہ کر، سچ تو یہ ہے کہ ہم نے اسے بڑا ہی صابر بندہ پایا، وہ بڑا ہی نیک بندہ تھا اور بڑی ہی رغبت رکھنے والا۔'' ۳۸/۴۴

اور اس آیت کی مروجہ تفسیر کے مطابق کہا گیا ہے کہ:۔

”بیماری کے ایام میں خدمت گزار بیوی کو کسی بات سے ناراض ہو کر حضرت ایوب علیہ السلام نے اسے سو کوڑے مارنے کی قسم کھالی تھی، صحت یاب ہونے کے بعد اللہ تعالیٰ نے فرمایا، کہ سو تنکوں والی جھاڑو لے کر ایک مرتبہ اسے ماردے، تیری قسم پوری ہو جائے گی۔ اس امر میں علما کا اختلاف ہے کہ یہ رعایت صرف حضرت ایوب علیہ السلام کے ساتھ خاص ہے یا دوسرا کوئی بھی شخص اس طرح سو کوڑوں کی جگہ سو تنکوں والی جھاڑو مار کر حانث ہونے سے بچ سکتا ہے؟ بعض پہلی رائے کے قائل ہیں اور بعض کہتے ہیں کہ اگر نیت ضرب شدید کی نہ ہو تو اس طرح عمل کیا جا سکتا ہے۔ (فتح القدیر)

ایک حدیث سے معلوم ہوتا ہے کہ نبی اکرم صلی اللہ علیہ وسلم نے بھی ایک معذور کمزور زانی کو سو کوڑوں کی جگہ سو تنکوں والی جھاڑو مار کر سزا دی۔ (مسند احمد ۵/۲۲۲ ابنِ ماجه ' كتاب الحدود ' باب الكبير و المريض يجب عليه الحد، صححه الالبانی) جس سے مخصوص صورتوں میں اس کا جواز ثابت ہوتا ہے۔“

بحوالہ نسخۂ قرآن صفحہ ۱۲۸۳ (شاہ فہد قرآن پرنٹنگ)

قارئین! غور فرمایا آپ نے، کہ اس ایک ہی آیت سے ان لوگوں نے اپنے اپنے مطلب کے کتنے ہی جواز ڈھونڈ نکالے ہیں۔ اسی قسم کے جواز نکالنے والوں کے بارے میں اللہ نے فرمایا ہے کہ یہ انھیں خدا بناتے ہیں اور یہی وہ لوگ ہیں جو حلال کو حرام اور حرام کو حلال قرار دے کر لوگوں کو اپنے پیچھے لگا لیتے ہیں۔

البتہ، بات یہ ہو رہی تھی کہ ”وحی خفی“ کے مطابق سورۃ النسا کی جس آیت کی تفسیر یہاں پیش کی جانے والی ہے ہمارے لئے اس کا مطالعہ ایک لحاظ سے اور بھی اہم ہو گیا ہے، کیونکہ اس تفسیر میں اربابِ شریعت نے اپنی خود ساختہ شریعت کے جن دو اصولوں کو اسلام کے نام پر آگے بڑھایا ہے، یہاں پر وہ دونوں ہی اکٹھے اور یک جا آ گئے ہیں۔ ایک کا تعلق ”رجم“ کی سزا سے ہے اور دوسرے کا تعلق ”ناسخ و منسوخ“ کے عقیدے سے، جو کہ دونوں ہی قرآنِ حکیم کی تعلیم کے منافی ہیں۔

یاد رہے کہ اس کے علاوہ بھی بہت سے شرعی قوانین ایسے ہیں جنہیں قوانینِ خداوندی سے کوئی سروکار نہیں۔ اِن کی تعلیمِ ناقص پر چل کر آج امتِ مسلمہ اللہ کی کتاب مبین کے قوانین کے فیوض و برکات سے محروم اور غافل ہو چکی ہے۔ آگے چل کر آپ کو خود ہی اس بات کا ادراک ہوتا چلا جائے گا۔ مثلاً

رجم کے حوالہ سے سید شبیر احمد صاحب فرماتے ہیں کہ آیت رجم کے اصل الفاظ یوں تھے:۔

” الشيخة و الشيخة اذاز نيا فا رجمو هما البتة “ بعد ازاں (قرآن) میں اس آیت کے الفاظ ” منسوخ“ ہو گئے اور حکم باقی رہا۔ علاوہ ازیں ”رجم“ کا حکم قرآنِ مجید کی رو سے برحق ہے۔“

بحوالہ اللؤلؤ و المرجان (صفحہ ۲۶)

غور فرمایا آپ نے کہ کیا کہا گیا ہے۔ کہا یہ گیا ہے کہ پہلے قُرآنِ حکیم میں رجم (سنگسار) کا حکم موجود تھا جس کے الفاظ بھی انھوں نے تحریر کر دیئے ہیں۔ اس کے بعد فرمایا کہ یہ آیت بمعہ اپنے الفاظ کے ساتھ منسوخ کر دی گئی، جو کہ اب قُرآن میں تو موجو نہیں ہے مگر اس کا حکم باقی ہے۔ اس لئے اگر اس آیت کو تلاش کرنا ہو تو یہ حدیث کی کتاب میں ہی ملے گی۔ چاہئے تو یہ تھا کہ وہ اپنے دعوے کی تائید میں قُرآنِ حکیم کی کسی دوسری آیت کا حوالہ دے کر کہتے کہ خود اللہ نے اپنے اس حکم اور اس کے الفاظ کو منسوخ کیا ہے اور ثبوت کے طور پر اُس آیت کا حوالہ بھی درج کر دیتے۔ لیکن وہ ایسا کر ہی کہاں سکتے تھے، خود اللہ کا کہنا تو یہ ہے کہ اُس کی یہ کتاب حق اور سچ کے ساتھ نازل کی گئی ہے جسے کوئی بدل نہیں سکتا۔ یعنی کہ جو بھی قوانین اس کتاب اللہ میں موجود ہیں قیامت تک کے لئے صرف ان کے مطابق ہی فیصلے کئے جائیں گے۔

البتہ جناب نے سورۃ النساء کا صرف ایک حصہ دینے کے بعد اس حکمِ ''رجم'' کو اپنے حق میں سچ ثابت کرنے کی غرض سے ایک روایت کی مدد بھی حاصل کی ہے، انھوں نے پہلے آیت کے صرف اُس حصہ کو پیش کیا جہاں کہا گیا ہے کہ:۔

أَوْ يَجْعَلَ ٱللَّهُ لَهُنَّ سَبِيلًا ۱۵/۴ النساء ''یا پھر اللہ ان کے لئے کوئی اور راستہ نکالے''

اس کے بعد انھوں نے ایک تفسیر بیان کی ہے جسے رسول اللہ صلی اللہ علیہ وسلم سے منسوب کرتے ہوئے فرماتے ہیں کہ:۔

''اس (آیت) کی تفسیر خود نبی کریم صلی اللہ علیہ وسلم نے یہ فرمائی ہے کہ اللہ تعالیٰ نے ان کے لئے راستہ نکال دیا ہے اور وہ یہ ہے کہ ثیّب (شادی شدہ) کو رجم (سنگسار) کیا جائے اور کنوارے کو کوڑے مارے جائیں''

''مسند امام احمد میں حضرت عبادہ بن صامتؓ سے مروی ہے کہ ایک دن رسول اللہ پر وحی نازل ہوئی، بعد ازاں جب وہ مخصوص کیفیت فرو ہوئی جو بوقتِ وحی آپ پر طاری ہوتی تھی، تو آپ نے ارشاد فرمایا ''لو محفوظ کر لو! اللہ نے ان عورتوں کیلئے خلاصی کی راہ پیدا کر دی، اگر شادی شدہ شادی شدہ کے ساتھ (ارتکابِ زنا کرے) اور کنوارے ایک دوسرے کے ساتھ (اس جرم کے مرتکب ہوں) تو شادی شدہ کے لئے سو کوڑے اور پتھر مارنے کی سزا ہے (یعنی کہ پہلے سو کوڑے لگائے جائیں اور اس کے بعد سنگسار کیا جائے) اور کنواروں کے لئے سو کوڑے اور اس کے بعد ایک سال کے لئے جلاوطنی کی سزا ہے۔''

بحوالہ اللٔولٔو والمرجان سید شبیر احمد صفحہ ۲۶

سید شبیر احمد صاحب کی تفسیر ہم نے دیکھ لی ہے جس کے متعلق انھوں نے دعویٰ کیا ہے کہ یہ تفسیر خود نبی اکرم صلی اللہ علیہ وسلم کی ہے، اور جسے اُنھوں نے ایک روایت کے حوالہ سے پیش بھی کر دیا ہے۔ اس روایت میں، شادی شدہ لوگوں کے لئے بتایا یہ گیا ہے کہ پہلے تو ان کو سو کوڑے مارے جائیں اور اس کے بعد سنگسار کیا جائے۔ چنانچہ اس کا پہلا حصہ قُرآنِ حکیم کے اصول کے مطابق ہے جو

کہ سو کوڑے ہے، لیکن سنگسار کی سزا اضافی ہے، جو غیر قرآنی ہے۔ یوں ہی، کنواروں کے لئے بھی سو کوڑوں کی سزا تو قرآن کے اصول کے مطابق ہے، لیکن جلاوطنی کی سزا اضافی اور غیر اصولی ہے۔ اس روایت میں نہایت ہی شاطرانہ طریقہ سے دو عدد ایسے قانون ڈال دیئے گئے ہیں جو کہ دونوں ہی غیر قرآنی ہیں، ایک سنگسار کرنے کا اور دوسرا جلاوطنی کی سزا کا۔

علاوہ ازیں اس میں یہ بھی نہیں بتایا گیا، کہ مجرمان میں سے اگر عورت شادی شدہ ہو اور مرد کنوارہ، یا مرد شادی شدہ ہو اور عورت کنواری ہو تو پھر ان کے لئے جرمِ زنا کی سزا کیا ہوگی؟ یاد رہے کہ انسانوں کے خود ساختہ قوانین میں مشکل ہی یہ پیش آتی ہے کہ ان کے ذریعے سے عدل کے تقاضے کبھی بھی پورے نہیں کئے جاسکتے۔ یہ اس کی ایک ادنیٰ سی مثال تھی۔ اب دیکھیں کہ قرآنِ حکیم کے قانون کی رو سے جرمِ زنا کی سزا سو کوڑے مقرر ہے اور لونڈیوں کے لئے پچاس کوڑے۔ اس میں جوان، بوڑھے، عورت اور مرد یا شادی شدہ وغیر شادی شدہ کی کوئی تخصیص نہیں، اس لئے انسانوں کے خود ساختہ قوانین کے برعکس کسی کو اللہ کے قوانین سے بچ نکلنے کی کوئی راہ نہیں مل سکتی۔ اللہ کے قوانین نہایت سادہ آسان اور قانونی شقوں کی پیچیدگیوں سے بھی پاک ہیں۔

آپ نے یہ بھی دیکھ لیا کہ انسانوں کے بنائے ہوئے قوانین میں کئی طرح کے ایسے سقم رہ جاتے ہیں کہ جن کی وجہ سے جب ان کو عدالتی سطح پر لاگو کیا جاتا ہے اور ان کے مطابق انصاف کے تقاضے پورے کرنے کی کوشش کی جاتی ہے تو وہ تقاضے پورے نہیں ہو پاتے۔ یعنی کہ ان کے فوائد ہر کس و ناکس کو یکساں طور پر حاصل نہیں ہوتے، اس لئے کہ وہ شروع دن سے ہی ایک خاص طبقہ کے لوگوں کے مفادات اور تحفظات کے پیشِ نظر بنائے جاتے ہیں۔ اُن کے برعکس بنی نوعِ انسان کے لئے جب اللہ قوانین عطا کرتا ہے تو اس کے سامنے انسانوں کا ایسا کوئی مخصوص طبقہ نہیں ہوتا جس کے مفادات اور تحفظات کچھ معنی رکھتے ہوں۔ خالق ہونے کی جہت سے، وہ اپنی مخلوق کے لئے بلاتفریقِ مذہب وملت ایسے قوانین دیتا ہے جن میں کسی بھی انسان کے حقوق کی پامالی کا کوئی خطرہ نہیں ہوتا۔ اسی لئے اس نے اعلان کر دیا اور کہا کہ:۔

وَإِن كُنتُمۡ فِى رَيۡبٍ مِّمَّا نَزَّلۡنَا عَلَىٰ عَبۡدِنَا فَأۡتُواْ بِسُورَةٍ مِّن مِّثۡلِهِۦ وَٱدۡعُواْ شُهَدَآءَكُم مِّن دُونِ ٱللَّهِ إِن كُنتُمۡ صَٰدِقِينَ ۲/۲۳

”ہم نے جو کچھ اپنے بندے پر اتارا ہے اس میں اگر تمہیں شک ہو اور تم سچے ہو تو اس جیسی ایک سورۃ (قانون) تو بنا لاؤ، تمہیں اختیار ہے کہ اللہ کے سوا اپنے مددگاروں کو بھی بلا لو۔“

یہی نہیں کہ ”تم سچے ہو تو اس جیسی ایک سورت (قانون) تو بنا لاؤ“ بلکہ اگلی ہی آیت میں کہا کہ:۔

فَإِن لَّمۡ تَفۡعَلُواْ وَلَن تَفۡعَلُواْ فَٱتَّقُواْ ٱلنَّارَ ٱلَّتِى وَقُودُهَا ٱلنَّاسُ وَٱلۡحِجَارَةُ أُعِدَّتۡ لِلۡكَٰفِرِينَ ۲/۲۴

”پس اگر تم نے نہ کیا اور تم ہرگز نہیں کر سکتے، تو اس آگ سے بچو جس کا ایندھن انسان اور پتھر ہیں، جو کافروں کے لیے

تیار کی گئی ہے۔''

''لیکن اگر تم نے ہمارے چیلنج کو قبول نہ کیا، اور ہم بتائے دیتے ہیں کہ تم اسے ہرگز قبول نہیں کرو گے۔ اور عقل و بصیرت کی رو سے بات کو سمجھنے کی کوشش نہ کی بلکہ اپنی مخالفت میں اندھا دھند آگے بڑھتے گئے اور حق کے راستے میں روک بن کر کھڑے ہو گئے، تو اس کا نتیجہ وہ تباہی اور بربادی کا جہنم ہو گا جس میں تمارے عوام اور خواص اور چالاک لیڈر اور انکے متبعین، سب اپنی دولت و حشمت کے ساتھ جا گریں گے''

بحوالہ مفہوم القرآن

ان تنذیرات کی موجودگی کے باوجو، اسلام دشمن عناصر نے اپنی فرضی شریعت، یعنی وحی خفی کو زندہ رکھنے اور اسے آگے بڑھانے کے لئے اپنے خود ساختہ قوانین کو قرآنِ حکیم کے قوانین کے سامنے لا کر یہ تاثر دیا ہے کہ وحی خفی کی اہمیت، وحی جلی سے کچھ کم نہیں، بسا اوقات ایسا ہی ہوتا نظر آتا ہے۔ اس لئے ضروری ہے کہ جس حصۂ آیت کو سید شبیر احمد صاحب نے روایت کے حکمِ ''رجم'' کو برحق ثابت کرنے کے لئے پیش کیا تھا۔ یہاں سیاق و سباق کے ساتھ، اس پوری آیت کو سامنے لا کر دیکھ لیا جائے۔ پوری آیت کچھ اس طرح سے ہے، ملاحظہ فرمائیں :۔

وَٱلَّـٰتِى يَأۡتِينَ ٱلۡفَـٰحِشَةَ مِن نِّسَآئِكُمۡ فَٱسۡتَشۡهِدُواْ عَلَيۡهِنَّ أَرۡبَعَةً مِّنكُمۡۖ فَإِن شَهِدُواْ فَأَمۡسِكُوهُنَّ فِى ٱلۡبُيُوتِ حَتَّىٰ يَتَوَفَّٮٰهُنَّ ٱلۡمَوۡتُ أَوۡ يَجۡعَلَ ٱللَّهُ لَهُنَّ سَبِيلًا

''تمہاری عورتوں میں سے جو بے حیائی کا کام کریں ان پر اپنے میں سے چار گواہ طلب کرو، اگر وہ گواہی دیں تو ان عورتوں کو گھروں میں قید رکھو، یہاں تک کہ موت ان کی عمریں پوری کر دے، یا اللہ تعالیٰ ان کے لئے کوئی اور راستہ نکالے۔'' ۴/۱۵

یعنی کہ :۔

1) اگر بے حیائی کا کام کریں
2) اس کے لئے اپنے میں سے چار گواہ پیش کرو
3) اگر وہ ان کی بے حیائی کی گواہی دیں
4) تو ان عورتوں کو گھروں میں بند رکھو (جسے انگریزی میں (House Arrest) کہتے ہیں
5) یہاں تک کہ موت ان کی عمریں پوری کر دے
6) یا اللہ تعالیٰ ان کے لئے کوئی اور راستہ نکالے

آپ دیکھتے ہیں کہ اس آیت میں لفظ ''زنا'' کہیں نہیں آیا اور نہ ہی اس جرم کی سزا کا کہیں کوئی ذکر ہی کیا گیا ہے، جس کے مطابق کہ اللہ نے سوکوڑوں کی سزا تجویز کی ہے۔ اس میں بے حیائی کا ذکر بہر حال موجود ہے اور کہا یہ گیا ہے کہ:۔

اگر بے حیائی کی حرکت سرزد ہو، جو ''زنا'' کی طرف لے جانے کا موجب ہوسکتی ہے تو ان کے خلاف اپنے میں سے چار گواہ لاؤ۔ اگر وہ اس کی شہادت دیں اور جرم ثابت ہو جائے، تو اُن عورتوں کو باہر آنے جانے سے روک دو تا آنکہ انہیں موت آجائے یا اللہ کا قانون ان کے لئے ایسی صورت پیدا کردے جس سے وہ اس قسم کی حرکات سے رک جائیں۔ مثلاً اگر وہ شادی شدہ نہیں تو ان کی شادی ہو جائے۔ لیکن شریعت کے اجارہ دار بضد ہیں کہ نہیں ''یا اللہ ان کے لئے کوئی اور راستہ نکالے'' سے مراد ''رجم'' ہی کی سزا مقصود ہے۔ اور یہی درست بھی۔ سبحان اللہ، وحی خفی کی بدولت کیا راستہ نکالا ہے۔

سید صاحب کی تحریر کردہ تفسیر کی سب سے بڑی خطرناک اور خوفناک بات یہ ہے کہ انھوں نے یہ دعویٰ کیا ہے کہ یہ تفسیر خود رسول اللہ صلی اللہ علیہ وسلم کی اپنی ہے، یعنی کہ خود رسول اللہ بھی اس آیت کے حکم کو منسوخ سمجھتے تھے جو اب قرآنِ حکیم میں موجود ہے۔ رسول اللہ کی ذاتِ مبارکہ پر اس سے بڑا الزام کوئی دشمنِ اسلام کیا لگائے گا، اس کے لئے تو ہم مسلمان ہی کافی ہیں۔

اگر تو کوئی اپنے اِس دعوے کو اپنے تک ہی محدود رکھے تو اس میں کسی کا کوئی نقصان نہیں وہ جانے اور اللہ کا قانون جانے۔ لیکن اسلامی قانون کی حیثیت سے مسلمانوں میں اس کی تعلیم کو عام کرنا ایسا جرمِ عظیم ہے کہ جس کی سزا خود مملکتِ اسلامیہ ہی ایک دن مقرر کرے گی۔ اسی قسم کی تعلیم نے امتِ مسلمہ میں فرقہ بندیوں کو رواج دے کر اسلامی نظام کی راہ میں رکاوٹوں کے کوہِ گراں کھڑے کر رکھے ہیں۔ مخبوط الحواس لوگ ''زنا'' کے ملزمان کو مجرم ثابت کرنے کے لئے چار لوگوں کی گواہی کو ضروری سمجھتے ہیں۔ جب کہ بات بے حیائی کی ہو رہی ہے اور جس کے لئے با آسانی چار گواہ مل سکتے ہیں، لیکن یہ لوگ بے حیائی کو ''زنا'' ماننے پر ڈٹے ہوئے ہیں اور کہتے ہیں کہ بے حیائی سے مراد زنا ہی ہے۔ ان کے اس قسم کے مطالبات کی وجہ سے اللہ و رسول کی ذات پر بھی حرف آتا ہے اور ان کے غیر قرآنی عقائد کی وجہ سے جس فلسفے پر دین کی عمارت کھڑی ہے اسے بھی نقصان پہنچتا ہے۔

قُرآنِ حکیم نے جس طرح سورۃ النساء کی پندرویں آیت میں عورتوں پر بے حیائی کے لگائے گئے الزام کے سلسلے میں چار گواہ بطورِ شہادت طلب کئے تھے، ویسے ہی ''سورۃ النور'' میں پاک دامن عورتوں پر زنا کی تہمت لگانے والوں کے لئے بھی اپنے الزام کی صفائی میں بطورِ شہادت چار گواہوں کو پیش کرنے کا حکم دیا ہے' لیکن اس میں جس سزا کا اضافہ کیا گیا ہے نہایت ہی قابلِ غور ہے اور وہ یہ ہے کہ اگر الزام لگانے والا اپنی صفائی میں چار گواہ نہ پیش کر سکے تو الٹا اسے اس کے اس جھوٹے الزام کی پاداش میں، جسے کہ اس نے کسی پاک دامن عورت پر لگایا ہے، اسی کوڑے مارے جائیں گے۔ اس کے علاوہ اللہ نے اسے ''فاسق'' قرار دے دیا ہے اور اس کی گواہی کو بھی مسترد کر دیا ہے، ملاحظہ فرمائیں:۔

وَٱلَّذِينَ يَرْمُونَ ٱلْمُحْصَنَٰتِ ثُمَّ لَمْ يَأْتُوا۟ بِأَرْبَعَةِ شُهَدَآءَ فَٱجْلِدُوهُمْ ثَمَٰنِينَ جَلْدَةً وَلَا تَقْبَلُوا۟ لَهُمْ شَهَٰدَةً أَبَدًا ۚ وَأُو۟لَٰٓئِكَ هُمُ ٱلْفَٰسِقُونَ ۲۴/۴ (النور)

''جو لوگ پاک دامن عورتوں پر زنا کی تہمت لگائیں پھر چار گواہ نہ پیش کر سکیں تو انہیں اسی (۸۰) کوڑے لگاؤ اور کبھی بھی

ان کی گواہی قبول نہ کرو۔ یہ فاسق لوگ ہیں۔''

اس سے اگلی دو آیات میں یہ بھی کہا گیا ہے کہ:۔

إِلَّا ٱلَّذِينَ تَابُوا۟ مِنۢ بَعْدِ ذَٰلِكَ وَأَصْلَحُوا۟ فَإِنَّ ٱللَّهَ غَفُورٌ رَّحِيمٌ ۲۴/۵

''ہاں جو لوگ اس کے بعد توبہ اور اصلاح کر لیں، تو اللہ تعالیٰ بخشنے والا اور مہربانی کرنے والا ہے''

یہاں تک تو معاملہ غیر لوگوں کا دوسرے غیر لوگوں پر بے حیائی اور زنا کی تہمت لگانے سے تھا، لیکن اس سے آگے مردوں کا بیویوں پر بدکاری کا الزام لگانے سے ہے اور یا پھر بیویوں کا اپنے خاوندوں پر لگانے کا۔ ملاحظہ فرمائیں:۔

وَٱلَّذِينَ يَرْمُونَ أَزْوَٰجَهُمْ وَلَمْ يَكُن لَّهُمْ شُهَدَآءُ إِلَّآ أَنفُسُهُمْ فَشَهَٰدَةُ أَحَدِهِمْ أَرْبَعُ شَهَٰدَٰتٍۭ بِٱللَّهِ ۙ إِنَّهُۥ لَمِنَ ٱلصَّٰدِقِينَ ۲۴/۶

''جو لوگ اپنی بیویوں پر بدکاری کی تہمت لگائیں اور ان کا کوئی گواہ بجز خود ان کی ذات کے نہ ہو تو ایسے لوگوں میں سے ہر ایک کا ثبوت یہ ہے کہ چار مرتبہ اللہ کی قسم کھا کر کہیں کہ وہ سچوں میں سے ہیں۔''

وَٱلْخَٰمِسَةُ أَنَّ لَعْنَتَ ٱللَّهِ عَلَيْهِ إِن كَانَ مِنَ ٱلْكَٰذِبِينَ ۲۴/۷

''اور پانچویں مرتبہ کہے کہ اس پر لعنت ہو اگر وہ جھوٹوں میں سے ہے۔''

وَيَدْرَؤُا۟ عَنْهَا ٱلْعَذَابَ أَن تَشْهَدَ أَرْبَعَ شَهَٰدَٰتٍۭ بِٱللَّهِ ۙ إِنَّهُۥ لَمِنَ ٱلْكَٰذِبِينَ ۲۴/۸

''اور اس عورت سے سزا اس طرح دور ہو سکتی ہے کہ وہ چار مرتبہ اللہ کی قسم کھا کر کہے کہ یقیناً اس کا مرد جھوٹ بولنے والوں میں سے ہے''

وَٱلْخَٰمِسَةَ أَنَّ غَضَبَ ٱللَّهِ عَلَيْهَآ إِن كَانَ مِنَ ٱلصَّٰدِقِينَ ۲۴/۹

''اور پانچویں دفعہ کہے کہ اس پر اللہ تعالیٰ کا غضب ہو اگر اس کا خاوند سچوں میں سے ہے''

قرآن حکیم میں یہی وہ ایسی آیات ہیں جو زنا، بے حیائی، پاک دامن عورتوں پر جھوٹی تہمت اور اپنی عورتوں پر الزام لگانے والوں کی سزا اور لونڈیوں کی سزا سے متعلق ہیں، یہ اپنے الفاظ اور معنی و مفہوم میں نہایت ہی صاف واضح اور سادہ ہیں۔ انکے سمجھنے میں دشواری پیش آنے کا کہیں کوئی امکان نہیں۔ پہلی آیت پر کسی اضافہ کی ضرورت ہی نہیں کہ اس پر حاشیہ آرائی کی جائے۔ لیکن دوسری آیت

میں چونکہ لونڈیوں اور غلاموں کا ذکر آتا ہے اور ان کی سزا کے متعلق بھی یہ کہا گیا ہے کہ ان کو سزا عام شہریوں سے نصف دی جائے گی۔
حقیقت یہ ہے کہ قُرآنِ حکیم تو دنیا میں آیا ہی اس لئے ہے کہ وہ انسانوں کو ہر طرح کی غلامی سے آزاد کر دے، اور اس نے یہ کہہ کر ایسا ہی کیا ہے جب کہا کہ:۔

''اور تم سے جس کسی کو آزاد مومن عورتوں سے نکاح کرنے کی پوری وسعت و طاقت نہ ہو تو وہ مومن لونڈیوں سے جن کے تم مالک ہو (اپنا نکاح کر لے) اللہ تمہارے اعمال کو بخوبی جاننے والا ہے'' ۴/۲۵

اور یوں اس نے اُس وقت کی لونڈیوں اور غلاموں کو بتدریج اسلامی معاشرہ کا جزو بنا کر پر وقار طریقہ سے اس میں جذب بھی کر دیا۔ اور وقت کے ساتھ ساتھ غلام اور کنیزیں رکھنے کی غیر انسانی برائی کو ختم کر دیا۔
البتہ آج اگر کوئی یہ کہہ دے کہ ہمارے دور میں لونڈیوں اور غلاموں کے قُرآنی قانون کا کوئی جواز نہیں بنتا کہ اسے نافذ کیا جائے، کیونکہ لونڈیوں اور غلاموں کے دورِ جہالت کو ختم ہوئے تو صدیاں گزر گئیں، تو یہ کہنا صحیح نہیں ہوگا۔ جہالت آج بھی اپنے پورے عروج پر ہے۔ ہم وثوق سے کہہ سکتے ہیں کہ آج بھی اسلامی جمہوریہ پاکستان میں سینکڑوں نہیں بلکہ ہزاروں کی تعداد میں ایسے غریب اور کمزور لوگ جاگیرداروں، وڈیروں، سرمایہ کاروں، فرعونوں، ہامانوں اور قارونوں کے آہنی پنجوں میں دورِ جہالت کی لونڈیوں اور غلاموں کی زندگیوں سے بھی بدتر زندگی گزارنے پر مجبور ہیں۔ اس لئے اگر آج دین کا نظام قائم ہو جائے تو پھر ایسے ناخواندہ اور پست طبقہ کے لوگوں کے لئے جرمِ زنا کی سزا آدھی ہی مقرر کرنی پڑے گی۔ اور بتدریج ان سب کو اسلامی معاشرہ کا حصہ بنانا پڑے گا۔
یہ بات بھی ہمارے پیشِ نظر رہنی چاہئے کہ جتنے بھی قوانین قُرآنِ حکیم کے اندر موجود ہیں انہیں کسی بھی دور کے انسانوں کے معاشرتی حالات کے مطابق دوبارہ سے حرکت میں لایا جا سکتا ہے، کیونکہ یہ ہمیشہ رہنے والے ہیں اور ان کو اب کوئی سورما بدل نہیں سکتا۔ انہیں کوئی منسوخ کرنے کی مذموم جرأت بھی نہیں کر سکتا۔ اسی لئے اِن قوانین کو ازلی اور ابدی قوانین سے تعبیر کیا گیا ہے۔

فطرت نے تجھے دیدۂ شاہیں بخشا
جس میں رکھ دی ہے غلامی نے نگاہِ خفاش
مدرسے نے تیری آنکھوں سے چھپایا جن کو
خلوتِ کوہ و بیاباں میں وہ اسرار ہیں فاش

انسانوں کی خود ساختہ سزا رجم ''سنگسار'' کے متعلق ''البخاری'' کی ایک اور حدیث ملاحظہ فرمائیں۔

''شیبانیؒ بیان کرتے ہیں کہ میں نے حضرت عبداللہ ابی بن اوفیؓ سے دریافت کیا' کیا رسول اللہ صلی اللہ علیہ وسلم نے حدِ رجم نافذ فرمائی تھی؟ کہنے لگے، ہاں۔ میں نے کہا' کیا آپ صلی اللہ علیہ وسلم نے یہ حد سورۃ نور نازل

ہونے سے پہلے نافذ کی تھی یا اس کے بعد؟ کہنے لگے، یہ بات مجھے معلوم نہیں''۔

بحوالہ اللئولئو والمرجان صفحہ ۲۸

اب یہاں پر اپنے دعوے کی صداقت ثابت کرنے کے لئے بتایا گیا ہے کہ رسول اللہ نے رجم کا حکم تو دیا تھا لیکن یہ یاد نہیں کہ وہ سورۃ النور نازل ہونے سے پہلے کا واقعہ ہے یا کہ اس کے بعد کا۔ اپنی خودساختہ ''وحی خفی'' کو مزید مستقل بنیادوں پر مضبوط کرنے کے لئے انتظام یہ کیا جا رہا ہے کہ اب سورۃ النور کے شانِ نزول کے ذریعہ سے لوگوں کو یہ تاثر دیا جائے کہ رسول اللہ نے اس کے نازل ہونے کے بعد رجم کا حکم دیا تھا اور ایسا انھوں نے وحی خفی کے آنے پر کیا تھا، اس طرح سے وحی جلی پر وحی خفی کی برتری بھی ثابت ہو جائے گی۔ سورۃ النور کے شانِ نزول کی تفصیل کو کتاب کے فٹ نوٹ میں کچھ اس طرح سے درج کیا گیا ہے ملاحظہ فرمائیں:۔

''سورۃ نور سے پہلے یا بعد دریافت کرنے کا مقصد یہ ہے کہ آیا ''زانی عورت اور زانی مرد دونوں میں سے ہر ایک کو سو کوڑے مارو۔'' (والی آیت) نازل ہونے سے پہلے آپ صلی اللہ علیہ وسلم نے حد رجم نافذ فرمائی یا بعد۔ مزید برآں یہ بات ثابت ہو چکی ہے کہ آں حضرت صلی اللہ علیہ وسلم نے سورۃ النور نازل ہونے کے بعد رجم کی سزا دی کیونکہ واقعہ افک جو سورۃ النور کا شانِ نزول ہے سنہ ۴، ۵، یا ۶ میں پیش آیا اور رجم کی سزا آپ نے اس کے بعد دی۔ حضرت ابو ہریرہ جو اس حدیث کے راوی ہیں جس میں رجم کا ذکر موجود ہے سنہ ۷ ہجری میں مسلمان ہوتے ہیں اور دوسرے راوی حضرت ابنِ عباس اپنی والدہ کے ہمراہ مدینہ میں سنہ ۹ ھ میں آئے۔''

بحوالہ اللئولئو والمرجان صفحہ ۲۸ محمد فواد عبدالباقیؒ

لیجئے جناب! درج بالا فٹ نوٹ میں وحی خفی کے اجارہ داروں نے اپنے دعوے کی سچائی کو ثابت کرنے کی جو کوشش کی ہے وہ کچھ یوں ہے کہ:۔

1) رسول اللہ نے سورۃ النور کے نازل ہونے کے بعد، رجم کی حد نافذ فرمائی
2) کیونکہ واقعہ ''افک'' سنہ ۴، ۵، یا ۶ میں پیش آیا اور رجم کی سزا آپ نے اس کے بعد دی
3) اس سورۃ النور کا شانِ نزول سنہ ۴، ۵، یا ۶، میں پیش آیا۔ (جو کہ اصل الفاظ میں اب بھی قرآن میں موجود ہے)
4) لیکن اس کا وہ حکم ساقط ہو چکا ہے، جس کے مطابق اللہ نے جرمِ زنا کی سزا سو کوڑے مقرر کی تھی
5) اب وحی خفی کے حکم کے مطابق کوڑوں کی سزا کو حدِ رجم ''سنگسار'' سے بدل دیا گیا ہے
6) اس حدیث کے راوی حضرت ابو ہریرہ ہیں جس میں رجم کا ذکر موجود ہے جو سنہ ۷ ھ میں مسلمان ہوتے ہیں
7) اور دوسرے راوی حضرت ابنِ عباس اپنی والدہ کے ہمراہ مدینہ میں سنہ ۹ ھ میں آئے

آپ نے حدیث اور اس کی تفسیر کا جائزہ لے لیا ہے۔ اس میں جو بہتان نبی اکرم صلی اللہ علیہ وسلم کی ذاتِ گرامی پر لگایا گیا ہے کہ انھوں نے سنگسار کرنے کا حکم سورۃ النور کے نازل ہونے کے بعد دیا تھا، یہ اس قدر سنگین ہے کہ اس کے خلاف لب کشائی نہ کرنے والے بھی اتنے ہی اللہ اور اس کے رسول کے مجرم ہیں جتنے کہ وہ لوگ جنھوں نے اس حدیث کو اختراع کیا اور ہم تک پہنچایا۔

اس میں واقعہ ''اِفک'' کا خصوصی ذکر کرنے کی بظاہر کوئی ضرورت نہ تھی لیکن اس کے ذکر کے بغیر ان کی فرضی اور لغو کہانی جسے انھوں نے ام المومنین حضرت عائشہ کی ذاتِ گرامی کے متعلق گھڑ لیا ہے اسے بھی تو آگے بڑھانا تھا۔ مجھے اس کی تفصیل میں جانے کی ہمت ہی نہیں پڑتی، اس لئے اسے مختصر ہی بیان کیا جاتا ہے۔

واقعہ اِفک والی بات کچھ یوں ہے کہ سورۃ النور میں ایک واقعہ بیان ہوا ہے جس میں بتایا گیا ہے کہ مدینہ کے کچھ لوگوں نے کسی پاک دامن عورت پر جھوٹا الزام لگایا تھا قرآن نے یہ نہیں بتایا کہ وہ کون تھی؛ جس کے خلاف کہ الزام تراشی کی گئی تھی۔ اگر یہ حضرت عائشہ کے لئے مخصوص حکم ہوتا تو اللہ کے لئے یہ کہنا کوئی مشکل نہ تھا کہ یہ واقعہ امِ المومنین عائشہ کا ہے، اس لئے کہ سورۃ الاحزاب کی تیسویں آیت میں اللہ نے نبی کی بیبیوں کو متنبہ کرتے ہوئے کہا تھا کہ:۔

''اے نبی کی بیبیو! تم میں سے جو بھی کھلی بے حیائی (کا ارتکاب) کرے گی اسے دوہرا دوہرا عذاب دیا جائیگا اور اللہ تعالیٰ کے نزدیک یہ بہت ہی سہل (سی) بات ہے۔'' ۳۳/۳۰

لیکن مقامِ تاسف ہے کہ ہماری تاریخ نے اس واقعہ کو حضرت عائشہ کی ذاتِ گرامی سے منسوب کر دیا ہے اور کہا کہ یہ واقعہ ان کے متعلق ہے۔ حالانکہ قرآنِ حکیم نے اس واقعہ کا ذکر ایک عام ہدایت اور اصول کے طور پر کیا ہے تاکہ اگر کہیں اسی قبیل کا کوئی واقعہ پھر سے پیش آجائے تو مسلمانوں کا اس کے بارے میں کیا طرزِ عمل ہونا چاہئے۔ اسی لئے کہا کہ:۔

إِنَّ ٱلَّذِينَ يَرْمُونَ ٱلْمُحْصَنَـٰتِ ٱلْغَـٰفِلَـٰتِ ٱلْمُؤْمِنَـٰتِ لُعِنُوا۟ فِى ٱلدُّنْيَا وَٱلْـَٔاخِرَةِ وَلَهُمْ عَذَابٌ عَظِيمٌ ۲۴/۲۳

''جو لوگ پاکدامن بھولی بھالی باایمان عورتوں پر تہمت لگاتے ہیں وہ دنیا اور آخرت میں ملعون ہیں اور ان کے لئے بڑا بھاری عذاب ہے۔''

حضرت عمر بن الخطابؓ سے منسوب، اس حدیث کا بھی ملاحظہ فرمائیں:۔

''حضرت عمر فاروقؓ نے فرمایا، اللہ تعالیٰ نے حضرت محمد صلی اللہ علیہ وسلم کو حق کے ساتھ مبعوث فرمایا اور آپ پر قرآنِ مجید نازل فرمایا اس میں آیت رجم بھی تھی، جسے ہم نے پڑھا، سمجھا اور یاد رکھا چنانچہ نبی کریم صلی اللہ علیہ وسلم نے بھی حد رجم نافذ فرمائی اور آپ کے بعد ہم نے بھی حدِ رجم نافذ کی لیکن میں ڈرتا ہوں کہ زیادہ مدت گزر جانے پر کوئی

شخص یہ نہ کہہ دے کہ بخدا! ہمیں تو کتاب اللہ میں وہ آیت نہیں ملتی جس میں رجم کا حکم ہے اور ایسا کہنے کے نتیجہ میں مسلمان ایک فرض ترک کر دیں جو اللہ نے نازل فرمایا تھا اور گمراہ ہو جائیں جب کہ حدِ رجم کتاب اللہ کے مطابق محض زانی کے لئے خواہ مرد ہو یا عورت برحق ہے بشرطیکہ گواہوں کے ذریعہ ثبوت مہیا ہو جائے یا حمل موجود ہو یا پھر مجرم خود اعتراف کر لے کہ اس نے زنا کا ارتکاب کیا ہے۔''

بحوالہ اللئولئو والمرجان (صفحہ۲۶) البخاری، باب۴ حدیث نمبر۱۱۰۱

پس جناب! اب تو ان لوگوں نے حضرت عمرِ فاروق رضی اللہ تعالیٰ کو بھی ''وحی خفی'' کی صفائی میں گواہ کے طور پر پیش کر دیا ہے اور ان کی زبانی یہ بھی کہلوا دیا ہے کہ:۔

''حدِ رجم'' ''کتاب اللہ'' کے مطابق محض زانی کے لئے خواہ مرد ہو یا عورت برحق ہے''

جب کہ، کتاب اللہ میں رجم نام کی سزا کا کہیں بھی کوئی ذکر نہیں ملتا، یہ سب وہ خود ساختہ کہانیاں اور افسانے ہیں جنھیں قُرآن کے قوانین کے مقابل لا کر وحی خفی کے عقیدے کو آگے بڑھایا جاتا ہے۔

یہاں پر ایک اور مشہور و معروف واقعہ جسے تاریخ نے حضرت عمرؓ کی طرف منسوب کیا ہے، آپ کی اطلاع کے لئے اسے بھی یہاں پر درج کر دیا جاتا ہے۔ تاریخ و روایات کے مطابق اس واقعہ کا پس منظر کچھ یوں ہے کہ، جب قُرآن میں یہ آیت نازل کی گئی تو اصحابہ پر اس کا نزول گراں گزرا، جس کی وجہ سے انھوں نے حضرت عمرؓ کو رسول اللہ کی طرف روانہ کیا کہ شائد اس کا کوئی آسان حل نکل آئے۔ پہلے تو قُرآنِ حکیم کی اس آیت کو درج کیا جاتا ہے۔ اور پھر اس روایت کو جسے لوگوں نے اپنے دعوے کے ثبوت میں پیش کیا ہے درج کیا جائے گا۔ تا کہ آپ کو قُرآن اور تاریخ دونوں کے بیانات یکجا پڑھنے کو مل جائیں۔

وَٱلَّذِينَ يَكْنِزُونَ ٱلذَّهَبَ وَٱلْفِضَّةَ وَلَا يُنفِقُونَهَا فِى سَبِيلِ ٱللَّهِ فَبَشِّرْهُم بِعَذَابٍ أَلِيمٍ ۹/۳۴

''جو لوگ سونے اور چاندی کو جمع کرتے ہیں اور اسے خدا کی راہ میں کھلا نہیں رکھتے انھیں دردناک عذاب سے آگاہ کر دیجئے''

قیامت تک کے آنے والے انسانوں کے لئے اس آیت میں جو حکم موجود ہے وہ کسی تشریح کا محتاج نہیں۔ یہ حکم نظامِ سرمایہ داری کے خلاف اعلانِ جنگ کے مترادف ہے، سونے چاندی میں ہر طرح کا زائد الضرورت مال و دولت آ جاتا ہے۔ اس حکم کو بدلوانے کے لئے حضرت عمرؓ کو بھیجا جا رہا ہے تا کہ نظامِ سرمایہ داری کو تحفظ فراہم کیا جا سکے۔ تاریخ کے بیان کے مطابق۔

ابنِ عباسؓ کہتے ہیں کہ:۔

''جس وقت یہ آیت نازل ہوئی تو مسلمانوں پر اس کا خاص اثر ہوا۔یعنی انھوں نے اس حکم کو گراں خیال کیا۔حضرت عمر نے لوگوں سے کہا کہ میں تمہاری اس فکر کو دور کر دوں گا۔پس حضرت عمرؓ رسول اللہ کی خدمت میں حاضر ہوئے اور عرض کیا یا نبی اللہ یہ آیت آپ کے صحابہ پر گراں ہوئی ہے۔آپ نے فرمایا خداوند تعالیٰ نے زکوٰۃ اس لئے فرض کی ہے کہ وہ تمہارے باقی مال کو پاک کر دے اور میراث کو اس لئے فرض کیا ہے کہ جو لوگ تمہارے بعد رہ جائیں ان کو مال مل جائے۔ابنِ عباس کہتے ہیں کہ حضور کا یہ بیان سن کر عمرؓ نے جوشِ مسرت سے اللہ اکبر کہا۔اس کے بعد حضور نے فرمایا کہ میں تم کو ایسی بہترین چیز کا پتہ نہ دوں جس کو انسان جمع کر کے خوش ہو۔اور وہ چیز نیک بخت عورت ہے۔ اس کی طرف مرد دیکھے تو اس کا دل خوش ہو اور جب مرد اس کو کوئی حکم دے تو وہ اس کی اطاعت کرے۔اور جب وہ غائب ہو تو اس کے مال و اولاد کی حفاظت کرے۔''

بحوالہ ابوداؤد و مشکوٰۃ جلد اول اردو ترجمہ (صفحہ ۳۰۹)

کیا کوئی خواب میں بھی ایسا سوچ سکتا ہے کہ اللہ تعالیٰ کا ایک حکم جو بذریعہ وحی رسول اللہ پر نازل کیا گیا ہو اور وہ رسول اللہ کے اصحابہ کرام کی طبیعتِ نازک پر گراں گزرا ہو؟ اور اس پر طرفہ تماشہ یہ کہ اس حکمِ الٰہی کو بدلوانے کے لئے کوئی اور نہیں بلکہ حضرت عمرؓ جیسی شخصیت رسول اللہ کے پاس دوڑے چلے گئے ہوں۔لیکن ان کے پہنچنے سے قبل ہی آسان حل تو نکل چکا تھا،یعنی کہ رسول اللہ کو وحی خفی کے ذریعہ سے یہ نوید سنائی جا چکی تھی کہ سونے اور چاندی کو عوام الناس کے لئے کھلا رکھنے کا جو حکم دیا گیا تھا، اسے منسوخ سمجھا جائے اور اس کے بدلے میں اڑھائی فی صد زکوٰۃ کے فارمولے کے ذریعہ سے سونے اور چاندی کے ڈھیر کو پاک کر لینے کے بعد جتنا کوئی جمع کرنا چاہے کرسکتا ہے۔اور پھر یہ کہ ''میں تم کو ایسی بہترین چیز کا پتہ نہ دوں جس کو انسان جمع کر کے خوش ہو۔اور وہ چیز نیک بخت عورت ہے۔اس کی طرف مرد دیکھے تو اس کا دل خوش ہو اور جب مرد اس کو کوئی حکم دے تو وہ اس کی اطاعت کرے۔اور جب وہ غائب ہو تو اس کے مال و اولاد کی حفاظت کرے۔''اس جیسی اور بھی سینکڑوں حدیثیں ایسی ہیں، جو اسلام دشمن قوتوں نے بعد کے ادوار میں نظامِ سرمایہ داری کے تحفظ کے لئے وضع کر لی تھیں۔جن کا رسول اللہ اور ان کے صحابہ کے دور سے کچھ واسطہ نہیں۔

آپ کو یاد ہوگا کہ احادیث بیان کرنے والوں نے جرمِ زنا کی سزا ''رجم'' کو سچ ثابت کرنے کے لئے سورۃ النور کے شانِ نزول کا حوالہ دے کر کہا تھا کہ:۔

''رسول اللہ صلی اللہ علیہ وسلم نے سورۃ النور نازل ہونے کے بعد رجم کی سزا دی کیونکہ واقعہ اِفک جو سورۃ النور کا شانِ نزول ہے ۴ھ، ۵ھ، یا ۶ھ میں پیش آیا اور رجم کی سزا آپ نے اس کے بعد دی۔حضرت ابو ہریرہ جو اِس حدیث کے راوی ہیں جس میں رجم کا ذکر موجود ہے ۷ھ میں مسلمان ہوتے ہیں اور دوسرے راوی حضرت ابنِ عباس اپنی والدہ کے ہمراہ مدینہ میں ۹ھ میں آئے۔''

مقامِ فکر ہے کہ سورۃ توبہ کے اس حکم کی منسوخی کے لئے بھی تاریخ سازوں نے وہی چال چلی ہے جو سورۃ النساء کے حکم کو منسوخ کرنے کے معاملہ میں چلی تھی، یعنی کہ پہلے اللہ اپنا ایک حکم نازل فرماتا ہے اور پھر اس حکم کو بدلنے کے لئے اپنا دوسرا حکم اس لئے نازل کرتا ہے تاکہ وہ اس کے پہلے والے حکم کو ساقط، یا منسوخ کردے۔ یاد رہے کہ مفسرین ومورخینِ تاریخ نے ایسا کہیں بھی نہیں لکھا کہ وحی جلی کے ذریعہ سے، وحی خفی کے کسی حکم کو منسوخ کیا گیا ہو، ہمیشہ وحی خفی کے ذریعے سے وحی جلی کے قرآنی احکاماتِ خداوندی کو ہی منسوخ ہوتے دکھایا گیا ہے۔ بالآخر وحی جلی پر وحی خفی کی برتری دکھانے کی کوئی نہ کوئی وجہ تو ضرور ہے، جس کی اتنی قدر و منزلت بتائی جاتی ہے۔

جب اللہ تعالیٰ کے بارے میں کوئی اس قسم کا نقشہ ترتیب دے کر دنیا کے سامنے پیش کرے کہ وہ ہر آن اپنا ارادہ بدلتا رہتا ہے، تو یہ ایک تشویش ناک اور خطرناک بات ہے۔ اس لئے کہ یہ سب اس اللہ کی طرف منسوب کیا جارہا ہے جو عالم الغیب بھی ہے اور ازل سے ابد تک کے رونما ہونے والے تمام واقعات سے باخبر بھی، یہی نہیں بلکہ یہ وہ کتاب ہے جسے قیامت تک کے انسانوں کی راہنمائی کے لئے ایک ضابطہء حیات کی شکل میں آخری بار نازل کیا گیا ہے۔ اس لئے یہاں سوال یہ پیدا ہوتا ہے کہ اگر ایسے خدا کو بھی ہر دوسرے دن اپنے سابقہ فیصلوں پر نظرِ ثانی کی ضرورت پڑ سکتی ہے تو پھر ایک انسان میں اور اللہ تعالیٰ کی ذات میں آخر کار فرق ہی کیا رہ جاتا ہے۔

ہمارا تو یہ ایمان ہونا چاہیئے، کہ اللہ کی ذات کے سوا کوئی بھی عالم الغیب نہیں ہے، اور یہ اس لئے بھی کہ خود اللہ نے اپنے بارے میں یہی دعویٰ کیا ہے کہ اس کے سوا دنیا میں کوئی عالم الغیب نہیں، فرشتے بھی نہیں۔ اور اپنی اس خصوصیت کو اس نے اپنی کتاب میں دس بار دہرایا ہے۔ یہاں پر صرف ایک ہی آیت کا حوالہ کافی ہوگا جس میں کہا گیا ہے کہ نہ صرف یہ کہ وہ عالم الغیب ہے بلکہ وہ زبردست حکمت والا بھی ہے۔

ملاحظہ فرمائیں:۔

عَـٰلِمُ ٱلْغَيْبِ وَٱلشَّهَـٰدَةِ ٱلْعَزِيزُ ٱلْحَكِيمُ ۶۴/۱۸ ''وہ پوشیدہ اور ظاہر کا جاننے والا ہے زبردست حکمت والا''

جو لوگ وحی خفی کے عقیدے پر ایمان رکھتے ہیں اور ایسا کرنے میں اپنے آپ کو حق بجانب اور سچا سمجھتے ہیں، ان کو اس بات کا کھل کر اعلان کرنا چاہیئے کہ ان کو اللہ کے عالم الغیب ہونے میں شک ہے۔ کیونکہ اس طرح کا عقیدہ رکھنا کہ، زبردست حکمت والے اللہ کے اپنے فیصلوں میں اصلاح کی گنجائش موجود رہتی ہے، تو اس سے اللہ کے عالم الغیب ہونے کے دعوے پر کاری ضرب پڑتی ہے۔

قارئین، یہاں پہنچنے تک ہم نے دیکھا کہ اسلام دشمن قوتوں نے کس عیاری کے ساتھ حدیث کے ذریعہ سونے اور چاندی کے خزانوں کو معاشرہ میں کھلا اور عام رکھنے والے حکمِ اللہ کو منسوخ قرار دے دیا۔ اور وہ بھی اڑھائی فی صد زکوٰۃ کے عوض۔ یہ وہ زکوٰۃ ہے جسے اکثر اوقات متوسط طبقہ ہی ادا کرتا دکھائی دیتا ہے۔

''حضرت عبداللہ بن عمر رضی اللہ تعالیٰ فرماتے ہیں کہ، سونے اور چاندی کے خزانوں کو معاشرہ میں کھلا رکھنے والا حکم، زکوٰۃ کے حکم سے پہلے کا ہے، زکوٰۃ کا حکم نازل ہونے کے بعد اللہ تعالیٰ نے مال کو طہارت کا ذریعہ بنا دیا ہے۔'' (صحیح مسلم کتاب الذکوٰۃ)

''اس لئے علماء فرماتے ہیں کہ جس مال سے زکوٰۃ ادا کر دی جائے، وہ کنز (خزانہ) نہیں ہے اور جس مال سے زکوٰۃ ادا نہ کی جائے وہ کنز (خزانہ) ہے۔

بحوالہ شاہ فہد قرآن پرنٹنگ کمپلیکس صفحہ ۵۱۸ (حواشی نوٹ، مولانا صلاح الدین یوسف) صحیح مسلم کتاب الذکوٰۃ

یعنی کہ اگر کوئی اپنے سونے چاندی کے خزانے میں سے اڑھائی فی صد زکوٰۃ دے دے تو اسکے باقی ماندہ سونے اور چاندی کے خزانے کو آپ خزانہ نہیں کہہ سکتے، خزانہ تو صرف اسی صورت میں کہلائے گا جب اس میں سے زکوٰۃ نہیں دی جائے گی۔ یہ بڑی عجیب منطق ہے، لیکن چونکہ نظامِ سرمایہ داری کو اس سے تحفظ فراہم ہوتا ہے اس لئے اس غیر قرآنی قانون کو ہمارا مذہبی طبقہ عین اسلامی قرار دے کر آگے بڑھائے چلا جا رہا ہے، اسی میں ان دونوں کا فائدہ ہے۔ سب سے پہلی بات تو یہ ہے کہ اللہ تعالیٰ نے قرآن میں زکوٰۃ کی حد مقرر نہیں کی اور دوسرا جو یہ کہا جاتا ہے کہ زکوٰۃ کے مصارف کی تفصیل قرآن میں دے دی گئی ہے، یہ درست نہیں کیونکہ وہ مصارف صدقات کے ہیں، زکوٰۃ کے نہیں۔ زکوٰۃ کے متعلق تو جماعتِ مومنین کے لئے واضح احکامات موجود ہیں، کہ وہ اسے اسلامی نظام میں افرادِ مملکت کے لئے سامانِ نشوونما بہم پہنچانے کا ذریعہ بنائیں۔ مثلاً

ٱلَّذِينَ إِن مَّكَّنَّـٰهُمْ فِى ٱلْأَرْضِ أَقَامُوا۟ ٱلصَّلَوٰةَ وَءَاتَوُا۟ ٱلزَّكَوٰةَ وَأَمَرُوا۟ بِٱلْمَعْرُوفِ وَنَهَوْا۟ عَنِ ٱلْمُنكَرِ ۗ وَلِلَّهِ عَـٰقِبَةُ ٱلْأُمُورِ ۲۲/۴۱

''یہ وہ لوگ ہیں کہ اگر ہم زمین میں ان کے قدم جما دیں تو یہ پوری پابندی سے صلوٰۃ قائم کریں اور زکوٰۃ دیں اور اچھے کاموں کا حکم کریں اور برے کاموں سے منع کریں تمام کاموں کا انجام اللہ کے اختیار میں ہے۔''

اور جہاں تک سونے چاندی کے خزانے جمع کرنے اور اڑھائی فی صد سے پاک صاف کرنے کا تعلق ہے اس کے بارے میں بھی بڑے ہی واضح احکام دیئے گئے ہیں، ملاحظہ فرمائیں:۔

يَـٰٓأَيُّهَا ٱلَّذِينَ ءَامَنُوٓا۟ إِنَّ كَثِيرًا مِّنَ ٱلْأَحْبَارِ وَٱلرُّهْبَانِ لَيَأْكُلُونَ أَمْوَٰلَ ٱلنَّاسِ بِٱلْبَـٰطِلِ وَيَصُدُّونَ عَن سَبِيلِ ٱللَّهِ ۗ وَٱلَّذِينَ يَكْنِزُونَ ٱلذَّهَبَ وَٱلْفِضَّةَ وَلَا يُنفِقُونَهَا فِى سَبِيلِ ٱللَّهِ فَبَشِّرْهُم بِعَذَابٍ أَلِيمٍ ۹/۳۴

''اے ایمان والو! اکثر علما اور عابد، لوگوں کا مال ناحق کھا جاتے ہیں اور اللہ کی راہ سے روک دیتے ہیں اور جو لوگ

سونے چاندی کا خزانہ رکھتے ہیں اور اللہ کی راہ میں خرچ نہیں کرتے، انھیں دردناک عذاب کی خبر پہنچا دیجئے۔'' ۹/۳۴

آپ نے دیکھ لیا کہ حدیثِ رسول کے نام پر اسلام دشمن عناصر نے اپنے ذاتی تحفظات اور مفادات کے پیشِ نظر قرآن کے اُن قوانین کو جو بنی نوعِ انسان کی فلاح و بہبود کی خاطر نازل کیئے گئے ہیں، کس معصومیت کے ساتھ منسوخ کر دیا ہے، حدیث وضع کرنے والوں نے اپنے دعوے کی سچائی کو مزید تقویت پہنچانے کے لئے قرآنِ حکیم کی آیات کے شانِ نزول پر بحث کے بعد اس بات کا خصوصی خیال رکھا کہ ان کے نزول کے مقام کے علاوہ ان کی تاریخ وغیرہ کو بھی ساتھ ہی درج کر دیا جائے۔ تا کہ ان کے اِس بظاہر معقول لگنے والے طرزِ عمل کی وجہ سے اکثر پڑھنے والوں کو یقین ہو جائے کہ جس حدیث کو بمعہ اس کے شان نزول اور اصولِ تاریخ کے مطابق پورے ریفرینس کے ساتھ درج کیا گیا ہے' اسے درست مان لینے میں کوئی مضائقہ نہیں۔

لیکن اگر غور کیا جائے تو اس کی تصدیق کرنے کے لئے ہمارے پاس آج کوئی بھی ایسا آلہ موجود نہیں کہ جس کے ذریعے ہم ماضی میں جھانک کر یہ دیکھ سکیں اور اس کی شہادت یا گواہی فراہم کر سکیں کہ درحقیقت راویوں نے جس شانِ نزول کے ساتھ اس کے لئے ماہ و سال کی تاریخ تک درج کی تھی وہ حرف بہ حرف صحیح اور سچی ہے۔ ہم نے تو اب تک یہی دیکھا ہے کہ جس بھی روایت کا تعلق اسلامی نظام اور عمرانیات سے نکلا' جب اسے قرآنِ حکیم پر پیش کیا گیا تو وہ غلط ثابت ہوئی۔ ہمارے مفسرین نے قرآنِ حکیم کی جتنی بھی تفاسیر قلمبند کی ہیں وہ احادیث کے مجموعوں کو سامنے رکھ کر کی ہیں۔ یعنی کہ ادنیٰ (رویات) کو اعلیٰ (قرآن) پر پیش کرنے کی بجائے' اعلیٰ (قرآن) کو ادنیٰ (روایات) پر پیش کرتے رہے اور لکھتے چلے گئے۔ جس کے نتائج ہمارے سامنے ہیں۔

إِنَّا نَحۡنُ نَزَّلۡنَا ٱلذِّكۡرَ وَإِنَّا لَهُۥ لَحَـٰفِظُونَ ۱۵/۹

''ہم نے ہی اس قرآن کو نازل فرمایا اور ہم ہی اس کے محافظ ہیں۔''

یہاں پر آپ کے لئے قرآنِ حکیم سے وہ آیت درج کی جا رہی ہے جس کو بنیاد بنا کر ناسخ و منسوخ کے عقیدہ کو پروان چڑھانے والوں نے دنیا کے سامنے پیش کیا، ملاحظہ فرمائیں:۔

مَا نَنسَخۡ مِنۡ ءَايَةٍ أَوۡ نُنسِهَا نَأۡتِ بِخَيۡرٍ مِّنۡهَآ أَوۡ مِثۡلِهَآ ۗ أَلَمۡ تَعۡلَمۡ أَنَّ ٱللَّهَ عَلَىٰ كُلِّ شَيۡءٍ قَدِيرٌ ۲/۱۰۶

''جس آیت کو ہم منسوخ کر دیں، یا بھلا دیں اس سے بہتر یا اس جیسی اور لاتے ہیں، کیا تو نہیں جانتا کہ اللہ تعالیٰ ہر چیز پر قادر ہے''۔

''اس کا مطلب یہ بیان کیا جاتا ہے کہ خدا نے قرآنِ کریم میں کسی بات کا حکم دیا۔ اس کے کچھ عرصہ بعد

اس نے سوچا کہ اس حکم کو منسوخ کر دینا چاہیئے۔ چنانچہ اس نے ایک اور آیت نازل کر دی جس سے وہ پہلا حکم منسوخ ہو گیا۔ یہ حکم اس سے پہلے حکم سے بہتر ہوتا تھا۔

واضح رہے کہ اس نئی آیت میں یہ کہیں نہیں بتایا جاتا تھا کہ اس سے فلاں آیت کو منسوخ سمجھا جائے۔ اس لئے قرآن کریم میں منسوخ آیات بھی اسی طرح سے موجود ہیں اور ناسخ آیات بھی، اللہ نے ان کے متعلق کہیں نہیں بتایا کہ فلاں آیت سے، فلاں آیت منسوخ ہے۔ یہ تعین بعد میں روایات کی رو سے یا مفسرین کے اپنے خیالات کی رو سے کیا گیا۔ چنانچہ ان آیات کی تعداد ہمیشہ گھٹتی بڑھتی رہی۔ (بعض کے نزدیک ان کی تعداد پانچ سو تک ہے) حتیٰ کہ شاہ ولی اللہؒ (شاہ قطب الدین احمد ۱۱۱۴ھ سے ۱۱۷۶ھ) کے نزدیک ان کی تعداد صرف پانچ ہے۔''

بحوالہ لغات القرآن

''جہاں تک ناسخ و منسوخ آیات کا تعلق ہے، قرآن کی کوئی آیت منسوخ نہیں۔ البتہ ایسی صورت ضرور ہے کہ قرآن کے بعض احکام بعض شرائط سے مشروط ہیں۔ اگر وہ شرائط موجود نہ ہوں تو اس حکم پر عمل کرنے کا سوال ہی پیدا نہیں ہوتا۔ لیکن جب پھر وہ شرائط موجود ہو جائیں تو اس حکم پر پھر عمل ہو جائے گا۔ مثلاً قرآن میں صلوٰۃ کے لئے وضو کا حکم ہے اور اس کے ساتھ ہی یہ بھی حکم ہے کہ اگر پانی موجود نہ ہو تو پھر تیمّم کر لیا کرو۔ اب ظاہر ہے کہ پانی کی موجودگی میں تیمّم کا حکم موقوف رہے گا۔ اور پانی کی عدم موجودگی میں وضو کا حکم موقوف۔ اسی پر اسی قسم کے دیگر احکام کا قیاس کر لینا چاہیئے۔

قرآن نے بتایا ہے کہ آسمانی رشد و ہدایت کا سلسلہ شروع سے جاری رہا ہے۔ لیکن ہوتا یہ رہا کہ رسول کے دنیا سے چلے جانے کے بعد، اس کی وحی میں انسانی خیالات کی آمیزش کر دی جاتی۔ اس کے بعض حصے فراموش ہو جاتے۔ بعض حوادثِ ارضی و سماوی کی وجہ سے بالکل مٹ جاتے۔ اس کے بعد ایک اور رسول آ جاتا۔ وہ خدا کی وحی کی رو سے ان احکام کو پھر سے جاری کر دیتا جن کا جاری رکھنا منشائے خداوندی تھا۔ جو احکام وقتی طور پر دیئے گئے تھے، انہیں یا تو منسوخ کر دیتا۔ اور یا ان کی جگہ ان سے بہتر احکام دے دیتا۔ یہ سلسلہ جاری رہتا تا آنکہ خدا کا آخری رسول آیا۔ اس نے خدا کی وحی کے مطابق، جو دین عطا کیا اس میں ایسے احکام علیٰ حالہ موجود رکھے گئے جو انبیائے سابقہ کی وساطت سے دیئے گئے تھے اور ابدی طور پر رکھے جانے والے تھے۔ اور اپنی اصل شکل میں موجود تھے۔ جو احکام ایسے تھے جن کا ابدی طور پر جاری رکھنا مقصود تھا لیکن جن میں یا تو انسانی خیالات کی آمیزش ہو گئی تھی اور یا وہ محو ہو گئے تھے۔ انھیں از سرِ نو منزہ شکل میں یا گیا۔ سابقہ انبیاء کی وحی میں جو احکام ایسے تھے جن کا باقی رکھا جانا مقصود نہیں تھا، انھیں شاملِ وحی نہ کیا گیا۔ اور جن مزید احکام کی ضرورت تھی ان کا اضافہ کر دیا گیا۔ اس طرح دین کو مکمل کر دیا اور اسے غیر متبدل قرار دے کر ہمیشہ کے لئے محفوظ کر دیا۔''

بحوالہ تبویب القرآن

آپ کو یاد ہوگا کہ ناسخ ومنسوخ آیات کی تعداد شاہ ولی اللہؒ تک صرف پانچ رہ گئی تھی یعنی انھوں نے پانچ کی حد مقرر کی تھی۔
لیکن ان کے شاگردِ رشید مولانا عبید اللہ سندھیؒ نے جو سب سے بڑے شارحِ امام ولی اللہؒ مانے جاتے ہیں انھوں نے کہا ہے کہ:۔

"قرآن کی آیات ہی کے ضمن میں ایک اور مسئلہ ناسخ ومنسوخ کا ہے۔علماء کے نزدیک قرآن کی بعض آیات ہیں جو دوسری آیات کو منسوخ کرتی ہیں۔اس مسئلہ میں مزید الجھن اس بات سے بھی ہوئی کہ اہلِ علم متفقہ طور پر فیصلہ نہیں کر سکے کہ قرآنِ مجید کی فلاں فلاں آیت منسوخ ہے۔ایک عالم ایک آیت کو منسوخ قرار دیتا ہے اور دوسرا ہے کہ اس کی تنسیخ کا قائل نہیں۔

شاہ صاحب نے ناسخ ومنسوخ کے مسئلہ کو اطمینان بخش طریقے سے حل کیا۔ انھوں نے صرف پانچ آیات کو منسوخ مانا ہے لیکن اس میں بھی ان کی حکمت ہے تا کہ معتزلی ہونے کا الزام نہ لگے۔ ورنہ ان پانچ آیات کا بھی منسوخ نہ ہونا ثابت کیا جاسکتا ہے۔ ہمارے خیال میں شاہ صاحب کا اصل مقصود یہ ہے کہ قرآنِ مجید میں سرے سے کوئی آیت منسوخ ہی نہیں۔"

بحوالہ شاہ ولی اللہؒ اکیڈمی ماہنامہ "الرحیم"

"یعنی، شاہ ولی اللہؒ نے بھی اپنے زمانے کے ان مذہبی پیشواؤں کے Pressure (دباؤ) اور اس خوف کی وجہ سے، کہ ان پر معتزلی ہونے کا الزام نہ لگ جائے ایسا کہہ دیا تھا، ورنہ یہ جو انھوں نے پانچ آیتیں کہی ہیں ان کے منسوخ ہونے کی بھی کوئی وجہ ہی نہیں"۔

بحوالہ مطالب الفرقان سورۃ الحج (صفحہ ۱۹۸)

آگے بڑھنے سے پہلے ایک ایسی آیت کو یہاں پر پیش کیا جا رہا ہے جس کے غلط مفہوم کی وجہ سے نہ صرف کہ محمد رسول اللہ صلی اللہ علیہ وسلم کی ذاتِ گرامی پر حرف آتا ہے بلکہ روزِ اول سے چلنے والے سلسلۂ رشد وہدایت کی ہر ایک کڑی پر بھی آتا ہے۔ضروری ہے کہ سب سے پہلے اس آیتِ قرآنی کو درج کیا جائے اور وہ بھی مروجہ اسلام کے معنی ومفہوم کے ساتھ، تا کہ جب اسے اس کے قرآنی مفہوم کے ساتھ پیش کیا جائے تو آپس میں ان دو کا موازنہ کرتے وقت آپ کو آسانی ہو۔ پہلے تو اسے اس کے مروجہ معنی ومفہوم کے ساتھ ملاحظہ فرمائیں:۔

وَمَآ أَرْسَلْنَا مِن قَبْلِكَ مِن رَّسُولٍ وَلَا نَبِيٍّ إِلَّآ إِذَا تَمَنَّىٰٓ أَلْقَى ٱلشَّيْطَٰنُ فِىٓ أُمْنِيَّتِهِۦ فَيَنسَخُ ٱللَّهُ مَا يُلْقِى ٱلشَّيْطَٰنُ ثُمَّ يُحْكِمُ ٱللَّهُ ءَايَٰتِهِۦ ۗ وَٱللَّهُ عَلِيمٌ حَكِيمٌ ۲۲/۵۲

"ہم نے آپ سے پہلے جس رسول اور نبی کو بھیجا اس کے ساتھ یہ ہوا کہ جب وہ اپنے دل میں کوئی آرزو کرنے لگا

شیطان نے اس کی آرزو میں کچھ ملا دیا، پس شیطان کی ملاوٹ کو اللہ تعالیٰ دور کر دیتا ہے پھر اپنی باتیں پکی کر دیتا ہے۔ اللہ تعالیٰ دانا اور باحکمت ہے'' ۲۲/۵۲

یہاں پر آپ نے دیکھا کہ ہمارے مروجہ مفہومِ قُرآنی کی وجہ سے بات کہاں سے کہاں نکل گئی، کہا یہ گیا ہے کہ رسولوں کی آرزو میں شیطان کچھ ملا دیتا تھا۔اور پھر اللہ تعالیٰ کو اپنی باتیں پکی کرنے کے لئے اس ملاوٹ شدہ وحی کو صاف کرنا پڑتا تھا۔

اب قُرآنی مفہوم کو ملاحظہ فرمائیں :۔

''ہمارا فرستادہ نبی آتا لوگوں تک ہمارا پیغام پہنچاتا۔اس کے چلے جانے کے بعد، اپنی مفاد پرستیوں کے پیچھے چلنے والے لوگ، اس کی وحی میں' اپنی طرف سے آمیزش کر کے، اسے کچھ سے کچھ بنا دیتے۔(اس کے بعد خدا ایک اور رسول بھیج دیتا اور سابقہ وحی کو) اس آمیزش سے پاک اور صاف کر کے، اپنے قوانین کو پھر محکم کر دیتا۔اس لئے کہ خدا کو ہر بات کا علم ہوتا ہے اور اس کے سب کام حکمت پر مبنی ہوتے ہیں۔'' ۲۲/۵۲

بحوالہ مفہوم القُرآن

آپ نے غور فرمایا کہ، تصریفِ آیات کی مدد سے سمجھے گئے معنی و مفہوم اور مروجہ احادیث و روایات کی روشنی میں سمجھے گئے معنی و مفہوم میں زمین آسمان کا فرق ہے ایک کے مطابق، شیطان یہ طاقت رکھتا ہے کہ وہ اللہ کی وحی میں، رسولوں کی موجودگی میں ہی ملاوٹ کر دے۔لیکن دوسری کے مطابق کہا جا رہا ہے کہ ایسا نہیں تھا' بلکہ رسولوں کے اس دنیا سے چلے جانے کے بعد ان کی کتابوں میں خود ان کی اپنی ہی قوم کے شیطان لوگ اپنے مفادات کے پیشِ نظر ملاوٹ کر دیتے تھے۔اور اس کے بعد جب دوسرا رسول آتا تھا تو پھر اللہ جو دانا اور باحکمت ہے وہ نئے قوانین کا ضابطۂ قانون دے دیتا، اور جن پرانے قوانین کو علیٰ حالہ رکھنا مقصود ہوتا انھیں بھی ساتھ ہی دے دیا جاتا، اور جن کو بھلا دینا ہوتا اس وقت انھیں چھوڑ دیا جاتا۔لیکن ایسا صرف اسی وقت ہی ہوتا جب کہ نیا رسول آچکا ہوتا۔ رسولوں کی تعلیم میں سے شیطان کی ملاوٹ کو دور کر دینے کا یہی مطلب ہے۔

وَالطُّورِ ۵۲/۱ ''قسم ہے طور کی''

وَكِتَابٍ مَّسْطُورٍ ۵۲/۲ ''اور لکھی ہوئی کتاب کی''

فِي رَقٍّ مَّنشُورٍ ۵۲/۳ ''جو جھلی کے کھلے ہوئے ورق میں ہے''

كِتَٰبٌ فُصِّلَتْ ءَايَٰتُهُۥ قُرْءَانًا عَرَبِيًّا لِّقَوْمٍ يَعْلَمُونَ ٣/٤١

''ایسی کتاب ہے جس کی آیتوں کی واضح تفصیل کی گئی ہے قُرآن عربی زبان میں ہے۔''

اب ان آیات کا قُرآنی مفہوم ملاحظہ فرمائیں:۔

''ایک ایسی کتاب نازل کر دی جس کے احکام الگ الگ نکھار کر بیان کئے گئے ہیں، تا کہ ان میں کسی قسم کا ابہام اور التباس نہ رہے۔ اس کی زبان بھی بڑی واضح اور صاف ہے تا کہ جو لوگ علم و بصیرت سے کام لے کر اسے سمجھنا چاہئیں، ان کے سامنے اس کے مطالب واضح طور پر آجائیں۔''

بحوالہ مفہوم القرآن

قارئین، ہمارے مفسرین نے، جن خود ساختہ احادیث کے زور پر، قُرآنِ حکیم کی آیاتِ مقدسہ کے معنی و مفہوم ایجاد کئے اور ان کے تحت ناسخ و منسوخ کے عقیدے کو وضع کیا تھا، قرآنِ حکیم کی وہی آیات جب سیاق وسباق کے ساتھ سامنے آگئیں تو ناسخ و منسوخ کے اس خلافِ قُرآن عقیدے کی قلعی خود ہی کھل گئی۔ قُرآن کی حامل قوم کی پریشاں حالی اور اس کی مفلوک حالی کا واحد سبب اس کی منافقانہ ذہنیت ہے۔ اس کیفیت سے باہر نکلنے کا واحد حل یہ ہے کہ یہ قُرآن اور حدیث دونوں میں سے ایک کا انتخاب کرے۔ اگر تو یہ حدیث کا انتخاب کرے اور اسی کی ہدایات پر عمل کرے، تو اس سے یہ ہوگا، کہ جہنم کے جس نچلے طبقے میں یہ سانس لے رہی ہے، کم از کم اس سے نکل آئے گی، جنت تو خیر پھر بھی نہ مل سکے گی لیکن یہ ایک درجہ اوپر آ کر کفار کے طبقہ میں ضرور شامل ہو جائے گی۔ اور پھر باقی اقوام عالم کی طرح کفر کے (جدید جمہوری نظام) کے تحت اپنے معاشی و اقتصادی نظام کو قدرے بہتر بنا سکے گی۔ لیکن اگر یہ قُرآنِ حکیم کو اپنا رہنما بنا کر اس کی ہدایات پر عمل کرے گی تو پھر اسے دنیا و آخرت دونوں کی وہ تمام نعمتیں حاصل ہو جائیں گی جن کا وعدہ اللہ نے اپنی کتاب میں اس کے لئے کر رکھا ہے۔ لیکن اگر کوئی یہ سوچتا ہے، کہ اسلام اور کفر کے مخلوط نظام پر چل کر وہ اپنی منافقانہ زندگی میں انقلاب لاسکتا ہے تو یہ اُس کی بہت بڑی بھول ہے۔

البتہ اگر کوئی اس بات کا دعویٰ کرتا ہے کہ بحیثیتِ مجموعی، پاکستانی قوم، اپنے روشن مستقبل کے لئے اس قابل ہے کہ وہ نظامہائے عالم میں سے اپنے لئے بہترین نظام کا خود انتخاب کر سکتی ہے، تو حقیقت میں وہ قوم کے معصوم جذبات سے کھیل کر اسے بیوقوف بناتا ہے۔ اگر قوم اتنی ہی معاملہ فہم ہوتی تو کیا یہ اپنی قیادت ایسے لوگوں کے ہاتھ میں دیتی چلی آتی جو دہائیوں سے اسے لوٹتی چلی آرہی ہے۔ ہرگز نہیں! چنانچہ وہ اکابرین و مدبرین جو قُرآنِ حکیم پر غور و فکر اور تدبر کے بعد اس نتیجہ پر پہنچے ہوں کہ اللہ اور اس کے رسول کی سنت کا مجموعہ ،صرف کتاب اللہ ہے، انھیں چاہیئے کہ وہ مل کر قوم کے مستقبل کا فیصلہ کریں اور لوگوں کو بتائیں کہ ملک میں کس قسم کا نظام رائج ہونا چاہیئے، تا کہ سابقہ نسلوں کی طرح، مستقبل میں آنے والی نسلوں کو کوئی شیطان اپنا غلام نہ بنا سکے۔

جس دن ہم نے قُرآنِ حکیم کی تفسیر خود قُرآنِ حکیم کی آیات کی روشنی میں کرنی شروع کر دی، اس کے بعد شیطان کا وہ

تصور، جو عام طور پر لوگوں کے ذہن میں پایا جاتا ہے، نہ صرف یہ کہ اس میں تبدیلی واقع ہو جائے گی، بلکہ قرآنِ حکیم کی جن آیات میں یہ الفاظ استعمال ہوئے ہیں انھیں بھی سمجھنے میں مدد مل سکے گی۔ جب بات سمجھ میں آ جائے گی تو پھر معاشرے کے وہ تمام شیطان جو اب تک ہماری نظروں سے پوشیدہ رہے اور قرآنِ حکیم میں ناسخ و منسوخ کے عقیدے وضع کرتے اور لوگوں کو دین سے دور رکھتے رہے وہ مجسم ہو کر خود ہی سامنے آ جائیں گے۔

اللہ کے منتخب لوگوں (رسولوں) کے بارے میں خود قرآنِ حکیم میں شیطان کی زبان سے کہلوایا کہ اُن پر اس کا کوئی زور نہیں چلتا نہ ہی وہ انھیں بہکا ہی سکتا ہے۔:۔

إِلَّا عِبَادَكَ مِنْهُمُ ٱلْمُخْلَصِينَ ۱۵/۴۰ ''سوائے تیرے ان بندوں کے جو منتخب کر لئے گئے ہیں۔''

عِبَادِي لَيْسَ لَكَ عَلَيْهِمْ سُلْطَٰنٌ إِلَّا مَنِ ٱتَّبَعَكَ مِنَ ٱلْغَاوِينَ ۱۵/۴۲

''میرے بندوں پر تجھے کوئی غلبہ نہیں، لیکن ہاں جو گمراہ لوگ تیری پیروی کریں۔''

یہاں پہنچنے تک خود قرآن حکیم کا اپنی وحی کے متعلق یہ فیصلہ سامنے آ چکا ہے کہ شیطان رسولوں کی کسی آرزو کے نتیجہ میں ملاوٹ کرنے کا مجاز ہی نہیں تھا، کیونکہ وہ صرف ان لوگوں کو ہی گمراہ کر سکتا ہے جو اس کی پیروی کریں۔ چنانچہ قرآنِ حکیم کی جانب سے ناسخ و منسوخ کے عقیدے کی تردید کے متعلق درج ذیل کی آیت کو ملاحظہ فرمائیں جس نے ناسخ و منسوخ کے عقیدے کا باب ہمیشہ کے لئے بند کر دیا ہے۔

وَكَذَٰلِكَ نُصَرِّفُ ٱلْأَيَٰتِ وَلِيَقُولُوا۟ دَرَسْتَ وَلِنُبَيِّنَهُۥ لِقَوْمٍ يَعْلَمُونَ ۶/۱۰۵

''اور ہم اس طور پر دلائل کو مختلف پہلوؤں سے بیان کرتے ہیں تا کہ یہ (لوگ) تسلیم کریں کہ آپ نے انھیں دلنشیں انداز سے بیان کر دیا ہے۔ اور تا کہ ہم اس کو دانشمندوں کے لئے خوب ظاہر کر دیں۔''

ظاہر ہے کہ اللہ کے قوانین کی اہمیت انہی لوگوں پر واضح ہو سکے گی جو علم و بصیرت سے کام لیں۔ الغرض وہ تمام آیات جن کے ذریعے سے کتاب اللہ کو سمجھا اور سمجھایا جا سکتا ہے وہ تمام کی تمام اس کے اندر محفوظ ہیں اور انھیں تصریفِ آیات کے ذریعے سمجھا اور سمجھایا جا سکتا ہے۔ چنانچہ ناسخ و منسوخ کے عقیدے کی کوئی اہمیت ہی نہیں۔

اس باب کے آخر میں ''رجم'' (سنگسار) کرنے کی سزا کو عین اسلامی بنانے اور اسے مسلمانوں میں عام کرنے کی غرض سے راویانِ حدیث جس قسم کا کردار ادا کرتے رہے ہیں اُسے سمجھنے کے لئے درج ذیل کی روایت ملاحظہ فرمائیں:۔

''حضرت عبداللہ بن عمرؓ بیان کرتے ہیں کہ نبی کریم صلی اللہ علیہ وسلم کی خدمت میں (مدینہ) کے یہودی حاضر ہوئے اور انھوں نے عرض کیا کہ ہم میں سے ایک مرد اور ایک عورت زنا کے مرتکب ہوئے ہیں۔آپ نے فرمایا: توراۃ میں رجم کے بارے میں کیا حکم ہے؟ وہ کہنے لگے، ہم ان کو (زنا کرنے والوں کو) رسوا کرتے ہیں اور کوڑے مارتے ہیں۔ یہ سن کر عبداللہ بن سلامؓ کہنے لگے: تم جھوٹ کہتے ہو۔ توراۃ میں اس جرم کی سزا ''رجم'' ہے۔ چنانچہ وہ لوگ توراۃ لے آئے اور اسے کھولا تو ایک یہودی نے رجم والی آیت پر اپنا ہاتھ رکھ کر اسے چھپا لیا اور اس آیت سے پہلے کی اور بعد کی عبارت پڑھنے لگا۔ چنانچہ حضرت عبداللہ بن سلامؓ نے اُس سے کہا کہ اپنا ہاتھ ہٹاؤ۔ جب اس نے ہاتھ ہٹایا تو وہاں صاف طور پر آیتِ رجم موجود تھی۔ چنانچہ یہودی کہنے لگے، یا رسول اللہ! حضرت عبداللہ بن سلامؓ نے سچ کہا تھا، توراۃ میں رجم کا حکم موجود ہے، چنانچہ آپ نے اُن دونوں کو رجم کرنے کا حکم دیا اور انھیں سنگسار کیا گیا۔ حضرت عبداللہ بن عمرؓ بیان کرتے ہیں (کہ جب انھیں سزا دی جا رہی تھی) میں نے دیکھا کہ مرد عورت کے آگے آڑ بن کر خود پتھر کھا رہا تھا اور اُسے پتھروں کی مار سے بچا رہا تھا۔''

بحوالہ اللؤلؤ والمرجان صفحہ ۲۸ کتاب الحدود (باب ۶)

اخرج البخاری: فی کتاب ۶۱ المناقب: باب ۲۶ قول اللہ تعالیٰ: (یعرفونہ کما یعرفون ابناءھم)

قارئین، ناسخ و منسوخ کے عقیدے کو محکم طور پر مسلمانوں میں رواج دینے اور یہ ثابت کرنے کے لئے کہ رجم کی سزا خود رسول اللہ کے حکم پر اس لئے دی گئی تھی کیونکہ اس سزا کا حکم یہودیوں کی کتاب میں بھی موجود تھا۔ لیکن آپ کو یاد ہوگا کہ انہی لوگوں نے جرمِ زنا کی سزا ''رجم'' کو سچ ثابت کرنے کے لئے سورۃ النور کے شانِ نزول کا حوالہ دے کر کہا تھا کہ رسول اللہ صلی اللہ علیہ وسلم نے سورۃ النور نازل ہونے کے بعد رجم کی سزا دی تھی۔ چنانچہ یہودیوں والی اِس حدیث کو اس لئے گھڑ لیا گیا تاکہ اس کے ذریعے سے لوگوں کا اس بات پر اور پختہ یقین ہو جائے کہ سو کوڑوں کی وہ سزا جو قرآنِ حکیم نے تجویز کی ہے اسے مسترد کرتے ہوئے خود رسول اللہ نے ''وحی خفی'' کے مطابق سزائے رجم کو برقرار رکھا ہے۔ چنانچہ سو کوڑوں والی آیت کتاب اللہ میں موجود تو ہے لیکن اس کا حکم منسوخ سمجھا جائے۔ جب کہ اہلِ کتاب (یہود و نصاریٰ) وغیرہ کو اللہ نے متنبہ کرتے ہوئے اس بات کا حکم یہ دیا ہے کہ:۔

يَـٰٓأَيُّهَا ٱلَّذِينَ أُوتُواْ ٱلْكِتَـٰبَ ءَامِنُواْ بِمَا نَزَّلْنَا مُصَدِّقًا
لِّمَا مَعَكُم مِّن قَبْلِ أَن نَّطْمِسَ وُجُوهًا فَنَرُدَّهَا عَلَىٰٓ أَدْبَارِهَآ ۴/۴۷

''اے اہلِ کتاب! جو کچھ ہم نے نازل فرمایا ہے جو اُس کی بھی تصدیق کرنے والا ہے جو تمہارے پاس ہے، اس پر ایمان لاؤ اس سے پہلے کہ ہم چہرے بگاڑ دیں اور انھیں لوٹا کر پیٹھ کی طرف کر دیں......''

آخری بار جسے اللہ نے نازل فرمایا ہے وہ قُرآن ہے اور ظاہر ہے کہ یہ صرف اُسی بات کی تصدیق کرتا ہے جسے پہلی کتابوں

میں سچائی اور حق کے ساتھ نازل کیا گیا تھا۔ چنانچہ اگر قرآنِ حکیم میں زنا کی سزا سو کوڑے مقرر ہے تو پھر اس سے پہلی الہامی کتابوں میں بھی اس کی یہی سزا رہی ہوگی۔ اگر وہ اِس کے مطابق نہیں، تو پھر اس کا مطلب یہ ہے کہ شیطان انسانوں نے اسے اپنے ہاتھوں سے بدل دیا ہے۔ چنانچہ رجم کی سزا کا قرآن حکیم سے کوئی واسطہ نہیں۔ یہود و نصاریٰ سے محتاط رہنے کے لئے رسول اللہ صلی اللہ علیہ وسلم کو مشورہ دیا گیا تھا کہ:۔

وَلَن تَرۡضَىٰ عَنكَ ٱلۡيَهُودُ وَلَا ٱلنَّصَٰرَىٰ حَتَّىٰ تَتَّبِعَ مِلَّتَهُمۡۗ قُلۡ إِنَّ هُدَى ٱللَّهِ هُوَ ٱلۡهُدَىٰۗ وَلَئِنِ ٱتَّبَعۡتَ أَهۡوَآءَهُم بَعۡدَ ٱلَّذِي جَآءَكَ مِنَ ٱلۡعِلۡمِ مَا لَكَ مِنَ ٱللَّهِ مِن وَلِيّٖ وَلَا نَصِيرٍ ۲/۱۲۰

''آپ سے یہود و نصاریٰ ہرگز راضی نہیں ہونگے جب تک کہ آپ اُن کے مذہب کے تابع نہ بن جائیں۔ آپ کہہ دیجئے کہ اللہ کی ہدایت ہی ہدایت ہے، اور اگر آپ نے باوجود اپنے پاس علم آ جانے کے، پھر اُن کی خواہشوں کی پیروی کی تو اللہ کے پاس آپ کا نہ تو کوئی ولی ہوگا اور نہ مددگار۔''

اس لئے آپ لوگوں میں کتاب اللہ کے مطابق فیصلے کیا کریں۔

إِنَّآ أَنزَلۡنَآ إِلَيۡكَ ٱلۡكِتَٰبَ بِٱلۡحَقِّ لِتَحۡكُمَ بَيۡنَ ٱلنَّاسِ بِمَآ أَرَىٰكَ ٱللَّهُۚ وَلَا تَكُن لِّلۡخَآئِنِينَ خَصِيمٗا ۴/۱۰۵

''یقیناً ہم نے تمہاری طرف حق کے ساتھ اپنی کتاب نازل فرمائی تا کہ تم لوگوں میں اس چیز کے مطابق فیصلہ کرو جس سے اللہ نے تم کو شناسا کیا ہے، اور خیانت کرنے والوں کے حمائتی نہ بنو۔''

''کتاب نازل فرمائی تا کہ تم لوگوں میں اس کے مطابق فیصلہ کرو'' کے ان الفاظ پر اگر غور کر لیا جاتا تو خشیتِ الٰہی کے سبب ہرگز ایسا کہنے کی جرأت نہ کی جاتی کہ رسول اللہ کو قرآنِ حکیم سے باہر بھی ایک وحی ملتی تھی جسے وحی خفی کہا جاتا ہے اور پھر اسی وحی کے تحت یہ کہا جاتا ہے کہ قرآن کی کوئی پانچ سو سے زائد آیات ایسی ہیں جن کے حکم یا تو منسوخ ہو چکے ہیں اور یا پھر وہ سرے سے قرآن میں موجود ہی نہیں لیکن اُن کا حکم اپنی جگہ پر قائم ہے اور وہ آیات احادیث کے مجموعوں میں ملتی ہیں۔ یوں لگتا ہے جیسے اب قرآن میں اصول اور قانون کی کوئی ایک آیت بھی ایسی نہیں بچی کہ جس پر عمل کیا جائے، وہ سب ''وحی خفی'' کی نظر ہو چکی ہیں۔

قارئین، علامہ اقبالؒ کو بھی ناسخ و منسوخ کے عقیدہ سے اتفاق نہیں تھا۔ چنانچہ وہ سید سلیمان ندوی کو اپنے ایک خط میں لکھتے ہیں کہ:۔

''دریافت طلب امر یہ ہے کہ کوئی حکم ایسا بھی ہے جو صحابہؓ نے نصِ قرآن کے خلاف نافذ کیا ہو، اور وہ کونسا حکم ہے......اگر صحابہؓ کے اجماع نے کوئی حکم نصِ قرآنی کے خلاف نافذ کیا تو علامہ آمدی کے خیال کے مطابق ایسا کسی ناسخ حکم کی بنا پر ہوا ہے۔ وہ ناسخ حکم سوائے حدیثِ نبوی صلی اللہ علیہ وسلم کے اور کچھ نہیں ہوسکتا۔ اس سے معلوم ہوا کہ حدیث ناسخِ قرآن ہوسکتی ہے جس سے کم از کم مجھے تو انکار ہے، غالباً آپ کو بھی ہوگا''......

بحوالہ اقبال نامہ مجموعہ مکاتیب اقبال ۲۷ اگست ۱۹۲۷ء

قارئین ''حدیث اور ناسخِ قرآن؟'' کے اس باب کو اقبالؒ کے خط کے ساتھ یہیں ختم کرتے ہیں جس میں انھوں نے اس بات سے انکار کیا ہے کہ حدیث ناسخِ قرآن ہوسکتی ہے۔ خود قرآنِ حکیم اس بات کا گواہ ہے کہ ایسا نہیں ہوسکتا۔ اُس کا کہنا یہی ہے کہ:۔

ٱلْحَمْدُ لِلَّهِ ٱلَّذِىٓ أَنزَلَ عَلَىٰ عَبْدِهِ ٱلْكِتَٰبَ وَلَمْ يَجْعَل لَّهُۥ عِوَجَا ۜ ۱۸/۱

''تمام تعریفیں اسی اللہ کے لئے سزاوار ہیں جس نے اپنے بندے پر یہ قرآن اُتارا اور اس میں کوئی کسر باقی نہ چھوڑی۔''

چنانچہ:۔

فَبِأَيِّ حَدِيثٍۭ بَعْدَهُۥ يُؤْمِنُونَ

''اب اس قرآن کے بعد کس حدیث (بات) پر ایمان لائیں گے؟۔''

۵۰/۷۷

شانِ نزولِ آیات

یہاں پہنچنے تک ہم نے فطرت اللہ، کلمۃ اللہ، سنت اللہ، حکمت اور کیا حدیث ناسخِ قرآن ہوسکتی ہے؟ جیسے اہم مضامین کا بغور جائزہ لیا ہے، لیکن وحی خفی کی کوئی ایک بات بھی ایسی سامنے نہیں آئی جو وحی جلی (قرآنِ حکیم) کے مطابق پائی گئی ہو۔ اب ہم آگے بڑھتے ہیں اور وحی خفی کے مرہونِ منت ''عقیدۂ شانِ نزول'' کو بھی قرآنِ حکیم کی روشنی میں دیکھ لیتے ہیں۔

شانِ نزول سے مراد زمانۂ نزولِ وحی کے رونما ہونے والے وہ واقعات وحادثات بتائے جاتے ہیں کہ جن کے وقوع پذیر ہونے کی بنا پر، اللہ تعالیٰ کو ان کے لئے بذریعہ وحی قرآنِ حکیم میں احکامات صادر فرمانے کی ضرورت پیش آئی۔ شانِ نزول کے عقیدہ کے مطابق جن جن آیات کی ضرورت محسوس ہوئی ان میں سے دو تو نہایت ہی اہم مسائل سے متعلق تھیں یعنی ''رجم'' اور ''زکوٰۃ'' ایک کی سزا سو کوڑے ہے جسے لوگوں نے ''رجم'' سنگسار کرنے کی سزا میں تبدیل کیا ہے۔ اور دوسری ''زکوٰۃ'' جس کے ذریعہ سونے اور چاندی کے خزانوں کو جمع کرنے کی غرض سے اپنے مفاد میں بدل دیا ہے۔ ان موضوعات پر ہم پہلے ہی تفصیل کے ساتھ بات کر چکے ہیں، لیکن وحی خفی اور شانِ نزول جیسی مذہبی اصطلاحات کو سمجھنے کے لئے مزید چند احادیث وروایات کو قرآن پر پیش کرنے کے بعد دیکھنا ہے کہ ان کے بارے میں کتاب اللہ سے کیا جواب ملتا ہے۔ جاننے کے لئے قرآنِ حکیم کی آیات، ان کا شانِ نزول اور ان واقعات کو، جن کے بارے میں کہا جاتا ہے کہ ان کے وقوع پذیر ہونے کی وجہ سے اللہ نے ان آیات کو نازل فرمایا۔ ملاحظہ فرمائیں۔

وَلَقَدْ عَلِمْنَا الْمُسْتَقْدِمِينَ مِنكُمْ وَلَقَدْ عَلِمْنَا الْمُسْتَأْخِرِينَ ۱۵/۲۴

''اور ہم اگلوں کو بھی جانتے ہیں اور پچھلوں کو بھی جانتے ہیں۔''

وَإِنَّ رَبَّكَ هُوَ يَحْشُرُهُمْ ۚ إِنَّهُ حَكِيمٌ عَلِيمٌ ۱۵/۲۵

''اور تیرا رب انہیں اکٹھا کرے گا۔ وہ حکمت والا علم والا ہے۔''

ان آیات کے معنی و مفہوم کو سمجھنے میں کسی کو بھی دشواری نہیں ہونی چاہئے، یہاں پر اتنا ہی کہا گیا ہے کہ اللہ ان لوگوں کو جو پہلے ہو گزرے ہیں اور انہیں بھی جو آئندہ آنے والے ہیں میدانِ حشر میں جمع کرے گا۔ اسی مفہوم سے ملتی جلتی ایک اور آیت بھی ہے جس میں کہا گیا ہے کہ:۔

قُلْ إِنَّ ٱلْأَوَّلِينَ وَٱلْءَاخِرِينَ ۵۶/۴۹ ''آپ کہہ دیجئے کہ پہلے اور پچھلے''

لَمَجْمُوعُونَ إِلَىٰ مِيقَـٰتِ يَوْمٍ مَّعْلُومٍ ۵۶/۵۰ ''ضرور متعینہ دن کی معیاد پر جمع کئے جائیں گے''۔

یعنی ''آپ کہہ دیجئے کہ وہ لوگ جو کہ تم سے پہلے گزر چکے ہیں اور وہ بھی جو تمہارے بعد آنے والے ہیں تمام ضرور متعینہ دن کی معیاد پر جمع کئے جائیں گے''۔

ان آیات کے ''شانِ نزول'' کا جو نقشہ تاریخ نے کھینچا ہے اور مفسرین نے ان کی تفسیر بیان کی ہے اسے ملاحظہ فرمائیں۔

حضرت ابنِ عباسؓ کی روایت ہے کہ:۔

''ایک حسین ترین عورت (مسجد میں) رسول اللہ کے پیچھے نماز پڑھنے آیا کرتی تھی۔ صحابہ میں سے کچھ لوگ تو آگے کی صف میں بڑھ جاتے تھے تا کہ اسے نہ دیکھیں۔ لیکن کچھ لوگ پیچھے کی صف میں شریک ہوتے تھے اور رکوع کی حالت میں بغل کے نیچے کی طرف سے اسے جھانکتے رہتے تھے۔ اس پر اللہ نے یہ آیت اتاری کہ ہم تم میں سے اگلوں کو بھی جانتے ہیں اور پچھلوں کو بھی۔''

بحوالہ جامع ترمذی

سبحان اللہ! آپ ہی بتائیں کہ اس روایت پر کوئی کیا تبصرہ کرے؟ جس کی نسبت صحابہ کرام اور رسول اللہ کی طرف کر دی گئی ہو، ظاہر ہے کہ اسے دشمنانِ اسلام ہی نے وضع کیا ہے اور وہی اسے آگے بڑھاتے چلے آ رہے ہیں۔

البتہ اس روایت کے مطابق کہا یہ جا رہا ہے کہ:۔

1) مسجد میں نماز پڑھائی جاتی تھی

2) اس نماز کے امام خود رسول اللہ ہوتے تھے

3) ایک خوبصورت عورت بھی نماز کے لئے آتی تھی (یعنی یہ کوئی ایک دن کی بات نہیں تھی، ہر روز کی بات تھی)

4) صحابہ رسول رکوع کی حالت میں بغل کے نیچے سے اسے دیکھتے رہتے تھے

5) صحابہ کی ان فحش حرکات کی وجہ سے اللہ کو تنذیری احکامات جاری کرنے پڑے تاکہ وہ باز آجائیں

6) ''اور تیرا رب انہیں اکٹھا کرے گا۔ وہ حکمت والا علم والا ہے''

اس روایت کو بیان کرنے والوں نے ایک خوبصورت نمازی عورت کا خصوصی ذکر کیا ہے، لیکن سوال اٹھتا ہے کہ صرف ایک ہی ''خوبصورت'' عورت کیوں آتی تھی معاشرہ کی دوسری عورتوں کو کیا مشکل تھی کہ وہ نہیں آتی تھیں؟۔ اس روایت میں صلوٰۃ، رسول اللہ اور اصحابہ کرام، سب کو ہدفِ بنا کر حریفانِ اسلام نے اپنی ذہنی پستی اور بدبختی کا کھلا ثبوت دیا ہے۔

صلوٰۃ کے بارے میں تو خود قُرآن کا بیان یہ ہے کہ:۔

إِنَّ ٱلصَّلَوٰةَ تَنْهَىٰ عَنِ ٱلْفَحْشَآءِ وَٱلْمُنكَرِ ۗ ۲۹/۴۵ ''یقیناً صلوٰۃ بے حیائی اور برائی سے روکتی ہے''

لیکن تاریخ کا بیان یہ ہے کہ صلوٰۃ کے دوران رسول اللہ کے صحابہ فحش اور برائی کے مرتکب ہوتے تھے، یہی نہیں بلکہ اس وقت صلوٰۃ کی امامت کے فرائضِ منصبی بذاتِ خود رسول اللہ سرانجام دے رہے ہوتے تھے۔ یاللعجب! لیکن ہمارا مذہب پرست طبقہ اس بات پر مُصرِ ہے کہ اسے نہ صرف صدقِ دل سے تسلیم کیا جائے بلکہ یہ بھی ماننا ہوگا کہ اس طرح کے واقعات پر جبرائیل امین با قاعدہ رسول اللہ کی طرف وحی کی صورت میں آیات لے کر نازل ہوا کرتے تھے۔ مثلاً:۔

''کان جبریل ینزل بالقرآن والسنة و یعلمه ایا ها کما یعلمه القرآن''

''جبرائیل قرآن وسنت دونوں کو لے کر نازل ہوتے تھے۔ آنحضرت کو سنت بھی قرآن کی طرح سکھاتے تھے''

بحوالہ (جماعتِ اسلامی کا نظریۂ حدیث۔ صفحہ ۶۰ از شیخ الحدیث مولانا محمد اسمٰعیل السّلفی)

احادیث کے عقیدہ کو مستقل طور پر قائم رکھنے کے لئے اس آیت مبارکہ کو بھی استعمال کیا گیا ہے جہاں کہا گیا ہے کہ:۔

هَٰٓؤُلَآءِ ۚ وَنَزَّلْنَا عَلَيْكَ ٱلْكِتَٰبَ تِبْيَٰنًا لِّكُلِّ شَىْءٍ وَهُدًى وَرَحْمَةً وَبُشْرَىٰ

لِلْمُسْلِمِينَ ۱۶/۸۹

''اورہم نے یہ کتاب نازل فرمائی ہے جس میں ہر چیز کا شافی بیان ہے، اور ہدایت اور رحمت اور خوشخبری ہے مسلمانوں کے لئے۔''

یوں لگتا ہے کہ قرآنِ حکیم کی درج بالا آیت اپنے معنی ومفہوم میں اتنی واضح اور آسان ہے کہ اس کو سمجھنے کے لئے کسی دوسرے سہارے کی ضرورت ہی نہیں رہتی۔ اور شائد یہی وجہ رہی ہو کہ حدیث کے ساتھ اس کا غیر ضروری تعلق جوڑ کر کسی نے اس کے معنی ومفہوم کو مشتبہ بنانے کی ناکام کوشش کی ہے۔ اس آیت میں اس بات کا شائبہ تک موجود نہیں کہ رسول اللہ نے اپنی احادیث کو 'اللہ کی کتاب' قرار دیا ہو، اس میں تو اللہ نے صاف صاف یہ کہا ہے کہ ''اور ہم نے یہ کتاب نازل فرمائی ہے''، لیکن لوگوں نے اس کی تفسیر جن الفاظ میں بیان کی ہے، آپ بھی ملاحظہ فرمائیں :۔

''اس آیت میں کتاب سے مراد اللہ کی کتاب اور نبی اکرم صلی اللہ علیہ وسلم کی تشریحات (احادیث) ہیں۔ اپنی احادیث کو بھی اللہ کے رسول نے ''کتاب اللہ قرار دیا ہے' جیسا کہ قصہ عصیف وغیرہ میں ہے۔ ملاحظہ ہو صحیح بخاری، کتاب المحاربین باب هل بامر الامام رجلا فيضرب الحد غائبا عنه كتاب الصلوٰة ، باب ذكر البيع ولشرأعلى المنمبر فى المسجد ، اور ہر چیز کا مطلب ہے، ماضی اور مستقبل کی وہ خبریں جن کا علم ضروری اور مفید ہے۔ اسی طرح حرام وحلال کی تفصیلات اور وہ باتیں جن کے دین ودنیا اور معاش ومعاد کے معاملات میں انسان محتاج ہیں۔ قرآن اور حدیث دونوں میں یہ سب چیزیں واضح کر دی گئی ہیں۔''

بحوالہ نسخۂ قرآن (صفحہ ۷۵۲) شاہ فہد قرآن پرنٹنگ کمپلیکس

لیکن اللہ تعالیٰ نے ان کے اس جھوٹ کی قلعی یہ کہہ کر کھول دی کہ:۔

وَمِنَ ٱلنَّاسِ مَن يَشْتَرِى لَهْوَ ٱلْحَدِيثِ لِيُضِلَّ عَن سَبِيلِ ٱللَّهِ بِغَيْرِ عِلْمٍ وَيَتَّخِذَهَا هُزُوًا ۚ أُو۟لَٰٓئِكَ لَهُمْ عَذَابٌ مُّهِينٌ ۳۱/۶

''اور بعض آدمی وہ ہیں جو 'حدیث' (کتاب اللہ سے باہر کی باتوں) کے مشغلہ کے خریدار ہوتے ہیں تاکہ لوگوں کو اللہ کی راہ سے بلا علم (یقین) کے بھٹکا دیں۔ اور اس کو مذاق بنالیں۔ یہ ہیں جن کے لئے رسوا کرنے والا عذاب ہے''۔

اس آیت میں ''حدیث'' (کتاب سے باہر کی باتوں) کی چار صفتیں بیان کی گئی ہیں۔

1) اس سے لوگوں کو گمراہ کرنے کا کام لیا جاتا ہے
2) اس کی بنیاد علم یعنی یقین پر نہیں
3) اس سے لوگ اللہ کی راہ یعنی دین کو مذاق بناتے ہیں
4) یہ ہیں جن کے لئے رسوا کرنے والا عذاب ہے

اس میں کوئی شک نہیں کہ قُرآنِ حکیم میں رسول اللہ کی احادیث موجود ہیں، جو قیامت تک کے لئے محفوظ کر دی گئی ہیں۔ قُرآنِ حکیم میں جہاں بھی کسی آیت کے شروع میں لفظ ''قُل'' آتا ہے تو اس کا مطلب یہی ہوتا ہے، کہ جو بات رسول کی زبانی اللہ کو کہلوانی مقصود ہوتی تو آپ صلی اللہ علیہ وسلم سے کہا جاتا کہ ''قُــل''یعنی، اے رسول، آپ لوگوں کو بولیں۔ یوں وہ بات رسول کی طرف سے کہلوائی جاتی، لیکن وہ بھی رسول اللہ کے اپنے الفاظ نہیں ہوتے تھے، بلکہ وہ بھی وحی کے ہی الفاظ ہوتے تھے، اور وہ سب قُرآنِ حکیم میں موجود ہیں۔ یعنی رسول کی حیثیت سے آپ کا لوگوں سے مخاطب ہو کر وحی کے الفاظ میں بات کرنا خود اپنی طرف سے بات کرنے کے مترادف ہے۔ اس لئے وہ آپ صلی اللہ علیہ وسلم کی حدیث ہی کہلائے گی۔ یہ وہ قرآنی احادیثِ نبوی، یا رسول اللہ کی وہ باتیں ہیں جو کتاب اللہ میں محفوظ چلی آ رہی ہیں۔ یوں، رسول اللہ کی قُرآنی احادیث کو اور اللہ کی کتاب کو ایک ہی چیز سمجھنا، اصولی طور پر درست مانا جاسکتا ہے۔ اللہ نے اپنی کتاب کے بارے میں کہا ہے کہ یہی ''احسن الحدیث'' ہے یعنی اللہ کی بات میں اور رسول کی بات میں کوئی تضاد نہیں یہ ایک ہی ہیں اور سب سے بڑھ کر یہ کہ اللہ کی حدیث (بات) سے بڑھ کر اور کسی کی بھی حدیث (بات) بہترین (احسن) نہیں ہوسکتی اگر وہ اللہ کی کتاب کے مطابق نہ ہو۔ اور یہ بات اللہ نے واضح طور پر اپنی کتاب (القُرآن) کے بارے میں فرمائی ہے کہ یہی احسن الحدیث ہے :۔

اَللّٰـهُ نَـزَّلَ أَحۡسَنَ ٱلۡحَدِيثِ ۳۹/۲۳ ''اللہ نے احسن الحدیث نازل کی ہے۔''

آپ دیکھتے ہیں کہ شانِ نزول کے اصولِ تفسیرِ قُرآنی پر بظاہر امتِ مسلمہ کے تمام فرقوں کو اتفاق ہے، لیکن آپس کے اس اتفاق کے باوجود ان کے ایک فرقہ کی تفسیر سے دوسرے فرقہ کو اختلاف ہے تو اسی طرح، دوسرے کو تیسرے سے اور تیسرے کو چوتھے سے ہے۔ اسی اختلاف نے مسلمانوں کے اتحاد کو بھی سخت نقصان پہنچایا ہے، یہی اسلامی نظام کے راستے میں رکاوٹ کا باعث بھی ہے۔ ظاہر ہے کہ جب تک مسلمانوں میں فرقے موجود رہیں گے، ان کی اپنی اپنی شریعتیں بھی موجود رہیں گی، جس معاشرہ میں قرآن کی تلاوت سے اللہ کی اطاعت کا فریضہ پورا ہو جاتا ہو اور سنت (وحی خفی) پر عمل کرنے سے رسول اللہ کی اطاعت کا فریضہ پورا ہو جاتا ہو تو آپ ہی بتائیں کہ پھر وہاں پر اسلامی نظام کا کیا کام؟ حریفانِ اسلام نے ''وحی خفی اور شانِ نزول'' کی غیر قُرآنی اصطلاحات کے ذریعے دین کو سیاست سے الگ کر دیا اور کسی کو خبر تک نہ ہونے دی۔ قُرآن گواہ ہے کہ یہی لوگ رسول اللہ صلی اللہ علیہ وسلم سے اس قرآن کے علاوہ کسی دوسرے قُرآن کے لے آنے کا مطالبہ کیا کرتے تھے، لیکن وہ تو پورا نہیں کیا جاسکتا تھا چنانچہ بعد میں اِنھوں نے دوسرا قُرآن لانے

کی اپنی دیرینہ خواہش کی تکمیل کے لئے آیات کے شانِ نزولوں اور حدیثوں کے ذخائر جمع کر کے پورا کرلیا۔ یوں نہ ہم دین کے رہے اور نہ ہی دنیا کے۔

ستیزہ کار رہا ہے ازل سے تا امروز
چراغِ مصطفوی سے شرارِ بولہبی

مثال کی غرض سے یہاں پر مزید ایک آیت درج کی جاتی ہے جس کے بعد اس کے شانِ نزول کو بھی درج کر دیا جائے گا۔ ملاحظہ فرمائیں:۔

وَإِن طَآئِفَتَانِ مِنَ ٱلْمُؤْمِنِينَ ٱقْتَتَلُواْ فَأَصْلِحُواْ بَيْنَهُمَا ۖ فَإِنۢ بَغَتْ إِحْدَىٰهُمَا عَلَى ٱلْأُخْرَىٰ فَقَٰتِلُواْ ٱلَّتِى تَبْغِى حَتَّىٰ تَفِىٓءَ إِلَىٰٓ أَمْرِ ٱللَّهِ ۚ ۴۹/۹

''اور اگر مسلمانوں کی دو جماعتیں آپس میں لڑ پڑیں تو ان میں صلح کرا دو، پھر اگر اُن دونوں میں سے ایک جماعت دوسری جماعت پر زیادتی کرے تو جو (فریق) زیادتی کرے تو تم بھی اُس سے لڑو یہاں تک کہ وہ اللہ کے حکم کی طرف رجوع کرے۔''

قارئین! درج بالا آیت میں دینِ اسلام کا وہ ازلی وابدی قانون (فارمولا) دے دیا گیا ہے جس کے مطابق قیامت تک کے آنے والے انسانوں کے تنازعات کے فیصلے کرنے اور مُتحد رکھنے کا حکم موجود ہے، اِس سے یہ سمجھنا کہ اِس کا تعلق کسی ایک مخصوص واقعہ سے مشروط ہے تو یہ صحیح نہیں چنانچہ ''سنت اللہ'' کے مطابق جب یہ (فارمولا) آیت نازل ہوئی اُس وقت خود رسول اللہ مملکتِ اسلامیہ کے سربراہِ اعلیٰ کی حیثیت سے موجود تھے۔ چنانچہ انھوں نے اُس وقت کے لوگوں کے تنازعات کے فیصلے اِسی فارمولے پر عمل کرتے ہوئے کئے تھے۔ اس لئے اُن کے بعد بھی اب جب کبھی مملکتِ اسلامیہ وجود میں آ گئی تو اُس میں بھی اِسی فارمولے کے مطابق فیصلے ہوا کریں گے، اور وہ اللہ اور اُس کے رسول ہی کے فیصلے کہلائیں گے۔ چنانچہ یہ سلسلہ قیامت تک کے لئے یونہی چلتا رہے گا۔ اس میں تبدیلی نہیں ہوسکتی۔

اب اس آیت کے شانِ نزول کو درج کرتے ہیں جس کے مطابق اس کی تفسیر رقم کی گئی۔ ملاحظہ فرمائیں:۔

''شیخین (بزرگوں) نے حضرت اُنس کی روایت سے بیان کیا ہے کہ ایک دفعہ رسول اللہ گدھے پر سوار ہو کر عبداللہ بن ابی کی طرف تشریف لے گئے۔ عبداللہ نے کہا اپنے گدھے کو اُدھر ہی رکھو مجھے آپ کے گدھے کی بدبو سے

اذیت ہوتی ہے اس پر ایک انصاری نے کہا خدا کی قسم، رسول اللہ کا گدھا تجھ سے زیادہ خوشبودار ہے۔ یہ بات سن کر عبداللہ کا ایک طرف دار بھڑک اٹھا۔ دونوں باہم سخت سست بکنے لگے۔ ہر ایک کے ساتھی بھی اپنے آدمی کی طرفداری میں غضب آلود ہو گئے۔ یہاں تک کہ قمچیاں چل گئیں، ہاتھا پائی ہوئی اور جوتوں سے لڑائی ہونے لگی، اس پر یہ آیت نازل ہوئی۔''

بحوالہ تفسیر مظہری، قاضی ثناءاللہ پانی پتی جلد (۱۱) صفحہ۲۲

شانِ نزول کا یہی واقعہ کچھ یوں بھی بیان ہوا ہے۔ ملاحظہ فرمائیں۔

''ایک روز حضرت صلی اللہ علیہ وسلم خچر پر سوار ہو کر انصار کے مجمع میں پہنچے اور وہاں کچھ دیر ٹھہرے رہے۔ آپ کے خچر نے پیشاب کر دیا۔ اس پر عبداللہ بن مسلول نے ناک پر ہاتھ رکھ لیا اور گستاخانہ انداز میں کہنے لگا اس خچر کو یہاں سے ہٹاؤ اس کی بدبو نے دماغ خراب کر دیا ہے۔ عبداللہ بن رواحہ کو یہ بات ناگوار گزری۔ انھوں نے کہا اس کی بدبو تجھ سے اچھی ہے۔ حضرت تو وہاں سے چلے گئے۔ پھر دونوں میں بات بڑھی۔ آخر نوبت ہاتھا پائی تک پہنچی۔ اس کے بعد دونوں قبیلے اوس وخزرج جن کی لڑائیاں مشہور ہیں چڑھ دوڑے اور مار پیٹ شروع ہو گئی۔ جب حضرت کو یہ خبر پہنچی تو آپ پھر تشریف لائے اور دونوں میں صلح کروا دی۔ یہ آیت اس کے متعلق نازل ہوئی ہے۔''

بحوالہ ''ذہن جو قُرآن بناتا ہے''

قارئین، شانِ نزول کی خودساختہ اختراع کے ذریعے اسلام دشمن عناصر نے اللہ کی آیات کو اپنی فرضی کہانیوں اور بے بنیاد قصوں کا مرہونِ منت بنا کر ان کی عالمگیر اور ابدی حیثیت کو یہ کہہ کر ختم کر دیا کہ قُرآنِ حکیم کی فلاں فلاں آیات' فلاں فلاں واقعات کے رونما ہونے پر نازل ہوئی تھیں، اس لئے یا تو اُن آیات کا حکم اب منسوخ ہے اور یا پھر وہ آیات ہی قرآن میں موجود نہیں ہیں۔ اس کا نقصان یہ ہوا کہ اللہ کے جن فارمولوں پر عمل پیرا ہو کر انسانوں نے اپنی ارتقائی منازل طے کرتے ہوئے ابد تک آگے بڑھنا تھا، وہ سلسلہ وہیں رک گیا اور ملت پر جمود طاری ہو گیا۔ او جب ''وحی خفی'' کا عقیدہ لوگوں کے ایمان کا حصہ بن گیا تو اس کے بعد اس کے ذریعے سے جو کسی کے جی میں آیا کہتا چلا گیا اور لوگوں سے اپنی بات کو منواتا چلا گیا۔

مملکتِ خداداد اسلامی جمہوریہ پاکستان میں جسے لوگ ''اسلامی شریعت'' کے نام سے جانتے ہیں اس کا بڑا حصہ وحی خفی ہی کی مرہونِ منت ہے۔ اسی شریعت کے نام پر وہاں عوام کے متنازعہ فیہ معاملات کے فیصلے کئے جاتے ہیں۔ اگر کوئی وحی خفی یعنی اقوالِ رسول اللہ والی سنت، اور وحی جلی' قُرآن والی سنت کا آپس میں موازنہ کرے تو اُسے اِن دونوں کی بنیادی تعلیمات میں تضاد اور ٹکراؤ کی صورت نظر آئے گی، اگر ان دونوں کی ہدایت کا منبع اللہ باری تعالیٰ ہی کی ذات ہوتی تو پھر اللہ کے وہ کلمات، جن میں وحی خفی شامل سمجھی جاتی ہے تضاد و اختلافات سے پاک ہوتی۔ اور یہ قرآن میں بھی موجود ہوتی۔ لیکن ایسا نہیں ہے۔ وحی خفی اور وحی جلی کا آپس میں متضاد تعلیم کا حامل ہونا ہی اس بات کا بیّن ثبوت ہے کہ ''وحی خفی'' منزل من اللہ نہیں یعنی اللہ کی طرف سے نہیں کیونکہ جس تعلیم یا طرزِ عمل

سے فرقہ پرستی کی بنیاد پڑتی ہو اسے نہ تو اللہ کی طرف سے کہا جا سکتا ہے اور نہ ہی اس کے رسول کی طرف سے، چنانچہ خود اللہ تعالیٰ کا فرمان یہ ہے کہ:-

أَفَلَا يَتَدَبَّرُونَ ٱلْقُرْءَانَ ۚ وَلَوْ كَانَ مِنْ عِندِ غَيْرِ ٱللَّهِ لَوَجَدُوا۟ فِيهِ ٱخْتِلَـٰفًا كَثِيرًا ۴/۸۲

''کیا یہ لوگ قُرآن میں تدبر نہیں کرتے ۔ اگر یہ اس پر غور و تدبر کریں گے تو ان پر حقیقت واضح ہو جائے گی کہ اگر یہ کتاب خدا کے سوا کسی اور کی طرف سے ہوتی تو اس میں بہت سے اختلافات پائے جاتے۔''

اللہ کی کتاب میں تو کسی بھی قسم کا کوئی تضا اور اختلاف نہیں ملتا، البتہ اس کے ساتھ جن کتابوں کو اس کے برابر کا درجہ اور مقام دیا جاتا ہے وہ یقیناً تضادات سے پُر اور اٹی پڑی ہیں ۔ ایسی صورتِ حال میں ہماری خود ساختہ متعدد شریعتوں پر مشتمل شرعی عدالتوں میں انصاف کے تقاضے کیونکر پورے ہو سکتے ہیں، انصاف کی بازیابی تو کجا، اس سے اللہ اور اس کے رسول صلی اللہ علیہ وسلم دونوں کی ذات پر حرف بھی آتا ہے۔ کہنے والے تو کہہ بھی دیتے ہیں کہ مسلمانوں کے ''اللہ'' اور ان کے ''رسول'' کے آپس میں بیان ہی نہیں ملتے، ایک کچھ کہہ رہا ہوتا ہے تو دوسرا کچھ اور۔ اس لئے خود کو جب تک ہم ''قُرآن وسنت'' یا ''قُرآن وحدیث'' کے خود ساختہ عقیدہ کے حصار میں محبوس اور مقید رکھیں گے، اور اس زعمِ باطل میں مبتلا رہیں گے کہ ہم جس انداز سے قُرآن وسنت کی پیروی کرتے چلے آ رہے ہیں اس سے منشائے اللہ و رسول پورا ہو رہا ہے اور سب ٹھیک ہے ۔ تب تک ہمارے اذہان وقلوب میں خالص اسلامی نظام کے قائم کرنے کے لئے کہیں کوئی جذبہ نشوونما نہیں پا سکتا۔ چاہے اس کے لئے کوئی کتنا ہی زور کیوں نہ لگا لے۔

کب تک رہے گی تیرگی ، فسونِ باطل کب تلک؟
کب تک رہیں گے خوگرِ طوق و سلاسل کب تلک؟

اسلامی نظام کے نفاذ کی غرض سے آج تک جتنی بھی انقلابی تحریکیں اٹھیں بالآخر ناکام ہوئیں اور بیٹھ گئیں، اُن کی اس ناکامی کی وجہ سے بھی مسلمانوں میں اسلام کی طرف سے ایک طرح کی مایوسی اور بے یقینی کا اضافہ ہوا، حالانکہ اس میں اسلام بچارے کا کوئی عمل دخل ہی نہیں ۔ نام نہاد مذہبی اور سیاسی لیڈروں نے اپنے بہیمانہ مفادات واغراض کے پیشِ نظر، اسلام اور اس کے ماننے والے سادہ لوح مسلمانوں کو استعمال کیا۔ زیادہ عرصہ نہیں گزرا، یہ کل ہی کی بات ہے کہ، اسلام کے نام پر ہمارے زمانے کی سب سے بڑی انقلابی تحریک ایران میں چلائی گئی، اس کے عزائم پر کسی کو شک نہیں وہ اپنے عمل اور ارادوں میں کافی مخلص تھی، لیکن صرف مخلصی سے تو کام نہیں بنتے۔ اس لئے بہت عرصہ گزرنے کے باوجود جس اسلامی معاشرہ کا تصور قُرآن دیتا ہے ایران آج بھی اس سے کوسوں دور ہے۔ اپنی تمام تر کاوشوں کے باوجود وہاں پر خالص اسلامی نظام کے نفاذ کو بروئے کار نہیں لایا جا سکا۔ وہاں پر آج بھی وہی مذہبی رواداریوں کے اصول کارفرما نظر آتے ہیں، جن سے جان چھڑانے کی اللہ نے سختی سے ہدایات دی ہیں۔ چنانچہ دیگر نام نہاد مذہبی اسلامی

مما لک کی طرح، یہ کل بھی ایک مذہبی اسلامی مملکت تھی اور آج بھی ہے۔ وہاں پر فرقوں کی موجودگی کا برقرار رہنا ہی اس کا منہ بولتا ثبوت ہے کہ وہ ایک خالص مذہبی اسلامی مملکت ہے۔ اللہ کے دین میں فرقوں کا کیا کام۔ اس لئے آج کسی بھی ملک کو مسلمانوں کا ملک تو کہا جاسکتا ہے لیکن اسلامی نہیں، کیونکہ ان کو اللہ کے دین سے کچھ واسطہ ہی نہیں۔ وحی خفی کی مرہونِ منت سب کے سب مذہبی اور سیکولر مما لک ہیں۔

وَلَا تَكُونُوا مِنَ الْمُشْرِكِينَ ۳۰/۳۱ مِنَ الَّذِينَ فَرَّقُوا دِينَهُمْ ۳۰/۳۲

''ان مشرکین میں سے نہ بنو، یعنی ان میں سے جنھوں نے اپنے دین میں تفریق ڈال دی''

ایک ہوں مسلم حرم کی پاسبانی کے لئے
نیل کے ساحل سے لے کر تا بہ خاکِ کاشغر

ہمارے عہد کے جید عالم، حافظ علامہ اسلم جیراج پوریؒ نے مسلمانوں کی مرکزیت اور اس کے اتحاد کو پارہ پارہ کرنے والی وباء کی نشاندہی کرنے کے ساتھ ساتھ اس کے شافی علاج کا جو نسخہء کیمیا تجویز کیا ہے اُسے ملاحظہ فرمائیں۔

''مسلمان من حیث القوم صدیوں سے ماضی پرستی میں مبتلا ہیں۔ ان کی مثال مکہ کے اس نانبائی کی ہے جو باسی روٹی کو تازی سے زیادہ قیمت پر بیچتا تھا۔ کسی نے جب پوچھا تو کہا کہ وہ اس سے مقدم اور عہدِ رسالت سے ایک رات قریب تر ہے اس لئے اس کے دام زیادہ ہیں۔

اب اگر پوچھیئے تو ایک مدت تک غور و فکر کرنے اور نتائج کو دیکھنے کے بعد ان درسی علوم کی نسبت جو مشرقی مدارس میں پڑھائے جاتے ہیں میرا خیال ہے کہ ان میں سے اکثر مردہ علوم کی لاشیں ہیں جن کو ہمارے اساتذہ صدیوں سے اپنے کندھوں پر اٹھائے ہوئے ہیں اور جن کی عفونت سے عقل اور دین کوسوں بھاگتے ہیں۔

میں اس میں کسی تبدیلی یا ترمیم کا قائل نہیں ہوں بلکہ کئی انقلاب چاہتا ہوں۔ میری رائے یہ ہے کہ طلباء کو عربی زبان پختہ طور پر پڑھا کر خالص قُرآن وسنتِ متواترہ یعنی عمل بالقرآن کی تعلیم دینی چاہئے اور بس، اس کے بعد اُن کو زندہ دنیاوی علوم سکھانے چاہئیں جن سے وہ روزی پیدا کرسکیں اور دین کو دنیا کمانے اور ملت میں ''تفرقہ'' ڈالنے کا ذریعہ نہ بنائیں۔

مجھے امید ہے کہ امت میں جس دن مرکزیت آجائے گی اور اجتماعی مقاصد کی تشکیل ہوگی اس دن سوائے قُرآنِ کریم کے کوئی دوسرا نصاب ہمارا قرار نہ پاسکے گا۔''

بحوالہ حافظ علامہ اسلم جیراج پوریؒ

قارئین شانِ نزول کے اس غیر قُرآنی اور انسانوں کے خود ساختہ عقیدے کو ہم نے قُرآنِ حکیم کی کسوٹی پر پرکھ کر دیکھ لیا ہے۔ اس کے ذریعے سے اسلامی نظام کے راستے میں جو رکاوٹیں کھڑی کی گئی ہیں، وہ روزِ روشن کی طرح عیاں ہو کر ہمارے سامنے آ گئیں۔ اب ہمیں آگے بڑھنا ہے اور قُرآنِ حکیم کی اُس معروف اصطلاح پر غور کرنا ہے جسے اُس نے ''اقیم الصلوٰۃ'' کہہ کر پکارا ہے۔ چنانچہ اب دیکھنا یہ ہے کہ اللہ نے جس صلوٰۃ کو قائم کرنے کا حکم دیا ہے، اُسے قائم کیا کیسے جائے؟

◆◆❖❖◆◆
❖

اَقامتِ صلوٰۃ

قیامِ نظام

اللہ تعالیٰ نے قُرآنِ حکیم کے قوانین اور اس کے اصولوں کے تحت بہت سے جرائم کی جزئیات کو متعین نہ کرنے میں بڑی فیاضی سے کام لیا ہے۔ اگر شروع دن سے ہی ان سب کی حد مقرر کر دی جاتی تو پھر ہماری زندگیاں بڑی مشکل میں پڑ جاتیں اور ان پر جمود طاری ہو جاتا، لوگ آگے بڑھنے کے قابل ہی نہ رہتے، سب کنویں کے مینڈک یا کولھو کے بیل بن کر رہ جاتے اور زندگی اپنی تمامتر رعنائیوں کے باوجود راکھ کا ڈھیر معلوم ہوتی۔ اس کے برعکس اگر زندگی کے ان اہم ترین گوشوں، جن کا تعلق کھانے پینے کے علاوہ، رشتے ناتوں اور دیگر چند جرائم جن کا تعلق زنا، تہمت اور فحاشی، وغیرہ سے ہے، اگر ان حدود کی جزئیات مقرر نہ کی جاتیں تو پھر اختیار و ارادہ کا مالک انسان بدمست ہاتھی کی طرح اِس کا جدھر جی چاہتا اُدھر ہی اپنا منہ اٹھا کر دوڑ پڑتا، اور راستے میں آنے والی ہر چیز کو اندھا دھند روندتا اور پامال کرتا چلا جاتا، اس صورت میں بھی گوناگوں مسائل در آتے اور زندگی وبالِ جاں بن کر رہ جاتی۔

اللہ تعالیٰ کو جن معاشرتی جرائم سے متعلق سزاؤں کی حدود کا کھلا رکھنا مقصود تھا، ان کی نشاندہی کرنے کے بعد ان کو علیٰ حالہ کھلا رکھا اور ان کے تعزیری احکامات کا اجراء مملکتِ اسلامیہ کی صوابدید پر چھوڑ دیا، تاکہ وہ انھیں اپنے زمانے کے علم و ترقی اور ضروریات کے لحاظ سے خود مقرر کرنے میں آزاد ہو۔ جیسے کہ زکوٰۃ کا حکم موجود ہے لیکن قُرآنِ حکیم نے اسکی شرح کا تعین نہیں کیا کہ اس کی مقدار کس قدر ہوگی، کیونکہ خلفائے راشدین کے زمانے میں زکوٰۃ کی حد کو کسی نے بھی مقرر نہیں فرمایا کہ وہ کتنی ہو، اور وہ ایسا کر بھی نہیں سکتے تھے کیونکہ خود قُرآنِ حکیم نے اس کی شرح کی حد مقرر نہیں کی۔ لیکن ظاہر ہے کہ جب اسلامی نظام کی جگہ ملوکیت نے لے لی تو انھوں نے اس کی اڑھائی فی صد شرح کا تعین کر دیا ہوگا شائد اِس لئے کہ یہ شرح ان کے اپنے زمانے کی ضروریات کے پورا کرنے کیلئے کافی تھی۔ لیکن آج کے انسان کی ضروریات کو پورا کر سکنے کے لئے زکوٰۃ کی یہ شرح ہرگز کافی نہیں ہوسکتی۔ اگر زکوٰۃ سے آپ کا ذہن سونے چاندی کے انبار کو پاک وصاف کرنے کے چکر میں اب تک الجھا ہوا ہے تو اس سے نکل آئیں، کیونکہ یہ قُرآنِ حکیم میں کہیں بھی نہیں آیا کہ

اڑھائی فی صد کی قلیل رقم کے عوض کسی کا وہ مال و زر پاک اور صاف ہو جائے گا جسے اُس نے خزانوں کی صورت میں جمع کر رکھا ہے اور اُس پر سانپ بن کر بیٹھ گیا ہے، بلکہ یہ کہا ہے کہ لوگو! اپنے مال دولت کو عوام الناس کی ضروریات کے پورا کرنے کے لئے کھلا رکھو۔ الغرض اسے زیب و زینت کے لئے استعمال کرنے کی اجازت ضرور ہے اور وہ بھی جائز حد تک، اس کی مقدار بھی مملکتِ اسلامیہ ہی طے کرے گی کہ جائز حد بالآخر ہے کیا۔ یہی وجہ ہے کہ جس زیور کو آپ اپنے استعمال میں رکھتے ہیں اس کی زکوٰۃ واجب نہیں کی گئی۔ لیکن قُرآنی نظام کے اصول کے مطابق افرادِ معاشرہ کے لئے اصول یہ دیا گیا ہے کہ معاشرہ کا ہر فرد خوب محنت کرے اور اپنی کمائی میں سے حسبِ ضرورت کچھ اپنے پاس رکھے اور فالتو جو بھی ہو اسے بیت المال میں دے کر باقی ماندہ افرادِ معاشرہ کے ضرورت مندوں کے لئے کھلا چھوڑ دے۔ لیکن قُرآن کی اس تعلیم کے برعکس، وحی خفی کا تقاضہ ہے کہ زکوٰۃ اڑھائی فی صد ہی ہے اور یہی اسلامی ہے اور اسکے ذریعے سونے چاندی کے ڈھیر پاک کئے جاسکتے ہیں۔

وَيَسْـَٔلُونَكَ مَاذَا يُنفِقُونَ قُلِ ٱلْعَفْوَ ۗ ۲/۲۱۹

"یہ تجھ سے پوچھتے ہیں کہ ہم کسقدر مال و دولت (ربوبیتِ عامہ کے لئے) کھلا رکھیں۔ ان سے کہو کہ جس قدر تمہاری ضرورت سے زائد ہے۔ سب کا سب۔"

ان آیات کے سامنے آجانے پر حضرت ابوبکر صدیقؓ والے واقعہ کی یاد تازہ ہوگئی۔ جب مملکتِ اسلامیہ مدینہ کے بیت المال میں اتنا سرمایہ موجود نہیں تھا جس سے معاشرہ کے ضرورت مند لوگوں کی کفالت ہوسکتی۔ صورتِ حال کے پیشِ نظر نبی اکرم صلی اللہ علیہ وسلم نے حکومت کے سرکردہ لوگوں سے مشورہ کیا کہ تم میں سے جتنا کچھ بھی کوئی دے سکتا ہے یعنی (ضرورت سے زائد) اسے بیت المال کے لئے پیش کرے۔ اس کے بعد لوگ اپنی اپنی استطاعت کے مطابق سامان لے کر حاضر ہوگئے۔ اتنے میں گھر کا سامان اٹھائے حضرت ابوبکر صدیقؓ بھی اپنے تجارتی ساز و سامان کے ساتھ تشریف لائے۔ رسول اللہ نے پوچھا کہ کچھ گھر پر بھی چھوڑا ہے، انھوں نے جواب دیا کہ حضور، اللہ اور اس کا رسول چھوڑ آیا ہوں۔

پروانے کو ہے شمع اور بلبل کو پھول بس
صدیق کے لئے ہے خدا کا رسول بس

جب ان آیات کو، جن میں ضرورت سے زائد کو اپنے پاس جمع کرنے کی اجازت نہیں دی گئی، لوگوں کے سامنے پیش کیا جاتا ہے تو ان کی طرف سے آج بھی وہی سوال اٹھایا جاتا ہے جو رسول اللہ کے زمانے میں اٹھایا جاتا اور یہ پوچھا جاتا تھا کہ ضرورت سے زائد کے کیا معنی ہیں، کیونکہ ضرورت تو ہر فرد کی اور ہر خاندان کی مختلف اور الگ ہوتی ہے۔ اگر تو سوال کرنے والا اپنی نیت میں مخلص ہو تو اس کی تسلی کے لئے اس کو جواب دینا کوئی مشکل نہیں ہوتا، لیکن اگر بحث برائے بحث ہی مقصود ہو تو پھر وقت کے زیاں کے سوا کسی کو کچھ

حاصل نہیں ہوتا۔

ضرورت سے زائد کا ایک مطلب تو یہ ہے کہ آپ کے گھر میں ضرورت کی وہ تمام اشیاء جن کو آپ روزمرہ کے استعمال میں لاتے ہیں وہ چند دن سے زیادہ کے لئے جمع نہ ہوں۔ اور دوسرا مطلب یہ ہے کہ آپ کے گھر میں ضرورت کا سامان صرف دو ہی دن کے لئے جمع ہے اور اگر آپ کو اس میں سے کسی کو غیر متوقع طور پر کچھ دینا پڑ جائے تو آپ کا دل اسے دینے میں تنگی محسوس کرے۔ اس جواب کے بعد ہمارے لئے ''صدقات'' کو سمجھ لینا ضروری ہے کیونکہ صدقات کے مصارف کو سمجھے بغیر ہم ایک قدم بھی آگے نہیں بڑھ سکیں گے۔ ضروری اس لئے کہ جس طرح سے زکوٰۃ کے نظام کے بغیر صلوٰۃ قائم نہیں رہ سکتی اسی طرح سے صدقات کی پشت پناہی کے بغیر بھی صلوٰۃ کے نظام کو چلانا ممکن نہیں۔ اپنی اپنی جگہ پر یہ الگ الگ ایسے ستون ہیں جب انکے دونوں سروں کو ایک دوسرے کے ساتھ ملا دیا جائے تو یہ تینوں ستون ''زکوٰۃ، صدقات اور صلوٰۃ'' ایک تکون کی طرح سے ایک دوسرے کو سہار کر مستحکم رکھتے ہیں۔ امت نے جس دن اس راز کو پالیا اس دن سے اس پر کامرانیوں اور شادمانیوں کے وہ تمام در وا ہو جائیں گے، جنھیں اِس نے صدیوں پہلے خود اپنے ہی ہاتھوں سے بند کر دیا تھا۔

مقامِ تاسف ہے کہ اپنے دعوے کے ثبوت میں مال و دولت کو ذخیرہ کرنے کیلئے لوگ جس مثال کو وجہ جواز بنا کر پیش کرتے ہیں اور کہتے ہیں کہ، اگر رسول اللہ کے اپنے دورِ رسالت میں بھی اُن کے صحابہ کرام کے پاس دولت کے ذخائر موجود رہتے تھے تو پھر ہمیں اس سے کون روک سکتا ہے کہ ہم اپنی فاضلہ دولت کو اپنے لئے جمع نہ کریں۔ دنیا جانتی ہے کہ اللہ نے مال و دولت کے جمع کرنے سے سختی کے ساتھ منع فرمایا ہے۔ اگر کوئی اپنے دین کے متعلق فقط اتنی سی سوجھ بوجھ بھی رکھتا ہو تو وہ ایسا سوال کر ہی نہیں سکتا۔ یہ تو ناممکنات میں سے ہے کہ اللہ کا ایک حکم ہو اور رسول اللہ کے صحابہ کرام ان کی خلاف ورزی کریں۔ وہ لوگ جو اپنی لاعلمی کی وجہ سے ایسا سوچتے ہیں ان کی اطلاع کے لئے عرض ہے کہ مملکتِ اسلامیہ میں لوگ کاروبار بھی کرتے ہیں اور منافع بھی لیتے ہیں لیکن اس فرق کے ساتھ کہ وہ وہی منافع لیتے ہیں جو جائز ہوتا ہے لوگوں کو منافع کے نام پر لوٹتے نہیں۔ بلکہ تمام چیزوں کی قیمتوں کا تعین بھی مملکتِ اسلامیہ خود کرتی ہے، اور اس بات کا خاص خیال رکھتی ہے کہ کوئی اس کے خلاف نہ کرے۔

مثال کے طور پر آپ ایک تاجر ہیں اور تجارت کی تمام تر ذمہ داری آپ پر ہے۔ آپ کو کتنے فی صد منافع کمانا ہے وہ بھی مملکتِ اسلامیہ نے طے کرنا ہوتا ہے۔ اگر کسی وجہ سے اس کاروبار کو کوئی نقصان ہونے کا احتمال ہو تو مملکت کے فرائض میں یہ شامل ہے کہ وہ آپ کی مدد کرے، تاکہ آپ کو کوئی نقصان نہ ہو کیونکہ آپ کا نقصان خود مملکتِ اسلامیہ کا نقصان ہے۔ اس کے ہر محکمے، ادارے یا کاروبار وغیرہ پر جو بھی لوگ انچارج یعنی منیجر وغیرہ کے عہدوں پر فائز ہوں گے ان کی حیثیت بھی فقط ایک امین کی سی ہوگی، مالک کی نہیں۔ یہی نہیں بلکہ مملکتِ اسلامیہ کی مجلسِ شوریٰ کے ارکان جو امت کے باہمی مشورے سے منتخب ہوتے ہیں (وہ اگر چاہئیں تو اپنے میں سے ایک شخص کو اپنا امیر منتخب کر سکتے ہیں) لیکن اس کی حیثیت بھی ایک امین کی سی ہوتی ہے، وہ کسی کا حاکم نہیں ہوتا۔ اس لئے کہ اللہ کی حکومت میں حاکم و محکوم کا کوئی تصور ہی موجود نہیں۔ چونکہ اس مملکت کے تمام تر قوانین اللہ کی کتاب کے مطابق نافذ ہوتے ہیں، اس حیثیت سے وہ اللہ کی حکومت کہلاتی ہے۔ انسانوں کی خود ساختہ حکومتوں کے متعلق تو کہا جاتا ہے اور سچ ہی کہا جاتا ہے کہ، جس کی لاٹھی اس کی بھینس، لیکن اللہ کی حکومت کی کیفیت ہی کچھ اور ہوتی ہے اس کیفیت کو محسوس کیا جا سکتا ہے، آنکھوں میں بسایا بھی جا سکتا ہے، لیکن

الفاظ میں بیان نہیں کیا جاسکتا۔ جب تک کہ اس کا نفاذ حکومتی سطح پر قائم نہ ہو جائے اور آنکھوں کے سامنے نہ آ جائے۔ ایسے آزاد معاشرے کا قیام سوائے اللہ کے عطا کردہ منصفانہ قوانین کے اجرا کے بغیر ممکن ہی نہیں، اللہ کا لوگوں پر ظلم نہ کرنا سے بھی یہی مراد ہے۔

إِنَّ ٱللَّهَ لَا يَظْلِمُ ٱلنَّاسَ شَيْـًٔا وَلَـٰكِنَّ ٱلنَّاسَ أَنفُسَهُمْ يَظْلِمُونَ ۱۰/۴۴

''یہ یقینی بات ہے کہ اللہ لوگوں پر کچھ ظلم نہیں کرتا لیکن لوگ خود ہی اپنی جانوں پر ظلم کرتے ہیں۔''

یہاں پر جو یہ کہا گیا ہے کہ لوگ اپنے اوپر خود ہی ظلم کرتے ہیں، تو اس سے مراد یہ ہے کہ، لوگ اللہ کے علاوہ انسانوں میں سے اپنے حاکم خود چنتے ہیں جو برسرِ اقتدار آ کر خود ساختہ قوانین کے زور پر ان کا کچومر نکال دیتے ہیں۔ یہ ہے اپنی جانوں پر ظلم کرنا۔ نظامِ زندگی سے متعلق، قومیں خود ہی غلط روش اختیار کرتی ہیں اور پھر اس غلط روش کا خمیازہ بھی انھیں خود ہی بھگتنا پڑتا ہے۔ اس مقام پر ضروری ہے کہ صدقات کی اہمیت وضرورت پر مزید روشنی ڈالی جائے۔

''الصَّدَقَة '' ہر اس چیز کو کہتے ہیں جو اللہ کی راہ میں دی جائے۔ بعض کا خیال ہے کہ ''الصَّدَقه'' وہ ہے جو واجب نہ ہو بلکہ محض بطورِ خیرات دیا جائے، اور زکوٰۃ وہ ہے جس کا دینا واجب ہو۔ جب قرآنی نظام اپنی تکمیل تک پہنچ جاتا ہے تو اس میں جو کچھ افراد کی ضروریات سے زائد ہو سب کا سب معاشرے (یا بنی نوعِ انسان) کی فلاح و بہبود کے لئے وقف ہو جاتا ہے۔ لیکن عبوری دور میں اسلامی مملکت ایک معین رقم افرادِ معاشرہ پر واجب قرار دیتی ہے، جو عام حالات میں وصول کر لی جاتی ہے۔ (اس کے لئے زکوٰۃ کا لفظ بطورِ اصطلاح استعمال کر لیا گیا ہے)۔ لیکن جب ہنگامی حالات (Emergency) میں افراد سے مزید مدد کی اپیل کی جاتی ہے تو اُس کے بعد افرادِ معاشرہ جو کچھ دیتے ہیں وہ ''الصَّدَقَة'' ہے۔ لیکن یہ بھی اجتماعی طور پر وصول اور اجتماعی طور پر خرچ کیا جاتا ہے۔''

بحوالہ لغات القرآن

صدقات کے متعلق قرآنِ حکیم میں کہا گیا ہے کہ:۔

إِنَّمَا ٱلصَّدَقَـٰتُ لِلْفُقَرَآءِ وَٱلْمَسَـٰكِينِ وَٱلْعَـٰمِلِينَ عَلَيْهَا وَٱلْمُؤَلَّفَةِ قُلُوبُهُمْ وَفِى ٱلرِّقَابِ وَٱلْغَـٰرِمِينَ وَفِى سَبِيلِ ٱللَّهِ وَٱبْنِ ٱلسَّبِيلِ ۖ فَرِيضَةً مِّنَ ٱللَّهِ ۗ وَٱللَّهُ عَلِيمٌ حَكِيمٌ

''صدقے صرف فقیروں کے لئے ہیں اور مسکینوں کے لئے اور ان کے وصول کرنے والوں کے لئے اور ان کے لئے جن کے دل پرچائے جاتے ہوں اور گردن چھڑانے میں اور قرض داروں کے لئے اور اللہ کی راہ میں اور راہ رو مسافروں کے لئے، فرض ہے اللہ کی طرف سے اور اللہ علم و حکمت والا ہے۔'' ۹/۶۰

غور فرمایا آپ نے، کہ صدقات کو کس طرح سے اور کن ضروریات کے پورا کرنے کے لئے استعمال میں لایا جاتا ہے۔اس میں خصوصی طور پر کہا گیا ہے کہ مملکتِ اسلامیہ میں ان صدقات کو، فقیروں، مسکینوں، ان کے وصول کرنے والوں، نومسلموں کے لئے ، قرض داروں کے لئے ، مسافروں کے لئے اور اللہ کی راہ میں استعمال کے لئے۔ یہ جو آخر میں کہا گیا ہے کہ صدقات کی اس رقم کو اللہ کی راہ میں بھی دیا جائے گا، تو اس سے مراد یہ ہے کہ مملکتِ اسلامیہ صدقات کے ان مصارف کو جنگی ساز وسامان پر خرچ کرے گی تا کہ اس کا رعب دشمنانِ اسلام پر قائم رہے اور وہ اس سے خائف رہیں کہ اسلامی ریاست کمزور نہیں کہ جب جس کا جی چاہا اس پر چڑھ دوڑے، اسی لئے اللہ کی راہ میں جان دینا، اللہ کی راہ میں نکلنا، وغیرہ کی اصطلاحات استعمال کی جاتی ہیں۔ رسول اللہ کو سختی کے ساتھ ہدایات دی گئیں کہ:۔

وَأَعِدُّواْ لَهُم مَّا ٱسْتَطَعْتُم مِّن قُوَّةٍ وَمِن رِّبَاطِ ٱلْخَيْلِ تُرْهِبُونَ بِهِۦ عَدُوَّ ٱللَّهِ وَعَدُوَّكُمْ وَءَاخَرِينَ مِن دُونِهِمْ لَا تَعْلَمُونَهُمُ ٱللَّهُ يَعْلَمُهُمْ ۚ وَمَا تُنفِقُواْ مِن شَىْءٍ فِى سَبِيلِ ٱللَّهِ يُوَفَّ إِلَيْكُمْ وَأَنتُمْ لَا تُظْلَمُونَ ۸/۶۰

’’تم ان کے مقابلے کے لئے اپنی طاقت بھر قوت کی تیاری کرو اور گھوڑوں کے تیار رکھنے کی، کہ اس سے تم اللہ کے دشمنوں کو خوف زدہ رکھ سکو اور ان کے سوا اوروں کو بھی، جنھیں تم نہیں جانتے اللہ انھیں خوب جان رہا ہے جو کچھ بھی اللہ کی راہ میں صرف کرو گے وہ تمھیں پورا پورا دیا جائے گا اور تمہارا حق نہ مارا جائے گا۔‘‘

اس سے ہمیں یہ سبق ملتا ہے کہ ہم اپنی عسکری قوت کو مضبوط سے مضبوط تر بنا کر رکھیں، تا کہ باہر کا کوئی دشمن آ کر ہمیں ہمارے گھروں سے نکال باہر کرنے کی ہمت نہ کر سکے۔ اور اللہ نے ہمارے قدموں کو جس خطۂ زمین میں جما دیا ہے اس پر قبضہ نہ کر لے اور ہمارا حق نہ مار لے۔ اللہ کی راہ میں صرف کرنے سے یہی مطلب ہے۔ اس سے ہمیں پورا بدلہ بھی ملے گا اور حق بھی نہیں مارا جائے گا۔

اس کے بعد آپ دیکھیں گے کہ ’’صدقہ‘‘ اور ’’سود‘‘ یعنی اعلیٰ اور ادنیٰ شے کے مابین خطِ امتیاز کھینچ کر اللہ نے اقتصادیات کا وہ اہم نکتہ بیان کر دیا ہے کہ اگر آج کوئی اس کے مطابق، ملک میں اپنا معاشی نظام قائم کر لے تو خود اس کے نتائج ہی بتا دیں گے کہ یہ بنی نوعِ انسان کے لئے کس قدر کارآمد، منفعت بخش اور زندگی عطا کرنے والا ہے۔

يَمْحَقُ ٱللَّهُ ٱلرِّبَوٰاْ وَيُرْبِى ٱلصَّدَقَٰتِ ۗ ۲/۲۷۶ ’’اللہ تعالیٰ سود کو مٹاتا ہے اور صدقہ کو بڑھاتا ہے۔‘‘

قرآنِ حکیم میں غور وفکر نہ کرنے کا نتیجہ یہ نکلا کہ ہزار کوشش کے باوجود ’’سود‘‘ کے خاتمے کے لئے امتِ مسلمہ کسی حتمی نتیجہ پر نہیں پہنچ پائی۔ اس مقصد کے لئے مختلف ذرائع ابلاغ کو بھی استعمال میں لایا جاتا ہے اور ملک کی مختلف مذہبی جماعتوں کے چوٹی کے علمائے اکرام کو بھی اس کارِ خیر میں حصہ لینے کی غرض سے مدعو کیا جاتا ہے تا کہ وہ اس کا کوئی ایسا حل نکال سکیں اور امت کو بتائیں کہ سود کی

لعنت سے کیونکر جان چھڑائی جاسکتی ہے، لیکن آج تک اس کے خاتمے کے لئے کوئی مثبت حل پیش نہیں کیا جا سکا۔

یاد رہے کہ جب تک ملت میں فرقے قائم رہیں گے تب تک نہ تو ''سود'' جیسے لاینحل مسائل کا شافی حل نکل سکتا ہے اور نہ ہی ملک میں ''دین'' کا نظام ہی قائم کیا جا سکتا ہے۔ اور جب تک ''دین'' قائم نہیں ہو جاتا ''سود'' ختم نہیں کیا جا سکتا۔ ظلم رہے اور امن بھی ہو، یہ ناممکن ہے۔

درج بالا آیت کے مطابق اللہ نے دو الفاظ استعمال کئے ہیں ایک ''صدقہ'' اور دوسرا ''سود'' انکے بارے میں کہا کہ وہ (اللہ) صدقہ کو بڑھاتا ہے اور سود کو مٹاتا ہے۔ یعنی صدقہ زندگی بخش ہے اور سود موت کا پیغام ہے۔ کھرا سچ یہ ہے کہ سود کی لعنت کو کوئی طاقت اس وقت تک ختم نہیں کر سکتی جب تک کہ مملکت میں پہلے ''دین'' کا نظام قائم نہیں کیا جاتا۔ نظام قائم ہو جانے کے بعد دنیا دیکھ لے گی کہ وہ ''سود'' جو اب تک کروڑوں انسانوں کو موت کے گھاٹ اتار چکا ہے، اچانک اپنی موت آپ مر گیا ہے۔

ظاہر میں تجارت ہے، حقیقت میں جوا ہے
سود ایک کا لاکھوں کے لئے مرگِ مفاجات

سود اور نظامِ سرمایہ داری کی بنیاد ہی فاضلہ دولت کو جمع کرنے سے پڑتی ہے اور اللہ یہ نہیں چاہتا کہ انسانوں میں سے ہی کوئی دولت کے زور پر اتنا طاقت ور ہو جائے کہ وہ اپنے ان داتا ہونے کا اعلان کرتا پھرے اور لوگوں سے کہتا پھرے کہ آؤ! میں تمہیں روٹی کپڑا اور مکان دوں، میں ہی تمہارا میاں، سائیں اور مولا ہوں۔ اس قسم کے لوگوں کے ہاتھ روکنے کے لئے اللہ نے اپنے رسول کی وساطت سے بنی نوعِ انسان کو حکم دیا کہ تم ضرورت سے زیادہ اپنے پاس کچھ رکھ ہی نہیں سکتے۔ نہ رہے بانس نہ بجے بانسری، کے مصداق اللہ کے عطا کردہ اس ایک ہی حکم یا قانون نے نظامِ سرمایہ داری کے شجرِ ممنوع کی جڑ کاٹ کے رکھ دی۔

بات زکوٰۃ کی ہو رہی تھی کہ جب حالات معمول پر آ جاتے ہیں تو پھر مملکتِ اسلامیہ بھی حسبِ معمول ایسے لوگوں کی کفالت کے لئے جو کسی وجہ سے معذور اور عمر رسیدہ ہوں یا وقتی طور پر کسی بیماری کی وجہ سے معاشرہ کے کاموں میں ہاتھ نہ بٹا سکنے کے قابل رہے ہوں، ملت کی اس فاضلہ دولت میں سے جسے خود اس نے دل کی پوری رغبت و رضامندی کے ساتھ ضرورت مندوں کے لئے بیت المال میں کھلا چھوڑ رکھا ہے، اُس میں سے لے کر ضرورت مندوں کی ضروریات کو پورا کر سکتی ہے، یہ سب ''زکوٰۃ'' ہی ہے اسی لئے تو اس کی جزئیات مقرر نہیں کی گئیں جیسا کہ پہلے بھی کہا گیا ہے کہ اگر جزئیات مقرر کر دی جاتیں تو اس سے معاشرے میں جمود طاری ہو جاتا اور لوگوں کی کفالت کا پوری طرح سے بندوبست کرنا مشکل ہو جاتا، اس لئے ملت کی اس فاضلہ دولت کو مملکتِ اسلامیہ نے شفاف بہتی ندی کی طرح ہی رواں دواں رہنے دیا اور اس کے آگے کوئی بند نہیں باندھا۔

اس اصول کی روشنی میں اس بات کا اندازہ لگانا کچھ مشکل نہیں کہ رسول اللہ اور ان کے بعد ان کے اصحابہ کرام نے کیوں زکوٰۃ کی حد مقرر نہ کی۔ زکوٰۃ کو حکومت کی طرف سے لگایا ہوا ٹیکس بھی نہیں کہیں گے کیونکہ اس میں اور دیگر بادشاہوں، ڈکٹیٹروں اور مغربی جمہوریتوں کے لگائے گئے جبری ٹیکسوں میں کچھ بھی مماثلت نہیں۔ لیکن کوئی اسے ٹیکس ہی کہہ کر اگر خوش ہوتا ہے تو اس میں بھی کچھ مضائقہ نہیں۔ اسے زکوٰۃ کہیں یا کہ ٹیکس بالآخر اسے بیت المال ہی کا حصہ بننا ہوتا ہے۔

یہاں تک زکوٰۃ کا صرف وہ گوشہ ہمارے سامنے آیا ہے جس کا تعلق اس کی شرح کے تعین کرنے سے تھا، یعنی کہ اس کی شرح پر قُرآنِ حکیم نے کوئی حد مقرر نہیں کی۔ لیکن یہ سب کافی نہیں، مزید جاننے کے لئے قُرآنِ حکیم کی تعلیم کے مطابق قُرآنِ حکیم ہی میں سے وہ آیات اپنے سامنے رکھنی ہوں گی جن میں نہ صرف کہ زکوٰۃ بلکہ اس کے ساتھ صلوٰۃ کا بھی ذکر موجود ہے، لیکن چونکہ صلوٰۃ بھی دو شعبوں میں منقسم ہے ایک کا تعلق عبادت سے ہے اور دوسری کا نظامِ حکومت سے۔ یہ ایک ہی سکے کے ایسے دو رخ ہیں جن کو ایک دوسرے سے الگ نہیں کیا جاسکتا، لیکن اسے انصاف کے اس ترازو کی طرح اپنے ہاتھ میں مضبوطی کے ساتھ تھام کے رکھنا پڑتا ہے تاکہ اسکے دونوں پلڑے برابر اپنے توازن میں رہیں۔ اگر ایسا انتظام نہ کیا گیا ہوتو پھر صلوٰۃ کے نظام سے بے اعتنائی برتنے اور اللہ کے قانون کی خلاف ورزی کرنے کے مترادف ہوگا۔

بحیثیت امتِ مسلمہ کے ہم سے یہ غلطی سرزد ہوئی کہ ہم نے اس معاملہ میں میانہ روی کے اصول کو نظر انداز کر دیا جس کی پاداش میں اللہ نے ہمارے سروں پر سے اپنے سایۂ رحمت کو اٹھا لیا اور سزا کے طور پر اقوامِ عالم کی دریوزہ گری کو ہمارا مقدر بنا دیا۔ حقیقت میں باقی اقوامِ عالم بھی کوئی اللہ کی انعام یافتہ نہیں وہ بھی اسی جہنم میں رہ رہی ہیں صرف اس فرق کے ساتھ کہ وہ سب سے نچلے درجہ میں نہیں، سب سے نچلے درجہ میں ہم سب ہیں۔ اور جہنم کا یہ درجہ منافقین کے لئے مخصوص ہے۔ یہ جو آپ روز سنتے ہیں کہ کفر کا نظام چل سکتا ہے لیکن ظلم کا نہیں۔ یہ بات اتنی بھی سادہ نہیں، جتنی کہ اپنے الفاظ و معنی میں سادہ لگتی ہے۔

اقوامِ عالم کے نظاموں کی تمام تر بنیادیں کفر پر قائم ہیں جن کی حکمت اور فلسفہ کسی سے بھی ڈھکا چھپا نہیں، یہ اقوام ابھی ''لا'' کی منزل میں ہیں، انھیں ''اِلّا'' کی منزل میں داخل ہونے کے لئے ابھی ایک عرصہ درکار ہے۔ لیکن ہم اپنے نظام کو جس بنیاد پر رکھنے کے مدعی ہیں اس کی بنیاد ''لا الـہ الا اللّٰہ'' پر قائم اور مستحکم ہوتی ہے، اپنے اس دعوے کی سچائی کو ثابت کرنے میں ہم بری طرح سے ناکام رہے اور ایسی راہ پر چل نکلے جس کا ''الا اللہ'' کے نظام سے دور کا بھی کوئی واسطہ نہیں۔ اگر ہم اپنے دعوے میں صادق ہوتے اور منافقت سے کام نہ لیتے تو آج کسی کو بھی یہ نہ کہنا پڑتا کہ کفر کا نظام تو چل سکتا ہے لیکن ظلم کا نہیں۔ حالانکہ ظلم تو کفر کے نظام کی بنیاد میں مضمر ہے اور یہی اس کی سب سے بڑی خرابی ہے۔ ابھی امتحاں اور بھی ہیں۔

دیکھئے چلتی ہے مشرق کی تجارت کب تک
شیشۂ دیں کے عوض جام و صبو لیتا ہے
ہے مداوائے جنوں نشترِ تعلیمِ جدید
میرا سرجن رگِ ملت سے لہو لیتا ہے

صلوٰۃ

شعبۂ عبادات

قارئین، سابقہ باب میں آپ نے اُن قرآنی اصطلاحات کا جائزہ لیا جو کہ صلوٰۃ، زکوٰۃ اور صدقات کے نام سے معروف ہیں اور قرآنی نظام کی جانب لے جانے والے راستے کے لئے سنگِ میل کی حیثیت رکھتی ہیں اور جن پر عمل پیرا ہو کر بنی نوعِ انسان منزلِ مراد تک پہنچ سکتی ہے اور اِس کے ساتھ ہی ''ربٰو'' یعنی سُود جیسی انسانیت کش اور صراطِ مستقیم سے بے راہ روکرنے والی قرآنی اصطلاح کو بھی سامنے لایا گیا۔ بدقسمتی سے مسلمان ''ربٰو'' (سُود) پرسختی سے کاربند ہیں۔ اس کے خاتمے کے لئے بھی کوششیں ہوئی ہیں لیکن وہ تمام ناکام ہوگئیں۔

آگے بڑھتے ہوئے اب ہم قرآنِ حکیم کی روشنی میں اُس حصۂ صلوٰۃ کو دیکھ لیتے ہیں جس کا تعلق کہ عبادات سے ہے۔ اور یہ وہی حصۂ صلوٰۃ ہے جس کے متعلق کہا جاتا ہے کہ اگر وحی خفی کے عقیدہ پر ایمان نہ لایا جائے تو پھر ہمارے پاس دوسرا وہ کون سا ایسا ذریعہ باقی رہ جاتا ہے جس سے معلوم کیا جاسکے کہ ہم ''نماز'' کو کس طرح سے پڑھیں۔ اور یہ اس لئے بھی کہا جاتا ہے کیونکہ قُرآنِ حکیم نے اس سلسلے میں اس کی جزئیات نہیں دیں، یعنی کہ رکعتوں کی تعداد تک کو بھی مقرر نہیں کیا اور نہ ہی ان کے متعلق کوئی ایسی ہدایات دیں کہ انھیں کس طریقہ سے ادا کیا جانا چاہئے۔ یعنی جس ترکیب اور جن مختلف طریقوں پر ہم اپنے مروجہ مذہب کے مطابق نماز ادا کرتے چلے آ رہے ہیں مفصل طور پر ان میں سے کسی ایک کی نشاندہی بھی نہیں کی گئی۔ یہ حصۂ صلوٰۃ، جسے (عبادت) نماز سے تعبیر کیا جاتا ہے، یہ بھی اتنا ہی اہم ہے جتنا کہ اس کا وہ دوسرا حصۂ صلوٰۃ جس کا تعلق نظامِ حکومت سے ہے۔ مشکل یہ ہے کہ امتِ مسلمہ نے اِس حصۂ صلوٰۃ (نماز) ہی کو مقصود بالذات سمجھ لیا اور نظام قائم کرنے والے ''حصۂ صلوٰۃ'' کو پسِ پشت ڈال کر اس سے بے اعتنائی کا کھل کر مظاہرہ کیا۔ عبادات سے تو کوئی ایک شخص بھی انکار نہیں کرسکتا کیونکہ ان کے بارے میں بھی قُرآنِ حکیم میں ہدایات ملتی ہیں لیکن اس قدر تفصیل سے نہیں جس تفصیل کے ساتھ کہ نظام قائم کرنے کے سلسلہ میں ملتی ہیں۔ ہم نے اب تک یہی دیکھا ہے کہ قُرآنِ حکیم نے

جن امور کی حد مقرر کرنی ضروری سمجھی ان کی حد مقرر کردی لیکن جن کی جزئیات کو مقرر کرنا مناسب نہ سمجھا گیا انھیں قیامت تک کے لئے کھلا رکھ کر ان کا فیصلہ امتِ مسلمہ کی صوابدید پر چھوڑ دیا، تا کہ وہ اپنے اپنے ادوار کی ضروریات کے مطابق ان سے مستفید ہوتی رہے اور اسے قیامت تک کوئی قید محسوس نہ ہو۔

صلوٰۃ (نماز) کے متعلق جو آیات سامنے آتی ہیں ان کی تعداد کوئی انیس کے قریب ہے۔ جن میں سے وہ بھی ہیں جو جنگ اور خوف کی حالت میں پیدل اور سواری وغیرہ پر ادا کرنے سے متعلق ہیں اور یا پھر صلوٰۃ کو کم کرنے سے متعلق ہیں۔ لیکن صلوٰۃ (نماز) کے اجتماعات کے لئے خصوصی طور پر صرف ایک ہی آیت ہے جس میں اس کی ادائیگی کے لئے وقت کا تعین کیا گیا ہے جس میں کہا گیا ہے کہ:۔

يَٰٓأَيُّهَا ٱلَّذِينَ ءَامَنُواْ لِيَسْتَـْٔذِنكُمُ ٱلَّذِينَ مَلَكَتْ أَيْمَٰنُكُمْ وَٱلَّذِينَ لَمْ يَبْلُغُواْ ٱلْحُلُمَ مِنكُمْ ثَلَٰثَ مَرَّٰتٍۚ مِّن قَبْلِ صَلَوٰةِ ٱلْفَجْرِ وَحِينَ تَضَعُونَ ثِيَابَكُم مِّنَ ٱلظَّهِيرَةِ وَمِنۢ بَعْدِ صَلَوٰةِ ٱلْعِشَآءِۚ ثَلَٰثُ عَوْرَٰتٍ لَّكُمْۚ لَيْسَ عَلَيْكُمْ وَلَا عَلَيْهِمْ جُنَاحٌۢ بَعْدَهُنَّۚ طَوَّٰفُونَ عَلَيْكُم بَعْضُكُمْ عَلَىٰ بَعْضٍۚ كَذَٰلِكَ يُبَيِّنُ ٱللَّهُ لَكُمُ ٱلْءَايَٰتِۗ وَٱللَّهُ عَلِيمٌ حَكِيمٌ ۲۴/۵۸

''تمہارے ملازم، اور لڑکے بالے جو ابھی تک سنِ بلوغت کو نہ پہنچے ہوں، کام کاج کے لئے تمہارے گھروں میں پھرتے پھراتے رہتے ہیں۔ اس میں کوئی مضائقہ نہیں، لیکن اگر وہ ان اوقات میں تمہارے پاس آنا چاہیں جب تم اپنے کمرے میں خلوت و پرائیویسی میں ہو۔ (مثلاً) صلوٰۃ الفجر سے پہلے۔ دوپہر کے وقت جب تم کپڑے اتار کر آرام کرتے ہو۔ اور صلوٰۃ العشاء کے بعد، جب سونے کا وقت آجاتا ہے۔ تو ان اوقات میں انھیں اجازت لے کر اندر آنا چاہئے۔ اس سے، نہ تمہارے لئے کوئی وجۂ پریشانی ہوگی، نہ ان کے لئے۔ ان اوقات کے علاوہ، وہ کام کاج کے لئے بلا اجازت اندر باہر آجاسکتے ہیں۔'' ۲۴/۵۸

اس سے بھی صلوٰۃ کے بارے میں اتنا ہی پتہ چلتا ہے کہ عہدِ رسالت میں یہ دو اوقات متعین تھے، ایک صلوٰۃ الفجر اور دوسرا صلوٰۃ العشاء۔ قرآن حکیم نے اہمیت کے لحاظ سے عبادت اور عملی کردار کے درمیان جو فرق بتایا ہے وہ غیر مبہم، صاف اور بڑا ہی واضح ہے، لیکن جب ہم انہی اہم معاملات کو جن میں صلوٰۃ، زکوٰۃ، صدقات وغیرہ شامل ہیں، جب تاریخ و روایات میں پڑھتے ہیں تو وہ نہایت ہی مبہم اور غیر واضح طور پر سمجھنے میں آتے ہیں۔ اس بات کو سورۃ فصلت کی ساتویں آیت کی مثال سے سمجھا جاسکتا ہے۔ پہلے آیت ملاحظہ فرمائیں جس میں زکوٰۃ کے متعلق بلا مبالغہ یہ کہا گیا ہے کہ:۔

ٱلَّذِينَ لَا يُؤْتُونَ ٱلزَّكَوٰةَ وَهُم بِٱلْءَاخِرَةِ هُمْ كَٰفِرُونَ ۴۱/۷

''جوزکوٰۃ نہیں دیتے، اورآخرت کے بھی منکرہی رہتے ہیں۔'' ۴۱/۷

''زکوٰۃ'' وہ سنہرہ اصول ہے کہ جسے مملکتِ اسلامیہ مدینہ کے وجود میں آجانے کے بعد کسی کو اس سے فرار کی اجازت نہیں تھی۔ چنانچہ اب بھی جب کبھی مملکتِ اسلامیہ قیامِ عمل میں آئی تو اُس کے باشندوں کو زکوٰۃ سے فرار کی کسی صورت اجازت نہیں ہوگی۔ یہاں پر بھی ایک بات کی وضاحت کرنی ضروری ہے، اور وہ یہ کہ غیر اسلامی معاشرے میں جو مسلمان اڑھائی فی صد زکوٰۃ ادا کر دینے کے بعد یہ سمجھتے ہیں کہ زکوٰۃ کی طرف سے اُن کا فرض پورا ہوگیا ہے، تو یہ اُن کی خام خیالی ہے۔ جسے وہ زکوٰۃ سمجھ کر دے رہے ہیں وہ صدقات میں تو شمار ہوسکتی ہے لیکن زکوٰۃ میں اس لئے شمار نہیں ہوسکتی کیونکہ یہ فرض تو صرف مملکتِ اسلامیہ کی ہدایات پر اُس کے اندر ہی رہ کر پورا ہوسکتا ہے۔ ابنِ کثیر کی تفسیر میں بھی یہ بتایا گیا ہے کہ زکوٰۃ کا حکم ہجرت کے دوسرے سال نازل ہوا تھا، یعنی کہ مملکتِ اسلامیہ مدینہ کے وجود میں آجانے کے بعد۔ چنانچہ یہ اس بات کی شہادت ہے کہ ''زکوٰۃ'' مملکتِ اسلامیہ کے قیامِ عمل سے پہلے ادا نہیں کی جاتی۔ اگر یہ اتنا ہی آسان ہوتا تو پھر اسلامی مملکت کے قیام کے لئے نہ تو اقبال کوشش کرتے اور نہ ہی قائدِ اعظم۔ انھوں نے تو صاف صاف یہ کہا ہے کہ اسلامی نظام کے قیام کے لئے خطۂ زمین کی ضرورت پڑتی ہے۔

قارئین، یہاں پر جوزکوٰۃ کے بارے میں کہا ہے کہ، یہ غیر اسلامی معاشرے میں ادا نہیں کی جاسکتی، اس کی ادائیگی کے لئے مملکتِ اسلامیہ کا موجود ہونا لازمی ہے اور اس کے مصارف صدقات میں تو شامل ہوسکتے ہیں زکوٰۃ میں نہیں۔ یاد رہے کہ اس سے یہ ہرگز ہرگز مقصود نہیں کہ لوگ زکوٰۃ دینا بند کر دیں، کیونکہ اس حسنِ عمل کے ذریعے سے ہر سال لاکھوں غریبوں کی اتنی مدد تو ہو ہی جاتی ہے جس سے اُن کے ٹھنڈے چولہے چند دنوں کے لئے جل اُٹھتے ہیں۔ چنانچہ یہ وہ حسنِ عمل ہے جسے کسی صورت بھی نہیں رکنا چاہیئے۔ لیکن اس یاد دہانی کے ساتھ کہ زکوٰۃ ادا کر دینے کے بعد ہم زمین پر بیٹھ ہی نہ جائیں اور یہ سمجھ بیٹھیں کہ اب ہمیں مملکتِ اسلامیہ کے قیام کے سلسلے میں کچھ کرنے کی ضرورت نہیں ہم نے تو اپنا فرض پورا کر لیا۔ ابنِ کثیر کی جس تفسیر کو آپ کے سامنے پیش کیا جارہا ہے اُس کو سمجھنے کی کوشش کریں تو آپ کو اندازہ ہوگا کہ ہم اسلام دشمن قوتوں کے ہاتھوں میں کھیل کر اسلام سے کتنے دور چلے گئے ہیں؟

الغرض، آخرت کے منکرین کی پہچان کا یہ پیمانہ مقرر کر دیا گیا کہ جو لوگ زکوٰۃ کو ادا کرنے سے فرار حاصل کرتے ہیں حقیقت میں وہی آخرت کے منکر ہیں۔ چنانچہ جو آخرت کا منکر ہو وہ مسلمان نہیں ہوسکتا۔ البتہ قُرآن کے اس اصولِ ابدی کے متعلق جس مبہم انداز میں ابنِ کثیر نے اس کی تفسیر بیان کی ہے اسے بھی ملاحظہ فرمائیں:۔

''یہ سورۃ مکی ہے۔ زکوٰۃ ہجرت کے دوسرے سال فرض ہوئی۔ اس لئے اس سے مراد یا تو صدقات ہیں جس کا حکم مسلمانوں کو مکے میں دیا جاتا رہا، جس طرح پہلے صرف صبح وشام کی نماز کا حکم تھا، پھر ہجرت سے ڈیڑھ سال قبل لیلۃ الاسراء کو پانچ فرض نمازوں کا حکم ہوا۔ یا پھر زکوٰۃ سے یہاں مراد کلمۂ شہادت ہے، جس سے نفسِ انسانی شرک کی آلودگیوں سے پاک ہوجاتا ہے۔''

بحوالہ نسخۂ قُرآن شاہ فہد قُرآنِ کریم پرنٹنگ کمپلیکس

غور فرمایا آپ نے کہ کیا بتایا گیا ہے؟ بتایا یہ گیا ہے کہ:۔

1) یہ سورۃ مکی ہے۔اس لئے کہ
2) زکوٰۃ ہجرت کے دوسرے سال فرض ہوئی۔اس لئے۔اس سے مراد
3) یا تو صدقات ہیں، جس کا حکم مسلمانوں کو مکے میں دیا جاتا رہا
4) جس طرح پہلے صرف صبح وشام کی نماز کا حکم تھا۔
5) پھر ہجرت سے ڈیڑھ سال قبل لیلۃ لاسراء کو پانچ فرض نمازوں کا حکم ہوا
6) یا پھر زکوٰۃ سے مراد کلمۂ شہادت ہے، جس سے نفسِ انسانی شرک کی آلودگیوں سے پاک ہو جاتا ہے

قارئین، یہ ہیں وہ ہماری تفسیریں، جن کی روشنی میں قرآنِ حکیم کے احکامات کا تجزیہ کیا جاتا ہے۔امتِ مسلمہ کے ایسے ہی ناخداؤں کی نوازشات کا نتیجہ ہے کہ اس کی کشتی ابھی تک بھنور میں پھنسی ہوئی ایک ہی دائرے میں ہچکولے کھاتی اور چکر لگاتی چلی جارہی ہے، قریب ہے کہ پانی کا بہاؤ اسے دریا کی تہہ میں لے جائے اور پھر وہاں سے اسے اوپر آنے کا کوئی موقع ہی نہ دے۔آج اِسے اپنے بچاؤ کے لئے ایک ایسے مضبوط سہارے کی ضرورت درکار ہے جس پر پورا پورا بھروسہ کیا جاسکے اور وہ اسے دھوکہ نہ دے۔اور وہ ہے اللہ کی کتاب۔

بات ابنِ کثیر اور اُس کی تفسیر کی ہو رہی تھی، کہ ہونا تو یہ چاہئے تھا کہ، زکوٰۃ سے متعلق اس تفسیر میں صرف زکوٰۃ کے متعلق سمجھا دیا جاتا لیکن لوگوں کو چکر میں ڈالنے کے لئے اس میں کہا گیا ہے کہ اللہ کے اس حکمِ زکوٰۃ سے مراد یا تو صدقات ہیں اور یا کلمۂ شہادت۔اور ساتھ ہی جہاں پر کہ سورۃ النور کی آیت ۲۴/۵۸ میں دو نمازوں کا ذکر ہے اُس پر بھی حاشیہ آرائی کرتے ہوئے یہ بتایا گیا کہ ''پہلے صرف صبح وشام کی نماز کا حکم تھا، پھر ہجرت سے ڈیڑھ سال قبل لیلۃ الاسراء کو پانچ فرض نمازوں کا حکم ہوا''۔حریفانِ اسلام کی عیاری اور فریب کاری کا سارا بھرم تو اُس وقت کھل کر سامنے آتا ہے جب وہ بتاتے ہیں کہ ''یا پھر اس ''زکوٰۃ'' سے مراد کلمۂ شہادت ہے'' جس سے نفسِ انسانی شرک کی آلودگیوں سے پاک ہو جاتا ہے۔یعنی کہ نظام قائم کرنے کی کوئی ضرورت ہی نہیں، بس اپنی دولت میں سے اڑھائی فی صد زکوٰۃ دیتے رہو اور کلمۂ شہادت کا ورد کرتے رہو۔اللہ اللہ خیر سلا۔نہ ہینگ لگے نہ پھٹکری اور رنگ بھی چوکھا آئے۔اور یہی کچھ صدیوں سے ہوتا چلا آرہا ہے۔

جہاں تک عبادت کا تعلق ہے اللہ انسانوں سے کہتا ہے کہ تم میرے راستے پر چلو گے تو اس سے دنیا میں بھی تمہارا فائدہ ہے اور آخرت میں بھی، میرا تو کوئی نقصان نہیں اس لئے تمہاری مرضی ہے تو میرے قوانین کے تحت قیامِ صلوٰۃ کا انتظام کرو۔اور اگر ایسا نہیں کرنا چاہتے تو بھی کوئی بات نہیں۔مگر کان کھول کر سنو!

لَّيْسَ الْبِرَّ أَن تُوَلُّوا وُجُوهَكُمْ قِبَلَ الْمَشْرِقِ وَالْمَغْرِبِ

وَلَـٰكِنَّ ٱلْبِرَّ مَنْ ءَامَنَ بِٱللَّهِ وَٱلْيَوْمِ ٱلْءَاخِرِ وَٱلْمَلَـٰٓئِكَةِ وَٱلْكِتَـٰبِ
وَٱلنَّبِيِّـۧنَ وَءَاتَى ٱلْمَالَ عَلَىٰ حُبِّهِۦ ذَوِى ٱلْقُرْبَىٰ وَٱلْيَتَـٰمَىٰ وَٱلْمَسَـٰكِينَ
وَٱبْنَ ٱلسَّبِيلِ وَٱلسَّآئِلِينَ وَفِى ٱلرِّقَابِ وَأَقَامَ ٱلصَّلَوٰةَ وَءَاتَى ٱلزَّكَوٰةَ
وَٱلْمُوفُونَ بِعَهْدِهِمْ إِذَا عَـٰهَدُوا۟ ۖ وَٱلصَّـٰبِرِينَ فِى ٱلْبَأْسَآءِ وَٱلضَّرَّآءِ
وَحِينَ ٱلْبَأْسِ ۗ أُو۟لَـٰٓئِكَ ٱلَّذِينَ صَدَقُوا۟ ۖ وَأُو۟لَـٰٓئِكَ هُمُ ٱلْمُتَّقُونَ ۲/۱۷۷

''ساری اچھائی مشرق ومغرب کی طرف منہ کرنے میں ہی نہیں، بلکہ حقیقتاً اچھا وہ شخص ہے جو اللہ تعالیٰ پر، قیامت کے دن پر فرشتوں پر کتاب اللہ پر اور نبیوں پر ایمان رکھنے والا ہو جو مال سے محبت کرنے کے باوجود قرابت داروں یتیموں مسکینوں، مسافروں اور سوال کرنے والے کو دے، غلاموں کو آزاد کرے اقام الصلوٰۃ کرے اور زکوٰۃ کی ادائیگی کرے، جب وعدہ کرے تب اسے پورا کرے، تنگدستی، دکھ درد اور لڑائی کے وقت صبر کرے، یہی سچے لوگ ہیں اور یہی پرہیزگار ہیں۔''

''ساری اچھائی مشرق ومغرب کی طرف منہ کرنے میں ہی نہیں''

یعنی کہ صرف عبادت پر زور دیئے چلے جانا ہی مقصدِ حیات نہیں بلکہ اصل مقصودِ حیات یہ بتایا گیا ہے کہ انسان اقامتِ صلوٰۃ کرے اور زکوٰۃ کی ادائیگی کرے اور بنی نوعِ انسان کی ضروریات کو اپنی ضروریات پر ترجیح دے۔ اور یہ سب اس وقت تک ممکن نہیں جب تک کہ صلوٰۃ کا نظام قائم نہیں ہو جاتا اور پھر اُس کے مطابق لوگ ''الفجر'' صبح اٹھنے اور العشاء، کے بعد سونے تک کے درمیان، یعنی کہ سارا دن مملکتِ اسلامیہ کے قوانین کے مطابق اپنی زندگی نہیں گزارتے۔ اسی کو مقصدِ حیات اور اصل پرہیزگاری کہا گیا ہے۔ یہاں سے اندازہ لگایا جا سکتا ہے کہ صلوٰۃ میں نظام اور عبادت آپس میں ایک دوسرے کے ساتھ کس طرح پیوست اور جڑے ہوئے ہیں لیکن اسلام دشمن قوتوں نے کیا یہ ہے کہ وحی خفی کی غیر قُرآنی تعلیم کے ذریعے سے مسلمانوں کو اللہ کے عطا کردہ نظام سے دور کر دیا ہے۔

1) اس عقیدے کے غیر اسلامی ہونے کا پہلا ثبوت تو یہ ہے کہ زمانۂ رسالت اور اس کے بعد صحابہ کرام کے زمانے کے دو اڑھائی سو سال بعد تک اس قسم کی کسی مخصوص وحی کا یعنی ''وحی خفی کی اصطلاح کا''، کہیں کوئی نام ونشان نہیں ملتا

2) اس کے غیر اسلامی ہونے کا دوسرا ثبوت یہ ہے کہ اس کی تعلیم کو، قُرآنِ حکیم کی تعلیم کے خلاف استعمال کیا جاتا ہے

3) اس کے غیر اسلامی ہونے کا تیسرا اور بڑا ثبوت یہ ہے کہ جب سے مسلمانوں نے اس کو اپنے ایمان کا جزو قرار دیا ہے، ان میں فرقوں اور پارٹیوں کا بازار گرم ہوگیا ہے۔ اِسکے انہی منفی اثرات کی بنا پر مسلمانوں کے ہاتھ سے اتحاد کی وہ رسی چھوٹ گئی، جس کے ذریعے سے ان کے دل ایک دوسرے کے ساتھ جڑے ہوئے تھے

یوں تو انسانوں پر مذہب کے اجارہ داروں کی گرفت زمانے کے گزرنے کے ساتھ ساتھ کم ہوتی چلی جارہی ہے، لیکن علامہ اقبالؒ کے دور تک اور اس کے بعد تک بھی مذہب کی گرفت زمانۂ حال کے مقابلے میں کچھ زیادہ سخت تھی۔ جس کے پیشِ نظر اقبالؒ کو جب کسی ایسے نازک مذہبی مسئلہ پر بات کرنا مقصود ہوتی جسے اس کا امت تک پہنچانا بھی ضروری ہوتا' تو وہ اس کا اظہار کسی جید عالم سے اپنے خط کے ذریعے کرتے اور اس کا حل دریافت فرماتے۔ چونکہ مذہب کے ساتھ عوام الناس کے جذبات جڑے ہوتے ہیں اور ان کے مشتعل ہونے کا خطرہ ہوتا ہے، اس لئے کچھ براہ راست کہنے سے احتیاط برتتے۔ خصوصی طور پر جن امور کا تعلق مخلوط دینی اور مذہبی عقائد ونظریات سے ہوتا اور جنھیں ایک دوسرے سے الگ کئے بغیر دین سمجھ میں نہیں آسکتا تھا، ان کے لئے وہ اکثر سید سلیمان ندویؒ سے رجوع فرماتے یا پھر انہی کے پائے کے کسی دوسرے فاضل بزرگ سے درخواست کرتے۔ اس سے وہ پیشہ ور مذہبی پیشواؤں اور حاملینِ تصوف کے طنز وملامت کے حملوں سے بھی محفوظ رہتے۔ میرے اس خیال کی تائید اقبال کے اس خط سے بھی ہوتی ہے جس میں انھوں نے مولانا عبدلماجد دریابادی کو لکھا تھا کہ:۔

''یہ بات دنیا کو عنقریب معلوم ہوجائے گی کہ اقبال کلمۂ حق کہنے سے باز نہیں رہ سکتا۔ ہاں، کھلی کھلی جنگ اسکی فطرت کے خلاف ہے۔''

بحوالہ اقبال نامہ ۶ جنوری ۱۹۲۲ء

اور دین کے جن اہم گوشوں کو اگلی نسلوں تک منتقل کرنا مقصود ہوتا، اسے تحریر کی صورت میں تاریخ کا حصہ بنا کر محفوظ چھوڑ دیتے۔ اسے پورے طور پر سمجھنے کے لئے علامہ اقبالؒ کے ایک طویل خط سے لئے گئے چند اقتباسات کے ذریعے سمجھا یا جا سکتا ہے جسے انھوں نے سید سلیمان ندویؒ کو لکھا تھا، ملاحظہ فرمائیں:۔

1) ''آپ فرماتے ہیں کہ نبی کریم صلی اللہ علیہ وسلم کی دو حیثیتیں ہیں، نبوت اور امامت۔ نبوت میں احکامِ قُرآنی اور آیاتِ قُرآنی سے حضور کے اِستنباط داخل ہیں، اجتہاد کی بنا محض عقلِ بشری اور تجربہ ومشاہدہ ہے یا یہ بھی وحی میں داخل ہے؟ اگر وحی میں داخل ہے تو اس پر آپ کیا دلیل قائم کرتے ہیں؟ میں خود اس کے لئے دلیل رکھتا ہوں مگر میں اس پر اعتماد نہیں کرتا اور آپ کا خیال معلوم کرنا چاہتا ہوں۔ وحی غیر متلو کی تعریف نفسیاتی اعتبار سے کیا ہے؟ کیا وحی متلو اور غیر متلو کے امتیاز کا پتہ رسول اللہ صلی اللہ علیہ وسلم کے عہد مبارک میں چلتا ہے،

یا یہ اصطلاحات بعد میں وضع کی گئیں؟

2) حضور نے اذان کے متعلق صحابہؓ سے مشورہ کیا، کیا یہ مشورہ نبوت کے تحت میں آئے گا یا امامت کے تحت میں؟''

بحوالہ اقبال نامہ ۲۴ اپریل ۱۹۲۶ء

علامہؒ نے اس خط میں جو سوال اٹھائے ہیں ان سب کے جوابات ''کلیاتِ اقبال'' کے فٹ نوٹ پر دیئے گئے ہیں۔ پیشِ خدمت ہیں، ملاحظہ فرمائیں:۔

1) ''اجتہادِ نبوی صلی اللہ علیہ وسلم کی بنیاد عقلِ بشری و تجربہ و مشاہدہ پر نہیں بلکہ عقلِ نبوی کا نتیجہ ہے جو عقلِ بشری سے مافوق ہے اور جس میں عقلِ بشری و تجربہ و مشاہدہ کو دخل نہیں، اور نبی کی ہر غلطی کی اصلاح کا اللہ تعالیٰ ذمہ دار ہے۔ پس اجتہادِ نبوی صلی اللہ علیہ وسلم کے نتائج بھی اگر غلط ہوتے تو اللہ تعالیٰ اصلاح فرماتا، جیسا کہ چار پانچ جگہ پر فرمادیا ہے۔ پس جب بقیہ اجتہادات نبوی صلی اللہ علیہ وسلم کی اصلاح نہیں فرمائی تو تقریراً وہ اللہ تعالیٰ کی طرف سے صحیح قرار دیئے گئے اور اس لئے وہ واجب القبول ہیں۔

2) (وحی متلو اور غیر متلو) کی اصطلاحات بعد میں پیدا ہوتی ہے۔

3) (اذان کے متعلق) آنحضرت صلی اللہ علیہ وسلم کو بعض روایات کی رو سے خود بھی اللہ تعالیٰ نے اس طریقہ کی تعلیم دی تھی اور دوسرے صحابہؓ نے بھی خواب میں دیکھا تھا، البتہ اس باب میں صحابہ سے مشورہ کرنا بابِ امامت سے تھا نہ کہ نبوت سے کہ احکامِ نبوت میں مشورہ نہیں۔''

بحوالہ کلیاتِ اقبال (فٹ نوٹس)

جوابات ہمارے سامنے آچکے ہیں، مولانا نے، وحی متلو اور غیر متلو کے بارے میں بتایا ہے کہ ان دونوں ہی اصطلاحات کا رسول اللہ کے عہد مبارک سے کچھ واسطہ نہیں، اور یہ بعد کی پیدا کردہ ہیں۔ جہاں تک اذان کا تعلق ہے قُرآن اس بارے میں خاموش ہے اس لئے اپنی طرف سے اس پر کوئی رائے نہیں دی جاسکتی۔ یہ سب تاریخ کے بیانات ہیں کہ صحابہ نے خواب میں اذان کے متعلق ایسا دیکھا تھا اور ''روایات'' کی رو سے خود اللہ تعالیٰ نے اس طریقہ کی تعلیم دی تھی۔ لیکن اگر اللہ تعالیٰ کی طرف سے اس طریقہ کی ہدایات دی جاتیں تو ان ہدایات کا قُرآن میں شامل ہونا ضروری تھا۔ لیکن وحی خفی کے عقیدے میں اس قسم کی سندات کی ضرورت ہی کون محسوس کرتا ہے۔ بہرحال وہ جواب جو اجتہاد سے متعلق تھا اور جسے سید سلیمان ندویؒ نے اقبالؒ کے استفسار پر دیا تھا جس میں انھوں نے فرمایا تھا کہ:۔

''اجتہادِ نبوی صلی اللہ علیہ وسلم کے نتائج بھی اگر غلط ہوتے تو اللہ تعالیٰ اصلاح فرماتا، جیسا کہ چار پانچ جگہ پر فرمادیا ہے۔''

آپ کو یاد ہو گا کہ شاہ ولی اللہؒ کے نزدیک ناسخ آیات کی تعداد پانچ تھی، چنانچہ سید سلیمان ندوی کا یہ فرمانا کہ:۔

''اجتہادِ نبوی صلی اللہ علیہ وسلم کے نتائج بھی اگر غلط ہوتے تو اللہ تعالیٰ اصلاح فرماتا' جیسا کہ چار پانچ جگہ پر فرما دیا ہے۔''

یہ بھی شاہ ولی اللہؒ کی پیروی میں کہا گیا ہے ورنہ قرآن سے ان کی کوئی سند مہیا نہیں ہوتی۔ ہماری اس بات کو مزید تقویت شاہ ولی اللہؒ کے شاگرد عبید اللہ سندھیؒ کے اس بیان سے ملتی ہے جس میں انھوں نے کہا ہے کہ:۔

''شاہ صاحب نے ناسخ و منسوخ کے مسئلہ کو اطمینان بخش طریقے سے حل کیا۔ انھوں نے صرف پانچ آیات کو منسوخ مانا ہے لیکن اس میں بھی ان کی حکمت ہے تاکہ معتزلی ہونے کا الزام نہ لگے۔ ورنہ ان پانچ آیات کا بھی منسوخ نہ ہونا ثابت کیا جا سکتا ہے۔ ہمارے خیال میں شاہ صاحب کا اصل مقصود یہ ہے کہ قرآنِ مجید میں سرے سے کوئی آیت منسوخ ہی نہیں۔''

یعنی کہ شاہ ولی اللہؒ نے بھی اپنے زمانے کے ان مذہبی پیشواؤں کے Pressure (دباؤ) کی رو سے ایسا کہہ دیا تھا، ورنہ یہ جو انھوں نے پانچ آیتیں کہی ہیں یہ بھی درست نہیں۔

چنانچہ تاریخ کے یہ وہ بیانات ہیں جو عہدِ رسالت کے کوئی اڑھائی تین سو سال بعد ترتیب پائے اور مسلمانوں میں عام کئے گئے۔ اس کے برعکس اللہ نے اپنی کتاب کے بارے میں واضح طور پر فرما دیا کہ یہ وہ کتاب ہے جس میں رتی بھر کوئی اختلافی بات نہیں' یہ ہر بات کو واضح اور کھول کر بیان کرنے والی ہے' جس میں کسی شک وشبہ کی کوئی گنجائش نہیں' اِس کی حفاظت کی ذمہ داری بھی اسی کی ہے۔ دونوں بیانات ہمارے سامنے ہیں' جس کا جی چاہے اللہ کی بات کو سچ مان لے اور جس کا جی چاہے وہ وحی خفی کی تعلیم کے مطابق قرآن میں منسوخ آیات کے عقیدے کو سچ مان کر اللہ کی بات کی تردید کر دے۔ جہاں تک ''اذان'' کے متعلق رسول اللہ اور صحابہ کرام کی باہمی مشاورت کا سوال ہے اسے سمجھنے کے لئے قرآن کی آیات ملاحظہ فرمائیں جن میں کہا گیا ہے کہ:۔

وَشَاوِرْهُمْ فِى ٱلْأَمْرِ ۖ فَإِذَا عَزَمْتَ فَتَوَكَّلْ عَلَى ٱللَّهِ ۚ إِنَّ ٱللَّهَ يُحِبُّ ٱلْمُتَوَكِّلِينَ ۳/۱۵۸

''اے رسول! امورِ (مملکت) میں اپنے رفقاء کے ساتھ مشورہ کیا کرو۔ پھر اس طرح جب تو کسی فیصلے پر پہنچ جائے تو پھر قانونِ خداوندی کی محکمیت پر بھروسہ کرتے ہوئے اسے نافذ کردو۔ بے شک اللہ توکل کرنے والوں سے محبت کرتا ہے۔''

یعنی مشاورت کے معاملہ میں اصول یہ دیا گیا کہ جب آپ باہمی مشاورت کے بعد کسی فیصلے پر پہنچ جائیں تو پھر قانونِ خداوندی کی محکمیت پر بھروسہ کرتے ہوئے اس پر عمل پیرا ہو جائیں اور اِس انتظار میں نہ رہیں کہ ہماری طرف سے آپ کو اس پر مزید کوئی اور مشورہ دیا جائے گا۔ اگر ایسا ہوتا تو پھر باہمی مشورہ کرنے کا جو اصول قرآنِ حکیم نے تجویز کیا ہے ''وحی خفی'' کی موجودگی میں اس کی کوئی حیثیت اور اہمیت ہی باقی نہیں رہتی۔ رہی بات ''اذان'' کی، اس کے بارے میں اتنا ضرور قبول کیا جا سکتا ہے کہ یہ مشورے سے طے ہو سکتی تھی۔ اصحابہ کو خواب میں یہ طریقہ دکھایا گیا اور یا رازدارانہ طور پر ''وحی خفی'' کے ذریعے خود اللہ تعالیٰ نے رسول اللہ کو اس کی تعلیم دی یہ دونوں بیان تاریخ کے ہیں اس لئے ان پر ایمان لانا کسی کے لئے بھی ضروری نہیں۔

صف جنگاہ میں مردانِ خدا کی تکبیر
جوشِ کردار سے بنتی ہے خدا کی آواز

قُرآنِ خالص کی دینی تعلیم اور تاریخ و روایات کی مذہبی تعلیم کے جن مخلوط عقائد و نظریات کو ہم نے اپنے ایمان کا جزوِ اعظم بنا رکھا ہے اقبالؒ کے نزدیک ایمان کے معاملے میں ایسا رویہ اپنانا ہرگز درست نہیں تھا۔ اس لئے وہ ان دونوں کو ایک دوسرے سے الگ تھلگ دیکھنا چاہتے تھے تاکہ لوگ قُرآنِ حکیم کی تعلیمِ خالص سے مستفید ہو سکیں۔ ان کے نزدیک ہر وہ عقیدہ اور نظریہ مردود اور نا قابلِ قبول تھا جو قُرآنِ حکیم کی تعلیم کے خلاف اور اس سے ٹکراتا ہو۔ مفکرِ قُرآن (اقبالؒ) کا اذان کے علاوہ، وحی متلو اور وحی غیر متلو کے بارے میں اپنے ہمعصر علماء سے سوال اٹھانا قُرآنِ حکیم کی تعلیم کے عین مطابق تھا، کیونکہ اللہ اپنے بندوں سے ہر بات میں غور و فکر کا مطالبہ کرتا ہے، اقبالؒ نے بعد غور و فکر کے جب اجتہاد پر انگریزی میں ایک مضمون لکھا، جسے ایک جلسے میں پڑھا گیا تو اس پر تقلیدی روش اختیار کرنے والوں کی جانب سے سخت تنقید کی گئی اور اقبالؒ کو لوگوں نے کافر کہا۔ غور و فکر سے عاری قوموں کی ذہنی پستی کا اندازہ ان کے ایسے ہی غیر ذمہ دارانہ طرزِ عمل سے لگایا جاتا ہے۔ جو قومیں اپنے اوپر غور و فکر کے دروازوں کو بند کر لیتی ہیں وہ علم کی روشنی سے کیسے مستفید ہو سکتی ہیں۔

علامہؒ نے ۲۰، اپریل ۱۹۲۵ء کو علماء کے اس طرزِ عمل پر اپنی تشویش کا اظہار اکبر شاہ نجیب آبادی سے جن الفاظ میں کیا ان سے مترشح ہوتا ہے کہ لوگوں پر اس زمانے میں بھی پیشہ ور مذہبی اجارہ داروں کا رعب اور دبدبہ سختی سے قائم تھا۔ ملاحظہ فرمائیں:۔

''آپ نے ٹھیک فرمایا ہے پیشہ ور مولویوں کا اثر سر سید احمد خان کی تحریک سے بہت کم ہو گیا تھا مگر خلافت کمیٹی نے اپنے پولیٹیکل فتوؤں کی خاطر ان کا اقتدار ہندی مسلمانوں میں پھر قائم کر دیا۔ یہ ایک بہت بڑی غلطی تھی، جس کا احساس ابھی تک غالباً کسی کو نہیں ہوا۔ مجھ کو حال ہی میں اس کا تجربہ ہوا ہے۔ کچھ مدت ہوئی میں نے اجتہاد پر ایک انگریزی مضمون لکھا تھا جو یہاں ایک جلسے میں پڑھا گیا تھا۔ اِنشاءَ اللہ شائع بھی ہوگا۔ مگر بعض لوگوں نے مجھے کافر کہا۔ بہر حال اس تمام معاملے کے متعلق مفصل گفتگو ہوگی جب آپ لاہور تشریف لائیں گے۔ ہندوستان میں بالخصوص

آج کل بہت سمجھ کر سوچ کر قدم اٹھانا ہوگا۔"

اقبال بحوالہ اکبر شاہ نجیب آبادی ۲۰ اپریل ۱۹۲۵ء

ایک اور خط جسے ۲۰ جولائی ۱۹۳۷ء کو اقبالؒ نے بانیِ ادارہ دارالاسلام پٹھانکوٹ کے چودھری نیاز علی خان کے نام لکھا تھا' ضروری ہے کہ آپ اس کو بھی ایک نظر دیکھ لیں۔ لکھتے ہیں کہ:۔

"اسلام کے لئے اس ملک میں نازک زمانہ آ رہا ہے۔ جن لوگوں کو کچھ احساس ہے، ان کا فرض ہے کہ اس کی حفاظت کے لئے ہر ممکن کوشش کریں.......... علماء میں مداہنت (خوشامد) آ گئی ہے یہ گروہ حق کہنے سے ڈرتا ہے۔ صوفیا، اسلام سے بے پرواہ اور حکام کے تصرف میں ہیں۔ اخبار نویس اور آج کل کے تعلیم یافتہ لیڈر خود غرض ہیں اور ذاتی منفعت و عزت کے سوا کوئی مقصد ان کی زندگی کا نہیں۔ عوام میں جذبہ موجود ہے مگر ان کا کوئی بے غرض راہنما نہیں ہے۔"

بحوالہ اقبال نامہ ۲۰ جولائی ۱۹۳۷ء

چنانچہ قارئین، حق بات کہنے سننے اور پھر اس پر عمل کرنے کے لئے خصوصی اور فوری توجہ درکار ہے۔ دین کے معاملات میں پس و پیش سے کام لے کر مزید وقت برباد نہیں کیا جا سکتا۔ توبہ کرنے کے لمحات سرعت و تیزی کے ساتھ ہاتھ سے نکلے چلے جا رہے ہیں اس لئے ضروری ہے کہ ہم اپنی موجودہ منافقت اور مشرکانہ ذہنیت کو فوری طور پر بدل ڈالیں اور اللہ کی رسی کو مضبوط ہاتھوں سے تھام لیں، یہ نہ ہو کہ کل کو ہمارا شمار بھی ایسے ایمان لانے والوں میں سے ہو جن کے متعلق قرآنِ حکیم نے فرمایا ہے کہ:۔

وَمَا يُؤْمِنُ أَكْثَرُهُم بِٱللَّهِ إِلَّا وَهُم مُّشْرِكُونَ

"اِن میں سے اکثر لوگ باوجود اللہ پر ایمان رکھنے کے بھی مشرک ہیں"

۱۲/۱۰۶

نماز

قارئین! دین کے معاملے میں علامہ اقبال نے اپنے جن خدشات کو رفع کرنے کی غرض سے علماء کو خط لکھے تھے اُن میں سے چند ایک کو بطورِ مثال آپ کے سامنے پیش کر دیا گیا ہے اور تھوڑی دیر پہلے ہی قرآنِ حکیم کی وہ آیت بھی درج کی ہے جس میں کہا گیا ہے کہ:۔

''اِن میں سے اکثر لوگ باوجود اللہ پر ایمان رکھنے کے بھی مشرک ہیں'' ۱۲/۱۰۶

یعنی کہ جو لوگ فرقوں میں بٹ جاتے ہیں اُن کا اللہ پر ایمان رکھنا کوئی معنی نہیں رکھتا، وہ مشرک کے مشرک ہی رہتے ہیں۔ نماز کا تعلق چونکہ شعبۂ عبادات میں سے ہے۔ یعنی کہ انسان اور اللہ کے درمیان اُس پرائیویٹ تعلق سے ہے جو نماز کے ذریعے قائم کیا جاتا ہے۔ ضروری ہے کہ عبادت کے اس اہم ترین جزو ''نماز'' کا قُرآن اور تاریخ دونوں کی روشنی میں جائزہ لے لیا جائے۔ ایسا کرنا اس لئے ضروری ہے کیونکہ صلوٰۃ (نماز) سے جن مثبت نتائج کے برآمد ہونے کی بشارت قُرآنِ حکیم دیتا ہے وہ ہمارے سامنے نہیں آ سکے۔ جس کی وجہ سے مسلم معاشرہ تہ و بالا ہو کر رہ گیا ہے۔ اور اس کا سبب فرقہ بندی (شرک) ہے۔ مقامِ تاسف ہے کہ جس صلوٰۃ (نماز) کی موجودگی میں مسلمانوں میں اتحاد اور یگانگت کو پروان چڑھنا تھا خود اُسی صلوٰۃ (نماز) سے امت کے ٹکڑے ٹکڑے ہو گئے۔ وحی خفی کی کنہ وحقیقت تک پہنچنے کے لئے نماز کی تاریخی حقیقت کو جاننا اور سمجھنا ضروری ہے۔ نماز کی تاریخ کے بارے میں جو بتایا جاتا ہے وہ یہ ہے کہ:۔

''نماز'' پہلوی زبان کا لفظ ہے اس کے بارے میں ایران کے ''Zoroastrian'' (زرتشت) یعنی کہ مجوسیوں کا یہ دعویٰ ہے کہ اسے ایرانی اماموں کی وساطت سے، جن میں سلیمان فارسیؓ (Dastur Dinya) شامل ہیں مسلمانوں میں رائج کرنے کا بڑا ہاتھ تھا۔ بلکہ وہ یہ بھی کہتے ہیں کہ:۔

''نماز'' کو مسلمانوں نے ہم سے مستعار لیا ہے، اسی لئے ہم دونوں کی عبادت کے طریقہ کار میں جسقدر مماثلت پائی جاتی ہے اسے دیکھ کر کوئی بھی یہ نہیں کہہ سکتا کہ یہ سب اتفاقی طور پر ہوا ہے۔ دیکھا جائے تو ''نماز'' کے اور ''گیہ'' (G e h) کے منتخب اوقات اور تعداد میں بھی سوائے ناموں کے اور کوئی فرق نہیں۔ مثلاً ''ہاوان'' (Havaan) کو ''فجر'' اور ''راپتھوان'' (Rapithwan) کو ''ظہر'' اور ''اوزائرن'' (Uziren) کو ''عصر'' اور ''آوسوتھرم'' (Aiwisuthrem) کو ''مغرب'' اور ''اُشاین'' (Ushaen) کو عشاء کہا جاتا ہے۔ اس کے علاوہ ''پادیاب کستی'' (PadyaabKusti) ''وضو'' کا طریقہ کار جس میں اعضاء کا دھونا اور بوقتِ عبادت سر کو ڈھانپ لینا ضروری ہوتا ہے یہ عمل بھی ایک ہی جیسا ہے۔ اس کے علاوہ جس کمرے میں سر پر تاج سجائے آتش پادشاہ تخت نشین ہیں اس زاویۂ سمت کو ''کیبلاہ'' (Keblaah) ''قبلہ'' کہا جاتا ہے اور اسی کی جانب گھٹنے ٹیک کر ''سیزدہ'' (Sezdah) ''سجدہ'' کیا جاتا ہے۔ یعنی کہ ان دونوں میں قبلہ رخ سجدہ کرنے کی حد تک مماثلت پائی جاتی ہے۔ یہی نہیں بلکہ مذہب کی رو سے عبادت کے لئے صرف ''آویستہ'' (Avesta) یا ''پاژند'' (Pazend) زبان کا استعمال ضروری ہے۔ ویسے ہی نماز کے لئے عربی زبان کا استعمال ضروری ہے۔ اس کے علاوہ مرنے کے بعد پُل صراط پر سے گزرنے کا تمام واقعہ اور دیگر بے شمار مذہبی قصے کہانیاں ایسی بھی ہیں جنھیں مسلمانوں نے اپنی کتابوں میں روایات کی شکل میں شامل کر لیا ہے وہ ان کی اپنی نہیں، براق پر اقصیٰ سے سات آسمانوں سے اوپر جا کر اللہ سے ملاقات والا واقعہ جسے محمد صلی اللہ علیہ وسلم سے منسوب کیا جاتا ہے وہ بھی مسلمانوں نے ہم سے مستعار لیا ہے، دراصل یہ واقعہ جناب زرتشت Zarthustra (Asho) کو پیش آیا تھا اور وہ سارا سفر روحانی تھا جس میں ان کو اللہ کا دیدار ہوا اور انھیں بہت سے عجائبات دکھائے گئے جن میں جنت اور جہنم شامل ہیں۔ زرتشت مذہب پر چلنے کی بنا پر مسلمان حقیقت میں بت پرست اور آفتاب پرست ہیں اور ان کے مذہب پر زرتشت مذہب کی چھاپ بہت گہری ہے اس پر مسلمانوں کو تھوڑی بہت تحقیق کر لینی چاہیئے۔ لیکن جہاں تک ان کی الہامی کتاب (قُرآن) کا تعلق ہے یہ اپنی اصلی حالت میں ہے اور ہر قسم کے تغیر و تبدل اور تحریف سے پاک اور صاف ہے۔''

The Ritual Prayer (Namaaz) and More by Ardeshir Spencer

البتہ جو کہا گیا ہے کہ مسلمان آفتاب پرست اور بت پرست ہیں۔ آفتاب پرست اس لئے کہ مسلمانوں کی نماز ان کی اپنی نماز نہیں بلکہ آتش پرستوں کی ہے، اور حجرِ اسود کو چومنے کی وجہ سے انھیں بت پرست بتایا گیا ہے۔

احکام تیرے حق ہیں مگر اپنے مفسر
تاویل سے قُرآں کو بنا سکتے ہیں پاژند

آپ نے غور فرمایا کہ اقبالؒ نے اپنے اس ایک شعری مصرعے میں پارسیوں کی مذہبی کتاب ''پاژند'' کا ذکر فرما کر حقائق

کے بحرِ زخائر کونہایت خوبصورتی سے کوزے میں بند کر دیااور اس کے ساتھ ہی قُرآن میں تاویلات کا ذمہ دار کسی غیر کونہیں ٹھہرایا بلکہ ''اپنے مفسر'' کہہ کراُن مفسرین کے تابوت میں آخری کیل بھی ٹھونک دی ہے جنھوں نے اپنے دنیوی مفاد کی غرض سے قُرآنِ حکیم کے معنی ومفہوم میں ردوبدل کی اور دیدہ ودانستہ اسلام کونقصان پہنچایا۔ یہ تو آپ جانتے ہی ہیں کہ قُرآنِ حکیم کی سب سے پہلی تفسیر امام طبری نے لکھی تھی ان کے بارے میں کہا جاتا ہے کہ وہ نسلاً پارسی تھے اور انھوں نے ہی پہلی بار قُرآنِ حکیم کی آیات کے شانِ نزول بھی تحریر کئے تھے اور آیات کا تعین کیا تھا کہ کون کون سی آیات مکہ میں نازل ہوئیں اور کون کون سی مدینہ میں، اس کے باوجود آیات کے مکی یا مدنی ہونے کے بارے میں بہت سے اختلافات پائے جاتے ہیں۔ جن آیات کو لوگوں کا ایک گروہ مکی مانتا ہے یعنی کہ وہ مکہ میں نازل ہوئیں تھیں، ان ہی آیات کے بارے میں دوسرے کہتے ہیں کہ وہ مکی نہیں مدنی ہیں۔ پھر ایک گروہ اس سے آگے بڑھتا اور کہتا ہے کہ یہ نہ تو مکی ہیں اور نہ ہی مدنی یہ مکے اور مدینے کے درمیان فلاں فلاں واقعہ رونما ہونے کی وجہ سے کسی دوسرے مقام پر نازل ہوئی تھیں۔ چنانچہ جتنے منہ اتنی باتیں۔ ان کے بارے میں وثوق کے ساتھ کچھ بھی نہیں کہا جاسکتا کہ ان میں سے کس کی بات درست ہے۔ جو لوگ قُرآن بمعہ تفسیر کے پڑھتے ہیں وہ جانتے ہیں کہ یہ ایسا ہی ہے۔

آگے بڑھنے سے پیشتر ضروری ہے کہ ہم مجوسیوں کے اس دعوے پر غور کریں جس میں نماز اور دیگر عقائد ونظریات کے متعلق کہا جاتا ہے کہ یہ اسلامی نہیں بلکہ مجوسی ہیں۔ چنانچہ ہمارے لئے ضروری ہے کہ ہم قُرآنِ حکیم کی تعلیم کی روشنی میں ان کے اس کلیم (دعوے) کا جائزہ لیں اور پھر جو نتائج سامنے آئیں، جذبات سے ہٹ کر ان پر ٹھنڈے دل کے ساتھ غور وخوص کریں۔

مجوسیت، قدیم ایرانی مذہب تھا جس کی تجدید واصلاح (جناب) زرتشت نے کی۔ بقیہ مذاہب کی طرح زمانے کے گزرنے کے ساتھ ساتھ زرتشت مذہب میں ثنویت (Dualism) کا عقیدہ داخل ہوگیا۔ یعنی کہ اس میں خیر (روشنی) کا خدا ''یزداں'' اور ظلمات کا خدا ''اہرمن'' قرار پایا۔ ہمارے دور کے زرتشتی مذہب کے پیروکار عام طور پر پارسی کہلاتے ہیں۔ ان کا یہ مذہب چونکہ اسلام سے بہت پہلے کا ہے اس لئے ان کا نماز وغیرہ پر اپنا حق جتانا ایک طرح کا فطری عمل ہے۔ اس لئے کرنے کا کام یہ ہے کہ ہم عملی طور پر اس بات کی تحقیق کریں اور پھر اس کے نتیجے میں کوئی لائحہ عمل ترتیب دیں۔ اگر وہ اپنے دعوے میں مخلص اور سچے ثابت ہوں کہ ہماری نماز ہماری اپنی نہیں بلکہ اُن کی ہے تو پھر ہمیں اپنے عقائد کے بارے میں جو ضروری اصلاحات ہیں ان پر فوری عمل درآمد کر لینا چاہئے۔ ورنہ خاموشی سے جیسا کچھ ہو رہا ہے اسے چلنے دیں۔ لیکن اس یاددہانی کے ساتھ کہ (نماز) کے نام پر نظامِ صلوٰۃ کے راستے میں روڑے اٹکانے کی اجازت کسی کو بھی نہ دی جائے۔

قُرآنِ حکیم میں مجوس کا ذکر صرف ایک ہی مقام پر آیا ہے جہاں کہا گیا ہے کہ:۔

إِنَّ ٱلَّذِينَ ءَامَنُواْ وَٱلَّذِينَ هَادُواْ وَٱلصَّٰبِـِٔينَ وَٱلنَّصَٰرَىٰ وَٱلْمَجُوسَ وَٱلَّذِينَ
أَشْرَكُوٓاْ إِنَّ ٱللَّهَ يَفْصِلُ بَيْنَهُمْ يَوْمَ ٱلْقِيَٰمَةِ ۚ ۲۲/۱۷

''بے شک اہلِ ایمان اور یہودی اور صابی اور نصرانی اور مجوسی اور مشرکین، ان سب کے درمیان قیامت کے دن خود

اللہ تعالیٰ فیصلہ کردے گا۔"

اس کے علاوہ اللہ تعالیٰ نے مجوسیوں کے ثنویت کے عقیدے کی تردید کرتے ہوئے کہا کہ:۔

ٱلْحَمْدُ لِلَّهِ ٱلَّذِى خَلَقَ ٱلسَّمَٰوَٰتِ وَٱلْأَرْضَ وَجَعَلَ ٱلظُّلُمَٰتِ وَٱلنُّورَ ۖ ثُمَّ ٱلَّذِينَ
كَفَرُوا۟ بِرَبِّهِمْ يَعْدِلُونَ ٦/١

"تمام تعریفیں اللہ ہی کے لائق ہیں جس نے آسمانوں کو اور زمین کو پیدا کیا اور تاریکیوں اور نور کو بنایا۔ پھر بھی کافر لوگ (غیر اللہ) کو اپنے رب کے برابر قرار دیتے ہیں۔"

یعنی روشنی اور تاریکی خدا کی پیدا کردہ ہے۔ لہٰذا مجوس کا یہ عقیدہ باطل ہے کہ روشنی کا خدا یزداں ہے اور تاریکی کا اہرمن۔ درج بالا آیت کی روشنی میں مجوسیوں کا شرک کھل کر سامنے آ گیا ہے اور یہ فیصلہ اُس کتاب کا ہے جس کے بارے میں خود ان (مجوسیوں) کا یہ دعویٰ ہے کہ وہ ہر قسم کے شرک اور تحریف سے پاک ہے۔ اپنے مشرک ہونے یا موحد ہونے کا فیصلہ جلد یا بدیر انھیں خود کرنا ہو گا۔ لیکن اس نماز کے بارے میں بھی جس پر انھیں اتنا فخر ہے اسے قرآن پر پیش کرتے تو اس کی ساری حقیقت ان پر خود ہی واضح ہو جاتی کہ خود ان کی کتاب میں نماز کے اصل احکام کے مُتعلق خود اُن کے اپنے لوگوں نے کتنی تحریف کی ہے۔ قُرآنِ حکیم کا تو واضح اعلان ہے کہ یہ اگلی کتابوں کی تصدیق کرنے والی کتاب ہے اور ان کی محافظ ہے:۔

وَأَنزَلْنَآ إِلَيْكَ ٱلْكِتَٰبَ بِٱلْحَقِّ مُصَدِّقًا لِّمَا بَيْنَ يَدَيْهِ مِنَ ٱلْكِتَٰبِ وَمُهَيْمِنًا ٥/٤٨

"اور ہم نے آپ کی طرف حق کے ساتھ یہ کتاب نازل فرمائی ہے جو اپنے سے اگلی کتابوں کی تصدیق کرنے والی ہے اور ان کی محافظ ہے۔"

یاد رہے کہ وحی کے معاملے میں ہمیشہ سے ایک ہی اصول کارفرما رہا اور وہ یہ ہے کہ:۔

"ہر آسمانی کتاب اپنے سے ماقبل کتاب کی مصدق رہی ہے۔ جس طرح قُرآن پچھلی تمام کتابوں کا مصدق ہے اور تصدیق کا مطلب یہ ہے کہ یہ ساری کتابیں فی الواقع اللہ کی نازل کردہ ہیں۔ لیکن قُرآن مصدق ہونے کے ساتھ ساتھ "مُهَيمِن" (محافظ، امین، شاہد اور حاکم بھی ہے) یعنی پچھلی کتابوں میں چونکہ تحریف وتغیر بھی ہوئی ہے اس لئے قرآن کا فیصلہ ناطق ہوگا، جس کو یہ صحیح قرار دے گا وہی صحیح ہے۔ باقی باطل ہے۔"

ماخوذ از نسخۂ قُرآن شاہ فہد پرنٹنگ کمپلیکس

اس سے پہلے بھی یہ بتایا جاچکا ہے قُر آنِ حکیم سے قبل جتنی بھی آسمانی کتابیں نازل ہوئیں ان میں لوگ اپنے اپنے مفاداتِ دنیوی کے تحفظات کے پیشِ نظر اپنی مرضی کے خودساختہ قوانین داخل کر دیتے اور وہ سلسلہ یکے بعد دیگرے اُس وقت تک جاری رہا جب تک قُر آن نازل نہیں کیا گیا۔ اِس میں اللہ نے سابقہ کتب کی وہ تمام وحی بھی جسے اس کا رکھنا مقصود تھا دوبارہ اپنی اصل صورت میں لا کر محفوظ کر دیا۔ یوں ازل سے ابد تک کی تمام سچائیاں اس ایک کتاب میں جمع کر دی گئیں۔ یہی نہیں، بلکہ اس کی حفاظت کے بارے میں یہ اعلان بھی کر دیا کہ:۔

إِنَّا نَحْنُ نَزَّلْنَا ٱلذِّكْرَ وَإِنَّا لَهُۥ لَحَـٰفِظُونَ ١٥/٩

''ہم نے ہی اس قُر آن کو نازل فرمایا ہے اور ہم ہی اس کے محافظ ہیں۔''

بقول مجوسیوں کے مسلمانوں کی نماز ان کی نماز کا چربہ ہے۔ اور عملی طور پر یہ وہی نماز ہے جو وہ پڑھتے ہیں۔ دیکھا جائے تو اگر مجوسیوں کی نماز اُن کی آسمانی کتاب کے مطابق ہوتی اور تحریف زدہ نہ ہوتی، تو وہ آج بھی اپنی اصل شکل میں قُر آن کی دفتین میں موجود ہوتی، لیکن ایسا نہیں۔ بلکہ قُر آن نے ان کے دونوں خداؤں کی تردید کر دی ہے۔ بصورتِ دیگر، اگر ہماری نماز اُن کی نماز کا چربہ (کاپی) ہے تو پھر ہماری نماز بھی درست نہیں ہو سکتی۔ اس لئے بھی کیونکہ قُر آنِ حکیم میں مفصل طور پر نماز کی وہ ترکیب و ترتیب موجود نہیں، جس ترتیب و ترکیب کے ساتھ اِس کو ادا کیا جاتا ہے۔ اس معاملہ میں جو غور طلب بات ہے وہ یہ ہے کہ ایسا اللہ نے بالآخر کس مصلحت کی بنا پر کیا ہے کہ اس کی حدود قائم نہیں کیں اور انھیں کھلا چھوڑا ہے؟ اِس کے حل کے لئے اگر کوئی شخص قُر آنِ حکیم کی مجموعی تعلیم کو سامنے رکھ کر اور تصریفِ آیات سے مدد لے کر صلوٰۃ کے اجتماعات کے متعلق غور کرے تو وہ اِسی نتیجہ پر پہنچے گا کہ اللہ نے قُر آن میں نماز کی جزئیات اس لئے نہیں دیں اور انھیں اِس لئے کھلا رکھا ہے تاکہ انسان قُر آنِ حکیم کی حدود سے باہر بھی نہ نکلے اور اپنے اپنے زمانے کے تقاضوں کے پیشِ نظر اِس میں تبدیلی لانے میں بھی آزاد رہے۔

لیکن ہاں! اِس بات سے کوئی اپنے عقیدہ کی مدافعت میں یہ نکتہ ضرور اٹھا سکتا ہے کہ اگر یہی بات ہے تو پھر نماز پڑھنے سے متعلق مسلمانوں کے مختلف فرقوں کے مابین جو فروعی سے اختلافات آج موجود ہیں وہ خلافِ قُر آن نہیں۔ اگر اس نقطۂ نگاہ سے سوال اٹھایا جائے تو پھر زندگی بہت آسان ہو جاتی ہے، یعنی کہ پھر اصولی طور پر یہ تسلیم کر لیا گیا ہے کہ نماز میں کمی بیشی کے امکانات ابھی باقی ہیں۔

لیکن اس بات کا فیصلہ کرنا کسی فردِ واحد کا کام نہیں۔ اس قسم کے معاملات کا حتمی فیصلہ کرنے کی مجاز صرف اور صرف مملکتِ اسلامیہ کی مشاورتی کونسل (مجلسِ شوریٰ) ہی ہو سکتی ہے، جو لوگوں کو یہ بتائے کہ قُر آنِ حکیم کی روشنی میں کیا ہونا چاہئے اور کیا نہیں ہونا چاہئے۔ تاکہ امت میں جن اختلافات کی بنا پر فرقوں کی بھرمار مچی ہوئی ہے انھیں ختم کیا جاسکے اور اُمت پھر سے، اُمتِ واحدہ بن سکے۔

وقت آ گیا ہے کہ اسلام کو عقائد اور نظریات کے مقدس نام پر پہنائی جانے والی اُن تمام درآمدشدہ زنجیروں سے نجات دلائی جائے جن میں اِس کو جکڑ دیا گیا۔ اس کتاب کے لکھنے اور آپ تک پہنچانے کا بنیادی مقصد بھی یہی ہے کہ اسلام کی اصلی صورت کو

قُرآنِ حکیم کی روشنی میں سب کے سامنے لایا جائے۔ یہ جانتے ہوئے کہ اس سے لوگوں کے جذبات مجروح ہوں گے، لیکن کسی کی ناراضگی کے پیشِ نظر حق اور سچ کو چھپایا نہیں جاسکتا۔

وہی دیرینہ بیماری وہی نامحکمی دل کی
علاج اس کا وہی آبِ نشاط انگیز ہے ساقی

چنانچہ، دین کے نظام کو بروئے کار لانے کے سلسلے میں اگر کبھی ملک کے کسی سربراہِ اعلیٰ کو توفیق نصیب ہوگئی تو اُس کے لئے کرنے کا پہلا کام یہی ہوگا کہ وہ پوری دیانت داری کے ساتھ مروجہ ''نماز'' اور قُرآنی ''صلوٰۃ'' کے حصۂ عبادت کے بارے میں محققین کی وساطت سے باقاعدہ طور پر تحقیق کروائے اور پتہ لگوائے کہ ان دونوں کے درمیان بالآخر فرق کیا ہے اور دوسرا یہ کہ اُمت میں جس نماز کے پڑھنے سے وحدت و توحید کو پروان چڑھنا تھا خود اسی نماز کے پڑھنے سے وہ فرقوں کی ابتلاء میں کیونکر مبتلا ہوگئی۔ تحقیق کے نتیجہ میں جب حقائق سامنے آجائیں تو پھروحی کی روشنی میں جو بھی مناسب تبدیلیاں عمل میں لانی ضروری ہوں ان پر عمل درآمد کیا جائے۔ اور ایسا کرنا قُرآن کی تعلیم کے مطابق ہوگا کیونکہ اللہ نے ''صلوٰۃ'' عبادت کی جزئیات کو مقرر نہیں کیا اور اسے انسان کی صوابدید پر چھوڑ دیا ہے تاکہ وہ ہر زمانے میں اس کی جزئیات کو مقرر کرنے اور اس سے مستفید ہونے میں مکمل طور پر آزاد رہے، اس کا اندازہ اس بات سے بھی لگایا جاسکتا ہے کہ جب اللہ نے یہ کہا ہے کہ'' ساری اچھائی مشرق و مغرب کی طرف منہ کرنے میں ہی نہیں۔'' اس کے بعد اگر کسی خوش نصیب شخص نے قُرآن کے اس جنت نظیر اسلامی معاشرے کو عملی طور پر ملک میں رائج کر دیا تو وہی اپنے عہد کا سب سے بڑا مجدد ہوگا۔ ہمارے عہد کے اسلامی سکالر اور مفکرِ قُرآن علامہ اقبال کا یہی کہنا تھا۔ وہ پروفیسر صوفی غلام مصطفےٰ تبسم'' کے نام ایک خط میں لکھتے ہیں کہ:۔

''میرا عقیدہ یہ ہے کہ جو شخص اس وقت قُرآنی نقطہ نگاہ سے زمانۂ حال کے'' جورس پروڈنس'' پر ایک تنقیدی نگاہ ڈال کر احکامِ قُرآنیہ کی ابدیت کو ثابت کرے گا، وہی اسلام کا مجدد ہوگا اور بنی نوعِ انسان کا سب سے بڑا خادم بھی وہی شخص ہوگا.........غرض کہ یہ وقت عملی کام کا ہے کیونکہ میری ناقص رائے میں مذہبِ اسلام اس وقت گویا زمانے کی کسوٹی پر کسا جارہا ہے اور شاید تاریخِ اسلام میں ایسا وقت اس سے پہلے کبھی نہیں آیا۔''

اقبال نامہ لاہور ۲ ستمبر ۱۹۲۵ء

چنانچہ، ازبس ضروری ہے کہ جن تقلیدی رجحانات کے سبب'' سنت'' کے نام پر ملتِ اسلامیہ پر جمود کا ماحول طاری ہے اس میں سے نکل آیا جائے۔

مثلاً، سنت کے نام پر، ٹیلی فون کے استعمال کرنے اور اس کے ذریعے سے خبر پہنچانے پر کسی کا یہ اعتراض کرنا کہ اس کے

لئے اونٹ، گھوڑے اور قاصد استعمال میں نہیں لائے جاتے، اس لئے یہ رسول اللہ کی سنت کے خلاف اور غیر اسلامی ہے۔ دنیا جانتی ہے کہ مدینے میں رسول اللہ کی سنت کو پورا کرنے کے لئے یہ کبھی نہیں ہوتا تھا کہ رسول اللہ نے کسی رات حلوہ کھایا ہو اور مدینے کے تمام لوگوں نے بھی اس وجہ سے حلوہ کھایا ہو کہ یہ سنتِ رسول ہے۔ تو بات یہ ہے کہ ایک زمانے میں جو سفر گھوڑے یا اونٹ کے ذریعے سے ہوتا تھا وہی سفر آج ہوائی جہاز اور کار وغیرہ کے ذریعے سے ہوتا ہے۔ مقصد ''سفر'' ہے گھوڑا یا جہاز نہیں۔ اسی طرح سے مقصد قُرآن حکیم کے ''قوانین'' کو رائج کرنا ہے۔ جس کا طریقہ پہلے زمانے کے طریق سے مختلف تو ہوسکتا ہے لیکن خلاف نہیں۔ ہماری حالت یہ ہے کہ آج کے ترقی یافتہ دور میں بھی جہاں سائنس نے اتنی ترقی کر لی ہے کہ جو عام آدمی کے وہم وگمان سے بھی باہر ہے۔ لیکن ہمارے علمائے دین، عیدین کے چاند کو دیکھنے کے لئے اب بھی دوربین کا استعمال کرتے ہیں اور دو گواہوں کی شہادت چاہتے ہیں تاکہ عید کا فیصلہ سنت کے مطابق کیا جاسکے۔ جب کہ رسول اللہ نے تو کبھی دوربین سے چاند نہیں دیکھا تھا، اس لئے اُن کی سنت کی پیروی میں تو دوربین اور چشمے لگائے بغیر عید کا چاند دیکھنا چاہئے۔ یہ جو کچھ بھی کیا جاتا ہے، اس لئے تاکہ لوگوں پر ان کا رعب اور دبدبہ قائم رہے اور دوسرا یہ بھی کہ ان کی ''ہلال'' کمیٹیوں کو ملنے والے فنڈز بند نہ ہوں۔ یہ لوگ نہیں چاہتے کہ لوگوں کی زندگیوں پر جو ان کی بدولت جمود طاری ہے اس کا سحر ٹوٹ جائے۔ اور وہ کبھی بھی آزاد ہوسکیں۔

اسی حقیقت کو علامہ اقبال نے اپنے خطباتِ ''تشکیلِ جدید'' میں کچھ یوں بیان کیا ہے :۔

''اسلام کا پیش کردہ تصور یہ ہے کہ حیاتِ کلی کی روحانی اساس ازلی وابدی ہے لیکن اس کی نمود تغیر وتنوع کے پیکروں میں ہوتی ہے۔ جو معاشرہ حقیقتِ مطلقہ کے متعلق اس قسم کے تصور پر متشکل ہوٗا اس کے لئے ضروری ہوگا کہ وہ اپنی زندگی میں مستقل اور تغیر پذیر عناصر میں تطابق وتوافق پیدا کرے۔ اس کے لئے ضروری ہے کہ اس کے پاس اپنی اجتماعی زندگی کے نظم وضبط کے لئے مستقل اور ابدی اصول ہوں.......... لیکن اگر ان ابدی اصولوں کے متعلق یہ سمجھ لیا جائے کہ ان کے دائرے کے اندر تغیر کا امکان ہی نہیں تو اس سے زندگی جو اپنی فطرت میں متحرک واقع ہوئی ہے یکسر جامد اور متصلب بن کر رہ جائے گی۔ یورپ کو عمرانی اور سیاسی علوم میں جو ناکامی ہوئی ہے تو اس کی وجہ یہ ہے کہ ان کے پاس کوئی ابدی اور غیر متبدل اصولِ حیات نہیں تھے۔ اس کے برعکس، گذشتہ پانچ سو سال میں اسلام جس قدر جامد اور غیر متحرک بن کر رہ گیا ہے تو اس کی وجہ یہ ہے کہ مسلمانوں نے مستقل اقدار کے دائرے میں اصولِ تغیر کو نظر انداز کر رکھا ہے۔''

بحوالہ خطباتِ اقبال تشکیلِ جدید

چنانچہ، پورے وثوق اور یقین کے ساتھ کہا جاسکتا ہے کہ دنیا کا کوئی بھی مفکر جب کسی نئے نظام کی تلاش میں دیگر نظامہائے عالم کا تجزیہ کرے گا تو اُسے یہ اعتراف کرنا پڑے گا کہ اسلام کے وضع کردہ قوانین کے تحت بروئے کار لائے جانے والے

نظامِ حیات سے بہتر کوئی ایسا نظام دنیا کے سامنے پیش ہی نہیں کیا جا سکتا جو اپنے اندر لوگوں کے اقتصادی معاشی اور دیگر مسائلِ روحانی کو اس قدر احسن طریقے سے حل کرنے کی صلاحیت رکھتا ہو۔ یہی وہ حقیقت ہے جس کے پیشِ نظر اللہ نے قُرآنِ حکیم میں جن وانس کو مخاطب کرتے ہوئے اس بات کا اعلان کیا ہے کہ:۔

قُل لَّئِنِ ٱجْتَمَعَتِ ٱلْإِنسُ وَٱلْجِنُّ عَلَىٰٓ أَن يَأْتُوا۟ بِمِثْلِ هَـٰذَا ٱلْقُرْءَانِ لَا يَأْتُونَ بِمِثْلِهِۦ وَلَوْ كَانَ بَعْضُهُمْ لِبَعْضٍ ظَهِيرًا ۱۷/۸۸

''(لوگوں) سے کہہ دیجئے کہ اگر تمام انسان اور کل جنات مل کر اس قُرآن کے مثل لانا چاہیں تو وہ ایسا نہیں کر سکیں گے خواہ وہ ایک دوسرے کے کتنے ہی مددگار کیوں نہ بن جائیں۔''

اس چیلنج کو قبول کرنا کسی کے بس کی بات ہی نہیں تھی، نہ اُس وقت تھی اور نہ ہی آج ہے۔ اس لئے کہ وحی کی تعلیم کے بغیر انسان کی عقلِ خود بین دوسروں کے مفادات کو اپنے مفادات پر ترجیح دے ہی نہیں سکتی، انسان کی یہ عقلِ خود بین سب سے پہلے اپنے مفادات کے تحفظات کا انتظام کرتی ہے۔ اس لئے یہ ایسا کوئی قانون بننے ہی نہیں دیتی جس سے اس کے اپنے مفادات پر زد پڑتی ہو، ہمیں یہ تماشہ اپنی نیشنل اسمبلی میں سیاسی پارٹیوں کے سربراہان کی طرف سے روز دیکھنے کو ملتا ہے۔ ہوتا یہ ہے کہ طے شدہ پروگرام کے تحت ان میں سے ایک پارٹی شور مچاتی، سر پیٹتی، عوام کے حقوق کے نام پر دوہائی دیتی اور اپنے تحفظات کا ڈھول پیٹتی، میٹنگ ہال سے باہر احتجاج کے لئے نکل آتی ہے اور جب ان سے سوال کیا جاتا ہے کہ حضرات آپ یوں ننگے پاؤں سڑک پر کیوں نکل آئے ہیں؟ تو اس وقت وہ اپنے باطن کی تمام تر خباثت اور لالچ کی غلاظت کو اپنی مخصوص مسکراہٹ کے پیچھے چھپا کر کوئی جواب دیئے بغیر، دامن بچا کر صاف نکل جاتے ہیں، جیسے سانپ اپنی کینچلی سے نکل جاتا ہے۔

اور دوسرے ہی دن کوئی پراسرار طاقت ان کے تحفظات دور کر دیتی ہے اور اس کے بعد وہ معمول کے مطابق واپس اسمبلی میں جا بیٹھتے ہیں، جیسے کچھ ہوا ہی نہ ہو۔ دنیا جانتی ہے کہ ان لوگوں کو عوام اور اس کی خدمت سے کچھ واسطہ نہیں ہوتا۔ ہونا تو یہ چاہئے کہ ان عوامی خدمت گاروں کے ہاتھ میں جھاڑو تھما کر کہا جائے کہ سڑک کی صفائی سے عوام کی خدمت شروع کرو۔ اس کے بعد دیکھئے کہ ان میں سے کتنے ایسے ہوں گے جو یہ سب کرنے کو تیار ہوتے ہیں۔ اِن سے کچھ بعید نہیں کہ دنیا کو اپنی عوام پروری دکھانے کے لئے یہ چند دن ایسا کر کے بھی دکھا دیں۔ یہی وہ لوگ ہیں جو قُرآنِ حکیم کے کسی ایک قانون کو بھی زیرِ بحث نہیں لاتے۔ لیکن اگر کسی معاملے میں کہیں عوام کا مطالبہ زور پکڑ جائے تو یہ لوگ دکھاوے کے طور پر اسمبلی ہاؤس سے قانون پاس کرنے کے بعد اسے سینیٹر کمیٹی میں پاس ہونے کے لئے بھیج دیتے ہیں اور چونکہ وہاں پر بھی انہی کے بھائی اور رشتہ دار بیٹھے ہوتے ہیں جو اسے دو تہائی ووٹ کے ذریعے سے نامنظور کر دیتے ہیں۔ اللہ اللہ خیر سلا۔ لو، کر لو جو کرنا ہے۔

اللہ کے قوانین کو حکومتی سطح پر تو وہی لوگ نافذ کر سکتے ہیں، جو وحی کے اُن ابدی قوانین پر یقین رکھتے ہوں اور جانتے ہوں کہ اللہ کے قوانین ہی وہ ایسے قوانین ہیں کہ جب انھیں معاشرے میں حکومتی سطح پر رائج کیا جاتا ہے تو وہ بلا تخصیصِ مذہب، قوم یا رنگ و

نسل کے بنی نوعِ انسان کو پورے عدل اور انصاف کے ساتھ برابری کے حقوق دیتے چلے جاتے ہیں۔ ان قوانین کی برکت سے اس معاشرے کے افراد کی وہ عقلِ خود بین جسے ہر وقت اپنی ہی پڑی رہتی تھی جب اس کا شعور بیدار ہو جاتا ہے اور احساس ہونے لگتا ہے کہ اس کو دوسرے دن کے لئے کچھ بھی جمع کرنے اور اس کے لئے فکر مند ہونے کی ضرورت نہیں رہی، کیونکہ اُس کی اور اُس کے خاندان کی کفالت کی تمام تر ذمہ داری تو مملکتِ اسلامیہ نے اپنے اوپر واجب کر لی ہے، تو اس احساسِ تحفظ کے پیشِ نظر وہی عقلِ خود بین، عقلِ جہاں بین میں تبدل ہو جاتی ہے یعنی اس میں قلبی تبدیلی رونما ہو جاتی ہے۔ ایسا ہونے پر اس معاشرے کا ہر بندہ دوسروں کے مفادات کو اپنے مفادات پر ترجیح دینے لگ جاتا ہے وہ یہ جان جاتا ہے کہ قرآنِ حکیم کی تعلیم اور اس کے اصولوں کے مطابق کسی بھی انسان کی ذات کی نشو ونما اس وقت پر جا کر ہوتی ہے جب وہ کسی کو کچھ دیتا ہے، یعنی ذات کی نشو ونما دینے سے ہوتی ہے لینے سے نہیں۔ یوں اس معاشرے کے لوگ ایک دوسرے کی ذات کی نشو ونما کا ذریعہ بنتے ہیں، اور اس دنیا میں بھی جنتی معاشرہ قائم کرتے ہیں اور اس زندگی کے بعد آگے بڑھ جانے اور جنت میں داخل ہونے کے اہل بھی قرار پاتے ہیں ۔

یاد رہے کہ مدینہ منورہ کی حکومت کے قیام میں اچھا خاصہ عرصہ لگا تھا، اس کی ایک وجہ تو یہ تھی کہ قرآنِ حکیم ایک مناسب ترتیب کے ساتھ آہستہ آہستہ نازل کیا جا رہا تھا کیونکہ لوگوں کو اس کی تعلیم سے بہرہ ور ہونے اور معاشرے میں اس کے مطابق عملی زندگی اختیار کرنے کے لئے وقت درکار تھا۔ بغیر ذہنی تربیت کے ممکن ہی نہ تھا کہ لوگ اس نظام کی اہمیت وافادیت کو سمجھ سکتے۔ لیکن جب پوری طرح سے بات ان کی سمجھ میں آ گئی تو وہ اپنے ایمان پر جم کر کھڑے ہو گئے' اور پھر اس سے انہیں دنیا کی کوئی طاقت بھی اپنی جگہ سے ہلا نہ سکی۔ دوسرا انتظامیہ اداروں کے قیام کے لئے بھی وقت درکار تھا۔ اس وقت مسجد الحرام ہی اسلام کا سب سے بڑا ادارہ تھا جس کے ذریعے سے کاروبارِ مملکت چلائے جاتے تھے اور وہیں پر لوگوں کی تعلیم و تربیت کا بھی بندوبست کیا جاتا تھا۔

آج ہمیں اُس طرح کی مشکلات کا کوئی سامنا نہیں کیونکہ اللہ جن قوانین کے مطابق معاشرہ قائم کرنے کا ہم سے تقاضہ کرتا ہے اور جس کے مطابق مدینہ میں پہلی اسلامی مملکت قائم کی گئی تھی اس کا ماڈل ہمارے سامنے ہے۔ اِس نظام کے بروئے کار لانے کے لئے جس خطۂ زمین کی ضرورت پڑتی ہے اور جس کے بغیر یہ نظام قائم ہی نہیں کیا جا سکتا، اللہ کے فضل سے وہ خطۂ زمین پہلے ہی سے ہمارے پاس موجود ہے۔ اور جن عمارتوں کو اللہ اپنے ادارے کہہ کر پکارتا ہے وہ بھی اپنی پوری شان وشوکت کے ساتھ ملک بھر میں مسجدوں کی صورت میں موجود ہیں۔ لیکن افسوس کہ یہ بھی اسلام کی طرح آزاد نہیں، ان پر بھی قبضہ گروپوں اور مافیا گروہوں کا تسلط قائم ہے اور یہ اس وقت تک قائم رہے گا جب تک کہ اسلام آزاد نہیں ہوگا، جب وہ آزاد ہو جائے گا تو پھر اللہ کے ادارے (مسجدیں) بھی حقیقی معنوں میں آباد ہو جائیں گی۔ اسی لئے قرآنِ حکیم نے مسجدوں کے بارے میں یہ کہا ہے کہ:۔

مَا كَانَ لِلْمُشْرِكِينَ أَن يَعْمُرُوا۟ مَسَـٰجِدَ ٱللَّهِ ۹/۱۷

''لائق نہیں (ہو نہیں سکتا) کہ مشرک اللہ کی مسجدوں کو آباد کریں۔''

یعنی کہ اسلامی نظام کے راستے میں مشرک قوتیں ہمیشہ حائل رہتی ہیں۔ یہی وجہ ہے کہ فرقہ پرستوں کے ہاتھوں مسجدوں کی آبادکاری ممکن ہی نہیں اس لئے کہ اللہ کے قانون کے مطابق، فرقہ بندی شرک ہے اور شرک کے مرتکب لوگ اللہ کی مسجدوں کو کبھی آباد

نہیں کر سکتے۔ اور پھر کون ہے جو یہ نہیں جانتا کہ فرقہ بندی کی لعنت میں دنیا کی باقی ماندہ اقوام میں ہم سب سے آگے ہیں۔ اور یہی وجہ ہے کہ اپنے شرک کی وجہ سے آج ہم ہی دنیا میں سب سے زیادہ ذلیل وخوار بھی ہیں۔

إِنَّمَا يَعْمُرُ مَسَـٰجِدَ ٱللَّهِ مَنْ ءَامَنَ بِٱللَّهِ وَٱلْيَوْمِ ٱلْـَٔاخِرِ وَأَقَامَ ٱلصَّلَوٰةَ وَءَاتَى ٱلزَّكَوٰةَ وَلَمْ يَخْشَ إِلَّا ٱللَّهَ ۹/۱۸

''اللہ کی مسجدوں کی رونق وآبادی تو ان کے حصے میں ہے جو اللہ پر اور قیامت کے دن پر ایمان رکھتے ہوں، صلوٰۃ کو قائم کرتے اور زکوٰۃ کا انتظام کرتے ہوں اور اللہ کے سوا کسی سے نہ ڈرتے ہوں''

ہم شروع سے یہی دیکھتے چلے آرہے ہیں کہ جہاں پر بھی قُرآنِ حکیم میں ''اللہ ورسول'' کے الفاظ اور ''صلوٰۃ اور زکوٰۃ'' کے الفاظ اکٹھے آتے ہیں تو اس وقت بات قرآنی نظام کی ہو رہی ہوتی ہے۔ اور یہاں پر چونکہ صلوٰۃ اور زکوٰۃ کے الفاظ اکٹھے آئے ہیں تو اس سے مراد یہ ہے کہ مسجدوں کو آباد مومن ہی کریں گے۔ فرقوں میں منقسم مشرک نہیں کریں گے۔ زکوٰۃ اور صلوٰۃ کے اداروں کو قائم کرنے کے لئے مملکت کا قائم ہونا ضروری ہے اس کی غیر موجودگی میں نہ تو مسجدیں اللہ کے اداروں میں منتقل ہو سکتی ہیں اور نہ ہی حقیقی معنوں میں آزاد اور آباد ہی ہو سکتی ہیں۔ اب سوال یہ ہے کہ کیا اس نظام کی برکات کے بارے میں لوگوں کو تعلیم پہلے دی جائے، یا کہ پھر پہلے نظام قائم کیا جائے۔

سوالا کھ کے اس سوال کا جواب اقبالؒ سے بہتر کون دے سکتا ہے۔

سعید الدین جعفری کو لکھتے ہیں کہ:۔

''......میرا ذاتی طریق یہی ہے کہ میں دنیا کی تمام مذہبی تحریکوں کو ادب اور احترام کی نگاہ سے دیکھتا ہوں، گو یہ احترام مجھے ایسی تنقید سے باز نہیں رکھ سکتا جس کی بنیاد دیانت پر ہو اور جس میں سوائے خلوص کے اور کچھ نہ ہو۔ غرض یہ کہ میرا عقیدہ ہے اور یہ عقیدہ محض خاندانی تربیت اور ماحول کے اثرات کا نتیجہ نہیں بلکہ بیس سال کے نہایت آزادانہ غور وفکر کا نتیجہ ہے کہ اس وقت اقوامِ انسانی کے لئے سب سے بڑی نعمت اسلام ہے اور جو شخص مسلمان کہلاتا ہے اس کا فرض ہے کہ قومی تعصب کی وجہ سے نہیں بلکہ خالصتاً للہ اپنی زندگی میں ایک عملی انقلاب پیدا کرے اور اگر دماغی قوت رکھتا ہے تو اپنی بساط کے مطابق اسلام کے سمجھنے اور سمجھانے کی کوشش کرے تا کہ نوع انسان قدیم توہمات سے نجات پائے۔ مسلمانوں کو تو سیاسیات سے پہلے اشاعتِ اسلام کا کام ضروری ہے تاہم دونوں کام ساتھ ساتھ بھی ہو سکتے ہیں۔''

اقبال سعید الدین جعفری ۱۴ نومبر ۱۹۲۳ء

غور فرمایا آپ نے ؟ کہ اقبالؒ کی نظر میں اقوامِ انسانی (بنی نوعِ انسان) کے لئے سب سے بڑی نعمت اسلام ہے اور مسلمانوں کو سیاسیات سے پہلے اشاعت اسلام کا کام ضروری ہے تاہم دونوں کام ساتھ ساتھ بھی ہو سکتے ہیں۔ یہ ہے وہ حقیقی جمہوریت جس میں بنی نوعِ انسان کے اقتصادی معاشی اور سیاسی معاملات اللہ کے قوانین (قُرآن) کے مطابق ان کی باہمی مشاورت سے نہایت کامیابی اور خوش اسلوبی سے طے پاتے ہیں۔

اقبال، ڈاکٹر نکلسن کو لکھتے ہیں کہ:۔

''......قُرآن الٰہیات کی کتاب نہیں، بلکہ اس میں انسان کی معاش و معاد کے متعلق جو کچھ کہا گیا ہے، پوری قطعیت سے کہا گیا ہے۔ یہ اور بات ہے کہ اس کا تعلق الٰہیات ہی کے مسائل سے ہے۔ عہدِ جدید کا ایک مسلمان اہلِ علم جب ان مسائل کو مذہبی تجربات اور افکار کی روشنی میں بیان کرتا ہے جن کا مبدأ اور سرچشمہ قُرآنِ مجید ہے، تو اس سے یہ نہیں سمجھنا چاہئے کی جدید افکار کو قدیم لباس میں پیش کیا جا رہا ہے، بلکہ یوں کہنا چاہیئے کہ پرانے حقائق کو جدید افکار کی روشنی میں بیان کیا گیا ہے......''

(اقبال نامہ) ڈاکٹر نکلسن ۲۴ جنوری ۱۹۲۱ء

یہاں پر اقبالؒ نے جو یہ کہا ہے کہ ''قُرآن الٰہیات کی کتاب نہیں'' اور پھر آگے چل کر کہا ہے کہ ''یہ اور بات ہے کہ اس کا تعلق الٰہیات ہی کے مسائل سے ہے۔'' تو اس کا مطلب یہ ہے کہ اللہ نے انسان کی معاشی اور روحانی ضروریات کے پیشِ نظر جو احکام نازل فرمائے ہیں وہ یقینی بھی ہیں اور مکمل بھی۔ اگر انسان کے زندہ رہنے کے لئے اقتصادی اور معاشی تدابیر اختیار نہ کی جاتیں تو انسان کے جسم کی نشو و نما میں کمی واقع ہو جاتی اور ساتھ ہی اس کی ذات کی نشو و نما بھی رک جاتی۔ چونکہ اللہ چاہتا ہے کہ اس کے انسان اپنی ارتقائی منازل طے کرنے اور آگے بڑھنے کے قابل ہو جائیں اِس لئے اُس نے ان کی طبعی تقاضوں کو پورا کرنے کا بندوبست سب سے پہلے کیا۔ لیکن ساتھ ہی اس کی روحانی نشو و نما کے متعلق ہدایات بھی دیں تا کہ وہ ان پر چل کر دنیا میں بھی جنتی زندگی گزارنے کے قابل ہو جائیں اور آخرت میں بھی جنت کے اہل قرار پائیں۔ قُرآن کا الٰہیاتی ہونا اور الٰہیاتی نہ ہونا سے اقبالؒ کی مراد یہی ہے۔

دراصل افلاس، غربت، تنگدستی، لاچارگی اور اپنے جیسے انسانوں کی غلامی میں انسان کی ''ذات'' کی نشو و نما کا رک جانا قدرتی امر ہے۔ لیکن اس کا سب سے بڑا نقصان یہ ہوتا ہے کہ مرنے کے بعد یہ مزید ارتقائی مراحل طے کرنے کے قابل نہیں رہتی، اسی کو جہنمی زندگی قرار دیا گیا ہے۔ انسانی ذات کی نشو و نما کی تمام امکانی صلاحیتیں اپنے بھرپور انداز میں اس وقت پر جا کر ظاہر ہوتی ہیں جب وہ اقتصادی اور معاشی ضروریات سے مکمل طور پر بے فکر ہو جائے، اس سے اس کو وہ مواقع میسر آتے ہیں جن کے ذریعے سے اس کی جسمانی نشو و نما کے ساتھ ساتھ ذات کی نشو و نما میں بھی ترقی ہونے لگتی ہے۔

اقبال کہتے ہیں کہ علم الاقتصاد پر اردو میں سب سے پہلی کتاب انھوں نے لکھی تھی جو ۱۹۰۳ء میں شائع ہوئی تھی۔ انھوں

نے اس کے دیباچے میں لکھا ہے کہ:۔

''اس میں کچھ شک نہیں کہ تاریخِ انسانی کے سیلِ رواں میں' اصولِ مذہب بھی بے انتہا مئوثر ثابت ہوئے ہیں۔مگر یہ بات بھی روزمرہ کے تجربہ اور مشاہدہ سے ثابت ہوئی ہے کہ روزی کمانے کا دھندا ہر وقت انسان کے ساتھ ساتھ ہے اور چپکے سے اس کے ظاہری اور باطنی قویٰ کو اپنے سانچے میں ڈھالتا رہتا ہے۔ذرا خیال کرو کہ غریبی، یا یوں کہو کہ ضروریاتِ زندگی کے کامل طور پر پورا نہ ہونے سے انسانی طرزِ عمل کہاں تک متاثر ہوتا ہے۔غریبی قویٰ انسانی پر بہت برا اثر ڈالتی ہے۔ بلکہ بسا اوقات انسانی روح کے مجلا آئینہ کو اس قدر زنگ آلود کر دیتی ہے کہ اخلاقی اور تمدنی لحاظ سے اس کا وجود و عدم برابر ہو جاتا ہے......''

بحوالہ اقبال نامہ ۱۹۰۳ء

بھوک افلاس اور غربت و تنگدستی کے ماحول کا اندازہ وہی لگا سکتا ہے جو اس میں سانس لے رہا ہو۔ بہر حال' یہاں پہنچنے تک 'وہ حصہ' ''صلوٰۃ'' جس کا تعلق نظام سے ہے کم از کم اس کا ایک گوشہ کھل کر ہمارے سامنے آ گیا ہے اور اس سے جو بات پایۂ ثبوت کو پہنچتی ہے وہ یہ ہے کہ قرآن کی صلوٰۃ بنی نوعِ انسان کو ایک جامع پروگرام دیتی ہے جس میں لوگوں کی مناسب تعلیم و تربیت کے لئے اپنے اداروں (مسجدوں) کو استعمال میں لاتی ہے۔ان میں ایسے انتظامات کرتی ہے جن سے معاشرے کے لوگوں کے فروعی تنازعات سے لے کر حکومتی سطح تک کے بڑے اقتصادی فیصلوں تک کو زیرِ بحث لایا جاتا ہے۔اس سے ایک ایسا معاشرہ قائم ہو جاتا ہے جس کے افراد ایک دوسرے سے اس طرح سے جڑے ہوتے ہیں کہ باہر کا کوئی دشمن (شیطان) ان کی صفوں میں داخل نہیں ہو سکتا۔ یہ جو روزمرہ کے مذہبی اور سیاسی کشیدگیوں کی وجہ سے قتل و غارت گری کے بازار گرم رہتے ہیں اور کوئی قاتل پکڑا نہیں جاتا اس طرح کے سلسلے بھی خود بخود بند ہو جاتے ہیں۔اس معاشرہ میں کسی کی کوئی جائز ضرورت رکی نہیں رہتی ۔ حضرت عمرؓ نے جو کہا تھا کہ میں اس نظام کے ہوتے ہوئے کسی کی دعا کو آسمان تک نہیں جانے دوں گا' تو اس سے ان کی مراد یہی تھی کہ کسی کی کوئی احتیاج رکی نہیں رہے گی اور ہر ایک کے ساتھ بلا تخصیصِ ملت و مذہب اور رنگ کے پورا پورا انصاف کیا جائے گا۔اس نکتۂ نگاہ سے دیکھیں تو یک جاں دو قالب کے مصداق ''صلوٰۃ'' کے حصۂ عبادت میں اور ''صلوٰۃ'' کے حصۂ نظام میں کوئی فرق ہی نہیں ہوتا۔

علامہ اقبالؒ ۷ جون ۱۹۳۱ء کو مولوی صالح محمد کو لکھتے ہیں کہ:۔

''اسلام بحیثیت مذہب کے دین سیاست کا جامع ہے۔ یہاں تک کہ ایک پہلو کو دوسرے پہلو سے جدا کرنا حقائقِ اسلامیہ کا خون کرنا ہے۔''

بحوالہ اقبالؒ نامہ ۷ جون ۱۹۳۱ء

غور فرمایا آپ نے، کہ علامہؒ کی نظر میں اسلام بحیثیت مذہب کے دین سیاست کا جامع ہے۔اس لئے اس کے ایک پہلو کو دوسرے پہلو سے جدا کرنا حقائقِ اسلامیہ کا خون کرنے کے برابر ہے۔ چنانچہ جب بھی کوئی شخص خالصتاً قرآن کی روشنی میں صلوٰۃ کے حصہٗ عبادت کا ذکر کرے گا تو وہ اسے صلوٰۃ کے حصہٗ نظام سے کبھی الگ نہیں کر سکے گا، جیسا کہ اوپر دی گئی مثال سے واضح ہے کہ مسجد میں اللہ کی حمد وثنا کے بعد لوگ جب باہمی مشاورت سے اپنے معاملات کو قرآنِ حکیم کی روشنی میں حل کر رہے ہوتے ہیں، تو حقیقت میں اُس وقت عبادت اور انتظامی معاملات ایک دوسرے کا ہاتھ تھامے ساتھ ساتھ چل بھی رہے ہوتے ہیں اور حل بھی۔ یعنی قرآن کی روشنی میں غور وفکر کے نتیجے میں عبادت بھی ہو رہی ہوتی ہے اور معاشرتی مسائل بھی حل ہو رہے ہوتے ہیں۔ صرف اسی قسم کے طرزِ عمل کے بعد یہ کہنا درست ہوگا کہ سیاست عین عبادت ہے۔ اس کے علاوہ سیاست میں عبادت نام کی کوئی چیز نہیں ہوتی۔

اس کے برعکس ہماری مروجہ صلوٰۃ (نماز) میں ایسا نہیں ہوتا، مسجدوں میں اس کے پڑھنے اور نہ پڑھنے کے ثواب وعذاب کے علاوہ واعظ ہمیں اور کچھ بتا ہی نہیں پایا، صدیوں سے ایسا ہی ہوتا چلا آرہا ہے۔ قیامِ پاکستان کے بعد آج تک بیسیوں مرتبہ ایسا ہوا ہے کہ علماء حضرات نے متفقہ طور پر ایسے اعلانات کئے ہیں کہ وہ ملک میں اسلامی نظام کے لئے مل کر کام کرنا چاہتے ہیں، لیکن جب اس پر عملی کام کرنے کا وقت آیا تو یہ لوگ اس بات کا فیصلہ نہ کر سکے کہ ملک میں شریعت کس فرقے کی فقہ کے مطابق نافذ ہو۔ مصیبت یہ ہے کہ یہاں پر مالکی، شافعی، حنفی، حنبلی اور جعفریہ فقہ کو ماننے والے پانچ بڑے فرقے موجود ہیں جن کی اپنی الگ الگ شریعتیں ہیں اور یہ ایک دوسرے کی شریعتوں کو دل وجان سے قبول نہیں کرتے، اسی لئے ان کی مسجدیں بھی الگ ہیں اور نمازوں کے پڑھنے کا طریقہ بھی الگ اور اذان کے الفاظ میں بھی کسی حد تک کمی بیشی پائی جاتی ہے۔ تو اس صورتِ حال میں ان میں سے کوئی ایک بھی یہ کیسے گوارا کر سکتا ہے کہ ملک میں ان کی فقہ کے علاوہ کسی دوسرے کی فقہ کے مطابق قانون بنائے جائیں اور اس کا سکہ قائم ہو جائے۔ اب آپ کو اس بات کا بخوبی اندازہ ہو گیا ہوگا کہ مسجدوں میں ثواب وعذاب کی تقاریر کے علاوہ واعظ (امام) اسلامی نظام کی بات کیوں نہیں کرتا۔ بفرضِ محال اگر یہ فرقے متفقہ طور پر اپنے میں سے کسی ایک کی شریعت کو نافذ کرنے کی حامی بھر بھی لیں تو بھی وہ اسلامی نہیں ہو سکتی، کیونکہ وہ بھی خالص قرآنِ حکیم کے قوانین پر مبنی شریعت نہیں ہوگی۔ اس کا ثبوت روزِ روشن کی طرح ہمارے سامنے ہے کہ اپنے اپنے طور پر انہی علماء نے بڑے بڑے مدارس قائم کروائے اسلامی سکول کھلوائے، لیکن اِن کی اُن تمام کاوشوں کے باوجود جس چیز کو اللہ شرک قرار دیتا ہے یہ اس فرقہ بندی کی لعنت کو ختم کرنے میں بری طرح سے ناکام رہے اور امت کو متحد نہ کر سکے۔ جبکہ قرآنِ حکیم نے فرقہ بندی کے متعلق واضح احکام نازل فرمائے، جن میں کہا گیا کہ:۔

مُنِيبِينَ إِلَيْهِ وَاتَّقُوهُ وَأَقِيمُوا الصَّلَوٰةَ وَلَا تَكُونُوا مِنَ الْمُشْرِكِينَ ۳۰/۳۱

''لوگو اللہ تعالیٰ کی طرف رجوع ہو کر اس سے ڈرتے رہو (بڑی احتیاط برتنا) اور صلوٰۃ کو قائم رکھو اور مشرکین میں سے نہ ہو جاؤ۔''

مِنَ الَّذِينَ فَرَّقُوا دِينَهُمْ وَكَانُوا شِيَعًا ۖ كُلُّ حِزْبٍ بِمَا لَدَيْهِمْ فَرِحُونَ ۳۰/۳۲

(یعنی) ''ان لوگوں میں سے جنھوں نے اپنے دین کو ٹکڑے ٹکڑے کر دیا اور خود بھی گروہ گروہ ہو گئے ۔ ہر گروہ اس چیز پر جو اس کے پاس ہے مگن ہے۔'' ۳۰/۳۲

آیت کے پہلے حصے میں صاف صاف بتا دیا گیا ہے کہ دین کا نظام (نظامِ صلوٰۃ) مشرکین کے ہاتھوں قائم نہیں ہو سکتا۔یعنی فرقہ بازی شرک ہے اور فرقوں میں بٹی ہوئی مشرک قوم چاہے کتنا ہی زور کیوں نہ لگا لے یہ غیر ممکن ہے کہ دین اس کے ہاتھوں سے قائم ہو جائے۔

آیت کے دوسرے حصے میں ''مگن ہے'' کے الفاظ بہت ہی غور طلب ہیں۔اپنے اپنے طور پر ہر فرقہ یہی کہتا ہے کہ وہ حق پر ہے اور باقی گمراہ ہیں۔حالانکہ قرآن حکیم نے یہ کہا ہے کہ جو بھی فرقہ بندی اختیار کرتا ہے وہ شرک کا مرتکب ہوتا ہے۔ اور یہ بات اتنی چھوٹی نہیں جسے کوئی پڑھ کر آگے بڑھ سکے اور یہ دعویٰ کرے کہ وہ شرک میں مبتلا نہیں۔یہ وہ نکتہ ہے جسے ایک بار سمجھ لینے کے بعد عقل و شعور رکھنے والا کوئی بھی شخص فرقہ بازی اختیار کر ہی نہیں سکتا۔مثلاً ہم دیکھتے ہیں کہ بلا کسی تخصیص کے ملک کی ساری مذہبی جماعتیں پاکستان کی سیاسی جماعتوں کے لیڈروں کو تحفظات فراہم کرتیں اور ان لوگوں کو حکومت میں لاتی ہیں جن کے منشور میں کسی اسلامی شق کا کوئی عمل دخل ہی نہیں ہوتا۔اس رویہ کی وجہ سے یہ سب مذہبی جماعتیں دوہرے شرک کی مرتکب ہوتی ہیں ۔ایک تو اپنی مذہبی تفریق (فرقہ بازی) کی بدولت اور دوسرے اللہ کے اس حقِ حکومت کو جو اس کے لئے خاص ہے اپنے ہی جیسے انسانوں (غیر خدائی قوتوں) یعنی اوروں کو تفویض کرنے کے سلسلے میں ان کے مددگار بننے کی وجہ سے۔

جبکہ اللہ نے کہا ہے کہ:۔

وَلَا يُشْرِكُ فِي حُكْمِهِۦٓ أَحَدًا ۱۸/۲۶ ''اللہ اپنی حکومت میں کسی کو شریک نہیں کرتا''

''اللہ ہی وحدہٗ لاشریک ہے'' کا ورد کرنے والے اپنے شرک میں اس قدر آگے بڑھ گئے ہیں کہ جس پارٹی کے ساتھ یہ اپنے الحاق کا اعلان کرتے ہیں اسی کو عین اس وقت چھوڑ کر اس سے الگ ہو جاتے ہیں جب اُسے اِن کی سب سے زیادہ مدد درکار ہوتی ہے۔اور وہ ایسا اس لئے نہیں کرتے کہ اسلام کا اس میں کوئی فائدہ ہوتا ہے۔ بلکہ وہ منافقت سے کام لے کر اپنے مفادات کے تحفظات کی خاطر راہیں ہموار کرنے کے لئے ایسا کرتے ہیں۔ یہ جانتے ہوئے بھی کہ ایک اللہ اور اس کا عطا کردہ قرآنِ حکیم (ضابطۂ حیات) اسکے مطابق زندگی گزارنے والی ایک امت اور اس امت کا ایک نظام یہی توحید ہے۔اس کے باوجود مذہبی پیشواؤں کا ہر وہ قدم جو یہ اٹھاتے ہیں اس سے امت میں مزید تفرقات کی راہیں کشادہ ہوتی ہیں۔

اس ناکامی کی واحد وجہ ''وحی خفی'' کا وہ غیر قرآنی عقیدہ ہے جسے کوئی بھی چھوڑنے کے لئے تیار نہیں۔لیکن یہ لوگوں کا اپنا اپنا فیصلہ ہے اور انھیں اس پر قائم رہنے کا پورا پورا حق بھی، کیونکہ قرآنِ حکیم کی زبان میں ہے کہ قیامت کے دن کسی سے کسی دوسرے کی

بابت کوئی سوال نہیں کیا جائے گا، اس لئے کوئی جو کچھ بھی کرتا ہے اس کا ذمہ دار بھی خود وہی ہو گا۔ دوسرا اصول جو اس بارے میں قُرآنِ حکیم نے دیا ہے وہ یہ ہے کہ "دین میں زبردستی نہیں"، یعنی ایک مقررہ وقت تک کے لئے سب کو کھلی چھٹی ہے۔ اس کے باوجود ضروری ہے کہ بنی نوعِ انسان کے مفاد اور اس کے تحفظ کی خاطر قرآنِ خالص کی تعلیم کو عام کرنے کے لئے ہم جو کچھ بھی کر سکتے ہیں خلوصِ نیت کے ساتھ زندگی کے آخری لمحات تک کرتے چلے جائیں اور پیچھے پلٹ کر نہ دیکھیں۔

جلالِ پادشاہی ہو کہ جمہوری تماشا ہو
جدا ہو دین سیاست سے تو رہ جاتی ہے چنگیزی

علامہ اقبالؒ اپنی ذاتی تحقیق کی بنا پر اس نتیجے پر پہنچ چکے تھے کہ دین کے حوالے سے مسلمانوں کے ساتھ جو دھوکا ہوا ہے اس کے پیچھے وہی قوتیں کارفرما تھیں، جن کی پرشکوہ سلطنت کا خاتمہ مسلمانوں کے ہاتھوں ہوا تھا۔ ان کی نشاندہی انھوں نے ۴ اکتوبر ۱۹۱۵ء کو منشی سراج الدین کے نام اپنے خط میں کچھ ان الفاظ میں کی:۔

"ہندوستان کے مسلمان کئی صدیوں سے ایرانی تاثرات کے اثر میں ہیں۔ ان کو عربی اسلام سے اور اس کے نصب العین اور غرض و غایت سے آشنائی نہیں۔ ان کے لٹریری آئیڈیل بھی ایرانی ہیں اور سوشل نصب العین بھی ایرانی ہیں۔"

بحوالہ اقبال نامہ منشی سراج الدین ۴، اکتوبر ۱۹۱۵ء

حریفانِ اسلام نے اپنی شکست کا بدلہ لینے کے لئے قلم کا سہارا لے کر اسلام کے نام پر غیر قرآنی نظریات و عقائد کو مسلمانوں میں عام کیا۔ اس کے لئے ان کے پاس ذرائع کی کوئی کمی نہ تھی، جس سے انھوں نے مسلمانوں پر دو نہایت کاری ضربیں لگائیں۔ پہلی یہ کہ قُرآن کی اس صلوٰۃ کو جس کے اندر "نظامِ عبادت" اور "نظامِ حکومت" دونوں ہی یک جاں دو قالب کی طرح ایک دوسرے میں پیوست ہیں، اور جنھیں اگر ایک دوسرے سے الگ کر دیا جائے تو یہ اپنی افادیت اور حیثیت کو برقرار نہیں رکھ سکتی، الگ کر دیا۔ چونکہ قُرآنِ حکیم نے (عبادت اور نظام) دونوں کے لئے ایک ہی لفظ "صلوٰۃ" کی اصطلاح استعمال کی ہے جس سے دشمنوں کے لئے اور بھی آسان ہو گیا کہ وہ اس تعلیم کو زیادہ سے زیادہ عام کریں کہ صلوٰۃ سے مراد عبادت ہے اور یہ "نماز" کے ذریعے ادا کی جاتی ہے۔ سچ یہ ہے کہ مسلمان حکمران خود اس سازش میں شامل تھے اور چاہتے تھے کہ صلوٰۃ کے حصۂ نظام کو ہمیشہ کے لئے دنیا کی نظروں سے چھپا دیا جائے تا کہ حاکمیت اور اقتدار ان کے ہاتھوں میں رہے اور کسی کو ان کی طرزِ حکومت پر کوئی اعتراض نہ ہو۔ اس بات کو اس سے بھی تقویت ملتی ہے کہ جب صلوٰۃ کے متبادل لفظ "نماز" کو استعمال کیا گیا تو اس وقت اقتدار خود ان (مسلمانوں) کے ہاتھ میں تھا جو نسلاً عرب تھے،ان سے زیادہ اور کون صلوٰۃ کے معنی و مفہوم سے واقف ہو سکتا تھا۔ لیکن اس کے باوجود انھوں نے خلافِ اسلام اقدام کی نہ تو کبھی مذمت ہی کی اور نہ ہی ان کی طرف سے اس کے خلاف کوئی کاروائی عمل میں لائی گئی۔ یاد رہے کہ اُس وقت اُن مسلمانوں کی

حکومتوں میں پارسی مسلمان اعلیٰ منصبوں پر فائز اور قابض ہو چکے تھے اور ان میں ان کا عمل دخل حد سے زیادہ بڑھ چکا تھا، اس قدر کہ، سارا کاروبارِ حکومت وہی لوگ چلاتے تھے۔ یہ ایسے ہی تھا جیسے کہ آج کے دور میں مسلمانوں کی ریاستوں پر امریکہ اور یورپ قابض ہیں اور ان کی مرضی کے خلاف ان ریاستوں میں ایک پتہ بھی نہیں ہل سکتا، اس لئے کہ ہمارے نام نہاد مسلمان حکمران، اسلام اور مسلمانوں کے ساتھ مخلص نہیں۔ بلکہ ان سب کا اخلاص ان کی اپنی اپنی ذات سے وابستہ ہے۔

یہی حال کچھ اُس وقت بھی تھا اگر وہ مسلمان حکمران، اسلام اور مسلمانوں کے ساتھ مخلص ہوتے تو وہ صلوٰۃ اور نماز کے بنیادی فرق کو ملحوظِ خاطر رکھتے ہوئے حکم جاری کرتے کہ کسی کو صلوٰۃ کی اُس اصطلاح کو جسے قرآن نے مقرر کیا ہے اُس کی جگہ نماز کے نام پر عبادت کے لئے الگ شعبہ بنانے کی اجازت نہیں دی جاسکتی اور نہ ہی غیر قرآنی الفاظ کو قرآنی اصطلاحوں میں استعمال کی اجازت دی جاسکتی ہے۔ لیکن اس سے تو اُن کے مفاداتِ دنیوی پر کاری ضرب پڑتی تھی۔ اُن کے اس عمل کے خلاف جس نے بھی آواز اٹھائی اسے درّوں اور کوڑوں سے پٹوایا گیا اور ان کو قید و بند کی صعوبتیں برداشت کرنا پڑیں، اور اکثر کو جان تک سے گزر جانا پڑا۔ حکمرانوں نے اپنے اقتدار کو تحفظ فراہم کرنے اور دوام بخشنے کے لئے لالچی اور بزدل اماموں کے ہاتھوں من گھڑت حدیثوں کو لکھوا کر درسگاہوں کے ذریعے سے عام کیا اور سادہ لوح نومسلم عجمیوں اور عربیوں کو قرآن کے نظامِ صلوٰۃ سے دور کر دیا، بلکہ یہ کہنا زیادہ درست ہوگا کہ ان لوگوں نے ایک خطرناک سازش اور سوچی سمجھی سکیم کے تحت صلوٰۃ کے نظام پر آہنی پردہ ڈال کر اسے لوگوں کی نظروں سے چھپا دیا۔

یاد رہے کہ ’’کفر‘‘ کا مطلب ہی حق بات کو چھپانے کے ہیں اسی لئے تو حق بات چھپانے والوں کو کافر کہا جاتا ہے۔ آج بھی قرآنِ حکیم کی مجوزہ اصطلاحات کے خلاف صلوٰۃ کے معنی ’’نماز‘‘ ہی کئے جاتے ہیں، اللہ کو خدا اور صوم کو روزہ کہا جاتا ہے جب کہ وضو کا لفظ ہی غیر قرآنی ہے۔ یہ بات طے ہے کہ ہمارے درمیان جب تک وحی خفی کا عقیدہ موجود ہے فرقے بھی موجود رہیں گے اور زندگی بھی شرک سے پاک نہیں ہوسکتی۔

صدیوں کے بعد علامہ اقبالؒ اور قائدِ اعظمؒ جیسے مدبرین کی سعئ پیہم کے طفیل اللہ نے مسلمانوں کو ایک موقعہ فراہم کیا تھا کہ وہ مملکتِ خداداد پاکستان میں اس کے دین (نظام) کو نافذ کرسکیں اور ارد گرد کے کثیف مشرکانہ ماحول کو مسترد کرسکیں۔ لیکن ہم آج تک ایسا نہیں کرسکے۔

’’ قرآنی انقلاب کیسے آئے گا‘‘ کے مصنف قاسم نوریؔ لکھتے ہیں کہ:۔

’’دوستو! شرک یہی نہیں ہوتا کہ ہم اللہ کی بجائے کسی بت کی پوجا پرستش کرنے لگیں چونکہ اللہ تعالیٰ کو ہم اس کے قانون کے ذریعے ہی سے سمجھ سکتے ہیں اور اللہ کی اطاعت و بندگی کا مطلب دراصل اس کے قانون کی اطاعت و بندگی ہوتی ہے۔ لہٰذا جب ہم اللہ کے قانون کی جگہ کسی انسان کے بنائے ہوئے قانون کی اطاعت قبول کرلیتے ہیں تو گویا ہم اس قانون کو اللہ کے قانون کے مترادف بنا لیتے ہیں اور یہ شرک بن جاتا ہے۔..... یاد رکھئے ایک مومن کا ووٹ صرف اسی شخص یا پارٹی کے لئے ہوسکتا ہے جو ارض اللہ، یعنی اللہ کی زمین پر اللہ کے قانون قرآنِ حکیم کا نفاذ چاہتا ہے‘‘

بحوالہ ’’ قرآنی انقلاب کیسے آئے گا‘‘ (صفحہ ۴۶۔۴۷) قاسم نوریؔ

اور قائدِ اعظمؒ نے فرمایا تھا کہ:۔

''معاشی احیاء اور سیاسی آزادی کا منطقی انحصار ایک ایسی چیز پر ہے جس کا زندگی سے بڑا گہرا تعلق ہے۔ اگر آپ مجھے کہنے کی اجازت دیں تو وہ اسلام اور اسلامی جذبہ ہے............حق کی راہ میں اور اپنے عقیدے کی نشو ونما کے لئے قُرآن شریف سے بہت مناسب اور معقول مطالب اخذ کرنے چاہئیں۔ اگر ہم اپنے حق کے جذبے میں غیر متزلزل ہیں تو یقیناً از خود اپنی منزل پالیں گے۔''

بحوالہ آل انڈیا ریڈیو ۱۳ نومبر ۱۹۳۹ء

رسول اللہ اور ان کے شرکاء کی ہجرت کا مقصد بھی مدینہ میں خالصتاً اسلامی اور قُرآنی نظام کا نفاذ ہی تھا۔ دیکھا جائے تو مقصد کے لحاظ سے مدینہ منورہ اور پاکستان کے حصول میں کوئی فرق ہی نہیں۔

باطل کے گھٹا ٹوپ اندھیروں کے جس قید خانے میں محبوس اور بے بس ہم کھڑے ہیں اس میں سے نکلنے کے لئے قُرآنِ حکیم کی مدد لئے بغیر دوسری کوئی صورت نہیں، نہ کل تھی، نہ ہی آج ہے۔ پاکستان حاصل ہو جانے کے تھوڑے ہی عرصہ بعد جس گاڑی (نظام) پر چل کر ہمیں منزلِ مقصود تک پہنچنا تھا' اس کو بھی پنکچر لگایا گیا تھا۔ آگے چل کر اس کی وضاحت بھی کر دی جائے گی کہ وہ پنکچر کس نے کس وقت اور کس مقصد کے لئے لگایا تھا۔ یہ وہ راز ہے جس پر سے پہلے کسی نے پردہ نہیں اٹھایا۔

آیئے! عبادت کے سلسلے میں، معراج کے اُس واقعہ کو بھی قُرآنِ حکیم کی روشنی میں دیکھ لیا جائے، جس میں روایات کے مطابق اللہ کی جانب سے رسول اللہ کو نمازوں کا تحفہ عطا ہوا تھا۔ اور جس کے متعلق پارسیوں کا دعویٰ ہے کہ یہ تو رسول اللہ سے صدیوں پہلے (یزدان) خدا کی طرف سے جناب زرتشت کو دیا گیا تھا، اور اس پر مسلمانوں نے غیر منصفانہ اور ناجائز قبضہ جما لیا ہے۔ خیر سے جو بھی ہے ہم اسے قُرآن اور تاریخ دونوں کی روشنی میں دیکھ لیتے ہیں۔

قصۂ معراج

معراج کا واقعہ ہمیں کتبِ احادیث و روایات میں تو پڑھنے کے لئے بہت ملتا ہے اور وہ ہوتا بھی کچھ ایک ہی طرح کا ہے۔ لیکن عقل وفکر کو جلا بخشنے والا وہ منفرد طریقہ جسے قرآن حکیم، تصریفِ آیات کے نام سے متعارف کرواتا ہے اور کہتا ہے کہ قرآن کو قرآن کی آیات کی روشنی میں ہی سمجھنا چاہئے، اسی اصول کے پیشِ نظر معراج کے واقعہ کو آپ کے سامنے پیش کیا جارہا ہے۔ چونکہ وحی کی راہنمائی کے بغیر، اکیلے عقل کے زور پر، نہ تو اسلام سمجھ میں آسکتا ہے اور نہ ہی اللہ اور نہ ہی اس کے پیش کردہ نظام کی کنہ وحقیقت ہی کو پایا جاسکتا ہے۔ یہ مضمون نہایت ہی غور وفکر کا متقاضی ہے امید ہے کہ آپ اسے مفید پائیں گے۔ ''روایت'' کے مطابق معراج کے سفر کے دو حصے ہیں ایک تو وہ ہے جو مسجد الحرام سے مسجدِ اقصیٰ تک کا ہے۔ اور دوسرا حصہ وہاں سے آسمانوں تک کے اُس سفر سے متعلق ہے جس میں نبی اکرم صلی اللہ علیہ وسلم کو پچاس نمازوں اور چھ ماہ کے روزوں کا تحفہ عطا کیا گیا ''مطالب الفرقان'' کے مطابق کہا گیا ہے کہ مولانا مودودیؒ نے جو ہمارے دور کے مفسرین میں سب سے شہرت یافتہ ہیں انھوں نے بڑی ضخیم تفسیر بھی لکھی ہے۔ انھوں نے 1951ء میں معراج کے موضوع پر ریڈیو پر تقریر کی تھی۔ بعد میں یہ تقریر ان کے رسالہ ترجمان القرآن کی اگست 1951ء کی اشاعت میں بھی شائع ہوئی۔ مودودی صاحب مرحوم کی زبانی کہا یہ گیا کہ یہ روایات رسول اللہ کی بیان فرمودہ ہیں۔ اور وہ روایات یہ تھیں کہ :-

''حضرت محمد صلی اللہ علیہ وسلم کو پیغمبری کے منصب پر سرفراز ہوئے بارہ سال گزر چکے تھے۔ باون سال کی عمر تھی۔ کعبہ میں سو رہے تھے۔ یکا یک جبرائیل فرشتے نے آکر آپ کو جگایا۔ نیم خفتہ و نیم بیدار حالت میں اٹھا کر آپ کو زم زم کے پاس لے گئے۔ سینہ چاک کیا۔ زم زم کے پانی سے اس کو دھویا۔ پھر اسے علم اور بردباری اور دانائی اور ایمان ویقین سے بھر دیا، اس کے بعد آپ کی سواری کے لئے ایک جانور پیش کیا جس کا رنگ سفید اور قد خچر سے کچھ چھوٹا تھا، برق کی رفتار سے چلتا تھا اور اسی مناسبت سے اس کا نام براق تھا۔ پہلے انبیاء بھی اسی نوعیت کے سفر میں اسی سواری

پر جایا کرتے تھے۔ یہی جانور تھا جو حضرت نوحؑ کے وقت سے لے کر حضور کے زمانے تک اسی سواری کے لئے مخصوص تھا۔ یہ جانور (Physical) تھا، اس صورت میں اس کو خچر کے برابر ایک جانور کہیں گے کہ وہ طبعی طور پر مویشیوں جیسا ایک جانور ہوگا۔ اس کے لئے وہ مخصوص تھا۔ جب آپ سوار ہونے لگے تو وہ چمکا۔ جبرائیل نے تھپکی دے کر کہا، براق تو کیا کرتا ہے تُو تو وہ ہے جس پر حضرت نوحؑ کے بیٹے حضرت عیسیٰؑ سواری کرتے چلے آئے۔ پھر آپ اس پر سوار ہوئے اور جبرائیل آپ کے ساتھ ساتھ چلے۔ پہلی منزل مدینہ تھی، جہاں اتر کر آپ نے نماز پڑھی۔ جبرائیل نے کہا اس جگہ آپ ہجرت کر کے آئیں گے۔ دوسری منزل طورِ سینا تھی جہاں خدا حضرت موسیٰ سے ہمکلام ہوئے تھے۔ تیسری منزل بیت اللحم کی تھی، جہاں حضرت عیسیٰ پیدا ہوئے تھے۔ چوتھی منزل بیت المقدس تھی، جہاں براق کا سفر ختم ہوا۔ بیت المقدس پہنچ کر آپ براق سے اتر گئے اور اسی مقام پر اسے باندھ دیا، جہاں پہلے انبیاء اس کو باندھا کرتے تھے۔ (باندھنے کے لئے جبرائیل نے پتھر کی چٹان میں اپنی انگلی کے اشارے سے سوراخ کیا) آپ کے پہنچتے ہی نماز کے لئے ایک لاکھ چوبیس ہزار نبیوں کی صفیں بندھ گئیں سب منتظر تھے کہ امامت کے لئے کون آگے بڑھتا ہے۔ جبرائیل نے آپ کا ہاتھ پکڑ کر آگے بڑھا دیا اور آپ نے نماز پڑھائی۔ پھر آپ کے سامنے تین پیالے پیش کئے گئے۔ ایک میں پانی، دوسرے میں دودھ، تیسرے میں شراب تھی۔ آپ نے دودھ کا پیالہ اٹھالیا۔ جبرائیل نے مبارک باد دی کہ آپ فطرت کی راہ پا گئے۔"

قارئین، یاد رہے کہ قُرآنِ حکیم کی آیت میں مسجدِ اقصیٰ کا جو لفظ آیا ہے "تفسیر" کے مطابق (مسجدِ اقصیٰ) سے مراد ہیکلِ سلیمانی ہے، جہاں رسول اللہ تشریف لے گئے تھے۔ درج بالا عبارت میں چند نکات غور طلب ہیں، ضروری ہے کہ انھیں دیکھنے اور ان پر غور کرنے کے بعد ہی آگے بڑھا جائے تا کہ معاملہ کہ تہہ تک پہنچنے اور اسے سمجھنے میں مدد ملتی رہے۔

1) جبرائیل امین کی رفاقت میں پہلی منزل مدینہ تھی، جہاں آپ نے نماز پڑھی
2) رسول اللہ کو پیغمبری کے منصب پر سرفراز ہوئے بارہ سال گزر چکے تھے۔ باون سال کی عمر تھی
3) سینہ چاک کیا گیا۔ زم زم کے پانی سے دھویا۔ پھر اسے علم اور بردباری اور دانائی اور ایمان ویقین سے بھر دیا
4) آپ کی سواری کے لئے ایک جانور پیش کیا گیا، برق رفتاری کی وجہ سے اس کا نام براق تھا
5) آپ نے شراب اور پانی چھوڑ کر دودھ کا پیالہ اٹھالیا، جبرائیل نے مبارک باد دی کہ آپ فطرت کی راہ پا گئے
6) کہا گیا ہے کہ حضرت نوح سے لے کر حضور کے زمانے تک سواری کے لئے براق ہی مخصوص تھا

یعنی جب یہ واقعۂ معراج پیش آیا آپ کی پہلی منزل مدینہ تھی، جہاں پر آپ نے نماز ادا کی۔ سوچنے کا مقام یہ ہے کہ ابھی تو آپ کو اللہ کی جانب سے نمازیں تحفے میں ملی ہی نہیں تھیں وہ تو عرش پر ملاقات کے بعد عطا ہوئی تھیں۔ اس لئے یہ کون سی وہ نماز تھی جسے آپ نے پہلی منزلِ مدینہ پر پڑھا تھا؟ جب کہ اس وقت رسول اللہ کو پیغمبری کے منصب پر سرفراز ہوئے بارہ سال گزر چکے تھے۔ اور ان

کی عمر باون سال کی تھی اور آپ کا سینہ چاک کرنے اور زم زم سے دھونے کی ضرورت پیش آئی۔ پھر اسے علم اور برد باری اور دانائی اور ایمان ویقین سے بھر دیا۔ یہاں پر جو سوال اٹھتا ہے وہ یہ ہے کہ کیا نبی اکرم صلی اللہ علیہ وسلم کے سینہ مبارک میں اس سے پہلے علم اور برد باری اور دانائی اور ایمان ویقین کی کیا کچھ کمی تھی جو پوری کی گئی؟ جی نہیں ہرگز کوئی کمی نہ تھی، صاحبِ نبوت کا سینہ ہو اور اس میں اتنی کمزوریاں! یہ سب باتیں تو شانِ نبوت کے خلاف جاتی ہیں۔ یہاں پر میں آپ کی توجہ ایک ایسے واقعہ کی طرف مبذول کروانا چاہتا ہوں جس کے سامنے آجانے کے بعد آپ پر یہ حقیقت واضح ہو جائے گی کہ رسول اللہ کے سینہ مبارک کو چاک کرنے اور پھر اسے دھونے کی جس ضرورت کو اتنی اہمیت دی گئی ہے اس کے پسِ منظر میں اصل معاملہ کیا ہے۔ پہلے آپ کے سامنے سورۃ آلِ عمران کی چھتیسویں آیت پیش کی جاتی ہے جس میں کہا گیا ہے کہ:۔

فَلَمَّا وَضَعَتْهَا قَالَتْ رَبِّ إِنِّي وَضَعْتُهَا أُنثَىٰ وَاللَّهُ أَعْلَمُ بِمَا وَضَعَتْ وَلَيْسَ الذَّكَرُ كَالْأُنثَىٰ ۖ وَإِنِّي سَمَّيْتُهَا مَرْيَمَ وَإِنِّي أُعِيذُهَا بِكَ وَذُرِّيَّتَهَا مِنَ الشَّيْطَانِ الرَّجِيمِ ٣/٣٦

''جب بچی کو جنا تو (ان کی ماں) کہنے لگیں کہ پروردگار! مجھے تو لڑکی ہوئی، اللہ تعالیٰ کو خوب معلوم ہے کہ کیا اولاد ہوئی ہے اور لڑکا لڑکی جیسا نہیں۔ میں نے اس کا نام مریم رکھا، میں اسے اور اس کی اولاد کو شیطان مردود سے تیری پناہ میں دیتی ہوں۔''

جہاں تک اس آیت کے معنوں کا تعلق ہے یہ اتنے عام فہم ہیں کہ انھیں سمجھنے کے لئے کہیں بھی باہر جانے کی ضرورت نہیں پڑنی چاہیئے۔ لیکن، اس آیت کے اُس آخری حصے کے متعلق جو تفسیر بیان ہوئی ہے وہ البتہ قابلِ غور ضرور ہے، جس میں حضرت مریم کی والدہ نے دعا کی اور کہا ''میں اسے اور اس کی اولاد کو شیطان مردود سے تیری پناہ میں دیتی ہوں۔''

تفسیر ملاحظہ فرمائیں:۔

''اللہ تعالیٰ نے یہ دعا قبول فرمائی چنانچہ حدیثِ صحیح میں ہے کہ جو بھی بچہ پیدا ہوتا ہے تو شیطان اُس کو مس کرتا ہے (چھوتا) ہے جس سے وہ چیختا ہے۔ لیکن اللہ تعالیٰ نے اس مسِ شیطان سے حضرت مریم علیہ السلام اور ان کے بیٹے (عیسیٰ علیہ السلام) کو محفوظ رکھا۔'' **ما من مولودِ یوولَدُ الا مسهُالشیطان حینَ یوولدُ ‘فیستَهل ابصارِ خاَ من مسهِ ایا هُ‘ الا مریَمَ وَ ابنَها''**

بحوالہ نسخہ قرآن شاہ فہد قرآن پرنٹنگ کمپلیکس (صحیح البخاری، کتاب التفسیر، مسلم، کتاب الفضائل)

قارئین، بتایا یہ گیا ہے کہ، خود رسول اللہ نے اپنی زبانی لوگوں کو یہ بتایا ہے کہ حضرت مریم اور حضرت عیسیٰؑ کے علاوہ پیدائش کے وقت ہر انسان کے بچے کو شیطان مس کرتا ہے۔ اور اس سے ثابت یہ کیا گیا ہے کہ اس مسِ شیطانی سے خود حضرت محمد صلی اللہ علیہ وسلم بھی محفوظ نہیں رہے تھے، اس لئے جب رسول اللہ کو معراج پر لے جانے کی تیاری کی گئی تو یہ ضروری تھا کہ اس مسِ شیطانی کے اثر کو رسول اللہ کی ذاتِ اقدس سے زائل کیا جائے۔ یہ وہ من گھڑت حدیثیں ہیں جنھیں رسول اللہ کی جانب منسوب کیا جاتا ہے اور اُن کی مقدس ذات پر کیچڑ اچھالا جاتا ہے۔ لیکن مجال ہے کہ ان بے جا الزامات کی کوئی تردید ہی کر دے۔ تردید تو تردید، الٹا اسے مستند ثابت کرنے کے لئے نہ صرف یہ کہ اسے قُرآن کی زینت بنایا گیا بلکہ اس کے متعلق یہ بتایا گیا کہ یہ فلاں فلاں روایات کی کتب میں بھی موجود ہے، اس لئے اس پر ہمارا ایمان لانا ضروری ہے۔ اب تو آپ سمجھ گئے ہوں گے کہ یہ حدیث کس مقصد کے لئے گھڑی گئی تھی۔

الغرض، اس کے بعد آپ براق پر سوار ہو کر سفر پر روانہ ہوئے، یاد رہے کہ لفظ ''براق'' قُرآن میں استعمال نہیں ہوا۔ اور جب رسول اللہ کو تین پیالے پیش کئے گئے اور آپ صلی اللہ علیہ وسلم نے دودھ کا پیالہ اٹھا لیا جس پر جبرائیل امین نے آپ کو مبارک دی اور کہا کہ آپ فطرت کی راہ پا گئے۔ ''فطرت کی راہ پا گئے'' کے الفاظ بھی غور طلب ہیں۔ اس بات سے بھی رسول اللہ کی بابرکت ذات کی شانِ مبارک میں کوئی اضافہ نہیں ہوا۔ کوئی پوچھے تو، کہ جناب، اس سے پہلے جبریل امین جو بارہ برس تک آپ کی طرف وحی کے پیغام لاتے رہے انھیں اتنا بھی علم نہ تھا کہ رسول اللہ کس فطرت پر ہیں۔ انھیں پتہ بھی چلا تو اس وقت چلا، جب آپ صلی اللہ علیہ وسلم نے اپنے لئے دودھ کا پیالہ اٹھایا۔ یہاں یہ امر قابلِ ذکر ہے جو یہ کہا گیا ہے کہ پہلے انبیاء حضرت نوح علیہ سلام سے شروع ہوئے تھے۔ لیکن یروشلم جو ہیکلِ سلیمانی تھا، وہ تو یہودیوں کے پیغمبروں کے وقت میں آ کے بنا تھا، یہ حضرت نوح علیہ سلام کے زمانے میں تو تھا ہی نہیں۔ لیکن بقول ان کے وہ پہلے انبیاء بھی یہیں آیا کرتے تھے اور اسی مقام پر، اسی ہیکلِ سلیمانی میں، براق کو باندھا کرتے تھے۔

یہ تو ہیں معراج کے سفر کی ابتدائی باتیں۔ اب آگے چلتے ہیں اور دیکھتے ہیں کہ اس سفر میں جس مسجدِ اقصیٰ کا ذکر آیا ہے کیا یہ وہی مسجدِ اقصیٰ ہے یروشلم یا بیت المقدس والی یا کہ وہ کوئی اور اقصیٰ ہے جس کا ذکر قُرآنِ حکیم نے کیا ہے۔ یہ جاننے کے لئے ہم تاریخ سے بھی مدد لیں گے اور قُرآنِ حکیم سے بھی۔

''مودودی صاحب کی ریڈیو تقریر کا حوالہ آپ کی نظروں سے گزر چکا ہے جو ۱۹۵۱ء میں نشر کی گئی تھی۔ اس کے بعد ان کے جریدے ترجمان القُرآن ستمبر ۱۹۶۹ء میں بھی وہ تقریر شائع ہوئی۔ اور یہ اس دور کی بات ہے جب یہودیوں نے بیت المقدس پر اپنا قبضہ جما لیا تھا۔ انھوں نے ہیکلِ سلیمانی پر اپنا حقِ ملکیت ثابت کرنے کے لئے مسلمانوں سے یہ کہا تھا کہ تمہارے رسول کے یہاں آنے سے بہت پہلے یہ ہیکلِ سلیمانی موجود تھا اور اسی ہیکل کو خود تمہارے قُرآن نے مسجدِ اقصیٰ کے نام سے پکارا ہے۔''

''یہودیوں نے کہا کہ ہمارے ہیکل، ہماری مسجد، اور بیت المقدس کو مسمار کر کے تم مسلمانوں نے یہ مسجدِ اقصیٰ بنائی تھی۔ تو تم یہ بتاؤ کہ ''جسے تمہارا خدا خود مسجد'' کہہ رہا ہے اور تمہارا قُرآن اس کی شہادت دے رہا ہے کہ تم مسلمانوں نے یہ مسجدِ اقصیٰ بنائی تھی۔ بتاؤ کہ اصل ملکیت کس کی ہے؟ لہٰذا یہودیوں نے یہ شہادت پیش کی تھی، چونکہ یہ

قصہ ملکیت کا تھا کہ یہ کس کی ملکیت ہونی چاہیئے؟ تو مسلمانوں نے کہا تھا کہ ''یہ ہمارا قبلہ اوّل ہے'' اس لئے اسے مسلمانوں کی تولیت میں رہنا چاہیئے۔ اس مسئلے یا اس مقدمے نے بین الاقوامی حیثیت حاصل کر لی تھی اس لئے دونوں فریقین سے کہا گیا کہ ''اپنے اپنے Rights کے لئے دلائل پیش کرو'' تو مسلمانوں نے یہ کہا تھا کہ ''یہ ہمارا قبلۂ اول ہے''

اس پر یہودیوں نے کہا تھا کہ:۔

''ہماری مسجد کو یا ہیکل کو اگر تم اپنا قبلہ بنا لو تو کیا اس طرح وہ تمہاری ملکیت میں چلا جائے گا؟ گویا ہماری ملکیت چھن گئی؟ لہٰذا اگر اسی طرح تمہارے کعبہ کو کل ہم اپنا قبلہ بنا لیں تو کیا تم اسے ہماری ملکیت میں دے دو گے؟''

یہ تھا اعتراض جو ان کی طرف سے آیا تھا۔ پھر یہودیوں کی یہ دلیل کہ تم ہماری اس مسجد کو، ہمارے اس ہیکل کو، خود Accept (تسلیم) کرتے ہو کہ رسول اللہ کے زمانے میں یہ موجود تھا، وہاں آ کے حضور صلی اللہ علیہ وسلم نے آپ کی روایات کے مطابق اس میں نماز پڑھی ہے، قرآن نے اس کو آپ کی روایات کے مطابق مسجدِ اقصیٰ کہا ہے۔ پھر تم یہ کچھ کیسے کہہ سکتے ہو کہ یہ مسلمانوں کی ملکیت ہے؟

لہٰذا سوال بڑا ٹیڑھا تھا۔ آپ کو پتہ ہے جواب کیا ملا؟ یہی ابھی ابھی جو مودودی صاحب کی تفسیر سن لی ہے کہ رسول اللہ وہاں تشریف لے گئے اور وہاں ہیکلِ سلیمانی میں جسے مسجدِ اقصیٰ کہا جاتا ہے، یہ نماز پڑھی گئی تھی۔

ستمبر ۱۹۶۹ء میں جب یہودیوں کی طرف سے یہ اعتراض ہوا تو مودودی صاحب نے کہا کہ:۔

''یہودیوں کے معبد ہیکلِ سلیمانی کے مطابق یہ بات تاریخ سے ثابت ہے کہ اسے ۷۰ء میں، نبی اکرم صلی اللہ علیہ وسلم کی بعثت سے بھی پانچ سو سال پہلے، حضرت عیسیٰ علیہ اسلام کی ولادت کے صرف ۷۰ سال ہی بعد، ایک رومی جرنیل نے جب حملہ کیا ہے تو اُس نے اس کی اینٹ سے اینٹ بجا دی تھی، اسے ختم کر دیا تھا۔ قصہ یہ کہ یہاں ۷۰ء میں یہودیوں کے ہیکل کا کوئی نام و نشان تک باقی نہیں تھا، کوئی مسجد نہیں تھی، کوئی ہیکل نہیں تھا، کوئی معبد نہیں تھا، ایک دیوار کہیں رہ گئی تھی، جسے یہ ''دیوارِ گریہ'' (Wailling Wall) کہتے ہیں، یہ وہاں اس دیوار کے سامنے ہر سال اس کی یاد میں رویا کرتے تھے کہ یہاں ہمارا ایک ہیکل ہوا کرتا تھا، یہاں ہماری مسجد ہوتی تھی۔ یہ چیز عیسائیوں کے خلاف تھی، اور اس سے پیشتر اس جگہ عیسائیوں نے اپنا گرجہ بنایا تھا کیونکہ وہ کہتے تھے کہ حضرت عیسیٰ کی پیدائش بھی وہاں ہوئی تھی۔''

تاریخ بتا رہی تھی کہ رسول اللہ کے زمانے میں، آپ سے پانچ سو سال پہلے ہیکلِ سلیمانی وغیرہ سب ختم ہو چکے تھے۔ لیکن ہمارے ہاں تفاسیر میں جو چلا آ رہا ہے اس کے مطابق مودودی صاحب فرما رہے ہیں کہ:۔

'' ہیکلِ سلیمانی میں جو مسجدِ اقصیٰ ہے، وہاں آپ صلی اللہ علیہ وسلم نے جا کے نماز پڑھی''

لیکن ساتھ ہی مودودی صاحب تاریخی حوالے سے اپنے بیان میں یہ بھی فرما رہے ہیں کہ:۔

'' ہیکلِ سلیمانی کے متعلق یہ بات تاریخ سے ثابت ہے کہ اسے ۷۰ء میں بالکل مسمار کر دیا تھا اور حضرت عمرؓ کے زمانے میں جب بیت المقدس فتح ہوا، اس وقت یہاں یہودیوں کا کوئی معبد نہیں تھا۔ یہاں کھنڈر پڑے ہوئے تھے۔اس لئے وہاں مسجدِ اقصیٰ وغیرہ کی تعمیر کے بارے میں کوئی یہودی یہ الزام نہیں لگا سکتا کہ ہم مسلمانوں نے کسی معبد کو توڑ کر یہ مساجد بنائی تھیں''۔

جب کہ مودودیؒ نے ۱۹۵۱ء میں ریڈیو پر تقریر کرتے ہوئے خود یہ فرمایا تھا کہ:۔

'' قُرآنِ کریم نے جسے مسجدِ اقصیٰ کہا ہے'وہ یہودیوں کا معبد ہے، جسے ہیکلِ سلیمانی کہا جاتا ہے۔ یہ رسول اللہ کے زمانے میں موجود تھا۔آپ وہاں تشریف لے گئے۔وہاں جا کے آپ نے نماز پڑھی بھی اور نماز پڑھائی بھی''۔

اس کے بعد یہودیوں نے کہا کہ:۔

''حضور کے زمانے میں تو تم تسلیم کرتے ہو کہ یہ معبد، یہ ہیکل سلیمانی، موجود تھا اور اس کے بعد تو یہ موجود نہیں رہا۔اب اس کی بجائے وہاں مسجدِ اقصیٰ ہے، اور وہ مسلمانوں کی ہے۔ بتایئے کہ تمہاری شہادت کے مطابق، قُرآن کی شہادت کے مطابق، تمہارے رسول کی شہادت کے مطابق' قُرآن کی تفسیروں کے مطابق، کیا یہاں معبد یا ہیکل نہیں تھا؟ اگر تھا تو وہ کہاں گیا؟ پھر اُس کی جگہ یہ مسجد کس نے بنائی؟ کیا تم مسجدوں کو توڑنے والے نہیں ہو؟

مودودی صاحب نے کہا کہ:۔

''وہاں تو کوئی ہیکل ہی نہیں تھا' وہاں کوئی مسجد ہی نہیں تھی، وہاں تو کھنڈر پڑے ہوئے تھے''

لیکن ریڈیو پر، مولانا صاحب نے ساری دنیا کو تقریر میں کہا تھا کہ:۔

''وہاں معبد تھا، ہیکلِ سلیمانی موجود تھا اور اس میں حضور صلی اللہ علیہ وسلم نے نماز پڑھی تھی''۔

قارئین، مودودی صاحب کے اِن متضاد بیانات پر علامہ پرویزؒ نے اپنا بھر پور تجزیہ پیش کیا اور کہا کہ:۔

''اب سوال یہ پیدا ہوتا ہے کہ اگر وہاں پر کھنڈر تھے، معبد کوئی تھا ہی نہیں، تو پھر یہ معراج کا سارا قصہ ہی

ختم ہو جاتا ہے۔ پھر قرآن کی وہ چیز جسے تم مسجدِ اقصیٰ کہتے ہو اور پھر کہتے ہو کہ وہاں معبدِ سلیمانی تھا، یہ تو سارا واقعۂ معراج ہی غلط ہو گیا۔ جب قرآن نازل ہوا ہے تو کیا آپ کے خدا کو بھی معاذ اللہ معلوم نہیں تھا کہ وہاں تو اس قسم کا کوئی معبد تھا ہی نہیں۔ پھر سوال یہ ہے کہ آپ کے رسول صلی اللہ علیہ وسلم تیرہ برس تک مکے میں اور اڑھائی برس تک مدینے میں اسی ہیکلِ سلیمانی کی طرف منہ کر کے نماز پڑھتے رہے، جہاں تم کہتے ہو کہ ہیکل ویکل کوئی تھا ہی نہیں۔ تو یہ کس طرف منہ کر کے نماز پڑھا کرتے تھے؟

ایک اینٹ آپ ٹیڑھی رکھ دیجئے، تا ثریا می رود دیوار کج (تو آسمان تک دیوار ٹیڑھی ہی جائے گی)۔ ہم دیکھتے ہیں کہ قرآن میں مسجدِ اقصیٰ کا ایک لفظ آیا تو روایات کی رو سے اس کی وہ تفسیر بیان ہوئی جس کی رو سے کہا کہ اس سے مراد یروشلم میں یہودیوں کا بیت المقدس ہے۔ کہاں معبد تھا جسے ہیکلِ سلیمانی کہا جاتا ہے؟ یہ آ گئیں ساری تفاسیر۔ اب یہ تفاسیر رسول اللہ صلی اللہ علیہ وسلم کی بتائی جا رہی ہیں اور اس کے بعد آپ خود یہ کہہ رہے ہیں کہ وہاں کوئی معبد نہیں تھا، وہاں تو کھنڈرات تھے۔ ایسی ہی روایات کی تفاسیر کو ساری دنیا کے اندر پھیلایا جا رہا ہے، اور خود ہی اس کی Contradiction ہو رہی ہے۔ یہ ہمارے ہاں کے مفسرین ہیں!!''

قارئین، واقعۂ معراج کو مزید تاریخی حوالہ جات کے ذریعے آگے بڑھاتے ہوئے علامہ پرویزؒ لکھتے ہیں کہ:۔

''ہزار بارہ سو برس سے آپ کی تفاسیر، روایات کی رو سے واقعۂ معراج سے بھری پڑی ہیں ان کی تحقیق بھی ملاحظہ فرمائیں۔

طبری کی تفسیر سب سے پہلی تفسیر ہے جو آپ کے ہاں بعد کی ساری تفاسیر کی بنیاد ہے۔ وہ تفسیر چونکہ بڑی مفصل، ضخیم اور طویل ہے اس تفسیر کا ایک ملخص (خلاصہ) ''تفسیر ابنِ کثیر'' کے نام سے ہے اور یہ تفسیر بھی وہی طبری کی تفسیر ہے اور روایات بھی وہی ہیں۔ پھر یہ کہ یہی تفسیر پڑھائی بھی زیادہ جاتی ہے۔ بہر حال، اس قصۂ معراج کی رو سے پہلے یہ عرض کیا تھا کہ براق کو حضور نے وہاں باندھا تھا جہاں پہلے انبیاء باندھا کرتے تھے۔ باندھنے کی بات سے پہلے، اس تفسیر میں یہ ہے کہ بیت المقدس کی مسجد کے پاس، اس دروازے پر پہنچے۔ اسے چشمِ تصور میں لائیے، کہ ایک مسجد ہے، جس کے دروازے بھی ہیں، جبکہ یہ جو ابھی ابھی ان (مولانا) کی تحقیق آئی ہے اس کے مطابق اور ساری دنیا کی تاریخ کے مطابق ۷۰ء میں سارا قصہ ہی ختم ہو گیا تھا۔

بہر حال، اس مسجد کے پاس اس دروازے پر پہنچے جسے بابِ محمد صلی اللہ علیہ وسلم کہا جاتا ہے تو وہاں ایک پتھر تھا، جسے حضرت جبرائیل نے اپنی انگلی لگائی تو اس میں سوراخ ہو گیا۔ وہاں آپ نے براق کو باندھا اور مسجد میں چلے گئے۔ وہاں تمام انبیائے سابقہ نے حضور صلی اللہ علیہ وسلم کی امامت میں نماز پڑھی۔ بات تو وہی تھی جو انھوں نے بھی کہی تھی کہ وہاں آپ نے براق کو باندھا جہاں انبیاء باندھا کرتے تھے۔ انھوں نے اس میں یہ بات بتا دی کہ وہ پتھر کے

ساتھ رسہ بندھ ہی نہیں سکتا۔ بہت بڑا جو پتھر ہوا جسے چٹان کہتے ہیں، تو اس میں ایک اعتراض سا پڑتا تھا کہ یہاں اس کے اندر ایک چھید کی ضرورت تھی تو حضرت جبرائیل نے اس کے اندر اپنی انگلی سے یہ چھید کیا اور اس کے اندر آپ صلی اللہ علیہ وسلم نے رسہ ڈال کر براق کو باندھا۔ بات پھر وہی ہوگئی کہ سارا قصہ Physical چلا آ رہا ہے۔ وہ خچر جتنا ایک جانور تھا، اس کو لے گئے ہیں۔ اس کو باندھنے کے لئے رسہ ہے، پھر باندھنے کے لئے کوئی جگہ چاہیئے لیکن وہاں تو پتھر ہے۔ پتھر میں تو رسہ بندھ نہیں سکتا۔ پتھر میں سوراخ ہونا چاہیئے۔ وہ سارا کچھ Physical ہو رہا ہے۔ اور یہی چیز ہمارے ہاں صحابہ کے زمانے تک کی روائتیں ہیں کہ بعضوں نے اس واقعہ کو کہا تھا کہ ''یہ روحانی چیز تھی''۔ بعضوں نے کہا کہ ''یہ خواب تھا'' اِن کے ہاں یہ روائتیں معتبر ترین اور صحیح ترین ہیں اور متواتر چلی آ رہی ہیں۔ چونکہ ان میں پتھر کا ذکر آیا اس لئے اس پتھر میں چھید بھی کیا گیا اور وہاں براق کو باندھا گیا۔ سوال پیدا ہوا کہ اس واقعہ کی کوئی شہادت بھی مل سکتی ہے کہ حضور واقعی وہاں گئے۔ Physically وہاں جا کر نماز پڑھی۔ انبیاء کی امامت کرائی''۔

معراج کے واقعہ کو Physical ثابت کرنے کیلئے گواہوں کی شہادت بھی پیش کر دی گئی، ملاحظہ فرمائیں:۔

''تفسیر ابنِ کثیر میں کہا گیا ہے کہ ابوسفیان، ہرقل کے پاس گیا۔ ابوسفیان ابھی مسلمان نہیں ہوا تھا۔ وہ عیسائیوں کے ایک بادشاہ کے پاس رسول اللہ صلی اللہ علیہ وسلم اور مسلمانوں کے خلاف مدد مانگنے کے لئے گیا تھا۔ وہ بازنطینی رومن ایمپائر (Byzantine empire) کے بازنطینی حصے کا سربراہ تھا۔ اس کا نام ہرقولیس (Hercules) یا ہرقل تھا۔ ابوسفیان اس کے ہاں مسلمانوں کے خلاف مدد مانگنے کے لئے گیا تھا۔ وہ کہتا تھا کہ یہ لوگ تمہارے پیغمبر کی بھی توہین کرتے ہیں (معاذ اللہ)۔ تو ابوسفیان نے رسول اللہ کے خلاف جو باتیں کہیں تھیں وہ ابنِ کثیر کی روایت کے مطابق یہ ہیں:۔

بادشاہ سلامت! میں ایک واقعہ بیان کروں جس سے آپ پر یہ بات کھل جائے گی کہ محمد (معاذ اللہ) بڑے جھوٹے آدمی ہیں۔ ایک دن وہ کہنے لگا یعنی ابوسفیان نے ہرقل سے یہ بات کی کہ محمد کہنے لگا کہ اس رات وہ مکے سے چلا اور آپ کی اس مسجد میں یعنی بیت المقدس کی مسجد قدس میں پہنچا اور واپس صبح سے پہلے مکہ پہنچ گیا۔ تو اس نے کہا کہ یہ شخص اس قسم کی جھوٹی باتیں (معاذ اللہ) کرتا رہتا ہے۔ یہ نبوت کا دعویٰ کرتا ہے تو گویا ابوسفیان نے ہرقل سے یہ کہا کہ وہ یہ بھی کہتا ہے کہ۔ ''میں یہاں آیا تھا اور اس مسجد میں، میں نے نماز پڑھی'' یہ بات بیت المقدس کا، لاٹ پادری، قیصرِ روم کی اس مجلس میں، اُس کے پاس بڑی عزت سے بیٹھا سنتا رہا۔ (حالانکہ جن رومیوں نے یہودیوں کے سارے معبد تباہ کئے، مسمار کئے، کھنڈرات میں تبدیل کر دیئے تھے۔ اس بادشاہ کے پاس وہ لاٹ پادری بیٹھا تھا۔ انھیں یہ بھی معلوم نہیں کہ یہ پادری عیسائیوں کے ہوتے ہیں)۔ بہر حال یہودیوں کا، لاٹ پادری، عیسائیوں کے بادشاہ ہرقل کے پاس عزت سے بیٹھا تھا!! (کس قدر ان دونوں میں بغض، عداوت اور نفرت چلی آ رہی تھی، یہ تو یہودی کے سائے تک کو برداشت نہیں کر سکتے تھے)۔ بہر حال، یہ بیٹھا تھا۔ فوراً ہی بول اٹھا کہ۔

''یہ بات بالکل سچ ہے''۔

آپ یہ سند ملاحظہ فرمایئے۔ ہماری کتبِ تفاسیر میں یہ سب سے معتبر ترین سند ہے کہ ایک لاٹ پادری نے بادشاہ سے، قیصرِ روم سے، عیسائیوں کے بادشاہ ہرقل سے کہا کہ:۔

''سچ ہے، مجھے اس رات کا علم ہے''۔

اس کے بعد۔

''قیصر نے تعجب سے اس کی طرف دیکھا اور ادب سے پوچھا کہ جناب کو کیسے معلوم ہوا؟''

اس نے کہا:۔

''سنئے میری عادت تھی اور یہ کام میں نے اپنے متعلق کر رکھا تھا کہ جب تک مسجد شریف کے تمام دروازے اپنے ہاتھ سے بند نہ کرلوں، سوتا نہ تھا۔ آخر میں، میں دروازے بند کیا کرتا تھا (یعنی یہ Physical Mosque ہے اور یہ کوئی خیالی چیز نہیں) اس رات میں دروازے بند کرنے کو کھڑا ہوا۔ سب دروازے اچھی طرح بند کر دیئے۔ لیکن ایک دروازہ مجھ سے بند نہ ہوسکا۔ میں نے ہر چند زور لگایا، لیکن کواڑ اپنی جگہ سے سرکا بھی نہیں۔ میں نے اسی وقت اپنے آدمیوں کو آواز دی۔ وہ آئے۔ ہم نے مل کر طاقت لگائی۔ لیکن سب کے سب ناکام رہے۔ بس یہ معلوم ہو رہا تھا گویا ہم کسی پہاڑ کو، اس کی جگہ سے سرکانا چاہتے ہیں۔ اپنی مسجد کو بند کر رہے تھے۔ لیکن وہ کھسکا تک نہیں، ہلا بھی نہیں۔ میں نے بڑھئی بلوائے۔ انھوں نے دیکھا بھالا، ترکیبیں کیں، کوششیں کیں، لیکن وہ بھی ہار گئے اور کہنے لگے صبح پر رکھیے۔ چنانچہ وہ دروازہ اس شب کو یونہی کھلا رہا۔ دونوں کواڑ یونہی کھلے رہے۔ صبح ہی میں اس دروازے کے پاس گیا، تو دیکھا اس کے پاس کونے میں جو چٹان پتھر کی تھی، اس میں ایک سوراخ ہے اور ایسا معلوم ہوتا ہے کہ اس میں رات کو کسی نے کوئی جانور باندھا تھا۔ اس کا اثر اور نشان موجود تھے۔ پتھر پر رات بھر کے نشان موجود تھے!! میں سمجھ گیا اور میں نے اسی وقت اپنی جماعت سے کہا کہ آج کی رات ہماری یہ مسجد، کسی نبی کے لئے کھلی رکھی گئی ہے اور اس نے یہاں ضرور نماز ادا کی ہے۔ لاٹ پادری نے اپنے بادشاہ سے کہا۔

جس پر اس (بادشاہ) نے ابوسفیان سے کہا:۔

''دیکھیں اور غور کریں کہ اس کی سچائی کی شہادت کہاں سے مل رہی ہے''

اور پھر اس کی سند ہمارے ہاں کے مفسرین نے، ابنِ کثیر جیسوں نے، اپنی کتابوں میں یہ ثابت کرنے کے لئے درج کی کہ حضور صلی اللہ علیہ وسلم نے جو فرمایا تھا کہ میں اس مسجد میں گیا تھا، یہ دیکھئے، اس کی سند یہ ہے۔ خدارا،

اسلام کو یوں تو دنیا میں رسوا نہ کرو۔ اس رسول صلی اللہ علیہ وسلم کے ناموس کا کچھ تو خیال کرو۔ جب تم یہ چیز دنیا سے کہتے ہو کہ بالیقین یہ چیز ہمارے رسول نے فرمائی تھی، جس کی شہادت تمہیں کہیں اور سے نہیں مل رہی ہے تو اس کی شہادت اس قسم کے افسانوں سے دے رہے ہو اور وہ بھی ایک لاٹ پادری عیسائی یا یہودیوں کا، لاٹ پادری، جو ہرقل کے دربار میں موجود ہے، وہ اس مسجد کے متعلق کہہ رہا ہے جو تمہاری اپنی تحقیق کے مطابق وہاں موجود نہیں ہے۔ اسے کہتے ہو کہ ہمارے رسول صلی اللہ علیہ وسلم نے آ کے ہم سے یہ بات کہی کہ میں نے اس مسجد میں نماز پڑھی۔

اس مسجدِ اقصیٰ کے متعلق میں نے گزارش کی ہے کہ تاریخ اس کی شہادت دیتی ہے اور اب تو یہ بھی اس کو تسلیم کرنے کے لئے مجبور ہو گئے ہیں کہ رسول اللہ کے زمانے میں وہاں کوئی مسجد ہی نہیں تھی۔ اقصیٰ کے معنی ہیں ''بہت دور'' اور یہ سارا واقعہ ہی دراصل شبِ ہجرت کے متعلق ہے۔ سورۃ نحل کی آخری آیت میں رسول اللہ سے کہا گیا ہے کہ:۔

وَلَا تَكُ فِي ضَيْقٍ مِّمَّا يَمْكُرُونَ ۱۶/۱۲۷ ''نہ ہی ان کی خفیہ سازشوں کی وجہ سے دل گرفتہ ہو۔''

یعنی تمہارے خلاف یہ اس قسم کی جتنی سازشیں کر رہے ہیں، انھیں کرنے دو۔ ہم ان کی سازشوں کو کبھی کامیاب نہیں ہونے دیں گے۔ لہٰذا کہا کہ:۔

''تمہیں بتائیں کہ ہم نے کس طرح ان کی سازشوں کو ناکامی سے ہمکنار کیا ہے''

حضور صلی اللہ علیہ وسلم کے خلاف کفار کی یہ سازش تھی کہ اُس رات، سارے قبیلوں کے نمائندے مل کر، راتوں رات، چوری چھپے جا کے، آپ صلی اللہ علیہ وسلم کو قتل کر دیں، اور ہم نے ان کی یہ تدبیر ناکام بنا دی اور اس سے پیشتر ہی اُن (صلی اللہ علیہ وسلم) کو مکہ سے نکال کے لے گئے۔

سُبْحَانَ الَّذِي أَسْرَىٰ بِعَبْدِهِ لَيْلًا مِّنَ الْمَسْجِدِ الْحَرَامِ إِلَى الْمَسْجِدِ الْأَقْصَا الَّذِي ۱۷/۱

''(مخالفین کی جن ریشہ دوانیوں کی طرف اشارہ کیا گیا تھا ان میں بھی آخری سکیم یہ تھی کہ رسول اللہ کو چپکے سے قتل کر دیا جائے لیکن اللہ کی سکیمیں اتنی بلند و برتر ہیں کہ وہ ان کے قیاس و گمان میں نہیں آ سکتیں۔ چنانچہ وہ اپنی سکیم کے مطابق اپنے بندے کو رات و رات بیت الحرام (مکہ) سے نکال کر (مدینہ) کی کشادہ سرزمین کی طرف لے گیا''

''اور وہاں ہم نے اپنی وہ نشانیاں دکھائیں جن کے وعدے مکے میں کئے جا رہے تھے کہ یہیں وہ غالب آ کے رہے گا۔ پھر تمام دشمن مغلوب ہو جائیں گے' مکہ' اور یہ بیت الحرم' مسجد الحرام' کعبہ پھر تیری تولیت کے اندر آئے گا۔ پھر ادیانِ غالب پہ تمہارا دین غالب آئے گا۔ پھر ساری دنیا میں اللہ کی بات اونچی ہو گی تا کہ ہم تمہیں وہاں دکھائیں کہ دیکھو، کس طرح ایک ایک بات پوری ہوتی ہے۔ اس غرض کے لئے تمہیں یہاں سے نکال کر وہ خدا راتوں رات

مسجدِ اقصیٰ کی طرف لے گیا۔ مسجدِ اقصیٰ کیا ہے؟ مسجدِ اقصیٰ کے معنی ہیں ''دور کی مسجد''

مدینہ کی حیثیت تو اب یہ ہو چکی تھی کہ مکہ میں حضور صلی اللہ علیہ وسلم کے ان ساتھیوں کے اوپر جو مظالم ہو رہے تھے تو انھوں نے دعوت دی تھی کہ آپ رسول اللہ یہاں تشریف لائیے۔ آپ یہاں محفوظ ہونگے۔ تو گویا، In Fact، مدینے کے مسلمانوں کی حیثیت ایسی ہوگئی تھی کہ علی الرغم قریش کے وہ آپ صلی اللہ علیہ وسلم کو Invite کر رہے ہیں کہ آپ صلی اللہ علیہ وسلم آئیے، یہاں مسلمان بھی موجود ہیں، مساکن بھی موجود ہیں، حفاظت کی جگہ بھی موجود ہے، مساجد بھی موجود ہیں، مسلمانوں کی جماعت بھی موجود ہے۔ تو آپ صلی اللہ علیہ وسلم نے تو وہاں جانا ہی تھا۔ جہاں اللہ کے پیغام کی عملی تشکیل کے لئے فضا سازگار ہو۔ جیسے کہ حضرت ابراہیم نے کہا تھا کہ:۔

وَقَالَ إِنِّي ذَاهِبٌ إِلَىٰ رَبِّي سَيَهْدِينِ ۳۷/۹۹

''میں تو ہجرت کر کے اپنے پروردگار کی طرف جانے والا ہوں''

تو جب کہتا ہے مہاجر، کہ ''وہ چلا اپنے اللہ کی طرف'' حالانکہ اللہ تو ہر طرف ہر جگہ ہوتا ہے۔ تو پھر کہاں جاتا ہے وہ؟ وہ جاتا ہے وہاں، جہاں اللہ کے دین کے غالب آنے کے امکان زیادہ ہو جائیں۔ (عین اسی طرح، رسول اللہ کی ہجرت کا یہ واقعہ بھی پیش آیا تھا)''

قارئین، معراج کا پہلا حصہ جو مسجد الحرام (کعبہ) سے مسجدِ اقصیٰ (دور کی مسجد) تک کا تھا، اسے آپ کے سامنے پیش کر دیا گیا ہے۔ آگے بڑھنے سے پیشتر یہ جاننا ضروری ہے کہ اس سفر کے پسِ منظر میں وہ کون سی ایسی بات ہے جو اس قدر قابلِ اعتراض ہے کہ جس پر علامہ پرویزؒ نے اپنی برہمی کا شدید اظہار کیا ہے۔ ساتھ ہی یہ جاننا بھی اتنا ہی ضروری ہے کہ علامہ پرویزؒ اس نتیجے پر کیسے پہنچے کہ اقصیٰ کا مطلب ''دور کی مسجد'' ہے اور اس مسجد اقصیٰ سے مراد ''مدینہ منورہ'' ہے۔ خود علامہ پرویزؒ کی زبانی ملاحظہ فرمائیں۔

لکھتے ہیں کہ:۔

''جہاں تک اللہ تعالیٰ کی قدرت اور اعجاز کا تعلق ہے اس میں تو کسی قسم کا شک وشبہ نہیں ہے کہ وہ جو جی چاہے، جس طرح جی چاہے، کر سکتا ہے اگر چہ اس نے اس کا وعدہ کیا ہے کہ وہ اب اس کائنات میں (اپنے ہی بنائے ہوئے) قوانین کے خلاف کچھ نہیں کرتا۔ لیکن بہر حال ہمیں اسے تسلیم کرنے میں قطعاً تامل نہیں کہ اللہ تعالیٰ سب کچھ کر سکتا ہے۔ جو چیز اس میں قابلِ اعتراض ہے وہ یہ ہے کہ اگر یہ تسلیم کیا جائے کہ حضور صلی اللہ علیہ وسلم اِس جسدِ مبارک کے ساتھ آسمان پر گئے اور وہاں اللہ تعالیٰ سے اس طرح سے ملاقات ہوئی تو اللہ کی طرف سے معجزہ یا قدرت تو رہی ایک

طرف، اس سے ماننا یہ پڑے گا کہ اللہ بھی کسی Space کے اندر، کسی مکان کے اندر، کسی جگہ کے اندر ہے، جہاں ایک شخص نے Physically اپنے جسم کے ساتھ، ملاقات کے لئے جانا ہے، تو یہ تصور اللہ کے اس تصور کے خلاف ہے جو قُرآن نے دیا ہے۔

پہلی بات اللہ کے اس غلط تصور کی یہ ہے کہ اس طرح وہ Time & Space کی حدود میں مقید ہے۔ Time کو زمان کہتے ہیں، جسے زمانہ کہا جاتا ہے اور Space کا ترجمہ مکان کیا جاتا ہے۔ یہ جسے آپ Matter کہتے ہیں، جسے آپ مادہ کہتے ہیں، اس کی Definition یہ ہے کہ وہ جگہ Space گھیرتا ہے یعنی وہ جگہ لیتا ہے۔ مادہ اپنی جگہ لیتا ہے اور ٹائم میں Exist کرتا ہے تو گویا جو چیز کسی Space کے اندر ہو اور ٹائم میں Exist کرے تو وہ Material ہوتی ہے، وہ مادی ہوتی ہے تو اللہ کے متعلق بھی اگر یہ تصور ہو جائے کہ وہ کسی خاص جگہ پہ ہے پھر وہ تو مادی انداز کا اللہ ہو جاتا ہے۔ قُرآن کا تصور اللہ کے متعلق بڑا ہی منزہ اور بڑا ہی مبرا ہے۔ اسی لئے وہ بار بار کہتا ہے کہ:۔

سُبۡحَـٰنَ ٱللَّهِ عَمَّا يَصِفُونَ ۱۵۹/۳۷

"یہ لوگ جو تصور اللہ کے متعلق رکھتے ہیں، وہ اس سے بہت اونچا، بہت دور ہے۔"

یہی بنیادی چیز تھی۔ ہر مذہب میں خدا کا تصور ایک محسوس پیکر کا تھا جس کی رو سے خدا ایک خاص مقام میں تھا۔ جو محسوس پیکر ہوگا وہ تو پھر زمان میں ضرور Exist کرے گا۔ قُرآن نے اس کی تردید کی ہے۔ اور اللہ کا بڑا ہی منزہ اور بلند تصور دیا ہے جو Time & Space کی ان حدود سے ماورا اور منزہ ہے۔ اور اگر یہ تسلیم کیا جائے کہ ایک انسان یا نبی اکرم صلی اللہ علیہ وسلم اس جسم کے ساتھ، کسی خاص مقام پہ، گئے تھے جہاں اللہ سے ملاقات ہوئی تھی تو اللہ کے متعلق یہ ماننا ہوگا کہ وہ کسی خاص مقام پہ ہے اور یہی تصور دیا جاتا ہے جب کہا جاتا ہے کہ کہ اللہ عرش کے اوپر ہے، وہاں بہت بڑا تخت ہے اور اس کے اوپر ایک کرسی ہے، اللہ اس کے اوپر ہے۔ یہ تو وہی تصور ہے، جو باطل مذاہب کے اندر خدا کا تصور پایا جاتا تھا۔ قُرآن کا دیا ہوا یہ تصور نہیں ہے۔ میں جو کہتا ہوں کہ یہ واقعہ اس طرح سے نہیں کہ حضور صلی اللہ علیہ وسلم بجسدِ عنصری اللہ کو ملنے کے لئے کہیں تشریف لے گئے ہوں اس واقعہ کے خلاف اعتراض یہ ہے کہ اس سے خدا کو کسی ایک جگہ مقید، یا مقیم سمجھا جاتا ہے۔ جو قُرآنِ کریم کے دیئے گئے تصورِ خدا کے خلاف ہے، اعتراض یہ نہیں ہے کہ خدا ایسا کر نہیں سکتا۔

بلکہ جب بتایا جاتا ہے کہ ایک ہموار سطح ہے، وہاں خدا بیٹھے ہیں۔ تو گویا یہ ساری چیز ہوئی، جبھی تو اللہ کو بھی کسی Physical جگہ Space کے اندر آپ نے محدود کر دیا ہے۔

جب کہ اللہ کہتا ہے کہ:۔

وَهُوَ مَعَكُمۡ أَيۡنَ مَا كُنتُمۡ ۴/۵۷ "اور جہاں کہیں تم ہو وہ تمہارے ساتھ ہے"

وَنَحۡنُ أَقۡرَبُ إِلَيۡهِ مِنۡ حَبۡلِ ٱلۡوَرِيدِ ۵۰/۱۶ ''ہم تو ہر انسان کی شہہ رگ سے بھی زیادہ قریب ہیں''

فَأَيۡنَمَا تُوَلُّواْ فَثَمَّ وَجۡهُ ٱللَّهِۚ ۲/۱۱۵ ''جدھر بھی تم نگاہ اٹھاؤ گے، اللہ وہاں موجود ہوگا''

اللہ کا اگر یہ تصور آجائے کہ وہ کسی خاص مقام میں، خاص جگہ کے اندر، بیٹھا ہے تو اللہ کے متعلق یہ تصور اللہ کا انکار ہے۔ اور یہ انکار ہے، اس تصور کا جو قرآن نے اللہ کے متعلق دیا ہے۔ قرآن کی پہلی عظمت یہ ہے کہ اس نے جو اللہ کا تصور دیا ہے، وہ اتنا منزہ تصور ہے کہ دنیا کے کسی مذہب میں بھی یہ تصور نہیں ملتا۔ یہ ہر قسم کی تفسیر سے پاکیزہ ہے۔

هُوَ ٱلۡأَوَّلُ وَٱلۡأٓخِرُ ۵۷/۳

''وہی پہلے ہے اور وہی آخر'' (جسے آپ ٹائم (Time) کہتے ہیں یہ ان حدود سے نکل گیا)

وَٱلظَّٰهِرُ وَٱلۡبَاطِنُۖ ۵۷/۳

''وہی ظاہر ہے اور وہی مخفی'' (جسے آپ Space کہتے ہیں، یہ اس کی حدود سے نکل گیا)

Time & Space کی حدود سے ماورا، اللہ کا تصور، صرف قرآن دیتا ہے۔ اس کے علاوہ یہ تصور دنیا کا کوئی مذہب پیش نہیں کرتا۔ یہ عظمت تھی اس تصورِ اللہ کی جو قرآن نے پیش کیا۔ لیکن اگر ہم اللہ کی اس قدرت کو ثابت کرنے کے لئے اللہ کو مجسم طور پر کسی Space کے اندر محدود کر دیں، جہاں ایک شخص اپنے جسم کے ساتھ اس کو ملنے کے لئے جاتا ہے، تو ہم نے خدا کو Space کے اندر محدود کر دیا۔ یوں تو آپ میرے کمرے میں بیٹھے ہوئے ہزار میل کے فاصلے پہ انسان سے باتیں کر سکتے ہیں لیکن جب مجھے خود بجسدِ عنصری، ملنے کے لئے جانا پڑے گا تو پھر اس شخص کو بھی تو کسی ایک جگہ کے اوپر آپ کو بٹھانا ہوگا کہ وہاں جا کے ملا جائے۔ اس پر اعتراض ہے۔ یہ اللہ کی قدرتِ کاملہ پہ اعتراض نہیں ہے۔''

قارئین، آپ نے دیکھ لیا کہ علامہ پرویزؒ کو واقعہ معراج کے خلاف جو اعتراض تھا وہ یہ تھا کہ اس عقیدے کی رو سے اللہ کو کسی ایک جگہ مقید، یا مقیم سمجھا جاتا ہے جو قرآنِ کریم کے دیئے گئے تصورِ اللہ کے خلاف ہے۔ اقصیٰ کے معنی ''دور کی مسجد'' ہے اور اس کو تاریخ کے حوالوں سے بھی ثابت کیا گیا ہے، اس کے بعد ہم علامہ پرویزؒ کی زبانی سنتے ہیں کہ وہ اس نتیجہ پر کیسے پہنچے تھے کہ مسجدِ اقصیٰ سے مراد ''دور کی مسجد'' اور ''مدینہ'' ہے۔ ان تاریخی واقعات کو بھی ملاحظہ فرمائیں اور اس کے بعد معراج کے دوسرے حصہ پر بات کریں گے، لیکن نہایت ہی اختصار کے ساتھ۔

''آپ حیران ہوں گے کہ خود ہماری تاریخوں کے اندر یہ بات لکھی ہے، انہی کی کتابوں کے اندر لکھا ہوا

ہے کہ رسول اللہ کے زمانے میں، ہجرت سے پہلے مدینہ کا ایک نام ''مسجدِ اقصیٰ'' تھا۔جنوری ۱۹۷۵ء کا طلوعِ اسلام کا پرچہ میرے پاس ہے۔اس کے اندر'' مسجدِ اقصیٰ'' کے ہی نام سے میرا ایک مضمون ہے اور یہ تاریخی حوالے اس کے اندر موجود ہیں ۔ یہ بہت معتبر تاریخ ہے۔اس میں یہی لکھا ہے کہ اس سے پہلے مدینہ میں کتنی مسجدیں بن چکی تھیں، کہاں کہاں یہ اجتماعات ہوتے تھے۔مسلمان تو جہاں دوتین بھی اکٹھے ہوں، وہیں ان کی سجدہ گاہ ہوجاتی ہے۔

عجیب بات ہے کہ میں نے تو اب مفہوم القرآن میں، بلکہ اس سے بھی پہلے، جب یہ چیز دیکھی تھی کہ سورۃ بنی اسرائیل میں مسجدِ اقصیٰ کا ذکر ہے تو یہ حضور صلی اللہ علیہ وسلم کی شبِ ہجرت کے واقعہ کا بیان ہے، اور اس سے مراد ''مدینہ ہے'' مکہ سے مدینہ کی طرف جانا ہے۔اس سلسلہ میں یہ عجیب بات ہے، انسان ہمہ کل تو کسی وقت نہیں ہوسکتا، میرے سامنے یہ تاریخ نہیں تھی جس کا میں نے اوپر ذکر کیا ہے۔چنانچہ میں نے اس کو قرآنِ کریم میں، صرف قرآن میں، غور و تدبر کے بعد، ایک نتیجہ نکالا تھا کہ یہ شبِ ہجرت کا بیان ہے، وہ میں نے لکھ دیا تھا۔

لیکن میں مدینہ کے نام کے سلسلے میں بڑی تلاش میں رہا کہ شاید کہیں سے میرے تدبرِ قرآن کو تصویب مل جائے۔اس کے بہت عرصہ بعد میں نے مصر سے ایک قرآنِ کریم منگایا۔اس میں اس کے حاشیے پہ یہ چیز لکھی ہوئی تھی کہ ''مسجدِ اقصیٰ سے مراد مدینۃ لیثرب ہے'' پوچھئے نہیں اس دن مجھے اس بات سے کس قدر خوشی ہوئی ۔ یہ اللہ تعالیٰ کا کتنا فضل ہے کہ ایک بات جو میں نے محض اپنی فکری بنیاد پہ لکھی تھی، اس کی ایک تائید ملی۔پھر مجھے اس کی تلاش ہوئی کہ یہ انھوں نے کیسے لکھا۔آپ حیران ہونگے کہ اس کے بعد مجھے یہ تاریخیں مل گئیں اور ان تاریخوں میں ایک چیز یہ مل گئی کہ مدینہ کا نام'' مسجدِ اقصیٰ'' تھا اور خود وہ خچر جس پہ سوار ہوکے حضور صلی اللہ علیہ وسلم نے یہ سفر مکہ سے مدینہ تک کیا تھا اس خچر کا نام ''قصویٰ'' رکھ دیا گیا تھا۔حضور نے اس خچر پہ کئی سفر کئے اور ہماری تاریخ میں اس کا نام یہ رکھا ہوا تھا۔ میں حیران ہوا کرتا تھا کہ اس کا نام یہ کیسے پڑ گیا۔اب آ کے یہ عقدہ کھلا کہ یہ وہی خچر تھا جس پہ حضور صلی اللہ علیہ وسلم نے یہ سفرِ ہجرت کیا تھا۔وہ ''مسجدِ اقصیٰ'' تو پہلے سے وہاں موجود تھی۔ یہ تو مدینے کا نام مسجدِ اقصیٰ تھا جیسے مسجد الحرام سے صرف مراد کعبہ ہی نہیں ہوتا، بعض اوقات اس سے پورا مکہ مراد ہوتا ہے۔خود قرآن میں یہ ہے کہ انھوں نے تمہیں اور وہاں کے رہنے والوں کو مسجدِ الحرام سے نکال دیا اور جب وہ مدینے میں آئے تو اس سے مراد'' کعبہ'' کے رہنے والے نہیں تھے۔کعبہ میں تو کوئی رہتا ہی نہیں ہے۔یہ تو قرآن کا اندازِ بیان ہے۔مدینے کا نام ''مسجدِ اقصیٰ'' تھا اور مسجد تو اب ہمارے ہاں چار دیواری کے اندر گھری ہوئی رہتی ہے، ورنہ مسجد تو حضور کے ارشاد کے مطابق'' کل روئے زمین کا تختہ، مسلمان کی مسجد ہے'' یہ جہاں بھی کھڑا ہوکے اپنے اللہ کی اطاعت کرے گا، وہی جگہ مسجد کہلائے گی۔یہ کسی عمارت کا نام نہیں ہے۔یہ الگ بات ہے کہ اجتماع کے لئے عمارت کی بھی ضرورت پڑتی ہے۔لیکن معنوی اعتبار سے مسجد صرف اس عمارت کو ہی نہیں کہتے بلکہ جس مقام پہ بھی اللہ کے قوانین کی بات اونچی ہوگی، غالب آئے گی اس کے لئے وہ سرزمین مسجد متصور ہوگی۔

اسلامی نظامِ سلطنت میں جسے آپ پارلیمنٹ کی حد کہتے ہیں، وہ مسجد کے ہی مترادف ہوگی۔آج بھی اگر

آپ کے ہاں اسی انداز، اسی سنتِ رسول صلی اللہ علیہ وسلم، اسی قُرآنِ کریم کے مطابق' کوئی مملکت قائم ہوئی تو اس کے ہاں قوانین کے نافذ کرنے کا جو ادارہ ہو گا وہ ''مسجدِ کبریٰ'' کہلائے گی۔ یہاں تو قُرآن میں اصطلاح ہی اَلْكُبْرٰى ۱۸/۵۳ دی ہے۔ دوسری اصطلاحیں مانگنے اور اپنانے کی ضرورت ہی نہیں۔ آج اسے اسمبلی ہال کہتے ہیں۔ یہ مملکتِ اسلامیہ کی مسجدِ کبریٰ ہے۔

دوسری چیز جو مجھے آپ سے کہنی ہے، اسے بھی ذرا غور سے سن لیجئے۔ نبی کے متعلق، رسول اللہ صلی اللہ علیہ وسلم کے متعلق، آپ جتنی باتیں جتنے واقعات، جتنی سیرت ان حضرات سے سنیں گے اس میں یہ بتایا ہو گا کہ ہر محیر العقول واقعہ جو حضور صلی اللہ علیہ وسلم سے سرزد ہوا، اتنا ہی نہیں بلکہ حضور نے اپنی زندگی میں جو کچھ بھی کیا وہ آپ کی طرف سے نہیں تھا، وہ خدا کی طرف سے تھا اور اس سے حضور صلی اللہ علیہ وسلم کی بڑی عظمت، رفعت، بلندی، شان کو بالا کر رہے ہیں، مذہب میں تو چونکہ سوچ کو کوئی دخل نہیں ہوتا ورنہ اگر ذرا سی سوچ سے کام لیا جائے تو آپ دیکھئے کہ بات کہاں آ جاتی ہے۔''

قارئین۔ علامہ پرویزؒ نے۔ جنوری ۱۹۷۵ء کے جس طلوعِ اسلام کے پرچہ کا ذکر کیا ہے جس میں خود ''مسجدِ اقصیٰ پر ان کا اپنا مضمون بھی درج ہے، اور جن تاریخی حوالوں کا انھوں نے ذکر کیا ہے وہ بھی اس پرچہ میں موجود ہیں، بلکہ ایک عکسی کاپی بھی موجود ہے، جس میں تاریخی حوالہ جات درج ہیں۔ خود پرویز صاحب کے بیان کے مطابق، کہ جو بات انہوں نے رسول اللہ کی ہجرت سے متعلق بہت پہلے لکھ چھوڑی تھی، اُسے جب اہلِ حدیث کے عالم جناب علامہ عنایت اللہ عصری وزیر آبادی نے دیکھا تو بہت خوش ہوئے اور احادیث سے ثابت کیا کہ جو کچھ میں نے لکھا تھا وہ صحیح ہے اور یہ آیت رسول اللہ کی ہجرت سے متعلق ہی ہے۔ اس پر اُن کا جو بیان اپریل ۱۹۵۵ء میں شائع ہوا تھا وہ جنوری ۱۹۷۵ء کے طلوعِ اسلام کے پرچہ میں صفحہ ۴۲ پر درج ہے۔ اگر کوئی اپنے طور پر اِسے دیکھنا چاہے تو www.Parwez.TV پر جا کر اِسے دیکھا جا سکتا ہے۔

''اقصیٰ'' کے متعلق مزید جاننے کے لئے ملاحظہ فرمائیں:۔

''اقصیٰ'' کا Root word ''ق ص و'' ہے۔ لغات ''تاج ومحیط وراغب'' کے مطابق ''دور'' ہی بتایا گیا ہے مثال کے طور پر۔

بِالْعُدْوَةِ الْقُصْوٰى ۸/۴۲ ''دور کے کنارے پر''

مَكَانًا قَصِيًّا ۱۹/۲۲ ''دور کی جگہ''

قُرآنِ حکیم کی اِن دو آیات سے بھی جو اوپر درج کی گئی ہیں صاف واضح ہے کہ اقصیٰ کا مطلب ''دور'' ہی بنتا ہے۔اس کے علاوہ، اردو ڈکشنری کے مطابق بھی دور ہی بتایا گیا ہے۔ چنانچہ اس طرح سے ''مسجدِ اقصیٰ'' کے معنی ''دور کی مسجد'' کے ہی بنتے ہیں۔ ''مسجد اقصیٰ'' کے مقدمہ میں ہم نے تاریخ اور خود قُرآنِ حکیم کی آیات کی روشنی میں دیکھا ہے کہ اقصیٰ سے مراد'' دور کی مسجد اور مدینہ مراد ہے۔ بخلاف اس غلط تاریخی روئیداد کے جسے وحی خفی کے مطابق امام طبری نے پیش کیا ہے۔قُرآنِ حکیم کا کوئی ادنیٰ طالب علم بھی اس بات سے واقف ہے کہ اللہ نے قُرآنِ حکیم کے متعلق فرمایا ہے کہ اِسے آسان اور سادہ زبان میں اِس لئے اتارا ہے، تاکہ لوگ اِسے اچھی طرح سے سمجھ سکیں۔ اگر کوئی اس سادہ سے اصول کو ہی اپنے پیشِ نظر رکھ کر ان آیات کا مطالعہ کرے تو وہ اِسی نتیجے پر پہنچے گا کہ اللہ نے تو فقط اتنا ہی کہا ہے کہ وہ اپنے بندے کو راتوں رات مسجد الحرام (مکہ) سے دور کی مسجد یعنی مسجدِ اقصیٰ (مدینہ) لے گیا۔

سُبۡحَـٰنَ ٱلَّذِىٓ أَسۡرَىٰ بِعَبۡدِهِۦ لَيۡلًا مِّنَ ٱلۡمَسۡجِدِ ٱلۡحَرَامِ إِلَى ٱلۡمَسۡجِدِ ٱلۡأَقۡصَا ١٧/١

''پاک ہے وہ اللہ تعالیٰ جو اپنے بندے کو راتوں رات مسجدِ الحرام (مکہ) سے مسجدِ اقصیٰ تک لے گیا''

یہاں پہنچنے تک ہمارے سامنے ''اقصیٰ'' کے متعلق جو حتمی فیصلہ آیا ہے اور جسے قُرآنِ حکیم نے اپنی آسان زبان میں بیان کیا ہے وہ یہی ہے کہ:۔

''پاک ہے وہ اللہ تعالیٰ جو اپنے بندے کو راتوں رات مسجدِ الحرام (مکہ) سے مسجدِ اقصیٰ (دور کی مسجد (مدینہ) تک لے گیا'' ١٧/١

آگے چل کر، ہم روایات کے مطابق بیان کردہ معراج کے اُس حصۂ سفر کی روئیداد کو بھی جاننے کی کوشش کرتے ہیں جسے نہایت اہتمام اور احترام کے ساتھ آگے بڑھایا جاتا ہے۔

اٹھا میں مدرسہ و خانقاہ سے غمناک
نہ زندگی، نہ محبت، نہ معرفت، نہ نگاہ

بیت المقدس سے آگے

روایات کے مطابق، اب ہم معراج کے سفر کے اس مرحلے میں داخل ہو رہے ہیں جس کا تعلق اس مادی دنیا سے ماوراء آسمانوں کی الوہیاتی دنیا سے ہے۔ یہ مودودیؒ کی اسی تقریر کا بقیہ حصہ ہے جو ریڈیو پر نشر ہوئی تھی، جسے پرویزؒ نے اپنے Remarks کے ساتھ رقم کیا ہے۔ پیشِ خدمت ہے، ملاحظہ فرمائیں:۔

''ایک سیڑھی آپ کے سامنے پیش کی گئی (عربی زبان میں سیڑھی کو معراج کہتے ہیں اور اسی نسبت سے یہ سارا واقعہ معراج کے نام سے مشہور ہو گیا)۔ ہاں تو ''سیڑھی پیش کی۔ اس کے ذریعے جبرائیل آپ کو اوپر آسمانوں کی طرف لے گئے۔ پس آپ جو اوپر ایک آسمان میں گئے۔ دروازہ نہیں کھلتا تھا۔ آپ صلی اللہ علیہ وسلم نے کنڈی کھٹکھٹائی۔ حضرت جبرائیل نے اندر سے پوچھا کون ہے؟ آپ صلی اللہ علیہ وسلم نے بتایا۔ پھر انھوں نے اجازت دی۔ پھر آپ وہاں تشریف لے گئے۔ وہاں فلاں پیغمبر کا مقام تھا۔ دوسرے میں گئے، وہاں فلاں کا مقام تھا۔ اس طرح سے وہ ایک ایک مختلف آسمانوں سے ہوتے ہوئے عرشِ معلیٰ تک جا پہنچے۔ وہاں سے پھر اللہ تعالیٰ سے ملاقات ہوئی اور راستے میں جہنم کے مناظر دیکھے۔ دوزخ میں دیکھا کہ کچھ عورتیں اپنی چھاتیوں کے بل لٹک رہی ہیں۔ پوچھا یہ کون ہیں؟ کہا گیا ''یہ وہ عورتیں ہیں جنھوں نے اپنے شوہروں کو اپنے بچے نہیں دیئے''۔ پھر ایسے لوگ تھے جن کے پیٹ بے انتہا بڑے بڑے سانپوں سے بھرے ہوئے تھے یعنی یہ مختلف چیزیں اس میں دیکھی گئیں۔

آپ صلی اللہ علیہ وسلم اللہ تعالیٰ کے حضور پہنچے۔ تو وہاں سدرۃ المنتہیٰ پر جبرائیل ٹھہر گئے اور آپ تنہا آگے بڑھے۔ ایک بلند ہموار سطح پر پہنچے۔ سدرۃ المنتہیٰ سے آگے پہنچے تو ایک ہموار بلند سطح پر بارگاہ جلال و جمال ذاتِ خداوندی کو سامنے پایا۔ ہمکلامی کا شرف بخشا گیا۔ یہ سارا کچھ کرنے کے بعد وہاں باتیں ہوئیں۔ ان میں کیا چیزیں تھیں، ہر روز

پچاس نمازیں فرض کی گئیں۔سورۃ البقرۃ کی آخری دو آیتیں اور شرک کے سوا دوسرے سب گناہوں کی بخشش کا امکان ظاہر کیا گیا۔(ان چیزوں کے لئے یہ سارا کچھ ہوا جو حضور تشریف لے گئے۔اس میں اہم ترین چیز یہ ہے کہ بارگاہِ خداوندی سے ہر روز پچاس نمازیں فرض کی گئیں)۔واپسی پر نیچے اترے تو حضرت موسیٰ سے ملاقات ہوئی۔انھوں نے روداد سن کر کہا''میں بنی اسرائیل کا تجربہ رکھتا ہوں میرا اندازہ ہے کہ آپ کی امت پچاس نمازوں کی پابندی نہیں کر سکتی، مجھے اپنے ہاں کا پہلا تجربہ ہے کہ یہ نہیں پڑھی جا سکیں گی۔کمی کے لئے عرض کیجئے۔آپ صلی اللہ علیہ وسلم گئے۔عرض کیا اللہ تعالیٰ نے دس نمازیں کم کر دیں۔پھر آئے۔پھر انھوں نے یہی کہا۔پھر گئے۔پھر دس کم کر دیں۔آخری بار جب وہ دس آئیں، آپ پھر بھیجے گئے۔پھر آئے تو حضرت موسیٰ علیہ السلام نے پھر یہی کہا کہ یہ پانچ بھی نہیں پڑھی جائیں گی تو آپ صلی اللہ علیہ وسلم نے فرمایا کہ، مجھے بار بار جاتے شرم آتی ہے، میں اب نہیں جاتا۔''

بحوالہ مطالب الفرقان قُرآنِ مجید کی تفسیر خود قُرآنِ مجید سے (سورۃ بنی اسرائیل) صفحہ ۳۲ تا ۳۷

اس پر پرویزؔ لکھتے ہیں کہ:۔

''اس حکم دینے والے کے متعلق کیا تصور ہوگا؟ یہاں تو یہ نظر آ رہا ہے کہ ایک خالص یہودی بول رہا ہے معاذ اللہ، معاذ اللہ کہ جس خدا سے تمہارا رسول جا کے ملا، ان کی یہ قوت ہے کہ وہ فریضہ دے چکے جو ناممکن العمل ہے۔معاذ اللہ، معاذ اللہ، صد ہزار بار معاذ اللہ اور اس یہودی نے، روایت دینے والے نے، ایک تصور آپ کے رسول کا یہ دے دیا کہ انھیں حضرت موسیٰ بچوں کی طرح پڑھا رہے ہیں کہ کیوں پڑھ رہے ہو۔آپ لوگ دیکھ رہے ہیں کہ روایت کیسے منہ سے بول رہی ہے کہ یہ کہاں سے آئی ہے اور اس کا مقصد کیا تھا۔یہ بھی نہیں ہے کہ حضور صلی اللہ علیہ وسلم نے کہا ہو کہ ہم بہتر جانتے ہیں، یہ خدا نے دی ہیں، وہ بہتر جانتا ہے۔میں بہتر جانتا ہوں۔لیکن پھر وہی یہودی کی روایت ہے کہ انھوں نے (حضرت موسیٰ) نے کہا کہ میں جانتا ہوں، نہیں پڑھی جائیں گی۔''

بحوالہ مطالب الفرقان قُرآنِ مجید کی تفسیر خود قُرآنِ مجید سے (سورۃ بنی اسرائیل) صفحہ ۳۲ تا ۳۷

حضرات! اب یہی واقعہ جو صحیح بخاری میں درج ہے، اسے بھی آپ کے سامنے پیش کیا جاتا ہے، تا کہ واقعہ معراج پر مزید روشنی پڑ سکے اور اس کے کچھ اور پہلو بھی جو ابھی تک ہمارے سامنے نہیں آئے تھے وہ بھی کھل کر سامنے آ جائیں۔ہمارے ہاں کی ایک تفسیر کا بیان دوسری تفسیر کے بیان سے کس قدر مختلف ہوتا ہے، جاننے کے لئے۔ملاحظہ فرمائیں:۔

''حضور صلی اللہ علیہ وسلم فرماتے ہیں کہ اللہ نے میری امت پر پچاس نمازیں فرض کر دیں۔جب دربارِ خداوندی سے یہ احکام لے کر واپس آ رہا تھا، تو کسی آسمان پر حضرت موسیٰؑ سے ملاقات ہوگئی۔موسیٰؑ نے پوچھا کہ کتنی

نمازوں کا حکم ملا ہے۔ میں نے کہا پچاس کا۔ فرمایا تمہاری امت اس بوجھ کو نہیں اٹھا سکتی۔ اس لئے واپس جاؤ اور تعداد کم کراؤ۔ چنانچہ میں واپس چلا گیا اور اللہ نے نصف گھٹا دیں۔ پھر موسیٰؑ کے پاس گیا۔ اس نے کہا یہ تعداد بھی تمہاری امت کی طاقت سے بہت زیادہ ہے اس لئے دوبارہ واپس جاؤ۔ میں پھر واپس گیا اور نصف اور کم ہوگئیں۔ جب سہ بارہ موسیٰؑ سے ملا تو اس نے کہا یہ بھی زیادہ ہیں چنانچہ میں چوتھی مرتبہ واپس گیا اللہ نے کہا ان پانچ نمازوں کو پچاس ہی کے برابر سمجھو۔ اور یاد رکھو کہ ہم اپنا قول بدلا نہیں کرتے۔ جب میں آخری بار موسیٰؑ کے پاس آیا تو وہ کہنے لگے ایک مرتبہ اور جاؤ یہ تعداد بھی زیادہ ہے لیکن میں اللہ سے شرما گیا۔''

بحوالہ صحیح بخاری جلد اول کتاب الصلوٰۃ (صفحہ ۱۵۱)

آگے بڑھنے سے پہلے چند ایک نکات کا جائزہ لینا ضروری ہے جو بخاری کی اس روایت میں بیان کئے گئے ہیں۔ مثلاً

1) نبی اکرم صلی اللہ علیہ وسلم سے اللہ تعالیٰ کا یہ کہنا کہ، ہم اپنا قول بدلا نہیں کرتے

2) رسول اللہ کا حضرت موسیٰ کے مشورے سے اللہ کے حکم کو بدلنے کے لئے اس کے پاس چار بار جانا، اور اسے بدلوا لینا

3) (اور مودودیؒ صاحب کی ریڈیو تقریر کے بیان کے مطابق) رسول اللہ کا باون برس کی عمر میں معراج کے سفر پر جانا

ہم دیکھتے ہیں کہ راوی نے کمال مہارت کے ساتھ ناسخ و منسوخ کے عقیدے کو تحفظ دینے کے لئے نمازوں کی تعداد کو کم کرنے کے سلسلے میں اللہ تعالیٰ کو چار بار اپنا قول بدلتے دکھایا، آخری بار خود اللہ کی طرف سے یہ بھی کہلوا دیا کہ ''ہم اپنا قول بدلا نہیں کرتے'' یہ کیا بات ہوئی، ان دونوں باتوں میں سے سچی بات کون سی ہے؟ آپ کو یاد ہوگا کہ حدیثِ ابنِ عباسؓ کے مطابق جب لوگوں کو اللہ نے سونا، چاندی اور مال و دولت کے جمع کرنے سے روک دیا تھا اور اللہ کے اس حکم کو بدلوانے کے لئے حضرت عمرؓ رسول اللہ کے پاس دوڑے گئے تھے اور عرض کی تھی کہ یا رسول اللہ یہ حکم آپ کے صحابہ کو گراں گزرا ہے۔ جس پر آپ (رسول اللہ) نے فرمایا خداوند تعالیٰ نے زکوٰۃ اس لئے فرض کی ہے کہ وہ تمہارے باقی مال کو پاک کر دے اور میراث کو اس لئے فرض کیا ہے کہ جو لوگ تمہارے بعد رہ جائیں ان کو مال مل جائے۔

غور فرمایا آپ نے کہ مذہب کی آڑ میں خود رسول اللہ کی زبانِ مبارک سے نظامِ سرمایہ داری کو تحفظ دینے کا اس سے بہتر کوئی اور ذریعہ ہو سکتا تھا؟

اور پھر اللہ کی جانب سے رسول اللہ کو پچاس نمازوں کے پڑھنے کا حکم بتایا گیا ہے۔ لیکن اس حکم کی بجا آوری کے سلسلے میں دونوں پیغمبر اس فکر میں غلطاں و پیچاں نظر آتے ہیں کہ لوگ اتنی زیادہ نمازیں کیسے پڑھیں گے، اس لئے انہیں کم کروانے کی غرض سے

رسول اللہ کو اللہ کے پاس کئی بار آتے اور جاتے بتایا گیا۔ لیکن ایسا تو ہو نہیں سکتا تھا کہ اللہ کا ایک حکم ہو اور رسول تذبذب میں پڑ جائیں اور اسے بدلوانے کے لئے دوڑ لگا دیں۔ اور یا پھر یہ کہ اللہ کا کوئی حکم رسول اللہ کے صحابہ کو گراں گزرے۔ ایسی باتوں سے تو جلیل القدر پیغمبروں اور صحابیوں کے کردار پر (نعوذ باللہ) سخت ضرب پڑتی ہے۔ ایسی باتوں پر کسی مسلمان کا خاموش بیٹھ رہنا اور اس پر احتجاج نہ کرنا بڑے ہی تعجب کی بات ہے۔

اور یہ بھی کہا گیا ہے کہ جب معراج کا واقعہ پیش آیا تو اس وقت رسول اللہ باون برس کے تھے، جو مان لیا کہ صحیح ہے۔ اس حساب سے رسول اللہ کو نبوت پر سرفراز ہوئے بارہ برس گزر چکے تھے۔ اور تاریخ کے بیان کے مطابق' نماز کا تحفہ انھیں معراج کے موقعہ پر عطا کیا گیا تھا۔ بتایا جائے، کہ وہ نمازیں کون سی تھی، جنھیں رسول اللہ معراج پر جانے سے پہلے مسجدِ اقصیٰ کی طرف منہ کر کے پڑھا کرتے تھے؟ اور اس نماز کے بارے میں بھی بتایا جائے، جسے تمام پیغمبروں نے رسول اللہ کی امامت میں ان کے معراج پر جانے سے پہلے پڑھی تھی۔

اس کا جواب نہیں دیا جا سکتا۔ اس لئے کہ خود تاریخ کے بیان کے مطابق وہاں کوئی مسجد موجود ہی نہ تھی۔ وہاں پر جو کبھی ہیکلِ سلیمانی ہوتا تھا اس کی تو حضرت عیسیٰ کی پیدائش کے ۷۰ سال بعد ہرقل نے اینٹ سے اینٹ بجا دی تھی۔ اور پھر مسجدِ اقصیٰ بھی تو رسول اللہ صلی اللہ علیہ وسلم کی وفات کے ایک عرصہ بعد، حضرت عمرؓ کے زمانے میں کہیں جا کر تعمیر ہوئی تھی۔

آپ نے غور فرمایا، کہ امام طبری کے خودساختہ ''ناسخ و منسوخ اور وحی خفی'' کے عقیدے نے بات کہاں سے کہاں پہنچا دی۔ جب کہا جاتا ہے کہ ہماری تاریخ تضادات کا مجموعہ ہے، تو اس میں مبالغے اور غلو کی کوئی بات نہیں۔ ہماری تاریخ، معراج کے جس واقعہ کو اتنی اہمیت کا حامل بناتی ہے، خود اسی کے متعلق اس کے اپنے ہی بیانات میں تضادات کا پایا جانا تشویش ناک امر ہے۔ مثال کے طور پر مولانا صلاح الدین یوسف، (فتح القدیر) سے حوالہ دیتے ہوئے فرماتے ہیں کہ:۔

> ''اس (واقعہ معراج) کی تاریخ میں اختلاف ہے۔ تاہم اس میں اتفاق ہے کہ یہ ہجرت سے قبل کا واقعہ ہے۔ بعض کہتے ہیں ایک سال قبل اور بعض کہتے ہیں کئی سال قبل یہ واقعہ پیش آیا۔ اسی طرح مہینے اور اس کی تاریخ میں اختلاف ہے۔ کوئی ربیع الاول کی ۱۷ یا ۲۷ کوئی رجب کی ۲۷ اور بعض کوئی اور مہینہ اور اس کی تاریخ بتلاتے ہیں''۔
>
> بحوالہ نسخۂ قرآن صفحہ ۷۶۶ شاہ فہد پرنٹنگ کمپلیکس

قارئین، تاریخ کے ان تمام جھمیلوں کو نظرانداز کر دینے اور ایک طرف رکھ دینے کے بعد قرآنِ حکیم پر غور و فکر کے نتیجے میں جو بات پایۂ ثبوت کو پہنچتی ہے وہ یہ ہے کہ، رسول اللہ نے نبوت پر سرفراز ہونے کے بعد یقیناً وہی صلوٰۃ ادا کی ہے جس کا حکم انھیں قرآن میں بذریعہ وحی ملا تھا، اور ہونا بھی ایسے ہی چاہئے تھا۔ چنانچہ، ہوتا یہ تھا کہ رسول اللہ کی معیت میں ان کے معتمد اور جانثار ساتھی صلوٰۃ کا فریضہ ادا کرنے کے لئے، چھپ چھپا کر کسی ایک جگہ پر جمع ہو جاتے اور اللہ کی کتاب کے قوانین کو اپنے سامنے رکھ کر ان پر غور و فکر کرتے، اتفاقِ رائے سے جب وہ کسی نتیجے پر پہنچ جاتے تو انہیں دوسروں تک پہنچانے اور معاشرے میں عملی طور پر رائج کرنے کے لئے

لائحہ عمل تیار کر لیتے۔ اور پھر قُرآنِ حکیم کی دوسری آیات کو لے لیتے اور ان پر غور وخوص کرنے میں مشغول ہو جاتے۔ یہ سب ایک خاص مقصد کے تحت کیا جاتا تھا تاکہ ان قوانین کے مطابق معاشرہ قائم کیا جا سکے۔ چنانچہ اس ساری تگودو کا ماحصل مدینہ منورہ میں اسلامی مملکت کی صورت میں سامنے آیا۔

ایسی صورتِ حال کے پیشِ نظر اندازہ لگایا جا سکتا ہے کہ جماعتِ مومنین بیک وقت، صلوٰۃ کے دونوں پہلوؤں (عبادت اور نظام) پر کس مستقل مزاجی اور تندہی سے اللہ و رسول کے تجویز کردہ پروگرام پر عمل پیرا رہے ہونگے۔ اس پسِ منظر کو جاننے کے لئے قُرآنِ حکیم کی آیات ملاحظہ فرمائیں:۔

قُلِ ادْعُوا اللَّهَ أَوِ ادْعُوا الرَّحْمَٰنَ ۖ أَيًّا مَّا تَدْعُوا فَلَهُ الْأَسْمَاءُ الْحُسْنَىٰ ۚ وَلَا تَجْهَرْ بِصَلَاتِكَ وَلَا تُخَافِتْ بِهَا وَابْتَغِ بَيْنَ ذَٰلِكَ سَبِيلًا ۱۱۰/ ۱۷

”(اے رسول) کہہ دیجئے کہ اللہ کو اللہ کہہ کر پکارو یا رحمٰن کہہ کر، جس نام سے بھی پکارو اچھے نام اُسی کے ہیں۔ نہ تو تو اپنی صلوٰۃ بہت بلند آواز سے پڑھ اور نہ بالکل پوشیدہ بلکہ اس کے درمیان کا راستہ تلاش کر لے“۔

اب تفسیر ملاحظہ ہو:۔

” مشرکینِ مکہ کے لئے اللہ کا صفتی نام ”رحمٰن“ یا ”رحیم“ نامانوس تھا اور بعض آثار (روایات) میں آتا ہے کہ بعض مشرکین نے نبی صلی اللہ علیہ وسلم کی زبان مبارک سے یارحمٰن ورحیم کے الفاظ سنے تو کہا کہ ہمیں تو یہ کہتا ہے کہ صرف ایک اللہ کو پکارو اور خود دو معبودوں کو پکار رہا ہے۔ جس پر یہ آیت نازل ہوئی“۔

بحوالہ نسخۂ قُرآن صفحہ ۷۹۷ شاہ فہد پرنٹنگ کمپلیکس

اب آگے لکھا جاتا ہے کہ:۔

”اس کے شانِ نزول میں حضرت ابنِ عباس فرماتے ہیں کہ مکے میں رسول اللہ صلی اللہ علیہ وسلم چھپ کر رہتے تھے، جب اپنے ساتھیوں کو نماز پڑھاتے تو آواز قدرے بلند فرما لیتے، مشرکین قُرآن سن کر قُرآن کو اور اللہ کو سب وشتم کرتے، اللہ تعالیٰ نے فرمایا، اپنی آواز کو اتنا اونچا نہ کرو کہ مشرکین سن کر قُرآن کو برا بھلا کہیں اور نہ اتنی پست کرو کہ صحابہ بھی نہ سن سکیں“۔

بحوالہ البخاری

(التوحید، باب قول اللہ تعالیٰ انزلہ بعلمہ ولملائکۃ یشھدون و مسلم، الصلاۃ، باب التوسط فی القراء)

تو قارئین، بات ابھی یہیں پر ختم نہیں ہوئی، آگے چل کر بھی جو بیان کیا گیا ہے وہ بھی ملاحظہ فرمائیں:۔

''خود نبی اکرم صلی اللہ علیہ وسلم کا واقعہ ہے کہ ایک رات نبی صلی اللہ علیہ وسلم کا گزر حضرت ابوبکر صدیق رضی اللہ عنہ کی طرف ہوا تو دیکھا کہ وہ پست آواز سے نماز پڑھ رہے ہیں۔ پھر حضرت عمر رضی اللہ عنہ کو بھی دیکھنے کا اتفاق ہوا تو وہ اونچی آواز سے نماز پڑھ رہے تھے۔آپ صلی اللہ علیہ وسلم نے دونوں سے پوچھا تو حضرت ابوبکر صدیق رضی اللہ عنہ نے فرمایا، میں جس سے مصروفِ مناجات تھا، وہ میری آواز سن رہا تھا، حضرت عمر رضی اللہ عنہ نے جواب دیا کہ میرا مقصد سوتوں کو جگانا اور شیطان کو بھگانا تھا۔آپ صلی اللہ علیہ وسلم نے صدیقِ اکبر رضی اللہ عنہ سے فرمایا، اپنی آواز قدرے بلند کرو اور حضرت عمر رضی اللہ عنہ سے کہا، اپنی آواز کچھ پست رکھو۔''

بحوالہ مشکواۃ (باب الصلوۃ اللیل؛ بحوالہ ابوداؤد و ترمذی)

لیکن!

''حضرت عائشہ فرماتی ہیں کہ یہ آیت دعا کے بارے میں نازل ہوئی ہے''۔

(بخاری و مسلم؛ بحوالہ فتح القدیر) بحوالہ نسخۂ قرآن صفحہ ۷۹۷/۷۹۸ شاہ فہد قرآنِ کریم پرنٹنگ کمپلیکس

چنانچہ، آیت کی اِس تفسیر کا حاصلِ کلام یہ نکلا کہ:۔

1) اس آیت کے شانِ نزول کا سبب معلوم ہوگیا ہے۔
2) مکے میں رسول اللہ چھپ کر رہتے تھے، اور ساتھیوں کو نماز پڑھاتے وقت آواز قدرے بلند فرمالیتے۔
3) جب مشرکین سن لیتے تو وہ قرآن کو اور اللہ کو برا بھلا کہتے۔جس پر اللہ نے رسول اللہ سے کہا کہ
4) اپنی آواز کو اتنا اونچا نہ کرو کہ مشرکین سُن کر مخالفت کریں، اور نہ اتنی پست آواز (سرگوشیوں) میں کہ آپ کے ساتھی بھی آپ کی بات کو نہ سمجھ پائیں۔یعنی کہ نارمل آواز میں نماز پڑھیں جیسے کہ روزمرہ معمول کے مطابق بات چیت کی جاتی ہے۔
5) آپ صلی اللہ علیہ وسلم نے اپنے صحابہ میں سے حضرت عمر کو بلند آواز میں پڑھتے سنا اور حضرت ابوبکر کو پست آواز میں۔ یہ سب دیکھ کر۔
6) آپ صلی اللہ علیہ وسلم نے صدیقِ اکبر رضی اللہ عنہ سے فرمایا، اپنی آواز قدرے بلند کرو اور حضرت عمر رضی اللہ عنہ سے کہا، اپنی آواز کچھ پست رکھو۔یعنی کہ (صلوٰۃ کی میٹنگ میں) قُرآن کی آیات کے سمجھنے اور سمجھانے کے وقت نہ تو زور زور سے بات کرو اور نہ ہی اتنی پست آواز میں کہ دوسرا تمہاری بات کو سن اور سمجھ ہی نہ پائے۔

7) روایت کے مطابق حضرت عائشہ نے کہا کہ یہ آیت دعا کے بارے میں نازل ہوئی ہے۔

قارئین، حضرت عائشہ کے بیان کے مطابق جو بتایا گیا ہے کہ یہ دعا ہے، مگر یہ دعا نہیں ہوسکتی ، کیونکہ اس آیت میں لفظ ''صلوٰۃ'' آیا ہے۔ دوسرا یہ کہ خود رسول اللہ کو حکم دیا گیا ہے کہ صلوٰۃ (نماز) میں اپنی آواز کو نارمل رکھا کریں ، جیسے عام بات چیت کی جاتی ہے۔ اور یہی تاکید رسول اللہ نے اپنے ساتھیوں کو بھی کی کہ وہ بھی صلوٰۃ (نماز) میں اپنی آواز کو نارمل رکھا کریں۔ ظاہر ہے کہ اُس کے بعد آپ کے ساتھیوں کا عمر بھر یہی طریقہ کار رہا ہوگا۔ چنانچہ ہماری مروجہ نماز میں اور قرآن کے مطابق ادا کی جانے والی صلوٰۃ (نماز) میں جو فرق ہے وہ سامنے آ گیا ہے۔ کہ مکے کے اندر رسول اللہ کی معیت میں ان کے معتمد اور جانثار ساتھی صلوٰۃ کا فریضہ ادا کرنے کے لئے ، چھپ چھپا کر کسی ایک جگہ پر جمع ہو جاتے اور اس کے بعد اللہ کی کتاب کے قوانین کو اپنے سامنے رکھ کر ان پر غور و فکر کرتے تھے ، ایک دوسرے کو سمجھ سمجھا لینے کے بعد پھر اُس کے مطابق کوئی لائحہ عمل تیار کرتے کہ معاشرے کو کس طرح سے درست کیا جا سکتا ہے۔ اپنی اس دلیل کی سچائی کے ثبوت میں اب یہ دیکھنا ہے کہ کیا یہ صلوٰۃ ، اجتماعات والی (نماز) ہے جس میں نمازی نماز پڑھ کر گھر لوٹ آتے ہیں یا کہ پھر یہ صلوٰۃ ، وہ صلوٰۃ ہے جس کے ذریعے سے نظام قائم ہوتا ہے۔ اس کو سامنے لائے بغیر ساری بحث لاحاصل ثابت ہوگی۔

چنانچہ قارئین اگر آپ تھوڑی سی زحمت اٹھائیں اور قرآنِ حکیم کو کھول کر خود دیکھ لیں کہ اس آیت کے بعد کی جو اگلی اور آخری آیت ہے، اُس کا تعلق صلوٰۃ قائم کرنے کے حوالے سے ہے یا کہ مسجدوں میں اجتماعات والی نماز پڑھنے سے ہے۔ دراصل اس آیت میں رسول اللہ کو حکم دیا جا رہا ہے کہ :-

وَقُلِ ٱلۡحَمۡدُ لِلَّهِ ٱلَّذِي لَمۡ يَتَّخِذۡ وَلَدٗا وَلَمۡ يَكُن لَّهُۥ شَرِيكٞ فِي ٱلۡمُلۡكِ وَلَمۡ يَكُن لَّهُۥ وَلِيّٞ مِّنَ ٱلذُّلِّۖ وَكَبِّرۡهُ تَكۡبِيرَۢا ١١١/١٧

''اور یہ کہہ دیجئے کہ تمام تعریفیں اللہ ہی کے لئے ہیں جو نہ اولاد رکھتا ہے نہ اپنی بادشاہت میں کسی کو شریک وساجھی رکھتا ہے اور نہ وہ کمزور ہے کہ اسے کسی حمایتی کی ضرورت ہو اور تو اس کی کبریائی کو بیان کرتا رہ۔'' (یعنی کہ اس تعلیم کو اس وقت تک لوگوں میں عام کرتے رہنا چاہئے جب تک کہ اللہ کی کبریائی 'نظام کی صورت میں قائم نہیں ہو جاتی۔)

قارئین، رسول اللہ سے کہا گیا ہے کہ آپ لوگوں کو نظامِ صلوٰۃ کے بارے میں کھول کر بیان کر دیں، کہ تمام تعریفوں کا سزاوار صرف اللہ ہے۔ جو نہ اولاد رکھتا ہے، اور نہ ہی اپنی ''بادشاہت'' میں کسی دوسرے کی شراکت قبول کرتا ہے۔ وہ زبردست حکمتوں والا ہے اسے کسی حمایتی کی ضرورت نہیں۔ تم میری کبریائی کو قائم کرنے کے لئے بھرپور انداز میں کوشش کرو، چنانچہ اذان اور صلوٰۃ میں ''اللہ و اکبر'' اسی حقیقت کا اعلان ہے۔ اس کے بعد رسول اللہ کی محنت اور کوشش کے سبب مدینہ میں پہلی اسلامی مملکت وجود میں آ گئی۔ اس آیت میں جو یہ کہا گیا ہے کہ اللہ کی کوئی اولاد نہیں نہ وہ اپنی بادشاہت میں کسی کو شریک رکھتا ہے، تو اس سے انسانوں کو یہ پیغام دینا

مقصود تھا کہ جب تم میری بادشاہت قائم کر لینے میں کامیاب ہو جاؤ گے تو یہ نہ سمجھ بیٹھنا کہ تمہارے بعد تمہاری اولاد میں سے کوئی اس پر بادشاہ بن کر بیٹھ جائے گا، ہرگز ہرگز نہیں۔ لیکن جہاں کہا ہے کہ میرا کوئی بیٹا نہیں، تو وہاں پر حضرت عیسیٰ کے اُس عیسائیت کے عقیدے کی تردید مقصود ہے چنانچہ یہ فرق ملحوظِ خاطر رکھنا ضروری ہے۔

البتہ، حضرات، بے حیائی اور برائی سے روکنے والی یہی وہ صلوٰۃ ہے جس کے بارے میں کہا گیا ہے کہ ۔

اُتْلُ مَآ أُوحِىَ إِلَيْكَ مِنَ ٱلْكِتَٰبِ وَأَقِمِ ٱلصَّلَوٰةَ ۖ إِنَّ ٱلصَّلَوٰةَ تَنْهَىٰ عَنِ ٱلْفَحْشَآءِ وَٱلْمُنكَرِ ۗ وَلَذِكْرُ ٱللَّهِ أَكْبَرُ ۗ وَٱللَّهُ يَعْلَمُ مَا تَصْنَعُونَ ۲۹/۴۵

''جو کتاب آپ کی طرف وحی کی گئی ہے (اسے لوگوں کے سامنے پیش کرتے رہو) اور اس کے مطابق صلوٰۃ قائم کرو۔ یقیناً صلوٰۃ بے حیائی اور برائی سے روکتی ہے۔ بیشک اللہ کا ذکر (قرآن) بہت بڑی چیز ہے۔ تم جو کچھ کر رہے ہو اس سے اللہ خبردار ہے۔''

اس آیت میں صلوٰۃ قائم کرنے کے نتیجے میں معاشرے سے بے حیائی اور برائی کے خاتمے کا عندیہ ملتا ہے۔ جب کہ ہماری مروجہ ''نماز'' معاشرے میں سے بے حیائی اور برائی کا خاتمہ کرنے میں ناکام رہی ہے، یہ اس بات کا بین ثبوت ہے کہ یہ وہ نماز نہیں جس کا ذکر درج بالا آیات میں ہوا ہے۔ جوں جوں ہم آگے بڑھتے جائیں گے، صلوٰۃ کے قائم کرنے اور نماز پڑھنے کے درمیان جو فرق پایا جاتا ہے وہ کھل کر سامنے آتا جائے گا۔

الغرض، جب قریشِ مکہ کے سامنے رسول اللہ نے دین کا نظام پیش کیا تو انھوں نے رسول اللہ سے کہا تھا کہ ہم آپ کے اللہ کو اپنا الٰہ (حاکم) تسلیم کرنے کو تیار ہیں، لیکن جو دعوت آپ ہمارے سامنے پیش کر رہے ہیں آپ کو اس میں لچک پیدا کرنی ہوگی۔ ہمیں ہمارے ریت و رواج اور ان طور طریقوں سے جو معاشرے میں رائج ہیں اور آباؤ اجداد سے متوارث چلے آرہے ہیں ان سے نہ روکیں۔ لیکن، بات اللہ کو زبانی کلامی اپنا الٰہ (حاکم) تسلیم کرنے کی تو نہیں تھی، وہ تو اس سے کہیں بڑی تھی، جس کا وہ انکار کر رہے تھے۔ چونکہ ''الٰہ'' کو زبانی کلامی تسلیم کر لینے میں اور ''الٰہ'' کے دیئے ہوئے پروگرام پر عملی طور پر چلنے اور معاشرے میں اس کے عطا کردہ قوانین پر عمل پیرا ہو کر تبدیلی لانے میں زمین اور آسمان کا فرق تھا، یہی وہ مشکل تھی جس کے پیشِ نظر، قریش نے رسول اللہ کی دعوت کو مسترد کر دیا تھا۔ وہ (قریش) کہتے تھے کہ آپ انسانی مساوات کا تقاضہ کرتے ہیں غلاموں اور لونڈیوں کا کاروبار ختم کرنے کو کہتے ہیں، شراب اور زنا کو برا کہتے ہیں، ناپ تول میں کمی بیشی کو برا بتاتے ہیں، سود اور رشوت کو ختم کرنا چاہتے ہیں، عورت کو مرد کے برابر درجہ دلانا چاہتے ہیں، قتل کے بدلے میں قتل کی سزا چاہتے ہیں، جھوٹ اور فریب کو کاروبار سے نکال دینا چاہتے ہیں، سونے اور چاندی کو جمع کرنے سے روکتے ہیں، امیر اور غریب کی تفریق مٹا دینا چاہتے ہیں، زمین کو اپنے اللہ کی ملکیت قرار دیتے ہیں۔ اگر یہ سب کچھ ہم اپنے معاشرے سے نکال دیں گے تو پھر ہم میں اور ایک عام آدمی میں فرق ہی کیا رہ جائے گا؟ ہماری حاکمیت تو ختم ہو جائے گی۔ دیکھیں عقلمندی کا

تقاضہ یہی ہے کہ ہم آپس میں سمجھوتا کر لیتے ہیں۔ پورے عرب میں سے آپ جس عورت کو بھی اپنے لئے پسند کریں وہ آپ کو لا کر دے سکتے ہیں۔ اس کے علاوہ دنیا کی جو بھی کوئی شے آپ کو مطلوب ہو ہم اسے بھی آپ کے قدموں میں ڈال سکتے ہیں۔ بس ہم سے اس قسم کے فضول تقاضے کرنا بند کر دیں۔ لیکن رسول اللہ نے انھیں جواب میں یہ کہا کہ اگر تم میرے داہنے ہاتھ پر چاند اور بائیں پر سورج رکھ دو، تو بھی میں اپنے اس دین سے پیچھے نہیں ہٹ سکتا جو مجھے میرے اللہ کی طرف سے دیا گیا ہے۔ اِسی میں بنی نوعِ انسان کی بھلائی ہے اور یہی مجھے سب سے زیادہ عزیز ہے۔

غور سے دیکھا جائے تو آج بھی وہی عالم ہے کہ ہم مسلمان اللہ کی ذات کا زبانی اقرار اور دعویٰ تو بہت کرتے ہیں، لیکن اُس کے عطا کردہ قوانین کے تحت اپنے معاشرے میں تبدیلی لانے کو تیار نہیں ہوتے۔ اگر تو ہم صدقِ دل سے یہ چاہتے ہیں کہ ریاستِ مدینہ کے ماڈل پر پاکستان کو اسلامی مملکت کے سانچے میں ڈھالا جائے، تو پھر ضروری ہے کہ قُرآنی صلوٰۃ کو اُس کی اصل روح (قُرآنی احکامات) کے ساتھ دوبارہ زندہ اور فعال کیا جائے۔ تاریخ گواہ ہے کہ رسول اللہ نے جن معاشرتی خرابیوں کی ایک طویل فہرست قریش کے سامنے رکھی تھی اور انھیں درست کرنے کا مشفقانہ مشورہ دیا تھا، جسے وہ قبول نہ کر سکے تھے۔ لیکن دیکھتے ہی دیکھتے ان کے اس نظام سرمایہ داری کی جگہ قُرآن کے (نظام صلوٰۃ) اسلامی جمہوریت نے لے لی تھی اور اللہ کا دین قائم ہو گیا تھا۔ چنانچہ جو لوگ مروجہ نماز کو قُرآن کی صلوٰۃ کے متبادل سمجھتے ہیں اور وہ ایسا کہتے وقت اتنا بھی نہیں سوچتے کہ قُرآن کی صلوٰۃ سے تو اللہ پر ایمان لانے والوں کے دل آپس میں جڑ گئے تھے اور ہماری اس مروجہ نماز سے ہمارے دلوں میں ایک دوسرے کے لئے نفرت و کدورت اور اختلافات کے پہاڑ کھڑے ہو گئے ہیں، تو بالآخر اس کی وجہ کیا ہے۔ حالانکہ یہ سب اس وقت سے ہونا شروع ہوا، جب سے ہم نے اللہ کی رسی (کتاب اللہ) کو اور اس کی صلوٰۃ کو چھوڑ دیا۔ اور انسانوں کے تراشیدہ راستوں پر چل نکلے۔

قُلْ إِنَّمَآ أَعِظُكُم بِوَٰحِدَةٍ ۖ أَن تَقُومُوا۟ لِلَّهِ مَثْنَىٰ وَفُرَٰدَىٰ ثُمَّ تَتَفَكَّرُوا۟ ۳۴/۴۶

''(اے رسول) تم ان سے کہو کہ میں تمھیں ایک ہی نصیحت کرتا ہوں کہ تم اللہ کے لئے، ایک ایک، دودو، کر کے کھڑے ہو جاؤ۔ اور پھر سوچو۔''

چنانچہ مکہ میں رسول اللہ نے اسی قُرآنی اصول کی پیروی میں ایک ایک، دودو لوگوں کو اکٹھا کیا اور ان کے سامنے قُرآنِ حکیم کی تعلیم پیش کی اور فرمایا کہ اس پر غور کرو اور سوچو کہ اس میں تمہارا اور تمہاری آنے والی نسلوں کا کسقدر فائدہ ہے۔ آپ کی اسی دعوتِ فکر کا نتیجہ تھا کہ وہ لوگ دنیا کے امام بن کر سامنے آ گئے۔

اس کے بعد براہ راست اللہ نے لوگوں سے مخاطب ہو کر رسول اللہ کے بارے میں فرمایا کہ:۔

بِصَاحِبِكُم مِّن جِنَّةٍ ۚ إِنْ هُوَ إِلَّا نَذِيرٌ لَّكُم بَيْنَ يَدَىْ عَذَابٍ شَدِيدٍ ۳۴/۴۶

''سوچو تو سہی، ہمارے اس رفیق کو کوئی جنون نہیں وہ تو تمہیں ایک بڑے عذاب کے آنے سے پہلے ڈرانے والا ہے''

یعنی کہ رسول اللہ کی ہر بات عقل و بصیرت کے مطابق ہے اور یہ پاگل نہیں، یہ تمہیں تمہاری غلط روشِ زندگی کے تباہ کن نتائج سے قبل از وقت متنبہ کر رہا ہے کہ تم اپنے معاشرے کی خرابیوں کو درست کر لو، اس سے پہلے کہ تم پر عذابِ الٰہی نازل ہو جائے۔

قارئین! معراج کے واقعہ سے متعلق مولانا محمد شریف نوری قصوریؒ نے اپنی کتاب ''بارہ تقریریں'' میں نبی اکرم صلی اللہ علیہ وسلم کو نوری ثابت کرنے کی غرض سے لفظ ''برق'' کا خصوصی ذکر کیا ہے۔ تحریر فرماتے ہیں کہ:۔

''بعض لوگوں کا عقیدہ ہے کہ انبیاء ہماری ہی طرح بشر تھے۔ چنانچہ مولوی اسمٰعیل دہلوی نے اپنی کتاب ''تقویۃ الایمان'' میں لکھا ہے کہ تمام انبیاء و اولیاء ہماری ہی طرح بشر تھے۔ آیا انبیاء ہماری مثل بشر تھے یا نہیں؟ یہاں اس مسئلہ پر بحث موضوع سے غیر متعلق ہوگی۔ اس جگہ ایک لطیفہ عرض ہے۔

ہمارے نبی کریم صلی اللہ علیہ وسلم براق پر سوار ہو کر تشریف لے گئے۔ براق ''برق'' سے لیا گیا ہے اور برق کے معنٰی ہے بجلی۔

يَكَادُ الْبَرْقُ يَخْطَفُ أَبْصَارَهُمْ ۖ ۲/۲۰ ''قریب تھا کہ بجلی ان کی نگاہوں کو اچک لیتی''

برق کے معنٰی بجلی، اور عربی زبان میں ہے کہ، الفاظ کا زیادہ ہونا معنی کی زیادتی پر دلالت کرتا ہے۔ یونہی لفظ ''براق'' بجلی کے معنٰی کی زیادتی مراد ہے۔ وہ حضرات جو حضور علیہ الصلوٰۃ السلام کو اپنی مثل بشر کہتے ہیں ان کو چاہیئے کہ وہ اپنے دعوے کی سچائی کے لئے بجلی کی ننگی تار کو صرف ایک بار ہی ہاتھ لگا دیں انشا اللہ مسئلہ حل ہی نہیں ختم ہو جائے گا۔''

بحوالہ بارہ تقریریں مولانا محمد شریف نوری قصوریؒ گنج شکر اکیڈمی لاہور

یاد رہے کہ معراج کا ذکر فرماتے ہوئے مولانا مودودیؒ نے براق کے متعلق فرمایا تھا کہ وہ ایک جانور تھا' جو ''Physical'' تھا اور اسے رسول اللہ نے ہیکلِ سلیمانی کے دروازے کے باہر اس بہت بڑے پتھر سے، جس میں جبرائیل نے انگلی سے سوراخ کیا تھا، باندھا تھا۔ لیکن یہاں پر مولانا محمد شریف نوری قصوریؒ نے اسی براق کو بجلیوں کا مجموعہ بتایا ہے۔ مولانا مودودیؒ جانتے تھے کہ اس براق کا ذکر قرآنِ حکیم میں موجود نہیں اس لئے انھوں نے براق کو بجلیوں کے مجموعے سے تعبیر نہیں کیا۔ لیکن مولانا قصوریؒ نے اپنے زورِ خطابت میں قرآنی حقائق کو نظر انداز کر دیا۔ اور جذبات کی رو میں دوسروں کو بھی اپنے ساتھ بہا کر لے گئے۔

مولانا مرحوم نے رسول اللہ صلی اللہ علیہ وسلم کو نوری ثابت کرنے کے لئے لطیفے کے طور پر لفظ برق کی مثال سے جو دلائل پیش کئے ہیں، بہتر ہوتا اگر وہ سیاق و سباق سے اپنے دعوے کی سچائی کے ثبوت میں معراج کے واقعہ سے متعلق قرآنِ حکیم سے کسی سورۃ

کا حوالہ دیتے۔لیکن چونکہ لفظ ''براق''قرآنِ حکیم میں آیا ہی نہیں اس لئے انھوں نے سورۃ بقرہ سے وہ آیت درج کردی جس میں لفظ برق آیا ہے۔جبکہ اس آیت کا معراج اور براق سے کچھ واسطہ تعلق ہی نہیں بنتا۔اس لئے ہم صرف اتنا ہی دیکھ لیتے ہیں کہ رسول اللہ کی بشری یا نوری حیثیت کے بارے میں قرآنِ حکیم کا اپنا کیا فیصلہ ہے۔ملاحظہ فرمائیں۔

قُلْ إِنَّمَآ أَنَاْ بَشَرٌ مِّثْلُكُمْ ۱۸/۱۱۰

''آپ کہہ دیجئے کہ میں تم جیسا ہی ایک بشر ہوں۔''

یعنی میں تمہاری ہی طرح کا بشر ہوں لیکن اس فرق کے ساتھ کہ مجھ پر اللہ کی طرف سے وحی نازل ہوتی ہے۔اور اس کے مطابق میں جو دعوتِ توحید پیش کرتا ہوں وہ بھی ایسی نہیں کہ کسی کی عقل وفہم سے ماوراء اور سمجھ میں نہ آنے والی ہو۔اِس کے بعد بجلیوں کے مجموعے والے براق پر تبصرہ کرنے کی ضرورت ہی نہیں رہتی۔یاد رہے کہ خود اللہ نے نبی اکرم صلی اللہ علیہ وسلم کی زبان مبارک سے یہ کہلوایا ہے کہ:۔

قُلْ إِنَّمَآ أَنَاْ بَشَرٌ مِّثْلُكُمْ يُوحَىٰٓ إِلَيَّ أَنَّمَآ إِلَٰهُكُمْ إِلَٰهٌ وَاحِدٌ ۱۸/۱۱۰

''آپ کہہ دیجئے! کہ میں تم جیسا ہی ایک بشر ہوں (اس فرق کے ساتھ کہ) مجھ پر وحی نازل کی جاتی ہے کہ تم سب کا حاکم اللہ ہی ہے۔''

رسول اللہ کی بعثت سے قبل ہی، حضرت عیسیٰؑ نے اپنی قوم سے کہا تھا کہ:۔

وَمُبَشِّرًۢا بِرَسُولٍ يَأْتِي مِنۢ بَعْدِي ٱسْمُهُۥٓ أَحْمَدُ ۶۱/۶

''اور اپنے بعد آنے والے ایک رسول کی میں تمہیں خوش خبری سنانے والا ہوں جن کا نام احمد ہے۔''

جس کے معنی ہیں بہت زیادہ حمد کرنے والا۔اسی سے آپ مقامِ محمود پر فائز ہوگئے۔اور محمد کہلائے۔اور مرتبہ نبوت پر فائز کرنے کے بعد خود اللہ نے اس بات کی شہادت دی کہ آپ اس کے رسول ہیں۔

مُّحَمَّدٌ رَّسُولُ ٱللَّهِ ۚ وَٱلَّذِينَ مَعَهُۥٓ ۴۸/۲۹

''محمد (صلی اللہ علیہ وسلم) اللہ کے رسول ہیں۔''

حضرت عیسیٰ نے بھی آمدِ رسول صلی اللہ علیہ وسلم کی خوش خبری دیتے ہوئے یہ کہیں نہیں کہا کہ وہ ''احمد'' نوری ہوں گے اور نہ ہی اللہ نے انھیں نبوت پر فائز کرنے کے بعد کوئی ایسا حکم ہی جاری کیا کہ رسول اللہ کو نوری تسلیم کیا جائے بلکہ ان کی بعثت کا مقصد یہ بتایا ہے کہ یہ ان تمام زنجیروں کو توڑ دے گا جس میں انسانیت جکڑی اور پستی چلی آ رہی ہے۔ چنانچہ دنیا نے دیکھا کہ ریاستِ مدینہ کے قیام کے فوری بعد ایسا ہی ہوا۔ البتہ اس کے بعد یہی فریضہ آپؐ کی امت کو منتقل ہو گیا، تاکہ جب بھی کبھی ایسے حالات پیدا ہو جائیں اور انسانیت غلامی کی زنجیروں میں جکڑ دی جائے تو جماعتِ مومنین اپنے فرائض کی سرانجام دہی میں کوتاہی نہ کرے اور مقامِ محمود پر فائز رسول کی سنت کی اتباع و پیروی میں جلد ایسا نظام قائم کرے جو خدا کی حمدیت کی منہ بولتی تصویر ہو۔

چنانچہ قارئین، رسول اللہ کے نوری ہونے سے اگر یہ مراد لیا جائے کہ وہ اللہ کے نور کا حصہ ہیں پھر تو نہ صرف یہ کہ اس سے اللہ کے احد ہونے پر زد پڑتی ہے بلکہ ہمارے اور عیسائیوں کے اس عقیدے میں کوئی فرق ہی باقی نہیں رہ جاتا جس کے مطابق وہ حضرت عیسیٰ کو اللہ کا بیٹا مانتے ہیں۔ یوں تو اللہ نے فرشتوں کو بھی نوری بنایا ہے لیکن اس کا یہ مطلب تو نہیں کہ اُن کے نور اور اللہ کے نور میں کوئی فرق نہیں۔ قُرآنِ حکیم کو بھی نورِ مبین کہا گیا ہے اس کے متعلق اللہ نے خصوصی طور پر اس بات کا ذکر کیا ہے کہ اگر دنیا میں ہم قُرآن کو کسی فرشتے پر اُتارتے تو لوگ یہ کہتے کہ ہم تو فرشتے نہیں ہیں جو اس کے مطابق عمل کر سکیں۔ اسی غرض سے اللہ نے نورِ مبین (قُرآنِ حکیم) کو اپنے رسول کی وساطت سے انسانوں تک پہنچایا تاکہ وہ اس کے مطابق عمل کریں اور اس سے اعراض نہ برتیں۔ اس پر عمل کرنے والوں کے آگے اور پیچھے بھی نور رہتا ہے اور دائیں اور بائیں بھی، یعنی کہ جتنا بھی کوئی اس پر زیادہ عمل کرے گا وہ اپنے نور میں دوسروں سے آگے اور بڑھ کر ہوگا۔ اس بات سے اندازہ لگایا جا سکتا ہے کہ جس رسول پر یہ نورِ مبین وحی کیا گیا ہے وہ اپنے نور میں، سوائے اللہ کے نور کے، تمام جہان والوں پر کتنی فضیلت رکھتے ہیں۔

تو رازِ کن فکاں ہے اپنی آنکھوں پر عیاں ہو جا
خودی کا راز داں ہو جا، خدا کا ترجماں ہو جا
ہوس نے کر دیا ہے ٹکرے ٹکڑے نوعِ انساں کو
اخوت کا بیاں ہو جا، محبت کی زباں ہو جا

تعارفِ حدیث

بے شک احادیث کسی بھی تعارف کی محتاج نہیں ۔لیکن چند اہم اصطلاحات ایسی ہیں جن کو ان کی صحت سے متعلق استعمال کیا جاتا ہے، اس لئے مناسب یہی معلوم ہوتا ہے کہ ان کو آپ کے سامنے لے آیا جائے تا کہ جو حضرات ان اصطلاحات سے ابھی نا آشنا ہیں وہ ان سے متعارف بھی ہو سکیں اور مستفید بھی ۔ازہر ازھری، حافظ ڈاکٹر شاہد اقبال جو ''قرآن اور حدیث'' کے مصنف ہیں، اُنھوں نے صحیح حدیث کی صحت اور ضعیف حدیث کے متعلق لکھا ہے کہ:۔

1) ضعیف روایات

فنِ حدیث کی اصطلاح میں ضعیف تیسرے اور ادنیٰ درجے کی حدیث ہے۔اس زمرہ میں وہ احادیث شمار ہوتی ہیں جن کے راویوں میں ایک یا ایک سے زیادہ راوی کمزور اور ضعیف الحافظہ ہوں۔

2) صحیح روایات

فنِ حدیث کی اصطلاح میں، یہ ''صحیح'' کا لفظ وہ نہیں جو ''غلط'' کا متضاد ہے۔ عام گفتگو میں جب ہم کسی بات یا کام کے حوالہ سے صحیح کا لفظ استعمال کرتے ہیں تو اس کا مطلب یہ ہوتا ہے کہ جس بات یا کام کے لئے ہم صحیح کا لفظ بول رہے ہیں وہ صحیح ہے اور باقی غلط ہیں۔لیکن حدیث کی نسبت سے معاملہ یہ نہیں ہے۔فنِ حدیث کی اصطلاح میں ''صحیح'' پہلے درجہ کی حدیث کو کہتے ہیں۔ یہ وہ حدیث ہوتی ہے جس کی سند متصل ہوتی ہے یعنی روایت کرنے والوں میں درمیان سے کوئی راوی چھوٹا نہ ہو۔ یاداشت اور حافظہ کے لحاظ سے کوئی راوی کمزور نہ ہو۔یعنی عادل اور قوی الحافظہ ہو لیکن فنی لحاظ سے ان تمام خوبیوں کے باوجود اگر حدیث کا متن یا مفہوم قرآنِ مجید کی کسی آیت سے متعارض ہو تو ''صحیح'' ہونے کے باوجود حدیث کی یہ روایت بطورِ حجت قابلِ قبول نہیں ہو سکتی۔ اسے رد کر دیا جائے گا۔

بحوالہ قُرآن اور حدیث ازہر ازھری، ڈاکٹر حافظ شاہد اقبال مرکز تحقیقاتِ اسلامی کراچی 2004ِ صفحہ۔27

درج بالا تحقیق کے مطابق کہا یہ گیا ہے کہ:۔

''اگر حدیث کا متن یا مفہوم قرآنِ مجید کی کسی آیت سے متعارض ہو تو ''صحیح'' ہونے کے باوجود حدیث کی روایت بطورِ حجت قابلِ قبول نہیں ہو سکتی۔ اسے رد کر دیا جائے گا۔''

اسی سلسلہ میں اب جس کتاب کا حوالہ دیا جا رہا ہے اس کے مصنف کسی بھی تعارف کے محتاج نہیں۔ تاریخ میں اس نام کو بڑی اہمیت حاصل ہے۔ اور وہ نام امام بخاریؒ کا ہے، ان کی کتاب جو ''بخاری شریف'' کے نام سے مشہور و معروف ہے۔ لیکن اس کا اصلی نام ''**الجامع الصحيح المسند المختصر من امور رسول الله عليه وسسلم و ايامه**'' ہے۔ جس پر تبصرہ کرتے ہوئے مولانا مناظر احسن گیلانیؒ فرماتے ہیں کہ:۔

''فنِ حدیث کے سب سے بڑے امام، امام الائمہ حضرت امام بخاری رحمۃ اللہ علیہ نے اپنی کتاب کا نام جو رکھا ہے اگر اس پر غور کر لیا جائے تو بآسانی سمجھا جا سکتا ہے کہ جو کچھ میں نے کہا ہے یہ کوئی نئی بات نہیں ہے بلکہ سمجھنے والوں نے ہمیشہ اس فن کو اسی نگاہ سے دیکھا ہے۔ امام بخاری رحمۃ اللہ علیہ کی کتاب آج تو صرف بخاری شریف کے نام سے مشہور ہے۔ لیکن یہ اس کتاب کا اصلی نام نہیں ہے بلکہ خود امامؒ نے اپنی کتاب کا نام ''**الجامع الصحيح المسند المختصر من امور رسول الله عليه وسسلم و ايامه**'' رکھا ہے۔ اس میں امور اور ایام کے الفاظ قابلِ غور ہیں جن سے صاف معلوم ہوتا ہے کہ حدیث کی صحیح تعریف امام بخاری کے نزدیک ان تمام امور کو حاوی ہے جن کا کسی نہ کسی حیثیت سے آنحضرت صلی اللہ علیہ وسلم سے تعلق ہو۔ آگے ایام کے لفظ نے تو اس کی تعریف کو اور بھی وسیع کر دیا۔ یعنی وہی بات جو میں نے عرض کی تھی کہ فنِ حدیث دراصل اس عہد اور زمانہ کی ''تاریخ'' ہے جس میں محمد رسول اللہ صلی اللہ علیہ وسلم جیسی ہمہ گیر، تمام عالم پر اثر انداز ہونے والی ہستی، انسانیت کو قدرت کی جانب سے عطا ہوئی۔ بہر کیف اگر اصطلاحی جھگڑوں سے الگ ہو کر پھل سے درخت کو پہچاننے کے اصول کو مدِ نظر رکھا جائے تو حدیث کے موجودہ ذخیرہ پر سرسری نظر ڈالنے کے بعد بھی ایک معمولی آدمی اس کا اندازہ کر سکتا ہے کہ حدیث کی صحیح حقیقت اور اس کی واقعی تعریف وہی ہو سکتی ہے جس کی طرف امام بخاریؒ نے اپنی کتاب کے نام میں اشارہ فرمایا ہے اور میں نے جس کی تشریح کی ہے۔''

بحوالہ تدوینِ حدیث مولانا مناظر احسن گیلانیؒ صفحہ ۳۸۳۔۳۸۴

احادیثِ مبارکہ کے متعلق مختصراً اتنا ضرور دیکھ لیا جائے کہ ہمارے محدثین نے اپنے اپنے طور پر کتنی کتنی تعداد میں احادیث جمع کیں اور پھر ان میں سے اپنی بصیرت کے مطابق کتنی احادیث کو رد کیا اور کتنی احادیث کو قبول کرتے ہوئے انہیں اپنے اپنے مجموعوں

میں جگہ دی۔اس سے بھی بہت کچھ سیکھنے کو مل جائے گا۔

1)	امام بخاریؒ۔ چھ لاکھ میں سے مکررات نکال دینے کے بعد	2762
2)	امام مسلمؒ۔تین لاکھ میں سے	4348
3)	ترمذی۔تین لاکھ میں سے	3115
4)	ابوداؤد۔پانچ لاکھ میں سے	4800
5)	ابنِ ماجہ۔چار لاکھ میں سے	4000
6)	نسائی۔دولاکھ میں سے	4321

ظاہر ہے کہ جب ردّوقبول کا مدار جامع حدیث کی ذاتی بصیرت ہو، تو کون کہہ سکتا ہے کہ کتنی صحیح حدیثیں ضائع ہوئیں اور کتنی حدیثیں ایسی بھی جمع ہوگئی ہوں جن کو کسی صورت رسول اللہ کے اقوال یا افعال سے منسوب کرنا ہی درست یا مناسب نہ ہو۔یہی نہیں بلکہ تاریخ کے بیان کے مطابق ان مجموعۂ احادیث کو رسول اللہ کی وفات کے کوئی دواڑھائی سوسال بعد مرتب کیا گیا تھا۔اس لئے احادیث کے متعلق یقینی طور پر کوئی بھی یہ نہیں کہہ سکتا کہ متعلقہ حدیث کے الفاظ بھی ہوبہو وہی ہیں جو رسول اللہ کی زبان مبارک سے نکلے تھے۔اسی غیر یقینی اور غیر اعتمادی کی وجوہات کی بنا پر حدیث بیان کرنے سے پہلے ''قال الرسول'' کے الفاظ دہرائے جاتے ہیں، یعنی (رسول اللہ نے فرمایا) اور حدیث کے بیان کے خاتمہ پر پڑھتے ہیں۔''اوکما قال الرسول'' یعنی، یوں، یا جیسے رسول اللہ نے فرمایا ہو۔ یہی وجہ ہے کہ احادیث کو''اقوالِ رسول صلی اللہ علیہ وسلم'' نہیں کہا جاتا، بلکہ ''اقوال منسوب الرسول اللہ'' کہا جاتا ہے۔یہ بات شاید کسی کے لئے اچنبھے کی ہو لیکن حقیقت یہ ہے کہ:۔

> ''پورے قرآن کی تفسیر احادیث میں بیان ہی نہیں ہوئی۔اس کی بہت تھوڑی آیات کی تفسیر بیان ہوئی ہے۔
> بخاری میں تفسیر کا صرف ایک باب ہے اور اس میں چند جستہ جستہ آیات کی تشریح آئی ہے۔''
>
> بحوالہ مقامِ حدیث طلوعِ اسلام

زمانۂ رسالت مآب صلی اللہ علیہ وسلم میں قرآنِ حکیم کے جن الفاظ ومعنی کی تشریح نبی اکرم صلی اللہ علیہ وسلم سے براہِ راست دریافت کی گئی اس کے بارے میں خود قرآنِ حکیم سے بھی پتہ یہ چلتا ہے کہ:۔

> '' قرآن نورِ مبین اور مفصل کتاب ہے جس کو اس کے اولین مخاطب یعنی صحابہ اکرامؓ بے تکلف سمجھتے تھے۔
> آنحضرت صلی اللہ علیہ وسلم کو اسکے الفاظ ومعنی کی تشریح کی ضرورت بہت کم پیش آتی۔کل زمانۂ نبوت میں قرآنی

تعلیمات کے متعلق صحابہؓ نے جس قدر باتیں پوچھیں، وہ امام رازی کے بیان کے مطابق ۱۴، اور حضرت عبداللہ بن عباسؓ کی روایت میں صرف بارہ ہیں۔ ان سب کے جوابات قُرآن ہی میں نازل کئے گئے، جو علامہ سیوطیؒ کی اتقان میں، نیز مختصر جامع بیان العلم کے آخری صفحہ میں ایک ایک کر کے گنا دیئے گئے ہیں۔ بلکہ ہر شخص قُرآن میں یسئلو نک اور لیستفتو نک کے الفاظ سے خود بھی ان کو شمار کر سکتا ہے۔''

بحوالہ علمِ حدیث علامہ حافظ محمد اسلم جیراجپوریؒ

یَسْـَٔلُوْنَكَ ۲/۲۱۹ ''یہ تم سے پوچھتے ہیں''

یَسْتَفْتُوْنَكَ ۴/۱۷۶ ''یہ تم سے فتویٰ پوچھتے ہیں''

سابقہ حوالہ میں جو کہا گیا ہے کہ،کل زمانۂ نبوت میں قُرآنی تعلیمات کے متعلق صحابہؓ نے جس قدر باتیں پوچھیں، ان کے جواب علامہ سیوطیؒ کی اتقان میں، نیز مختصر جامع بیان العلم کے آخری صفحہ میں ایک ایک کر کے گنا دیئے گئے ہیں۔ یعنی لوگ جو کچھ رسول اللہ صلی اللہ علیہ وسلم سے سوال کرتے تھے ان کے جوابات کو وحی کی صورت میں نہ صرف کہ نازل کیا جاتا تھا بلکہ انھیں قُرآنِ حکیم کی زینت بھی بنا دیا جاتا تھا۔ وہ سوال و جواب آج بھی ہمارے پاس اپنی اصلی حالت میں موجود ہیں، اس حقیقت کے پیشِ نظر، پورے وثوق اور دعوے کے ساتھ کہا جا سکتا ہے کہ رسول اللہ کی احادیث قُرآن میں موجود ہیں۔ اور اگر انھیں کوئی دیکھنا چاہے تو دیکھ سکتا ہے۔ یہی نہیں بلکہ اس سے ''وحی خفی'' کے ضعیف عقیدے کی نفی کا ثبوت بھی دیکھنے کو ملتا ہے۔ اس کے علاوہ علامہ اقبالؒ کا وہ خط بھی پیشِ خدمت ہے جسے انھوں نے مورخہ ۱۶ اکتوبر ۱۹۲۴ء کو سید سلیمان ندویؒ کو یہ دریافت کرنے کے لئے لکھا تھا کہ:۔

''آپ نے کسی گزشتہ خط میں مجھے لکھا تھا کہ حضور سرورِ کائنات صلی اللہ علیہ وسلم سے جب کوئی مسئلہ دریافت کیا جاتا تو آپ بعض دفعہ وحی کا انتظار فرماتے۔ اگر وحی نازل ہوتی تو اس کے مطابق مسائل کا جواب دیتے اور اگر وحی کا نزول نہ ہوتا تو قُرآنِ شریف کی کسی آیت سے استدلال فرماتے، اور جواب کے ساتھ وہ آیت بھی پڑھ دیتے۔ اِس کا حوالہ کس کتاب میں ملے گا؟ کیا یہ قاضی شوکانی کی کتاب ''ارشاد الفحول'' سے آپ نے لیا ہے؟ دوسرا امر جو اِس کے متعلق دریافت طلب ہے، یہ ہے کہ جو جواب وحی کی بنا پر دیا گیا، وہ تمام اُمت پر حجت ہے (اور وہ وحی بھی قُرآن شریف میں داخل ہوگئی) لیکن جو جواب محض استدلال کی بنا پر دیا گیا جس میں وحی کو دخل نہیں، کیا وہ بھی تمام اُمت پر حجت ہے؟

اگر جواب اثبات میں ہو تو اِس سے یہ لازم آئے گا کہ حضور صلی اللہ علیہ وسلم کے تمام استدلات بھی وحی میں داخل ہیں یا بالفاظِ دیگر یہ کہ قُرآن وحدیث میں کوئی فرق نہیں۔''

بحوالیہ اقبال نامہ ۱۶، اکتوبر ۱۹۲۴ء

علامہ اقبالؒ کے چاروں سوالوں کے جو جواب دیئے گئے انھیں ملاحظہ فرمائیں:۔

1) اس کا ذکر کتبِ احادیث میں ہے

2) بے شبہ

3) وحی خفی میں داخل ہیں

4) جی نہیں، دونوں میں بہت فرق ہے۔ قرآنِ پاک بہ الفاظِ وحی ہے اور بتواتر منقول ہے، اور یہ حدیثیں وحی سے ''معنیً'' ماخوز ہیں اور بتواتر منقول نہیں

یعنی علامہ سید سلیمان ندویؒ کے نزدیک قُرآن اور حدیث میں فرق ہے۔ ''قُرآنِ حکیم، بہ الفاظِ وحی ہے اور بتواتر منقول ہے'' اور یہ حدیثیں وحی (خفی) سے ''معنیً'' ماخوز ہیں اور بتواتر منقول نہیں۔

علامہؒ نے سید سلیمان ندویؒ کو ۲۷۔ اگست ۱۹۲۷ء کو جو خط لکھا تھا، اُس کا حوالہ اِس کتاب میں پہلے دیا جا چکا ہے لیکن آپ کی آسانی کے لئے اسے دوبارہ درج کر دیا جاتا ہے تاکہ وہ خط آپ کو تلاش نہ کرنا پڑے۔ علامہ اقبالؒ نے لکھا تھا کہ:۔

''دریافت طلب امر یہ ہے کہ کوئی حکم ایسا بھی ہے جو صحابہؓ نے نصِ قُرآن کے خلاف نافذ کیا ہو اور وہ کونسا حکم ہے............ اگر صحابہؓ کے اجماع نے کوئی حکم نصِ قُرآنی کے خلاف نافذ کیا تو علامہ آمدی کے خیال کے مطابق ایسا کسی ناسخ حکم کی بنا پر ہوا ہے۔ وہ ناسخ حکم سوائے حدیثِ نبوی صلی اللہ علیہ وسلم کے اور کچھ نہیں ہوسکتا۔ اس سے معلوم ہوا کہ حدیث ناسخِ قُرآن ہوسکتی ہے جس سے کم از کم مجھے تو انکار ہے، غالباً آپ کو بھی ہوگا۔''

آپ نے غور فرمایا ہوگا کہ پہلا خط مورخہ ۱۶، اکتوبر ۱۹۲۴ء کو اور دوسرا، ۲۷۔ اگست ۱۹۲۷ء کو لکھا گیا تھا، ان دونوں کے درمیان کوئی تین برس کا وقفہ پایا جاتا ہے۔ یعنی کہ علامہ اقبالؒ کو قُرآنِ حکیم پر غور و فکر کے بعد ایک نتیجہ پر پہنچنے کے لئے تین برس لگے۔ اس کے بعد انھوں نے خط کے ذریعے مولانا سید سلیمان ندویؒ سے اپنی رائے کا برملا اظہار کر دیا اور کہہ دیا کہ، اگر حدیث' قرآن کے کسی حکم کو منسوخ کر سکتی ہے تو اُنہیں اس سے انکار ہے۔ قُرآنِ حکیم پر غور و فکر کرنے کے بارے میں وہ خود لکھتے ہیں کہ:۔

''میں نے پندرہ سال تک قرآن پڑھا ہے اور بعض آیات و سورتوں پر مہینوں بلکہ برسوں غور کیا ہے''۔ اقبالؒ

اپنے گرد و پیش کے مذہبی ماحول کو پوری طرح سمجھنے کے لئے قرآنِ حکیم کی دو عدد آیات درج کی جا رہی ہیں اور یہ دونوں ہی یکے بعد دیگرے آئی ہیں۔ ان دونوں کو سامنے رکھیئے اور پھر دیکھئے کہ کیا یہ وہی لوگ نہیں جو قُرآن کی آیات کے معنی و مفہوم کو بدل دیتے

ہیں اور پھر اسے اللہ کی کتاب کا کہتے ہیں۔اور جان بوجھ کر جھوٹ بولتے ہیں۔ظاہر ہے کہ یہ کام مذہب کے مقدس نام پر مذہبی پیشواہی کرتے ہیں۔اللہ نے تو رسولوں کو بھی اس بات کی اجازت نہیں دی کہ وہ لوگوں سے کہیں کہ تم اللہ کے نہیں بلکہ ہمارے بندے بن جاؤ۔ لیکن یہ اپنی سرکشی میں اس قدر آگے بڑھ گئے ہیں کہ آیاتِ الٰہی کی غلط تاویلوں کا سہارا لے کر لوگوں پر انسانوں کی حاکمیت کو جائز قرار دے دیتے ہیں، اور خود سب سے آگے بڑھ کر ان کے ہاتھ مضبوط کرتے ہیں۔جیسا کہ انھوں نے وحی خفی کے عقیدے کی بنا پر سرمایہ دار قوتوں کو سونے اور چاندی کے خزانے جمع کرنے کا خدائی پروانہ دے کر کیا ہے۔اور کہا کہ اسے پاک کرنے کے لئے اللہ نے اڑھائی فی صد زکوٰۃ مقرر کر دی ہے۔آج بھی اسی اصول کے مطابق مسلمان عمل کر رہے ہیں جب کہ یہ اصول قرآن کی پُر از حکمت تعلیم کے سراسر منافی ہے۔لیکن یہ حضرات اس بات پر بضد ہیں کہ نہیں، جس جمع شدہ خزانے سے اڑھائی فی صد زکوٰۃ ادا کر دی جاتی ہے تو پھر وہ کنز (خزانہ) نہیں رہتا۔ ملاحظہ فرمائیں:۔

وَإِنَّ مِنْهُمْ لَفَرِيقًا يَلْوُۥنَ أَلْسِنَتَهُم بِٱلْكِتَٰبِ لِتَحْسَبُوهُ مِنَ ٱلْكِتَٰبِ وَمَا هُوَ مِنَ ٱلْكِتَٰبِ وَيَقُولُونَ هُوَ مِنْ عِندِ ٱللَّهِ وَمَا هُوَ مِنْ عِندِ ٱللَّهِ وَيَقُولُونَ عَلَى ٱللَّهِ ٱلْكَذِبَ وَهُمْ يَعْلَمُونَ ٣/٧٨

''یقیناً ان میں ایسا گروہ بھی ہے جو کتاب پڑھتے ہوئے اپنی زبان مروڑتا ہے تاکہ تم اسے کتاب ہی کہ عبارت خیال کرو حالانکہ دراصل وہ کتاب میں سے نہیں، اور یہ کہتے بھی ہیں کہ وہ اللہ تعالیٰ کی طرف سے ہے حالانکہ دراصل وہ اللہ تعالیٰ کی طرف سے نہیں، وہ تو دانستہ اللہ تعالیٰ پر جھوٹ بولتے ہیں۔''

یعنی کہ:۔

''ان میں (مذہبی پیشواؤں کا) گروہ ایسا ہے جو اپنی طرف سے باتیں وضع کرتے ہیں اور پھر انہیں وحیء خداوندی کے ساتھ اس طرح بٹ دیتے ہیں کہ وہ دونوں مل کر ایک ہی نظر آئیں اور یوں انسانوں کی باتیں خدا کی شریعت بن جائیں۔جب ان سے پوچھو تو پوری دیدہ دلیری سے کہہ دیتے ہیں کہ وہ باتیں بھی خدا ہی کی طرف سے ہیں، حالانکہ وہ خدا کی طرف سے نہیں ہوتیں۔اس طرح یہ لوگ، دیدہ دانستہ، خدا کے خلاف جھوٹ بولتے اور افترا پردازی کرتے ہیں۔مقصد اس سے یہ ہے کہ لوگوں سے اپنی باتیں منوائیں اور انھیں اپنی مرضی کے مطابق چلائیں۔''

بحوالہ مفہوم القرآن

مَا كَانَ لِبَشَرٍ أَن يُؤْتِيَهُ ٱللَّهُ ٱلْكِتَٰبَ وَٱلْحُكْمَ وَٱلنُّبُوَّةَ ثُمَّ

يَقُولَ لِلنَّاسِ كُونُواْ عِبَادًا لِّي مِن دُونِ ٱللَّهِ وَلَـٰكِن كُونُواْ رَبَّـٰنِيِّـۧنَ بِمَا كُنتُمْ تُعَلِّمُونَ ٱلْكِتَـٰبَ وَبِمَا كُنتُمْ تَدْرُسُونَ ٣/٧٩

''کسی ایسے انسان کو جسے اللہ تعالیٰ کتاب وحکمت اور نبوت دے، یہ لائق نہیں کہ پھر بھی وہ لوگوں سے کہے کہ تم اللہ تعالیٰ کو چھوڑ کر میرے بندے بن جاؤ، بلکہ وہ تو کہے گا کہ تم سب رب کے ہو جاؤ، تمہارے کتاب سکھانے کے باعث اور تمہارے کتاب پڑھنے کے سبب۔''

قارئین، انسانوں پر اپنا حکم چلانے کی اجازت اللہ نے نبیوں کو بھی نہیں دی۔ ان کو بھی یہی حکم دیا گیا تھا کہ وہ لوگوں کو اللہ کے قوانین پر چلنے کی تلقین کریں۔ بدقسمتی سے جب وضعی روایات کو سامنے رکھ کر قرآنِ حکیم کی تفاسیر کو رقم کیا جانے لگا تو ان سے اِس کے معنی ومفہو بھی بدل گئے، پھر کیا تھا! اللہ کی اطاعت کی بجائے انسانوں کی اطاعت ہونے لگی۔ یہ ان تفاسیر کی مدد سے کیا گیا جن کے بارے میں امام احمد بن حنبل کا قول ہے کہ:۔

''تین کتابیں ہیں کہ جن کی کوئی اصلیت نہیں۔ مغازی۔ ملاحم۔ اور تفسیر۔''

ان کے علاوہ بھی آپ نے اس باب کے شروع میں دیکھ لیا ہے کہ دیگر احادیث وروایات کی کتابوں کے بارے میں بھی حتمی طور پر کچھ نہیں کہا جاسکتا کہ وہ کس قدر مستند ہیں۔ البتہ:۔

''دین کا اصول یہ ہے کہ محکومیت خدا کے قانون کے سوا کسی کی اختیار نہیں کی جاسکتی۔ اس باب میں، اس کا فیصلہ یہ ہے کہ کسی انسان کو اس کا حق حاصل نہیں کہ، خدا اُسے ضابطہءِ قوانین، حکومت اور نبوت عطا کرے، اور وہ لوگوں سے کہنا شروع کر دے کہ تم خدا کے احکام کی جگہ میرے احکام کی اطاعت کرو۔ اس کی تعلیم یہی ہوگی کہ تم سب، اس کتابِ خداوندی کی اطاعت سے، جس کی تم دوسروں کو تعلیم دیتے ہو اور جس پر غور وتدبر سے، اُس کے مغز تک پہنچتے ہو، ربانی (یعنی اس کے نظامِ ربوبیت کے علمبردار) بن جاؤ۔''

بحوالہ مفہوم القرآن

دین کے اصول کو سامنے رکھتے ہوئے آپ قائدِ اعظم کے ان الفاظ پر غور فرمائیں، جب ان سے سوال کیا گیا کہ، ترکی حکومت تو ایک مادی اسٹیٹ یا حکومت ہے۔ اس سے اسلامی حکومت مختلف ہے۔ آپ کا کیا خیال ہے؟ اس سوال کے جواب میں انھوں نے جو کچھ فرمایا اس کا موازنہ درج بالا آیات کے اس اصول سے کریں، جو اللہ نے حکومت سے متعلق انسانوں کو دیا ہے، تو آپ ورطۂ حیرت میں ڈوب جائیں گے۔

قائدِ اعظم سے سوال کیا گیا کہ:۔

سوال ترکی حکومت تو ایک مادی سٹیٹ یا حکومت ہے۔اس سے اسلامی حکومت مختلف ہے۔آپ کا کیا خیال ہے؟

جواب ''ترکی حکومت پر میری نظر میں سیکولر اسٹیٹ کی سیاسی اصطلاح اپنے پورے مفہوم میں منطبق نہیں ہوتی۔اب رہا اسلامی حکومت کے تصور کا امتیاز یہ صاف ظاہر ہے۔حکومت کے تصور کا بنیادی امتیاز پیشِ نظر رہے کہ، اطاعت اور وفا کیشی کا مرجع خدا کی ذات ہے۔اس لئے تعمیل کا ذکر قرآنِ مجید کے احکام اور اصول ہیں۔اسلام میں اصلاً نہ کسی بادشاہ کی اطاعت ہے نہ کسی پارلیمان کی، نہ کسی اور شخص یا ادارے کی۔قرآنِ مجید کے احکام ہی سیاست، معاشرت میں ہماری آزادی اور پابندی کی حدود متعین کرتے ہیں۔اسلامی حکومت دوسرے الفاظ میں قرآنی اصولوں اور احکام کی حکمرانی ہے۔آپ جس نوعیت کی بھی حکمرانی چاہتے ہوں بہرحال آپ کو سلطنت اور علاقہ کی ضرورت ہے۔''

اسی موقعہ پر جب قائدِ اعظم سے مزید سوال اُٹھائے گئے کہ:۔

سوال مذہب اور مذہبی حکومت کے لوازم کیا ہیں؟

تو اس کے جواب میں آپ نے فرمایا کہ:۔

جواب ''جب میں انگریزی زبان میں مذہب Religion کا لفظ سنتا ہوں تو اس زبان اور محاورے کی رو سے، میرا ذہن لامحالہ خدا اور بندے کے باہمی پرائیویٹ تعلق کی طرف منتقل ہو جاتا ہے لیکن میں خوب جانتا ہوں کہ اسلام کے نزدیک مذہب کا یہ محدود اور مقید مفہوم نہیں۔میں نہ کوئی مولوی ہوں نہ ملاّ۔نہ مجھے دینیات میں مہارت کا دعویٰ ہے۔البتہ میں نے قرآنِ مجید اور قوانینِ اسلام کے مطالعہ کی اپنے طور پر کوشش کی ہے۔اس عظیم کتاب کی تعلیمات میں انسانی زندگی کے ہر باب کے متعلق ہدایات موجود ہیں۔زندگی کا روحانی پہلو ہو یا معاشرتی، سیاسی ہو یا معاشی،غرضیکہ کوئی ایسا شعبہ نہیں جو قرآنی تعلیم کے احاطہ سے باہر ہو۔قرآنِ کریم کی اصولی ہدایات اور طریقِ عمل نہ صرف مسلمانوں کے لئے بہترین ہیں بلکہ اسلامی حکومت میں غیر مسلموں کے لئے حسنِ سلوک اور آئینی حقوق کا جو حصہ ہے اس سے بہتر کا تصور ناممکن ہے۔''

سوال اس سلسلے میں اشتراکی حکومت وغیرہ کے باب میں آپ کی کیا رائے ہے؟

جواب ''اشتراکیت، بالشویت یا کئی ایسے سیاسی اور معاشی مسلک دراصل اسلام اور اس کے نظامِ سیاست کی غیر مکمل اور بھونڈی سی نقلیں ہیں ان میں اسلامی نظام کے اجزاء کا سا ربط، تناسب اور توازن نہیں پایا جاتا۔''

اورینٹ پریس' بحوالہ روزنامہ انقلاب صفحہ۳' ۸ جنوری ۱۹۴۲ء جلد ۱۶ بروز پنج شنبہ ۲۰ ذوالحجہ ۱۳۶۰ھ

درج بالا انٹرویو کے متعلق روزنامہ انقلاب لکھتا ہے کہ:۔

''قائدِ اعظم مسٹر محمد علی جناح حیدر آباد تشریف لائے تھے تو فوراً۔ ۱۹، اگست ۱۹۴۱ء کو راک لینڈ کے سرکاری مہمان خانے میں آپ نے طلباء اور دیگر نوجوانوں کو تبادلۂ خیالات کا موقعہ عنایت فرمایا تھا، باوجود علالت کے پون گھنٹے سے زائد وہ حاضرین سے گفتگو فرماتے رہے۔ اس موقعہ پر نواب بہادر یار جنگ بھی وہیں تشریف فرما تھے اور بعض ہندو نوجوان بھی۔ قائدِ اعظم نے مختلف سوالات کا خندہ پیشانی سے جواب دیا۔ مسٹر محمود علی بی۔اے (عثمانیہ) نے اس مکالمہ کو سوال و جواب کی صورت میں مرتب کر لیا تھا اور اب قائدِ اعظم کی تقریبِ سعید کے موقعہ پر اورینٹ پریس کو دے دیا ہے۔''

قارئینِ کرام! آپ کی اطلاع کے لئے قائدِ اعظمؒ کے درج بالا انٹرویو کو ریکارڈ پر لانے اور اس کی تاریخ کو درست کرنے میں تقریباً ستر برس لگے ہیں، ہوتا یہ تھا کہ قائدِ اعظم کے اس انٹرویو کو جب بھی کسی اللہ کے بندے نے اپنے رسالے یا اخبار وغیرہ میں جگہ دی تو لوگوں نے اس پر نکتہ چینی کرتے ہوئے یہی کہا کہ اِس کا تو کہیں ریکارڈ ہی موجود نہیں اس لئے یہ غیر مستند ہے۔

اللہ غریق رحمت کرے ہمارے دوست آنجہانی مقبول محمود فرحت صاحب کو وہ جب مارچ ۲۰۰۹ء میں پاکستان تشریف لے گئے تو انھوں نے قائدِ اعظم کے اس انٹرویو کی تلاش شروع کر دی، اس کے مل جانے پر، مجھے انھوں نے اس کی عکسی کاپی بھی بھیج دی۔ اور خط بھی لکھا، اس کی تفصیل ملاحظہ فرمائیں:۔

''لاہور میوزیم لائبریری کے اسسٹنٹ اور لائبریرین محمد امین کے تعاون سے روزنامہ انقلاب کا مطلوبہ شمارہ مل گیا۔ تاہم بوسیدہ، خستہ حال کاغذ کی بنا پر فوٹو کاپی کرنے کی اجازت نہ دی گئی۔ کیمرہ سے فوٹو یا وڈیو بنانے کی اجازت دی گئی۔ لہٰذا میرے بھتیجے عماد اجمل پسر کرنل اجمل محمود نے فوٹو زلیں اور وڈیو بنائی۔ اس پورے صفحہ کو پھر شعیب حسین کمپوزر ادارہ طلوعِ اسلام نے InPage پر اِسے کمپوز کیا۔

ہماری مطلوبہ خبر (Reference) کا حوالہ پرویز صاحب نے غلطی سے ۸/ فروری ۱۹۴۲ء دیا ہوا تھا تلاش کرنے میں دقت ہوئی۔ مایوس ہو کر لوٹنے والے تھے کہ بھتیجے عماد نے کہا کہ چلو خبریں ہی پڑھتے ہیں۔ پس ہم نے

جنوری ۱۹۴۲ء سے اخبار پڑھنا شروع کیا۔ ۸ جنوری پر پہنچے تو سرِ ورق تاریخِ اشاعت ۸ دسمبر ۱۹۴۲ء لکھا تھا جبکہ اندر کے تمام صفحات پر ۸ جنوری تھا لاہور میوزیم کے عملہ نے ۸ دسمبر (جو انقلاب پریس نے غلط چھاپا تھا) کو کاٹ کر ۸ جنوری لکھا۔ اندر کے صفحہ ۲ پر پرویز صاحب کا دیا ہوا حوالہ درج تھا۔ لہٰذا پورے صفحہ پر ہمارے مطلوبہ انٹرویو کو نقل کرلیا گیا ہے۔ اس زمانے میں اڈیٹر انقلاب مولانا غلام رسول مہر اور عبدالمجید سالک تھے۔

بحوالہ مقبول محمود فرحت ۲۰۰۹ء/۳/۲۵

قارئین قائدِ اعظم کے اس تاریخی انٹرویو کا ریکارڈ حاصل ہو جانے کے بعد، اُمید ہے کہ لوگ اِس پر بے بنیاد الزامات لگانے سے پرہیز کریں گے جو یہ کہتے چلے آرہے تھے کہ اُن کے اس انٹرویو کا کوئی ریکارڈ ہی موجود نہیں۔ اب ہم واپس اُس اصول کی جانب لوٹتے ہیں جسے سورۃ آلِ عمران میں نظامِ اسلامی کی بنیاد بتایا گیا ہے۔ اس اصول کے مطابق آخری حج (حجۃ الوداع) کے موقعہ پر رسول اللہ صلی اللہ علیہ وسلم نے لوگوں کے سامنے اللہ کو گواہ بنا کر اعلان فرمایا کہ انھوں نے قرآنِ حکیم کو جو ان کی طرف وحی کیا گیا، اسے ان تک پہنچا دیا ہے، اور ساتھ ہی لوگوں کو اللہ کی اِس رسی (قرآن) کو مضبوط ہاتھوں سے تھام رکھنے کی ہدایات بھی صادر فرما دیں۔ اُس تاریخ ساز دن سے لے کر آج تک زمانہ گواہ ہے کہ اس کتاب (قرآن) کے علاوہ رسول اللہ کی جانب سے اُمت کو اور کسی طرح کی کوئی کتاب نہیں دی گئی تھی، اگر رسول اللہ کو بنی نوعِ انسان کی راہنمائی کی غرض سے اپنے فرمودات کا کوئی نسخہ دینا مقصود ہوتا تو اس موقعہ پر وہ اُسے بھی قرآن کے ساتھ ہی دے دیتے، یا کم از کم اس کا ذکر ہی فرما دیتے، لیکن ایسا نہیں ہوا۔ اور یا پھر رسول اللہ کے بعد حضرت ابوبکر صدیق اس کا کوئی انتظام فرما جاتے، لیکن انھوں نے بھی اپنے زمانۂ خلافت میں لوگوں کو قرآن ہی کی تعلیم دی۔ ان کے بعد حضرت عمر نے اپنی ذاتی نگرانی میں کوئی لاکھ سے زیادہ کی تعداد میں قرآنِ حکیم کے نسخوں کو لکھوا کر مملکتِ اسلامیہ کے کونے کونے تک پہنچایا تھا، اگر وہ احادیث کے نسخوں کو امت کے لئے موجبِ خیر و برکت سمجھتے تو وہ اس کارِ خیر میں اپنا بھرپور کردار ادا کر جاتے اور حدیث کے نسخوں کو بھی قرآنِ حکیم کی طرح مملکتِ اسلامیہ میں پھیلا دیتے اور ایسا کرنے سے انھیں کوئی قوت باز نہ رکھ سکتی۔ احادیث کے معاملے میں، ایسا ہی طرزِ عمل حضرت عثمان غنی رضی اللہ عنہ، اور حضرت علی رضی اللہ عنہ، کا بھی سامنے آتا ہے۔

ان حقائق کے پیشِ نظر بلا شک و شبہ قیامت تک کے لئے اس حقیقت کا اعلان ہوتا رہے گا کہ رسول اللہ صلی اللہ علیہ وسلم نے اپنی تمام زندگی قرآنِ حکیم کے قوانین کے مطابق ہی بسر کی ہے اور اپنی امت کے لئے بھی ویسا ہی کرنے کی ہدایات چھوڑی ہیں۔ اللہ نے قرآنِ حکیم میں رسول اللہ اور ان کے رفقاؓ کا ذکر جس دلنشیں انداز میں بیان کیا ہے وہ کسی سے بھی ڈھکا چھپا نہیں، یہی جماعتِ مومنین کی وہ قرآنی تاریخ ہے جسے کوئی بدل نہیں سکے گا۔ البتہ انسانوں کے ہاتھوں کی لکھی ہوئی تاریخ و روایات کے بیانات قرآنِ حکیم کی تعلیم سے ٹکراتے ہیں۔ ملاحظہ فرمائیں:۔

وَٱلسَّـٰبِقُونَ ٱلْأَوَّلُونَ مِنَ ٱلْمُهَـٰجِرِينَ وَٱلْأَنصَارِ وَٱلَّذِينَ ٱتَّبَعُوهُم بِإِحْسَـٰنٍ
رَّضِىَ ٱللَّهُ عَنْهُمْ وَرَضُوا۟ عَنْهُ وَأَعَدَّ لَهُمْ جَنَّـٰتٍ تَجْرِى تَحْتَهَا ٱلْأَنْهَـٰرُ

فِيهَآ أَبَدًاۚ ذَٰلِكَ ٱلْفَوْزُ ٱلْعَظِيمُ ۹/۱۰۰

''اور جومہاجرین اور انصار سابق اور مقدم ہیں اور جتنے لوگ اخلاص کے ساتھ ان کے پیرو ہیں، اللہ ان سب سے راضی ہوا اور وہ اس سے راضی ہوئے اور اللہ نے ان کے لئے ایسے باغ مہیا کر رکھے ہیں جن کے نیچے نہریں جاری ہوں گی جن میں ہمیشہ رہیں گے۔ یہ بڑی کامیابی ہے۔'' ۹/۱۰۰

''اور مہاجرین وانصار میں سے جن لوگوں نے اللہ کے اس نظام کے قائم کرنے کے سلسلہ میں پہل کی، جب کہ حالات بڑے ہی نامساعد اور حوصلہ شکن تھے۔ اور جن لوگوں نے حسن کارانہ انداز سے اس کا اتباع کیا تو چونکہ انھوں نے قوانینِ خداوندی سے ہم آہنگی اختیار کی، جس کے نتیجہ میں اس کی برکات وسعادات ان سے ہم آہنگ ہو گئیں۔ اور ان کے لئے ایسا جنتی معاشرہ تیار کر دیا گیا جس کی شادابیوں میں کبھی کمی نہیں آئے گی۔ وہ اس میں ہمیشہ رہیں گے۔ (اس دنیا میں بھی اور مرنے کے بعد کی زندگی میں بھی۔) اور یہ انسان کی بڑی کامیابی اور کامرانی ہے۔''

بحوالہ مفہوم القران

یہاں پر ایک نہایت ہی اہم قرآنی نکتہ کی وضاحت کر دینا ضروری ہے وہ یہ کہ درج بالا آیت میں جو اللہ کا اپنے بندوں سے راضی ہونے کا ذکر کیا گیا ہے، اس ''راضی'' ہونے پر علامہ پرویزؒ نے بڑی عمدہ بحث کی ہے۔ میں چاہتا ہوں کہ آپ بھی اس میں حصہ لیں۔ وہ لکھتے ہیں کہ:-

''ہمارے ہاں عام کیفیت یہ ہے کہ جب کسی سے پوچھا جائے کہ مذہبی احکام وفرائض کی بجا آوری کیوں کرنی چاہئے تو اس کا جواب یہ دیا جاتا ہے کہ اس سے خدا خوش ہوتا ہے اور اگر ان کی خلاف ورزی کی جائے تو خدا ناراض ہو جاتا ہے۔ اس لئے احکامِ خداوندی کی اطاعت سے مقصود خوشنودیٔ باری تعالیٰ ہے۔ اسے رضا جوئی خداوندی بھی کہا جاتا ہے۔ یعنی اللہ کو راضی رکھنے کے لئے۔ چنانچہ ''رضی اللہ عنہم ورضوعنہ'' کے معنی کئے جاتے ہیں ''خدا ان سے راضی یا خوش ہو گیا۔ اور وہ خدا سے راضی یا خوش ہو گئے۔

خدا کے متعلق یہ تصور کہ وہ کسی بات سے خوش ہو جاتا ہے اور کسی سے ناراض، خدا کو انسان کے جذبات سے متصف کرنا ہے۔ ذہنِ انسانی نے ہمیشہ خدا کا تصور ایک مطلق العنان بادشاہ کا سا قائم کیا ہے جو کسی بات پر خوش ہو جاتا ہے تو جاگیریں بخش دیتا ہے۔ ناراض ہو جاتا ہے تو کھال کھنچوا دیتا ہے۔ ایسے حکمران کی حکومت میں ہر ایک کی کوشش اور خواہش یہ ہوتی ہے کہ وہ کسی نہ کسی طرح حاکم کو خوش رکھے۔ اس کی خوشنودی حاصل کر لے۔ لیکن قرآنِ کریم نے خدا کا جو تصور پیش کیا ہے وہ اِس سے بلند اور متمیّز ہے۔ اس نے کہا ہے کہ خدا نے انسان کے سامنے ایک نصب العینِ حیات رکھ دیا ہے۔ اور پھر ایسے قوانین مرتب کر دیئے ہیں کہ اگر ان کے مطابق چلا جائے تو انسان اس نصب العین تک

پہنچ جاتا ہے۔ ان کی خلاف ورزی کرے تو اس سے محروم رہ جاتا ہے۔ ان قوانین کے مطابق زندگی بسر کرنے کو ''رضوان اللہ''، ''مرضات اللہ'' یا رضا جوئی خداوندی سے تعبیر کیا جاتا ہے۔ رضا کے معنی ہوتے ہیں کسی سے متفق ہو جانا۔ اس کے مطابق کام کرنا۔ اس سے ہم آہنگ ہو جانا۔ قوانینِ خداوندی سے ہم آہنگی کا نام ''مرضات اللہ'' ہے۔ جب انسان، ان قوانین کے مطابق عمل کرتا ہے، تو ان قوانین کے نتائج، اس کے اعمال سے ہم آہنگ ہو جاتے ہیں۔ اس طریقِ عمل کے نتیجے کو ''رضی اللہ عنہم ورضوا عنہ'' سے تعبیر کیا جاتا ہے۔ یہی ہمارے اعمال کا مقصد ہونا چاہئے۔ اسی کو ان الفاظ سے بھی تعبیر کیا جاتا ہے کہ انسان کے ہر عمل کا نتیجہ خود اُس عمل کے اندر مضمر ہوتا ہے۔''

بحوالہ تبویب القرآن

درج بالا بحث کے پیشِ نظر اسلامی نظامِ حیات اور اس کے عطا کرنے والے اللہ کا جو قرآنی تصور ہے اسے سمجھنے میں بھی مدد ملتی ہے اور جہاں تک جماعتِ مومنین پر اللہ کے راضی ہونے کا عقیدہ ہے وہ بھی سمجھ میں آتا ہے۔ یہی وُہ قرآنی تاریخِ صحابہ ہے جس کے ذریعے پتہ چلتا ہے کہ وہ اللہ کے قوانین پر چلنے کی بدولت، اس کی نظر میں کس قدر اہم لوگ تھے۔ یہی ہمارے لئے اسلام کی درخشاں تاریخ کا حاصل بھی ہے اور اس کی ضمانت بھی۔ باقی جو کچھ بھی ہے، بتانِ آزری ہے۔ ''سنتِ اللہ'' اور سنتِ رسول کے درمیان جو قرآنی (دینی) اور غیر قرآنی (مذہبی) فرق ہے وہ ہمارے سامنے ہے۔ اس لئے جتنا کچھ حدیث و روایات کی کتابوں میں سنتِ رسول اور ان کے صحابہ کے نام سے مذکور ہے اس میں سے جتنا کچھ اللہ کی کتاب کی تعلیم کے مطابق ہو وہ لے لینا چاہئے، اور جو اس کے خلاف جاتا ہو اسے بلا خوف و خطر رد کر دینا چاہئے۔ لیکن یہ ایک ایسی انسانی کوشش ہوگی، جس میں سہو و خطا کا امکان بہر حال موجود رہے گا۔ اس سے بچنے کا آسان اور سادہ ترین طریقہ یہی ہے کہ انسانوں کی تصنیف کردہ تمام کتب کو اللہ کی کتاب سے دور رکھا جائے اور عندالضرورت اگر کسی غیر اللہ کی کتاب کے بارے میں جاننا ضروری ہو جائے کہ وہ مستند اور محقق ہے یا نہیں، تو بلا شبہ اس کو قرآن پر پیش کیا جائے گا، صرف یہ دیکھنے کے لئے کہ اُس کتاب کی کوئی بات قرآن کے خلاف تو نہیں جاتی۔ ایسا انتظام کرنے سے لوگ ایسی کتابیں لکھنے سے باز رہیں گے، جن کی تعلیم سے قرآن کے قوانین اور اس کے اصولوں پر زد پڑتی ہو اور اگر کہیں کوئی ایسی بات ثابت ہوگئی جو اللہ کی کتاب کے خلاف لکھی گئی ہے تو پھر انہیں اس کی سزا کے لئے تیار رہنا چاہئے۔ لیکن یہ فریضہ بھی مملکتِ اسلامی ہی کو سرانجام دینا ہوگا، کیونکہ اگر انفرادی طور پر لوگ اپنی سوچ اور سمجھ کے مطابق فیصلے کرنے لگ جائیں گے اور ان کو عوام الناس میں پھیلانے کی کوشش کریں گے تو اس سے ہمارے فرقوں کے درمیان جو ہنگامہ برپا ہو سکتا ہے اس کو بیان کرنے کی ضرورت نہیں۔ بدقسمتی سے یہاں پر کوئی ایک لمحے کے لئے بھی رُک کر اس بات کا جائزہ نہیں لیتا کہ جس اللہ نے اپنے رسول کی وساطت سے بنی نوعِ انسان کی رشد و ہدایت کے لئے پورے کا پورا قرآن اسی مادی دنیا میں بذریعہ وحی نازل فرما دیا جس میں صلوٰۃ کے قیام کا پورا پروگرام بھی دیدیا اور جس کے مطابق چل کر سب سے پہلی اسلامی ریاست کا قیام بھی عمل میں لایا گیا اور یہی وہ صلوٰۃ ہے جس میں اللہ کی عبادت بھی شامل ہے، تو اِسے چھوڑ کر ایسے راستوں پر کیوں چل نکلے جن کا حقائق کی دنیا سے کچھ بھی واسطہ اور تعلق نہیں۔ اب وقت آن پہنچا ہے کہ پاکستان کی اعلیٰ قیادت قرآن کو اپنا رہنما بنا کر ملت کی شیرازہ بندی کے فرائض سرانجام دے۔ تاکہ اس میں اتحاد و یگانگت کا جو فقدان پایا جاتا ہے اس کا خاتمہ ہو سکے۔

يَٰٓأَيُّهَا ٱلنَّاسُ قَدۡ جَآءَتۡكُم مَّوۡعِظَةٞ مِّن رَّبِّكُمۡ وَشِفَآءٞ لِّمَا فِي ٱلصُّدُورِ وَهُدٗى وَرَحۡمَةٞ لِّلۡمُؤۡمِنِينَ ۱۰/۱۵۷

"اے لوگو! تمہارے پاس تمہارے رب کی طرف سے ایک ایسی چیز آئی ہے جو نصیحت ہے۔ اور دلوں میں جو روگ ہیں ان کے لئے شفا ہے۔ اور رہنمائی کرنے والی ہے اور رحمت ہے ایمان والوں کے لئے۔"

تمدن، تصوف، شریعت، تمام
بتانِ عجم کے پجاری تمام
حقیقت خرافات میں کھو گئی
امت روایات میں کھو گئی

قارئین، مسلمانوں کے تمام فرقے بہرحال ایک اس بات پر متفق ہیں کہ رسول اور نبی میں فرق ہوتا ہے۔ اس لئے اسے بھی قُرآنِ حکیم کی روشنی میں دیکھ لیتے ہیں کہ ان کا یہ اتفاق کسقدر درست ہے۔ اور یہ ضروری اس لئے بھی ہے کہ اس غلط نظریئے کی بنا پر بے شمار لوگوں نے رسول اللہ کے بعد نبوت کے دعوے کئے ہیں اور اُن کے اس غیر قُرآنی اقدام سے امت مزید فرقوں اور پارٹیوں میں تقسیم ہوتی چلی گئی۔ آئیں دیکھیں کہ قُرآن سے اس کا جواب کیا ملتا ہے؟

رسول اور نبی

نبی اور رسول کی جو اصطلاحات قُرآنِ حکیم نے استعمال کی ہیں، اُن کا سمجھ لینا ضروری ہے۔ کیونکہ دنیا میں آج ایسے لوگ بھی موجود ہیں جن کا یہ کہنا ہے کہ نبیوں میں سے کچھ نبیوں کو شریعت عطا ہوئی اور کچھ بغیر شریعت کے نبی تھے۔ اور اسی طرح سے ایک عقیدہ یہ بھی چلا آ رہا ہے کہ، رسول صاحبِ کتاب اور صاحبِ شریعت ہوتا ہے اور نبی بلا کتاب ہوتا ہے۔ یعنی نبی کسی رسول کا متبع اور اس کی شریعت پر عمل کرانے کے لئے آتا ہے اور اس کے علاوہ لوگوں کا ایک یہ عقیدہ بھی ہے کہ نبی اکرم کے بعد نبی تو نہیں آ سکتا لیکن رسول بمعہ اپنی کتاب کے آ سکتا ہے۔ چنانچہ اس کا نقصان یہ ہوا کہ رسول اللہ کے بعد آج تک بے شمار لوگوں نے نبوت اور رسالت کے دعوے کیے اور اُمت میں اختلاف و افتراق کے خوفناک در کھول دیئے۔ یاد رہے کہ اس کے پسِ پردہ بھی ''وحی خفی'' کا عقیدہ ہی کارفرما ہے اور ''تصوف'' کو بنیاد فراہم کرنے میں بھی ''وحی خفی'' کا ہاتھ ہے۔ اور یہ وہ تصوف ہے جس کے بارے میں اقبال نے امتِ مسلمہ کو متنبہ کرتے ہوئے کہا ہے کہ:۔

> ''اس میں ذرا بھی شک نہیں کہ تصوف کا وجود ہی سرزمینِ اسلام میں ایک اجنبی پودا ہے۔ جس نے عجمیوں کی دماغی آب و ہوا میں پرورش پائی ہے۔''
>
> بحوالہ اقبال نامہ سید سلیمان ندویؒ ۱۳ نومبر ۱۹۱۷ء

چنانچہ ''الہام اور کشف و کرامات'' بھی سرزمینِ اسلام پر اِسی اجنبی پودے کے برگ و بار ہیں۔ جن کا قُرآنِ حکیم کی تعلیم سے کوئی سروکار نہیں، کتاب اللہ میں بالتصریح کہا گیا ہے کہ، نبی اور رسول ایک ہی سکے کے دو رخ اور ایک ہی حقیقت کے دو گوشے ہیں ان دونوں میں کوئی فرق نہیں ہوتا۔ ایک ہی فرد وحی پانے کی حیثیت سے اگر نبی کہلاتا ہے تو پھر اسی علمِ وحی کو لوگوں تک پہنچانے کی صورت میں وہ رسول کہلاتا ہے۔ چنانچہ قرآنِ حکیم کے الفاظ میں ملاحظہ فرمائیں:۔

وَلَـٰكِن رَّسُولَ ٱللَّهِ وَخَاتَمَ ٱلنَّبِيِّـۧنَ ۗ ۳۳/۴۰

''آپ اللہ کے رسول ہیں اور خاتم النبین (تمام نبیوں کو ختم کرنے والے) ہیں۔''

یعنی کہ ''نبی اور رسول'' ایک ہی حقیقت کے دو پہلو تھے۔قرآنِ حکیم نے ایک ہی فرد کو رسول بھی کہا ہے اور نبی بھی۔ان کو ایک دوسرے سے الگ نہیں کیا جا سکتا۔ملاحظہ فرمائیں:۔

وَٱذْكُرْ فِى ٱلْكِتَـٰبِ مُوسَىٰٓ ۚ إِنَّهُۥ كَانَ مُخْلَصًا وَكَانَ رَسُولًا نَّبِيًّا ۱۹/۵۱

''اس کتاب (قرآن) میں موسیٰ کا ذکر بھی کر، جو چنا ہوا رسول اور نبی تھا۔''

وَٱذْكُرْ فِى ٱلْكِتَـٰبِ إِسْمَـٰعِيلَ ۚ إِنَّهُۥ كَانَ صَادِقَ ٱلْوَعْدِ وَكَانَ رَسُولًا نَّبِيًّا ۱۹/۵۴

''اس کتاب (قرآن) میں اسماعیل کا واقعہ بھی بیان کر وہ بڑا ہی وعدے کا سچا تھا اور تھا بھی رسول اور نبی۔''

ان حقائق کے پیشِ نظر صاحبِ وحی کو ''وحی'' وصول کرنے کی حیثیت سے ''نبی'' کہا جاتا ہے اور اللہ کے اِسی پیغام کو دوسروں تک پہنچانے کی حیثیت سے وہ صاحبِ وحی ''رسول'' کہلاتا ہے۔اگر وہ نبی فریضۂ رسالت کو پورا نہ کرے تو نہ ہی وہ رسول کہلا سکتا ہے اور نہ ہی نبی، اس لئے کہ اُس نے اپنے فرائضِ منصبی سے کوتاہی کا مظاہرہ کیا۔نبی اور رسول ایک ہی سکے کے وہ دو رُخ ہوتے ہیں جن کو ایک دوسرے سے علیحدہ نہیں کیا جا سکتا۔ ویسے ہی جیسے ''صلوٰۃ'' کے نظام اور اس کے ''اجتماعات'' کو ایک دوسرے سے الگ نہیں کیا جا سکتا' کیونکہ جب حقیقی معنوں میں مملکتِ اسلامیہ قائم ہو گی تو اللہ کی (مسجدوں) اداروں میں ہی اس کے انتظامی معاملات چلائے اور لوگوں کے باہمی اختلافات کے فیصلے کئے جایا کریں گے۔ اور یا پھر ''صلوٰۃ اور زکوٰۃ'' کو ایک دوسرے سے الگ نہیں کیا جا سکتا کیونکہ ان دونوں کی بدولت اور موجودگی میں ہی اللہ کا نظام قائم رہ سکتا ہے۔ ان کو ایک دوسرے سے الگ کر دیا جائے تو نظام کی کوئی صورت ہی نظر نہیں آئے گی۔ اور ایسے ہی ''اللہ و رسول'' کو قرآن سے الگ نہیں کیا جا سکتا، کیونکہ کتاب اللہ میں جب بھی یہ الفاظ اکٹھے آتے ہیں تو ان سے ''اللہ کا نظام'' مراد ہوتا ہے۔ اور اگر انھیں ''سنت'' کے نام پر ایک دوسرے سے الگ کر دیا جائے تو صرف شرک بچتا ہے، اسلام غائب ہو جاتا ہے۔یعنی کہ، رسول اللہ کی سنت کو، قرآن سے باہر تاریخ کی کتابوں میں نہیں ڈھونڈا جا سکتا۔ اسے کتاب اللہ ہی میں دیکھنا پڑے گا۔

چنانچہ:۔

''لغت کی رو سے، رسول کا لفظ پیغامبر کے لئے بھی آتا ہے۔اور اُس کے پیغام کے لئے بھی۔اِس اعتبار سے قرآن بھی ''خدا کا رسول'' کہلائے گا۔'' (بحوالہ لغات القرآن)

لوگوں کو قُرآن سے دور کرنے میں اُن روایات کا بہت بڑا ہاتھ ہے جنھیں خود مسلمانوں نے ہی اسلام کے نام پر آگے بڑھایا ہے۔ جیسے کہ قُرآنِ حکیم نے والدین کے لئے وصیت کا حکم دیا ہے کہ۔

كُتِبَ عَلَيْكُمْ إِذَا حَضَرَ أَحَدَكُمُ ٱلْمَوْتُ إِن تَرَكَ خَيْرًا ٱلْوَصِيَّةُ لِلْوَٰلِدَيْنِ وَٱلْأَقْرَبِينَ بِٱلْمَعْرُوفِ ۖ حَقًّا عَلَى ٱلْمُتَّقِينَ ۲/۱۸۰

''تم پر فرض کر دیا گیا ہے کہ جب تم میں سے کوئی مرنے لگے اور مال چھوڑ جاتا ہو تو اپنے ماں باپ اور قرابت داروں کے لئے اچھائی کے ساتھ وصیت کرائے، پرہیز گاروں کے لئے یہ حق اور ثابت ہے۔''

الغرض ''ادارۂ تحقیقِ حق'' کی جانب سے علامہ محمد ایوب صاحب دہلوی فرماتے ہیں کہ:۔

''رسول اللہ نے فرمایا ''لا وصیۃ للوارث'' وارث کے لئے وصیت نہیں۔ اور تواتر سے ثابت ہے کہ عمل اسی حدیث پر ہو رہا ہے۔ یعنی وارث کے لئے وصیت ناجائز قرار دی گئی ہے۔ حدیث نے قُرآن کی آیت کو منسوخ کر دیا اور قولِ رسول قُرآن کی آیت کے خلاف حجت اور موجبِ عمل رہا۔''

بحوالہ ادارۂ تحقیقِ حق، پمفلٹ بعنوان ''فتنۂ انکارِ حدیث'' (صفحہ ۲۰)

نسخۂ قُرآن شاہ فہد کمپلیکس میں بھی اس آیتِ قُرآنی کے خلاف، ابنِ کثیر سے رسول اللہ کی حدیث کا حوالہ دیا گیا ہے اور علامہ محمد ایوب صاحب کے درج بالا اقتباس کی تائید کی ہے۔ جسے (صفحہ ۲۷) پر آپ خود دیکھ لیں۔ اس کے بعد جس طرح سے درود مسنون میں تبدیلی کی گئی ہے، اُسے میں ضروری سمجھتا ہوں کہ آپ کے علم میں لایا جائے ۔

قارئین، فرقہ اہلِ حدیث کی جانب سے پانچ ہزار احادیث میں خطرناک تحریف کے حوالہ سے پروفیسر رفیع اللہ شہاب تحریر فرماتے ہیں کہ:۔

''امام تیمیہ کے دادا شیخ عبدالسلام جو حدیث کے امام تھے نے حدیث کی تمام کتابوں سے صحیح احادیث کا انتخاب کر کے اُن کا مجموعہ منتقی الاخبار کے نام سے شائع کیا تھا۔ اس مجموعہ میں پانچ ہزار انتیس احادیث ہیں اور فرقہ اہلِ حدیث کے علماء کا دارومدار اِسی کتاب پر ہے۔ چنانچہ اس کا اردو ترجمہ اہلِ حدیث کے اشاعتی ادارے (دعوۃ السّلفیہ، شیش محل روڈ، لاہور) کی جانب سے دو جلدوں میں شائع ہو چکا ہے۔ اس ترجمے کے درجنوں ایڈیشن شائع ہو چکے ہیں۔ اس کتاب میں فرقہ اہلِ حدیث کے علماء کی جانب سے ایسی خطرناک تحریف کی گئی ہے جس کی زد ختمِ نبوت

کے عقیدہ پر پڑتی ہے۔

مسلمانوں کے ایک فرقہ کا عقیدہ ہے کہ (چہاردہ معصومین) یعنی چودہ معصوم انسان ہی ہیں۔ ان کے نزدیک یہ چہاردہ معصوم رسولؐ اللہ اور آپ کی آل پر مشتمل ہیں۔ ان حضرات کے عقیدے کے مطابق یہ سب معصومین نبوت میں شریک تھے۔ مسلمانوں کا یہ عام عقیدہ ہے کہ صرف انبیاء علیہم السلام ہی معصوم انسان تھے۔ اس لئے رسول اللہ صلی اللہ علیہ وسلم پر مسنون درود کے الفاظ یہ تھے۔ '' صلی اللہ علیہ وسلم''......لیکن ان حضرات کے اس مقصد کے لئے درود شریف میں '' آل'' کے لفظ کا اس طرح اضافہ کر دیا جو عربی زبان کے قواعد کے مطابق بھی غلط ہے۔ اس اضافہ کے بعد درود شریف کی عبارت یوں ہوگئی ہے '' صلی اللہ علیہ وآلہ وسلم''

عربی زبان کا یہ مشہور قاعدہ ہے کہ اسم ضمیر، اسمِ ظاہر کا عطف نہیں ہوسکتا اور اگر کبھی ایسے عطف کی ضرورت ہو تو پھر متعلقہ حرف جار دوبارہ لانا ضروری ہے۔ درود شریف کی عبارت میں '' علیہ'' کے آخر میں '' ہ'' ضمیر متصل ہے اور اس کے بعد لفظ '' آل'' اسمِ ظاہر ہے۔ اب اگر '' آل'' کو اسمِ ضمیر پر بطورِ عطف لانا ہے تو اس سے پہلے حرفِ جار '' علیٰ'' کا دوبارہ لانا ضروری ہے۔ اس طرح اس اضافہ شدہ درود کی عربی زبان کے مطابق صحیح عبارت یہ ہوگی '' صلی اللہ علیہ وعلیٰ آلہ وسلم''۔

لیکن جس فرقے نے لفظ '' آل'' کا اضافہ کیا ہے اُن کے نزدیک چونکہ '' آل'' نبوت میں شامل ہے اس لئے وہ اس لفظ سے پہلے حرف جار '' علیٰ'' دوبارہ استعمال نہیں کرتے۔ ان کے نزدیک درود شریف کی عبارت '' صلی اللہ علیہ وآلہ وسلم'' ہی صحیح ہے اور جیسا کہ بتایا جا چکا ہے یہ عربی زبان کے قواعد کے مطابق غلط ہے کیونکہ اس سے تو '' آل'' کو بھی عقیدہ چہاردہ معصومین کے مطابق نبوت میں شامل سمجھا جائے گا۔ جیسا کہ واضح کیا جا چکا ہے کہ عربی زبان کے قواعد کے مطابق اگر '' آل'' کے شروع میں حرف جار دوبارہ لایا جائے تو پھر درود شریف میں '' آل'' کے لفظ کے اضافے میں کوئی حرج نہیں۔ لیکن جن لوگوں کا عقیدہ چہادہ معصومین کا ہے وہ لفظ '' آل'' سے پہلے حرف '' علیٰ'' دوبارہ استعمال نہیں کرتے۔ اس طرح '' آل'' کو بھی نبوت میں شریک سمجھا جا سکتا ہے۔

کوئی بھی فرقہ ایسا عقیدہ رکھ سکتا ہے لیکن کسی کو یہ اجازت نہیں دی جا سکتی کہ وہ اس کے حوالے سے ہزاروں احادیث میں تحریف کر دے۔ حیرت کی بات ہے کہ احادیث میں اس خطرناک تحریف کے مرتکب اہلِ حدیث کے علماء ہیں، احادیث کی ۴۷ سنتالیس کتابیں ہیں، ان سب میں درود شریف کی وہی عبارت اختیار کی گئی ہے جو عربی زبان کے مطابق صحیح ہے۔ اُن میں کسی ایک جگہ بھی '' آل'' کا اضافہ نہیں ملتا۔ لیکن اہلِ حدیث کے علماء نے ہزاروں احادیث میں یہ اضافہ کر کے عقیدۂ ختمِ نبوت پر کاری ضرب لگائی ہے۔''

از پروفیسر رفیع اللہ شہاب

قارئین! غور فرمایا آپ نے کہ درود مسنون میں ایک لفظ ''آل'' کے اضافہ سے عقیدۂ ختمِ نبوت پر کیسی کاری ضرب پڑتی ہے اور بات کہاں سے کہاں جا نکلتی ہے۔ پروفیسر صاحب کے اس مضمون کو یہاں درج کرنے کا مقصد صرف اتنا تھا کہ اِس ایک مثال سے آپ یہ اندازہ لگا سکیں کہ مفاد پرست عناصر صدیوں پہلے بھی اسلام کے نام پر کچھ اسی قسم کی تاویلات کے ذریعے غیر قرآنی باتوں کو پھیلاتے رہے ہوں گے اور اُنہیں مسلمانوں کے عقائد کا حصہ بناتے رہے ہوں گے۔ سچ یہ ہے کہ، ناسخ و منسوخ کے غیر قُرآنی عقیدہ کو عین اِسلام بنا کر دنیا کے سامنے پیش کرنے کے بعد ہم نے اپنی مشکلات میں خود ہی اضافہ کر لیا ہے۔

وہ دانائے سُبُل، ختم الرسل، مولائے کل، جس نے
غبارِ راہ کو بخشا فروغِ وادیٔ سیناء
نگاہِ عشق و مستی میں وہی اوّل وہی آخر
وہی قُرآں، وہی فرقاں، وہی یٰسیں، وہی طاہا

''قُرآن'' اللہ کا رسول

قارئین! آپ اس کتاب میں ''اللہ اور رسول'' کی اصطلاح کے بارے میں مسلسل پڑھتے چلے آ رہے ہیں کہ جب بھی یہ دو الفاظ قُرآنِ حکیم میں اکٹھے لکھے نظر آئیں اور پڑھنے کو ملیں تو اس کا مطلب نظامِ خداوندی لیا جائے گا، لیکن اپنے اپنے طور پر سیاق وسباق سے خود بھی چیک کرتے رہنا چاہئے کہ اس کے مطابق ہی ہے یا کہ نہیں۔ لغت کی رو سے قُرآن کو بھی رسول کہا جاتا ہے اس لئے کہ یہ وہی کتاب ہے جو رسول اللہ پر نازل کی گئی، اسی کو انھوں نے انسانوں تک پہنچایا اور اب یہی کتاب قیامت تک کے انسانوں کی رہنمائی کے لئے ایک ضابطۂ حیات کی صورت میں موجود رہے گی، چنانچہ اس کا ''رسول'' بھی اس کے ذریعے سے قیامت تک ہم میں موجود رہے گا۔ بصورتِ دیگر یہی کتاب رسول کی غیر موجودگی میں اس کی قائم مقام بن گئی ہے، اس لئے ''کتاب اللہ اور رسول'' ایک اتھارٹی کی صورت میں ہمارے درمیان قیامت تک کے لئے محفوظ، زندہ اور موجود رہیں گے۔ اور جب یہ کہا جائے کہ تم اپنے تمام اختلافی امور کو ''اللہ ورسول'' کے سامنے پیش کیا کرو، تو اس سے مراد یہ ہے کہ تم اپنے تمام اختلافی امور کو مملکت اسلامیہ کی مجلس شوریٰ کے سامنے پیش کرو۔ یہ نہیں کہ جب رسول تم میں موجود نہ ہو یا دنیا سے رخصت ہو جائے تو تم اس رسول کے فرمودات کو قُرآنِ حکیم سے باہر انسانوں کی لکھی ہوئی تاریخ وروایات کی کتابوں میں تلاش کرنا شروع کر دو اور قُرآن کو ایک طرف رکھ دو۔

چنانچہ اسلامی نظام میں جب بھی کبھی اُمت کے اختلافی امور کو قُرآن کے سامنے پیش کیا جائے گا تو وہ معاملہ صرف اللہ کے سامنے ہی نہیں، بلکہ رسول کے سامنے بھی پیش ہو رہا ہوگا۔ اللہ اور رسول کی اصطلاح سے یہی مراد ہے۔ بصورتِ دیگر ''اللہ اور رسول'' کی اصطلاح سے مقصود اللہ کے نظام کو چلانے والی وہ زندہ اتھارٹی مراد ہے جسے مجلسِ شوریٰ کے نام سے پکارا جاتا ہے۔ اور جہاں ''صلوٰۃ اور زکوٰۃ'' کے الفاظ یکجا پڑھنے کو ملیں تو اس سے مراد مملکتِ اسلامیہ کا اقتصادی ادارہ لیا جائے گا۔

جہاں تک نبی اور رسول کا تعلق ہے اللہ نے بنی نوعِ انسان کی رہنمائی کے لئے بذریعہ وحی اپنے پیغام کو اپنے رسول تک پہنچایا اور رسول نے اُس پیغامِ خداوندی کو ایک پیغام رساں (پیغمبر) کی حیثیت سے دوسرے انسانوں تک پہنچایا۔ چنانچہ، اللہ کی وحی کو وصول کرنے کی حیثیت سے صاحبِ وحی ''نبی'' کہلاتا ہے، اور پھر اُسی وحی کو لوگوں تک پہنچانے کی حیثیت سے ''رسول'' (پیغمبر) کہلاتا

ہے اگر وہ ایسا نہ کرے تو پھر نہ تو وہ رسول رہتا ہے اور نہ ہی نبی۔ یاد رہے کہ جو وحی رسولوں پر نازل ہوتی تھی اس کے اپنے الفاظ بھی ہوتے تھے اور کوئی رسول اس میں کسی ردوبدل کا کوئی اختیار نہیں رکھتا تھا۔ اِسی لئے ''وحی خفی'' کے مستند ہونے کی ایسی کوئی دلیل قُرآنِ حکیم سے پیش نہیں کی جاسکتی۔ بلکہ خود ''وحی خفی'' کے متعلق یہ کہا جاتا ہے کہ یہ بلا الفاظ نازل ہوتی تھی اور الفاظ رسول اللہ کے اپنے ہوتے تھے۔ اسی لئے اسے قُرآن کی طرح محفوظ نہیں کیا گیا۔ اگر ایسا تسلیم کر لیا جائے تو پھر بھی یہ حقیقت اپنی جگہ پر قائم رہے گی کہ روایت (حدیث) کے الفاظ رسول اللہ کے نہیں، بلکہ وہ صاحبِ روایت کے اپنے ہیں۔ اس صورت میں تو ان الفاظ کے معنی ومفہوم اور بھی زیادہ ظنی اور ناقابلِ یقین ہو گئے۔ کیونکہ الفاظ ہی کے ذریعے سے تو ان کا مفہوم اَخذ کیا جاتا ہے اور جب الفاظ ہی بدل جائیں تو پھر مفہوم کو ظنی قرار دینے سے کوئی نہیں روک سکتا۔

وحی خفی کی مدافعت میں یہ بھی کہا جاتا ہے کہ، رسول اللہ کو ایک بات ''سوجھتی'' تھی جسے وہ بعد میں اپنے الفاظ میں بیان فرما دیتے تھے۔ حالانکہ ایسا تو ہر انسان کے ساتھ ہوتا ہے کہ اسے کچھ سوجھتا ہے یا کوئی خیال، واہمہ کی صورت میں اس کے دماغ میں آتا ہے تو وہ اس کو اپنے الفاظ میں لکھ لیتا ہے یا پھر زبانی بیان کر دیتا ہے، تو کیا یہ کہا جائے گا کہ اسے الہام ہوا تھا یا وہ سب وحی خفی کا نتیجہ ہے۔ (یاد رہے کہ لفظ ''الہام'' بھی وحی خفی کی ایجاد ہے اللہ کے نازل کردہ کلام کے لئے ''وحی'' کا لفظ ہی استعمال ہوا ہے) وحی ایک ہی طرح کی ہوتی ہے اور اس کے بھیجنے کا طریقہ کار بھی ہر زمانے میں ایک ہی جیسا رہا ہے۔ جسے آخری بار قُرآن کی صورت میں دے کر اس کا سلسلہ ہمیشہ کے لئے بند کر دیا گیا اور بنی نوعِ انسان سے برملا کہہ دیا گیا کہ اب تم جوان ہو گئے ہو اس لئے اب کے بعد تمہیں تمہاری انگلی پکڑ کر چلانے کی ضرورت نہیں رہی اس لئے اس کے بعد تم ہمارے عطا کردہ قوانین کی چار دیواری کے اندر رہتے ہوئے مشاورت کے ذریعے اپنی اس منزل کی جانب بلاخوف وخطر بڑھتے رہو جو تمہارے لئے متعین کی گئی ہے تاکہ تم پیچھے نہ رہ جاؤ، یا پیچھے رہ جانے والوں میں سے نہ ہو جاؤ۔

جہاں تک وحی کے الفاظ کا تعلق ہے قُرآنِ حکیم سے ثابت ہے کہ وہ الفاظ کی صورت میں نازل ہوتی تھی۔ بالکل ایسے ہی جیسے ایک دوسرے سے بات کی جاتی ہے۔ ثبوت کے طور پر ملاحظہ فرمائیں:۔

اقْرَأْ بِاسْمِ رَبِّكَ الَّذِي خَلَقَ ۹۶/۱ ''پڑھ اپنے رب کے نام سے جس نے پیدا کیا۔''

اب آپ ہی بتائیں کہ یہ پڑھنا کیا ہوتا ہے؟ پڑھنے کے لئے الفاظ ہی تو ہوتے ہیں!۔

علامہ اقبالؒ نے اپنے خطبات تشکیلِ جدید کے خطبۂ اول میں ''خیالات بلا الفاظ'' کے نکتہ پر بحث کی ہے۔

وہ لکھتے ہیں کہ:۔

''مبہم اور بے زبان احساس (Feeling) اپنے مقصود تک پہنچنے کے لئے تخیل (Idea) کی شکل اختیار کرتا ہے اور تخیل اَپنا لباس بن کر لفظ کی صورت میں مرئی طور پر سامنے آجاتا ہے۔ یہ کہنا محض استعارہ نہیں کہ تخیل اور لفظ

دونوں احساس کے بطن سے بیک وقت پیدا ہوتے ہیں۔ یہ منطقی اندازِ فہم کا نقص ہے جو یہ تصور پیدا کرتا ہے کہ تخیل اور لفظ ایک دوسرے کے بعد پیدا ہوتے ہیں۔ وہ اپنے لئے آپ مشکلات پیدا کر لیتا ہے''

تشکیلِ جدید خطبۂ اول بحوالہ (تصوف کی حقیقت)

اسی باب میں ڈاکٹر (R. M. Bucke) اپنی مشہور کتاب (Cosmic Consciousness) میں تصور، اور لفظ کے باہمی تعلق کے سلسلے میں لکھتا ہے کہ:۔

''ہر لفظ کے لئے ایک تصور ہوتا ہے اور ہر تصور کے لئے ایک لفظ۔ ایک دوسرے سے الگ رہ کر ان کا وجود ہی باقی نہیں رہ سکتا......کوئی نیا لفظ معرضِ وجود میں نہیں آسکتا جب تک وہ کسی تصور کے اظہار کا ذریعہ نہ ہو۔ اور کوئی نیا تصور پیدا نہیں ہوسکتا جب تک اس کے ساتھ ہی اس کے اظہار کے لئے ایک نیا لفظ وجود میں نہ آ جائے۔''

بحوالہ (تصوف کی حقیقت)

قارئین، اس سے واضح طور پر جو بات سامنے آئی ہے وہ یہ ہے کہ، جب رسول اللہ کو حکم دیا گیا کہ ''پڑھ'' تو اِس کا مطلب یہ ہے کہ رسول اللہ کو جن الفاظ کو پڑھنے کی ہدایت کی گئی ہے وہ اُن کے اپنے الفاظ نہیں تھے وہ اللہ کے تھے اور جب الفاظ کسی کے اپنے نہ ہوں تو پھر اُن میں اُس کے اپنے تخیل کا بھی کوئی عمل دخل نہیں ہوتا بلکہ ان میں ''تخیل'' صاحبِ الفاظ کا ہوتا ہے۔ لہٰذا پڑھنے کی صورت میں وحی کے الفاظ اللہ کے تھے۔ چنانچہ، پہلی وحی جو رسول اللہ پر نازل کی گئی، اُس میں اُن کے لئے پڑھنے کی شرط لگا کر اللہ نے اِس غلط فہمی کا ہمیشہ کے لئے خاتمہ کر دیا کہ جو وحی رسول اللہ پر نازل کی گئی ہے اُس میں رسول اللہ کے اپنے خیالات کا کوئی عمل دخل ہوسکتا ہے۔ یہی اقبال کہہ رہے ہیں کہ ''یہ منطقی اندازِ فہم کا نقص ہے جو یہ تصور پیدا کرتا ہے کہ تخیل اور لفظ ایک دوسرے کے بعد پیدا ہوتے ہیں۔ وہ اپنے لئے آپ مشکلات پیدا کر لیتا ہے''

لیکن اِس کے باوجود ''وحیِ خفی'' کا جو ہتھیار قُرآن کے نظام کے خلاف استعمال کیا جاتا ہے اور جس کے ذریعے سے اِس کے قوانین کو اس کا محتاج بتایا جاتا ہے، اِس کے متعلق اوزاعی مکحول کا بیان ملاحظہ فرمائیں:۔

''حدیث قُرآن کی اتنی محتاج نہیں جتنا قُرآن حدیث کا محتاج ہے۔'' بحوالہ جامع بیان العلم (صفحہ ۲۲۴)

لیکن، خلافِ قُرآن احادیث کے متعلق شیخ حمید الدین فراہیؒ کا ایمان ہے کہ:۔

''میں نے صحاحِ ستہ میں بعض ایسی احادیث دیکھیں ہیں، جو قُرآن کا صفایا کر دیتی ہیں۔ ہم اس عقیدے سے پناہ مانگتے ہیں کہ کلامِ رسول، کلامِ خدا کو منسوخ کر سکتا ہے''

بحوالہ نظام القُرآن (دو اسلام)

اسلام دشمن قوتیں قُرآن کے الفاظ کو تو بدل نہیں سکتی تھیں، لیکن جو چیز وہ بدل سکتی تھیں وہ قُرآن کی تعلیم اور اُس کی روح تھی جسے بدلنے کے لئے اُنہوں نے مسلمانوں میں ''وحی خفی'' کا عقیدہ وضع کیا اور تاریخی روایات اور رسول اللہ سے منسوب اقوال پر مشتمل قُرآن کی پہلی تفسیر لکھی۔ اور آیاتِ قُرآنی کی تفسیر کے لئے شانِ نزول کا طریقہ بھی وضع کیا۔ اُس کے بعد جو اِس امت کے ساتھ ہوا وہ سب کے سامنے ہے۔ ''وحی خفی'' ہی سنتِ رسول بن کر رہ گئی، اِسی سنت کے پیشِ نظر ہمارے پیشواؤں کا یہ دعوٰی ہے کہ سنتِ رسول کے معاملہ میں اگر کوئی عمل یا طریقہ متواتر چلا آ رہا ہے تو وہ یقینی اور غیر ظنی ہے۔ یہی نماز کے بارے میں بھی کہا جاتا ہے لیکن ایسا عملی طور پر دیکھنے میں نہیں آتا۔

علامہ اقبالؒ نے بھی اپنی زندگی کے آخری چار سالہ ایام میں اسی تجسس کے پیشِ نظر سید سلیمان ندویؒ سے دریافت کرنے کی کوشش کی تھی کہ:۔

''آپ فرماتے ہیں کہ تواترِ عمل کی ایک مثال نماز ہے۔ مالکیوں اور حنفیوں اور شیعوں میں جو اختلاف صورتِ نماز میں ہے، وہ کیونکر ہوا؟ ''

بحوالہ اقبال نامہ یکم فروری ۱۹۳۴ء

تواترِ عمل کے جس عقیدے ''نماز'' پر جو سوال اقبالؒ نے اٹھایا ہے، وہ بڑی اہمیت کا حامل ہے یہ سوال ہر مسلمان کو اپنے آپ سے کرنا چاہئے اور سوچنا چاہئے کہ اگر اسلام میں نماز کا عمل رسول اللہ کی سنت کے مطابق اور ''متواتر'' ہے تو پھر'' مالکیوں، شافعیوں، حنفیوں، حنبلیوں اور اہلِ تشیع میں جو اختلاف صورتِ نماز میں دیکھنے کو ملتا ہے، وہ کیونکر ہوا؟'' لیکن اگر کوئی یہ سوال اٹھانا نہیں چاہتا تو اس میں بھی کچھ مضائقہ نہیں۔ البتہ اعتراض تو اس بات پر کیا جاتا ہے کہ جب بھی اللہ کا کوئی بندہ 'نظامِ صلوٰۃ'' کے قائم کرنے کی بات کرتا ہے تو یہی لوگ اس کی مخالفت میں زمین آسمان ایک کر دیتے ہیں اور کہتے ہیں کہ اللہ نے تو قُرآن میں نظام قائم کرنے کی کہیں کوئی بات ہی نہیں کی۔ کچھ اسی قسم کی ذہنیت کے لوگوں کے متعلق اللہ نے اپنے رسول سے کہا تھا کہ اب بہت ہو گیا:۔

وَإِن كَذَّبُوكَ فَقُل لِّي عَمَلِي وَلَكُمْ عَمَلُكُمْ أَنتُم بَرِيئُونَ
مِمَّا أَعْمَلُ وَأَنَا بَرِيءٌ مِّمَّا تَعْمَلُونَ 10/41

''تم ان سے کہہ دو کہ (میں تم سے بحث نہیں کرنا چاہتا) تم اپنے پروگرام کے مطابق کام کرتے جاؤ اور مجھے اپنے پروگرام کے مطابق کام کرنے دو۔ تمہارے پروگرام کا نتیجہ تمہارے سامنے آجائے گا۔''

ان آیات سے اس زمانے کے لوگوں کی ہٹ دھرمی کا اندازہ ہوتا ہے کہ ان کی اصلاح کے لئے تمام کوششیں بروئے کار لائی گئیں تا کہ وہ راہِ راست پر آ جائیں لیکن وہ اپنے کفر پر قائم اور ڈٹے رہے۔ بالآخر رسول اللہ کو ان سے یہ کہنا پڑا کہ:۔

لَكُمْ دِينُكُمْ وَلِيَ دِينِ ۱۰۹/۶ "تمہارے لئے تمہارا دین ہے اور میرے لئے میرا دین ہے۔"

دنیا اس بات کی گواہ ہے کہ اس کے بعد ان لوگوں کا نظام تباہ و برباد ہو کر رہ گیا، جس میں روم اور ایران کی بڑی بڑی سلطنتوں کے نظام شامل ہیں اور ان سب کی جگہ اللہ کے نظام نے لے لی، مملکتِ اسلامیہ مدینہ اس کا منہ بولتا ثبوت ہے۔ اس لئے اگر کوئی اس عقیدے پر قائم رہتا ہے کہ صلوٰۃ کے نظام سے قرآنِ حکیم کو کوئی واسطہ نہیں تو وہ کوئی پاگل ہی ہوسکتا ہے جو اس قسم کا بے بنیاد دعویٰ کرے کیونکہ صرف نماز پڑھنے سے ہی اگر مسلمان دنیا کی امامت کر سکتے تو وہ صدیوں پہلے ایسا کر چکے ہوتے۔ "صلوٰۃ" کے متعلق کہا گیا ہے کہ یہ برائی سے روکتی ہے۔ بیشک روکتی ہے، لیکن سوال یہ ہے کہ جس صلوٰۃ (نماز) کو ہم ادا کرتے ہیں اس سے خود مسلمان معاشرہ میں سے کتنی برائیاں ایسی ہیں جو ختم ہوگئیں؟ نماز ادا کرنے کے باوجود، حج اور عمرے کرنے کے باوجود، زکوٰۃ ادا کرنے کے باوجود صدقے دینے کے باوجود، برائیاں ہیں کہ رکنے تھمنے کا نام ہی نہیں لیتیں۔ خدا را سوچئے کہ ان تمام خرابیوں اور برائیوں نے بالآخر مسلمانوں کا گھر ہی کیوں دیکھ لیا ہے۔

چنانچہ اب وقت آ گیا ہے کہ جس صلوٰۃ کے نظام کے قیام کا حکم قرآنِ حکیم نے دیا ہے، اس پر عمل درآمد کیا جائے، یہ ذمہ داری صرف اور صرف امتِ مسلمہ کی ہے کہ وہ اپنا فریضۂ منصبی ادا کرنے کے لئے قرآن کو ہاتھ میں لے کر دنیا کے تمام باطل نظاموں کو چیلنج کرے اور بتائے کہ ان کا نظام دوسرے نظاموں کے مقابلہ میں افضل کیوں ہے۔ لیکن ایسا کرنا اُس وقت تک ممکن نہیں جب تک کہ ہمارے اپنے درمیان مذہبی امور کے اختلافات ختم نہیں ہو جاتے اور جن اختلافات کی اصل بنیاد ہمارے فرقے ہیں۔ فرقوں کو تحفظ دینے کے لئے بڑی ہی معصومیت کے ساتھ یہ کہہ دیا جاتا ہے کہ یہ فرقے تو نہیں، کچھ مسلکی اور فروعی سے اختلافات ہیں، جو مذہبی امور میں ہمارے درمیان پائے جاتے ہیں۔ دشمنوں نے تو خواہ مخواہ میں ہمارے ان اختلافات کو فرقوں کا نام دے کر ہمیں بدنام کر رکھا ہے، اصولی طور پر تو ہم سب مسلمان ہیں اور اس میں کسی کو کوئی غلط فہمی نہیں ہونی چاہیے۔ لیکن آپس کے انہی فروعی اختلافات کو ختم کرنے کے لئے کوئی فردِ واحد بھی تیار نہیں ہوتا۔ چنانچہ وحی خفی کے عقیدے کے مطابق ان لوگوں کا کہنا یہ ہے کہ:۔

"اگر ہم حدیث کو نہ مانیں تو قرآنِ حکیم کے احکام پر عمل کس طرح کیا جا سکتا ہے؟ حدیث کو نہ مانیں تو نماز کیسے پڑھیں؟ قرآنِ حکیم میں نماز کا حکم ہے لیکن یہ کہیں نہیں لکھا کہ نماز کیسے پڑھی جائے، اس کی کتنی رکعتیں ہوں۔ ہر رکعت میں کیا کیا پڑھا جائے، وغیرہ وغیرہ۔ رسول اللہ صلی اللہ علیہ وسلم نے خدا کے اس حکم پر عمل کر کے دکھایا اور اسی کے مطابق ہمیں عمل کرنا چاہیے۔

سب سے پہلے یہ دیکھئے کہ یہ کہنا کس قدر مبہم ہے کہ "اگر ہم حدیث کو نہ مانیں تو......" حدیث کے وجود سے کون انکار کرتا ہے، حدیث کے مجموعے ہر جگہ ملتے ہیں۔ کہنا یہ چاہیے کہ اگر ہم احادیث کو یقینی طور پر رسول اللہ صلی اللہ علیہ وسلم کے اقوال و افعال کا ریکارڈ تسلیم نہ کریں تو پھر (مثلاً) ہم نماز کس طرح سے پڑھیں۔ لیکن سوال یہ ہے کہ احادیث کو یقینی ماننے کے بعد بھی نماز کس طریق پر پڑھیں؟ یہ آپ کو معلوم ہے کہ شیعہ حضرات کی نماز سنی حضرات سے مختلف ہے۔ اور شیعہ اور سنی دونوں اپنی اپنی نماز کے متعلق دعویٰ کرتے ہیں کہ وہ رسول اللہ صلی اللہ علیہ وسلم کی نماز کے

مطابق ہے۔ پھر سنی حضرات کی طرف آیئے تو اہلِ حدیث کی نماز اور حنفیوں کی نماز میں جس قدر فرق ہے، وہ سب کو معلوم ہے۔ اور یہ دونوں فرقے بھی اپنی اپنی نماز کو رسول اللہ صلی اللہ علیہ وسلم کی نماز کے عین مطابق قرار دیتے ہیں۔ سوال یہ ہے کہ ان نمازوں میں سے کون سی نماز کو رسول اللہ صلی اللہ علیہ وسلم کی بتائی ہوئی نماز تسلیم کیا جائے جب کہ ہر ایک کی نماز اور اس کی جزئیات کی سند میں احادیث موجود ہیں۔ کیا آج کوئی ایسا طریقہ معلوم کیا جا سکتا ہے جس سے یقینی طور پر متحقق ہو سکے کہ رسول اللہ صلی اللہ علیہ وسلم نے کس طرح نماز ادا فرمائی تھی؟

کہہ دیا جاتا ہے کہ (شیعہ حضرات کی نماز کے قطع نظر) سنیوں کے مختلف فرقوں کی نماز میں جو اختلاف ہے وہ فروعی سا ہے۔ اصولی طور پر سب کے ہاں نماز مشترک ہے اور ان فروعی اختلافات کو چنداں اہمیت حاصل نہیں۔ سو اول تو یہی غلط ہے کہ ان فروعی اختلافات کو چنداں اہمیت حاصل نہیں۔ ان فرقوں کے پیروکار کسی دوسرے فرقے والوں کے ساتھ مل کر نماز پڑھنا تو کجا (مثلاً) نیچی آواز سے آمین کہنے والا اونچی آواز سے آمین کہنے والوں کی مسجد میں جا کر نماز پڑھ لے، تو وہ اگر اپنی مسجد کا فرش اکھیڑ نہیں دیں گے، تو کم از کم اسے دس بار دھو کر پاک اور صاف ضرور کریں گے۔ یہ جو آئے دن ''وہابیوں اور بدعتیوں'' یا بریلویوں اور دیوبندیوں کی مسجدوں پر تنازعے اٹھتے ہیں۔ امام قتل کر دیئے جاتے ہیں۔ مقتدیوں میں دنگا فساد ہوتا ہے۔ پولیس مداخلت کرتی ہے۔ مسجد پر تالا پڑ جاتا ہے اور مقدمہ عدالت میں پہنچ جاتا ہے۔ تو یہ نماز کے انہی فروعی اختلافات کی وجہ سے ہوتا ہے لہٰذا، یہ کہنا کہ ان فروعی اختلافات کو چنداں اہمیت حاصل نہیں، حقیقت کے بطلان اور محض اعراض سے بچنے کے لئے فرار کی راہ اختیار کرنے کے مترادف ہے۔

پھر یہ بھی دیکھئے کہ جب کسی حکم کو خدا (یا اس کے رسول صلی اللہ علیہ وسلم) کا متعین فرمودہ قرار دیا جائے تو اس کے اصول اور فروع سب اپنی اپنی اہمیت رکھتے ہیں اور ان میں سے کسی میں بھی اختلاف نہیں کیا جا سکتا۔ مثلاً قُرآنِ کریم نے وضو کے سلسلہ میں کہا ہے کہ:۔

فَٱغْسِلُوا۟ وُجُوهَكُمْ وَأَيْدِيَكُمْ إِلَى ٱلْمَرَافِقِ ۵/٦

اپنے منہ دھویا کرو۔ اور اپنے ہاتھوں کو کہنیوں تک۔ اب اگر کوئی شخص اپنے ہاتھ پہنچوں تک دھوئے اور دوسرا کہنیوں تک، تو کیا آپ کہہ دیں گے کہ یہ بھی ٹھیک ہے اور وہ بھی ٹھیک۔ کیونکہ یہ فرق محض فروعی ہے اصولی نہیں؟ ایسا کہنا صریحاً غلط ہوگا۔ ان میں سے ٹھیک ایک ہی ہو سکتا ہے۔ اور وہی ٹھیک ہو سکتا ہے، جس کا عمل قُرآن کے حکم کے مطابق ہو۔ لہٰذا نماز کی جو جزئیات رسول اللہ صلی اللہ علیہ وسلم نے متعین فرمائی تھیں، جب تک ان کی بعینہٖ پابندی نہیں کی جائے گی، نماز، رسول اللہ صلی اللہ علیہ وسلم کی نماز کے مطابق قرار نہیں پائے گی۔ یہ کہنا کہ کسی نے ہاتھ کانوں تک اٹھا لئے یا نیچے رکھے۔ ہاتھ سینے تک باندھ لئے یا زیرِ ناف۔ آمین بالجہر کر لی یا خفی۔ پاؤں میں اتنا فاصلہ رکھ لیا یا اُتنا۔ امام کے پیچھے سورۃ فاتحہ پڑھی یا نہ پڑھی، یا فلاں دعا یوں پڑھ لی یا یوں۔ تراویح آٹھ پڑھ لیں یا بیس۔ عید کی نماز میں تکبیریں اتنی کہہ لیں یا اُتنی۔ نماز فلاں وقت پڑھ لی یا فلاں وقت۔ اس سے کچھ فرق نہیں پڑتا کیونکہ یہ جزئیات کا فرق

ہے۔ محض اعتراض سے بچنے کا بہانہ ہے۔ اگر اس سے کچھ فرق نہیں پڑتا تو (مثلاً) کسی اہلِ حدیث سے کہیئے کہ وہ حنفیوں کی سی نماز پڑھ کر اعلان کر دے کہ اس کی نماز ہوگئی؟ وہ ایسا کبھی نہیں کرے گا۔

لہٰذا سوچیئے کہ کیا احادیث کو یقینی مان لینے کے بعد آپ یقینی طور پر کہہ سکتے ہیں کہ نماز کا فلاں طریقہ ٹھیک رسول اللہ صلی اللہ علیہ وسلم کے طریقے کے مطابق ہے؟ ہاں! (اپنی اپنی جگہ پر) ہر ایک فرقہ یہ کہہ سکتا ہے اور کہتا ہے کہ اس کا طریقہ عین رسول اللہ صلی اللہ علیہ وسلم کے طریقہ کے مطابق ہے۔ لیکن کیا آپ یہ ماننے کے لئے تیار ہیں کہ ان میں سے ہر ایک کا طریقہ رسول اللہ صلی اللہ علیہ وسلم کے طریقہ کے مطابق ہوسکتا ہے؟ کیا آپ اسے باور کر سکتے ہیں کہ رسول اللہ کے زمانے میں کچھ لوگ شیعوں کی سی نماز پڑھتے تھے اور کچھ سنیوں کی سی۔ یا کچھ لوگ اہلِ حدیث کی سی نماز پڑھتے تھے اور کچھ حنفیوں کی سی۔ یا خود رسول اللہ کی یہ کیفیت تھی کہ آپ کبھی اس طریق سے نماز پڑھتے اور پڑھاتے تھے جس طریق کے مطابق آج شیعہ نماز پڑھتے ہیں اور کبھی اس طریق کی نماز جیسی نماز آج سنی پڑھتے ہیں۔ اور کبھی اہلِ حدیث کے طریقہ جیسی نماز اور کبھی حنفیوں کی سی نماز! ظاہر ہے کہ ایسا کبھی نہیں ہوتا ہوگا رسول اللہ صلی اللہ علیہ وسلم ایک ہی جیسی نماز پڑھتے اور پڑھاتے ہوں گے اور ساری امت ایک جیسی نماز پڑھتی ہوگی۔ دین میں اختلاف کی گنجائش نہیں۔ اختلاف کو قرآنِ کریم اللہ کا عذاب اور فرقہ بندی کو شرک قرار دیتا ہے۔

جب صورت یہ تھی تو پھر سوال یہ ہے کہ کیا اب ایسی صورت کسی طرح بھی پیدا ہوسکتی ہے کہ امت میں پھر سے وہی وحدت پیدا ہو جائے اور تمام مسلمان ایک جیسی نماز پڑھنے لگ جائیں؟ ظاہر ہے کہ جب تک آپ احادیث کو یقینی اقوال وافعالِ رسول اللہ تسلیم کرتے رہیں گے، اس قت تک امت میں وحدت پیدا کرنا ناممکن ہے۔ اس لئے کہ ہر فرقہ کی اپنی اپنی احادیث ہیں اور ہر فرقہ اپنی حدیثوں کو یقینی طور پر اقوال وافعالِ رسول اللہ قرار دیتا ہے۔........

اس الجھن سے نکلنے کی ایک ہی صورت ہے اور وہ یہ کہ پھر سے خلافت علیٰ منہاج نبوت قائم کی جائے۔ اس سے مراد یہ ہے کہ مسلمانوں کی مملکت اِس امر کا فیصلہ کرے کی اُس نے قرآنِ کریم کے احکام واصولات کے مطابق حکومت کرنی ہے۔ وہ قرآن کے احکام کو نافذ کرے۔ اس کے بعد دیکھئے کہ زندگی کے مختلف شعبوں کے متعلق قرآن کیا اصولی راہنمائی دیتا ہے۔ اور ہماری قانونی ضروریات کیا ہیں۔ حدیث اور (فقہ) کا جو سرمایہ ہمارے ہاں متوارث چلا آرہا ہے اگر اس میں ایسے قوانین مل جائیں جو قرآنی اصول کے مطابق ہوں اور ہماری ضروریات کو پورا کریں، انہیں اپنے ہاں بطورِ قانونِ مملکت جاری کرے۔ جہاں ایسے قوانین نہ ملیں، قرآنی اصولوں کی روشنی میں اپنے لئے جزئی قوانین خود مرتب کرے۔ یہ اصول غیر متبدل رہیں گے اور ان کی روشنی میں مرتب کردہ قوانین، خواہ وہ پہلے سے مرتب شدہ ہوں یا اس مملکت کے خود مرتب کردہ، عندالضرورت بدلتے رہیں گے۔ ان قوانین کا اطلاق مملکت کے تمام مسلمانوں پر یکساں طور پر ہوگا اور اس میں کسی فرقہ کی تمیز وتفریق نہیں ہوگی۔ اسی طرح یہ مملکت شعائرِ اسلامی میں بھی وحدت پیدا کرتی جائے گی۔ اس سے رفتہ رفتہ معاشرہ کی وہی کیفیت ہو جائے گی جو عہدِ محمد رسول اللہ صلی اللہ علیہ وسلم میں تھی۔"

بحوالہ مقامِ حدیث صفحہ ۳۴ تا ۳۱ صفحہ ۴۴۔۴۳ پرویزؒ

قارئین! نظامِ صلوٰۃ کے قیام کے راستے میں حائل رکاوٹوں اور دشواریوں کو وحی کی تعلیم کے مطابق دیکھ پرکھ لینے کے بعد ہم اس نتیجے پر پہنچے ہیں کہ جن مذہبی اعتقاد و نظریات کے مطابق مسلمان اپنی زندگیاں گزار رہے ہیں ان میں اصلاحات لانے کی اشد ضرورت ہے لیکن وہ اصلاحات اگر قُرآنِ حکیم کی تعلیم کے مطابق نہیں ہوں گی تو پھر جیسے چل رہا ہے چلنے دیں، اور پھر اللہ کے فیصلے کا انتظار کیا جائے۔

خیز و اسرارِ دل از قُرآں بگیر
ورنہ اند خاک و خوں غلطیدہ میر

''اٹھو اور دل کے بھید قُرآن سے حاصل کرو۔ ورنہ خاک وخوں میں لوٹ پوٹ ہو کر مر جاؤ۔'' (اقبالؒ)

قارئین، یہاں پہنچنے تک قُرآنِ حکیم کی ''صلوٰۃ'' اور مذہب کی ''نماز'' کے درمیان جو تفریق پائی جاتی ہے وہ کھل کر ہمارے سامنے آ چکی ہے۔ قُرآنی ''صلوٰۃ'' کی غیر موجودگی میں امتِ مسلمہ سخت مشکل میں مبتلا ہے اور دوسری وہ ''نماز'' جو بقول حدیث وروایات کے، معراج کی رات بطورِ تحفہ رسول اللہ کو ان کی امت کے لئے عطا ہوئی تھی، وہ برائیوں کا خاتمہ کرنے میں ناکام رہی ہے۔ وقت کی نزاکت کے پیشِ نظر، اس بات کا فیصلہ سربراہانِ مملکت کو کرنا ہے کہ وہ ملت کی مشکلات کے حل کے لئے قُرآنِ حکیم کی جانب کب رجوع کرتے ہیں؟

قُرآنی ''صلوٰۃ'' اور مذہب کی ''نماز'' کے حوالے سے یہاں پر ایک بات کی وضاحت کرنی ضروری ہے، اور وہ یہ ہے کہ اس میں کسی کو بھی کوئی شک وشبہ نہیں ہونا چاہئے کہ یہاں پر مروجہ نماز کی کوئی مخالفت کی گئی ہے۔ ایسا ہرگز نہیں، بلکہ ان دونوں کے تمام پہلوؤں کو اجاگر کرنے اور سامنے لانے کا مقصد یہ تھا کہ ان کے درمیان پائے جانے والے تضادات کی وجہ معلوم کی جا سکے۔ چنانچہ صلوٰۃ قائم کرنے کے حوالے سے جو بات ہمارے سامنے آئی، وہ یہ ہے کہ، جس نظامِ صلوٰۃ کے قائم کرنے کا تقاضہ ''لا الٰہ الا اللہ'' کرتا ہے سب سے پہلے اس کی بنیاد رکھنی ضروری ہے۔ اُس کے بعد جو کوئی بھی اُس مملکت کے قوانین کے مطابق چلے گا اور اُس کو مضبوط بنانے میں اپنا وقت اور توانائی صرف کرے گا، وہ اُس کی عبادت اور اللہ ورسول کی اطاعت کے زمرے میں شامل ہوگا، جس کی بدولت اُسے اُن کا ثواب Return یا معاوضہ بھی ملے گا۔ اور اُس کی محنت کے اُس ثمر کا عکس معاشرے کی جبیں پر روشن ستارے کی طرح امن اور سکون کی علامت بن کر چمکے گا۔ یوں اللہ کی مخلوق کی خدمت اور پرورش کرنے کے بدلے میں اس کی ذات کی پرورش بھی ہوتی چلی جائے گی اور وہ جنت میں داخل ہونے کے قابل بھی ہو جائے گا۔ چنانچہ، یہ جہان ہو یا کہ پھر کوئی دوسرا جہان، جنت میں داخل ہونے کے لئے شرط یہ رکھی گئی ہے کہ انسان عملی طور پر اللہ کی رب العالمینی میں شامل ہو جائے اور دوسروں کی ضروریات کو اپنی ضروریات پر ترجیح دے اور آگے بڑھ جائے۔ جنت میں سلامتی سلامتی کی صداؤں کا ذکر قُرآن میں بلاوجہ نہیں کیا گیا، یاددہانی کے طور پر اس لئے کیا گیا ہے تاکہ جن قوانین کے تحت جنت میں سکون اور سلامتی کی فضا قائم ہے انہی قوانین کے تحت، اللہ کی اس زمین پر بھی جنتی معاشرہ قائم کیا جائے۔ تاکہ یہاں پر بھی ہر طرف سلام اور سلامتی کی صدائیں بلند ہوں۔ لیکن افسوس کے ساتھ کہنا پڑتا ہے کہ اس قسم کی صلوٰۃ کے قائم کرنے کی آواز کسی بھی منبر ومعراب سے سنائی نہیں دیتی۔

بہر حال مروجہ نماز کے متعلق کہا جاتا ہے کہ اس کے پڑھنے سے لوگ نیک ہو جاتے ہیں اور اِس کے پڑھنے سے ثواب ملتا ہے۔ اُس ثواب کے ماپنے کے ترازو بھی الگ طرح کے بتائے جاتے ہیں۔ لیکن یہ اٹل ہے کہ اس کے ثواب کو دیکھنے کے لئے بہر حال اس دنیا کو چھوڑنا پڑتا ہے، کیونکہ وہ دنیا میں کسی کو بھی نظر نہیں آ سکتا۔ اس کے ادا کرنے کی ترتیب و ترکیب میں فرق پائے جانے کے باوجود، اس میں کوئی ایسی بات نہیں کہ جس کے پڑھنے پر اعتراض اٹھایا جا سکتا ہو۔ اس کے فرائض کی ادائیگی کے لئے قرآن حکیم میں سے کچھ آیات پڑھ لی جاتی ہیں اور کچھ اس سے باہر کی دعائیں بھی ہیں جو پڑھی جاتی ہیں، چنانچہ اس طور اس فریضۂ عبادت کو ادا کر لیا جاتا ہے۔

قارئین، ثواب سے متعلق کسی کو کوئی اعتراض نہیں ہو سکتا کہ اس کے پڑھنے سے جو ثواب ملتا ہے اسے نظامِ صلوٰۃ کے ثواب کی طرح معاشرے میں لوگوں کو نظر آ جانا چاہیئے۔ چونکہ اس قسم کی باتوں سے اللہ کے نظام کے قیام کے راستے میں بظاہر کوئی رکاوٹ یا مشکل نظر نہیں آتی اس لئے اس کے پڑھتے رہنے سے کسی کو کوئی تکلیف نہیں ہونی چاہیئے۔ لیکن اس کی وجہ سے جو دو بہت بڑے نقصان ہوئے ہیں اُن میں سے ایک تو یہ کہ امت میں تفریق پڑ گئی اور وہ ٹکڑے ٹکڑے ہو گئی۔ اور اسی تفریق کی وجہ سے دوسرا نقصان یہ ہوا کہ ہر فرقے نے الگ اپنی اپنی شریعتیں بنالیں اور قرآنِ حکیم کی عطا کردہ شریعت کو چھوڑ دیا۔

چنانچہ جب لوگوں کے سامنے نظامِ صلوٰۃ کو پیش کیا جاتا ہے تو یہ اس کی مخالفت کرتے ہیں۔ یہ سمجھتے ہیں کہ اگر یہ نظامِ صلوٰۃ قائم ہو گیا تو پھر انھیں ان کی خود ساختہ شریعتوں سے روک دیا جائے گا۔ اور یہی بات ان سب کے اذہان وقلوب میں ان کے پیشواؤں نے بھی بٹھا رکھی ہے۔ چنانچہ اس نظام کی مخالفت میں ایڑی چوٹی کا زور لگا دیا جاتا ہے۔ بالکل اسی قسم کا خوف پاکستان کی اقلیتوں کے دل میں بھی یہ کہہ کر بٹھا رکھا ہے کہ نظامِ صلوٰۃ کے قائم ہو جانے کے بعد، لوگ پاکستان میں اُن سے جزیہ لیا کریں گے۔ اس وقت ہم جزیہ پر اس لئے بات نہیں کریں گے کیونکہ اس وقت نماز کو قرآن پر پیش کیا جا رہا ہے۔ جزیہ پر آگے چل کر بات ہوگی۔

جہاں تک کہ نماز کا تعلق ہے مسلمان اسے عین عبادت سمجھ کر اپنے اللہ کی خوشنودی حاصل کرنے کے لئے اور اس سے ذاتی یا روحانی تعلق قائم کرنے کی غرض سے پڑھتے ہیں۔ بعینہٖ دیگر مذاہب کے لوگ بھی اپنی عبادات کو کچھ انہی اغراض و مقاصد کے تحت ادا کرتے ہیں۔ چنانچہ:۔

عبادت کے مسئلے میں قرآنِ حکیم نے اسلامی مملکت کو یہ ہدایات دی ہیں کہ غیر مسلموں کو ان کی عبادت گاہوں میں جانے سے نہیں روکا جائے گا۔ قرآن کی اس بات سے کسی کو بھی انکار نہیں کہ اُس نے ایسا نہیں کہا۔ چنانچہ ان واضح احکامات کے بعد کوئی مسلمان یہ سوچ بھی کیسے سکتا ہے کہ مملکتِ اسلامیہ اُسے نماز پڑھنے سے روک دے گی؟ جب کہ ہر مسلمان اسے اللہ کی عبادت سمجھ کر پڑھتا ہے۔ مسلمانوں کے معاملے میں البتہ یہ امکان موجود ہے کہ مملکتِ اسلامیہ اس کی ادائیگی کے لئے کچھ حدود مقرر کر دے جن کی اِس وقت کھلی چھٹی ہے۔ مثال کے طور پر، امام وہی کہلائے گا جسے مملکت کی طرف سے سند حاصل ہوگی۔ اسلامی قوانین وضوابط اور اصولوں کو بیان کرتے وقت اس بات کا پورا خیال رکھا جائے گا کہ انھیں کتاب اللہ کی سند حاصل ہے۔ اسلام کے نام پر کسی کو بھی فرضی قصے اور کہانیاں سنانے کی اجازت نہیں ہوگی، وغیرہ وغیرہ۔

یعنی کہ، قرآنِ حکیم کے قانون کے مطابق سب لوگوں کو عبادت کا پورا پورا حق حاصل ہوگا، لیکن جو قوانین، مملکتِ اسلامیہ

کی طرف سے حکومتی سطح پر نافذ ہوں گے کوئی اُن کی خلاف ورزی نہیں کرے گا۔ اس سے یہ ہوگا کہ لوگوں کے عبادت کرنے کا جو حق انھیں اللہ کی طرف سے ملا ہے، وہ بھی محفوظ رہے گا اور معاشرہ بھی ہر قسم کے شر اور فساد سے پاک رہے گا۔ اس میں مسلم وغیر مسلم کی کوئی تخصیص نہیں ہوگی۔ بلکہ مسلمانوں میں فرقہ بندی کی جس لعنت نے انھیں تباہ کر چھوڑا ہے اُس سے بھی اِن کو چھٹکارا مل جائے گا۔ اور یوں مملکتِ اسلامیہ کے تمام افراد، آپس میں امن اور سلامتی کے ساتھ زندگی بسر کر سکیں گے۔

یہاں پر ایک غلط فہمی کا ازالہ کر دینا ضروری ہے، وہ یہ ہے کہ لوگوں میں عام تاثر یہ پایا جاتا ہے کہ پاکستان میں اگر اسلام کا نظام نافذ ہو گیا تو پھر انھیں ڈنڈے مار کر مسجدوں میں نماز پڑھنے کے لئے بھیجا جایا کرے گا۔ اس میں اُن کا کوئی قصور نہیں جو ایسا کہتے ہیں، کیونکہ وہ جب سعودی عرب کے حکمرانوں کو ایسا کرتے دیکھتے ہیں تو وہ یہی سمجھتے ہیں کہ اسلام میں یہی کچھ ہوتا ہے۔ چنانچہ وہ اس نظام کی مخالفت میں دوسروں کے آلہٗ کار بن کر نظامِ صلوٰۃ کے راستے میں رکاوٹیں ڈالتے ہیں۔ سوچئے تو سہی کہ خوف اور ڈر کی وجہ سے لایا ہوا ایمان، کبھی ایمان کہلا سکتا ہے؟ بعینہٖ زبردستی کروائی گئی عبادت کو بھی عبادت نہیں کہا جا سکتا۔ عبادت تو یوں بھی انسان اور اُس کے پیدا کرنے والے کے درمیان ذاتی تعلق کا نام ہے۔ جب ہم ''ذاتی تعلق'' کہتے ہیں تو اس کا مطلب یہ ہوتا ہے کہ اس عبادت کے فائدے یا نقصان کا اثر سوائے عبادت گزار کی ذات کے، معاشرے کے کسی دوسرے فرد پر نہیں پڑتا۔ یعنی کہ اُس سے نہ تو کسی غریب کی غربت دور ہو سکتی ہے اور نہ ہی اس سے معاشرے کی برائیوں کا خاتمہ ہوتا ہے۔

چنانچہ مملکتِ اسلامیہ کے باشندوں پر جو فرض کیا گیا ہے وہ عبادت نہیں بلکہ اُس کے جاری کردہ وہ قوانین ہیں، جن کی پابندی نہ کرنے سے معاشرے میں انتشار اور فساد برپا ہوتا ہے۔ الغرض دنیا کے تمام مُمالک نظریات کے مرہونِ منت ہوتے ہیں اور وہ اُن نظریات کی اساس پر قائم رہتے اور آگے بڑھتے ہیں۔ پاکستان بھی نظریاتی بنیادوں پر قائم ہوا تھا لیکن اس کے اپنے ہی اداروں کے غاصبوں نے دنیوی مفادات اور غرض و لالچ میں آ کر اس کے نظریاتی دامن کی دھجیاں بکھیر کر رکھ دیں۔ آج جب کہ پاکستان اپنی بقا کی جنگ لڑ رہا ہے کون جانتا ہے کہ اس کی جان بچانے کے لئے کس کے پاس کتنا وقت باقی ہے، یہ تو اللہ ہی جانتا ہے جو غیب کا علم رکھتا ہے۔

قارئین، دیگر بے شمار محبِ وطن پاکستانیوں کی طرح میں بھی ہر صبح اِس نظریاتی مملکت میں اسلامی قوانین کے مطابق قائم ہونے والے مثالی معاشرے کا خواب دیکھتا ہوں۔ آج میں چاہتا ہوں کہ جس طرح آپ نے قرآنِ حکیم کی روشنی میں اِس مادی دنیا میں قدم بقدم چلتے ہوئے اب تک میرا ساتھ دیا ہے اور یہاں تک پہنچے ہیں بالکل ویسے ہی اُس مثالی معاشرے کو چشمِ تصور میں لا کر کچھ دیر کے لئے روحانی سفر میں بھی میرا ساتھ دیں۔

اللہ ہم سب کا حامی و ناصر ہو

شکریہ

مثالی معاشرہ

وَأَشْرَقَتِ الأَرْضُ بِنُورِ رَبِّهَا

آسماں ہو گا سحر کے نور سے آئینہ پوش
اور ظلمت رات کی سیماب پا ہو جائے گی
شب گریزاں ہو گی آخر جلوۂ خورشید سے
یہ چمن معمور ہو گا نغمۂ توحید سے

''زمین اپنے رب کے نور سے جگمگا اٹھے گی'' کے مصداق، پاکستان میں صلوٰۃ کا نظام قائم ہو چکا ہے اور اللہ کے وہ تمام قوانین اور اصول جنھیں اس نے اپنے رسول کی وساطت سے قُرآن کی شکل میں بنی نوعِ انسان کو ان کی فلاح و بہبود کے لئے عطا کئے ہیں حکومتی سطح پر رائج ہو چکے ہیں اور ملک کی تمام مسجدیں مملکتِ اسلامیہ کے اداروں میں تبدیل ہو چکی ہیں۔ ایسا حادثاتی یا اتفاقی طور پر نہیں ہوا بلکہ اللہ کے حکم کے مطابق ایسا کیا گیا ہے۔ جیسا کہ اللہ نے قُرآنِ حکیم میں اس بات پر زور دے کر کہا ہے کہ:۔

وَأَنَّ الْمَسَاجِدَ لِلَّهِ فَلَا تَدْعُوا مَعَ اللَّهِ أَحَدًا ۷۲/۱۸

''مساجد اللہ کے لئے ہیں۔ اِس کے ساتھ کسی اور کو مت پکارو۔''

''اس کے ساتھ کسی اور کو مت پکارو'' یعنی اپنے معاملات کو درست کرنے کی غرض سے صرف ہمارے قوانین سے مدد لو۔

وَقَالَ رَبُّكُمُ ادْعُونِي أَسْتَجِبْ لَكُمْ ۴۰/۶۰ ''مجھے پکارو میں تمہاری ہر پکار کا جواب دوں گا''

چنانچہ، اللہ کے اس حکم کی پیروی میں یہاں پر اس کے قوانین کی حکمرانی قائم ہو چکی ہے اس لئے اللہ کے گھر (ادارے) متحرک ہو چکے ہیں اور وہاں پر لوگوں کے تمام کام اللہ کی نگرانی میں سرانجام پانے لگے ہیں، یعنی کہ کاروبارِ مملکت قرآنِ حکیم کے قوانین کے مطابق چل پڑا ہے۔ کعبے کو بھی جو مسجد الحرام کہا گیا ہے تو اسی نکتۂ نظر سے کہ وہ اللہ کے نظامِ توحید کا مرکزِ محسوس ہے۔

بَلَىٰ مَنْ أَسْلَمَ وَجْهَهُ لِلَّهِ وَهُوَ مُحْسِنٌ فَلَهُ أَجْرُهُ عِندَ رَبِّهِ وَلَا خَوْفٌ عَلَيْهِمْ وَلَا هُمْ يَحْزَنُونَ ۲/۱۱۲

''سنو! جو بھی اپنے آپ کو خلوص کے ساتھ اللہ کے سامنے جھکا دے۔ بے شک اسے اس کا رب پورا بدلہ دے گا، اس پر نہ تو کوئی خوف ہوگا اور نہ ہی حزن۔''

یہاں پر اللہ کی مسجدوں (اداروں) میں لوگوں کے روزمرہ کے معاشرتی مسائل اور معاملات زیرِ غور آتے ہیں۔ عدل اور انصاف کے اس جنتی معاشرے میں امن وسکون اور سلامتی کا مکمل طور پر راج قائم ہے۔ یہاں کے باشندوں کے چہروں پر، وقار اور طمانت کے آثار صاف دکھائی دیتے ہیں۔ غریب اور امیر کی تفریق کا تصور مٹ چکا ہے۔ یہاں کا ہر شخص اپنے ہنر اور علمی استعداد کے مطابق پوری دیانت داری سے معاشرے کو خوب سے خوب تر بنانے میں مشغول ہے۔ کوئی شاہراہ ایسی نہیں جس کے دونوں اطراف پھولوں اور پھلوں کے ہرے بھرے درخت نہ اُگے ہوئے ہوں۔ سڑکیں صاف اور ہر قسم کی آلودگی سے پاک ہیں۔ لہٰذا یہاں کی کاروبارِ زندگی کی جتنی بھی تعریف کی جائے کم ہے۔

دیکھا جائے تو ہر دور میں اپنے معاملات پر غور وفکر کے طریقہ کار میں فرق رہا ہے، مثلاً آج سے ساٹھ ستر برس پہلے ڈاک کا انتظام ایسا بہتر نہ تھا جیسا اُس کے بیس سال بعد کا ہو گیا تھا، اس میں بڑی تیزی کے ساتھ تبدیلیاں رونما ہوئیں جو خط دو ہفتوں میں کسی کو موصول ہوا کرتا تھا وہ تین دن میں ملنے لگ گیا اور ساتھ ہی ٹیلیگراف کا محکمہ بھی ترقی کر گیا اور پھر ٹیلی فون عام ہو گیا تھا اور اب اِتنا عام کہ تاروں کے کنکشن کے بغیر لہروں کے دوش پر باتیں ہونے لگیں۔ آج یہ حال ہے کہ تقریباً ہر چھوٹا بڑا کاروبار انٹرنیٹ کے ذریعے ہو رہا ہے اور اب ایک CLICK پر اربوں کھربوں کی رقوم ایک منٹ میں دنیا کے ایک کونے سے دوسرے کونے منتقل ہو جاتی ہیں۔ دنیا بہت سمٹ گئی ہے۔ مشرق سے مغرب تک کا سفر گھنٹوں میں طے کر لیا جاتا ہے۔ کوئی گھر ایسا نہیں جہاں ایک سے زائد اعلیٰ اور معیاری کمپیوٹرز نہ پڑے ہوں۔ اس ترقی یافتہ دور کے مطابق یہاں پر بھی مسجدوں (اداروں) میں جدید ترین قسم کا کمپیوٹر سسٹم نصب کیا گیا ہے، جس کے ذریعے سے وفاق کے ساتھ ان اداروں کے براہِ راست رابطہ کی وجہ سے لوگوں کا ہمہ وقت تعلق قائم رہتا ہے۔ جہاں سینکڑوں افراد صرف اس کام پر مامور ہیں کہ وہ لوگوں کی شکایات کو سنیں اور ان کو ان کے متعلقہ اداروں تک پہنچائیں، اگر دس دن کے اندر ان کی شکایات کا ازالہ ممکن نہ ہو تو پھر مزید دس دن میں عدالت سے فیصلہ لے لیا جاتا ہے۔ انصاف ہر ایک کے لئے مفت فراہم کیا جاتا ہے۔ ایک زمانے کے بعد، اب دوبارہ ملک ایک اکائی (ون یونٹ) کی حیثیت اختیار کر چکا ہے۔ الگ صوبوں کے مطالبات کا تصور کہیں موجود نہیں۔ وحدت و توحید کی برکت سے مملکتِ اسلامی جمہوریہ پاکستان میں بسنے والے تمام لوگ حقیقی طور پر بلا تخصیصِ مذہب،

رنگ اورنسل کے آپس میں ایک دوسرے کے بھائی بن چکے ہیں۔ یہ سب قرآنِ حکیم کے اِس سنہرے اصول کی بدولت ہوا، جس میں بتایا گیا ہے کہ:۔

وَلَقَدْ كَرَّمْنَا بَنِيٓ ءَادَمَ ٧٠/١٧ ''ہم نے فرزندِ آدم کو صاحبِ کرم بنایا ہے۔''

کتاب اللہ کے اس زریں اصول کے مطابق یہاں کے لوگ ایک دوسرے کا احترام کرنا اپنے اوپر واجب قرار دیتے ہیں۔ یہاں پر ایک عرصے سے پانی اور بجلی کی قلت کا مسئلہ درپیش تھا اسے حل کرنے کے لئے عملی اقدامات اٹھانے سے پہلے، کل ہی وفاق نے زیرِ بحث معاملے کی نوعیت اور اس کی تفصیلات کی اطلاع ملک کے تمام اداروں کو بھجوائی ہے اور ساتھ ہی میڈیا پر اس کا اعلان بھی کر دیا ہے کہ اگلے دو ہفتوں میں امت باہمی مشورے سے اپنے اپنے اداروں (مسجدوں) میں جا کر اس مسئلے کے حل کے لئے غور و فکر کے بعد ووٹ کے ذریعے وفاق کو اس سے فوری آگاہ کرے، تاکہ ضروری تدابیر اختیار کی جائیں۔ ساتھ ہی اس بات کی سختی کے ساتھ تاکید بھی کر دی گئی ہے کہ، جو بھی فیصلہ کیا جائے وہ امت کے مجموعی مفاد کو پیشِ نظر رکھ کر کیا جائے، چنانچہ معمول کے مطابق اِس سے متعلقہ قانون کی آیت اور اُس کی غرض و غایت بھی لکھ کر بھیج دی گئی ہے تاکہ حتمی فیصلہ کرتے وقت کوئی شخص قوانین کی چار دیواری کی حدود سے تجاوز نہ کرے۔ اس طریقۂ کار کی بدولت لوگوں کو عملی طور پر مملکت کے قوانین سے آگاہی کے مواقع میسر آتے ہیں اور اُن کی تربیت ہوتی رہتی ہے کہ ووٹ کے ذریعے اللہ نے جو حق انھیں اپنے لئے فیصلے کرنے کا دیا ہے اُس میں وہ پوری طرح سے آزاد ہیں۔ بحیثیتِ مجموعی پوری قوم اس بات سے بخوبی واقف ہے کہ اُس کا ووٹ براہِ راست مملکتِ اسلامیہ اور اُس کی مجلسِ شوریٰ کو منتقل ہوا ہے۔ اس حسنِ عمل کی بدولت پورا معاشرہ فرقہ بندیوں اور شرک کی آلودگیوں سے پاک ہو چکا ہے۔ ملت کا قبلہ درست کیا ہوا اور صراطِ مستقیم پر اس کے پاؤں کیا پڑے، اسے اپنی منزل نظر آ گئی اور خوشی سے اُس کے ناتواں جسم و جاں میں بجلیاں دوڑنے لگی ہیں۔ اس بار وفاق نے جو آیت بھیجی ہے، اُس میں یاددہانی کے طور پر یہ پیغام دیا گیا ہے کہ:۔

وَلَوِ ٱتَّبَعَ ٱلْحَقُّ أَهْوَآءَهُمْ لَفَسَدَتِ ٱلسَّمَٰوَٰتُ وَٱلْأَرْضُ وَمَن فِيهِنَّ ۚ ٧١/٢٣

''اگر حق لوگوں کی خواہشات کے تابع چلنے لگ جائے تو کائنات کی بلندیوں اور پستیوں میں کوئی شے اپنے مقام پر نہ رہے۔ ہر طرف فساد ہی فساد برپا ہو جائے۔''

اس لئے یہاں پر کسی کے ذاتی مفادات کچھ حیثیت نہیں رکھتے، ہمیشہ ملّی مفادات کو ترجیح دی جاتی ہے، جس کی برکت سے پورا معاشرہ امن اور سکون کا گہوارہ بن گیا ہے۔ تمام لوگ اپنے ووٹ کی قدر و قیمت سے واقف ہیں اور اچھی طرح سمجھتے ہیں کہ ووٹ کے غلط استعمال سے آدمی شرک کا مرتکب ہوتا ہے، چنانچہ اُن کا ووٹ سوائے اللہ اور اُس کے رسول کے کسی غیر کے لئے کبھی کاسٹ نہیں ہوتا۔ چنانچہ انٹرنیٹ پر بھی اپنا ووٹ کاسٹ کرنے کی کھلی اجازت ہے۔ لیکن اگر کوئی چاہے تو یہ فریضہ اپنے قریبی ادارے (مسجد) میں

جا کر بھی ادا کر سکتا ہے۔ اطلاع کے ملتے ہی جن لوگوں نے مسجد جا کر ووٹ کاسٹ کرنا تھا انھوں نے اللہ کے اس حکم کی پیروی میں جس میں کہا گیا ہے کہ:۔

يَـٰٓأَيُّهَا ٱلَّذِينَ ءَامَنُوٓا۟ إِذَا قُمْتُمْ إِلَى ٱلصَّلَوٰةِ فَٱغْسِلُوا۟ وُجُوهَكُمْ وَأَيْدِيَكُمْ إِلَى ٱلْمَرَافِقِ وَٱمْسَحُوا۟ بِرُءُوسِكُمْ وَأَرْجُلَكُمْ إِلَى ٱلْكَعْبَيْنِ ۚ ٥/٦

''جب تم صلوٰۃ کے لئے کھڑے ہو تو اپنے چہرے، کہنیوں تک ہاتھ اور ٹخنوں تک پاؤں دھو لیا کرو۔ اور سر کا مسح کر لیا کرو۔ (یعنی اسے پونچھ لیا کرو۔)''

اس حکم کی پیروی میں لوگوں نے خود کو صاف کیا اور مسجد پہنچ گئے۔ (لفظ ''وضو'' کے بارے میں سوچا جا رہا ہے کہ اسے استعمال میں رکھنا چاہئے یا نہیں کیونکہ یہ لفظ قرآنِ حکیم میں نہیں ہے۔ اس کی جگہ ''طہارت'' قرآنی لفظ ہے اور اس سے مراد صرف جسمانی پاکیزگی ہی نہیں بلکہ قلبی اور نفسیاتی پاکیزگی بھی ہے، یعنی ظاہر اور باطن دونوں کا پاکیزہ ہونا ضروری ہے۔ اب روزمرہ کے استعمال میں لفظ خدا اور نماز کی جگہ اللہ اور صلوٰۃ استعمال ہوتے ہیں۔ جب تمام لوگ جمع ہو چکے تو مسجد کے افسر نے خطبہ دیا، حمد و ثناء کے بعد تقریر کی اور جس مقصد کے لئے لوگ اکٹھے ہوئے اس مقصد کی مناسبت سے قرآنِ حکیم کی آیات کی تلاوت بھی کی اور پھر لوگوں کو کمپیوٹر پر اپنے اپنے ووٹ کاسٹ کرنے کے لئے اجازت دے دی۔ فارغ ہونے پر متعلقہ افسر نے لوگوں سے درخواست کی کہ وہ اب واپس جا سکتے ہیں۔ لیکن جانے سے پہلے اگر کسی کو کوئی اور معاملہ درپیش ہو، کوئی درخواست دینی ہو یا معلومات حاصل کرنی ہوں تو وہ یہیں تشریف رکھیں اور انتظار کے دوران دیوار پر نصب خودکار مشین سے ٹھنڈے یا گرم مشروب سے لطف اندوز ہوں۔ افسران کے اس قسم کے طرزِ عمل اور حسنِ سلوک سے لوگوں میں احساسِ تحفظ اور اعتماد بڑھنے لگ گیا ہے۔ یہاں کوئی بھی خود کو اب اکیلا اور بے سہارا نہیں سمجھتا۔ اپنے ہر اختلافی فیصلے کے لئے لوگوں کو قریبی مسجد (ادارے) سے رجوع کرنا پڑتا ہے۔ فریقین میں سے جس کی زیادتی ثابت ہو جائے اُسے لوگوں کے سامنے کھلے عام جرمانہ یا جسمانی سزا جو بھی قانون کے مطابق طے پائے، وہ اسی وقت دے دی جاتی ہے۔ یوں مجرم کو اپنے کئے پر پورے محلے اور معاشرے میں سزا اور جرمانے کے علاوہ مفت میں خفت بھی اٹھانی پڑتی ہے۔ چنانچہ لوگوں کے درمیان روزمرہ کے تو تو میں میں والے چھوٹے موٹے جھگڑوں کا کلی طور پر خاتمہ ہو گیا ہے، وہ ایسے غائب ہوئے، جیسے گدھے کے سر سے سینگ۔

یہاں پر نہ تو کوئی مذہبی پارٹی باقی ہے اور نہ ہی کوئی سیاسی پارٹی، پارٹیاں تو قصۂ پارینہ بن چکی ہیں۔ بنی نوعِ انسان کو امتِ واحدہ بنانے کی غرض سے یہاں پر متعدد قومیتوں کا نظریہ باطل قرار دے دیا گیا ہے اور اِس پر سختی کے ساتھ عمل کیا جاتا ہے۔ یہاں پر کسی کو بھی مذہب کے نام پر تقریریں کرنے کی اجازت نہیں، دین کے حوالے سے اگر کسی کو کچھ معلوم کرنا ہو تو اُس کے لئے لازمی قرار دیا گیا ہے کہ وہ براہِ راست مجلسِ شوریٰ کے دفتر سے بذریعہ انٹرنیٹ مطلوبہ معلومات حاصل کرے۔

ہر ادارے (مسجد) کے باہر ایک خوبصورت نوٹس بورڈ آویزاں ہے جس پر پہلے کلمہ لکھا ہوا ہے اور اُس کے نیچے لکھا ہے کہ

''یہاں مملکت کے تمام معاملات اُمت کے مشورے سے قرآنی قوانین کے مطابق طے پاتے ہیں''۔ کچھ اہم فیصلے مجلسِ شوریٰ کی مشاورت سے کتاب اللہ کے قوانین پر غور وفکر کے بعد کئے جاتے ہیں۔ لیکن عملی اقدام اٹھانے سے پیشتر عوام الناس کو اعتماد میں لینا ضروری ہوتا ہے۔ قیامِ صلوٰۃ کی برکت سے وہ تمام نظریات جو انسانوں میں تفریق کا باعث بنتے تھے یکسر مسترد کئے جا چکے ہیں۔ بغض و عناد اور فرقہ بندیوں کی وہ تمام دیواریں جو ان نظریات و اعتقادات کی بدولت انسانوں کے درمیان کھڑی کر دی گئی تھیں وہ سب کی سب گر چکی ہیں۔ ملک میں سوائے اللہ کی پارٹی ''حزب اللہ'' کے اور کوئی پارٹی موجود نہیں، کیونکہ مملکت اسلامیہ کے قانون کے مطابق اللہ کے نزدیک پارٹیاں صرف دو ہی ہیں۔ ایک تو اس کی اپنی پارٹی جسے وہ ''حزب اللہ'' اللہ کی پارٹی کہہ کر پکارتا ہے اور دوسری پارٹی کو وہ ''حزب الشیطان'' شیطان کی پارٹی کہتا ہے۔ درحقیقت یہ دو پارٹیاں، دو قومیں ہیں۔ ایک وہ جو اللہ کے قوانین کے علاوہ کسی دوسرے کے قانون کو اپنی خاطر میں نہیں لاتے، یہ وہ لوگ ہیں جو اپنے ایمان میں سب سے آگے ہیں، انہی حضرات (جماعتِ مومنین) کے مقدس ہاتھوں سے ملک میں دین کے نظام کی بنیاد رکھی گئی ہے، یہی اللہ کی پارٹی ہے۔ اور دوسری (حزب الشیطان) شیطان کی پارٹی ہے جو اللہ کے قوانین کی دشمن ہے اور ان سے سرکشی برتنے والی ہے، ایسے لوگوں کے لئے اس معاشرے میں اب کوئی جگہ نہیں۔

اللہ کا اپنی پارٹی کے لوگوں کے بارے میں کہنا یہ ہے کہ:۔

وَمَا تَشَآءُونَ إِلَّآ أَن يَشَآءَ ٱللَّهُ ۚ ٧٦/٣٠ ''وہ وہی چاہتے ہیں جو اللہ چاہتا ہے''

یہاں کے لوگ یہ اچھی طرح سے جانتے ہیں کہ اللہ اُن سے کیا چاہتا ہے۔ وہ چاہتا ہے کہ جماعتِ مومنین کے مبارک ہاتھوں سے قائم ہونے والے اس جنتی معاشرے میں کوئی شخص فساد اور انتشار نہ پھیلائے۔ یہاں کوئی ایک متنفس بھی ایسا نہیں جو اس سے واقف نہ ہو۔ یہاں کا ہر فردِ مملکت کے قوانین سے پوری طرح آگاہ ہے۔ یوں سمجھیں کہ ہر بندہ اپنی اپنی ذات میں بہت بڑا وکیل ہے۔ اللہ کی صفتِ ''وکیل'' کا عکس ہر بندے میں نظر آتا ہے، جس کی بدولت، نامراد کرپٹ ججوں اور چور وکیلوں کے لئے اس معاشرے میں کوئی جگہ نہیں بچی، وہ سب اپنے انجام کو پہنچ چکے ہیں۔ یہاں پر دین کے معاملے میں قرآن سے باہر کوئی ایک بات بھی نہیں پوچھی جاتی، کیونکہ سب جانتے ہیں کہ ان کی تمام تر مشکلات کا حل اس کتاب اللہ میں موجود ہے جو صدق وعدل کے ساتھ مکمل بھی ہے اور غیر متبدل بھی اور لاریب بھی۔

وَتَمَّتْ كَلِمَتُ رَبِّكَ صِدْقًا وَعَدْلًا ۚ لَّا مُبَدِّلَ لِكَلِمَٰتِهِۦ ۚ ٦/١١٥

''آپ کے رب کا کلام سچائی اور عدل کے اعتبار سے کامل ہے، اس کے کلام کو کوئی بدلنے والا نہیں۔''

دوسری پارٹی جسے اللہ شیطان کی پارٹی کہتا ہے، اس کی بے شمار شکلیں ہیں لیکن یہ کسی بھی Form (شکل) میں ہو مذہب اور

انسانی خدمت کے نام پر انسانوں کا خون چوستی رہتی ہے، اس ملک میں بھی اس نے برسوں اپنی من مانی کی ہے اور اپنا کھیل، کھل کر کھیلا ہے۔لیکن اب وہ اپنے انجام کو پہنچ چکی ہے۔ ان دونوں پارٹیوں کے درمیان جوفرق ہے وہ آئیڈیالوجی کا فرق ہے۔مومنین اللہ کی راہ میں اس کے دین (نظام) کے قیام کی خاطر لڑتے ہیں اور کفار طاغوت (شیطان) کی راہ میں اپنے تحفظات (دنیوی مفادات) کی خاطر جنگ لڑتے ہیں۔یہاں اس موضوع پر لوگ ڈاکٹریٹ کی ڈگریاں بھی حاصل کرتے ہیں۔سو یوں دوقومی نظرہَ کی حقیقت سے مملکت کا بچہ بچہ واقف ہے۔

دوقومی نظریے پر کوئی دورائے نہیں، اس لئے کہ ''دوقومی نظریہ'' خالص قُرآنی نظریہ ہے، خود قُرآن اس کی تصدیق اور تفصیل بیان کرتا ہے کہ ان دونوں قوموں میں جوفرق ہے وہ نظریئے کا ہے یعنی کہ قُرآن کے ''نظریئے'' کے مطابق چل کر اگر کوئی مومن قرار پاتا ہے تو پھر اس نظریئے کے خلاف، کسی دوسرے نظریئے (نظام) کے تحت چل کر وہ کافر قرار پاتا ہے۔اللہ اپنی پارٹی ''حزب اللہ'' کے بارے میں کہتا ہے کہ:۔

أُوْلَـٰٓئِكَ حِزْبُ ٱللَّهِۚ أَلَآ إِنَّ حِزْبَ ٱللَّهِ هُمُ ٱلْمُفْلِحُونَ ۵۸/۲۲

''یہ اللہ کی پارٹی ہے اور سن رکھو کہ اللہ کی پارٹی کامیاب ہو کر رہتی ہے''

یہ ایسی پارٹی ہے جو سب پر غالب آ کر رہتی ہے۔کوئی قوم اس سے آگے نہیں بڑھ سکتی آگے بڑھنا تو ایک طرف، اس کی برابری کا دعویٰ بھی نہیں کرسکتی۔

فَإِنَّ حِزْبَ ٱللَّهِ هُمُ ٱلْغَـٰلِبُونَ ۵/۵۶

''اور ''حزب اللہ'' (اللہ کی پارٹی) ہے آخرالامر یہی غالب آئے گی''

اس کے برعکس ''حزب الشیطان'' کے بارے میں کہا گیا ہے کہ:۔

أُوْلَـٰٓئِكَ حِزْبُ ٱلشَّيْطَـٰنِۚ أَلَآ إِنَّ حِزْبَ ٱلشَّيْطَـٰنِ هُمُ ٱلْخَـٰسِرُونَ

یہ ''حزب الشیطان'' (شیطان کی پارٹی) ہے۔کوئی شک نہیں کہ شیطان کی پارٹی ہی خسارے میں ہے۔'' ۵۸/۱۹

اس کے بعد اصول یہ بتایا کہ:۔

ٱلَّذِينَ ءَامَنُواْ يُقَـٰتِلُونَ فِى سَبِيلِ ٱللَّهِۖ وَٱلَّذِينَ كَفَرُواْ يُقَـٰتِلُونَ

فِى سَبِيلِ ٱلطَّٰغُوتِ فَقَٰتِلُوٓاْ أَوْلِيَآءَ ٱلشَّيْطَٰنِ ۖ إِنَّ كَيْدَ ٱلشَّيْطَٰنِ كَانَ ضَعِيفًا ٤/٧٦

''جولوگ ایمان لائے ہیں وہ تو اللہ کی راہ میں جہاد کرتے ہیں اور جن لوگوں نے کفر کیا ہے، وہ اللہ تعالیٰ کے سوا اوروں کی راہ میں لڑتے ہیں۔ پس تم شیطان کے دوستوں سے جنگ کرو! یقین مانو کہ شیطانی حیلہ سخت کمزور ہے۔''

آیاتِ بالا کی روشنی میں، یہاں کسی کو بھی اوروں کی راہ میں لڑنے کی اجازت نہیں، سوائے اللہ کی راہ کے۔ اس لئے کہ اوروں کی راہ میں لڑنے والے اللہ کی پارٹی سے خارج ہو جاتے ہیں۔ اوروں سے مراد ایسی مملکت کی مدد کرنے سے ہے جس کا نظام کافرانہ بھی ہے اور ظالمانہ بھی، اُس کی مدد نہیں کی جاتی، چاہے اُس کا حکمران خود کو مسلمان ہی کیوں نہ کہتا ہو۔

یہاں کی تاریخ یہ بتاتی ہے کہ:۔

پاک فوج کے تاریخی ایکشن، ضربِ عضب سے پہلے اقتصادی معاشی اور سیاسی اعتبار سے پوری قوم کا دیوالیہ نکل چکا تھا، غربت وافلاس کا یہ عالم تھا کہ فاقوں کی ماری مائیں اپنے بچوں کو اپنے ہی ہاتھوں قتل کرنے پر مجبور تھیں، عصمت فروشی بھی اپنے عروج پر پہنچ چکی تھی اس کے پیچھے بھی غربت ہی کا ہاتھ تھا، تعلیم یافتہ نوجوانوں میں نشہ آور ادویات کا رواج عام تھا اور بے روزگاری اس کا سبب تھی۔ رشوت کا بازار اس قدر گرم تھا کہ جائز ترین کام کے لئے بھی رشوت اور سفارش دونوں کا ہونا لازمی تھا۔ سیاست دانوں نے سفارش جیسی غیر اخلاقی لعنت کو احسان جتانے کا ذریعہ اور الیکشن میں اپنی کامیابی کی ضمانت بنا رکھا تھا۔ جائز و ناجائز کا امتیاز مٹ چکا تھا۔ کاروباری حضرات سے بدمعاشوں اور کرائے کے قاتلوں کے ذریعے سے بڑی بڑی رقوم حاصل کی جاتیں اور اس کو ملک میں انتشار پھیلانے اور دہشت گردی کو فروغ دینے کے لئے استعمال کیا جاتا، جس کی وجہ سے مملکتِ خداداد کی سالمیت ہی خطرے میں پڑ گئی تھی۔ یوں سمجھئے کہ اخلاقی قدروں کا جنازہ نکل چکا تھا۔ کالجوں اور یونیورسٹیوں کے طلباء میں پارٹی بازی عام تھی ان کی پشت پناہی بھی سیاست دان اور مذہبی پارٹیاں کرتی تھیں، ان جاہل طالب علموں کو جعلی ڈگریاں بھی یہی لوگ مہیا کرتے تھے اور یہی جعلی ڈگریوں کے حامل پھر اسمبلیوں میں جا کر قوم کے لئے قانون سازی جیسے اہم فرائض سرانجام دیتے تھے۔ انسانوں میں اختلافات اور فرقہ بندیوں کی سنگینی کا اندازہ اس بات سے لگایا جا سکتا ہے کہ ملک میں سیاسی پارٹیوں کی تعداد کوئی اڑھائی سو کے قریب تھی۔ جمہوریت اور اسلام کے نام پر ملک کی معیشت کو تباہ کرنے اور لوٹنے میں جرنیلوں سے لے کر دفتر کے معمولی افسروں اور چپڑاسیوں تک نے اپنی ہمت، جرأت او جسارت کے بے دریغ جوہر دکھائے۔ کچھ حاشیہ بردار صحافی حضرات نے بھی اپنے ضمیر کی بڑھ چڑھ کر بولیاں لگائیں اور ملک دشمن عناصر کے لئے وہ کام کئے جو ان کے شایانِ شان نہ تھے۔ اور اگر کوئی کسر باقی رہی تھی تو وہ مذہبی اجارہ داروں نے عملیات کے نام پر قُرآن کی آیات کو بیچ بیچ کر نکال دی۔ ملک کے ہر بڑے ادارے میں اعلیٰ عہدوں پر جاگیرداروں اور وڈیروں کے اپنے خاص الخاص لوگ تعینات کئے جاتے۔ عدالتوں میں بھی ان کا ہی سکہ چلتا تھا۔ ہر نیا حکمران، عدالتوں میں اپنی مرضی کے جج تعینات کرتا، اس کے

باوجود اُن کی تسلی نہ ہوتی، وہ اپنی قارونیت کو دوام بخشنے کی غرض سے امریکہ اور یورپ جیسے طاقتور ملکوں کے سربراہوں سے مل کر انھیں یہ دعوت دے چکے تھے کہ اگر وہ اُن کی مدد کریں تو یہ اپنے ہی ملک کی ''سپریم کورٹ'' عدالتِ عظمٰی سے اوپر ایک اور عدالت کہ بنیاد ڈالنا چاہتے ہیں، جسے وہ Constitutional court کا نام دیں گے۔ جہاں پر اُن کی مرضی کے جج تعینات ہوا کریں گے اور جہاں نہ صرف یہ کہ سیاست دانوں کے خلاف سپریم کورٹ کے فیصلوں کو چیلنج کیا جا سکے بلکہ اُن سے من مانے فیصلے لئے جا سکیں۔ تا کہ اُس کے بعد نام نہاد جمہوریت کے نظام کو قیامت تک دوام حاصل رہے۔

تو ساتھیو! ملک وملت کو غیروں کے ہاتھوں گروی رکھ دینے کا یہ مذموم پروگرام اُن دو بڑی پارٹیوں کے اُن غدار لیڈروں کے درمیان طے پا چکا تھا جو حکمرانوں کی شکل میں عوام پر مسلط رہا کرتے۔ یہ خبر اپنے وقت کے مشہورِ زمانہ ''وکی لیکس'' (WikiLeaks.org) کے نامور ادارے کی ہزاروں خبروں میں سے ایک تھی۔ اور کرپشن میں ملوث دیگر ہزاروں شخصیات پر مشتمل ایک فہرست (Panama Papers) ''پاناما لیکس'' نے بھی جاری کی تھی جسے کوئی چیلنج نہ کر سکا۔ جس کی وجہ سے دنیا کے کئی نامور ملکوں کے پرائم منسٹروں، وزیروں اور ارکانِ اسمبلی کو اپنے عہدوں سے مستعفی ہونا پڑا اور شرمندگی اُٹھانا پڑی یا پھر اُنہیں اپنی پارلیمنٹ کے سامنے جوابدہ ہونا پڑا اور قوم سے معافی مانگنی پڑی۔ جس میں سرِ فہرست انگلینڈ کا وزیرِ اعظم کیمرون شامل تھا۔ پاکستان کے وزیرِ عظم کا نام بھی کرپشن لیگ میں سرِ فہرست تھا، لیکن وہ بضدر رہا اور یہی کہتا رہا کہ وہ عوام کے ووٹ کے زور پر وزیرِ عظم بنا ہے اور چاہے کوئی کچھ کہتا پھرے اُس نے اپنی مدتِ اقتدار بہر حال پوری کرنی ہے اور جمہوریت کو اُس کی پٹری سے اترنے نہیں دینا۔ یہ اِس قدر بدعنوان حکمران تھے کہ ملک کے ہر بڑے ادارے مثلاً ''پولیس'' اور ''فوج'' کے سربراہِ اعلیٰ تک کا انتخاب بھی اُن کے تجربہ اور اہلیت کی بنا پر نہیں بلکہ اپنی مرضی ومنشا اور ذاتی وفاداری کی بُنیاد پر کیا کرتے تھے، جیسے کہ وہ اِس ملک کے بادشاہ ہوں۔ اُن کی اِنہی بیجا مداخلتوں کی وجہ سے عدالتوں کے ججوں کی اکثریت مصلحت پسند اور خائن تھی۔

یوں تو اِن خرابیوں کی فہرست خاصی طویل ہے لیکن اِن تمام میں سے جو سب سے بڑی خرابی پیدا کی گئی وہ یہ تھی کہ ملک کی سیاسی جماعتوں کے اکثر لیڈران اپنے ملک سے باہر، ملک دشمن عناصر کے ساتھ مل بیٹھ کر ملک کو لوٹنے کے پروگرام تشکیل دیتے اور عوام کے استحصال کے نت نئے طریقے ایجاد کیا کرتے۔ اُن کی ڈھٹائی اور بے شرمی کا یہ عالم تھا کہ اُنھوں نے اسلامی جمہوریہ پاکستان کی عدالتِ عظمٰی کی پُرشکوہ عمارت کے عین دروازے کے باہر سنگِ مرمر کے بنے کتبے پر میزانِ عدل کے وسط میں قرآن کی آیت درج کر رکھی تھی۔ جسے اب نشانی کے طور پر لوگوں کی عبرت کے لئے محفوظ کر لیا گیا ہے۔ جس میں کہا گیا ہے کہ:۔

فَٱحۡكُم بَيۡنَ ٱلنَّاسِ بِٱلۡحَقِّ ۳۸/۲۶ ''تم لوگوں کے درمیان حق (کتاب اللہ) کے ساتھ فیصلے کرو''

صدیوں کی غلامی نے قوم کی ذہنی حالت بگاڑ کر رکھ دی تھی، اس کے حکمرانوں نے جس عدالتِ عظمٰی کے باہر جلی حروف میں یہ لکھ رکھا تھا کہ:۔

''تم لوگوں کے درمیان حق (وحیِ خداوندی) کے ساتھ فیصلے کرو''

خود اسی عمارت کے اندر بیٹھ کروہ ۱۸۸۰ء کے انگریزوں کے ان فرسودہ و بوسیدہ قوانین کے تحت قوم کے تنازعات کے فیصلے کرتے ، یہ وہ قوانین تھے جنھیں انگریزوں نے غلام ہندوستانیوں کے لئے اس غرض سے رائج کر رکھا تھا تاکہ ان کے ذریعے وہ اپنے ذاتی مفادات کا تحفظ کرسکیں۔ جمہوریت کے نام پر ایک بہت بڑی عمارت ایسی بھی تھی جسے پارلیمنٹ ہاؤس کہا جاتا تھا، جس میں قوم کی تقدیر کے فیصلے کئے جاتے۔اس کے باہر اس عمارت کی پیشانی پر بھی اُنہوں نے بڑے بڑے الفاظ میں ’’لا الـٰـه الا اللـه محـمـد رسول اللـه‘‘ لکھ رکھا تھا، جس کا مطلب یہ ہے کہ’’نہیں کوئی الـه (حاکم) سوائے اللہ کے اور محمد اللہ کے رسول ہیں۔‘‘ لیکن اس قوم کو ’’لاالـه‘‘ کے قُرآنی معنی ومفہوم سے کچھ غرض نہ تھی، یوں لگتا ہے ان نام نہاد مسلمانوں کو قُرآنی آیات کی تضحیک کرنے میں کوئی شرم ہی محسوس نہیں ہوتی تھی، وہ ایوانِ پارلیمنٹ میں بیٹھ کر ایک دوسرے پر خوب لعن طعن کرتے اور ’’کوئی حیا بھی ہوتی ہے کوئی شرم بھی ہوتی ہے‘‘ جیسے ناروا اور تہذیب سے گرے ہوئے جملے کستے رہتے۔اُن کی بداعمالی اور شقاوت کا یہ نتیجہ تھا کہ اُن کے دلوں میں سے ایک دوسرے کے لیئے جذبۂ عزت واحترام ناپید ہو چکا تھا۔

اللہ کی طرف سے واضح احکامات کے مل جانے کے باوجود وہ قوم ایک اللہ کی غلامی کو چھوڑ کر اپنے ہی جیسے انسانوں کی غلامی کرنے کو ترجیح دیتی رہی۔اس نام نہاد مسلمان قوم کے اُن خداؤں اور آقاؤں نے اپنی بڑی بڑی سیاسی پارٹیاں بنا رکھی تھیں، جنکے منشور ایک دوسرے کے منشور سے نہ صرف یہ کہ مختلف تھے بلکہ وہ سرے سے غیر اسلامی اور مشرکانہ بھی ہوتے۔ بدبخت قوم کے اُن خداؤں میں سے جب کوئی ایک مر جاتا تو وہ اس کی اولاد میں سے کسی ایک کو اس کی جگہ اپنا خدا بنا لیتی تھی۔اور مرنے والے کو شہید قرار دے کر اسے اعلیٰ ترین اعزازات سے نوازتی اور اس کے عالی شان مزارات تعمیر کرتی اور پھر ہر سال اپنے ان خداؤں کی قبروں کی زیارت اور ان کے بوس و کنار کے لئے حاضری دیتی۔اب وہ لوگ تاریخ کا حصہ بن چکے ہیں۔ان کے مزارات کو اور جسے وہ سپریم کورٹ (عدالتِ عظمیٰ) اور پارلیمنٹ ہاؤس کہتے تھے، اُنہیں عجائب گھروں میں تبدیل کر دیا گیا ہے، جہاں پر ان نام نہاد شہید حکمرانوں اور ان کے غلاموں کی پوری داستانِ حیات بمعہ ان کے سیاہ سیاسی کارناموں کے محفوظ ہے، تاکہ لوگ عبرت حاصل کریں۔ یہ تمام اہداف جواب تک حاصل کئے گئے ہیں یہ سب ’’ضربِ عضب‘‘ کے کمانڈر انچیف اور عدالتِ عظمیٰ کے چیف جسٹس اور اُن جج صاحبان کے تعاون کے مرہونِ منت ہیں جنھوں نے آپس کے مشورے سے اسلامی جمہوریہ پاکستان کو ملک دشمن عناصر سے پاک کرنے کا حلف لیا تھا۔

ضربِ عضب کے مبارک نام کی برکت سے معجزانہ طور پر اس ایکشن کا رخ اللہ نے اسلامی انقلاب کی طرف پھیر دیا تھا۔ یہ کسی سوچی سمجھی سکیم کے تحت نہیں ہوا تھا۔ دراصل ضربِ عضب کی ابتدا فوج کے سربراہِ اعلیٰ جنرل راحیل شریف کے مبارک ہاتھوں سے عمل میں آئی تھی۔ ان کی سربراہی میں پہلے تو مملکت کی سرحدوں کو محفوظ کیا گیا اور دہشت گردوں پر نہایت کاری ضربیں لگائی گئیں اور ان کی سخت گرفت کی گئی۔ اگر سابقہ سربراہِ اعلیٰ اپنی ملازمت کے دوران حکومتِ وقت کے کرپٹ ترین صدر، وزیرِ اعظم اور منصفِ اعلیٰ (سپریم کورٹ) اور اپوزیشن پارٹیوں کے ناپاک عزائم پر اپنی آنکھیں بند نہ رکھتے اور کوئی ایک ہی مثبت اور نیک کام کر جاتے تو تاریخ میں انہیں اچھے الفاظ سے یاد کیا جاتا، لیکن وہ حزب الشیطان (شیطان کی پارٹی) کا حصہ بن کر چلتے بنے اور گمنامیوں کے اندھیروں میں ہمیشہ کے لئے گم ہو گئے۔

مجموعی طور پر قوم سخت مایوسی کا شکار ہو چکی تھی، اور اپنے ہی وطن میں وہ اپنے آپ کو تنہا محسوس کرنے لگی تھی۔اس کی حالت

اُس شخص کی سی ہو کر رہ گئی تھی جو کسی بے آب و گیاہ صحرا کے وسط میں تپتی ہوئی ریت پر ننگے پاؤں کھڑا اپنی موت کا انتظار کر رہا ہو۔ لیکن قانونِ قدرت تو یہ ہے کہ جو اپنی مدد آپ نہیں کرتے اللہ ان کی مدد نہیں کیا کرتا، جو قوم اپنی مدد آپ نہیں کرتی اُن کی زندگیوں میں انقلاب کے آنے کی صرف ایک ہی صورت باقی بچتی ہے، کہ وہ اپنے ہی معصوم بچوں کی جانوں کا نذرانہ دے کر ان شہیدوں کے لہو سے اس زمین کو ٹھنڈا کرے جس کی تپش سے اس کے پاؤں میں چھالے پڑ گئے تھے۔ غم والم کے انگاروں پر کھڑی قوم، ناامیدی اور یاس کے عالم میں ابھی اللہ سے یہی دعائیں مانگ رہی تھی کہ وہ اس کی مدد فرمائے اور اس کے لئے کسی مسیحا کو بھیج دے جو اسے اس اذیت ناک ماحول سے نجات دلائے، کہ اچانک یہ خبر آئی کہ سفاک اور بزدل دشمن نے پشاور کے ایک فوجی سکول میں گھس کر بندوق کی اندھا دھند فائرنگ اور ہینڈ گرینیڈ سے ایک سو بتیس معصوم طالب علم بچوں کو بمعہ اُن کے اساتذہ کے شہید کر دیا۔ تکلیف سے پوری قوم کی چیخ نکل گئی۔ صحرا کی ریت سرخ کیا ہوئی، گلاب کے پھول کھل اٹھے۔ اور خوشبو سے جنت کی فضا مہک اٹھی۔

شہداء کے متعلق قُرآنِ حکیم کا ارشاد ہے کہ:۔

فَرِحِينَ بِمَآ ءَاتَىٰهُمُ ٱللَّهُ مِن فَضۡلِهِۦ وَيَسۡتَبۡشِرُونَ بِٱلَّذِينَ لَمۡ يَلۡحَقُواْ بِهِم مِّنۡ خَلۡفِهِمۡ
أَلَّا خَوۡفٌ عَلَيۡهِمۡ وَلَا هُمۡ يَحۡزَنُونَ ۳/۱۶۹

''اور اللہ تعالیٰ نے اپنا فضل جو انھیں دے رکھا ہے اس سے بہت خوش ہیں اور خوشیاں منا رہے ہیں ان لوگوں کی بابت جو اب تک ان سے نہیں ملے، ان کے پیچھے ہیں، اس پر کہ انھیں نہ کوئی خوف ہے اور نہ وہ غمگین ہوں گے۔''

یعنی کہ:۔

''وہ اپنے بلند مراتب کو دیکھ کر، جو انھیں عنایاتِ خداوندی سے ملتے ہیں بہت خوش ہوتے ہیں، اس احساس سے کہ، ان کی اس قربانی سے، اُن لوگوں کے لئے جو اُن کے پیچھے ہیں، (یعنی کہ وہ ابھی دنیا میں موجود ہیں) ایسا معاشرہ قائم ہو گیا ہے جس میں وہ ہر طرح کے خوف وحزن سے مامون ہیں، ان کی خوشی دوبالا ہو جاتی ہے (کہ اُن کی قربانی رائگاں نہیں گئی)''

بحوالہ مفہوم القرآن

جنت میں شہیدوں کی اس آرزو کی برکت کا ہی اثر تھا جو قومی سطح پر فیصلہ کر لیا گیا کہ دہشت گردی کا خاتمہ کر کے دم لیں گے۔ اس کے ساتھ ہی ایک جانی پہچانی آواز بلند ہوئی اور کہنے والے نے کہا کہ دہشت گردی صرف قتل و غارت گری کا ہی نام نہیں۔ معاشرے میں دہشت گردی کے بے شمار عفریت ایسے بھی ہیں جن کا خاتمہ کئے بغیر ملک میں امن لانے کا سوال ہی پیدا نہیں ہوتا۔ ذمہ دار اداروں کو چاہئے کہ سب سے پہلے، وہ سیاسی، معاشی، اور اقتصادی دہشت گردی کا خاتمہ کریں، اس کے بعد قتل و غارت گری کی

دہشت گردی خود ہی دم توڑ دے گی اور اپنی موت آپ ہی مرجائے گی ۔ یہ آواز تھی ملک کے نیک سیرت دانشور، تجزیہ نگار، سینئر صحافی، نقاد اور نامور اینکر پرسن ڈاکٹر شاہد مسعود صاحب کی ۔ یہ وہی شخص ہیں جنھوں نے اسلامی جمہوریہ پاکستان میں ''ماڈرن ڈیموکریسی'' مغربی جمہوریت بحال کروانے میں اہم ترین رول ادا کیا تھا، ان کی کاوشوں کے نتیجے میں ملک کے مطلق العنان ڈکیٹر اور ملک بدر سیاست دانوں کے درمیان ایک بل کے ذریعے بدنامِ زمانہ N.R.O ہوا اور ان سب نے ملک کی باگ ڈور اپنے ہاتھوں میں لے لی۔ اس کے بعد سیاست دانوں اور ان کے حواریوں نے جو شرمناک کھیل قوم کے ساتھ کھیلا اسے دیکھتے ہوئے ڈاکٹر صاحب نے ایک دفعہ نہیں بلکہ متعدد مرتبہ پوری قوم سے اپنی اُس غلطی کی معافی مانگی جو ان سے جمہوریت بحال کروانے کے سلسلے میں سرزد ہوئی تھی ، انھوں نے میڈیا کے ہر ذرائع کو استعمال کرتے ہوئے اس نام نہاد مروّجہ جمہوریت پر لعنت بھیجی۔ اب ڈاکٹر صاحب کو ملک میں رائج اس نظام کے متبادل کسی دوسرے نظام کی تلاش ہوئی کیونکہ ملک چلانے کے لئے کسی نظام کا ہونا تو بہرحال ضروری اور لازمی تھا۔ اور جب تک اُس کا بہتر متبادل نظام نہ مل جاتا اِسی کے تحت زندگی گزارنے پر مجبور تھے۔ قدرت کا کرنا یہ ہوا کہ وہ جس نظام کی تلاش میں سرگرداں تھے ایک دن وہ ان کے سامنے آ ہی گیا۔ بہت غور و فکر کے بعد انھوں نے اسے آگے بڑھا دیا۔ آج وہی نظام، مملکتِ اسلامیہ میں پوری آب و تاب کے ساتھ رائج ہو چکا ہے۔ اسی قومی خدمت کے عوض ڈاکٹر صاحب کو ''شاہدِ ملت'' کے اعزاز سے نوازا گیا۔ یوں وہ ضربِ عضب جسکے ذریعے ملک سے دہشت گردی کا خاتمہ کرنا مقصود تھا، ایک سیاسی تجزیہ نگار اور صحافی کی تجویز کردہ حکمتِ عملی پر عمل درآمد کرنے کی وجہ سے انقلابی صورت اختیار کر گیا۔ اس کا دائرہ کار وسیع کر دیا گیا اور اس کے ذریعے، ملک سے رشوت، بدعنوانی اور دیگر ان جیسی تمام برائیوں کا قلع قمع کر دیا گیا جن کی وجہ سے عوام الناس کا جینا حرام ہو چکا تھا۔ اور یوں نام نہاد مغربی جمہوریت سے ہمیشہ کے لئے جان چھڑالی گئی، اور ''حزب الشیطان'' (شیطان کی پارٹی) کا سر کچل کر رکھ دیا گیا۔

اسلامی جمہوریہ پاکستان کے نظام کی داغ بیل، مملکتِ اسلامیہ مدینہ کے ماڈل پر قائم کی گئی ہے۔ قُرآنِ حکیم کے قوانین کو ان کی اصل روح کے مطابق جاری کر دیا گیا ہے۔ اور انسانوں کے درمیان زمین کی ملکیت اور اس سے وابستہ تنازعات کو ہمیشہ ہمیشہ کے لئے دفن کر دینے کا جو سنہرہ اصول اللہ نے دیا ہے، اُسے اُس کی روح کے مطابق اپنا لیا گیا ہے۔ جس میں کہا گیا ہے کہ:-

وَلِلَّهِ مِيرَاثُ السَّمَاوَاتِ وَالْأَرْضِ ۗ ۳/۱۷۹ ''آسمانوں اور زمین کا مالک اللہ ہے''

اس اصول کے مطابق، کسی ایک انسان یا انسانوں کے کسی گروہ کو یہ حق حاصل نہیں کہ وہ زمین کا مالک بننے کی کوشش کرے، اس سے یہ ہوا کہ زمین سے متعلق انسانوں کے درمیان چلنے والے بےپناہ تنازعات کا لامتناہی سلسلہ ہمیشہ کے لئے بند ہو گیا۔ کسی لینڈ مافیا کا کوئی نشان باقی رہا اور نہ ہی چائنا کٹنگ جیسی بدنامِ زمانہ اصطلاح سے کوئی واقف، اور نہ ہی پٹواری نام کی کسی پُر اسرار اور مافوق الفطرت شخصیت سے شناسا۔ یہ سب اصطلاحیں، دیو مالائی کہانیوں اور داستانوں کی شکل میں باقی ہیں ۔ زمین کی انفرادی ملکیت کا تصور کیا ختم ہوا، ملک میں کسی شے کی کمی نہیں رہی، یہاں پر دنیا جہان کی اجناس کی بہتات اور فراوانی کا یہ عالم ہے کہ جن گوداموں میں ملک کے پیشہ ور رہزن حکمران اور تاجر، غریب عوام کو غریب سے غریب تر بنانے اور اپنے مفاداتِ دنیوی کے لئے استعمال میں لاتے

اور ذخیرہ اندوزی کیا کرتے تھے اب وہ اس لئے کم پڑ گئے ہیں کیونکہ اشیائے خوردنی کو رکھنے کی کہیں جگہ نہیں ملتی۔ اس لئے نئی طرز کے گوداموں کی تعمیرات کا سلسلہ زوروں پر ہے۔ پانی کی قلت کا مسئلہ تو مدت ہوئی کالا باغ ڈیم کے بننے سے حل ہو گیا ہے۔ لیکن ''شمسی توانائی'' Solar System اور WindTurbines ہوا کے ذریعے توانائی حاصل کرنے کے ذرائع کو استعمال میں لا کر ایسا انتظام کر دیا گیا ہے کہ یہاں کے لوگوں کو مفت بجلی مہیا کی جاتی ہے۔ (اب تو باہر کے ممالک کے لوگ بھی اپنے حکمرانوں سے تقاضہ کرنے لگے ہیں کہ انھیں بھی ان کے ممالک میں پاکستان کے ماڈل پر اسلامی جمہوری نظام درکار ہے۔ اس نظام کا مطالبہ کرنے والے خوب جانتے ہیں کہ اسلامی جمہوری نظام کے اپنا لینے سے ان کے مذہبی اعتقادات پر کوئی اثر نہیں پڑتا، کیونکہ ایمان لانے اور مسلمان ہونے میں جو فرق ہے، اسے مملکتِ اسلامیہ نے اپنے منشور میں واضح طور پر بیان کر دیا ہے کہ دنیا کے دیگر نظاموں کی طرح یہ بھی ایک سیاسی اور معاشی نظام ہے، یہ مذہب نہیں ہے۔ جس کے تحت مملکتِ اسلامیہ میں بھی غیر مذاہب کے بے شمار لوگ بستے ہیں اور اپنی عبادت گاہوں کو پوری آزادی کے ساتھ استعمال میں لاتے ہیں۔ یہ آزادی انھیں کسی انسان نے انعام میں نہیں دی، یہ آزادی اُس اللہ کی طرف سے دی گئی ہے جس کے قوانین کے تحت ریاست کے تمام لوگ مل جل کر امن، محبت اور سلوک سے ایک دوسرے کے ساتھ رہتے ہیں۔

اُس نے اصول یہ دیا ہے کہ:۔

لَآ إِكۡرَاهَ فِى ٱلدِّينِ ۖ ۲/۲۵۶ ''دین کے بارے میں کوئی زبردستی نہیں''

''دین کے بارے میں کوئی زبردستی نہیں'' یہاں کوئی کسی کے سر پر تلوار رکھ کر اسے مملکت کے قوانین پر چلنے کے لئے مجبور نہیں کر سکتا۔ ساتھ ہی مملکت کے کسی بھی شہری کو، چاہے وہ مشرک ہو یا غیر مشرک، اس کی اجازت بھی نہیں دی جا سکتی کہ وہ اس کے قوانین کی حدود سے تجاوز کرے۔ اِس کی اجازت تو خود خلیفۂ وقت کو بھی نہیں دی گئی، بلکہ خود رسول کو بھی نہیں۔ آپ صلی اللہ علیہ وسلم کو بھی یہی ہدایات دی گئی تھیں کہ:۔

ٱتَّبِعۡ مَآ أُوحِىَ إِلَيۡكَ مِن رَّبِّكَ ۖ لَآ إِلَـٰهَ إِلَّا هُوَ ۖ وَأَعۡرِضۡ عَنِ ٱلۡمُشۡرِكِينَ ۶/۱۰۶

''آپ خود اُس طریق پر چلتے رہیں جس کی وحی آپ کے رب کی طرف سے آپ کے پاس آئی ہے، اللہ تعالیٰ کے سوا کوئی ''اللہ'' لائقِ حکمرانی نہیں اور مشرکین کی طرف خیال نہ کیجئے۔''

پناہ گزینوں کے متعلق کہا گیا ہے کہ:۔

وَإِنْ أَحَدٌ مِّنَ ٱلْمُشْرِكِينَ ٱسْتَجَارَكَ فَأَجِرْهُ حَتَّىٰ يَسْمَعَ كَلَـٰمَ ٱللَّهِ ثُمَّ أَبْلِغْهُ مَأْمَنَهُۥ ۚ ذَٰلِكَ بِأَنَّهُمْ قَوْمٌ لَّا يَعْلَمُونَ ۹/۵

''اگر مشرکوں میں سے کوئی تجھ سے پناہ طلب کرے تو تُو اسے پناہ دے دے یہاں تک کہ وہ کلام اللہ (اللہ کے قوانین) سن لے پھر اسے اپنی جائے امن تک پہنچا دے۔ یہ اس لئے کہ یہ لوگ بے علم ہیں۔''

چنانچہ دنیا بھر کے ستائے ہوئے اور پریشاں حال لوگ، پناہ گزینوں کی حیثیت سے یہاں آرام سے رہ رہے ہیں اور اپنے حصے کا کام بڑی خوشی سے کرتے ہیں۔ یہاں کا ہر شہری اس بات سے واقف ہے کہ اللہ کے عطا کردہ اصول وقوانین غیر متبدل ہیں، ان کو دنیا کی کوئی بھی مجلسِ شوریٰ بدل نہیں سکتی۔ یہ دیگر نظامہائے عالم کی پارلیمان کی طرح نہیں کہ جس میں خود غرض پارلیمان اپنے تحفظات کو دور کرنے کے لئے جب چاہیں اپنے ہی بنائے ہوئے قوانین میں تبدیلیاں لانے کے اختیارات رکھتے ہوں۔ اس لئے دنیا کی نظریں اس نظام پر لگی ہوئی ہیں۔ اسلام اپنے ہی زوردروں پر آگے بڑھنے لگا ہے۔ اور آگے کیسے نہ بڑھے یہ اصل اسلام ہے، یہی دین ہے اور یہی نظامِ صلوٰۃ ہے۔ اور یہ رب العالمین (جہانوں کے پالنے والے) کی طرف سے تمام انسانوں کی فلاح کے لئے عطا کیا گیا ہے، تا کہ جو اس کے مطابق اپنا معاشرہ قائم کرلیں وہ اپنے ہی جیسے کھاتے پیتے اور جیتے مرتے انسانوں کے آگے ہاتھ پھیلانے اور ان کی چوکھٹ پر سر جھکانے سے بچ جائیں۔ اس آفاقی نظام کی شہرت کا یہ عالم ہے کہ اب اذان دے کر کسی کو یہ دعوت نہیں دینی پڑتی کہ ''آؤ فلاح کی جانب۔'' بلکہ دنیا اس فلاحی ریاست کو دیکھ کر خود ہی اس کی جانب متوجہ ہو رہی ہے۔

خودی سے اس طلسمِ رنگ و بو کو توڑ سکتے تھے
یہی توحید تھی جس کو نہ تو سمجھا نہ میں سمجھا

یہاں پر کوئی شخص منافقت کرتا نظر نہیں آتا۔ اس مبارک نظام کے رائج ہونے سے قبل اپنے ہی نام نہاد مسلمان بزرگوں کی غیر اسلامی اور منافقانہ زندگی کو یاد کر کے لوگ اکثر افسردہ ہو جاتے ہیں۔ اس لئے کہ یہ وہ لوگ تھے جو روزانہ اللہ کے گھروں (مسجدوں) میں جا کر باقاعدہ پانچ مرتبہ خوش الحان آواز میں اذانیں دے کر لوگوں کو بلاتے اور اعلانیہ کہا کرتے تھے کہ ''وہ شہادت دیتے ہیں کہ اللہ کے سوا اور کوئی الٰہ (حاکم) نہیں اور ہم گواہی دیتے ہیں کہ محمد اللہ کے رسول ہیں، اس لئے آؤ صلوٰۃ کی طرف آؤ، کامیابی کی طرف آؤ، فلاح کی جانب آؤ۔ لیکن خود اپنی ہی شہادت اور گواہی کے خلاف اپنے ہی دعوے اور دعوت کی تردید کرتے اور غیر اللہ کی حاکمیت کو کھلے عام رواج دیتے اور اس پر فخر کرتے۔ یوں وہ ہر غیر خدائی قوت کے ہاتھ مضبوط کرنے میں ایک اہم کردار ادا کرتے چلے جاتے۔ اُنھوں نے ظلم یہ کیا کہ لفظ 'الـــہ'' کا ترجمہ ''عبادت'' کر کے تعلیم کے نصاب میں شامل کر دیا اور یوں قوم کے نونہال مدتوں ''الـــہ'' کا مطلب ''عبادت'' ہی سمجھتے رہے۔ وہ کلمہ شہادت کا مطلب ''نہیں کوئی عبادت کے لائق سوائے اللہ کے اور میں شہادت دیتا ہوں کہ محمد اللہ کے رسول ہیں'' کو ہی پڑھتے پڑھاتے اور اس پر ایمان لاتے رہے۔ حالانکہ اُن لوگوں میں ابھی ایسے لوگ موجود تھے، جو کلمہ شہادت

کے اصل مطلب یعنی "نہیں کوئی "الــــہ" (حاکم) سوائے اللہ کے اور محمد اللہ کے رسول ہیں۔" سے واقف تھے لیکن خاموش رہے۔ آج کسی کو یقین نہیں آتا کہ وہ لوگ اپنی منافقت میں اس قدر آگے کیسے نکل گئے تھے!

یہاں اگر آج اللہ کی حاکمیت کے سوا کسی غیر اللہ کی حاکمیت کو تسلیم نہیں کیا جاتا تو صرف اور صرف اس لئے کہ لوگوں کو کلمہ شہادت کے معنی ومفہوم سے پوری طرح آگاہی حاصل ہے۔ یہاں پر قرآن کے قوانین کو سمجھنے کے لئے باہر کی کسی کتاب سے مدد نہیں لی جاتی، بلکہ قرآن ہی کے بتائے ہوئے تصریفِ آیات کے طریقے سے اس کی آیات کو سمجھا اور سمجھایا جاتا ہے۔ قرآنِ حکیم نے اپنے مطالب کو واضح کرنے کے لئے یہی طریقہ اختیار کرنے کا حکم دیا ہے۔ یعنی ایک چیز کو بار بار پھرا کر لانا، تا کہ اُس کے متعدد گوشے واضح طور پر سامنے آجائیں۔ یہ وہ چیز ہے جسے سطح بیں نگاہیں "تکرار" ٹھہراتی تھیں۔ لوگوں کو اسی طریقے پر چل کر قرآن کو سمجھنے کی ہدایات دی گئی ہیں اور آج انہی ہدایات پر عمل ہو رہا ہے، اور کسی کو اِن ہدایات سے تجاوز کرنے کی ذرہ برابر اجازت نہیں۔ ان ہدایات سے تجاوز کرنے والوں کے متعلق اللہ نے کہا ہے کہ:۔

وَلَقَدْ صَرَّفْنَا فِى هَـٰذَا ٱلْقُرْءَانِ لِيَذَّكَّرُوا۟ وَمَا يَزِيدُهُمْ إِلَّا نُفُورًا ١٧/٤١

"ہم نے تو اس قرآن میں ہر ہر طرح بیان فرما دیا کہ لوگ سمجھ جائیں لیکن اس سے انھیں تو نفرت ہی بڑھتی ہے۔"

"اور ہم نے قرآن میں، بتیانِ حقیقت کے لئے، مختلف پیرائے اختیار کئے ہیں اور اس کے متنوع گوشوں کو، پھرا پھرا کر سامنے لاتے ہیں، تا کہ حقائق بالکل واضح ہو جائیں۔ لیکن جن لوگوں نے تہیہ کر لیا ہو کہ انھوں نے اس کی مخالفت ہی کرنی ہے، ان پر اس ہدایت کا کچھ اثر نہیں پڑتا۔ بلکہ اس سے، ان کی نفرت اور بڑھ جاتی ہے۔"

بحوالہ مفہوم القرآن

اور یہ نفرت اس لئے بڑھتی تھی کیونکہ وہ لوگ یہی چاہتے تھے کہ ان کے ہاتھ کی لکھی اُن کتابوں کے ذریعے سے قرآن کو سمجھا جائے جنھیں وہ قرآن حکیم کے برابر کا درجہ دیتے تھے۔ اللہ تعالیٰ کی اسقدر شدید تنبیہ کے باوجود، لوگوں نے کہا کہ نہیں ہم تو تیری کتاب کو بھی اپنے ہی جیسے انسانوں کے ہاتھوں کی لکھی کتابوں کے ذریعے سے سمجھیں گے۔ ان کی اسی ہٹ دھرمی کے پیشِ نظر اللہ نے ان کے متعلق واضح طور پر یہ اعلان کر دیا اور کہا کہ:۔

فَوَيْلٌ لِّلَّذِينَ يَكْتُبُونَ ٱلْكِتَـٰبَ بِأَيْدِيهِمْ ثُمَّ يَقُولُونَ هَـٰذَا مِنْ
عِندِ ٱللَّهِ لِيَشْتَرُوا۟ بِهِۦ ثَمَنًا قَلِيلًا ۖ فَوَيْلٌ لَّهُم مِّمَّا كَتَبَتْ أَيْدِيهِمْ
وَوَيْلٌ لَّهُم مِّمَّا يَكْسِبُونَ ٢/٧٩

''ان لوگوں کے لئے ''ویل'' ہے جو اپنے ہاتھوں کی لکھی ہوئی کتاب کو اللہ تعالیٰ کی طرف کی کہتے ہیں اور اس طرح دنیا کماتے ہیں، ان کے ہاتھوں کی لکھائی کو اور ان کی کمائی کو وَیل (ہلاکت) اور افسوس ہے۔'' ۲/۷۹

چنانچہ، جن لوگوں نے اللہ کی ان آیات کی نافرمانی کی آج وہ صفحۂ ہستی سے مٹ چکے ہیں اور اُن کی جگہ دوسری قوم نے لے لی ہے جو اُس کے احکامات کی دل و جان سے پیروی کرتی ہے۔ یہاں پر ''تصریفِ آیات'' کے علاوہ کسی بھی دوسرے ذرائع سے قرآنِ حکیم کو سمجھنے کی سخت ممانعت ہے۔ اس مبارک فیصلے کی بدولت لوگوں کے دلوں میں سے غیر قرآنی اعتقادات اور نظریات ایک ایک کر کے نکل رہے ہیں۔ یہاں کے لوگ اپنا ہر کام اللہ کے نام کے ساتھ شروع کرتے ہیں۔ ان کا ایمان ہے کہ اللہ ان لوگوں کی مدد کرتا ہے جو اپنی مدد آپ کرتے ہیں۔ لیکن جہاں مظلوم انسان اپنی مدد آپ کرنے کے قابل نہ ہوں اور وہ ان کی مدد کے طلبگار ہوں، تو پھر جماعتِ مومنین کی ذمہ داری ہے کہ وہ ان کی مدد کو پہنچیں۔ ویسے ہی جیسے اللہ کی جانب سے مکے کے مظلومین کی پکار کے جواب میں مدینہ کے مسلمانوں سے کہا گیا تھا کہ تم ان کی مدد کو کیوں نہیں اٹھتے۔ جب کہ اللہ چاہتا تو یہ کام وہ خود بھی کر سکتا تھا۔ لیکن اللہ انسانوں کے معاملات انسانوں کے ہاتھوں سے درست کروانا چاہتا ہے، تا کہ وہ انسانیت کے اعلیٰ مقام کو خود اپنی محنت سے حاصل کریں۔

وَمَا لَكُمْ لَا تُقَـٰتِلُونَ فِى سَبِيلِ ٱللَّهِ وَٱلْمُسْتَضْعَفِينَ مِنَ ٱلرِّجَالِ وَٱلنِّسَآءِ وَٱلْوِلْدَٰنِ ٱلَّذِينَ يَقُولُونَ رَبَّنَآ أَخْرِجْنَا مِنْ هَـٰذِهِ ٱلْقَرْيَةِ ٱلظَّالِمِ أَهْلُهَا وَٱجْعَل لَّنَا مِن لَّدُنكَ وَلِيًّا وَٱجْعَل لَّنَا مِن لَّدُنكَ نَصِيرًا ۴/۷۵

''کیا وجہ ہے کہ تم اللہ کی راہ میں ان ناتواں مردوں، عورتوں اور ننھے ننھے بچوں کے چھٹکارے کے لئے جہاد نہ کرو؟ جو یوں دعائیں مانگ رہے ہیں کہ اے ہمارے مددگار! ان ظالموں کی بستی سے ہمیں نجات دے اور ہمارے لئے خود اپنے پاس سے حمایتی مقرر کر دے اور ہمارے لئے خاص اپنے پاس سے مددگار بنا۔''

اللہ کے اس حکم کے بعد ''حزب اللہ'' اور ''حزب الشیطان'' کے درمیان جو پہلی جنگ ہوئی اور جس میں ''عضب'' (رسول اللہ کی تلوار) چلی تھی، وہ جنگِ بدر تھی اور اُس کے بعد دوسری بار ''ضربِ عضب'' (عضب کی چوٹ) کے نام سے جب بجلی بن کر گری اور چلی تو پاکستان میں اللہ کے قوانین کی حکمرانی قائم ہوگئی۔ سنت اللہ کی پیروی میں اگر کہیں انسانوں پر ظلم وستم کی کوئی خبر سامنے آتی ہے تو مملکتِ اسلامیہ بلاتخصیصِ مذہب وملت اپنے تمام تر سفارتی اثر ورسوخ کو استعمال میں لا کر ان لوگوں کی مدد کو پہنچ جاتی ہے۔ لیکن ریاست اپنے حفاظتی اداروں کو کسی صورت بھی، استحصالی قوتوں کے مفادات کے تحفظ کے لئے استعمال نہیں ہونے دیتی۔ چاہے ان کے سفارتی تعلقات ایک دوسرے کے ساتھ کیسے ہی اچھے کیوں نہ ہوں۔

قارئین! آنکھیں کھولیں اور اس جنت نظیر اور مثالی معاشرے سے تھوڑی دیر کے لئے باہر نکل آئیں۔ جو لوگ اس مثالی معاشرے کے بارے میں بدگمانی کا شکار ہیں اور سمجھتے ہیں کہ اب زمانہ بدل گیا ہے اور ہم ہزاروں سال پہلے کا وہ نظام کیوں واپس لانا

چاہتے ہیں جو اپنے آپ میں آج کے دور کے تقاضوں کو پورا کرنے کی صلاحیت نہیں رکھتا۔ دراصل وہ بڑی غلط فہمی کا شکار ہیں۔ ان کا قصور نہیں جو ایسا کہتے ہیں، دراصل انکی آنکھوں پر مذہب کی کالی پٹی بندھی ہوئی ہے اس لئے وہ دین کی روشنی کو دیکھنے سے معذور ہیں۔ اسکی روشنی سے مستفید تو وہی ہوسکتا ہے جو خود اپنی مرضی سے مذہب کی اس کالی پٹی کو اپنی آنکھوں پر سے اتار کر پھینک دینا چاہتا ہو۔

دنیا میں اگر کوئی حقیقی شے موجود ہے اور ابد تک کے لئے اپنا وجود برقرار رکھ سکتی ہے تو وہ صرف اللہ کی کتاب ہے، جس میں مثالی معاشرے کا وہ فارمولا قیامت تک کے لئے محفوظ کر دیا گیا ہے، جسے نبیوں کی وساطت سے انسانوں تک پہنچا کر اللہ نے اپنے فضل اور رحمت کو عام کر دیا ہے۔ اب جو لوگ اس کتاب پر ایمان لانا چاہئیں وہ اس کے قوانین پر عمل پیرا ہو کر اپنے لئے جنتی معاشرے کو تشکیل دے سکتے ہیں۔ لیکن اس نظام کے راستے میں شیطان صفت لوگوں نے مشکلات کے پہاڑ کھڑے کر دیئے ہیں۔ ان کی نشاندہی کرنے اور انھیں اس کے راستے سے ہٹانے کا جو کامیاب طریقہ خود اللہ نے تجویز کیا ہے آپ کے سامنے لایا جا رہا ہے۔ تاکہ بنی نوعِ انسان قدم قدم چل کر اپنی اس منزل تک پہنچ جائے جسے اللہ نے اس کے لئے منتخب کیا ہے۔

چنانچہ، حقائق کو پورے طور پر سامنے لائے بغیر ہم یہ نہیں سمجھ پائیں گے کہ اس مثالی معاشرے تک پہنچنے کے لئے شاہدِ ملت ڈاکٹر شاہد مسعودؔ فوج کے سربراہِ اعلیٰ جنرل راحیل شریفؔ اور عدالتِ عظمیٰ کے جج صاحبان کے علاوہ ملک کے ایک مخلص سیاست دان عمران خانؔ نے اپنی حکمتِ عملی کے تحت وہ کون سے ایسے اقدامات اٹھائے تھے کہ جن پر چل کر ملتِ اسلامیہ کا یہ لٹا پٹا کارواں قدم قدم چل کر اپنی منزلِ مراد تک پہنچ گیا۔ تفصیلات جاننے کے لئے اُس روح پرور سفر میں آپ میرے ساتھ رہیں۔

آگے بڑھنے سے پیشتر آپ کو بتاتے چلیں کہ اسلامی مثالی معاشرے تک پہنچنے کے لئے جن نشستوں کو سامنے لایا جا رہا ہے وہ گہرے غور و خوص کی متقاضی ہیں۔ معاشرے کی معزز ترین شخصیات پر مشتمل یہ وہ غیر معمولی نشستیں ہیں جو مملکتِ اسلامیہ پاکستان کو ازسرِ نو اسلام کی اصل روح کے ساتھ دنیا کے نقشے پر لانے کی ذمہ دار ٹھہریں۔ اسی سے ان نشستوں کی اہمیت وافادیت کا بخوبی اندازہ لگایا جا سکتا ہے۔ چنانچہ آپ بھی اُن نشستوں سے مستفید ہونے کے لیئے ہمہ تن گوش رہیں۔ اللہ ہم سب کا حامی و ناصر ہو۔

تو ابھی رہگزر میں ہے قیدِ مقام سے گزر
مصر و حجاز سے گزر پارس و شام سے گزر

شکریہ

مثالی معاشرہ

پہلی نشست

میٹنگ کے لئے صبح آٹھ بجے کا وقت دیا گیا تھا، علامہ اقبالؒ کے مزار پر فاتحہ خوانی کے بعد لوگ شاہی مسجد میں سوا سات بجے تک اپنی اپنی نشستوں پر بیٹھ چکے تھے۔ سامنے سٹیج پر لکڑی کا میز پڑا تھا اور اس میز پر ایک لیپ ٹاپ رکھا تھا اور ساتھ ہی سٹینڈ پر ایک پروجیکٹر بھی، جس کے ذریعے عکسی شعاؤں کی مدد سے سامنے والی دیوار پر کلمہ شہادت لکھا نظر آ رہا تھا۔ مہمانوں کے لئے ان کی میزوں پر بھی کمپیوٹر رکھے ہوئے تھے جو کہ سٹیج پر رکھے کمپیوٹر سے لنک تھے تاکہ اگر کسی بھی شخص کو کوئی سوال پوچھنا ہو تو وہ اپنا سوال اپنے لیپ ٹاپ پر سے براہِ راست پوچھ سکے۔ کسی کو بھی وہاں پر بولنے کی اجازت نہیں تھی۔ سوال کا جواب یا تو اسی وقت دے دیا جاتا اور یا پھر دورانِ نشست سوال کے موضوع کی مطابقت سے بعد میں دے دیا جاتا۔ اس بات کا پورا خیال رکھا گیا کہ سوال پوچھنے والے کا نام صیغۂ راز میں رہے۔ اس غرض سے کہ حاضرینِ مجلس میں سے لوگ ایک دوسرے سے بدظن ہو کر بدگمانیوں کا شکار نہ ہوں۔ ان اقدامات کی وجہ سے جب تک نشستوں کا سلسلہ جاری رہا، کبھی ایک بار بھی ایسا نہیں ہوا کہ ایک لمحہ کے لئے بھی وہاں کے ماحول کا سکوت ٹوٹا ہو۔

نہایت سادگی، مگر اہتمام کے ساتھ کئی روز تک یہ سلسلہ جاری رہا۔ اس عرصہ میں، وہاں پر مہمانوں میں سے نہ تو کبھی کوئی میٹنگ میں لیٹ پہنچا اور نہ ہی کوئی غیر حاضر ہی رہا۔ مقررہ وقت سے پانچ منٹ پہلے ڈاکٹر صاحب تشریف لائے اور میز کے پیچھے پڑی دو کرسیوں میں سے ایک پر بیٹھ گئے اور ایک فائل کو جو اِن کے ہاتھ میں تھی دیکھنے میں مشغول ہو گئے۔ آٹھ بجنے کو ایک منٹ باقی تھا کہ وہ اپنی کرسی پر سے اٹھے اور مائک میں چیف کو تشریف لانے کی دعوت دی۔ سٹیج کے پیچھے ایک کمرہ تھا جس کا دروازہ کھلا اور چیف اندر تشریف لائے۔ ان کی آمد پر کھڑے ہو کر سب لوگوں نے تالیوں کی گونج میں ان کا خیر مقدم کیا۔ انھوں نے آتے ہی سب کو سلام کیا اور ہاتھ سے بیٹھ جانے کا اشارہ کیا۔ جب لوگ اپنی نشستوں پر واپس بیٹھ چکے تو ڈاکٹر صاحب نے بھی حاضرینِ مجلس کو سلام کیا اور ان کی تشریف آوری کا شکریہ ادا کیا اور اپنی بات کو جاری رکھتے ہوئے فرمایا:۔

معزز خواتین وحضرات! اتنا تو آپ کو معلوم ہے کہ ہم یہاں کس مقصد کے لئے جمع ہوئے ہیں۔لیکن شاید آپ کو یہ معلوم نہ ہو کہ ہم نے ملک کے ہر شعبۂ زندگی سے تعلق رکھنے والے، اعلیٰ تعلیم یافتہ اور شریف النفس لوگوں کی ایک لمبی چوڑی فہرست تیار کی تھی جن میں خواتین بھی شامل تھیں۔سب کے ریکارڈ ہم نے یونیورسٹیوں اور اعلیٰ اداروں سے حاصل کئے تھے اور اس کے بعد ایک ٹیم ترتیب دی تھی کہ وہ ان تمام لوگوں کے بارے میں اپنی رپورٹ پیش کرے اور بتائے کہ ان میں ایسے کتنے لوگ پائے گئے جو اپنے قریبی حلقوں میں اس لئے ہر دل عزیز ہیں کہ وہ لوگوں کے کام آنے میں فخر محسوس کرتے ہیں اور اکثر بلا معاوضہ کام کرتے نظر آتے ہیں۔رپورٹ میں جو نام سرِ فہرست تھے، ہم نے ان سب کو یہاں آنے کی دعوت دے دی۔آپ سب لوگ مبارک باد کے مستحق ہیں۔مبارک بادی سے زیادہ اور کچھ بھی کہنا قبل از وقت اور غیر مناسب ہوگا۔امیدِ واثق ہے کہ ہم اللہ کی کتاب کی راہنمائی میں اپنے مستقبل کے لئے بہتر لائحۂ عمل ترتیب دے سکیں گے۔ایسا لائحۂ عمل جو ہماری آئندہ نسلوں کو بھی تحفظ کی ضمانت فراہم کرے اور قیامت تک کے لئے، اُن کے بعد کی نسلوں کو بھی۔

خواتین وحضرات! اس چند روزہ اجتماع کے دوران اگر آپ کو کسی وقت ایسا لگے کہ ہم کوئی تبلیغی کام کر رہے ہیں جس کا مقصد اسلام پھیلانا ہے، تو اس خیال کو ذہن سے جھٹک دیں، مروجہ شریعتوں پر ہرگز کوئی بحث نہیں کی جائے گی۔ہم اسلام پھیلانے کی فکر میں نہیں ہم تو اس فکر میں ہیں اور جاننا چاہتے ہیں کہ نظام سے متعلق قُرآن نے جو ہدایات بنی نوعِ انسان کو دی ہیں وہ کیا ہیں؟ بنی نوعِ انسان سے مراد ہی یہ ہے کہ یہ تمام انسانوں کے لئے ہے اور ان میں سے جو چاہے اس کے نظام کو اپنا لے۔اگر ہمارے جیسے نام نہاد مسلمان اللہ کی اس کتاب کے مطابق اپنا معاشرہ قائم نہیں کرتے تو کوئی بات نہیں اس پر کوئی دوسری قوم عمل کر لے گی، جو بہر حال ہم سے بہتر ہوگی۔چنانچہ ہم چاہتے ہیں کہ یہ اعزازِ سرفرازی و سر بلندی ہمارا مقدر بنے او ہم اللہ کی انعام یافتہ قوم میں شامل ہو جائیں۔جب میں یہ کہتا ہوں کہ ہم اللہ کی انعام یافتہ قوم میں شامل ہو جائیں تو اس کا یہ مطلب ہرگز نہ لیا جائے کہ "ہم" سے مراد صرف مسلمان ہیں۔اس سے میری مراد ہم سب پاکستانی ہیں۔آگے چل کر ہم اسی اہم موضوع پر تفصیل سے بات کریں گے۔اپنے طور پر جب ہم نے قُرآنِ حکیم کا بغور مطالعہ کیا تو پاکستان کے تمام مسائل کی وجوہات اور ان کا حل دونوں کھل کر ہمارے سامنے آ گئے، ان کے سامنے آ جانے پر ہم نے معاشرے میں تبدیلی لانے کا جو لائحۂ عمل تیار کرنا تھا اس پر کام کرنا آسان ہو گیا۔ وقت کا تقاضا ہے کہ چشمِ بصیرت کو وا کرتے ہوئے اللہ کی کتاب کی راہنمائی میں اپنے مسائل کو حل کیا جائے اور عزتِ نفس کے ساتھ زندہ قوم کی طرح جیا جائے۔

خواتین وحضرات! اللہ کی یہ کتاب صرف مسلمانوں کے لئے نہیں۔خود کتاب کا بھی اپنے بارے میں یہی کہنا ہے کہ بِرَبِّ ٱلنَّاسِ یہ انسانوں کے لئے نازل کی گئی ہے اُن کے رب کی جانب سے۔اس لئے یہ کتاب کسی خاص قوم کی جاگیر نہیں کہ وہ اس پر اپنا حق جتائے اور لوگوں سے کہے کہ یہ صرف اسی کی ہے اور اس سے فائدہ اٹھانے کا کسی دوسرے کو کوئی حق اور اختیار نہیں۔

سامعین! ہم یہ اچھی طرح سے جانتے ہیں کہ آپ میں سے اکثر لوگ مذہب کی فلسفیانہ موشگافیوں سے واقف نہیں۔لیکن فکر مند ہونے کی ضرورت نہیں، کیونکہ ہم براہِ راست اس کتاب کے قوانین اور اس کے بتائے ہوئے اصولوں سے راہنمائی حاصل کریں گے، جس میں کوئی اختلافی بات نہیں۔یعنی کہ اس کتاب کے قوانین اور اصول اپنی جگہ پر اس قدر اٹل اور محکم ہیں کہ ان میں آپ کو کہیں بھی کوئی اختلاف اور جھول نظر نہیں آئے گا اور یہی چیز اسے دنیا کی ہر ایک کتاب سے منفرد بناتی ہے۔اسی خصوصیت کی بنا پر اسے

''کتاب''، نہیں بلکہ ''الکتاب'' کہا گیا ہے۔اور عربی زبان کے اصول کے مطابق جب کسی چیز کے لئے اس کے لفظ سے پہلے ''الف اور لام (ا+ل) کا اضافہ کر دیا جائے تو وہ اپنے درجے اور قدر و قیمت میں Unique ہو جاتی ہے۔ چنانچہ اس لحاظ سے اللہ نے انسانوں کو جو ضابطۂ حیات عطا کیا ہے وہ اپنی جگہ پر Unique (منفرد) ہے، جس میں کسی قسم کا کوئی ابہام نہیں، اس کی نگاہ میں سب انسان، انسان ہونے کے رشتے سے قابلِ صد احترام اور برابر کے حقدار ہیں۔ستائش وتعریف (حمد) کے لائق صرف وہی ہے ا+ل کے اضافے کے ساتھ ''الحمد وللہ'' سے یہی مراد ہے کہ اب اگر کوئی اللہ کی ''حمد'' کرنا چاہے تو وہ صرف اور صرف اُس کی کتاب کے مطابق دیئے ہوئے قوانین کی اطاعت کے ذریعے ہی کر سکتا ہے، جس کے لئے اسلامی ریاست کا قیام ضروری ہے۔ دیگر وجوہات کے علاوہ اگر ہم قرآنِ حکیم کے اس ایک اصول کو ہی وجہٗ جواز بنالیں تو بھی ہمارے لئے لازمی ہے کہ ملک میں اسلامی نظام قائم کیا جائے۔صورتِ حال کے پیشِ نظر، جس نتیجے پر ہم پہنچے ہیں، آپ بھی غور و فکر کے بعد اسی نتیجے پر پہنچیں گے۔ سامعین، یوں تو اللہ کی ہستی کسی تعارف کی محتاج نہیں لیکن اگر اس کے اصل معنی ومفہوم کو بھی سامنے رکھ لیا جائے تو پھر اُس کے عطا کردہ قوانین پر بات کرنا اور انھیں سمجھنا آسان ہو جائے گا۔

چنانچہ، عربی لغات کے مطابق، ایک خیال یہ ہے کہ اللہ ایک جامد لفظ ہے (کسی دوسرے لفظ سے نکلا نہیں) لیکن دوسرا خیال یہ ہے کہ اصل میں یہ لفظ اَلا ءِ لٰہ'' تھا (ال+اِلٰہ'') کثرتِ استعمال سے الٰہ'' کا ہمزہ گر گیا اور پہلا لام دوسرے لام میں مدغم ہو گیا۔اس طرح یہ لفظ ''اللہ'' بن گیا۔اس اعتبار سے اِلٰہ'' کے معنی ایسی ہستی ہوں گے جس کا غلبہ واقتدار قبول کیا جائے۔جس کے حکم کا اتباع کیا جائے۔یعنی وہ اللہ ایسا حاکمِ مطلق ہے جو اپنے حقِ حکومت اور حقِ ملکیت میں کسی غیر کو شریک نہیں کرتا۔اس لئے کسی فرد یا ایک گروہ کی خوشنودی کے لئے، اِس کے عطا کردہ صاف شفاف اور منصفانہ نظام (دین) کے برخلاف کسی دوسرے ایسے نظام کو ترجیح نہیں دی جاسکتی، جس میں نام نہاد حکمرانوں کو لوٹ مار کا بازار گرم رکھنے کی کھلی چھٹی ہوتی ہے۔آپ کو اس معاملے میں بھی فکر مند ہونے کی ضرورت نہیں کہ جو فیصلہ ہم آج کریں گے وہی حتمی ہوگا۔ باہمی مشاورت سے ہم اپنے تمام تحفظات کو دور کرتے ہوئے آگے بڑھتے رہیں گے۔لیکن قُرآن کے قوانین کی چار دیواری کے اندر رہتے ہوئے، ان سے باہر نکل کر نہیں۔

حضرات! یوں تو انسان صدیوں سے غلط نظامہائے عالم کے ہاتھوں مصیبتوں کا شکار رہا ہے۔لیکن ہم بہت پیچھے نہیں جانا چاہتے، ہم پاکستان بننے کے بعد کے ادوار کا جائزہ لیتے ہیں تو اس نتیجے پر پہنچتے ہیں کہ رائج الوقت نظام کی کمزوریوں سے فائدہ اٹھا کر ملک کے حکمرانوں نے قوم کو تباہی کے دھانے تک پہنچا دیا ہے،لیکن میں اُن عوامل پر بھی کوئی بات نہیں کرنا چاہتا، جو ہونا تھا وہ ہو چکا، اب لکیر پیٹنے سے کیا فائدہ۔ چنانچہ اس اجتماع کا بنیادی مقصد یہ ہے کہ جدید جمہوری نظام کے متبادل ہم اسلامی جمہوری نظام کے قیام پر غور و فکر کریں۔

ساتھ بیٹھے چیف کی طرف دیکھتے ہوئے ڈاکٹر صاحب نے ان سے پوچھا۔کیا آپ تیار ہیں؟ سر کے اشارے سے حامی بھرتے ہوئے، چیف مسکرا کر اپنی کرسی پر سے اٹھے اور بسم اللہ الرحمٰنِ الرحیم کہنے کے بعد سلام کیا اور کوئی ساعت ضائع کئے اپنے مطمعۂ نظر کا آغاز کر دیا۔انھوں نے فرمایا:۔

خواتین وحضرات! میں جمہوریہ اسلامیہ پاکستان کا ایک ادنیٰ سا خادم ہوں۔ آج میں جو کچھ بھی ہوں اسی پاکستان کی بدولت ہوں، اپنے فرائض کی ادائیگی میں مجھ سے بھی کوتاہیاں اور لغزشیں سرزد ہوئی ہوں گی۔لیکن خدا گواہ ہے کہ میں نے جان بوجھ کر

کبھی بھی کوئی ایسا فیصلہ نہیں کیا جس سے کہ ریاستِ پاکستان کے مجموعی مفادات پر کوئی ذد پڑتی ہو۔ میں بھی جمہوری نظام کا حامی رہا ہوں، بلکہ آج بھی جمہوریت کے ذریعے ووٹ لے کر حکومت میں شریک لوگوں کو میں نے پورا موقع فراہم کیا اور ان سے کئی بار درخواست بھی کی کہ وہ اپنے طرزِ حکمرانی میں کچھ مثبت تبدیلیاں عمل میں لائیں۔ لیکن انھوں نے میری ایک نہ سنی اور مسلسل قوم وملت کے اثاثے لوٹنے میں مصروف رہے۔ ان نامساعد حالات میں ہم اس سے زیادہ کچھ کر بھی نہیں سکتے تھے، ایک مخلصانہ رائے تھی جو ہم انھیں دے چکے تھے۔ آپ جانتے ہیں کہ کوئی محاز ایسا نہیں جسے دشمن نے ہمارے لئے نہ کھول رکھا ہو، افغانستان کے مسلم حکمران بھی دشمن کے آلۂ کار ہیں۔ ملک کے اندرونی خلفشار سے کون ہے جو واقف نہیں۔ ملک کی تقریباً ہر بڑی پارٹی اپنے کسی نہ کسی مفاداتِ دنیوی کے تحت ملک سے مخلص نہیں۔ یہ رونا میں نے اس لئے نہیں رویا کہ ہم نے ہتھیار ڈال دیئے ہیں، بلکہ آپ کو باور کرانا تھا کہ ان تمام مشکلات کے باوجود اللہ کے فضل سے ہم بالکل تازہ دم ہیں اور حالات ہمارے قابو سے باہر نہیں۔

یقیناً آپ کو یہ جان کر خوشی ہوئی ہوگی کہ میں جمہوریت کے خلاف نہیں، لیکن اِس تک پہنچنے میں مجھے ایک عرصہ ضرور لگا ہے۔ چند ماہ پیشتر ڈاکٹر صاحب نے میرے ساتھ میٹنگ کے لئے وقت طے کیا، ہر چند کہ میرے پاس وقت کی کمی تھی، یہ سوچ کر کہ ضرور کوئی اہم معاملہ ہے جس کے لئے ڈاکٹر صاحب مجھے ملنا چاہتے ہیں۔ ورنہ ڈاکٹر صاحب کی طبیعت سے جتنا میں واقف ہوں وہ ضروری کام کے علاوہ، لوگوں سے فقط دعا سلام رکھنے کی غرض اور تعلق بڑھانے کو وقت کا زیاں خیال کرتے ہیں۔ میں نے انھیں وقت دے دیا۔ ملنے پر، وقت ضائع کئے بغیر انھوں نے میرے سامنے قرآنِ حکیم کی دو عدد آیات رکھتے ہوئے کہا کہ اللہ آپ سے اس بات کا تقاضہ کرتا ہے کہ آپ ملک میں اس کے نظام کو نافذ کریں۔ یہ کہہ کر وہ خاموش ہو گئے۔ میں اس شش وپنج میں پڑ گیا کہ اب ڈاکٹر صاحب سے میں کیا کہوں۔ چند ساعت کی خاموشی کے بعد میں نے استعجاب کے عالم میں ڈاکٹر صاحب کی طرف دیکھتے ہوئے پوچھا کہ، آپ کو الہام ہونا کب سے شروع ہوا ہے؟ میری طرف دیکھے بغیر ڈاکٹر صاحب نے کہا کہ انھیں الہام نہیں ہوا لیکن آخری الہامی کتاب کا بہر حال یہی فیصلہ ہے۔ بلکہ اس میں ملک کے ان شہیدوں کی آرزو بھی شامل ہے، جنھوں نے اللہ کی راہ میں اپنی جان دی ہے۔ لمحہ بھر کے لئے ڈاکٹر صاحب کی اس بات سے مجھے ان تمام شہیدوں کی یاد نے جن میں سے کہ چند کو میں ذاتی طور پر بھی جانتا ہوں اور میں نے اپنے ہاتھوں سے جب انھیں لحد میں اتارا تو میرا ہاتھ تک نہیں کانپا تھا، البتہ ان شہیدوں کی آرزو کے متعلق جان کر میں لرز کر رہ گیا۔ میں نے ڈاکٹر صاحب سے پوچھا، شہیدوں کی جس آرزو کا آپ نے ابھی ابھی ذکر کیا ہے، کیا قرآن اس کی تصدیق کرتا ہے کہ یہ ایسا ہی ہے؟ اتنا تو میں جانتا تھا کہ اللہ کی راہ میں جان دینے والوں کو مردہ نہیں کہنا چاہیئے، لیکن ان شہیدوں کی آرزو کا انکشاف میرے لئے نیا ہے کہ وہ وہاں پر لوگوں کے لئے اللہ کے فضل کے طلبگار رہیں اور امید رکھتے ہیں کہ ان کی جان کی قربانی کے عوض اللہ نے ان پر سے خوف اور حزن کو دور کر دیا ہوگا، جنھیں وہ اپنے پیچھے یعنی اس دنیا میں چھوڑ گئے ہیں اور کیا وہ اِسی شعور کے ساتھ دوسری دنیا میں بھی زندہ ہیں، جس شعور کے ساتھ کہ وہ اِس دنیا میں زندہ تھے؟ اگر ایسا ہے تو پہلے مجھے وہ آیات دکھائیں اور اس کے بعد اسلامی نظام کو ملک میں رائج کرنے والی آیت بھی۔ میری اس درخواست پر ڈاکٹر صاحب نے وہ دونوں آیات میرے سامنے رکھ دیں، جو ان کے لیپ ٹاپ پر موجود تھیں۔ آپ لوگ بھی ان کو پردۂ سکرین پر دیکھ سکتے ہیں۔ جن میں کہا گیا ہے کہ:۔

وَلَا تَحْسَبَنَّ ٱلَّذِينَ قُتِلُوا۟ فِى سَبِيلِ ٱللَّهِ أَمْوَٰتًۢا ۚ بَلْ أَحْيَآءٌ عِندَ رَبِّهِمْ يُرْزَقُونَ ۳/۱۶۹

''جولوگ اللہ کی راہ میں قتل (شہید) کیئے گئے ان کو ہرگز مردہ نہ سمجھیں، بلکہ وہ زندہ ہیں اپنے رب کے پاس روزیاں دیئے جاتے ہیں۔''

فَرِحِينَ بِمَآ ءَاتَىٰهُمُ ٱللَّهُ مِن فَضْلِهِۦ وَيَسْتَبْشِرُونَ بِٱلَّذِينَ لَمْ يَلْحَقُوا۟ بِهِم مِّنْ خَلْفِهِمْ أَلَّا خَوْفٌ عَلَيْهِمْ وَلَا هُمْ يَحْزَنُونَ ۳/۱۷۰

''اللہ تعالیٰ نے اپنا جو فضل انھیں دے رکھا ہے اس سے بہت خوش ہیں اور خوشیاں منا رہے ہیں ان لوگوں کی بابت جو اب تک ان سے نہیں ملے ان کے پیچھے ہیں، اس پر کہ انھیں نہ کوئی خوف ہے اور نہ وہ غمگین ہونگے۔''

سامعین! ان آیات کا جو اثر مجھ پر ہوسکتا تھا اس کا اندازہ کوئی اور نہیں لگا سکتا۔ اس لئے کہ اس کے فوری بعد مجھے اپنے عہدے کی ذمہ داری کا اس قدر شدید احساس ہوا کہ اس سے عہدہ برا ہوجانے میں اپنی عافیت نظر آنے لگی۔ ساتھ ہی مجھے اس بات کا احساس بھی ہونے لگا کہ دورانِ ملازمت جتنا کام مجھے کرنا چاہیئے تھا، وہ میں نہیں کر پایا۔ دوسرے لفظوں میں آپ یہ کہہ سکتے ہیں کہ کافی وقت ضائع ہوگیا۔ جس کا اظہار میں نے ڈاکٹر صاحب سے بھی کیا۔ لیکن اِنھوں نے مجھے تسلی آمیز لہجے میں سمجھایا کہ یہ احساس ہی تو وہ ایک ایسی شے ہے جو انسان کی کمزوریوں اور لغزشوں پر پردے ڈال دیتی ہے۔ میں وثوق کے ساتھ کہہ سکتا ہوں کہ آج کے بعد اگر اس ملک کے لئے کوئی شخص کچھ کرسکتا ہے تو پھر وہ پہلے شخص آپ ہی ہونگے۔ دوسری آیت کو ابھی آپ نے نہیں دیکھا، جب دیکھ لیں گے تو پھر آپ کو یقین آجائے گا کہ میں نے جو کچھ بھی کہا ہے وہ ابدی حقائق کی روشنی میں کہا ہے۔ قوموں کی ترقی کا انحصار ہمیشہ اُن کی تعلیم اور عسکری قوت سے وابستہ رہا ہے۔ نبی اکرم صلی اللہ علیہ وسلم نے بھی مدینہ منورہ کی پہلی اسلامی ریاست میں تعلیمی اور عسکری اداروں کو ہی مضبوط بنایا تھا۔ اس کی اہمیت کا اندازہ ان آیات سے لگایا جاسکتا ہے۔

وَأَعِدُّوا۟ لَهُم مَّا ٱسْتَطَعْتُم مِّن قُوَّةٍ وَمِن رِّبَاطِ ٱلْخَيْلِ تُرْهِبُونَ بِهِۦ عَدُوَّ ٱللَّهِ وَعَدُوَّكُمْ وَءَاخَرِينَ مِن دُونِهِمْ لَا تَعْلَمُونَهُمُ ٱللَّهُ يَعْلَمُهُمْ ۚ وَمَا تُنفِقُوا۟ مِن شَىْءٍ فِى سَبِيلِ ٱللَّهِ يُوَفَّ إِلَيْكُمْ وَأَنتُمْ لَا تُظْلَمُونَ ۸/۶۰

''تم ان کے مقابلے کے لئے اپنی طاقت بھر قوت کی تیاری کرو اور گھوڑوں کے تیار رکھنے کی، کہ اس سے تم اللہ کے دشمنوں کو خوف زدہ رکھ سکو اور ان کے سوا اوروں کو بھی، جنھیں تم نہیں جانتے، اللہ انھیں خوب جان رہا ہے، جو کچھ بھی اللہ کی راہ میں صرف کروگے وہ تمہیں پورا پورا دیا جائے گا اور تمہارا حق نہ مارا جائے گا۔''

چنانچہ ظالم کا ہاتھ روکنے کے لئے ''قوت'' بنی نوعِ انسان کے لئے خیر و برکت کا باعث بنتی ہے لیکن اگر وہی قوت مظلوم کو لوٹنے کھسوٹنے کے لئے استعمال کی جائے تو وہ ''شر'' اور فساد کہلاتی ہے۔

لادیں ہو تو ہے زہرِ ہلاہل سے بھی بڑھ کر
ہو دیں کی حفاظت میں تو ہر زہر کا تریاق

جناب، نظامِ اسلامی کی خصوصیتِ کبریٰ کے مطابق قرآن ''قوت'' پر اس لئے کڑی نگاہ رکھتا ہے تاکہ وہ مظلوموں کی حفاظت اور ظالموں کی سرکشی و بغاوت کی بیخ کنی کے سوا کہیں اور استعمال نہ ہونے پائے۔ اور اسی طرح سے ''قوت'' بھی قرآن (قوانینِ اسلامی) کی حفاظت کرتی ہے تاکہ دنیا میں اللہ کا نظام قائم رہے۔ اقبال نے، قوت اور قانون کے اسی ناگزیر تعلق کی جامع تفسیر کرتے ہوئے کہا ہے کہ اسلامی نظام میں یہ دونوں قوتیں نہ تو ایک دوسرے کو اپنی اپنی حدود سے تجاوز کرنے دیتی ہیں اور نہ ہی باہر کی کسی ابلیسی قوت کو ایسا کرنے کی اجازت ہی دیتی ہیں۔ دوسرے الفاظ میں ''شمشیر'' قرآن (قوانین) کی حفاظت کرتی ہے اور ''قرآن'' شمشیر کی حفاظت کرتا ہے۔

این دو قوت حافظِ یک دیگر اند

اقبال کی قرآنی فکر کے مطابق، توحید کا راز قانون اور قوت کے باہمی تعلق اور امتزاج میں مضمر ہے۔

سوچا بھی ہے اے مردِ مسلماں کبھی تو نے
کیا چیز ہے فولاد کی شمشیرِ جگردار
اُس بیت کا یہ مصرعۂ اول ہے کہ جس میں
پوشیدہ چلے آتے ہیں توحید کے اسرار

نزولِ قرآن کے وقت ریاستِ مدینہ کے عسکری ادارے کے سربراہِ اعلیٰ رسول اللہ خود تھے، اور آج اسلامیہ جمہوریہ پاکستان کے عسکری ادارے کے سربراہِ اعلیٰ کی حیثیت سے آپ اُس عہدے پر فائز ہیں، کل کوئی اور ہوگا، اور بالآخر ہم میں سے کوئی بھی یہاں نہیں ہوگا۔ اتنا کہہ کر ڈاکٹر صاحب خاموش ہوگئے۔ اور میں اِن کی طرف غور سے دیکھنے لگا۔ میں نے اِن کے چہرے پر اطمینان اور متانت کے ملے جلے تاثرات کے رنگ و نور کی ایک عجیب روشنی دیکھی۔ مجھے خاموش دیکھ کر کہنے لگے، اب میرا دل مطمئن اور روح سکون میں ہے۔ میں نے کہا اچھی بات ہے، کوئی تو سکون میں ہے۔ یہ سن کر ڈاکٹر صاحب مسکرا دیئے۔

اتنا کچھ سننے کے بعد میں نے ڈاکٹر صاحب سے کہا کہ ڈاکٹر صاحب! جہاں تک اسلامی جمہوریہ پاکستان کے آئین کا تعلق ہے میں جانتا ہوں کہ اس کا احترام نہیں کیا گیا۔ اور میں یہ بھی جانتا ہوں کہ ہمارا حکمران طبقہ، دھن، دھونس اور دھاندلی کے زور پر

ملک کے وسائل پر قابض ہے۔ میں یہ بھی جانتا ہوں کہ ملک کا کوئی ایک ادارہ بھی ایسا نہیں جسے انھوں نے اپنے زہر آلود ہاتھوں سے چھو نہ لیا ہو۔ ملک میں مخلص لوگوں کی کمی نہیں لیکن کسی بھی قیمت پر کبھی نہ بکنے والے لوگ بلاشبہہ بہت کم ملیں گے۔ ریاست بچانے کا وقت سر پر آن پہنچا ہے۔ فوج کے سربراہِ اعلیٰ کی حیثیت سے جو ذمہ داری مجھ پر اللہ اور اسکے رسول نے عائد کی ہے، اب میں اس سے غافل نہیں۔ مجھے اس بات کا اعتراف کرنے میں بھی کوئی باک نہیں کہ اس سے پہلے مجھے اسلامی نظام کے خدوخال کے متعلق اتنی واقفیت نہیں تھی۔ جس کے لئے میں آپ کا شکر گزار ہوں۔ اسلامی جمہوری نظام کے قیام کے لئے مجھ سے جو بھی بن پڑا میں وہ کرنے کو تیار ہوں۔ اتنا کہہ کر میں خاموش ہو گیا۔ مجھے خاموش پا کر ڈاکٹر صاحب نے سکوت کے ماحول کو توڑتے ہوئے میری طرف سوالیہ نگاہوں سے دیکھا اور پوچھا، تو پھر؟

میں نے بتایا کہ اسلامی نظام کے متعلق مجھے اب کوئی ابہام نہیں۔ لیکن! ڈاکٹر صاحب! قائدِ اعظمؒ پاکستان کو سیکولر سٹیٹ بنانا چاہتے تھے، ملک کی تمام سیاسی پارٹیاں سیکولر ہیں اور وہ سب اس بات کا کھل کر اظہار کرتی ہیں کہ مذہب کا سیاست سے کوئی واسطہ نہیں، اور وہی اقتدار میں بھی رہتی ہیں، ملک کی ممتاز مذہبی پارٹیاں بھی ان کا حصہ ہیں۔ اس وقت آپ پاکستان میں دین کے نظام کو قائم کرنے کا سوچ بھی نہیں سکتے، اسلامی نظام کی اہمیت وافادیت سے مجھے انکار نہیں، لیکن جو کچھ بھی میں نے کہا ہے کیا یہ غلط ہے؟ ڈاکٹر صاحب نہایت سکون کے ساتھ میری آنکھوں میں آنکھیں ڈال کر مسکرائے جا رہے تھے۔ میرے خاموش ہونے پر اِنھوں نے کہا۔

جناب، آپ نے قائدِ اعظمؒ کا ذکر کیا ہے، اُن کی ذات ہم سب کے لئے نہایت ہی محترم ہے، سب سے پہلے تو یہ بات اچھی طرح سے سمجھ لیں کہ وہ سیکولرسٹ نہیں تھے اور نہ ہی ملک میں سیکولر بنیادوں پر کوئی نظام قائم کرنا چاہتے تھے۔ فرض کریں کہ اگر ایسا ہوتا بھی تو کیا ہم پاکستان میں اسلامی نظام کے قیام کے لئے کبھی کوشش ہی نہ کرتے؟ صرف اس لئے کہ قائدِ اعظم ایسا نہیں چاہتے تھے، اللہ اور اس کے رسول کے سامنے تو کسی کی بھی کوئی حیثیت نہیں، نہ میری نہ آپ کی اور نہ ہی قائدِ اعظم کی۔ جو باتیں میں نے ابھی ابھی کی ہیں میرے پاس اِن کے ثبوت موجود ہیں ورنہ میں کبھی بھی ایسا کوئی دعویٰ نہ کرتا۔

اسلام کی گاڑی کو اس کی پٹڑی پر سے اتارنے کے لئے پاکستان کی تاریخ کا ایک نہایت ہی گھناؤنا اور ایک خوفناک پنکچر اپریل ۱۹۵۴ء میں اس وقت لگایا گیا، جب پنجاب (لاہور) میں ۱۹۵۳ء کے ہنگاموں کی تحقیق کے سلسلے میں پنجاب ایکٹ دوئم کے تحت عدالتی کمیٹی قائم کی گئی۔ جو ''منیر رپورٹ'' کے نام سے مشہور ہے۔ اس لئے کہ اسے مرحوم چیف جسٹس محمد منیر اور ایم۔ آر۔ کیانی نے لکھا تھا۔ البتہ مسٹر منیر اس تحقیقی عدالت کے صدر بھی تھے۔ اُس (پنکچر) کا حوالہ اُن کی اس رپورٹ کے صفحہ نمبر ۲۰۱ پر دیا گیا ہے، جہاں پر انھوں نے قائدِ اعظم کی ذات سے منسوب اپنے فرضی اقتباس کو درج کرنے سے پہلے، قائدِ اعظم کے متعلق بتایا کہ:۔

"The pattern of Government which the Quaid-i-Azam had in mind was a secular democratic government. This is apparent from his interview which he gave to Mr. Doon Campbell, Reuter's Correspondent in New Delhi in 1946,"
(SJPak.p29)

ترجمہ ''قائدِ اعظم کے ذہن میں حکومت کا جو خاکہ تھا وہ ایک سیکولر جمہوری حکومت کا خاکہ تھا۔ اور یہ بات اُس اِنٹرویو سے آشکارا تھی جو انھوں نے روائٹر کے نامہ نگار، ڈون کیمبل کو ۱۹۴۶ء میں نئی دلی میں دیا تھا۔''

اس کے بعد مسٹر منیر نے اپنے خود ساختہ اور فرضی اقتباس کا حوالہ درج کرتے ہوئے قائدِ اعظم کے بارے میں کہا کہ اُن کا کہنا تھا کہ:۔

"The new state would be a modern democratic state with sovereignty resting in the people and the members of the new nation having equal rights of citizenship regardless of religion, caste or creed".

From Jinnah to Zia, Munir 1980 (2nd edition)p29. Emphasis added by Munir.(Secular Jinnah, p29)

ترجمہ ''نئی مملکت ایک ''جدید جمہوری مملکت'' ہوگی جس کا اقتدارِ اعلیٰ عوام کے پاس ہوگا اور نئی قوم کے ارکان کو بلا لحاظِ مذہب، ذات اور مسلک کے یکساں شہری حقوق حاصل ہوں گے''

جناب! آپ سے گزارش ہے کہ آپ مسٹر منیر کے اقتباس میں modern democratic state (جدید جمہوری مملکت) کے الفاظ پر غور فرمائیں، کیونکہ سیاسی اصطلاح میں ان الفاظ سے مراد ''مغربی جمہوریت'' لیا جاتا ہے۔اور اس کی بنیادوں پر قائم ہونے والی ریاستیں سیکولر کہلاتی ہیں، اور اُن میں حاکم ومحکوم کا جو عام تصور پایا جاتا ہے، اسے قائم رکھنے کی غرض سے خود انسان انسانوں پر حکومت کرنے کے لئے قوانین وضع کرتے ہیں، جو اسلامی جمہوریت کے عین منافی ہے۔ چنانچہ، آپ ڈون کیمبل کے اصل انٹرویو کے الفاظ پر بھی غور فرمائیں، جس میں قائدِ اعظمؒ نے ''جدید جمہوری مملکت'' کے الفاظ استعمال نہیں کئے بلکہ انھوں نے یہ کہا ہے کہ:۔

"But the Government of Pakistan can only be a popular representative and democratic form of Government. Its Parliament and Cabinet responsible to the Parliament will both be finally responsible to the electorate and the people in general without any distinction of caste, creed or sect, which will be the final deciding factor with regard to the policy and programme of the Government that may be adopted from time to time."

Interview with Doon Campbell, Reuters' correspondent, New Delhi, 21 May 1947
(Yusufi Vol. IV p.2563). Emphasis .(SJPak.p30.31)

ترجمہ ''لیکن حکومتِ پاکستان صرف ایک مقبول نمائندہ اور جمہوری قسم کی حکومت ہی ہوسکتی ہے۔اس کی پارلیمنٹ اور کیبنٹ دونوں پارلیمنٹ کے فیصلے کے ذمہ دار ہیں اور بالآخر دونوں رائے دہندگان کو، جوابدہ ہیں، عمومی طور پر عوام کو، اور وہ بھی بلا تخصیصِ ذات، مسلک، اور مذہب کے۔ جو بالآخر حکومت کی پالیسی اور اس کے پروگرام کو وقتاً فوقتاً طے کرنے کی غرض سے فیصلہ کن کردار ادا کرے گی۔''

تو جناب، مسٹر منیر کی تحریر میں اور قائدِ اعظم کے اصل انٹرویو میں صرف دو لفظوں کی مماثلت پائی جاتی ہے اور وہ لفظ caste اور creed کے ہیں۔ باقی تمام الفاظ مسٹر منیر کے اپنے ہیں۔ قائدِ اعظمؒ نے modern democratic state (جدید جمہوری ریاست) کے الفاظ کا استعمال کہیں بھی نہیں کیا، بلکہ ''جمہوری قسم کی'' کہہ کر پکارا ہے، جو اسلامی جمہوری بھی ہوسکتی ہے۔ یہ

بات یہیں پر رک جاتی تو اچھا ہوتا۔لیکن بات یہیں نہیں رکی، اس کے نتائج اتنے دوررس نکلے، کہ جس پاکستان کو ایک ''اسلامی جمہوری ریاست'' بننا تھا وہ ایک مشرکانہ ''جدید جمہوری ریاست'' بن کر رہ گیا۔دشمنانِ اسلام نے پاکستان کی گاڑی کو عین اس وقت پنکچر لگایا، جب وہ اپنی پٹڑی پر بھی ابھی پوری طرح سے نہیں چڑھی تھی۔ جنتِ ارضی کے جس حصول کے لئے لوگ اس گاڑی پر سوار ہوئے تھے وہ گاڑی سمیت ہی عالمِ برزخ میں لٹک کر رہ گئے۔

ابھی تھوڑی ہی دیر پہلے ہم دونوں یہی بات کر رہے تھے کہ قوموں کی ترقی کا راز اللہ نے ان کی مثبت تعلیم اور ان کی اُس عسکری قوت میں رکھا ہے، جو مظلوم کی حفاظت اور ظالم کے ہاتھ روکنے کے لئے استعمال میں لائی جانی چاہیئے۔شومئی قسمت کہ خود مسلمان دانشوروں نے اُس اقتباس کو، جو کہ مسٹر منیر کے دماغ کی اپنی اختراع تھا، نعمتِ خداداد سمجھ کر لے اڑے اور اس کی تشہیر کرنے میں مصروف ہوگئے۔آپ کو یاد ہوگا کہ حضرت موسیٰ اور حضرت ہارون کے وقت میں ایک کردار سامری کا بھی تھا جس نے سونے کا بچھڑا بنا کر اس میں پھونک ماری تھی تو اس میں سے شیطان کی آوازیں نکلنا شروع ہوگئی تھیں، جس پر پوری قوم نے گانا اور ناچنا شروع کر دیا تھا۔مسٹر منیر والا واقعہ بھی اُس سامری والے واقعہ سے کچھ کم نہیں۔

ڈاکٹر صاحب کی یہ بات سن کر بے اختیار میری ہنسی نکل گئی۔

نہیں جناب! حسرت و یاس کے موقعوں پر تو صرف رویا ہی جاسکتا ہے۔غور فرمائیں کہ صرف Modern Democratic (جدید جمہوری ریاست) کے ان دو لفظوں نے پوری قوم کو اسلام (سلامتی) کی جنتِ ارضی میں داخل ہونے سے بس ایک ہی قدم کی دوری پر روک دیا اور کافرانہ نظامِ جمہوریت کی بھٹی میں جھونک دیا۔آپ ہی بتائیں، مقامِ تاسف ہے کہ نہیں؟

اُس کے بعد ڈاکٹر صاحب بڑی دیر تک خاموش رہے، اور کوئی بات نہ کر سکے۔میں نے میٹنگ برخاست کر دی اور بیرے کو چائے لانے کا کہہ دیا اور چائے کے بعد اگلی ملاقات کا وقت طے کر لیا گیا۔

سامعین! اب ہم بھی آج کی نشست برخاست کرتے ہیں۔حسبِ معمول کل پھر یہیں پر ملیں گے۔

شکریہ

مثالی معاشرہ

دوسری نشست

دوسرے دن، چیف اور ڈاکٹر صاحب کے استقبال کے لئے، تمام شرکاء اپنی اپنی نشستوں پر تشریف لا چکے تھے۔ چیف نے سلام کے بعد اپنی بات کو جاری رکھتے ہوئے کہا:

خواتین وحضرات! میں آپ کو بتا تا چلوں کہ اُس ملاقات کے چار دن بعد، جب ہم دوبارہ ملے تو ڈاکٹر صاحب نے وہیں سے اپنی بات کا آغاز کیا تھا جہاں مسٹر منیر کے ''جدید جمہوری مملکت'' کے فرضی اقتباس پر اپنی بات ختم کی تھی۔ ڈاکٹر صاحب نہایت ہی خوشگوار موڈ میں نظر آ رہے تھے۔ انہیں ہشاش بشاش دیکھ کر میں خود کو تازہ دم محسوس کرنے لگا۔ انھوں نے بتایا کہ منیر رپورٹ کے پورے پچیس سال بعد مسٹر منیر نے اپنی کتاب ''جناح سے ضیاء تک'' From Jinnah to Zia کے تعارف میں تحریری طور پر تسلیم کیا ہے کہ:۔

''حکومت کو اس رپورٹ کے پیش کرنے کے بعد، ملک کو ایک اسلامی ریاست بنانے کا مطالبہ ٹھنڈا پڑ گیا اور علماء کو پیش منظر سے پس منظر میں دھکیل دیا گیا''

چنانچہ جسٹس صاحب نے اس بات کا تحریری طور پر اعتراف کیا کہ اُن کے اقدام سے پاکستان میں سیکولر طرزِ حکومت کی داغ بیل پڑ گئی تھی۔ رپورٹ میں قائدِ اعظمؒ کے انٹرویو کا فرضی حوالہ دے کر اس کے متعلق یہ بھی لکھا تھا کہ اسے انھوں نے اُس انٹرویو سے اخذ کیا ہے جسے قائدِ اعظمؒ نے ۱۹۴۶ء کو، ڈوون کیمبل کو دیا تھا۔ لیکن اس کے ساتھ نہ تو انھوں نے کوئی تاریخ ہی درج کی اور نہ اُس کے ماخذ کے بارے میں بتایا کہ وہ کیا تھا۔ تحقیق کرنے کے بعد پتہ چلا کہ اس سال کا ایسا کوئی انٹرویو تاریخ میں موجود ہی نہیں۔

دوڑ دھوپ کے بعد یہ عقدہ کھلا کہ جس انٹرویو کا ذکر موصوف نے کیا ہے، قائدِ اعظم کا وہ انٹرویو تو (۲۱ مئی ۱۹۴۷ء) کا ہے ایسی غلطی کے متعلق کہا جا سکتا ہے کہ نادانستہ طور پر ایک سال آگے پیچھے ہو گیا ہو گا، لیکن ایسا نہیں ہوا، بلکہ یہ سب دانستہ طور پر ایک سازش کے تحت کیا گیا تھا۔ ڈاکٹر صاحب نے میری طرف دیکھتے ہوئے کہا کہ وہ اپنی سچائی کا ثبوت اور مسٹر منیر کی بے جا جسارت کا ایک اور عملی نمونہ پیش کرنا چاہتے ہیں۔ اِنھوں نے اپنی فائل جو کہ ان کے ہاتھ میں تھی اُسے کھول کر میری طرف بڑھاتے ہوئے کہا کہ اسے پڑھ لیں۔ میں نے اُسے پڑھا تو اُس میں درج تھا کہ۔

مسٹر منیر نے ۱۹۵۴ء کی اپنی ہی رپورٹ میں قائدِ اعظم کے انٹرویو کا سال ۱۹۴۶ء درج کیا ہے، جب کہ اصل انٹرویو کی تاریخ ۲۱ مئی ۱۹۴۷ء ہے۔ اسی لئے اپنی رپورٹ (منیر رپورٹ) میں جب قائدِ اعظم کا فرضی اقتباس درج کیا تو اسکے دائیں بائیں واوین (Inverted commas) کے نشانات نہیں لگائے، اِس میں افسوس ناک بات یہ ہے کہ اُس رپورٹ کے باہر آجانے کے بعد ملک کے کسی تاریخ دان یا دانشور نے مسٹر منیر کے دیئے گئے اقتباس کے متعلق تحقیق ہی نہیں کی، کہ وہ مستند بھی ہے یا کہ نہیں۔ لیکن اس معاملے میں اگر کسی نے کوئی کاوش کی بھی ہے تو وہ بہر حال منظرِ عام پر نہیں لائی گئی۔

لیکن جب ستمبر ۱۹۷۹ء میں چیف جسٹس محمد منیر مرحوم نے اپنی کتاب (From Jinnah to Zia) ''جناح سے ضیاء تک''، تحریر کی تو اِس میں انھوں نے اپنی ہی رپورٹ سے، اپنا ہی فرضی اقتباس لے کر درج کر دیا اور اس کے دائیں بائیں واوین (Inverted commas) کے نشانات لگا کر اسے قائدِ اعظم کا حقیقی اقتباس قرار دے دیا۔ کوئی بتائے کہ اسے کیا کہا جائے گا؟ فاش غلطی یا علمی بد دیانتی؟ یوں تو علمی بد دیانتیوں کے منفی اثرات دور رس ہوتے ہی ہیں لیکن جب عدالتِ عظمیٰ جیسے اداروں میں بیٹھنے والے منصب داروں سے ایسی حرکات سرزد ہونے لگیں تو پھر قوموں کے سروں پر قیامتیں ٹوٹا کرتی ہیں۔ پچیس سال کا عرصہ گزر جانے کے بعد یہ دوسرا موقعہ تھا جب جسٹس مرحوم نے اپنی کتاب میں، اپنے فرضی اقتباس کو دوام بخشنے کے لئے دوبارہ زندہ کیا۔ اس کے پبلشنگ ہاؤس ''وین گارڈ بکس لمیٹڈ'' (Vanguard Books Ltd) کے فاؤنڈر نجم سیٹھی صاحب تھے۔ اس کا پہلا ایڈیشن ستمبر ۱۹۷۹ء میں بازار میں آیا، کتاب ہاتھوں ہاتھ فروخت ہوگئی اور خاصی شہرت پائی۔

سامعین! رپورٹ کا یہ حصہ پڑھنے کے بعد میں نے وہ فائل ڈاکٹر صاحب کی طرف بڑھا دی۔ مجھے اچھی طرح سے یاد ہے کہ اُس کے بعد اچانک اِن کے لہجے میں تیزی آ گئی اور مجھ سے مخاطب ہو کر کہنے لگے کہ دیکھا جناب، جب سے پاکستان معرضِ وجود میں آیا ہے ہندوستان نے اسے نئی ریاست کے طور پر تسلیم نہیں کیا اور ہمیشہ اسے نقصان پہنچانے کے در پے رہا، لیکن افسوس کہ اُس کی اکثر سازشوں کو کامیاب بنانے میں خود مسلمانوں ہی کا ہاتھ رہا۔ لیکن کوئی بات نہیں۔ سر آپ کو معلوم ہوگا کہ مسٹر منیر کے اس جعلی اقتباس کا اصل اور ناقابلِ تلافی نقصان ۲۴ اگست ۱۹۵۴ء کو اسمبلی میں اس وقت ہو، جب اسمبلی کے ارکان، پاکستان کے شہریوں کے بنیادی حقوق کی کمیٹی کی رپورٹ اور اقلیتوں کے امور پر غور کرنے کے لئے جمع ہوئے تھے۔ اقلیتوں کو جداگانہ انتخاب کا حق دینے کے بارے میں اختلافِ رائے پایا جاتا تھا چنانچہ اجلاس کے شروع میں اسی مسئلے پر بحث ہوئی، یہ ایک سیاسی تنازعہ تھا۔ تاہم جلد ہی بحث نے نظریاتی رخ اختیار کر لیا یہ مسٹر چٹوپادھیایا (Chattopadhyaya) کانگرس پارٹی کے لیڈر تھے جنھوں نے گفتگو کا موضوع تبدیل کیا۔

انھوں نے اپنا نقطۂ نظر پیش کرتے ہوئے کہا:۔

.....latterly we found that they [Muslims] want to establish an Islamic State. My friend, Khwaja Nazimuddin, said one day 'Why are you afraid of [an] Islamic State?' We knew why we are afraid of [an] Islamic State! This has got a technical meaning. What are the rights of the non-Muslims in the Islamic State? I said late Mr. Jinnah told
me Pakistan would be a modern democratic state.

CAP Debates, Vol. XVI p.288. Spellings are rendered as in the original here throughout (SJPak.p61)

ترجمہ ''حال ہی میں ہمیں معلوم ہوا ہے کہ یہ لوگ (مسلمان) ایک اسلامی ملک قائم کرنا چاہتے ہیں۔ میرے دوست خواجہ ناظم الدین نے ایک دن کہا کہ، آپ لوگ ایک اسلامی ملک سے کیوں خائف ہیں؟ (میں نے کہا) ہم جانتے ہیں کہ ہم ایک اسلامی مملکت کے قیام سے کیوں خائف ہیں! تکنیکی اعتبار سے اس کے معنی ہیں ایک اسلامی ملک میں غیر مسلموں کے حقوق کیا ہیں؟ میں نے کہا مرحوم مسٹر جناح نے مجھ سے کہا تھا کہ پاکستان ایک ''جدید جمہوری ملک'' ہوگا''

چتوپادھیایا کی اس تقریر کے فوری بعد، سردار عبدالرب نشتر نے مسٹر پادھیایا سے قائدِ اعظم کے اِس ریفرینس کا ثبوت مانگا جسکے متعلق موصوف نے جواب دیا کہ مسٹر جناح نے اُس سے کہا تھا کہ پاکستان ایک ''جدید جمہوری ملک'' ہوگا۔لیکن جہاں تک مسلمان لیڈروں کا تعلق تھا اِس سے پہلے کسی نے بھی، یہ کہیں نہیں سنا تھا کہ قائدِ اعظم نے ''جدید جمہوری مملکت'' کے الفاظ استعمال کئے ہیں۔ یہ پہلا موقعہ تھا کہ کسی نے یہ الزام قائدِ اعظم کی ذات پر لگایا تھا، اور الزام لگانے والا شخص ایک ہندو کانگریسی لیڈر تھا۔ چنانچہ عبدالرب نشتر کے سوال کے جواب میں Chatto padhyaya نے کہا کہ:۔

"On this point, my friend, Sardar Nishtar, said he wanted evidence. Mr. Jinnah was an old friend of mine. We were in the same party, the extremist party in the Congress. I had [a] long discussion with Mr. Jinnah on the 21st of March, 1948. That was my last meeting with him in Dacca. ... when I met him, he kept me there for 45 minutes. ... some of the other visitors were furious that I had spoilt their chances of meeting him. ... I shall quote what he said. I have not the book with me ... but now I quote [from memory]. He said the new State would be a modern State. I shall give the evidence to Mr Nishtar, when I have got the book."

CAP Debates, Vol. XVI p.288.(Secular Jinnah & Pakistan, p62)

ترجمہ ''اس پر میرے دوست سردار نشتر نے کہا ہے کہ وہ اس ضمن میں کوئی ثبوت چاہتے ہیں، مسٹر جناح میرے پرانے دوست تھے ہم دونوں ایک ہی پارٹی میں تھے۔یعنی (کانگریس کی انتہا پسند پارٹی)۔۲۱ مارچ ۱۹۴۸ء کو مسٹر جناح کے ساتھ میرے طویل مذاکرات ہوئے۔ان سے میری یہ آخری ملاقات تھی جو ڈھاکہ میں ہوئی تھی۔ جب ان سے میری ملاقات ہوئی تو انھوں نے مجھے پینتالیس منٹ تک گفتگو میں مصروف رکھا، جبکہ دوسرے مہمان اس بات پر ناراض تھے کہ میں نے ان کے جناح سے ملنے کے مواقع ضائع کر دیئے۔اُنھوں نے جو کہا میں اسے بیان کروں گا۔

اس وقت میرے پاس میری ڈائری نہیں ہے لیکن میں اب (اپنی یاداشت سے) بتاتا ہوں۔ انھوں نے کہا تھا کہ نئی مملکت ایک جدید جمہوری مملکت ہوگی، جب میرے پاس کتاب ہوگی تو مسٹر نشتر کو اس کا ثبوت بھی فراہم کردوں گا"

اسمبلی کے ایوان میں مسٹر چٹو پادھیایا کی تقریر کی روشنی میں یہ بات خاص طور پر اہم ہے، جب وہ اپنی یاداشت پر زور دے کر کہتے ہیں کہ:۔

"Mr Jinnah told me the new State would be a modern democratic State, with sovereignty resting in the people."

CAP Debates, Vol. XVI p.288.(Secular Jinnah & Pakistan, p62)

ترجمہ (مسٹر جناح نے مجھے بتایا) "نئی مملکت ایک جدید جمہوری مملکت ہوگی، جس میں اقتدارِ اعلیٰ عوام کے پاس ہوگا۔"

جناب، آپ نے غور فرمایا کہ، اسمبلی میں مسٹر چٹو پادھیایا نے اپنی تقریر کے دوران کچھ اہم نکات کے علاوہ جن الفاظ پر سب سے زیادہ زور دیا اور دوہرایا ہے وہ "جدید جمہوری مملکت" کے ہیں۔ اور آخر میں جن الفاظ پر کچھ ضرورت سے زیادہ زور دیا وہ، sovereignty resting in the people کے تھے، اور یہ سب قائدِ اعظم کو سیکولر ثابت کرنے کے لئے تھا۔ البتہ قائدِ اعظم کے حوالے سے ایک تو عبدالرب نشتر کے لئے، جدید جمہوری مملکت کے الفاظ نئے تھے اور دوسرا جب انھوں نے دیکھا کہ "جدید جمہوری مملکت" کے الفاظ کو ضرورت سے کچھ زیادہ ہی دہرایا جارہا ہے تو تنگ آکر انھوں نے چٹو پادھیایا سے کہا کہ اس کے لئے ثبوت فراہم کریں کہ یہ قائدِ اعظم کے الفاظ ہیں۔ اُن کے استفسار پر شاطر چٹو پادھیایا نے کہا کہ ۲۱ مارچ ۱۹۴۸ء میں ڈھاکہ کی ایک میٹنگ میں قائدِ اعظم نے انھیں بتایا تھا کہ پاکستان "جدید جمہوری" ملک بنے گا۔ اس میں کوئی شک نہیں کہ ڈھاکہ میں ۲۱ مارچ ۱۹۴۸ء کو قائدِ اعظم مشرقی پاکستان اسمبلی کے ہندو شیڈولڈ کاسٹ کے وفود سے ملے تھے اور اس واقعہ کی کافی تشہیر کی گئی تھی۔ لیکن اس کو تو کوئی چھ سال کا عرصہ گزر چکا تھا، ہم مان لیتے ہیں کہ ڈھاکہ میں اِن صاحب کی قائدِ اعظم کے ساتھ ایک یادگار ملاقات ہوئی تھی، لیکن مملکت کے نظریات سے متعلق اس انتہائی اہم بیان کو لوگوں کے سامنے لانے کے بارے میں انھیں اس سے پہلے کبھی خیال کیوں نہ آیا؟ کیا میں آپ کو بتاؤں کہ جس کتاب کا ذکر چٹو پادھیایا بار بار کرتے رہے اور عبدالرب نشتر سے یہ کہتے رہے کہ وہ اُسے گھر چھوڑ آئے ہیں اور بعد میں کسی وقت دکھا دیں گے وہ کون سی کتاب تھی؟ دراصل وہ کتاب نہیں تھی بلکہ وہ "منیر رپورٹ" تھی، جو کوئی پانچ ماہ پیشتر ہی مکمل ہو کر منظرِ عام پر آئی تھی اور وہ اُسی کا حوالہ دے رہے تھے۔

میں ڈاکٹر صاحب کی یہ تمام باتیں غور سے سن رہا تھا، اور یہ مجھے تسلسل کے ساتھ سنائے چلے جارہے تھے۔ اور بتا رہے تھے کہ قائدِ اعظم کو سیکولر ثابت کرنے کے لئے سیکولر کیمپ کے پاس اس سے پہلے کوئی ایک بھی ایسی مضبوط دلیل نہیں تھی جس کے بل بوتے پر وہ قائدِ اعظم کو سیکولر ثابت کرسکتے۔

پہلے جب وہ کہتے تھے کہ قائدِ اعظم تھیوکریسی اور تھیوکریٹک طرزِ حکومت کے خلاف اس لئے تھے کیونکہ وہ سیکولر تھے۔ تو ان

کو یہ جواب دیا جاتا تھا کہ ہاں وہ صحیح کہتے تھے، ایسا کہنے میں کوئی برائی نہیں، کیونکہ تھیوکریٹک (مذہبی) طرزِ حکومت اور اللہ کے نظام (دین) میں زمین آسمان کا فرق ہے اور قائدِ اعظم اس فرق کوملحوظِ خاطر رکھ کر ایسا کہتے تھے۔

پھر وہ لوگ کہتے کہ قائدِ اعظم تو یہ بھی کہتے تھے کہ اقتدارِ اعلیٰ عوام کو حاصل ہے، وہ یہ نہیں کہتے تھے کہ اقتدارِ اعلیٰ اللہ کو حاصل ہے، اس لئے وہ سیکولر تھے۔ تو ان کو جوب دیا جاتا تھا کہ دراصل تم بات کو سمجھے نہیں، حقیقت میں اللہ قادرِ مطلق ہے اور مطلق قدرت رکھنے والا اس بات پر قادر ہے کہ جولوگ اس کے عطا کردہ قوانین کے مطابق معاشرہ قائم کرلیں تو وہ انھیں دنیا کی امامت کا مستحق قرار دے کر اقتدارِ اعلیٰ ان کے سپرد کردے۔ اعلیٰ اقتدار تو ہوتا ہی وہ ہے جو اللہ کے قوانین پر چلنے سے حاصل ہوتا ہے، اس کے علاوہ تو دنیا کا کوئی اقتدار ایسا نہیں جو عزت وتوقیر کے قابل ہو۔

الغرض، جب اللہ کی زمین پر کتاب اللہ کے قوانین کے مطابق حکومت قائم کی جائے گی تو اُس وقت یہی کہا جائے گا کہ مملکتِ اسلامیہ کے تمام افراد کو بلاتخصیصِ مذہب، قوم اور رنگ ونسل کے اقتدارِ اعلیٰ حاصل ہے۔ لیکن اقتدارِ اعلیٰ کا حاصل ہونا الگ بات ہوتی ہے اور قادرِ مطلق کہلانا دوسری بات۔ (اقتدارِ اعلیٰ عوام کو حاصل ہے) sovereignty resting in the people کی اصطلاح کو اگر جدید جمہوری نظام کے پیشِ نظر رکھ کر استعمال نہ کیا جائے تو یہ کوئی غیر اسلامی بات نہیں۔ البتہ قائدِ اعظم نے جدید جمہوری نظام کی اصطلاح کو کبھی استعمال ہی نہیں کیا۔ ہم دیکھتے ہیں کہ اُن کے پیشِ نظر تو ہمیشہ اسلامی نظام ہی رہا۔ اس لئے قائدِ اعظم کا sovereignty resting in the people کی اصطلاح کو استعال کرنا انھیں سیکولرسٹ نہیں بناتا۔

جناب، میرے کہنے کا مطلب یہ ہے کہ اِس وقت تک کوئی ہوش مند بندہ سیکولر کیمپ کی اِن فضول باتوں پر دھیان ہی نہیں دیتا تھا جو قائدِ اعظم کو اس لئے سیکولرسٹ بنا کر پیش کرنا چاہتے تھے تاکہ پاکستان میں جدید جمہوری نظام کو پروان چڑھایا جاسکے اور وہ اسلامی ریاست نہ بننے پائے، ایسی اسلامی ریاست جس کا خواب علامہ اقبال اور قائدِ اعظم نے دیکھا تھا۔ پاکستان کو اسلام کے نام پر حاصل کرنے کے بارے میں اُس وقت کے لوگوں میں سے کسی کو بھی کوئی ابہام نہیں تھا۔ لیکن چند دھائیوں کے بعد جب سیکولر کیمپ نے یہ کہنا شروع کردیا کہ قائدِ اعظم ''جدید جمہوری نظام'' کے حامی تھے، جس کا ثبوت چیف جسٹس محمد منیر صاحب کی کتاب From Jinnah (to Zia) میں ریفرنیس کے طور پر موجود ہے، جس میں قائدِ اعظم نے کہا ہے کہ پاکستان ایک ''جدید جمہوری'' ملک ہوگا۔ اس لئے وہ سیکولر تھے۔

تو اس کے بعد، اب مسلمانوں کے لئے اسلام کے نام پر قائدِ اعظم کو ڈیفینڈ (Defend) کرنا مشکل ہوگیا، بلکہ پاکستان کو بحیثیتِ اسلامی ریاست (Defend) کرنا مشکل ہوگیا، اسے حاصل کرنے کی وجۂ جواز ہی یہ تھی کہ اس میں اسلامی قوانین کو رائج کیا جائے گا اور اس پر اللہ قادرِ مطلق کا تختِ اجلال بچھے گا۔ لیکن جدید جمہوری نظام کے تحت تو خود مسلمانوں کا وہ ایمان، جو اُنھیں اللہ واحد پر ہے اور جس کے بارے میں وہ شہادت دیتے ہیں کہ اُس کے سوا اُن کا کوئی حاکم نہیں، خطرے میں پڑ گیا۔

سامعین، میں نے مداخلت کرتے ہوئے ڈاکٹر صاحب سے پوچھا کہ، ایمان خطرے میں پڑ گیا سے آپ کی کیا مراد ہے؟ تو اِنھوں نے بتایا کہ، اسلامی ریاست کا جو تصور بانیانِ پاکستان اور مسلمانانِ ہند کے ذہن میں تھا، وہ یہ تھا کہ پاکستان حاصل کرنے کے بعد وہ اللہ واحد کے اُن قوانین کے تحت ایک آزاد زندگی گزاریں گے جس میں حاکم ومحکوم کا کوئی تصور موجود نہیں۔ لیکن اب انھیں ''جدید

جمہوری نظام'' کے تحت، چند دولت مند طبقے کے غاصب انسانوں کے اُن خود ساختہ قوانین کے تحت جینا پڑ گیا جن کے زور پر وہ اپنے ہی جیسے انسانوں کو اپنا غلام بنا کر رکھتے ہیں۔ آپ کو یاد دلاتا چلوں کہ ان کے ہاتھ مضبوط کرنے میں مذہبی اجارہ داروں کا کردار ہمیشہ نمایاں رہا ہے، یہ دونوں ہی طبقے ایک دوسرے کی مدد و معاونت کے بغیر کبھی زندہ نہیں رہ سکتے۔ الغرض، اللہ پر ایمان رکھنے کا دعویٰ کرنے والے ایک مسلمان کا یہ فرض ہے کہ وہ عملی طور پر اللہ کے قوانین کے تحت چل کر اللہ کو اپنا ''الٰـــہ'' یعنی حاکم تسلیم کرے اور دنیا میں جنتی زندگی گزارے اور اسکے علاوہ کسی دوسرے انسان یا انسانوں کے کسی گروہ کے خود ساختہ قوانین کے تحت مشرکانہ زندگی گزار کر دنیا کو جہنم نہ بنائے۔ لیکن ہم نے کیا کیا؟ اپنی زندگیوں کو جہنم بنانے کے لئے ''جدید جمہوری نظام'' کو اپنے گلے لگا لیا۔ ہماری بے حسی کا یہ عالم ہے کہ ہم اس کو چھوڑنے اور رد کرنے کے لئے تیار ہی نہیں۔

جناب! آپ نظامہائے عالم کے کسی نظام کو بھی لے لیں اس میں آپ کو انسانوں کے بنائے ہوئے قوانین کی اجارہ داری نظر آئے گی، جن کے ذریعے نام نہاد اشرافیہ طبقہ اپنے سے نچلے طبقے کے لوگوں کا استحصال کرتا اور انھیں کمزور رکھتا ہے۔ لیکن اسلامی جمہوری نظام اپنی ذات میں منفرد اس لئے ہے کہ اس میں کتاب اللہ کے قوانین کی اَجارہ داری ہوتی ہے اس میں بلا تفریق مذہب، ذات اور رنگ و نسل کے سب انسان صاحبِ تکریم ہوتے ہیں اور صاحبِ کرم ہونے کی حیثیت سے مملکتِ اسلامیہ میں ''اقلیت اور اکثریت'' جیسی نام کی غیر اخلاقی اصطلات کے نام پر کسی کو دوسرے درجے کا شہری یا حقیر نہیں سمجھا جاتا۔ اس خصوصیت کا حامل صرف اسلام ہی کا جمہوری نظام ہے۔ اِس لئے اِس کا مقابلہ دنیا کا نہ تو کوئی مذہب کر سکتا ہے اور نہ ہی کوئی نظام۔ یہ انسان کی روحانی اور مادی، دونوں ضروریات کو نہایت ہی احسن طریقے سے پورا کرتا ہے۔ قائدِ اعظم کی ذات کے حوالے سے جو لوگ کہتے ہیں کہ وہ پاکستان کو ''جدید جمہوری ملک'' بنانا چاہتے تھے، ان کے جھوٹ، فریب اور مکر سب کھل کر سامنے آگئے ہیں۔ اس لئے آج سیکولر کیمپ کے کسی بھی چمپئن کو سامنے بٹھا کر بتایا اور سمجھایا جا سکتا ہے کہ قائدِ اعظم ایک ایسے مردِ مومن تھے، جو اسلامی جمہوری نظام کے علمبردار اور انسانی حقوق کے چمپئن تھے۔ انسانوں کو پارٹیوں میں تقسیم کرنے کے ذمہ دار نہ تو قائدِ اعظم ہیں اور نہ ہی اسلام۔ بلکہ سیکولر طاقتوں کا وہ جدید ''مغربی جمہوری نظام''ہے، جسے زبردستی لوگوں کے سروں پر مسلط کیا گیا ہے۔ اسلامی نظام کی خصوصیتِ عظمیٰ تو یہ ہے کہ اس میں لوگ ایک دوسرے کو سلامتی اور امن کی ضمانت فراہم کرتے ہیں۔

سامعین! اتنا کچھ بولنے کے بعد ڈاکٹر صاحب چند لمحوں کے لئے خاموش ہوگئے۔ اِنھیں خاموش پا کر میں نے ان سے پوچھ لیا کہ، اسلام کے حوالے سے آپ نے جو دلائل دیئے ہیں، وہ اٹل ہیں، لیکن! مجھے یاد ہے کہ مسٹر منیر کے فرضی اقتباس کے اُس حوالے سے جسے قائدِ اعظم کی ذات سے غلط منسوب کیا گیا تھا اور اسمبلی میں چتو پادھیایا سے عبدالرب نشتر نے اس کی صداقت کے لئے ثبوت طلب کیا تھا، اس کا کیا بنا تھا؟ میرے اس سوال پر مسکراتے ہوئے ڈاکٹر صاحب نے میرے چہرے پر نظریں جما دیں لیکن کچھ بولے نہیں۔ میں نے کہا کیا بات ہے؟ آپ تو خاموش ہی ہوگئے۔ تو اِنھوں نے کہا کہ۔

میں خاموش اس لئے نہیں ہوں کہ میں آپ کے سوال کا جواب نہیں دے سکتا، بلکہ میں اس سوچ میں پڑ گیا تھا کہ مسٹر چتو پادھیایا نے مسٹر منیر کے جس غیر حقیقی اور تراشیدہ ریفرینس کو ۱۹۵۴ء میں قائدِ اعظم کی ذات سے منسوب کیا تھا، اسے آج اکسٹھ برس گزر چکے ہیں، اس درمیانی عرصے میں ماڈرن جمہوری (جدید جمہوری) اور فوجی ڈکٹیٹر شپ طرز کی کئی حکومتیں آئیں اور ناکام ہوئیں۔

پاکستانی قوم کی حالت اب اس جاں بلب مریض کی سی ہو چکی ہے جس کے بچ جانے کی امید بہت کم رہ گئی ہے، لیکن اس کے باوجود اس کا طبیب اس بات پر بضد ہے کہ مریض کو انگریزی دوا سے ہی فائدہ ہونے والا ہے، جب کہ بہت سے لوگوں کو اس بات کا علم ہے کہ دوا زہر آلودہ ہے اور بالآخر جان لیوا ثابت ہوگی، لیکن وہ بھی خاموش ہیں۔ اب ضرورت اس امر کی ہے کہ پاگل طبیب کو یا تو پابندِ سلاسل کر دیا جائے اور یا پھر گولی ماردی جائے۔ مریض کو بچانے کا اس کے سوا دوسرا اور کوئی منصفانہ راستہ نہیں بچا۔

تو کیا نظام کو یکسر بدل دینا ہوگا؟ میں نے پوچھا۔

جناب، مجھے تو اس میں رتی بھر کا شک نہیں اور میں امید کرتا ہوں کہ آپ کو بھی نہیں ہوگا۔ میں پوچھتا ہوں کہ اتنے برس تک کسی نے اتنی بھی زحمت گوارا کیوں نہیں کی کہ قائدِ اعظم کی جس تقریر کے بارے میں عبدالرب نشتر مرحوم نے اپنے خدشات کا اظہار کیا تھا اس کی تحقیق کر لی جائے؟ اگر لوگ اسلام کے ساتھ مخلص ہوتے تو نوبت یہاں تک کبھی نہ پہنچتی۔ ٹرک کی بتی کے پیچھے لگانے والے محاورے کے مطابق پوری قوم کو ٹرک کی بتی کے پیچھے لگا دیا گیا ہے اور جو ہو رہا ہے اسے بدلنے کے لئے کوئی تیار نہیں، اندھے کی لاٹھی والا حساب ہے۔ آج بھی جو لوگ یہ کہتے سنائی دیتے ہیں کہ جمہوریت پٹڑی سے اتر چکی ہے اور اسے طاقت کے ذریعے واپس پٹڑی پر ڈالنا پڑے گا، اُن کا اشارہ آپ کی طرف ہے، میں یہ تو نہیں کہہ سکتا کہ یہ لوگ ایسا کہنے میں حق بجانب ہیں، لیکن اس میں ان کا قصور بھی نہیں، یہ لوگ جسٹس منیر کے ان گمراہ کردہ عناصر میں سے ہیں جو ابھی حقائق سے بے خبر ہیں۔ میں وثوق سے کہہ سکتا ہوں کہ یہ لوگ بھی پاکستان کے اتنے ہی مخلص ہیں جتنے کہ میں اور آپ ہیں، میری آپ سے گزارش ہے کہ آپ قرآنِ حکیم کے اس اصول کو جس میں اسلامی نظام کو اس کے دشمنوں سے محفوظ رکھنے کے لئے اپنے گھوڑوں کو تیار رکھنے کا مشورہ دیا گیا ہے، اپنے پیشِ نظر رکھیں گے اور اِس طاقت کو جو آج آپ کے ہاتھوں میں ہے اور ملت کی امانت ہے اسے لوگوں کی معصوم خواہشات کی بھینٹ نہیں چڑھنے دیں گے اور اسے کسی بھی مشرک نظام یا اسلام دشمن عناصر کو تحفظ فراہم کرنے کے لئے استعمال نہیں ہونے دیں گے۔

جدید جمہوری نظام کے حوالے سے، قائدِ اعظم کے مجرم جسٹس محمد منیر کے سفید جھوٹ کو آگے بڑھانے والا پاکستان اور اسلام کا دشمن ہندو کانگریسی لیڈر رچتو پادھیایا ہی تھا۔ اس جعلی اقتباس کو عام کرنے میں ان لوگوں نے بہت بڑا کردار ادا کیا۔ یہ وہ نازک وقت تھا جب غلام محمد نے اسمبلی توڑ دی۔ اس کی پوری تفاصیل برٹش لائبریری لندن میں موجود ہیں' اس Debate Official Report کو میں نے پہلے ہی حاصل کر لیا ہے، تاکہ اس کی تفاصیل سے آپ کو آگاہ کر سکوں۔ اور جب اسمبلی توڑ دی گئی تو ظاہر ہے کہ حکومت کی باگ ڈور مفاد پرست ٹولے کے ہاتھوں میں آ گئی اور وہی سیاہ و سپید کے مالک بن بیٹھے۔ آپ کو یاد ہوگا کہ مسٹر منیر نے ۱۹۵۴ء کے پچیس سال بعد ۱۹۷۹ء میں اپنی ہی رپورٹ کے متعلق، اپنی کتاب ''جناح سے ضیاء تک'' From Jinnah to Zia کے تعارف میں تحریری طور پر یہ تسلیم کیا تھا کہ:۔

''حکومت کو اس رپورٹ کے پیش کرنے کے بعد ملک کو ایک اسلامی ریاست بنانے کا مطالبہ ٹھنڈا پڑ گیا اور علماء کو پیشِ منظر سے پسِ منظر میں دھکیل دیا گیا''

بحوالہ From Jinnah to Zia ۱۹۷۹ء

اور جب ۲۱ ستمبر ۱۹۵۴ء اور ۲۴، اکتوبر ۱۹۵۴ء کے درمیانی عرصہ کے اندر ہی غلام محمد نے اسمبلی توڑ دی، تو پھر ظاہر ہے کہ عبدالرب نشتر بھی فارغ ہو گئے۔ بعد میں اُن طاقت ور لوگوں کے بارے میں جو اُس وقت اقتدار پر قابض ہو چکے تھے، ان کے متعلق عبدالرب نشتر نے اپنے جن الفاظ میں نقشہ کھینچا ہے، اِس سے اُن عناصر کی پاکستان اور اس کی آئیڈیالوجی سے مخلصی کے متعلق بہت کچھ سامنے آ جاتا ہے۔

''نیرنگِ سیاستِ دوراں تو دیکھئے　　منزل انھیں ملی جو شریکِ سفر نہ تھے''

'Look at the irony of contemporary politics
Those who shunned the Caravan have reached the Destination!'

(as cited in S. Mujahid 'Sardar Abdur Rab Nishtar an Appreciation' in Dawn,30 December 2006 (SJ&P, p56)

''سیکولر جناح اور پاکستان'' کی مصنفہ سلینہ کریم کا کہنا ہے کہ:

Most historians agree that Mr. Nazimuddin was not a strong political leader. Prof. Choudhury observes that it was during Nazimuddin's tenure that political rivalries led to factions in the cabinet. The final straw came when Mr Nazimuddin failed to nip the Ahmadi controversy in the bud. It is likely that the political embarrassment to Pakistan caused by Mr Nazimuddin's poor handling of the Punjab disturbances ultimately gave Ghulam Muhammad an excuse to dismiss his ministry in April 1953. Whilst Nazimuddin's dismissal was certainly an undemocratic move, it raised little protest from the Constituent Assembly. Thereafter Ghulam Muhammad appointed Muhammad Ali Bogra as Prime Minister, and some of the ministers who replaced Nazimuddn's ministry indicated that Pakistan may now develop as a 'secular' (non-theocratic) state.

(Saleena Karim, Secular Jinnah & Pakistan, p.66.67)

ترجمہ ''بیشتر تاریخ دان اس بات پر متفق ہیں کہ جناب ناظم الدین ایک مضبوط سیاسی رہنما نہیں تھے۔ پروفیسر چوہدری کے خیال میں خواجہ ناظم الدین کے دور میں سیاسی محاز آرائی میں آخری کیل اس وقت ٹھکی جب ناظم الدین ''احمدی'' تنازعے کو حل کرنے میں ناکام ہو گئے۔ یہ بات قرینِ قیاس ہے کہ لاہور (پنجاب) کے ہنگاموں سے جناب ناظم الدین کی حکومت کے صحیح طریقے سے نہ نمٹنے کے سبب بالآخر غلام محمد کو اپریل ۱۹۵۳ء میں ان کی وزارت کو برطرف کرنے کا بہانہ مل گیا۔

اگرچہ ناظم الدین کی برطرفی یقینی طور پر ایک غیر جمہوری اقدام تھا۔ تاہم آئین ساز اسمبلی کی طرف سے اس کے خلاف کوئی قابلِ ذکر احتجاج سامنے نہیں آیا اس کے بعد غلام محمد نے محمد علی بوگرا کو جو اس وقت امریکہ میں پاکستان کے سفیر تھے، پاکستان کا وزیرِ اعظم مقرر کر دیا اور خواجہ ناظم الدین کی کابینہ کے وزراء کی جگہ نئے وزیر مقرر کئے۔ غلام محمد کے اس اقدام نے اس بات کی نشاندہی کر دی کہ اب پاکستان ایک سیکولر مملکت کے طور پر ہی آگے بڑھے گا۔''

We leave our historical review here, except to mention that when Ghulam Muhammad's action against the first Constituent Assembly was challenged in the High Court of Sindh, it ruled that he had acted beyond his jurisdiction. When the Government next appealed to the Federal Court, Chief Justice Muhammad Munir claimed that he did not know whether or not the Governor-General had acted legally, but nevertheless rendered the ruling of the Sindh High Court invalid on technical grounds. Hence, whilst he did not directly rule in favour of the Governor-General, his decision against the Sindh High Court effectively gave the Governor-General a victory by default.

In upholding what later became known as the 'doctrine of necessity', Chief Justice Munir paved the way for every despotic leader of the future to dissolve the government whenever he found it expedient.

(Saleena Karim, Secular Jinnah & Pakistan, p.84.85)

ترجمہ ''جب سندھ ہائی کورٹ میں آئین ساز اسمبلی کے خلاف غلام محمد کی کاروائی کو چیلنج کیا گیا تو ہائی کورٹ نے یہ فیصلہ دیا کہ غلام محمد نے یہ کاروائی کر کے اپنے اختیارات سے تجاوز کیا ہے۔ جب حکومت نے وفاقی عدالت میں اس فیصلے کے خلاف اپیل کی تو چیف جسٹس محمد منیر نے یہ دعویٰ کیا کہ وہ اس بات سے لاعلم تھے کہ گورنر جنرل کی یہ کاروائی قانونی تھی یا غیر قانونی تھی، چنانچہ تکنیکی بنیاد پر سندھ ہائی کورٹ کے فیصلے کو کالعدم قرار دے دیا۔ اگرچہ انھوں نے گورنر جنرل کے حق میں براہ راست فیصلہ نہیں دیا تاہم سندھ ہائی کورٹ کے خلاف ان کے فیصلے نے گورنر جنرل کو موثر طور پر عدم پیروی کی بنا پر کامیابی سے ہمکنار کر دیا۔

اس مفروضے کی حمایت سے جو بعد میں ''نظریۂ ضرورت'' آرٹیکل 96 کے نام سے مشہور ہوا۔ اُس کے ذریعے چیف جسٹس منیر نے مستقبل کے ہر مطلق العنان حکمران کے لئے اپنی مرضی سے جب چاہے حکومت کو برخاست کر دینے کی راہ ہموار کر دی۔''

یہ وہی چیف جسٹس منیر ہیں جن کی بدولت ''اسلامی جمہوریت'' کی گاڑی اپنی پٹڑی پر سے ایسے اتری کہ اس کے بعد واپس پٹڑی پر کبھی نہ چڑھ سکی۔ اور جو کسر باقی تھی وہ ان کے عطا کردہ نظریۂ ضرورت کے قانون نے پوری کر دی۔ اِن لوگوں کی آپس کی دوستیوں اور رشتہ داریوں کے متعلق پتہ لگوائیں تو پھر دیکھئے گا کہ بات کہاں سے کہاں جا پہنچتی ہے۔ چنانچہ آپ ہی بتائیں کہ اُن نامساعد حالات میں اکیلے عبدالرب نشتر کر بھی کیا سکتے تھے؟ البتہ قائدِ اعظمؒ نے تو بہت پہلے یہ کہہ دیا تھا کہ:۔

"The modern democratic form of Government is not suitable to the genius of the Indian People. ....We want a true democracy in accordance with Islam and not a Parliamentary Government of the Western or Congress type."

(Address to the Hostel Parliament of Ismail Yusuf College, Jogeshwari (Bombay), 1 February 1943. M.A. Harris (ed.) (1976) Quaid-i-Azam. Karachi: Times Press, p.174 (Saleena Karim, Secular Jinnah & Pakistan, p35)

ترجمہ ''جدید جمہوری طرزِ حکومت، ہندوستانی لوگوں کے مزاج سے مطابقت نہیں رکھتی۔ہم اسلام کے اصولوں کے مطابق، سچی جمہوریت چاہتے ہیں اور مغربی یا کانگریس جیسی پارلیمانی حکومت کے خواہاں نہیں ہیں۔''

اور پاکستان بن جانے کے بعد انھوں نے واشگاف الفاظ میں اس بات کا اعلان کر دیا تھا کہ:۔

Pakistan must be governed through the properly constituted government, and not by cliques, fifth-columnists or a mob, and the Pakistan government are going to take the severest possible measures against the offenders, and they shall be dealt with sternly and ruthlessly."

Message to incoming refugees, Karachi, 9 January 1948 (As reported in Morning News 14January 1948). Nation's Voice, Vol. VII p.142

ترجمہ ''پاکستان کو بہر حال، اس کے منتخب نمائندگان کے ذریعے، قانون کے مطابق چلایا جائے گا۔لٹیروں، شرپسندوں، بازاری اور کم ظرف لوگوں کے ہاتھوں سے نہیں۔ایسے جرائم پیشہ لوگوں کے خلاف، حکومت اپنے تمام تر ذرائع کو استعمال میں لا کر نہایت سختی اور بے رحمی کے ساتھ نمٹے گی۔''

لیکن پاکستان پر بالآخر اُسی قماش کے لوگ قابض ہوئے جن کے ساتھ قائدِ اعظم نے سختی سے نمٹنے کی ہدایات صادر فرمائی تھیں۔یہ وہی لوگ ہیں جنھوں نے نظریۂ پاکستان کی توہین کی اور اسلامی جمہوریت کو اس کی پٹڑی پر سے اتار دیا۔اور ''جدید جمہوری نظام'' کے نام پر پاکستان کو لوٹنے کی راہیں ہموار کیں۔ابھی کل ہی ہمارے ایک قد آور، ذی شعور سیاستدان محمود اچکزئی، پارلیمنٹ میں بیٹھ کر یہ فرما رہے تھے کہ اگر دو شریف ایک پیج پر آ جائیں تو وہ ان دونوں کا ساتھ دینے کو تیار ہیں اور اگر ایسا نہ ہوا تو وہ اس شریف کا ساتھ دیں گے، جو عوام کا نمائندہ ہے، اس کی جو وجہ انھوں نے بتائی وہ یہ تھی کہ کل کو (مرنے کے بعد) انھوں نے اللہ اور اس کے رسول کو منہ دکھانا ہے۔یعنی وہ دنیا کو یہ پیغام دے رہے تھے کہ پاکستان کی مروجہ جدید جمہوریت چونکہ اسلامی ہے اس لئے اگر وہ اس کو سپورٹ نہیں کریں گے تو پھر وہ اللہ اور اس کے رسول کو اپنا منہ دکھانے کے قابل نہیں رہیں گے۔غور فرمائیں کہ جس مشرکانہ نظامِ جمہوریت کو ملک کے عمر رسیدہ اور منجھے ہوئے سیاست دان حضرات نعمت خداداد قرار دے رہے ہیں۔اس جمہوریت کو تو پاکستان کے معرضِ وجود میں آنے سے چار سال پہلے قائدِ اعظم نے مسترد کر دیا تھا۔اور کہا تھا کہ نہیں!

''جدید جمہوری طرزِ حکومت، ہندوستانی لوگوں کے مزاج سے مطابقت نہیں رکھتی۔ہم اسلام کے اصولوں کے مطابق، سچی جمہوریت چاہتے ہیں اور مغربی یا کانگریس جیسی پارلیمانی حکومت کے خواہاں نہیں ہیں۔''

غور فرمایا آپ نے جناب! کہ ۱۹۴۹ء سے لے کر ۱۹۵۴ء تک کی درمیانی مدت میں خود مسلمانوں نے اسلام دشمن قوتوں کا ساتھ دے کر جو مذاق قراردادِ مقاصد کا اڑایا اور اسکے روشن چہرے کو جس بے رحمی سے مسخ کیا، وہ تاریخ کا ایک ایسا سیاہ باب ہے کہ

جسے پڑھ کر سر ندامت سے جھک جاتا ہے۔البتہ یہ بات بھی اپنی جگہ پر اٹل ہے کہ چراغِ مصطفوی اور شرارِ بولہبی کی کشمکش کا سلسلہ مسلسل جاری ہے اور ابد تک جاری رہے گا۔

سامعین، اِس کے بعد ڈاکٹر صاحب آہ بھر کر چند ساعت کے لئے خاموش ہو گئے' تو میں نے کہا کہ کیا کچھ پانی وغیرہ منگوا لیں؟ لیکن انھوں نے منع کر دیا اور کہا کہ ایک اور ضروری بات کرنی ہے مہربانی فرما کر اِسے غور سے سنئے گا، کیونکہ شاید پھر کبھی موقع ملے یا نہیں۔اپنی بات کو جاری رکھتے ہوئے مجھ سے پوچھنے لگے کہ۔

آپ ،آنجہانی Minocher Pestonjee Bhandara المعروف (منّو) کو تو جانتے ہی ہوں گے، جو ۱۹۳۸ء میں پارسی خاندان میں پیدا ہوئے اور جون ۲۰۰۸ء میں چین کے دورے پر جاتے ہوئے حادثاتی طور پر جان سے ہاتھ دھو بیٹھے۔وہ ایک بہت بڑی Brewery شراب بنانے والی فیکٹری کے مالک اور ایک کامیاب بزنس مین ہونے کے ساتھ ساتھ ۱۹۸۰ء سے لے کر ۲۰۰۸ء کی دہائی تک یعنی کہ کوئی اٹھائیس برس تک وہ نیشنل اسمبلی میں بھی اپنی خدمات سرانجام دیتے رہے۔وہ ایک طویل عرصہ تک پاکستان کی سیاسی پارٹی (ق لیگ) میں بھی شامل رہے۔وہ ''آئیڈیالوجی آف پاکستان'' کے معاملے میں بڑے حساس واقع ہوئے تھے اور اس تذبذب کا شکار تھے کہ آئین میں اس کی واضح تشریح نہیں کی گئی چنانچہ مزید تشریح کرنا ضروری ہے تا کہ لوگوں کو اسے سمجھنے میں کوئی دشواری نہ ہو۔

البتہ یہ کوئی ایسی نئی بات نہیں تھی، جسے منظرِ عام پر لا کر وہ اس کی تشہیر کر رہے تھے۔دنیا جانتی ہے کہ آئیڈیالوجی سے مراد وہ آئیڈیا یا تصور ہوتا ہے جس کے مطابق کوئی قوم اپنا معاشرہ قائم کرے اور اس کے مطابق اپنی زندگی بسر کرے اور یا جن خطوط پر اپنی زندگی کو ڈھال لے، وہ اس کی آئیڈیالوجی کہلائے گی۔لیکن جب لوگ اپنے کسی مقصد کے حصول کے لئے معصوم لوگوں کو بے وقوف بنا نے اور اپنی منافقت کے چھپانے کے لئے ایسا کریں اور چور دروازوں میں سے داخل ہو کر پاکستان کی بنیادوں کو کمزور کریں تو پھر کسی کو تو اُن کے دجل وفریب کو سامنے لانا ہی پڑے گا۔ہماری مشکل یہ ہے کہ ہم اتنا کہہ کر آگے نہیں بڑھ سکتے، ہمیں لوگوں کو بار بار یہ بتانا پڑتا ہے کہ ''آئیڈیالوجی آف پاکستان'' کوئی نئی اصطلاح نہیں ہے، مثال کے طور پر، قائدِ اعظم کی ہمشیرہ فاطمہ جناح نے نہ صرف مارچ ۱۹۵۴ء میں ''نظریۂ پاکستان'' کا ذکر کیا تھا بلکہ انھوں نے ۱۹۶۱ء میں اسلامی نظریئے کا بھی ذکر کیا تھا، حتیٰ کہ اس اصطلاح کی تعریف بھی اپنے الفاظ میں بیان کی تھی۔اور کہا تھا کہ:۔

If you muster courage and go forward as quickly as you can, you can build up the country on true Islamic ideology.

Now let us understand what Islamic ideology means. It means democracy, brotherhood, truthfulness and justice. These are the pillars of Islam.

Spech at a function of Memon Jamaat, B.M.B School ground, Karachi, December 1961 (S. Khan (ed.) 1976, p.300)

ترجمہ ''اگر آپ ہمت کریں اور حتی الامکان تیز رفتاری سے پیش قدمی کریں تو آپ سچے اخلاقی نظریئے کے مطابق ملک کی تعمیر کر سکتے ہیں۔اب آیئے ہم سمجھیں کہ اسلامی نظریئے کا مطلب کیا ہے۔اس کا مطلب جمہوریت، بھائی چارہ، اور انصاف کا بول بالا ہے۔ یہ اوصاف اسلام کے ستون ہیں۔''

فاطمہ جناح کے درجِ بالا بیان کے برعکس ۔جسٹس منیر یہ دعویٰ کرتے ہیں کہ لفظ ''نظریہ'' (آئیڈیالوجی) کسی ملک کے بارے میں کبھی استعمال نہیں ہوا۔ جبکہ ہماری تحقیق کے مُطابق لغت میں لفظ ''نظریہ'' (Ideology) کی تعریف کچھ اِس طرح بیان کی گئی ہے:۔

"Ideology-body of ideas and beliefs of a group, nation, etc."

''نظریہ کسی گروہ، قوم وغیرہ کے تصورات اور عقائد کا مجموعہ ہے''۔

Quoted from "Collins Gem English Dictionary, HarperCollins (1992)"

جس'' آئڈیالوجی آف پاکستان'' کے بارے میں آنجہانی Minocher Pestonjee Bhandara کو سمجھنے میں دشواری پیش آتی تھی، اور وہ چاہتے تھے کہ اس کی مزید تشریح کی ضرورت ہے۔ دراصل وہ نام لئے بغیر یہ چاہتے تھے کہ اس کا وہ مفہوم سامنے لایا جائے جو چیف جسٹس منیر کی تحقیق کے مطابق ہے۔ اور چیف جسٹس صاحب کے مفہوم اور اُن کی تحقیق کے مطابق ''نظریہ'' یا (آئیڈیالوجی) کا لفظ کسی ملک کے بارے میں کبھی استعمال نہیں ہوا بلکہ ''نظریہ کسی گروہ، قوم وغیرہ کے تصورات اور عقائد کا مجموعہ ہے''۔ یعنی کہ، چیف جسٹس صاحب نے یہ کہا ہے کہ، نظریئے کا تعلق لوگوں کے عقائد سے ہے، اس لئے عقائد کا ملک سے کوئی لینا دینا نہیں ہوتا۔ چنانچہ محترم بھانڈارا'' آئڈیالوجی آف پاکستان'' کے الفاظ کو اس لئے سمجھنے سے قاصر ہیں کیونکہ وہ بھی یہی سمجھتے ہیں کہ ''نظریئے کا مملکتِ پاکستان سے کوئی تعلق نہیں اس لئے وہ لفظ'' نظریہ'' کو آئین سے نکلوانا چاہتے تھے۔ اِن تمام حضرات کی مشکل یہ ہے کہ اس تبدیلی کے بغیر وہ ملک کو سیکولر نہیں بنا سکتے۔ اس کے لئے ضروری ہے کہ لفظ'' نظریہ'' کو سامنے نہ آنے دیا جائے، جب یہ سامنے نہیں ہوگا تو لوگ آہستہ آہستہ بھول جائیں گے کہ مملکتِ پاکستان کس نظریئے کی بنیاد پر حاصل کیا گیا تھا۔ نہ رہے گا بانس اور نہ بجے گی بانسری۔

ڈاکٹر صاحب غیر شعوری طور پر کہے جا رہے تھے کہ اللہ اس ملک کا کیا بنے گا؟ لیکن بات جاری رکھتے ہوئے کہنے لگے، قائدِ اعظم نے قراردادِ لاہور کے حوالے سے لفظ'' نظریہ'' کو جن سیاق وسباق میں استعمال کیا تھا۔ وہ سنیں تا کہ لوگوں کو پتہ چلے کہ اُن سے کیا کچھ چھپایا نہیں جاتا۔ انھوں نے تو کہا تھا کہ:۔

"In order that there should be no room left for misunderstanding and that no doubt should be left in the mind of any intelligent or sensible Indian - it does not matter to which class or community he belongs - let me clarify our position with regard to our goal. What is the goal of the All-India Muslim League? What is its ideology and what its policy? Let me tell you as clearly as I can possibly define it, that the goal of the All-India Muslim League is this: We want the establishment of completely independent States ... We do not want in any circumstances a constitution of an all-India character with one government at the centre. We will never agree to that. If we once agree to that, let me tell you, the Muslims will be absolutely wiped out of existence. ... It is not, as some people mix it up, a question of Muslims objecting to a government based on the brotherhood of man, as is often alleged by people who really do not understand what they are talking about when they talk of either democracy or Islam."

Presidential address at ML Annual Session, Madras, 14 April 1941 (Yusufi Vol. III,p.1384-5) (SJ&P156)

ترجمہ ''اِس مقصد کے لئے کسی قسم کی کوئی غلط فہمی باقی نہ رہے اور کسی ذہین اور باشعور ہندوستانی کے ذہن میں کوئی شک وشبہ نہ رہے چاہے وہ کسی بھی طبقے یا برادری سے تعلق رکھتا ہو۔ مجھے یہ وضاحت کرنے دیں کہ ہمارے ''نصب العین'' کے بارے میں ہمارا موقف کیا ہے۔کُل ہندوستان مسلم لیگ کا نصب العین کیا ہے؟ اس کا ''نظریہ'' کیا ہے اس کی پالیسی کیا ہے؟ آیئے میں آپ کوحتی الامکان طور پر صاف صاف بتادوں کہ کُل ہندوستان مسلم لیگ کا نصب العین یہ ہے کہ ہم مکمل طور پر آزاد مملکتوں کا قیام چاہتے ہیں......ہم کسی طرح بھی ایک ایسا آئین نہیں چاہتے جو کُل ہندوستان پر محیط ہو، اور جس کے تحت ایک مرکزی حکومت ہو۔ ہم اس پر رضامند نہیں ہونگے ۔ اگر ہم ایک دفعہ اس پر راضی ہو گئے تو میری بات یاد رکھیں برِصغیر کے مسلمانوں کے وجود کا قطعی طور پر صفایا ہو جائے گا ......ایسا نہیں ہے کہ جیسا بعض لوگ غلط تعبیر کرتے ہیں کہ مسلمان ایک ایسی حکومت کی مخالفت کر رہے ہیں جو انسانی اخوت کی بنیاد پر قائم ہے۔ اور ایسے لوگ اکثر الزام تراشی کرتے ہیں، جو جمہوریت یا اسلام کی بات کرتے ہیں تو اُن کو حقیقت میں پتہ نہیں ہوتا کہ کس کے بارے میں گفتگو کر رہے ہیں۔''

اسی تقریر میں انھوں نے اس نکتہ کی مزید وضاحت کرتے ہوئے کہا:۔

"The ideology of the League is based on the fundamental principle that Muslim India is an independent nationality. .... We are determined, and let there be no mistake about it, to establish the status of an independent nation and an independent State in this subcontinent."

Presidential address at ML Annual Session, Madras, 14 April 1941. (Yusufi Vol. III, p.1384-5)123 Ibid. (p.1386) (SJ&P p156)

ترجمہ ''مسلم لیگ کا ''نظریہ'' اس بنیادی اصول پر قائم ہے کہ ہندوستان کے مسلمان ایک آزادانہ قومیت کے حامل ہیں۔ ہم نے تہیہ کیا ہوا ہے اور اس بات کو سمجھنے میں کوئی غلطی نہ کرے کہ ہم اِس برِصغیر میں ایک آزاد قوم کی حیثیت سے ایک آزاد مملکت حاصل کر کے رہیں گے۔''

قایدِاعظم نے واضح طور پر لفظ ''نظریئے'' (آئیڈیالوجی) کو اس تصور کے ساتھ منسلک کر دیا کہ ہندوستان کے مسلمان ایک علیحدہ قوم ہیں اور ایک آزاد مملکت حاصل کر کے رہیں گے۔ ہم دیکھتے ہیں کہ ایک کتاب میں اس بات کو تسلیم کیا گیا ہے جو ایک مشہور و معروف غیر مسلم شخصیت نے لکھی ہے۔ انڈیا کے اچھوت رہنما ڈاکٹر بی۔آر۔امبیدکر (Dr B.R. Ambedkar) اپنی اس کتاب میں لکھتے ہیں کہ:۔

Dr. B.R. Ambedkar wrote that:

'The name Pakistan' expresses 'the ideology underlying the two-nation theory'

Dr. B.R. Ambedkar (1946 edition) Pakistan or Partition of India. Bombay: Thacker & Co. Ltd., P6. (SJPak.p158)

ترجمہ ''پاکستان یا ہندوستان کا بٹوارا'' میں لکھتے ہیں کہ پاکستان کا نام اس نظامِ فکر کی عکاسی کرتا ہے جو دوقومی نظریئے کے پسِ پشت کارفرما ہے۔

اسی طرح حیدرآباد کے ماہرِ تعلیم ڈاکٹر سید عبداللطیف نے جو ہندوستان کے لئے ایک آئینی منصوبے کی تجویز پیش کرنے کے سلسلے میں مشہور ہیں مئی ۱۹۴۱ء میں کانگریسی اور مسلم لیگ کے بعض اراکین کو ایک گشتی مراسلہ بھیجا جس میں انھوں نے لکھا:۔

"there are two obstacles which we shall have to get over at all costs. which the Muslim League has developed aiming at the partition of the country; the other is the opposition to that ideology."

Circular letter dated 15 May 1941, reproduced in S.A. Latif (1943) The Pakistan Issue Lahore: Sh. Muhammad Ashraf, p.104.(SJPak.p157)

ترجمہ ''ہماری راہ میں دو رکاوٹیں ہیں جنھیں ہمیں ہر قیمت پر دور کرنا ہے ایک تو وہ بنیادی تصورِ فکر (نظریہ) ہے جو مسلم لیگ نے اپنا رکھا ہے جس کا مقصد ملک کا بٹوارا ہے۔ اور دوسری رکاوٹ اِس نظریۂ فکر کی مخالفت ہے''

غور فرمایا آپ نے، کہ یہ تمام بیانات جسٹس منیر کے اس دعوے سے کوئی چالیس سال قبل کے ہیں جس میں انھوں نے کہا تھا کہ کسی ملک کے تعلق سے یہ لفظ ''نظریہ'' کبھی نہیں ادا کیا گیا۔ یہی نہیں بلکہ جسٹس منیر نے یہ دعویٰ بھی کیا ہے کہ ''پاکستان کے قیام کے کوئی پندرہ سال بعد تک کسی کو بھی ''نظریۂ پاکستان'' کا علم نہیں تھا ۱۹۶۲ء میں پہلی مرتبہ جماعتِ اسلامی کے ایک واحد رکن نے یہ الفاظ استعمال کئے تھے''۔ اس طرح یہ تاثر دیا گیا ہے کہ یہ الفاظ پاکستان میں مذہبی عناصر نے متعارف کروائے ہیں، وگرنہ اس سے پہلے تو کوئی نظریۂ پاکستان کی اصطلاح سے واقف ہی نہ تھا۔

مسٹر منیر نے خود جاوید اقبال کی کتاب ''نظریۂ پاکستان'' (Idealogy Of Pakistan) کے حوالے دیئے ہیں جس کے بارے میں شائد انھیں خود معلوم نہ تھا کہ وہ پہلی مرتبہ ۱۹۵۹ء میں شائع ہوئی تھی (بظاہر ان کا خیال تھا کہ جاوید اقبال کی کتاب کا ۱۹۷۱ء کا ایڈیشن کتاب کا پہلا ایڈیشن تھا۔)

مزید یہ کہ (علامہ اقبال کے فرزند) جاوید اقبال نے اپنی کتاب کے تعارف میں اس بات کی وضاحت کی ہے کہ ۱۹۵۰ء کی دہائی میں فیلڈ مارشل صدر محمد ایوب خان نے ملک کے دانشوروں میں ایک سوالنامہ تقسیم کیا تھا اور ان سے پوچھا تھا کہ اس کے جواب میں بتائیں کہ ''پاکستان کا نظریہ'' کیا ہے۔ یہ کتاب اُس سوالنامے کے جواب میں لکھی گئی تھی۔ اس ضمن میں اس کتاب کا عنوان بھی یہی رکھا تھا۔

جناب! میں تو یہ سب جان کر حیران ہوتا ہوں کہ جسٹس محمد منیر مرحوم بالآخر پاکستان، اسلام اور قائدِ اعظم سے اتنے خفا کیوں تھے؟ اور اگر خفا نہیں تھے تو پھر انھیں وہ کون سا ایسا دنیوی فائدہ نظر آیا جس کے عوض انھوں نے اپنا سب کچھ داؤ پر لگا دیا؟ یہ کہتے کہتے اچانک ڈاکٹر صاحب میری طرف متوجہ ہوئے اور کہنے لگے، معاف کیجئے گا سر میں جانتا ہوں کہ ایسی فضول باتوں کو سننے کے لئے آپ کے پاس وقت نہیں۔ اب آپ کو شہید لیاقت علی خان کے اُس بیان کو سناتا ہوں جسے انھوں نے قراردادِ مقاصد کی بحث کے دوران ۱۹۴۹ء میں دیا تھا۔

"You would remember, sir, that the Quaid-i-Azam and other leaders of the Muslim League always made unequivocal declarations that the Muslim demand for Pakistan was based upon the fact that the Muslims had a way of life and a code of conduct. They also reiterated the fact that Islam is not merely a relationship between the individual and his God ... It expects its followers to build up a society for the purpose of good life - as the Greeks would have called it, with this difference, that Islamic "good life" is essentially based upon spiritual values.

Liaquat Ali Khan, 7 March 1949. CAP Debates, p.4. (SJ&P.157.158)

ترجمہ "آپ کو یاد ہوگا کہ قائدِ اعظم اور مسلم لیگ کے دیگر رہنماؤں نے ہمیشہ واضح طور پر یہ اعلانات کئے کہ پاکستان کے لئے مسلمانوں کا مطالبہ اس حقیقت پر مبنی ہے کہ مسلمانوں کا ایک طرزِ حیات اور ضابطۂ اخلاق و عمل ہے اور انھوں نے اس حقیقت کو بار بار دہرایا کہ اسلام فرد اور اس کے اللہ کے درمیان محض ایک تعلق کا نام نہیں ہے۔ اللہ اپنے بندوں سے یہ توقع رکھتا ہے کہ، بقول یونانیوں کے زندگی گزارنے کے لئے ایک اچھا معاشرہ تشکیل دیں۔ لیکن اس تفاوت کے ساتھ کہ اسلامی زندگی کی بنیاد لازمی طور پر روحانی اقدار پر ہوتی ہے۔"

سامعین، ڈاکٹر صاحب نے اپنی بات کو آگے بڑھاتے ہوئے بتایا، کہ لیاقت علی خان نے ۱۹۴۹ء کی بحث کے دوران دیگر باتوں کے علاوہ کئی بار "نظریۂ فکر" کا حوالہ بھی دیا۔ لفظ "نظریۂ فکر" ۱۹۵۴ء کی بنیادی اصولوں کی کمیٹی کی رپورٹ میں بھی موجود ہے۔ آپ نے غور فرمایا ہوگا کہ لیاقت علی خان نے اپنے بیان میں جو یہ کہا ہے کہ "اسلام فرد اور اس کے اللہ کے درمیان محض ایک تعلق کا نام نہیں ہے" ان کا یہ بیان اس بات کی شہادت فراہم کرتا ہے کہ پاکستان کے معماروں کو "دین" کے معاملہ میں کوئی ابہام نہیں تھا، وہ جانتے تھے کہ اللہ افراد سے مطالبہ کرتا ہے کہ وہ اسکے عطا کردہ قوانین کے مطابق اسلامی معاشرہ قائم کریں۔ یہی شہید ملت نے کہا تھا۔ ہمارے قائدین نے ایسا کبھی نہیں کہا تھا کہ اسلام کا نظام سے کوئی واسطہ نہیں اور اپنی فلاح کے لئے عبادات ہی کافی ہیں اور ان کے ذریعے ہر شخص اللہ سے اپنا تعلق قائم کرسکتا ہے اس لئے مزید کچھ کرنے کی ضرورت نہیں۔

خواتین و حضرات! جب ڈاکٹر صاحب اپنی بات ختم کر چکے تو میں نے اِنھیں یاد دلایا کہ یوں تو سیکولر کیمپ کے تقریباً تمام لوگ قراردادِ مقاصد وغیرہ پر اپنے تحفظات کا اظہار کرتے ہی رہتے ہیں، لیکن آپ نے خصوصی طور پر آنجہانی Minocher Pestonjee Bhandara کا اس معاملے میں کیوں ذکر کیا تھا۔ کیا کوئی خاص وجہ تھی؟ تو اِنھوں نے سر کے اشارے سے کہا کہ ہاں۔

جی جناب! خاص ہی وجہ تھی ۔ جیسا کہ شروع دن سے ہی سیکولر کیمپ کے لوگ جس میں مسلمان ہندو اور پارسی شامل ہیں، ان سب کی یہ کوشش رہی ہے کہ یہاں پاکستان میں کبھی بھی اسلامی جمہوریت قائم نہ ہو۔ وہ سمجھتے ہیں کہ اگر قراردادِ مقاصد کی شق 2A کو حذف کر کے اس کی جگہ قائدِ اعظم کی ۱۱ اگست ۱۹۴۷ء کی تقریر کو شامل کیا جائے، جس سے (ان کے نزدیک) قائدِ اعظم کے سیکولر ہونے کا امکانی ثبوت فراہم ہوتا ہے۔تو پھر آسانی سے پاکستان کو مستقبل قریب میں، مستقل سیکولر بنیادوں پر چلایا جا سکتا ہے۔اس مقصد کے لئے ۱۳ فروری ۲۰۰۷ء میں مسٹر بھنڈارا نے آئین میں آرٹیکل 2B کے اضافہ کے لئے کوشش کی اور زور دیا کہ قرادادِ مقاصد کو 2A سے نکال کر نئی شق 2B میں شامل کر دیا جائے اور اس کی جگہ قائدِ اعظم کی ۱۱ اگست ۱۹۴۷ء کی تقریر کو 2A میں رکھ دیا جائے۔لیکن اُس دن اُن کے اِس بل کا کچھ نہ بن سکا۔

البتہ جس دن بل کو اسمبلی میں پیش کیا گیا تھا، اسی دن ڈان اخبار نے مسٹر بھنڈارا کے اِس اقدام پر تبصرہ کرتے ہوئے لکھا تھا کہ مسٹر بھنڈارا کا ارادہ یہ ہے کہ یہ بل ''نظریاتی تناسب'' بحال کرنے میں مددگار ثابت ہو اور اس سے قراردادِ مقاصد 2A جو کہ آئین کا عکس (آئینہ دار) ہے وہ بھی محفوظ ہو جائے۔

اور کچھ دن کے بعد مسٹر بھنڈارا نے اخبار نویسوں کو بتایا کہ وہ چاہتے ہیں کہ بل کو قانونی حیثیت حاصل ہو جائے۔اس لئے کہ یہ بل محمد علی جناح کے سیکولر خیالات اور ان کے خواب، دونوں کی ترجمانی کرتا ہے کہ پاکستان ایک مذہبی مملکت نہیں بنے گا بلکہ ''جدید ملک'' بنے گا۔انھوں نے اخبار نویسوں کو یہ بھی کہا کہ وہ اپنے اس بل پر کام کرتے رہیں گے اور اس کے لئے انہیں لوگوں کی حمایت درکار ہو گی۔

اپنے اس مقصد کو حاصل کرنے کے لئے اندرونِ خانہ آج بھی لوگ پوری تندہی کے ساتھ کام کر رہے ہیں اور اس کارِ خیر میں مسلمان پارلیمان سب سے آگے ہیں۔یاد آیا کہ جن بھنڈارا صاحب کا ابھی میں نے ذکر کیا ہے، آج کل اُن کے صاحب زادے اصفہان یار بھانڈارا ''مسلم لیگ ن'' کے ممبر ہیں ۲۰۱۳ء کے الیکشن میں ممبر نیشنل اسمبلی میں اقلیتوں کی ریزروسیٹ پر بیٹھے ہیں۔اپنے والد کی Mure Brewery کے چیئر پرسن ہیں۔ اتنا وقت نہیں کہ میں ایک نشست میں اس کی تفصیل بیان کر سکوں۔

البتہ میں آپ کو ایک برطانیہ مقیم، پاکستانی نژاد مسلمان بچی کی کتاب ''SECULAR JINNAH'' دینا چاہتا ہوں جس نے اس کیس میں دلچسپی لی اور مسٹر بھنڈارا سے براہِ راست خط و کتابت کی، اُس کی تفصیل بھی اس میں موجود ہے۔یہ وہی سلینہ کریم ہے جس نے چیف جسٹس منیر کی علمی بد دیانتی اور قائدِ اعظم کی ذات پر لگائے گئے جھوٹے الزامات کا ایک ایک پردہ چاک کیا اور یوں تاریخ کا اک سنہرہ باب رقم کیا۔آنے والی مسلمان نسلیں اس کی اس خدمت سے مستفید ہوں گی۔یہ کہتے ہوئے، ڈاکٹر صاحب نے اپنا چشمہ اتار کر میز پر رکھ دیا اور دور آسمان پر چھیلے بادلوں پر نظریں جماتے ہوئے آنکھیں موندھ لیں۔میں نے پوچھ لیا کہ کیا بات ہو گئی، چائے منگوالیں؟ لیکن اِنھوں نے انکار کر دیا۔ اور مجھے بوجھل دل کے ساتھ نہایت ست لہجے میں بتانے لگے کہ، اُنھیں اِن مسلمان بچوں کے کارناموں پر حیرت ہوتی ہے جو دیارِ غیر میں پیدا ہوئے اور وہیں پر تعلیم بھی حاصل کی، اس کے باوجود پاکستان اور بانیانِ پاکستان کی محبت اور احترام کے جذبات ان کی رگوں میں خون کی طرح گردش کرتے ہیں۔ اقبال کیا صحیح فرما گئے ہیں۔

جوہر میں ہو لاالٰہ تو کیا خوف
تعلیم ہو گو فرنگیانہ

لیکن دوسری طرف، جوہر میں لا الـٰـہ کا ہونا تو درکنار، یہاں کے پارلیمان میں بیٹھے نام نہاد مسلمان پاکستانی ایسے بھی ہیں جنھیں سورۃ اخلاص تک زبانی یاد نہیں، زبانی کو تو چھوڑیئے اِن سے کاغذ پر لکھی اُس کی عبارت تک نہیں پڑھی جاتی۔ ایسے ہی لوگوں کے ہاتھوں، آج پاکستان کی بقا خطرے میں پڑ گئی ہے۔ اِس قماش کے لوگوں نے تو جیسے عہد ہی کر لیا ہے کہ شرارِ بولہبی سے وہ آتش کدۂ نمرود کو کبھی سرد نہیں پڑنے دیں گے۔ لیکن میں دیکھتا ہوں کہ اِدھر حق کے فرزانوں نے بھی چراغِ مصطفوی (نورِ ہدایت) بحفاظت اپنے ہاتھوں میں تھام رکھا ہے، اور اس سے مجھے بڑی تقویت ملتی ہے۔ اب فیصلے کی گھڑی آن پہنچی ہے، ایک جانب حزب اللہ (اللہ کی پارٹی) ہے تو دوسری جانب، حزب الشیطان۔ یہ جنگ قوموں کی نہیں بلکہ دو متضاد نظریات (حق و باطل) کی جنگ ہے۔ آج یہ دونوں فریق میدانِ کارزار میں ایک دوسرے کے مدِ مقابل اتر چکے ہیں۔ اب دیکھئے کون کامیاب ہوتا ہے۔ چند لمحوں کی خاموشی کے بعد ڈاکٹر صاحب نے اپنا بریف کیس کھولا اور مجھے سلینہ کریم کی کتاب دیتے ہوئے تاکید کی کہ میں اسے دوسری نشست سے پہلے ضرور پڑھ لوں اور خدا حافظ کہہ کر رخصت ہو گئے۔ ڈاکٹر صاحب کے جانے کے بعد اپنی نشست پر بیٹھا میں دیر تک یہی سوچتا رہا کہ اِس شخص کے دل میں پاکستان کی اسقدر محبت آخر کس طاقت نے ڈال دی ہے؟

مثالی معاشرہ

تیسری نشست

اسلام علیکم خواتین وحضرات ! ڈاکٹر صاحب کی خواہش پر میں نے خصوصاً وقت نکال کر جب سلینہ کریم کی اس کتاب Secular Jinnah & Pakistan کا مطالعہ کیا تو قائدِ اعظم، اقبال، نظریۂ پاکستان اور اسلام کے حوالے سے بے شمار ایسے اہم حقائق میرے سامنے آئے جو میرے لئے نہ صرف یہ کہ نئے تھے بلکہ حیران کن بھی تھے۔ مجھے یہ جان کر خوشی ہوئی کہ پاکستان کے قابلِ احترام دانشوروں اور تاریخ دانوں نے اِس کام کو بہت سراہا۔ اور اِنہوں نے پاکستان کے سوشل میڈیا اور اخبارات میں اس کتاب پر اردو اور انگریزی میں اداریے، تبصرے اور آرٹیکل قلم بند کرتے ہوئے، مبنی بر حقائق انکشافات کو سامنے لانے اور تاریخِ پاکستان کا اک نیا باب رقم کرنے پر جن مثبت الفاظ میں مصنفہ کی تعریف کی اور انھیں مبارک باد دی، یہ پاکستان کے لئے نہایت خوش آئند ہے۔ CheckPoint Press.U.K کے علاوہ اس کتاب کو پاکستان کے معروف پبلشنگ ہاؤس (Paramount Publishing Enterprise) نے بھی شائع کیا ہے۔ اور حال ہی میں اس کی افادیت کو مدِ نظر رکھتے ہوئے پاکستان کے ایک اعلیٰ تعلیمی ادارے (جامعہ) نے اس کی اردو اور سندھی زبان میں نشر واشاعت کا فیصلہ بھی کیا ہے۔

تو سامعین! اِس کتاب کی اسی اہمیت اور افادیت کے پیشِ نظر ہم نے یہ فصلہ کیا ہے کہ آپ سب کے لئے اس کتاب کا مطالعہ ضروری ہے۔ اس سے پہلے کہ آپ لوگوں کو یہ کتاب فراہم کی جائے ہم چاہتے ہیں کہ آپ اِس کتاب سے متعلق چند ریویوز (Reviews)، پر نظر ڈالیں تا کہ آپ کو خود بھی اندازہ ہو سکے کہ اِس کا مطالعہ کس قدر ضروری ہے۔

اب آپ سکرین پر آنے والی سلائڈز پر توجہ مرکوز کیجئے، اِس کے بعد ہم اصل موضوع کی طرف بڑھیں گے۔ شکریہ

<u>Reviews for Secular Jinnah & Pakistan</u>

"..... Karim fulfils all the basic requirements of a first rate work: meticulous research, copious documentation, analytical rigour and lucidity of expression. Her book also opts for Milton's free market place of ideas approach rather than going in for the hackneyed selective exposure, selective perception and selective evidence route, so popular with most Pakistani authors. Hence whether one agrees with her or not, Karim is a must read for scholars and students of Pakistan and South Asia. And, finally, with this work under her belt, Saleena Karim may well claim a place among the core Jinnah scholars."

Prof. Sharif Al Mujahid (SI),
Distinguished National Professor, Higher Education Commission,
and founder of the Quaid-i-Azam Academy

"Heartiest congratulations on the publication of "SECULAR JINNAH & PAKISTAN"
The book is the result of great research and authentic documentation and establishes that Quaid-e-Azam did not want a secular [or] theocratic Pakistan. Quaid wanted to have a democratic set up in Pakistan in accordance with the Islamic ideas and talked of ideology on various occasions. The speech of Quaid-e-Azam to the constitutent Assembly of Pakstan on 11th August has been explained in its proper context and is in consonance withthe Two Nations Theory."

Syed Sharifuddin Pirzada,
former Honorary Senior Adviser to the Chief Executive (2002-8),
Attorney General of Pakistan (1968-71),
and Honorary Secretary to Jinnah (1941-44)

"..... I have a high regard for Saleena Karim's endeavour in her "Secular Jinnah & Pakistan", and admire her expansive study and use of a variety of printed sources to reach her conclusions. In particular her correspondence with Mr. Bhandara throws new light on Pakistan's attitude towards minorities. I wish Saleena the best of luck and success in this and her future endeavours."

Dr. Waheed Ahmad,
editor of the "Quaid-i-Azam: Nation's Voice" volumes,
presently Research Advisor at the National Documentation Wing,
Cabinet Division, Islamabad

"I have read your book with great interest and arrived at the conclusion that we both agree on Jinnah's concept of [a] Pakistani state to be based on non-sectarian Islam. Further in accordance with his conviction the principles of national integration, democracy and that pluralism were an integral part of Islam."

Late Dr. Javid Iqbal,
Former Senator and Judge (retd.) of Supreme Court of Pakistan,
son of the Islamic philosopher Allama Muhammad Iqbal

"[Karim] has discussed two main points: (1) why a separate State of Pakistan was demanded in the Indian subcontinent and (2) the second is the attempt to clarify the ideology of Mohammad Ali Jinnah and Dr. Mohammad Iqbal which again was or should be the ideology of the state of Pakistan. ... Saleena karim has done full justice in terms of deep research & hardwork in answering both the questions."

Dr. Jafer Hussein Ismail Laliwala,
renowned economist, Gujarat ,India.

"(This book) gives back to the people of Pakistan their familiar Quaid-i-Azam: the father of the nation who shared their ideals and beliefs. He had been away for twenty years, but like the hero of Arthur Jones' play Silver King, he has come back more elegant and well-equipped than before. A must-read ... contrary to some other interesting studies about the Quaid, this one doesn't make a painful reading for an average Pakistani. You may or may not agree with the author, but nowhere shall you feel as if she is unsympathetic to your religious sentiments, or trying to impose her views. Besides, the enormous amount of archival material presented here is valuable for its own sake. This includes excerpts from the writings, speeches and statements of the founding fathers; passages from parliamentary debates; arguments from Quran, and much else beside."

Khurram Ali Shafique,
historian, screenwriter, educationist, and Research Consultant at Iqbal Academy
(excerpts taken from different parts of his mini-series of articles on SJ2 at Khurram's Desk)

"The study of Mr. Jinnah, the Quaid-i-Azam of Pakistan, is crucially important in understanding the debate about Islam and Democracy in our post 9/11 world. Saleena Karim's book is essential reading to understand Jinnah. I strongly recommend it."

Prof. Akbar S. Ahmed,
Ibn Khaldun Chair of Islamic Studies, at American University,Washington D.C.

"...... In her heart and mind (Saleena Karim) is firmly Pakistani, and she has a great faith in he Quaid-i-Azam. ... The author has thoroughly pursued (the claims in) Justice Munir 's book on the Quaid-i-Azam, and has labelled its baseless hypothesis a hoax. If anyone were to make such a statement in Pakistan, he/she would be accused of being backward and ignorant ... (Yet) this book has been written by a young scholar who was born and raised in a liberal environment, educated in England, and who therefore cannot be accused of narrow-mindedness or ignorance."

Dr. Safdar Mahmood,
historian and columnist at Jang, in the article Jazbay, 10 February 2007

Also reviewed by many other renowned personalities including

Lt. Col. (retd.) Khan Adeeb Ahmed Umerzai,
distinguished Pakistan Army veteran

Prof. Muhammad Rafi,
lecturer, educationist, and member of the Board of Governors of the
Karachi Board of Secondary Education (KBSE), and Shura member, Hamdard University.

Khalid Sayyed,
expert in Applied Linguistics and author of "The Quran's Challenge to Islam"

Dr. Imran S. Chaudhry,
Advisory Board Director & Head of Quaid-i-Azam Research, PakistanFirst.com

Dr. Asarulislam Syed,
neurologist, psychiatrist and Islamic thinker, California -Quaideazam.com

Orya Maqbool Jan,
writer, TV anchor, and former civil servant, Pakistan

Mohammed Khan Hanif,
Freelance writer and former BBC Radio producer

Prof. Khurshid Ahmad,
Islamic scholar, economist, and Pakistan Senate member,
writing in The Muslim World Book Review (Winter 2007 issue)

Prof. Sheila McDonough,
Adjunct Professor, Department of Religion, Concordia University

Dr. Shabbir Ahmed,
Florida, Islamic scholar and author - OurBeacon.com

Late Ardeshir Cowasjee,
senior columnist at DAWN

Ghulam Asghar Khan,
former Inspector General of Police, Peshawar - Frontier Post Pakistan

خواتین وحضرات! آپ نے پردۂ سکرین پر متعلقہ کتاب کے بارے میں مختلف شعبہ ہائے زندگی سے تعلق رکھنے والی نامور اورمعزز شخصیات کی آراء پڑھ لی ہیں۔ حسبِ معمول، جب دودن کے بعد ہم دوبارہ مل رہے تھے تو، دعا سلام کے بعد میں نے ڈاکٹر صاحب کو بتایا کہ جو کتاب انھوں نے مجھے پڑھنے کو دی تھی میں نے اس کا بغور مطالعہ کیا اوراس نتیجے پر پہنچا ہوں کہ اگر شروع دن سے ہی قائد کی ذات پر (پاکستان کونقصان پہنچانے کی غرض سے) بے بنیاد الزامات کا سلسلہ نہ شروع کیا گیا ہوتا تو آج پاکستان دنیا کے ترقی یافتہ ممالک میں پہلے نمبر پر ہوتا، ملک وملت کے ساتھ بہت بڑا دھوکا ہوا جس کی بدولت ہم پیچھے رہ گئے۔ میں بولے ہی چلا جا رہا تھا اور جب میں خاموش ہوگیا تو ڈاکٹر صاحب نے پوچھا، تو اب کیا کیا جائے؟

میں ذہنی طور پر اس کے لئے پہلے سے تیار تھا، میں نے کہا کہ ایک ترکیب تو ہے، لیکن اسے زیرِ بحث لانے کا ابھی وقت نہیں آیا۔ ڈاکٹر صاحب نے کہا کہ وہ میرے اس فیصلے کا احترام کرتے ہیں اوراس سے مطمئن ہیں۔ لیکن! جس سازش کے تحت اسلامی جمہوری نظام کی گاڑی کو چیف جسٹس منیر نے اس کی پٹڑی سے اتارا تھا وہ سازش تو بے نقاب ہو چکی ہے، اوراب ایسی کوئی وجہ نظر نہیں آتی، کہ اسے واپس پٹڑی پر نہ ڈالا جائے۔ آپ کیا فرماتے ہیں؟

میں نے کہا، ڈاکٹر صاحب آپ درست فرماتے ہیں۔ لیکن سوال ہماری پسند یا ناپسند کا نہیں بلکہ پوری قوم کی رائے کا ہے۔ اور اِس وقت قوم کی رائے میں جدید جمہوری نظام ہی بہترین نظامِ حیات قرار پاتا ہے۔ آپ ہی بتائیں کہ ایسی صورتِ حال میں کیا کیا جاسکتا ہے؟ لیکن ڈاکٹر صاحب کا کہنا تھا کہ جس انداز سے حکمران طبقہ جدید جمہوری نظام اوراس کے بارے میں یہ تاثر دیتا ہے کہ رائے عامہ کے خیال میں اُن کے لئے سودمند نظام یہی ہے، درست نہیں۔ بلکہ مبالغہ آرائی سے کام لیا جاتا ہے۔ مجھ سے مخاطب ہو کر کہنے لگے کہ دیکھیں جناب! سوال پاکستان کی بقا کا ہے بحث وتمحیص کا وقت گزر چکا، اب عملی اقدام اٹھانے کا وقت ہے۔ ہمیں فوری طور پر جسٹس منیر کی سازش کا کیس عدالتِ عظمیٰ میں پیش کر دینا چاہیئے۔ فیصلہ آنے پر قائدِ اعظم کی ذات پر جن لوگوں نے بھی بے بنیاد الزامات لگائے اور پاکستان کو نقصان پہنچانے کی غرض سے ایسا کیا، اُن میں سے جو زندہ ہیں اُن پر عدالت میں کیس چلایا جائے اور اُن کے اِن پیروؤں پر بھی جو آج بھی اُن لغو اور بے بنیاد الزمات کو شدومد کے ساتھ ملک میں عام کرنے اور پاکستان کی آئیڈیالوجی (نظریہ) کو نقصان پہنچانے کی غرض سے آگے بڑھائے چلے جا رہے ہیں۔ یہ کوئی مشکل کام نہیں، کیونکہ ثبوت کے طور پر ہمارے پاس ان لوگوں کے تحریری ریکارڈ موجود ہیں۔ اس کے بعد قائدِ اعظم کی اصلی اوراجلی ذات کو قوم کے سامنے لایا جانا ہمارے فرائض میں شامل ہے۔ تاکہ

اس کے بعد کوئی بھی شخص، بغیر ثبوت کے قائدِ اعظم کی ذات پر کیچڑ اچھالنے اور اسے داغدار کرنے کی بھیمانہ جرات نہ کرے۔ منیر سازش، کے سامنے آنے کے بعد جوں جوں لوگوں کو پتہ چلتا جا رہا ہے وہ قائدِ اعظم کے حوالہ سے ''جدید جمہوری نظام'' کی اصطلاح کو ریفرینس کے طور پر استعمال کرنا چھوڑ رہے ہیں۔ لیکن قائدِ اعظم کو سیکولر ثابت کرنے کے لئے اُن کی جس تقریر کو سیکولر کیمپ ترپ کے پتے کے طور پر آج بھی اس لئے استعمال کرتا ہے تا کہ وہ ملک کو سیکولر (غیر اسلامی) بنیادوں پر چلائیں۔ رسول اللہ کے وقت میں بھی لوگ یہی کچھ چاہتے تھے۔ جس کی مذمت کرتے ہوئے سورۃ ''الکافرون'' نازل فرما کر اللہ نے رسول اللہ کی زبان سے کہلوایا تھا کہ:۔

لَكُمْ دِينُكُمْ وَلِيَ دِينِ ۱۰۹/۶ ''تمہارے لئے تمہارا دین (نظام) ہے اور میرے لئے میرا دین (نظام) ہے''

چنانچہ ہم بھی سنتِ رسول کی پیروی میں اسلام دشمن قوتوں کو اس سے زیادہ کچھ کہنے کے مکلّف نہیں۔ ڈاکٹر صاحب کی بات سن کر میں نے مداخلت کرتے ہوئے ان سے پوچھا کہ آپ یہ کیا فرما رہے ہیں؟ بے شک، رسول اللہ نے اللہ کے حکم کے مطابق کفار کو متنبہ کرتے ہوئے کہا تھا کہ تمہارے لئے تمہارا دین اور میرے لئے میرا دین۔ لیکن آپ جن لوگوں سے مخاطب ہیں ان میں تو اکثریت مسلمان سیکولر حضرات کی ہے۔ اور جہاں تک مجھے علم ہے کسی کو بھی یہ حق نہیں پہنچتا کہ وہ کسی مسلمان کو کافر کہے۔ یہ تو رسول اللہ کی حدیث بھی ہے۔ میری بات کو غور سے سننے کے بعد ڈاکٹر صاحب بولے کہ آپ کا سوال تفصیل طلب ہے اس لئے اسے اگلی کسی نشست تک کے لئے چھوڑنا ہوگا۔

البتہ اس وقت اتنا ہی عرض کرنا چاہوں گا کہ جب آپ صلی اللہ علیہ وسلم نے کافروں سے کہا تھا کہ تمہارا دین تمہارے لئے ہے اور میرا دین میرے لئے ہے، تو وہ ایک طرح کی اجتماعی وارننگ تھی، کسی ایک فرد سے مخاطب ہو کر اسے کافر نہیں کہا تھا۔ اور میں نے بھی سنتِ رسول کی پیروی میں، اجتماعی طور پر ہی لوگوں سے مخاطب ہو کر کہا ہے کہ وہ اسلامی نظام کے راستے میں روڑے نہ اٹکائیں۔ میں نے بھی نشانہ بنا کر کسی ایک شخص یا فرد کو کافر نہیں کہا۔ میرا احتجاج کافرانہ ذہنیت کے خلاف ہے، ورنہ تو میرے نزدیک تمام انسان قابلِ احترام ہیں چاہے ان کا تعلق کسی بھی ملک، قوم یا مذہب سے ہو۔ جب میں کافرانہ اور منافقانہ ذہنیت کہتا ہوں تو اُس وقت میرے سامنے وہ مسلمان ہوتے ہیں جو ایک طرف اپنے آپ کو ملتِ اسلامیہ کے ایک فرد کی حیثیت سے یہ کہتے ہیں کہ وہ مسلمان ہیں، لیکن دوسری طرف، جن قوانین کے تابع چل کر کوئی حقیقی معنوں میں ملتِ اسلامیہ کا جزو بنتا اور مسلمان ہوسکتا ہے وہ اُن قوانین کی مخالفت کر کے منافقانہ ذہنیت کا ثبوت دیتے ہیں۔ اس لئے میں ان کے خلاف ایسا کہتا ہوں۔ رہا سوال غیر مسلم کا، مجھے اُن سے کوئی شکایت نہیں اس لئے کہ وہ منافق نہیں ہیں۔ میں آپ کو یقین دلاتا ہوں کہ اُن میں سے جو اپنی عقل و فہم سے کام لیتے ہیں جب اسلامی نظام اپنی اصلی صورت میں ان کے سامنے آگیا تو یہی لوگ اُسے اس ملک میں نافذ کرنے میں پیش پیش ہوں گے۔ اسی قسم کے ہزاروں لاکھوں افراد نے پاکستان کے بننے میں بھی اپنا پورا پورا کردار ادا کیا تھا۔

میں نے کہا! ڈاکٹر صاحب، مجھے آپ کی باتوں سے اختلاف نہیں، لیکن ایک بات کا تو آپ کو بھی اعتراف کرنا پڑے گا کہ جس نام نہاد مذہبی اسلامی نظامِ حکومت (تھیا کریسی) کو ہمارا مذہبی طبقہ ہمارے سروں پر مسلط کرنا چاہتا ہے وہ آپ کے لئے بھی قابلِ

قبول نہیں، کیا یہ سچ نہیں؟ میرے اس سوال پر ڈاکٹر صاحب نے بلاتوقف حامی بھرتے ہوئے جواب دیا کہ یہ صحیح ہے، مجھے بھی اس جمود زدہ طرزِ نظامِ اسلامی سے کوئی واسطہ نہیں جسے مذہبی پیشوا پیش کرتے ہیں جو عرفِ عام میں تھیوکریٹک نظامِ حیات کہلاتا ہے۔ یہاں تک مجھے سیکولر کیمپ کے ساتھ اتفاق ہے۔ لیکن آپ اگر اِسے سیکولر کیمپ کی نیکی خیال کرتے ہیں تو معاف کیجئے، پھر مجھے آپ سے اتفاق نہیں۔ نیکی ہو یا بدی، اصولی طور پر اس کا تعلق انسان کے ارادے سے ہوتا ہے۔ اور یقین جانیئے کہ سیکولر کیمپ مذہبی طرز کے اسلامی نظام (تھیا کریسی) کی مخالفت اس نیت سے نہیں کرتا کہ وہ اللہ کے اُس اسلامی جمہوری نظام (دین) کو ملک میں رائج دیکھنا چاہتا ہے جسے قُرآنِ حکیم پیش کرتا ہے اور جس کے مطابق رسول اللہ نے ریاستِ مدینہ میں اسلامی نظام قائم کیا تھا۔ بلکہ اس کیمپ کی حتی الوسع یہی کوشش رہی ہے کہ پاکستان کا نظام ''جدید جمہوری نظام'' یعنی مغربی جمہوری نظام کی طرز پر قائم ہو۔ جسٹس منیر اور بھاندارا صاحب کے بیانات سے آپ نے کیا نتیجہ اخذ کیا ہے؟ یہی کہ وہ پاکستان میں کافرانہ نظامِ حکومت کا نفاذ چاہتے تھے۔ ان کا یہ بھی کہنا ہے، کہ بحیثیتِ دین، اسلام کا نظامِ حکومت سے کوئی واسطہ نہیں۔ انسان اپنے لئے خود اپنے قوانین وضع کرنے اور ان پر عمل کرنے میں پوری طرح سے آزاد ہے۔ اس لئے اللہ کو آسمانوں پر رہنے دینا چاہیئے، جس کو بھی اللہ سے اپنا تعلق قائم کرنا ہو وہ اُس سے اُس کی عبادت کے ذریعہ سے قائم کرے۔ آپ ہی بتائیں کہ کیا یہ سچ نہیں؟

اپنی بات کو جاری رکھتے ہوئے ڈاکٹر صاحب نے کہا کہ۔ اس میں کوئی شک نہیں کہ سیکولر کیمپ کے اس رویے نے غیر شعوری طور پر مذہبی پیشوائیت کے اس نظام کو، جسے وہ نظامِ شریعت کے نام سے متعارف کرواتی ہے، انسانوں پر مسلط نہیں ہونے دیا، ورنہ یورپ کی طرح ہم سب کو بھی تھیا کریسی کے پنجۂ آہنی کی گرفت میں زندہ درگور ہو کر جینا پڑتا۔ لیکن اگر خصوصیات کے حوالے سے موازنہ کیا جائے تو جس طرزِ حکمرانی کا حلیف سیکولر کیمپ ہے، اُس میں اور تھیا ریسی میں ذرہ برابر کا فرق نہیں۔ یہ دونوں ہی اللہ و رسول کے نظام کے حریف ہیں۔ ایک مذہب کے نام پر انسانوں کو لوٹتا ہے تو دوسرا وہی مذموم حرکت انسانیت کے نام پر کرتا ہے۔ ان دونوں کے درمیان چلنے والی اس کشمکش کا نتیجہ ہے کہ پاکستان میں بیشتر لوگ منافقت کی جہنمی زندگی گزارنے پر مجبور ہیں۔

چنانچہ جب تک ہم مومن، کافر، مسلم، مشرک اور منافق وغیرہ کی قُرآنی اصطلاحات کو ان کے معنی و مفہوم کے ساتھ سامنے نہیں رکھتے، سلامتی کا وہ راستہ، جسے صراطِ مستقیم کے نام سے پکارا جاتا ہے ہماری نظروں سے اوجھل رہے گا۔ اس لئے ان قرآنی اصطلاحات کا قُرآنِ حکیم کی روشنی میں ہی جائزہ لینا پڑے گا۔ اس سے پہلے کہ ہم قائدِ اعظم کی اس تقریر کو سامنے لائیں، جس کی بنیاد پر قائدِ اعظم کو سیکولر ثابت کیا جاتا ہے۔ ہم ان کے ذاتی عقیدے کے بارے میں دیکھ لیتے ہیں کہ وہ خود کس عقیدے کے پیروکار تھے۔ ان کے اسلامی عقائد کو سمجھے بغیر یہ فیصلہ کرنا مشکل ہے کہ وہ سیکولر نظامِ حیات کے حامی تھے یا کہ وہ اس کے خلاف تھے۔ یہیں پر سے، میں اس تاثر کو یہ کہہ کر زائل کر دینا چاہتا ہوں کہ اگر کوئی شخص یہ سمجھتا ہے کہ وہ سیکولر بھی ہے اور مسلمان بھی تو یہ اس کی خام خیالی ہے۔ جب ہم مومن، کافر، مسلم، مشرک اور منافق وغیرہ کی قُرآنی اصطلاحات کو سمجھ لیں گے تو ''سیکولر مسلم'' کی وہ مبہم اور گمراہ کُن اصطلاح بھی اپنے اصلی معنی و مفہوم کے ساتھ اُبھر کر سامنے آجائے گی، جسے لوگ بڑی شد و مد اور فخر کے ساتھ استعمال کرتے ہیں۔ اور کہتے ہیں کہ وہ سیکولر مسلم ہیں۔

ڈاکٹر صاحب نے اپنی بات کو جاری رکھتے ہوئے کہا کہ، قائدِ اعظم کے اسلامی عقائد و نظریات کے حوالے سے اُن کی

تقاریر کے ذریعہ جائزہ لینے کے بعد، مزید حوالہ جات کو سامنے لانا بھی ضروری ہے۔ چنانچہ ڈاکٹر صاحب نے ''انسائیکلو پیڈیا قائدِ اعظم'' کے ریکارڈ کی کاپی میری طرف بڑھاتے ہوئے کہا کہ آپ اِسے خود ہی پڑھ لیں۔ وہ فائل میں نے اِن کے ہاتھ سے لے کر جب کھولی تو وہ عدالتِ عظمیٰ کے فیصلے پر مشتمل قائدِ اعظم کے مسلک کے متعلق تھی۔سامعین، میں اِس رپورٹ کو اب آپ کے سامنے پڑھ دوں گا لیکن آپ اسے سکرین پر بھی دیکھتے چلیں۔

فرقہ فری قائد

''قائدِ اعظم فرقہ واریت کو قطعی ناپسند کرتے تھے۔اور خود کو کسی فرقے سے منسلک ہونے کی بجائے مسلمان کہلانے کو ترجیح دیتے تھے۔اس ضمن میں ۱۹۸۵/۴/۱۱ کو سندھ ہائی کورٹ کے ڈویژن بینچ نے ۱۹۷۱ء میں حسین جی ولی جی کے دائر کردہ مقدمہ پر جسٹس حسین مرزا کے فیصلے کو رد کر دیا جو انھوں نے ۱۹۷۶ء میں سندھ ہائی کورٹ کے جج کی حیثیت سے دیا تھا۔ڈویژن بینچ نے جسٹس ظفر حسین مرزا کے فیصلے کے خلاف اپیل کی سماعت کرتے ہوئے کہا:۔

قائدِ اعظم کے بارے میں فرقہ وارانہ عقائد کا حوالہ قطعی غلط اور غیر متعلق ہے کیونکہ اس ضمن میں جناب جسٹس عبدالقادر شیخ پہلے ہی فیصلہ دے چکے ہیں کہ قائدِ اعظم ایک حقیقی مسلمان تھے وہ کسی قسم کے فرقہ وارانہ عقائد کے حامل نہ تھے۔اور قرآنِ کریم اور رسولِ کریم کا اتباع کرتے تھے۔

فاضل عدالت نے یہ فیصلہ ڈپٹی اٹارنی جنرل آف پاکستان مسٹر مرچنٹ، مسٹر عزیز بھٹی اٹارنی جنرل آف پاکستان، مسٹر اکبر مرزا اور شیریں جناح میڈیکل ٹرسٹ کی جانب سے پیروی کرنے والے وکیل اشرف فریدی کے دلائل سننے کے بعد عدالت میں اپنے فیصلے میں کہا ہے کہ عدالت تاریخِ اسلام کے ابتدائی ڈیڑھ سو سالوں کو نظر انداز نہیں کر سکتی اس دوران میں فرقے نہ تھے اور فقہ کے چار مکاتب حنفی، مالکی، شافی اور حنبلی وغیرہ کی بنیادیں دوسری صدی ہجری میں پڑ گئی تھیں جب کہ سنی عقائد کے بارے میں کتابوں کی تالیف چوتھی اور پانچویں صدی ہجری میں عمل میں آئی۔

فاضل عدالت نے کہا کہ کسی بھی مسلمان کے لئے شیعہ یا سنی ہونا ضروری نہیں ہے عدالت نے مزید کہا کہ ریکارڈ پر موجود شہادت سے پتہ چلتا ہے کہ قائدِ اعظم اور محترمہ فاطمہ جناح دونوں نے یہ کہا تھا کہ وہ نہ شیعہ ہیں اور نہ ہی سنی اور صرف اور صرف سادہ سے مسلمان ہیں اور یہ کسی مخصوص مکتبِ فکر کی عدم موجودگی میں وہ قرآن میں بتائے گئے خالص مسلم لاء کے تحت زندگی بسر کریں گے۔

۱۹۷۱ء میں قائدِ اعظم کے بھتیجے حسین جی ولی جی کی جانب سے محترمہ فاطمہ جناح کی جائداد کے انتظام کے سلسلے میں ایک مقدمہ دائر کیا گیا تھا۔جس میں گواہان سید شریف الدین پیرزادہ، ایم اے ایچ اصفہانی، ایم آر پیر

بھائی اور محمد حنیف منیار نے اپنی شہادتیں قلمبند کروائیں۔

جسٹس ظفر حسین مرزا نے سنگل بینچ کی حیثیت سے اپنا فیصلہ دیتے ہوئے کہا کہ محترمہ فاطمہ جناح شیعہ تھیں چنانچہ ان کی چھوڑی ہوئی تمام جائداد کی حقدار شیریں جناح رہیں گی ۔ فاضل جج نے مزید کہا تھا کہ دستاویزات سے ظاہر ہوتا ہے کہ قائدِ اعظم کے سلسلے میں شیعہ قانونِ وراثت پر عمل کیا گیا تھا۔اس موقع پر محترمہ فاطمہ جناح کا ایک بیان عدالت میں پیش کیا گیا۔جس میں انھوں نے کہا تھا کہ میں نہ شیعہ ہوں اور نہ ہی سنی۔ میں ایک مسلمان ہوں پیغمبرِ اسلام نے ہمیں دینِ اسلام دیا ہے نہ کہ فرقہ وارانہ مذہب دیا ہے۔ڈویژن بینچ کے اس فیصلے کے بعد قائدِ اعظم اور محترمہ فاطمہ جناح کے مذہبی عقیدے کے بارے میں تنازعہ ختم ہوگیا۔''

بحوالہ انسائیکلوپیڈیا قائدِاعظم مقبول اکیڈمی صفحہ ۴۸۹/۴۷۸

سامعین ! قائدِ اعظم اور محترمہ فاطمہ جناح کے عقائد کے بارے میں آپ نے بھی پردۂ سکرین پر پڑھ لیا ہے۔ عدالتِ عظمیٰ کا فیصلہ پڑھنے اور اس پر غور کرنے کے بعد جب میں نے انھیں فائل واپس کردی، تو ڈاکٹر صاحب نے مجھ سے سوال کیا تھا، اور پوچھا تھا کہ اب قائدِ اعظم اور فاطمہ جناح کے عقائد کے بارے میں میرا کیا خیال ہے؟ میں نے کہا تھا کہ ڈاکٹر صاحب، اسلام کو سمجھنے کے لئے تو عدالتِ عظمیٰ کا یہ فیصلہ پڑھ لینا ہی کافی ہوسکتا ہے۔ میرے اس جواب پر ڈاکٹر صاحب مسکرا دیئے۔کافی دیر ہوچکی تھی، فیصلہ کیا گیا کہ قائدِ اعظم کے حوالے سے مزید باتیں اگلی نشست میں ہوں گی۔ اس وعدے کے ساتھ ہم نے ہاتھ ملائے اور ایک دوسرے کو اللہ حافظ کہا۔

سامعین ! جاتے جاتے میں آپ کو یہ بتا تا چلوں کہ ہماری ملاقاتوں کا یہ سلسلہ جو کم وبیش آٹھ ماہ سے جاری ہے۔ وہ تمام باتیں جو اس دوران میرے اور ڈاکٹر صاحب کے مابین ہوتی رہیں انھیں آپ کے گوش گزار کرنا میں اپنے فرائض میں شامل سمجھتا ہوں۔ اور یہی بات ڈاکٹر صاحب نے بھی مجھ سے اُس وقت کہی تھی، جب ہماری پہلی میٹنگ ہوئی تھی۔ اِن کی اِس بات کی اہمیت کا مجھے اسقدر اندازہ اُس وقت نہ تھا جتنا کہ اب ہے۔ میں وثوق کے ساتھ کہہ سکتا ہوں کہ یہاں پہنچنے تک اسلام اور اُس کے عطا کردہ نظام کے متعلق آپ کے اَذہان وقلوب میں تھوڑی بہت تبدیلی یقیناً واقع ہوئی ہے۔لیکن ابھی ایسی بہت سی باتیں باقی ہیں جو سامنے نہیں آئیں، اور جنھیں سامنے لائے بغیر ہم اسلام اور اس کے نظام تک نہیں پہنچ سکتے، اس لئے آپ سے گزارش ہے کہ آپ صبر وتحمل سے کام لیں اور آخر تک ہمارے ساتھ رہیں۔اِس کے ساتھ ہی آج کی محفل برخاست کی جاتی ہے۔شکریہ

دلی دعاؤں کے ساتھ کل تک کے لئے

اللہ حافظ

چوتھی نشست

خوش آمدید خواتین وحضرات ! سب سے پہلے جو بات میں آپ لوگوں کے گوش گزار کرنا چاہتا ہوں وہ یہ ہے کہ جنرل صاحب اپنی تمام تر مصروفیات کے باوجود حتمی کوشش کریں گے کہ وہ یہاں تشریف لاتے رہیں، لیکن پاکستان کے اندرونی حالات اس قدر خراب ہیں جن کے باعث اِن کی مصروفیات میں روز افزوں اضافہ ہوتا چلا جا رہا ہے۔ چنانچہ آج کے بعد یہاں پر اِن کا ہر نشست میں تشریف لانا شاید ممکن نہ ہو۔ بہر حال ان کی غیر موجودگی میں بھی یہ سلسلہ پورے اہتمام کے ساتھ یوں ہی جاری رکھا جائے گا اور ہر پروگرام کی تفصیلات اِن تک باقائدگی سے پہنچائی جاتی رہیں گی۔ آپ تشریف لائے، ہم سب جناب کے شکر گزار ہیں۔ مجھے اِس بات کی بے حد خوشی ہے کہ ہمارے درمیان پائی جانے والی کئی ماہ پر محیط ملاقاتوں کی روداد آپ یہاں اپنی زبانی سناتے رہتے ہیں۔ سابقہ نشست میں قائدِ اعظم کے عقائد کے بارے میں عدالتِ عالیہ سندھ کا ایک اہم اور تاریخ ساز فیصلہ آپ کے سامنے رکھا گیا تھا۔ اُس کی اہمیت اِس بات سے بھی اُجاگر ہوتی ہے کہ وہ فیصلہ پیغمبرِ اسلام اور اُن کے صحابہ کرام کے دورِ ہمایوں کی درخشاں قرآنی تعلیم، اور مسلمانوں کی مُروجہ تاریخ کے مابین فرق کو پیشِ نظر رکھتے ہوئے سنایا گیا۔

جس میں کہا گیا تھا کہ:۔

''عدالت تاریخِ اسلام کے ابتدائی ڈیڑھ سو سالوں کو نظر انداز نہیں کر سکتی اس دوران میں فرقے نہ تھے اور فقہ کے چار مکاتب حنفی، مالکی، شافی اور حنبلی کی بنیادیں دوسری صدی ہجری میں پڑ گئی تھیں جب کہ سنی عقائد کے بارے میں کتابوں کی تالیف چوتھی اور پانچویں صدی ہجری میں عمل میں آئی۔''

ذاتی طور پر میں یہ سمجھتا ہوں کہ اگر آج ہم اِس تاریخ ساز فیصلے کو اپنے تعلیمی نصاب میں شامل کر دیں تو چند نسلوں کے بعد ہی

معاشرہ فرقہ پرستی کی لعنت سے پاک ہوسکتا ہے۔ میرے نزدیک لوگوں کی نظر میں قائدِ اعظم کی تعظیم وتکریم کا بڑا سبب ہی یہ ہے کہ ان کا کوئی فرقہ نہیں تھا۔ کسی بھی فرقے کا کوئی شخص، ان پر یہ الزام نہیں لگا سکتا تھا کہ وہ کسی مخصوص فرقے کے علمبردار ہیں۔ اس لئے انگریزی نہ بولنے اور سمجھنے والے لوگ بھی اتنے ہی شوق سے اُن کی تقاریر کو سننے کے لئے جمع ہوا کرتے تھے، جتنے وہ لوگ جو انگریزی سمجھتے تھے۔ اُن میں ہر طبقے، فرقے اور مکتبۂ فکر سے تعلق رکھنے والے جمع ہو جاتے۔ انگریزی نہ سمجھنے والوں سے جب پوچھا جاتا کہ آپ کو قائدِ اعظم کی تقریر کی کچھ سمجھ آتی ہے کہ وہ کیا کہہ رہے ہوتے ہیں۔ تو وہ ان کو جواب دیا کرتے تھے کہ، بے شک ہمیں ان کی بات کی سمجھ نہیں آتی لیکن ہم اتنا ضرور جانتے ہیں کہ وہ جو کچھ بھی کہہ رہے ہوتے ہیں وہ جھوٹ نہیں ہوتا۔ چنانچہ لوگوں کی ان باتوں سے اندازہ لگایا جاسکتا ہے کہ اُس وقت پوری قوم کو فرقہ فری قائدِ اعظم کی ذات پر پختہ اعتماد تھا۔ قائدِ اعظم کی عملی زندگی کا کوئی ایک بھی ایسا واقعہ پیش نہیں کیا جاسکتا جس سے ثابت ہو کہ انھوں نے فرقہ پرستی کی حمایت میں کبھی کچھ کہا ہو، اُن کی ساری زندگی وحدت وتوحید کے پیغام سے عبارت ہے۔

اب میں جنرل صاحب کو مائیک پر آنے کی دعوت دیتا ہوں، تا کہ وہ آپ کو اپنی کہانی اپنی زبانی سنائیں۔ پر جوش تالیوں کی گونج میں محترم جنرل صاحب۔

اسلام علیکم، خواتین وحضرات! آپ کی تشریف آوری کا شکریہ۔ آپ کو یاد ہوگا کہ ہم نے جسٹس منیر کے Fake (فرضی) ریفرینس کے حوالے سے قائدِ اعظم کے متعلق "Secular Jinnah & Pakistan" سے ماخوذ ایک تحقیقی جائزہ آپ کے سامنے رکھا تھا۔ اپنے وقت میں جسٹس منیر صاحب مرحوم نے قائدِ اعظم کی ۱۱، اگست ۱۹۴۷ء کی تقریر پر بھی اپنے خیالات کا اظہار فرمایا اور بتایا ہے کہ قائدِ اعظم کی یہ تقریر ان کے سیکولر ہونے کا منہ بولتا ثبوت ہے۔ ہم نے مناسب یہ سمجھا ہے کہ ان کے اس دعوے کی تردید میں، اسی کتاب سے مدد لی جائے۔

ڈاکٹر صاحب سے گزارش ہے کہ وہ اس کتاب سے لئے گئے ان صفحات کی سلائڈز کو سکرین پر دکھائیں، جن پر مصنفہ نے قائدِ اعظم کے حوالے سے جسٹس منیر کو دلائل کے ساتھ غلط ثابت کیا اور دکھایا ہے کہ قائدِ اعظم سیکولر نہیں تھے اور نہ ہی وہ پاکستان کو سیکولر بنیادوں پر قائم کرنا چاہتے تھے۔

سامعین! انھیں ذرا دھیان سے پڑھئے گا، اگر کسی وجہ سے کوئی سلائڈ دوبارہ دیکھنا چاہئیں تو برملا اس کا اظہار کر دیجئے گا۔ اور ہاں! آپ کی سہولت کے پیشِ نظر، قائدِ اعظم کی تقاریر جن کا اصل متن انگریزی میں ہے بمعہ اردو ترجمے کے دکھایا جائے گا۔ ہم جانتے ہیں کہ آپ حضرات میں سے کچھ ایسے بھی ہیں جن کی اگر انگریزی بہت اچھی ہے، تو اردو پر اُنہیں دسترس نہیں اور اگر اردو اچھی ہے تو انگریزی پر وہ عبور نہیں۔ اِسی مشکل کو مدِ نظر رکھتے ہوئے کوشش کریں گے کہ تقاریر کو اردو اور انگریزی دونوں زبانوں میں آپ کے سامنے پیش کیا جائے۔ بہرحال اِس میں قصور آپ کا نہیں، ہمارے تعلیمی نظام کا ہے۔ انشااللہ! وقت آنے پر، آپ ہی لوگ بہترین تعلیمی نصاب مُرتب کرنے کے ساتھ ساتھ مثالی تعلیمی نظام ترتیب دیتے ہوئے اِن مشکلات پر قابو پالیں گے۔

سامعین! بقول جسٹس منیر، قائدِ اعظم پاکستان کو ایک سیکولر مملکت بنانا چاہتے تھے:۔

''جناح کی گیارہ اگست ۱۹۴۷ء والی تقریر ایک سیکولر مملکت کا واضح ترین اظہار تھا۔ کیونکہ جناح اقلیتوں کے تحفظ کی

وکالت کرتے ہیں۔" (بحوالہ منیر "جناح سے ضیاء تک" انگریزی صفحہ(۲۹)۱۹۸۰ء)

سلینہ کریم اپنی کتاب میں جسٹس منیر کے اِس اقتباس پر جس میں منیر نے کہا ہے کہ:۔

"جناح کا اقلیتوں کے حقوق پر زور دینا اس بات کی شہادت فراہم کرتا ہے کہ وہ تقریر سیکولر مملکت کا واضح ترین اظہار تھا۔"

اِس اِقتباس پر تنقید کرتے ہوئے سلینہ کریم اپنی کتاب میں کہتی ہیں کہ:۔

"(جسٹس منیر یہ بھول گئے کہ) مساواتِ انسانی کا سبق صدیوں پہلے اسلام نے دیا ہے، ہر مسلمان کا یہ فرض ہے کہ وہ دوسروں کے حقوق کا تحفظ کرے۔ گیارہ اگست والی تقریر دراصل یوں مشہور ہے کہ جناح نے وہ تقریر کسی تحریری تیاری کے فی البدیہہ کی تھی۔ ہر مکتبہ فکر کے مصنفوں نے یہ بات محسوس کی کہ جناح کی تقریر کے الفاظ بے ساختہ تھے اور دل کی گہرائیوں سے ادا کئے جا رہے تھے۔ بہر حال سیکولر مکتبۂ فکر کے حامی تبصرہ نگاروں کے بیان کے مطابق، جناح نے اپنی تقریر میں سیکولر پاکستان کو ترجیح دینے کا اظہار کیا ہے۔"

بحوالہ *Secular Jinnah & Pakistan. page.151*

جسٹس منیر کے اقتباس کے مطابق، قائدِ اعظم نے گیارہ اگست ۱۹۴۷ء کی تقریر میں فرمایا تھا کہ:۔

"You may belong to any religion or caste or creed - that has nothing to do with the business of the State (Hear, hear). ...We are starting in the days when there is no discrimination, no distinction between one community and another, no discrimination between one caste or creed or another. We are starting with this fundamental principle that we are all citizens and equal citizens of one State (Loud Applause).

.......Now I think you should keep that in front of us as our ideal, and you will find that in [the] course of time Hindus would cease to be Hindus and Muslims would cease to be Muslims, not in the religious sense, because that is the personal faith of each individual but in the political sense as citizens of the State."

Presidential Address to the Constituent Assembly of Pakistan, Karachi, 11 August 1947 (as quoted by Munir 1980, p.30). Quotation marks in the original text have been omitted here.(SJPak.p75)

ترجمہ "آپ کا تعلق کسی مذہب سے ہو یا ذات اور مسلک سے ہو......اس سے مملکت کو کوئی سروکار نہیں (سنو، سنو) ہم ان دنوں آغاز کر رہے ہیں جب ایک دوسرے کے خلاف کوئی امتیازی سلوک نہیں، ایک طبقے کا دوسرے طبقے

کے خلاف کوئی برا سلوک نہیں، اور نہ کسی ذات پات اور مسلک کا امتیاز برتا جا رہا ہے۔ ہم اس بنیادی اصول سے آغاز کر رہے ہیں۔ ہم سب ایک مملکت کے باشندے ہیں اور یکساں شہری ہیں۔ (تالیوں کی گونج)......

اب میرے خیال میں آپ کو یہ بات بطورِ تصور اپنے پیشِ نظر رکھنی چاہیئے، آپ کو پتہ چل جائے گا کہ وقت کے ساتھ ساتھ ہندو، ہندو نہ رہے گا اور مسلمان، مسلمان نہ رہے گا، مذہبی طور پر نہیں کیونکہ یہ تو ہر فرد کا ذاتی عقیدہ ہے میری مراد ایک مملکت کے شہریوں کے طور پر سیاسی لحاظ سے ہے۔"

سامعین، دراصل جناح نے یہ بیان اس لئے دیا تھا کیونکہ کئی ملکوں کی ماضی کی تاریخ یہ بتاتی ہے کہ اُن میں اکثریت کے مذہب کی وجہ سے دوسرے مذاہب اور اقلیتوں کے ساتھ امتیازی سلوک برتا گیا اور بعض ملکوں کے سلسلے میں یہ بات آج بھی سچ ہے، اسی لئے جناح نے کہا تھا کہ:۔

"As you know, history shows that in England conditions, some time ago, were much worse than those prevailing in India today. The Roman Catholics and Protestants persecuted each other. Even now there are some States in existence where there are discriminations made and bars imposed against a particular class.

.......Today, you might say with justice that Roman Catholics and Protestants do not exist; what exists now is that every man is a citizen, an equal citizen of Great Britain and they are all members of the Nation."

Ref: Jinnah Archive Doc. No. 01471108 (SJPak.p151)

ترجمہ "جیسا کہ آپ جانتے ہیں کہ کچھ عرصہ پہلے انگلستان کے حالات آج کے ہندوستان کے مقابلے میں کہیں زیادہ خراب تھے۔ رومن کیتھولک اور پروٹیسٹنٹس (Protestants) فرقوں کے لوگ ایک دوسرے کے ساتھ ناروا سلوک کرتے تھے۔ حتیٰ کہ اب بھی ایسے ملک موجود ہیں جہاں اس قسم کا امتیازی سلوک کیا جاتا ہے۔ اور ایک خاص طبقے پر پابندیاں عائد ہیں...... آج آپ انصاف کے ساتھ یہ کہہ سکتے ہیں کہ (انگلستان میں) رومن کیتھلوک اور پروٹیسٹنٹس کا وجود نہیں ہے۔ آج جس چیز کا وجود ہے وہ یہ ہے کہ ہر شخص وہاں پر برطانیہ عظمیٰ کا یکساں شہری ہے اور سب اپنی قوم کے رکن ہیں۔"

سامعین، اُنھوں نے فرقہ وارانہ تعصّبات کے خطرات کا بھی ذکر کیا اور یقیناً سیکولر مملکت کی ترویج کے پیچھے جو تاریخ ہے وہ سب کو معلوم ہے اور اس مملکت کے قیام کا مقصد بنیادی طور پر فرقہ وارانہ ظلم و استبداد کی روک تھام ہے۔ تاہم آج کے دور کی سیکولر مملکتوں میں اس اصول پر عمل ہوتا ہے یا نہیں اس کا انحصار لوگوں کی اپنی سوچ پر مبنی ہے۔ اسلام کے باضابطہ نظام میں، آفاقی شہری حقوق کے اصول کے نفاذ کی تعمیل لازمی امر ہے کیونکہ یہ قُرآن کا اہم اصول ہے۔ قانونی طور پر ایک جائز اسلامی مملکت کا یہ فرضِ عین ہے کہ وہ تمام شہریوں کے حقوق کی حفاظت کرے، چاہے ان کا رنگ، ذات اور مسلک کچھ بھی ہو۔

وَلَقَدْ كَرَّمْنَا بَنِيٓ ءَادَمَ ۹۰/۱۷ ''ہم نے اولادِ آدم کو عزت وتکریم عطا کی ہے''

جناح نے یورپ کی تاریخ کا حوالہ دیا ہے لیکن، اس کا مطلب یہ نہیں کہ وہ سیکولرازم سے متاثر تھے۔ اگر ہم اُن کی تقریروں کو بغور دیکھیں تو ہم یقین سے کہہ سکتے ہیں کہ اُنھوں نے رواداری اور مساوات کا جو درس دیا تھا وہ تحمل ومساوات کے قُرآنی اصول سے متاثر ہو کر دیا تھا۔ حتیٰ کہ انھوں نے بٹوارے سے قبل کی تقریروں میں بھی نام نہاد سیکولر یا انسان دوست اصولوں مثلاً، اچھا برتاؤ اور انصاف کو کئی موقعوں پر اسلام سے مربوط کر دیا تھا۔ غور کیجئے:۔

> "The acid test of success of any government of a representative character is that the minorities must feel that they will have fairplay and justice. … I am confident that when the time comes, the minorities in our homelands will find that with our traditions, and our heritage and the teachings of Islam, not only shall we be fair and just to them but generous. ….We believe in action, we believe in statesmanship and in practical politics."
>
> *Presidential address at the ML Annual Session, Madras, 14 April 1941. (Yusufi Vol. III, p.1386) (SJPak.152)*

ترجمہ ''نمائندہ قسم کی کسی حکومت کی کامیابی کی کڑی آزمائش یہی ہے کہ اُس کی اقلیتیں یہ محسوس کریں کہ ان سے بہتر سلوک ہوگا اور اُن کو انصاف ملے گا...... مجھے یقین ہے کہ وقت آنے پر ہمارے وطن کی سرزمین پر اقلیتیں یہ جان جائیں گی کہ ہماری روایات، اور میراث اور اسلامی تعلیمات کے سبب ہم نہ صرف ان کے ساتھ اچھا سلوک اور انصاف کریں گے، بلکہ ان کے ساتھ فراغ دلی سے پیش آئیں گے۔ ہم عمل پر یقین رکھتے ہیں اور سیاسی تدبر اور عملی سیاست پر ہمارا یقین کامل ہے۔''

قائدِ اعظم نے پاکستان بننے سے پہلے بھی اور اس کے بننے کے بعد زندگی کے آخری ایام تک بھی اپنی تقاریر میں انسان دوستی اور وحدت کے لئے انصاف اور اچھا برتاؤ جیسے الفاظ کو ایمان کی حد تک درجنوں بار دہرایا اور انھیں اسلام سے مربوط کیا ہے۔ انھیں سمجھنے کے لئے سکرین پر دیکھئے۔

تبویب القُرآن کے مطابق ''عدل'' قُرآنِ حکیم کی ایک بنیادی قدر ہے اور جماعتِ مومنین کا اولین اہم فریضہ۔ اس کے بنیادی معنی دونوں اطراف کا برابر ہونا ہیں۔ افراط وتفریط کو چھوڑ کر درمیانی راہ اختیار کرنے کو ''اعتدال'' کہا جاتا ہے۔ کسی کی محنت کا ٹھیک ٹھیک (محنت کے برابر) معاوضہ دے دینا۔ یا حقدار کو اس کا حق پہنچا دینا ''عدل'' ہے۔ (اسی جہت سے) قُرآنِ حکیم نے نظامِ عدل کو ''میزان'' کہہ کر پکارا ہے''

اور لغات القُرآن کے مطابق ''راغب نے کہا ہے کہ عدل'' تو یہ ہے کہ جو کچھ تمہارے ذمہ ہو وہ دے دو اور جتنا تمہارا حق ہے وہ لے لو۔ اور احسان'' یہ ہے کہ اُس سے زیادہ دو جتنا تمہارے ذمہ ہے اور اُس سے کم لو جتنا تمہارا حق ہے۔ یعنی احسان'' میں نگاہ واجب (Due) پر نہیں ہوتی بلکہ مقصد، توازن برقرار رکھنے سے ہوتا ہے۔''

ان تشریحات کے بعد اگلی آیت کے معنی و مفہوم کو سمجھنے میں بھی پوری پوری مدد ملتی ہے اور ساتھ ہی جب قائدِ اعظم انسانوں کے درمیان ''عدل'' اور ''احسان'' (اچھا برتاؤ) کی بات کرتے ہیں تو پھر اُن کی بات بھی پوری طرح سمجھ میں آجاتی ہے کہ وہ کیا کہہ رہے ہیں۔ الغرض نظامِ اسلامی کے یہ وہ سنہرے اصول ہیں جن کے ذریعے انسانوں کے مابین حقیقی مساوات کی فضا قائم کی جاسکتی ہے۔

إِنَّ ٱللَّهَ يَأْمُرُ بِٱلْعَدْلِ وَٱلْإِحْسَٰنِ وَإِيتَآيِٕ ذِى ٱلْقُرْبَىٰ ۱۶/۹۰

''اللہ عدل اور احسان کا اور قرابت داروں کے ساتھ اچھے سلوک کا حکم دیتا ہے۔''

یہاں پر بھی جناح اپنی تقریر میں غیر مسلم باشندوں سے حسنِ سلوک کے لئے اسلامی تعلیمات کا ذکر اپنی قوتِ محرکہ کے طور پر کرتے ہیں۔ سکرین پر دیکھئے۔

"The great majority of us are Muslims. We follow the teachings of the Prophet Muhammad (peace be upon him). We are members of the brotherhood of Islam in which all are equal in rights, dignity and self-respect. Consequently, we have a special and a very deep sense of unity. But make no mistake: Pakistan is not a theocracy or anything like it. Islam demands from us the tolerance of other creeds and we welcome in closest association with us all those who, of whatever creed, are themselves willing and ready to play their part as true and loyal citizens of Pakistan."

Broadcast talk to the people of Australia as Governor General, 19 February, 1948. (NV Vol. VII, p.190) (SJPak p247)

ترجمہ ''ہماری بھاری اکثریت مسلمان ہے۔ ہم اپنے پیغمبر محمد صلی اللہ علیہ وسلم کی تعلیمات پر عمل پیرا ہوتے ہیں۔ ہم سب اسلام کے رشتۂ اخوت کی لڑی میں پروئے ہوئے رکن ہیں۔ جس کے تحت ہم سب اپنے حقوق، وقار اور عزتِ نفس کے لحاظ سے برابر ہیں۔ اس کے نتیجے میں ہمارے مابین ایک خصوصی اور بہت گہرا جذبۂ اتحاد موجود ہے۔ مگر کوئی غلطی نہ کرے، پاکستان کوئی مذہبی پیشواؤں کی حکومت یا اس سے ملتی جلتی حکومت نہیں ہوگی۔ اسلام ہم سے دوسرے ملکوں کے بارے میں رواداری برتنے کا تقاضہ کرتا ہے اور ہم دل کی گہرائیوں سے ان سب کا خیر مقدم کرتے ہیں جو اپنے مسلک سے قطع نظر پاکستان کے وفادار اور سچے شہریوں کی حیثیت سے اپنا کردار ادا کرنے کو تیار ہیں۔''

جناح مذہبی پیشواؤں کی حکومت کے خلاف بولتے رہے اور اپنے حاضرین اور سامعین کو یہ یاد دلاتے رہے کہ مساوات اور رواداری اسلام کا جزوِ لاینفک ہیں۔ یہ اقتباس خاص طور پر یوں اہم ہے کیونکہ یہ بٹوارے (تقسیم) کے بعد ۱۹ فروری ۱۹۴۸ء کی تقریر سے لیا گیا ہے جو لازماً گیارہ اگست ۱۹۴۷ء کے بٹوارے سے بہت بعد کی تقریر ہے۔

یہاں ایک اور تقریر سے مثال دی جا رہی ہے جس میں جناح سیکولر نظریے کی بجائے قرآنی نظریے سے متاثر نظر آتے

ہیں۔ ۱۹۴۳ء میں اخبار مارننگ نیوز نے جناح کی ایک تقریر کا اقتباس پیش کیا۔
جس میں مسٹر جناح نے کہا کہ:۔

"As far as we are concerned,' Mr. Jinnah said, 'we make this solemn declaration and give this solemn assurance that we will treat your minorities not only in a manner that a civilised government should treat them but better because it is an injunction in the Quran to treat the minorities so."

Address to the students of Ismail College, Bombay, 1st February 1943; (Spellings and capitalisation retained from original) (SJPak.p 153)

ترجمہ "جہاں تک ہمارا تعلق ہے، ہم یہ اعلانِ واثق کرتے ہیں اور پختہ یقین دہانی کرتے ہیں کہ ہم اپنی اقلیتوں کے ساتھ ایک مہذب حکومت کے طور طریقے کے مطابق سلوک کریں گے بلکہ اس سے بہتر سلوک کریں گے کیونکہ قُرآنِ پاک میں اقلیتوں کے ساتھ اچھا سلوک کرنے کی تلقین کی گئی ہے"

خواتین وحضرات، یہ بات ناقابلِ تصور دکھائی دیتی ہے کہ ایک شخص جس نے انسانی حقوق کے بارے میں اپنے عقائد اسلام اور اللہ کے رسول سے اخذ کئے ہوں وہ یکا یک اعلان کرے کہ وہ سیکولر نظریئے کا حامی ہے۔ مزید اہم بات یہ ہے کہ پاکستان کے بارے میں کی گئی ان کی کسی تقریر میں لفظ سیکولر موجود نہیں ہے۔ اور گیارہ اگست ۱۹۴۷ء والی تقریر میں بھی یہ لفظ موجود نہیں۔ یہ صرف سیکولر نظریئے اور اسلام کو سمجھنے میں ابہام اور الجھن کے سبب پیدا ہوا ہے کہ بہت سے لوگوں نے اسے غلط معنی پہنائے۔
گیارہ اگست کی اس پوری تقریر میں سب سے متنازعہ فیہ سطر وہ ہے جس میں جناح نے کہا تھا:۔

.... "Hindus would cease to be Hindus, and Muslims would cease to be Muslims, not in the religious sense, because that is the personal faith of each individual, but in the political sense as citizens of the State."

Presidential Address to the Constituent Assembly of Pakistan, Karachi, 11 August 1947. (SJPak.p153)

ترجمہ "ہندو، ہندو نہ رہیں گے اور مسلمان، مسلمان نہ رہیں گے مذہبی طور پر نہیں کیونکہ یہ فرد کا ذاتی عقیدہ ہے بلکہ مملکت کے شہریوں کی حیثیت سے سیاسی اعتبار سے۔"

کچھ تبصرہ نگاروں کو یہ یقین ہے کہ یہ ایک سیکولر بیان ہے کیونکہ اس میں مذہب کا سیاست سے علیحدگی کا اشارہ موجود ہے۔ تاہم یہ بات درست نہیں، ایک تو اس وجہ سے کہ اگر ہم اس جملے کو بغور پڑھیں تو ہم یہ دیکھتے ہیں کہ جناح نے "مذہب" کو سیاست سے الگ نہیں کیا ہے۔ (یعنی روحانی یا قُرآنی احکام کو سیاست سے علیحدہ کرنے کے معنی میں) انھوں نے صرف یہ کہا ہے کہ اپنے عقیدے سے قطع نظر، لوگوں کو یکساں حقوق ملیں گے۔
ایسا ظاہر ہوتا ہے کہ جناح ایک بیان کا جواب دے رہے تھے جو نو قائم شدہ پاکستان کانگریس پارٹی کے رہنما مسٹر کرن شنکر

رائے نے اُس روز دیا تھا۔ پاکستان ٹائمز نے مسٹر رائے کی تقریر کا حوالہ اپنے اخبار میں دیا تھا۔اقلیتوں کے بارے میں تقریر کرتے ہوئے مسٹر رائے نے کہا تھا کہ:۔

> Speaking about the minorities, Mr. Roy said that if Pakistan meant a secular democratic state, a state which would make no difference between citizen and citizen irrespective of caste, creed or community, he would assure him that he (Mr. Jinnah) would have their utmost cooperation.
>
> As reported in Pakistan Times, 13 August 1947 (NV Vol. VI, p.358-9 fn) (SKPak.p154)

ترجمہ ''......اگر پاکستان کا مطلب ایک ایسی سیکولر جمہوری مملکت ہے جس میں نسل ،مسلک اور فرقے سے قطع نظر کوئی امتیاز نہیں برتا جائے گا تو وہ مسٹر جناح کو یقین دلاتے ہیں کہ انھیں (مسٹر جناح) کو ہمارا بھر پور تعاون حاصل ہوگا''

مسٹر رائے نے یہ بات تسلیم کی کہ وہ اور اُن کے کانگریسی ساتھی، ہندوستان کی تقسیم یا پنجاب اور بنگال کے بٹوارے سے خوش نہ تھے تاہم وہ پاکستان کی شہریت کو اس کے تمام ضمنی مفہوم کے ساتھ قبول کرتے ہیں ۔ وہ واضح طور پر مسٹر جناح سے یقین دہانی حاصل کرنے کے خواہاں تھے کہ پاکستان ایک ایسی مملکت ہوگا جس میں مذہب کی بنیاد پر کوئی امتیازی سلوک نہیں ہوگا ۔ یہ بھی ممکن ہے کہ وہ جناح پر زور دے رہے ہوں کہ وہ واضح طور پر اس بات کی تصدیق کر دیں کہ پاکستان ایک ''سیکولر ملک '' ہوگا ۔ جناح نے حقیقتاً تمام اقلیتوں کو یقین دلایا کہ قانون کے سامنے سب سے برابری کا سلوک ہوگا ۔ اور یہ مسٹر رائے اور دوسرے غیر مسلموں کو مطمئن کرنے کے لئے کافی تھا۔لیکن جناح نے یہ کبھی نہیں کہا کہ پاکستان ایک سیکولر جمہوری مملکت ہوگی ۔ انھوں نے ہمیشہ کہا کہ پاکستان ایک اسلامی جمہوری ملک ہوگا۔ اور اپنے اس موقف سے وہ کبھی پیچھے نہیں ہٹے۔

اپنی کتاب "Jinnah Creator of Pakistan" (جناح پاکستان کا خالق) میں، Hector Bolitho (ہیکٹر بولیتھو) نے جناح کی تقریر سے اقتباس پیش کرتے ہوئے تبصرہ کیا تھا:۔

> The words were Jinnah's: the thought and belief were an inheritance from the Prophet who had said, thirteen centuries before, 'All men are equal in the eyes of God. And your lives and your properties are all sacred: in no case should you attack each other's life and property. Today I trample under my feet all distinctions of caste, colour and nationality."
>
> H. Bolitho (1954) Jinnah: Creator of Pakistan. London: John Murray, p.197
> (SJPak.p154)

ترجمہ الفاظ، جناح کے تھے: ''یہ فکر اور عقیدہ ہمیں رسول اللہ سے ورثے میں ملا ہے، جنھوں نے تیرہ سو سال پہلے کہا تھا اللہ کی نظر میں تمام انسان برابر ہیں ۔تمہاری زندگیاں اور املاک سب مقدس ہیں اور کسی طور بھی تمہیں ایک دوسرے کی زندگی اور املاک پر حملہ نہیں کرنا چاہئے ۔ آج میں ذات، رنگ اور قومیت کے تمام امتیازات کو اپنے قدموں

تلے روندتا ہوں"

"Bolitho here has quoted from the well-known final khutba (sermon) of the Rasool shortly before his death. Either this means we should accept the Prophet of Islam as a secularist, or this means we need to rethink what the Quran teaches about the treatment of fellow human beings socially, economically and politically."

SKPak.p154 (saleena karim)

ترجمہ بولیتھو (Bolitho) نے یہاں رسولِ اکرم کے اس آخری خطبے، حجۃ الوداع، کا حوالہ دیا ہے جو انھوں نے اپنی وفات سے کچھ ہی عرصے قبل دیا تھا۔ اس کا مطلب یہ ہے کہ یا تو ہم پیغمبرِ اسلام کو سیکولر نظریئے کا حامی مان لیں یا پھر ہمیں اس بات پر غور کرنا چاہیئے کہ قُرآن، سماجی واقتصادی اور سیاسی طور پر اپنے ساتھ رہنے والے انسانوں کے ساتھ کس قسم کا سلوک روا رکھنے کی تعلیم دیتا ہے۔

سامعین! قائدِ اعظم کی گیارہ اگست ۱۹۴۷ء کی تقریر کے حوالہ سے سلینہ نے حقائق آپ کے سامنے رکھ دیئے ہیں۔ لیکن یہ جو تقریر میں کہا گیا ہے کہ:۔

"ہندو، ہندو نہ رہیں گے اور مسلمان مسلمان نہ رہیں گے مذہبی طور پر نہیں کیونکہ یہ فرد کا ذاتی عقیدہ ہے بلکہ یہ ایک مملکت کے شہریوں کے طور پر سیاسی لحاظ سے ہوگا۔"

جب تک اس کا فیصلہ نہیں ہو جاتا کہ یہ سیکولر تقریر تھی یا کہ اسلامی؟ آپ کی تسلی نہیں ہو سکتی۔ بےفکر رہیں، ہم جانتے ہیں کہ اس کا فیصلہ کئے بغیر ہم اس منزل تک بھی نہیں پہنچ سکتے جس کے لئے کہ ان نشستوں کا اہتمام کیا گیا ہے۔ آپ سے گزارش ہے کہ آپ ہمارے ساتھ رہیں۔ بالآخر اس کا فیصلہ ہو کر رہے گا!

پرخلوص شکریے کے ساتھ آج کی نشست برخاست کرتے ہیں، کل پھر ملیں گے

اللہ حافظ

پانچویں نشست

اسلام علیکم خواتین وحضرات! چیف نے آج کی میٹنگ کی ذمہ داری سنبھالنے کا حکم مجھے دیا ہے، چنانچہ جناب کی موجودگی میں، سابقہ میٹنگ کو آگے بڑھاتے ہوئے آج کی نشست کا آغاز کرتے ہیں۔ سابقہ میٹنگ میں ہم نے ''جدید جمہوری طرزِ حکومت'' کے متعلق سیکولر کیمپ کے ان خیالات کو جو کہ وہ قائدِ اعظم کے متعلق رکھتے ہیں، کا بغور مطالعہ کیا تھا۔ لیکن یہ کہنا قبل از وقت ہے کہ ہم اس سلسلہ میں کسی حتمی نتیجے پر پہنچ چکے ہیں، اس تک پہنچنے کے لئے آپ کو مزید چندروز انتظار کرنا ہوگا۔ کل رات کو میں قائدِ اعظم کی تقاریر پر اور ''جدید جمہوری نظام'' پر غور کررہا تھا کہ اچانک آنجہانی ڈاکٹر نکلسن کا خیال میرے ذہن میں آگیا یہ وہ ڈاکٹر نکلسن ہیں جنھوں نے اقبال کی اسرارِ خودی کا انگریزی میں ترجمہ کیا تھا۔ اقبال نے اُنہیں ایک خط لکھا تھا جس میں اُنہوں نے، جدید معاشرتی نظام کی تلاش کا ذکر کیا ہے۔ وہ خط میرے سامنے پڑا ہے، میں چاہتا ہوں کہ، اُس خط میں سے آپ کے لئے چند اقتباسات پیش کروں۔

اقبال لکھتے ہیں کہ:۔

''مجھے اس حقیقت سے انکار نہیں کہ مسلمان بھی دوسری قوموں کی طرح جنگ کرتے رہے ہیں، اُنھوں نے بھی فتوحات کی ہیں۔ مجھے اس امر کا بھی اعتراف ہے کہ ان کے بعض قافلۂ سالار ذاتی خواہشات کو دین و مذہب کے لباس میں جلوہ گر کرتے رہے ہیں لیکن مجھے پوری طرح یقین ہے کہ کشور کشائی اور ملک گیری ابتداءً اسلام کے مقاصد میں شامل نہ تھی۔

اسلام کو جہاں ستائی اور کشور کشائی میں جو کامیابی ہوئی ہے، میرے نزدیک وہ اس کے مقاصد کے حق میں

بے حد مضر تھی۔ اس طرح وہ اقتصادی اصول نشو ونما نہ پا سکے جن کا ذکر قرآنِ کریم اور احادیثِ نبوی میں جا بجا آیا ہے۔ یہ صحیح ہے کہ مسلمانوں نے ایک عظیم الشان سلطنت قائم کر لی، لیکن ساتھ ہی ان کے سیاسی نصب العین پر غیر اسلامی رنگ چڑھ گیا اور انھوں نے اس حقیقت کی طرف سے آنکھیں بند کر لیں کہ اسلامی اصولوں کی گیرائی کا دائرہ کتنا وسیع ہے............

میری فارسی نظموں کا مقصود اسلام کی وکالت نہیں بلکہ میری قوتِ طلب وجستجو تو صرف اس چیز پر مرکوز رہی ہے کہ ایک جدید معاشرتی نظام تلاش کیا جائے۔ اور عقلاً یہ ناممکن معلوم ہوتا ہے کہ اس کوشش میں ایک ایسے معاشرتی نظام سے قطع نظر کر لیا جائے جس کا مقصدِ وحید ذات پات، رتبہ ودرجہ، رنگ ونسل کے تمام امتیازات کو مٹا دینا ہے۔ اسلام دنیوی معاملات کے باب میں نہایت ژرف نگاہ بھی ہے، اور پھر انسان میں بے نفسی اور دنیوی لذائذ ونعم کے ایثار کا جذبہ بھی پیدا کرتا ہے۔ اور حسنِ معاملت کا تقاضا یہی ہے کہ اپنے ہمسائیوں کے بارے میں اسی قسم کا طریقہ اختیار کیا جائے۔ یورپ اس گنجِ گراں مایہ سے محروم ہے۔ اور یہ متاع اسے ہمارے ہی فیضِ صحبت سے حاصل ہو سکتی ہے۔"

بحوالہ اقبال نامہ ۲۴ جنوری ۱۹۲۱ء

خواتین وحضرات، قرآنِ حکیم پر غور وفکر کے بعد اقبال جس نتیجے پر پہنچے ہیں، وہ آپ کے سامنے آچکا ہے۔ ہم سمجھتے ہیں کہ جب بھی کوئی بندہ اللہ کی کتاب پر اور تاریخِ اسلامی پر اقبال کی طرح سوچ بچار کرے گا تو وہ بھی اِسی نتیجے پر پہنچے گا جس پر اقبال پہنچے ہیں۔ چنانچہ، جو اسلام آج ہمارے سامنے پیش کیا جاتا ہے اِس میں اور دورِ اول کے اسلام میں، تعلیم وتربیت کے لحاظ سے زمین آسمان کا فرق ہے۔ اب ہم اس خط کے مندرجات کا اگر غور سے مطالعہ کریں تو اقبال کی تحقیق کے مطابق جو تاریخی حقائق سامنے آتے ہیں وہ یوں ہیں کہ:۔

1) کشور کشائی اور ملک گیری ابتداءِ اسلام کے مقاصد میں شامل نہ تھی
2) بعض قافلۂ سالار ذاتی خواہشات کو دین ومذہب کے لباس میں جلوہ گر کرتے رہے ہیں
3) اسلام کو جہاں ستائی اور کشور کشائی میں جو کامیابی ہوئی ہے، وہ اس کے مقاصد کے حق میں بے حد مضر تھی
4) اس طرح وہ اقتصادی اصول نشو ونما نہ پا سکے جن کا ذکر قرآنِ کریم اور احادیثِ نبوی میں جا بجا آیا ہے
5) مسلمانوں نے ایک عظیم الشان سلطنت قائم کر لی، لیکن ان کے سیاسی نصب العین پر غیر اسلامی رنگ چڑھ گیا
6) انھوں نے اس حقیقت کی طرف سے آنکھیں بند کر لیں کہ اسلامی اصولوں کی گیرائی کا دائرہ کتنا وسیع ہے
7) یورپ اس گنجِ گراں مایہ (نظام) سے محروم ہے اور یہ متاع اسے ہمارے ہی فیضِ صحبت سے حاصل ہو سکتی ہے

سامعین! اقبال نے جس بات کی طرف واضح اشارہ دیا اور کہا ہے کہ مسلمانوں کے سیاسی نصب العین پر غیر اسلامی رنگ چڑھ گیا ہے اور انھوں نے اس حقیقت کی طرف سے آنکھیں بند کرلیں کہ اسلامی اصولوں کی گیرائی (مُحکمیت) کا دائرہ کتنا وسیع ہے۔ دراصل، اسلامی دائرے کی گیرائی (مُحکمیت) کا اندازہ لگانا اُس وقت تک ممکن نہیں جب تک کہ اسلام کو قرآنِ حکیم کی روشنی میں پورے طور پر نہ سمجھ لیا جائے۔ ہمارا نصب العین یہی ہے کہ ہم قدم قدم چل کر اسلامی دائرے کی گیرائی کو سمجھ سکیں اور اس کے بعد عملی اقدامات اٹھائیں تاکہ معاشرے کی تنظیمِ نو کرنے کے قابل ہو جائیں۔ پھر نہ صرف یہ کہ یورپ، بلکہ پوری دنیا جس گنجِ گراں مایہ (بیش بہا قیمتی) نظام سے محروم ہے، وہ متاع اسے ہمارے ہی فیضِ صحبت سے حاصل ہو جائے جو بلا مبالغہ ''اسلامی نظامِ ربوبیت'' میں مُضمر ہے۔

ہماری بد قسمتی یہ ہے کہ یورپ کے جس نظامِ جمہوری کی وجہ سے ہمارے اپنے سیاسی نصب العین پر غیر اسلامی رنگ چڑھ گیا ہے، ہم اُسی نظامِ جمہوری کو اپنے گلے کا ہار بنائے بیٹھے ہیں۔ جب تک اس ہار کو اتار کر پھینک نہیں دیا جاتا، اُس وقت تک ہم پر اللہ کی اور ہر لعنت کرنے والوں کی لعنت برستی رہے گی۔

إِنَّ ٱلَّذِينَ يَكْتُمُونَ مَآ أَنزَلْنَا مِنَ ٱلْبَيِّنَٰتِ وَٱلْهُدَىٰ مِنۢ بَعْدِ مَا بَيَّنَّٰهُ لِلنَّاسِ فِى ٱلْكِتَٰبِ ۙ أُو۟لَٰٓئِكَ يَلْعَنُهُمُ ٱللَّهُ وَيَلْعَنُهُمُ ٱللَّٰعِنُونَ ۱۵۹/۲

''جو لوگ ہماری اتاری ہوئی دلیلوں اور ہدایت کو چھپاتے ہیں باوجودیکہ ہم اِسے اپنی کتاب میں لوگوں کے لئے بیان کر چکے ہیں، اُن لوگوں پر اللہ کی اور تمام لعنت کرنے والوں کی لعنت ہے۔''

سامعین، غور فرمایا آپ نے کہ، جب اقبال یہ کہتے ہیں کہ ''یورپ اس گنجِ گراں مایہ سے محروم ہے۔ اور یہ متاع اسے ہمارے ہی فیضِ صحبت سے حاصل ہوسکتی ہے، تو اِس سے اُن کا مطلب کیا ہے؟ ظاہر ہے کہ اس سے اُن کا مطلب اسلامی نظریۂ حیات سے ہے۔

چنانچہ، ڈاکٹر نکلسن کے اسی خط میں جس میں اقبال نے کشور کشائی اور ملک گیری کی مخالفت کی ہے، آگے چل کر لکھتے ہیں کہ:۔

''میں روحانی قوت کا تو قائل ہوں لیکن جسمانی قوت پر یقین نہیں رکھتا۔ جب ایک قوم کو حق وصداقت کی حمایت میں دعوتِ پیکار دی جائے تو میرے عقیدے کی رو سے اس دعوت پر لبیک کہنا اُس کا فرض ہے، لیکن میں ان تمام جنگوں کو مردود سمجھتا ہوں جن کا مقصد محض کشور کشائی اور ملک گیری ہو۔''

یاد رہے کہ، درج بالا اقتباس میں اقبال نے جس جسمانی قوت کا ذکر کیا ہے، یہاں پر اس سے ان کی مراد توپ وتفنگ وغیرہ سے ہے، کسی سپر مین سے نہیں۔ قرآنِ حکیم کی روشنی میں، اقبال کے نزدیک، جنگ کی جو صورتیں جائز قرار پاتی ہیں، آپ نے ان

کی تفاصیل مولوی ظفر احمد صدیقی کو ایک خط میں تحریر کی ہیں، جس میں وہ لکھتے ہیں کہ:۔

''قرآن کی تعلیم کی رو سے جہاد یا جنگ کی صرف دو صورتیں ہیں، محافظانہ اور مصلحانہ۔ پہلی صورت میں، یعنی اُس صورت میں جب کہ مسلمانوں پر ظلم کیا جائے اور ان کو گھروں سے نکالا جائے، مسلمان کو تلوار اٹھانے کی اجازت ہے (نہ حکم)، دوسری صورت جس میں جہاد کا حکم ہے، اور وہ یوں بیان ہوئی ہے:۔

وَإِن طَآئِفَتَانِ مِنَ ٱلْمُؤْمِنِينَ ٱقْتَتَلُوا۟ فَأَصْلِحُوا۟ بَيْنَهُمَا ۖ فَإِنۢ بَغَتْ إِحْدَىٰهُمَا عَلَى ٱلْأُخْرَىٰ فَقَـٰتِلُوا۟ ٱلَّتِى تَبْغِى حَتَّىٰ تَفِىٓءَ إِلَىٰٓ أَمْرِ ٱللَّهِ ۚ فَإِن فَآءَتْ فَأَصْلِحُوا۟ بَيْنَهُمَا بِٱلْعَدْلِ وَأَقْسِطُوٓا۟ ۖ إِنَّ ٱللَّهَ يُحِبُّ ٱلْمُقْسِطِينَ ۴۹/۹

''اور اگر مسلمانوں کی دو جماعتیں آپس میں لڑ پڑیں تو ان میں میل ملاپ کرا دیا کرو۔ پھر اگر ان دونوں میں سے ایک جماعت دوسری جماعت پر زیادتی کرے تو تم اس گروہ سے جو زیادتی کرتا ہے لڑو۔
یہاں تک کہ وہ اللہ کے حکم کی طرف لوٹ آئے، اگر لوٹ آئے تو پھر انصاف کے ساتھ صلح کرا دو۔
اور عدل کرو بے شک اللہ تعالیٰ انصاف کرنے والوں سے محبت کرتا ہے۔''

''ان آیات کو غور سے پڑھئے تو آپ کو معلوم ہوگا کہ وہ چیز جس کو ''سیموئل ہور'' جمعیتِ اقوام کے اجلاس میں Collective Security کہتا ہے قرآن نے اُس کا اصول کس سادگی اور فصاحت سے بیان کیا ہے۔ اگر گزشتہ زمانہ کے مسلمان مدبرین اور سیاسین قرآن پر تدبر کرتے تو اسلامی دنیا میں جمعیتِ اقوام کے بنے ہوئے آج صدیاں گزر گئی ہوتیں۔ جمعیتِ اقوام جو زمانۂ حال میں بنائی گئی ہے اس کی تاریخ بھی یہی ظاہر کرتی ہے کہ جب تک اقوام کی خودی قانونِ الٰہی کی پابند نہ ہو، امنِ عالم کی کوئی سبیل نہیں نکل سکتی۔ جنگ کی مذکورہ بالا دو صورتوں کے سوائے میں اور کسی جنگ کو نہیں جانتا۔ جوع الارض (ہوسِ زمین) کی تسکین کے لئے جنگ کرنا دینِ اسلام میں حرام ہے۔ علیٰ ہٰذ القیاس، دین کی اشاعت کے لئے تلوار اٹھانا بھی حرام ہے۔''

بحوالہ اقبال نامہ لاہور ۱۲ دسمبر ۱۹۳۶ء

سامعین! جمعیتِ اقوام کے اُس اِجلاس میں ''سیموئل ہور'' جس چیز کو Collective Security کہہ رہا ہے، اقبال نے اس کے دعوے کی تردید کی اور اُس کے بیان کو مسترد کرتے ہوئے اپنے موقف کو کس خوبصورتی سے اِن تین اشعار میں سمو دیا ہے، ذرا دیکھئے:۔

اس دور میں اقوام کی صحبت بھی ہوئی عام
پوشیدہ نگاہوں سے رہی وحدتِ آدم

تفریقِ ملل حکمتِ افرنگ کا مقصود
اسلام کا مقصود فقط ملتِ آدم
مکے نے دیا خاکِ جنیوا کو یہ پیغام
جمعیتِ اقوام کہ جمعیتِ آدم

جنگ کی جن دوصورتوں کا ذکر اقبال نے کیا ہے اور کہا ہے کہ وہ جنگ کی کسی اور صورت کو نہیں جانتے۔انھوں نے اپنے اِس عقیدے اور موقف کی مزید وضاحت کرتے ہوئے کہا ہے کہ:۔

اللہ سے کرے دور تو تعلیم بھی فتنہ
املاک بھی اولاد بھی جاگیر بھی فتنہ
ناحق کے لئے اٹھے تو شمشیر بھی فتنہ
شمشیر ہی کیا نعرۂ تکبیر بھی فتنہ

ہم دیکھتے ہیں کہ اقبال کے نزدیک جو کچھ بھی قُرآنِ حکیم کے مطابق ہے وہ بنی نوعِ انسان کے لئے موجبِ خیر وِ برکت ہے، اور جتنا کچھ اس سے باہر اور اس کی تعلیم کے خلاف ہے، چاہے وہ اسلام کے نام پر ہی کیوں نہ پیش کیا گیا ہو، فتنہ وفساد کے سوا کچھ نہیں۔

خواتین وحضرات، قائدِ اعظم کے نزدیک، جو مقام اقبال کا تھا، اسے قائدِ اعظم کے الفاظ میں ہی بہتر سمجھا جا سکتا ہے۔ مثلاً، قائدِ اعظم نے اقبال کی برسی پر انہیں خراجِ عقیدت پیش کرتے ہوئے کہا تھا کہ:۔

Iqbal was not a merely a preacher and a philosopher. He stood for courage and action, perseverance and self-reliance, and, above all, faith in God and devotion to Islam. In his person were combined the idealism of the poet and the realism of the man who takes a practical view of things. Faith in God and unceasing and untiring action is the essence of his message. And in this he emerges truly Islamic. He had an unflinching faith in Islamic principles and success in life meant to him the realisation of one's self, and to achieve this end the only means was to follow the teachings of Islam. His message to humanity is action and the realisation of one's self. Although a great poet and philosopher, he was no less a practical politician. With his firm conviction and faith in the ideals of Islam, he was one of the few who originally thought over the feasibility of carving out of India an Islamic state in the north-west and north-east zones which are the historical homeland of the Muslims. ... I pray that we may live up to the ideals preached by our national poet so that we may be able to give shape to these ideals in our sovereign state of Pakistan when established.

Tribute to Iqbal, Lahore, 9 December 1944. (NV Vol. IV, p.24-5.) (SJPak p116)

ترجمہ ''اقبال صرف ایک ناصح اور فلسفی ہی نہ تھا۔ وہ عزم وعمل، استقلال اور خود انحصاری کا پیکر تھا اور سب سے بڑھ کر یہ کہ اسے اللہ کی ذات پر پورا بھروسہ تھا اور اسلام کا شیدائی تھا اُس کی شخصیت ایک شاعر کا تصور اور ایک ایسے شخص کی حقیقت پسندی کا امتزاج تھی جو اشیاء کو حقیقت پسندانہ نکتۂ نظر سے دیکھتی تھی۔ خدا پر اعتماد اور انتھک اور کبھی نہ ختم ہونے والی جدوجہد اُس کے پیغام کا جوہر ہے اور اس طرح اُس کی شخصیت اسلام کے ایک سچے شیدائی کے طور پر ابھر کر آئی ہے۔ اسلامی اصولوں پر اُس کو اعتقادِ راسخ تھا اور اُس کے نزدیک زندگی میں کامیابی انسان کی اپنی ذات کے ادراک سے عبارت ہے اور اس مقصد کے حصول کے لئے اسلامی تعلیمات کی پیروی واحد ذریعہ ہے۔ انسانیت کے نام اُس کا پیغام جدوجہد اور اپنی ذات کا ہے۔ اقبال ایک عظیم شاعر اور فلسفی ہونے کے باوجود وہ ایک بڑا عملی سیاست دان بھی تھا۔ اسلامی نصب العین پر راسخ یقین اور اعتماد کے ساتھ وہ اُن معدودے چند افراد سے تھا جنھوں نے ہندوستان کے شمالی مغربی اور شمالی مشرقی خطوں میں جو تاریخی اعتبار سے مسلمانوں کا وطن ہے، ایک اسلامی مملکت کے قیام کے امکان کا تصور سب سے پہلے پیش کیا......میں دعا گو ہوں کہ جب آزاد مملکت، پاکستان معرضِ وجود میں آئے تو کاش اس میں، ہم اُنھی نصب العین اور تصورات کے مطابق عمل پیرا ہوسکیں جن کی تلقین ہمارے قومی شاعر نے کی ہے۔''

خواتین وحضرات، کچھ لوگ قائدِ اعظم کی ذات پر بغیر تحقیق کیے، یہ الزام لگاتے ہیں کہ وہ اسلام اور اس کی تعلیمات سے ناواقف تھے، اور پاکستان کی جنگ انھوں نے ایک سیکولر سیاست دان کے طور پر لڑی تھی۔ یہی وہ لوگ ہیں جنھوں نے قائدِ اعظم کے نام سے منسوب علمی بددیانتی، جھوٹ اور مکروفریب پر مبنی تاریخ رقم کی ہے۔ اب وہ تاریخ آپ کے سامنے ہے۔

قائدِ اعظم نے اقبال کی برسی پر اپنے خطاب کے آخر میں جو یہ کہا ہے کہ ''(اقبال نے) ایک اسلامی مملکت کے قیام کے امکان کا تصور سب سے پہلے پیش کیا......میں دعا گو ہوں کہ جب آزاد مملکت، پاکستان معرضِ وجود میں آئے تو کاش اس میں، ہم اُنھی نصب العین اور تصورات کے مطابق عمل پیرا ہوسکیں جن کی تلقین ہمارے قومی شاعر نے کی ہے۔'' قائدِ اعظم کے ان الفاظ کو ہی اگر کوئی سامنے رکھ کر دیکھنا چاہے تو یہ دیکھ سکتا ہے کہ قائدِ اعظم پاکستان میں کس قسم کا نظام چاہتے تھے۔

قائدِ اعظم نے کسی اور موقع پر یہ بھی کہا کہ:۔

"Let it be clear that Pakistan is going to be a Muslim State based on Islamic Ideals. It was not going to be an ecclesiastical state. [sic] In Islam there is no discrimination as far as citizenship is concerned. The whole world, even [the] UNO has characterised Pakistan as a Muslim State."

Speech at the Meeting of the All-India Muslim League Council, Karachi, December 1947, 16 December 1947. (Yusufi Vol. IV, p.2656) (SJPak.p141)

ترجمہ ''یہ بات واضح ہو جانی چاہیئے کہ پاکستان اسلامی نظریات پر مبنی ایک مسلم ریاست ہوگی۔ یہ کلیسائی یا مذہبی پیشواؤں کی حکومت نہیں ہوگی۔ اسلام میں مملکت کے تمام باشندے یکساں شہری حقوق رکھتے ہیں اور کسی سے امتیازی سلوک نہیں کیا جاتا۔ تمام دنیا کے حتیٰ کہ اقوامِ متحدہ کے ادارے نے بھی پاکستان کو ایک مسلمان مملکت کے طور پر مانا ہے۔''

سامعین، قائدِ اعظم نے ببانگِ دہل اعلان کرتے ہوئے دنیا سے کہا تھا کہ، یہ بات واضح ہونی چاہئے:۔

1) پاکستان ''اسلامی نظریات'' پر مبنی ایک مسلم ریاست ہوگی
2) یہ کلیسائی یا مذہبی پیشواؤں کی حکومت نہیں ہوگی
3) اسلام میں، مملکت کے تمام باشندے یکساں شہری حقوق رکھتے ہیں اور کسی سے امتیازی سلوک نہیں کیا جاتا
4) تمام دنیا کے حتیٰ کہ اقوامِ متحدہ کے ادارے نے بھی پاکستان کو ایک مسلمان مملکت کے طور پر مانا ہے

ان ملفوظات کے بعد بھی اگر کوئی قائدِ اعظم کی صاف، پاک اور اجلی شخصیت پر پاکستان کے اُن نظریات کے متعلق یہ الزامات لگائے کہ وہ پاکستان کو اسلامی نظریات کے مطابق نہیں بلکہ سیکولر اور جدید جمہوری نظام کے تحت چلانے کے خواہاں تھے، تو اُن کے ساتھ اس سے بڑی زیادتی کرنے کا سوچا بھی نہیں جا سکتا۔ اگر ہم میں سے کسی قدرت رکھنے والے ادارے کے پاس خلوص نام کی کوئی شے ابھی باقی ہے تو اُس کا فرض ہے کہ وہ پاکستان دشمن عناصر سے پوچھے کہ وہ یہ سب کس کی ایما پر کر رہے ہیں؟ مدتوں سے پوری قوم خاموش تماشائی بنی بیٹھی رہی اور یہ اپنی من مانیاں کرتے رہے۔ ہماری خاموشی کا ناجائز فائدہ بہت اٹھا چکے، اب مزید ان کے جھوٹ اور فریب کو اگر برداشت کیا گیا تو یہ خودکشی کے مترادف ہوگا، اور میں ایک مسلمان ہونے کی حیثیت سے یہ بات کھل کر کہہ رہا ہوں کہ میں اس طرح کی خودکشی کرنے کے جرم میں، حرام موت نہیں مرنا چاہتا۔

ملت کی اجتماعی رائے کے حصول کے لئے قائدِ اعظم نے جو اہم نسخہ بیان کیا ہے اسے بھی ملاحظہ کیجئے:۔

"Is it possible for you to achieve the organic wholeness of a united will? Yes, it is. Rise above your sectional interests and private ambitions, and learn to determine the value of your individual and collective action, however directed on material ends, in the light of the ideal which you are supposed to represent. Pass from matter to spirit. Matter is diversity; spirit is light, life and unity."

Allahabad address (Sherwani (ed.) 2008, p.12) (SJPak.p97)

ترجمہ ''کیا آپ کے لئے یہ ممکن ہے کہ کسی اجتماعی رائے کو کلی طور پر ایک جگہ مجتمع کر لیں۔ جی ہاں آپ یہ کام کر سکتے ہیں اگر آپ اپنے سماجی طبقے کے مفادات اور ذاتی خواہشات سے بالاتر ہو کر سوچیں اور اپنے انفرادی اور اجتماعی

فعل کی قدر و قیمت کا تعین کرنا سیکھ لیں چاہے وہ مقاصد جن کی آپ ترجمانی کر رہے ہیں، مادی ضروریات کے پورا کرنے کے لئے ہی کیوں نہ ہوں۔ مادیت سے جذبے کی طرف گامزن ہوں۔ مادہ مختلف نوعیت کا ہوتا ہے جبکہ روشنی، زندگی اور وحدت کی طرف لے جاتی ہے۔''

سامعین، غور فرمائیں، قائدِ اعظم سوال کرتے ہوئے پوچھتے ہیں کہ ''کیا آپ کے لئے یہ ممکن ہے کہ کسی اجتماعی رائے کو کلی طور پر ایک جگہ مجتمع کر لیں؟ پھر اس کا جواب دیتے ہوئے اس بات کا یقین دلاتے ہیں کہ ایسا ممکن ہے اور آپ یہ کام کر سکتے ہیں، لیکن اس مقصد کو حاصل کرنے کے لئے جن اقدامات کو اٹھانے کی ضرورت پڑتی ہے انھیں ہمیشہ اپنے پیشِ نظر رکھا جائے۔ چنانچہ اپنے نصب العین تک پہنچنے کے لئے قائدِ اعظم نے جن اقدامات کے اٹھانے کا مشورہ دیا ہے انھیں قُرآنِ کریم کی روشنی میں دیکھ لینا ضروری ہے۔

1) اپنے سماجی طبقے کے مفادات اور ذاتی خواہشات سے بالاتر ہو کر سوچیں اور اپنے انفرادی اور اجتماعی فعل کی قدر و قیمت کا تعین کرنا سیکھ لیں
2) چاہے وہ مقاصد جن کی آپ ترجمانی کر رہے ہیں، مادی ضروریات کے پورا کرنے کے لئے ہی کیوں نہ ہوں
3) مادیت سے جذبے (نسب العین) کی طرف گامزن ہوں
4) مادہ مختلف نوعیت کا ہوتا ہے جبکہ روشنی، زندگی اور وحدت کی طرف لے جاتی ہے

قُرآنِ حکیم کو ''نور'' کہا گیا ہے، اس لئے کہ اس کے قوانین کے ذریعے جب اسلامی جمہوری نظام عمل میں آتا ہے تو وہ انسانوں کو ظلمات (اندھیروں) سے نکال کر نور کی طرف لے جاتا ہے۔ بلا شبہ، اس کے لئے انسانوں میں قلبی تبدیلی کا رونما ہونا ضروری ہے، لیکن اس ملک کے حکمرانوں نے دہائیوں سے قوم کو تعلیم سے دور رکھا ہے جس کی وجہ سے یہ اپنے مفادات کا تحفظ کرنے اور معاملہ فہمی کے قابل ہی نہیں رہی۔ چنانچہ یہ ہمارا ملی فرض بنتا ہے کہ ہم اِسے ظلمات کے گھٹا ٹوپ اندھیروں سے خود نکالیں۔ ہم جانتے ہیں کہ تعلیم و تربیت کے لئے وقت درکار ہوتا ہے۔ لیکن دیکھنا! ہم اِسے تعلیمِ قُرآن کے زیور سے یوں آراستہ کریں گے کہ یہ قوم، چند سالوں کے اندر ہی اندر دنیا کی دیگر تمام قوموں سے کئی قدم آگے ہوگی۔ آپ کو یاد ہوگا کہ اقبال سے جب کسی نے پوچھا تھا کہ قوم کو تعلیم پہلے دینی چاہیئے یا کہ نظام؟ تو انھوں نے فرمایا تھا کہ یہ دونوں کام اکٹھے بھی کئے جاسکتے ہیں۔ چناچہ، ہم بھی ایسا ہی کریں گے۔

اے شیخ بہت اچھی مکتب کی فضا لیکن
بنتی ہے بیاباں میں فاروقی و سلمانی
صدیوں میں کہیں پیدا ہوتا ہے حریف اس کا
تلوار ہے تیزی میں صہبائے مسلمانی

دورِ اوّل کے مسلمانوں کے پاس اگر کوئی ڈگری تھی تو وہ قرآنِ حکیم کی ڈگری تھی۔ جب قانون کی اس کتاب کو مدرسوں کی اندھیری کوٹھریوں سے نکال کر باہر لایا جائے گا تو اس کی چمک سے دنیا کی آنکھیں خیرہ ہو جائیں گی۔ افسوس کہ پاکستان کے معاملے میں اب ہمارے پاس اتنا وقت ہی نہیں بچا، اس لئے ہمیں کچھ فیصلے عجلت میں کرنے پڑیں گے۔ مملکتِ خداداد سخت مشکلات میں گھر چکی ہے، اگر ان نشستوں کے خاتمے پر ہم اجتماعی طور پر کسی نتیجے پر پہنچنے کے بعد پاکستان اور اس کے باشندوں کی فلاح و بہبود کے لئے کوئی فیصلہ کرنے کی پوزیشن میں ہوئے تو پھر مل کر ہر مشکل فیصلہ کر گزریں گے، اس وضاحت کے ساتھ، کہ مشکل فیصلوں سے میری مراد ملک میں ڈکٹیٹرشپ یا اور کسی غیر خدائی نظام وغیرہ کو لانا مقصود نہیں۔ ہم ہر ایک فیصلہ قانون کی حدود میں رہ کر کریں گے۔ اور جب میں قانون کی بات کرتا ہوں تو اس سے میری مراد یہ ہے کہ ایسا کوئی فیصلہ نہیں کریں گے جو قرآنِ حکیم کی حدود سے تجاوز کرتا ہو۔ قائدِ اعظم بھی یہی چاہتے تھے اور اقبال بھی۔ قرآنِ حکیم کی راہنمائی میں ہم ایسا انتظام ضرور کر لیں گے جس کے ذریعے پاکستان کے باشندے قلیل مدت میں ہی اس بات کو اچھی طرح سے جان جائیں گے کہ اسلامی جمہوری مملکت میں تمام لوگ بلا تخصیصِ مذہب، رنگ اور نسل کے برابر کے حقدار ہیں تو اسکے بعد، لوگ دوسروں کا خیال رکھنے میں فخر محسوس کیا کریں گے اور معاشرے میں سے لوٹ کھسوٹ کا رجحان خود ہی دم توڑ دے گا۔ اور یوں ہم قائدِ اعظم کے مشورے کے مطابق اپنی قوم کی اجتماعی رائے کو کلی طور پر ایک جگہ مجتمع کر لیں گے۔ اور اپنی گاڑی کو مادیت کی دلدل سے نکال کر اپنے (نصب العین) کو جانے والی پٹڑی پر چڑھا کر دم لیں گے۔ مادیت سے نکلنے کا جو حل اسلامی نظام پیش کرتا ہے وہ نہایت ہی سہل، سادہ اور دلنشین ہے۔ وہ اپنے معاشرے کے لوگوں کو پہلے فکرِ معاش سے آزاد کرتا ہے اور اس بات کی گارنٹی دیتا ہے کہ وہ ان کی آنے والی نسلوں کی ذمہ داری بھی اپنے اوپر لیتا ہے۔ احساسِ تحفظ کے نتیجے میں، لوگ خود بخود ہی مادیت (لالچ اور خودغرضی) کے طاغوتی اور ادنیٰ جذبوں سے لاتعلق ہو کر اعلیٰ جذبوں کے ساتھ اپنے (نسب العین) کی طرف گامزن ہو جائیں گے۔ اب ہم اس حصۂ تقریر کو بھی قرآنِ حکیم کی روشنی میں دیکھ لیتے ہیں۔ جس میں کہا گیا ہے کہ:-

''مادہ مختلف نوعیت کا ہوتا ہے جبکہ روشنی، زندگی اور وحدت کی طرف لے جاتی ہے''۔

قائدِ اعظم کی تقریر کی ایک ہی سطر میں مادہ، روشنی، زندگی اور وحدت چار عناصر کا ذکر کیا گیا ہے۔ اگر تو ان پر غور و فکر کئے بغیر ہم آگے نکل جائیں تو پھر کوئی فائدہ نہیں۔ بحیثیتِ ملی، عمومی طور پر ہماری مشکل ہی یہ رہی ہے کہ ہم نے بڑے بڑے لوگوں کی تقریروں اور تحریروں کو سرسری طور پر پڑھا اور پڑھ کر آگے نکل گئے۔ لیکن اپنی ان نشستوں میں ہم ایسا کرنے کے متحمل نہیں ہو سکتے۔ مجھے اس بات کا بار بار اظہار کرنا پڑ رہا ہے کہ ہمارے پاس نت نئے تجربات کرنے کا بالکل کوئی وقت نہیں بچا۔ البتہ، حسبِ معمول ہم قائدِ اعظم کی تقریر کے اس حصۂ اقتباس کو بھی قرآنِ حکیم کی روشنی میں دیکھ لیتے ہیں۔ جس میں انھوں نے کہا ہے کہ ''مادہ مختلف نوعیت کا ہوتا ہے جبکہ روشنی، زندگی اور وحدت کی طرف لے جاتی ہے۔''

سکرین پر توجہ چاہوں گا۔

اَللّٰهُ نُورُ السَّمٰوٰتِ وَالْأَرْضِ ۲۴/۳۵ ''اللہ نور ہے آسمانوں کا اور زمین کا''

لغات القرآن کے مطابق:۔

''نور کے معنی روشنی ہیں۔قرآنِ کریم نے اس لفظ کو ظلمات (تاریکیوں) کے مقابلے میں لا کر اس کے معنی واضح کر دیئے ہیں۔ضیاء کا لفظ بھی روشنی کے معنوں میں آتا ہے۔نور صرف مادی روشنی کے لئے نہیں آتا بلکہ فکر و بصیرت اور علم و عقل کی روشنی کے لئے بھی آتا ہے۔اللہ نے اپنی کتاب (قرآنِ مجید) کو بھی نور کہا ہے کہ یہ انسانوں کے لئے زندگی کی سیدھی راہ میں مشعلِ ہدایت بنتی ہے۔ واضح رہے کہ روشنی، اپنے آپ کو دکھانے کے لئے کسی اور کی محتاج نہیں ہوتی۔یہ فی ذاتہٖ روشن ہوتی ہے اور دوسروں کو روشنی عطا کرتی ہے۔اس لئے قرآنِ کریم اپنے معنی واضح کرنے کے لئے کسی خارجی سہارے کا محتاج نہیں۔''

بحوالہ لغات القرآن

چنانچہ سامعین، (تصریفِ آیات) کے ذریعے قرآن کو سمجھنے کا یہی مطلب ہے کہ قرآن کی آیات کو قرآن ہی کی آیات سے سمجھا جائے اور اس کے لئے خارج (تاریخ و روایات) سے مدد نہ لی جائے۔حقائق تک پہنچنے کا فقط یہی وہ ایک ایسا ذریعہ ہے جس پر مکمل بھروسہ کیا جا سکتا ہے۔اور جس کی روشنی میں چل کر، مومنانہ زندگی اور وحدت کی طرف جایا جا سکتا ہے۔

قرآن کا جماعتِ مومنین کے متعلق کہنا یہ ہے کہ:۔

اَللّٰهُ وَلِيُّ الَّذِينَ آمَنُوا يُخْرِجُهُم مِّنَ الظُّلُمٰتِ إِلَى النُّورِ ۖ وَالَّذِينَ كَفَرُوا أَوْلِيَاؤُهُمُ الطَّاغُوتُ يُخْرِجُونَهُم مِّنَ النُّورِ إِلَى الظُّلُمٰتِ ۗ ۲/۲۵۷

''اللہ، مومنین کو ظلمات سے نکال کر نور کی طرف لاتا ہے۔طاغوت، لوگوں کو نور سے ظلمات کی طرف لے جاتا ہے۔''

لفظ ''طاغوت'' (شیطان) کے معنی اُس وقت کھل کر سامنے آتے ہیں جب یہ لفظ ''نظام'' کے ساتھ بولا جاتا ہے۔جیسے کہ ''طاغوتی نظام'' یعنی کہ شیطانی نظام۔جس کے ذریعے سے مظلوم انسانوں کو زندانوں کے گھٹا ٹوپ اندھیروں میں قید رکھا جاتا ہے۔اس کے برعکس اللہ کے نظام کو بروئے کار لانے کے لئے جو لوگ دن رات ایک کر دیتے ہیں، اُن (مومنین) کو اللہ طاغوطی نظام کے پنجے سے چھڑا کر نورانی نظام (روشنی) کی طرف لے آتا ہے۔یہاں سے ظلمات اور نور کے دونوں نظاموں کے درمیان پائی جانے والی تفاوت کو

دیکھا اور سمجھا جا سکتا ہے۔ یہ بات جب پوری طرح سے سمجھ میں آجائے تو پھر اسلامی نظام کے راستے میں کوئی طاغوتی قوت حائل نہیں ہو سکتی۔

هُوَ ٱلَّذِي يُصَلِّي عَلَيۡكُمۡ وَمَلَٰٓئِكَتُهُۥ لِيُخۡرِجَكُم مِّنَ ٱلظُّلُمَٰتِ إِلَى ٱلنُّورِۚ وَكَانَ بِٱلۡمُؤۡمِنِينَ رَحِيمٗا ۳۳/۴۳

''اللہ اور اس کے ملائکہ مومنین پر صلوٰۃ بھیجتے ہیں تاکہ انھیں ظلمات سے نور کی طرف لے آئیں۔''

چنانچہ، اُس کے نتیجے میں:۔

وَأَشۡرَقَتِ ٱلۡأَرۡضُ بِنُورِ رَبِّهَا ۳۹/۶۹ ''اللہ کے نور سے زمین جگمگا اٹھے گی۔''

سامعین آپ جانتے ہی ہیں کہ قرآن کی آیات، ذہن وقلبِ اقبال پر اثر کرتے ہی اشعار میں ڈھل جایا کرتی تھیں جیسا کہ اُن کے یہ اَشعار بھی آیاتِ بالا کی عکاسی کرتے نظر آتے ہیں:۔

آسماں ہو گا سحر کے نور سے آئینہ پوش
اور ظلمت رات کی سیماب پا ہو جائے گی
شب گریزاں ہو گی آخر جلوۂ خورشید سے
یہ چمن معمور ہو گا نغمۂ توحید سے

خواتین وحضرات، آپ اگر قائدِ اعظم کی تقریر کے الفاظ پر غور کریں تو پتہ یہ چلتا ہے کہ انھوں نے مادے کا لفظ مادی طرزِ حیات کو سامنے رکھ کر کیا ہے، ایسا نظام جو سرتاپا مادیت کی دلدل میں ڈوبا ہوا ہو۔ قرآن میں جس ذہنیت کو اللہ نے قارونی قرار دیا ہے اور جسے آج کی اصطلاح میں کیپٹل ازم کہا جاتا ہے، اس کی شکلیں تو مختلف ہوسکتی ہیں لیکن اپنی ذات یا خصوصیات میں یہ دونوں ایک ہی ہیں اور مادی زندگی کی ترجمانی کرتی ہیں۔ مثلاً بادشاہ یہ کرتا ہے کہ عوام کو لوٹ کر خزانے جمع کرتا ہے، اسی طرح ایک ڈکٹیٹر بھی چاہے اس نے اپنے چہرے پر جمہوریت کا نقاب ہی کیوں نہ سجا رکھا ہو بالآخر وہ بھی وہی کچھ کرنے لگتا ہے جو ایک بادشاہ کیا کرتا ہے۔ اسی طرح سے جدید جمہوریت کے علمبردار بھی ملک میں پارٹیاں بنالیتے ہیں اور آپس میں گٹھ جوڑ کے ذریعے جعلی الیکشن سے برسرِ اقتدار آکر لوٹ کھسوٹ کا بازار گرم رکھتے ہیں۔ لیکن یہ بھی مذہبی پیشواؤں کی حکومت کی طرح لوگوں میں خوف وہراس اور فتنہ وفساد کے ذریعے انسانوں

پر مسلط رہتے ہیں۔ یہ سب ایک ہی نسل کے لوگ ہوتے ہیں جن کا پیشہ ہی یہ ہے کہ وہ اللہ کی زمین پر اللہ کی مخلوق کو فرقوں اور پارٹیوں میں تقسیم کریں اور جب وہ کمزور ہوجائیں تو آسانی سے ان کا خون پینے لگ جائیں۔

اسی لئے قائدِ اعظم نے کہا ہے کہ مادہ مختلف نوعیت کا ہوتا ہے۔ یعنی کہ اس کے مطابق یا تحت چلنے والے نظاموں کے نام مختلف ہوسکتے ہیں لیکن اپنی طاغوطی قوت اور طاقت (مال وزر) کے زور پر یہ انسانوں کو ظلمات کی طرف دھکیل دیتے ہیں۔ اور پھر اِن کا شیرازہ اس طرح سے بکھیر کے رکھ دیتے ہیں کہ اس کے بعد ان کا اصل چہرہ شناخت کے قابل بھی نہیں رہتا۔ قائدِ اعظم کے نزدیک اسلامی جمہوریت ہی ایک ایسا نظامِ حیات ہے کہ جس پر چل کر تمام انسان انفرادی مفادات کے دائرے سے نکل کر اجتماعی مفادات کے دائرے میں داخل ہوسکتے ہیں۔ یعنی خلفشار وانتشار سے نکل کر وحدت کی صورت اختیار کر لیتے ہیں۔ اسی کو وحدت وتوحید کا نام دیا جاتا ہے۔ اس مقام پر پہنچ کر انسانوں کی خودی کی نشوونما ترتیب پاتی اور اگلی منزل میں داخل ہونے کے قابل ہوتی ہے۔ اس کے علاوہ خودی کی نشوونما کا اور کوئی ذریعہ نہیں۔ میں یہ بتانا ضروری سمجھتا ہوں کہ یہ وہ مقام ہے جہاں انسانوں کے دل ایک دوسرے سے جڑ جاتے ہیں اور ان دلوں میں وہ محبت ڈال دی جاتی ہے کہ دنیا کی ساری دولت دے کر بھی یہ متاعِ گراں بہا خریدی نہیں جاسکتی۔ سامنے دی گئی آیت میں ارشادِ ربانی یہ ہے کہ:۔

وَأَلَّفَ بَيْنَ قُلُوبِهِمْ ۚ لَوْ أَنفَقْتَ مَا فِى ٱلْأَرْضِ جَمِيعًا مَّآ أَلَّفْتَ بَيْنَ قُلُوبِهِمْ وَلَٰكِنَّ ٱللَّهَ أَلَّفَ بَيْنَهُمْ ۚ إِنَّهُۥ عَزِيزٌ حَكِيمٌ ٨/٦٣

''ان کے دلوں میں باہمی الفت بھی اُسی نے ڈالی ہے۔ زمین میں جو کچھ ہے تو اگر سارا کا سارا بھی خرچ کرڈالتا تو بھی ان کے دل آپس میں نہ ملا سکتا۔ یہ تو اللہ ہی نے ان میں الفت ڈال دی ہے، وہ غالب حکمتوں والا ہے۔''

سامعین! قُرآنِ حکیم کی روشنی میں، قائدِ اعظم کی پُر مغز تقریر کے اقتباس کی مختصر سی تشریح آپ کے سامنے پیش کی گئی ہے۔ عقل حیران ہوتی ہے، جب اسقدر فہم وفراست رکھنے والا شخص اپنے بارے میں اختصار کے ساتھ اعتراف کرتے ہوئے یہ کہتا نظر آتا ہے کہ:۔

''میں نہ کوئی مولوی ہوں نہ ملاّ۔ نہ مجھے دینیات میں مہارت کا دعویٰ ہے۔ البتہ میں نے قُرآنِ مجید اور قوانینِ اسلام کے مطالعہ کی اپنے طور پر کوشش کی ہے۔ اس عظیم کتاب کی تعلیمات میں انسانی زندگی کے ہر باب کے متعلق ہدایات موجود ہیں۔ زندگی کا روحانی پہلو ہو یا معاشرتی، سیاسی ہو یا معاشی، غرضیکہ کوئی ایسا شعبہ نہیں جو قُرآنی تعلیم کے احاطہ سے باہر ہو۔ قُرآنِ کریم کی اصولی ہدایات اور طریقِ عمل نہ صرف مسلمانوں کے لئے بہترین ہیں بلکہ اسلامی حکومت میں غیر مسلموں کے لئے حسنِ سلوک اور آئینی حقوق کا جو حصہ ہے اس سے بہتر کا تصور ناممکن ہے۔''

اورینٹ پریس، بحوالہ روزنامہ انقلاب صفحہ ۳، ۸ جنوری ۱۹۴۲ء

اور پھر جب لاہورر یزولیوشن کے خلاف اپنوں اور غیروں نے یک زبان ہو کر کہا کہ یہ ریزولیوشن غیر اسلامی ہے۔ تو قائدِ اعظم نے اس کا جواب دیتے ہوئے کہا تھا کہ:۔

"I am not learned Maulana or Maulvi. Nor do i claim to be learned in theology. But I also know a little of my faith and I am a humble and proud follower of my faith.May I know in the name of heavens how as this Lahore Resolution against Islam?"

Presidential Address (Special), Pakistan Session of Punjab Muslim Students' Federation, 2 March 1941. NV Vol II, p.170

ترجمہ ''میں نہ کوئی مولوی ہوں نہ ملاّ ، نہ مجھے دینیات میں مہارت کا دعویٰ ہے۔عقائد کے بارے میں بھی کچھ زیادہ نہیں جانتا' لیکن بصداحترام مجھے اپنے عقیدے پر ناز ہے۔البتہ مجھے کوئی یہ تو بتائے کہ لاہورر یزولیوشن کس طرح سے غیر اسلامی ہے''۔

سامعین! قائدِ اعظم کی تقریر کے اِس اقتباس کے ساتھ ہی آج کی نشست برخاست کرتے ہیں
کل تک کے لئے دلی خلوص اور شکریہ کے ساتھ

اللہ حافظ

مثالی معاشرہ

چھٹی نشست

السلام علیکم، خواتین وحضرات۔ آپ کی تشریف آوری کا شکریہ۔ کل کی نشست کے بعد میں اور ڈاکٹر صاحب جب گھر واپس لوٹ رہے تھے، چند ساعت خاموش رہنے کے بعد، قائدِ اعظم اور اقبال پر کامیاب تحقیق کے حوالہ سے میں نے ڈاکٹر صاحب کو مبارک دی اور میں نے ان سے کہا کہ ملک میں جس طرح کے حالات چل رہے ہیں ان کے پیشِ نظر تو کل تک مجھے اِس بات کا پورا یقین تھا کہ جلد یا بدیر آپ مجھ سے اِس بات کا تقاضہ کریں گے کہ ملک میں مارشل لاء نافذ کر دینا چاہئے۔ لیکن آج کی نشست میں جب آپ نے کہا کہ ملک میں ڈکٹیٹر شپ یا کسی اور غیر خدائی نظام وغیرہ کو لانا ہمارا مقصود نہیں۔ ہم ہر ایک فیصلہ قانون کی حدود میں رہ کر کریں گے۔ اور جب میں قانون کی بات کرتا ہوں تو اس سے میری مراد یہ ہے کہ ایسا کوئی فیصلہ نہیں کریں گے جو قُرآنِ حکیم کی حدود سے تجاوز کرتا ہو۔ نجانے کیوں شروع دن سے ہی میرے ذہن میں یہ بات سمائی ہوئی تھی کہ ملک کے سنگین حالات کے پیشِ نظر آپ مارشل لاء کا تقاضہ کریں گے، لیکن میری سوچ کے برعکس جب آپ نے کہا کہ آپ کسی بھی غیر خدائی نظام کی حمایت نہیں کرتے۔ تو مجھے اتنی خوشی ہوئی کہ کیا بتاؤں اور وجہ اِس خوشی کی یہ تھی کہ مجھے اب اِس بات کا پورا یقین ہو گیا کہ ہمارا ہر قدم صحیح سمت، منزل کی جانب اٹھ رہا ہے۔ اتنا کہنے کے بعد میں خاموش ہو گیا۔ مجھے خاموش پا کر ڈاکٹر صاحب نے آہستہ سے میرے گھٹنے پر ہاتھ سے تھپتھپاتے ہوئے کہا، میں بھی بہت خوش ہوں۔ اور میں خوش اس لئے ہوں کہ اگر اس سے پہلے آپ مارشل لاء لگانے کی پیشکش کر دیتے تو مجھے اس بات کا سخت صدمہ پہنچتا، کہ آپ اسلام کو سمجھ ہی نہیں رہے اور میں اپنا وقت ضائع کر رہا ہوں۔ انگریزی میں جسے ایک page پر ہونا کہتے ہیں، میں فخر سے کہہ سکتا ہوں کہ آج سے ہم ایک page پر ہیں۔ اس بات پر ہم دونوں مسکرائے بغیر نہ رہ سکے۔ تو سامعین، اب میں ڈاکٹر صاحب کو مائیک پر آنے کی دعوت دیتا ہوں کہ وہ تشریف لائیں اور باقاعدہ میٹنگ کا آغاز کریں۔

خوش آمدید خواتین وحضرات۔ یہ قدرتی اَمر ہے کہ جب لوگوں میں ذہنی مطابقت نشوونما پانے لگتی ہے تو وہ ایک دوسرے

کے قریب آنا شروع ہوجاتے ہیں۔ یہی کچھ، میں یہاں پر آپ لوگوں کے درمیان بھی ہوتے دیکھ رہا ہوں۔ میری دعا ہے کہ آپ لوگوں کا ایک دوسرے کے قریب آنا مبارک ہو۔ یاد رکھیں، لوگوں میں ''دھبڑ دوس'' ہوتی ہی ذہنی مطابقت کے فقدان کی وجہ سے ہے۔ اللہ انسانوں کو ایک page پر اسی لئے لانا چاہتا ہے تاکہ یہ ''دھبڑ دوس'' کرنا چھوڑ دیں۔ ہماری ان نشستوں کا مقصد بھی یہی ہے کہ مستقبل قریب میں ہم ایک ایسا مثالی معاشرہ قائم کرنے کے قابل ہوجائیں جو ہر قسم کے فتنہ وفساد اور انتشار سے پاک ہو۔ میں آپ کو اس بات کا یقین دلاتا ہوں کہ ایسا معاشرہ قائم کرلینا کچھ مشکل نہیں۔

سامعین! قائداعظم فرماتے ہیں کہ میں نہ کوئی مولوی ہوں نہ مُلا، مجھے دینیات میں بھی مہارت کا دعویٰ نہیں، لیکن قرآنِ مجید اور قوانینِ اسلامیہ کے مطالعہ کی اپنے طور پر کوشش ضرور کی ہے، اور اس نتیجے پر پہنچا ہوں کہ اس عظیم الشان کتاب کی تعلیمات میں انسانی زندگی کے ہر باب کے متعلق ہدایات موجود ہیں۔ زندگی کا روحانی پہلو ہو یا معاشی، غرض یہ کہ کوئی شعبہ ایسا نہیں جو قرآنی تعلیم کے احاطے سے باہر ہو۔ حضرات، یہ الفاظ اُس انسان کی زبان سے ادا ہوئے ہیں جس کا شمار دنیا کے ذہین ترین قانون دانوں اور سیاست دانوں میں ہوتا ہے۔ اُس جیسے شخص کی نگاہ دور رس کے لئے قرآنِ حکیم کے قوانین کو سمجھنا ایک عام آدمی کے مقابلے میں بہت آسان تھا۔ یوں بھی قرآنِ حکیم کا دعویٰ یہ ہے کہ اسے سمجھنے کے لئے آسان بنایا گیا ہے۔ بشرطیکہ لوگ اپنے مروجہ عقائد ونظریات کو الگ رکھ کر اسے سمجھنا چاہیں۔ چنانچہ فرقہ فری قائدِ اعظم نے قرآنِ حکیم کو اسی زریں اصول کے تحت سمجھا ہے۔

یوں تو قائدِ اعظم کے بارے میں مزید تاریخی حوالوں سے یہ ثابت کرنے کی ضرورت ہی نہیں رہتی کہ وہ پاکستان میں کس طرز کا نظامِ حیات لانا چاہتے تھے، اس لئے کہ قائدِ اعظم اور پاکستان کے نظریات کے خلاف جو سازش عمل میں لائی گئی تھی اور جس کا خمیازہ ہم آج تک بھگت رہے ہیں وہ آپ کے سامنے لائی جاچکی ہے۔ لیکن آپ لوگوں کی تسلی وتشفی کے لئے قائدِ اعظم کی تقاریر میں سے چند ایک کو بطورِ مثال پیش کرنا ضروری ہے۔ اس کی ضرورت اس لئے بھی پیش آتی ہے کیونکہ ہم نے دیکھا یہ ہے کہ پاکستان کے بننے کے فوراً بعد سے اس میں اقلیتوں کے تحفظات کو ان کے لیڈروں نے غلط رنگ دے کر مسلمانوں کو سیاست کی بساط پر شکست دے دی تھی۔ یاد رہے کہ جو لوگ انسانوں کو پارٹیوں اور فرقوں میں تقسیم کرتے ہیں وہ چاہے اقلیتوں کے لیڈر ہوں یا اکثریتوں کے، ان کے ایمان ان کے دھرم ان کے مذہب، ان کی انسانیت پروری کے دعوے اور نعرے سب جھوٹ اور فریب پر مبنی ہوتے ہیں، جس کے لئے وہ کچھ بھی کرسکتے ہیں۔ لیکن افسوس کہ اکثر لوگ اتنے سادہ لوح واقع ہوئے ہیں کہ صدیوں سے یہ کبھی فرقوں کے نام پر، کبھی قوموں کے نام پر، کبھی مذہب اور اوطان کے نام پر کبھی اپنے ہی وطن میں صوبوں کے نام پر، جرائم پیشہ لوگوں کے ہاتھوں میں کھیلتے چلے آرہے ہیں۔ ہم چاہتے ہیں کہ اب یہ سلسلہ بند ہوجانا چاہیئے، بہت ہوگیا۔ اب وقت آگیا ہے کہ جو لوگ بات کو سمجھتے اور کچھ کرنا چاہتے ہیں وہ سب مل کر اس طوفانِ بلاخیز کا سامنا کریں۔ ورنہ جیسے ہو رہا ہے یہی کچھ آگے چل کر بھی ہوتا رہے گا۔

قائدِ اعظم نے جہاں اپنی تقاریر میں بلا کسی تخصیص کے، معاشرے کے پسماندہ طبقوں کی ترجمانی کی ہے وہیں پر انھوں نے معاشرے کے ان تمام لوگوں کی سختی کے ساتھ مذمت بھی کی ہے جن کی وجہ سے معاشرے میں معاشی اور طبقاتی ناہمواریاں پیدا ہوتی ہیں۔ اپریل ۱۹۴۳ء آل انڈیا مسلم لیگ کے اجلاس کی تقریر بمع ترجمہ سکرین پر ملاحظہ کیجئے:۔

"Here I should like to give a warning to the landlords and capitalists who have flourished at our expense by a system which is so vicious, which is wicked and which makes them so selfish that it is difficult to reason with them. The exploitation of the masses has gone into their blood. They have forgotten the lesson of Islam. Greed and selfishness have made these people subordinate to the interests of others in order to fatten themselves. It is true we are not in power today. You go anywhere to the countryside. I have visited some villages. There are millions and millions of our people who hardly get one meal a day. Is this civilisation? Is this the aim of Pakistan? Do you visualise that millions have been exploited and cannot get one meal a day! [sic] If that is the idea of Pakistan, I would not have it. If they [the landlords] are wise they will have to adjust themselves to the new modern conditions of life. If they don't, God help them; we shall not help them. Therefore let us have faith in ourselves. Let us not falter or hesitate. That is our goal. We are going to achieve it. The constitution of Pakistan can only be framed by the Millat and the people. Prepare yourself and see that you frame a constitution which is to your heart's desire. There is a lot of misunderstanding. A lot of mischief is created. Is it going to be an Islamic government? Is it not begging the question? Is it not a question of passing a vote of censure on yourself? The constitution and the government will be what the people will decide. The only question is that of minorities.

Nation's Voice Vol. III p.201(SJPak p146)

ترجمہ ”میں یہاں اُن زمینداروں اور سرمایہ داروں کو متنبہ کرنا چاہتا ہوں جو ایک انتہائی ظالمانہ اور انتہاہی خراب نظام کی وجہ سے جو انھیں اتنا خودغرض بنا دیتا ہے کہ اس بارے میں ان سے کوئی توجیہ نہیں کی جاسکتی۔ اور جو ہمارے عوام کے بل بوتے پر پھل پھول رہے ہیں وہ اپنی حرکتوں سے باز آجائیں۔ عوام الناس کا استحصال ان کے خون میں شامل ہو چکا ہے۔ وہ اسلام کا درس بھول چکے ہیں۔ وہ اپنی شکم پروری کی خاطر اپنی لالچ اور خودغرضی کے سبب دوسروں کے مفادات کے غلام بن کر رہ گئے ہیں۔ یہ دوسروں کا لحاظ کئے بغیر، ہر اس شے پر اپنا قبضہ جما لیتے ہیں جس میں انھیں اپنا فائدہ نظر آتا ہو۔ یہ سچ ہے کہ ہم آج اقتدار میں نہیں ہیں۔ آپ ملک کے کسی گوشے میں چلے جائیں میں نے بعض دیہات کے دورے کئے ہیں۔ ہمارے لاکھوں کروڑوں عوام ایسے ہیں جنھیں دن میں ایک وقت کی روٹی بھی میسر نہیں۔ کیا یہی تہذیب کا ارتقاء ہے؟ کیا یہی پاکستان کا مقصد ہے؟ کیا آپ تصور کر سکتے ہیں کہ لاکھوں افراد کا استحصال کیا گیا ہے، اب جن کو ایک وقت کی روٹی بھی میسر نہیں۔ اگر یہی پاکستان کا نقشہ ہوگا تو مجھے ایسا پاکستان منظور نہیں۔ اگر وہ (زمیندار) عقل وشعور رکھتے ہیں تو انھیں زندگی کے نئے اور جدید حالات کے مطابق خود کو ڈھالنا ہوگا۔ اگر وہ ایسا نہیں کریں گے تو اللہ ہی ان کی مدد کر سکتا ہے۔ ہم ان کی کوئی مدد نہیں کریں گے۔ اس لئے ہمیں اپنے آپ پر اعتماد ہونا چاہئے۔ ہمیں نہ تو لڑکھڑانا چاہئے اور نہ ہی ہچکچانا چاہئے، ہمارا ایک مقصد ہے اور ہمیں اس مقصد کو حاصل کرنا ہے۔ پاکستان کا آئین صرف ملت اور عوام ہی تشکیل دے سکتے ہیں۔ آپ تیار رہیں اور دیکھیں کہ آپ ایک ایسا آئین دے دیں جو آپ کی دلی امنگوں کا آئینہ دار ہو۔ بہت سی غلط فہمیاں موجود ہیں۔ بڑا فتنہ کھڑا کیا گیا۔ کیا یہ ملک ایک اسلامی

مملکت بننے جا رہا ہے؟ کیا یہ سوال بھیک مانگنے کے مترادف نہیں ہے؟ سوال یہ نہیں ہے کہ آپ اپنے آپ پر سخت نکتہ چینی کے ووٹ کی منظوری طے کریں گے۔ صرف اقلیتوں کا مسئلہ حل طلب ہے۔''

تقریر کے آخر میں قائدِ اعظم کے یہ الفاظ نہایت قابلِ غور ہیں جس میں انھوں نے کہا ہے کہ ''صرف اقلیتوں کا مسئلہ حل طلب ہے۔'' اس حقیقت سے کوئی ایک شخص بھی انکار نہیں کرسکتا کہ اقلیتوں کے نام پر پاکستان کی مخالفت کی جاتی رہی ہے۔ یہی شروع دن سے ہوتا چلا آیا ہے اور یہی آج بھی ہو رہا ہے۔ میرے نزدیک دنیا کے کسی ملک میں بھی انسانوں کو پارٹیوں میں تقسیم کرنا ایسا شرکِ عظیم ہے کہ جس کی اللہ نے کسی کو بھی اجازت نہیں دی۔ انسانوں کو پارٹیوں میں تقسیم کرنا اگر پاکستان میں برا ہے تو یہ فعل ہندوستان میں بھی اتنا ہی برا ہے۔ فرقہ فری قائدِ اعظم کا کہنا یہ تھا کہ:۔

"In Pakistan we shall have a state which will be run according to the principles of Islam. It will have its cultural, political and economic structure based on the principles of Islam. The non-Muslims need not fear because of this, for fullest justice will be done to them, they will have their full cultural, religious, political and economic rights safeguarded. As a matter of fact they will be more safeguarded than in the present day so-called democratic parliamentary form of Government.

Address at the Hostel Parliament of Ismail Yusuf College, Jogeshwari (Bombay), 1 February 1943. (M.A. Harris (ed.) 1976, p.173) (SJPak.p150s)

ترجمہ ''ہم پاکستان میں ایک ایسی مملکت قائم کریں گے جو اسلام کے اصولوں کے مطابق چلائی جائے گی۔ اسلامی اصولوں کے مطابق ہی ثقافتی، سیاسی اور اقتصادی ڈھانچہ تیار کیا جائے گا۔ غیر مسلموں کو اس وجہ سے خائف ہونے کی ضرورت نہیں ہے۔ کیونکہ ان کے ساتھ بھرپور انصاف روا رکھا جائے گا اور ان کے ثقافتی، مذہبی، سیاسی اور معاشی حقوق کا تحفظ کیا جائے گا۔ بلکہ حقیقت یہ ہے کہ آج کی نام نہاد جمہوری پارلیمانی حکومت کے مقابلے میں اسلامی مملکت میں زیادہ محفوظ ہوں گے؟''

اس سے ایک سال پہلے، قائدِ عظم نے گاندھی جی کو اُن کے سوال کا جواب دیتے ہوئے فرمایا تھا کہ:۔

"Hindus and other communities following different faiths and belonging to different creeds will be treated in the first instance on the basis of equality of manhood. Islam enjoins us to treat our fellowmen as equals. The Hindus and other communities in Pakistan will be treated with justice and fair play - nay, with generosity. That is the view of every responsible Musalman and, what is more, it is enjoined upon us by the highest authority - the Quran and the Prophet."

See Jinnah's press statement in answer to Gandhi, 11 March 1942. (NV Vol. II, p.400); also his interview with Daily Herald, 5 April 1946 (NV Vol. IV, p.593) (SJPak p127)

ترجمہ ''ہندواور دوسرے عقائد کے پیروکار اور مختلف ممالک سے تعلق رکھنے والے فرقوں سے مساوات کی بنیاد پر ترجیح سلوک کیا جائے گا۔ اسلام ہمیں اپنے ساتھیوں (اپنے جیسے انسانوں) سے برابری کا سلوک کرنے کی ہدایات کرتا ہے۔ پاکستان میں ہندوؤں اور دوسرے فرقوں سے نہ صرف انصاف اور اچھا سلوک کیا جائے گا بلکہ فیاضیانہ سلوک کیا جائے گا۔ یہ ہر ذمہ دار مسلمان کا نقطۂ نظر ہے اور اس سے بڑھ کر یہ کہ اس کی ہدایت ہمارے مقتدرِ اعلیٰ قرآن اور پیغمبر کی ہے۔''

اور پھر اس کے ایک سال بعد، قائدِ اعظم نے اسلام اور اسلامی نظریات کے مطابق اقلیتوں کے تحفظات پر جن الفاظ میں اپنے خیالات کا اظہار فرمایا، اُسے بھی سکرین پر دیکھتے چلئے:۔

We assure the Hindus that in Pakistan the minorities will be treated justly, fairly, and generously. ... You may rest assured that you will be safer under our system of government than you will under a Government which is based on one man rule. If it is good it is Islam and if it is bad it is not Islam. Islam is Justice.

Speech at a reception given by the Memon Chamber of Commerce, Bombay, 27 March 1947. (Yusufi Vol. IV, p2538) (SKPak p150)

ترجمہ ''ہم ہندوؤں کو یقین دلاتے ہیں کہ پاکستان میں اقلیتوں کے ساتھ منصفانہ، عادلانہ اور فراخدلانہ سلوک روا رکھا جائے گا۔ آپ یقین کریں کہ آپ اس حکومت کے مقابلے میں جو ایک شخصی نظام پر قائم ہے، ہمارے نظامِ حکومت میں زیادہ محفوظ ہوں گے، اگر وہ اچھا ہے تو اسلام ہے اور اگر برا ہے تو وہ اسلام نہیں ہے۔ اسلام انصاف کا نام ہے۔''

انسانی حقوق کے علمبردار قائدِ اعظم نے پاکستان بننے کے بعد تک سینکڑوں بار اپنے اس پیغامِ حق وصداقت کو دنیا کے سامنے پیش کیا۔ اِس کے لئے انھوں نے کس قدر محنت ومشقت کی اُن کے اپنے الفاظ میں ملاحظہ کیجئے:۔

"The work of the Muslim League has grown beyond the physical capacity of any single man. If you were to know what I have to attend to all alone, you will be astonished."

Presidential address (extempore), Annual ML Session, Karachi, 24 December 1943 (NV Vol. III, p.340) (SJPak p125)

ترجمہ ''مسلم لیگ کا کام کسی فردِ واحد کی جسمانی صلاحیت کے مقابلے میں کہیں زیادہ بڑھ گیا ہے۔ اگر آپ کو پتہ چلے کہ مجھے تنِ تنہا کیا کرنا پڑا تو آپ حیران رہ جائیں گے۔''

اور جب پاکستان کے معرضِ وجود میں آنے کے بعد قائدِ اعظم انتقال فرما گئے ، تو اسلام اور پاکستان کے حریفوں نے اقلیتوں کے تحفظات اور مفادات کے غم میں پھر سے وہی پرانا اور گھسا پٹا راگ الاپنا شروع کر دیا۔ آپ کو یاد ہے کہ حزبِ اختلاف (پاکستان کانگریس پارٹی) کے لیڈر، سرس چندرا چٹوپادھیایا نے جسٹس منیر سے ''جدید جمہوری نظام'' کے الفاظ کو مستعار لے کر قائدِ اعظم کی ذات پر جھوٹا اور بے بنیاد الزام لگایا تھا۔ یہ وہی صاحب تھے جن کو قراردادِ مقاصد میں لفظ ''خدا'' پر اعتراض تھا، اِسے وہ اس میں سے حذف کروانا چاہتے تھے۔ اُن کے نزدیک تمام اختیارات عوام کے پاس ہونے چاہئیں۔ یہی نہیں بلکہ ریکارڈ کے مطابق انھوں نے مسلمانوں کی کسی (مذہبی) کتاب کا حوالہ دیتے ہوئے کہا تھا کہ اسلامی مملکت میں غیر مسلم سربراہ نہیں ہو سکتا۔ لہٰذا اس قسم کی مملکت میں غیر مسلموں کی حیثیت مسلمانوں سے کمتر ہے۔ اور یہ کہ اسلام میں جمہوریت نام کی کوئی چیز نہیں۔

غیر مسلم ارکان نے مزید یہ الزام لگایا کہ قراردادِ مقاصد مسٹر جناح کی خواہشات کے برخلاف تھی۔ اس لئے کہ انھوں نے صاف صاف کہا تھا کہ پاکستان ایک سیکولر مملکت ہوگی۔ اور وہ سیاست کو مذہب سے الگ رکھنا چاہتے تھے۔ اس کے ثبوت میں وہ قائداعظم کی ۱۱، اگست ۱۹۴۷ء کی تقریر کا حوالہ پیش کرتے تھے۔

ایک اور غیر مسلم کانگریس پارٹی کے فعال رکنِ اسمبلی، مسٹر کے۔ کے۔ دتّہ نے اعتراض کرتے ہوئے کہا کہ قراردادِ مقاصد کے پہلے پیراگراف کو مکمل طور پر حذف کرنا ہوگا۔ اور دوسرا یہ کہ، چوتھے پیراگراف میں سے ''اسلام کے پیش کردہ'' کے الفاظ نکال کر ''دوسرے مذاہب کے پیش کردہ'' کے الفاظ شامل کئے جائیں۔ اور یہ بھی کہ قراردادِ مقاصد میں اقوامِ متحدہ کے ادارے کے بنیادی انسانی حقوق کا حوالہ شامل کرنا چاہیے۔ اور اس دستاویز میں ایک لفظ ''جمہوری'' کو بھی شامل کیا جائے۔

سامعین! ہم اپنی طرف سے مزید کوئی بحث کرنا نہیں چاہتے۔ عبدالرب نشتر مرحوم نے کیا صحیح فرمایا تھا:۔

نیرنگِ سیاستِ دوراں تو دیکھئے منزل انھیں ملی جو شریکِ سفر نہ تھے

میں آپ کو سکرین پر قائدِ اعظم کے دستِ راست ساتھیوں میں سے لیاقت علی خان کی اُس تقریر کو دکھانا چاہتا ہوں جو ۷ مارچ ۱۹۴۹ء کو اسمبلی میں کی تھی۔ جس میں قراردادِ مقاصد کی مدافعت میں اُس کے اصل معنی و مفہوم پر وضاحت پیش کی گئی ہے۔ حزبِ اختلاف کی طرف سے اقتدارِ اعلیٰ کے منصب اور عہدے وغیرہ پر سوالات اٹھائے جانے سے پہلے ہی وہ اپنی اس تقریر میں یہ کہہ چکے تھے کہ:۔

"... it has been made clear in the Resolution that the State shall exercise all its powers and authority through the chosen representatives of the people. ... This naturally eliminates any danger of the establishment of a theocracy. It is true that in its literal sense, theocracy means a Government of God; in this sense, however, it is patent that the entire universe is a theocracy, for is there any corner in the entire creation where His authority does not exist? But in the technical sense, theocracy has come to mean a Government by ordained priests

......who claim to derive their rights from their sacerdotal position. I cannot over-emphasise the fact that such an idea is absolutely foreign to Islam. Islam does not recognise either priesthood or any sacerdotal authority; and, therefore, the question of a theocracy simply does not arise in Islam."

Liaquat Ali Khan, 7 March 1949 (CAP Debates Vol. V, p.3) (SJPak.p47)

ترجمہ ''اس قرارداد میں یہ بات واضح کر دی گئی ہے کہ مملکت اپنے منتخب نمائندوں کے ذریعے اپنے تمام اختیارات اور حاکمیت استعمال کرے گی۔ اور اس سے فطری طور پر کسی مذہبی حکومت کے قیام کا خدشہ خود بخود دور ہو جاتا ہے۔ یہ سچ ہے کہ اپنے لغوی معنوں میں مذہبی حکومت سے مراد اللہ کی حاکمیت ہے۔ ان معنوں میں یہ بات تسلیم شدہ ہے کہ پوری کائنات پر اللہ کی حکومت ہے چونکہ موجوداتِ عالم میں کوئی کونہ ایسا نہیں جہاں اس کی حاکمیت قائم نہ ہو۔ لیکن تکنیکی اعتبار سے مذہبی حکومت کے معنی ہی یہ ہوتے ہیں کہ مقدس مذہبی پیشواؤں کی حکومت جو یہ دعویٰ کرتی ہے کہ وہ اپنے اختیارات اپنے مقدس رتبے سے حاصل کرتی ہے، میں اس حقیقت پر ضرورت سے زیادہ زور نہیں دوں گا کہ یہ نظریہ قطعی غیر اسلامی ہے۔ اِسلام، مذہبی پیشوا پرستی یا کسی مقدس مذہبی اقتدار کو تسلیم نہیں کرتا لہٰذا اسلام میں کسی طرح بھی مذہبی پیشواؤں کی حکومت کے قیام کا سوال ہی پیدا نہیں ہوتا''۔

سامعین، لیاقت علی خان مرحوم کی اِس تقریر میں حزبِ اختلاف کے اُس اعتراض کا جواب موجود ہے، جو اِس تقریر کے بعد اٹھایا گیا تھا۔ حزبِ اختلاف کو خوف یہ تھا کہ اگر مذہبی حکومت آ گئی تو پھر ان کے ساتھ مساویانہ سلوک روا نہیں رکھا جائے گا۔ لیاقت علی خان شہید کی اِس تقریر میں اُن کے تحفظات کا جواب واضح الفاظ میں موجود ہے کہ مملکت اپنے منتخب نمائندوں کے ذریعے اپنے تمام اختیارات اور حاکمیت استعمال کرے گی۔ اور اسلام کسی قسم کی مذہبی پیشوا پرستی یا کسی مقدس مذہبی اقتدار کو تسلیم نہیں کرتا۔ لیکن قائدِ اعظم کے قریب ترین ساتھی عبدالرب نشتر مرحوم نے قراردادِ مقاصد پر اپنے جن خیالات کا اظہار کیا، وہ کسی تشریح کا محتاج نہیں اس لئے آپ اس پر بھی غور فرمائیں۔ اور کسی نتیجہ پر پہنچنے کی مخلصانہ کوشش کریں کہ حزبِ اختلاف کو مطمئن کرنے کے لئے اس میں جو حقائق پیش کئے گئے ہیں، کیا وہ کافی نہ تھے؟

سردار عبدلرب نشتر نے اسمبلی میں خطاب کرتے ہوئے کہا تھا کہ:۔

"I do not think, Sir, there can be genuine doubt in the mind of any person about the fact that what is meant by the Mover of this Resolution is a democratic constitution in the real sense of the term. It might be said then: Why don't you accept the word 'democratic'? Let me tell my friends that it is I think very right on the part of the Mover of the Resolution that he has avoided this word. ... The word 'democratic' has lost all its meaning in the present-day world ... Now how to interpret this word 'democratic' in the present-day world? [sic] How to interpret it when kings and no kings, presidents and no presidents, parliamentary system of Government and non-parliamentary system of

Government and even a State like Russia, which is accused by the so-called democracies to be a dictatorship - all claim to be democratic states. I think it was better to avoid the word 'democratic', to give the real features of the State and leave it to the people to judge for themselves whether ours is a good constitution or a bad constitution. ... The nature of the State has not been described but the features - the important features - have been given. If the word 'democratic' had been used it would have been interpreted in the light of the present-day multifarious interpretations of this word that exist in the world in different manners by different people.

30 Sardar Abdur Rab Khan Nishtar 's speech, 10 March 1949; (CAP Debates Vol. V, p.58) (SJPak.p47.48)

ترجمہ ''جنابِ عالی! میرے خیال میں کسی بھی شخص کے ذہن میں اس امر کے بارے میں کوئی شک نہیں ہوگا کہ، اس قرارداد کو پیش کرنے والے کی مراد، اس اصطلاح کے اصل معنوں میں ایک جمہوری آئین ہی ہے۔ یہ کہا جاسکتا ہے کہ، تو پھر آپ لفظ ''جمہوری'' کیوں قبول نہیں کرتے؟ میں اپنے دوستوں کو یہ بتاتا چلوں کہ میرے خیال میں قراردادِ مقاصد کو پیش کرنے والے نے اس لفظ کو شامل نہ کرکے صحیح کیا ہے۔ کیونکہ آج کی موجودہ دنیا میں ''جمہوری'' کا لفظ اپنے تمام معنی کھو چکا ہے۔ اب آج کی دنیا میں لفظ ''جمہوری'' کی تشریح کس طرح کی جائے؟ اب جب کہ بادشاہ اور غیر بادشاہ، صدور اور غیر صدور، پارلیمانی نظامِ حکومت اور غیر پارلیمانی نظامِ حکومت اور حتیٰ کہ روس جیسا ملک بھی جس پر نام نہاد جمہوریتیں آمریت کا الزام عائد کرتی ہیں سب کے سب جمہوری مملکت ہونے کے دعوے دار ہیں۔ میرے خیال میں ''جمہوری'' کے لفظ کے استعمال سے گریز کرکے اچھا کیا گیا ہے۔ تاکہ مملکت کے حقیقی وصف سامنے آئیں اور یہ بات عوام پر چھوڑ دی جائے کہ وہ اس بارے میں خود فیصلہ کریں کہ یہ آئین اچھا ہے یا بُرا ہے۔ اس آئین میں مملکت کی نوعیت بیان نہیں کی گئی ہے تاہم اس کی خصوصیات بلکہ اہم خصوصیات بیان کی گئی ہیں۔ اگر ''جمہوری'' کا لفظ آئین میں استعمال کیا جاتا تو اس لفظ کی تشریح آج متنوع وضاحتوں کی روشنی میں کی جاتی جو آج کی دنیا میں مختلف لوگ مختلف طریقوں سے کر رہے ہیں۔''

سامعین! سردار عبدالرب نشتر، لیاقت علی خان کی ۷ مارچ ۱۹۴۹ء کی افتتاحی تقریر میں پیش کردہ دلائل کے حق میں تھے جس میں انھوں نے کہا تھا کہ:۔

"You would notice, Sir, that the Objectives Resolution lays emphasis on the principle of democracy, freedom, equality, tolerance and social justice, and further defines them by saying that these principles should be observed in the constitution as they have been enunciated by Islam. It has been necessary to qualify these terms because they are generally used in a loose sense. For instance, the Western Powers and Soviet Russia alike claim that their systems are based upon democracy, and, yet, it is common knowledge that their polities are inherently different.

G.W. Choudhury 1967, p.25.(Sardar Abdur Rab Khan Nishtar) Emphasis mine. (CAP Debates Vol. V, p.3) (SJPak.p48)

ترجمہ ”جناب آپ دیکھیں گے کہ قراردادِ مقاصد، جمہوریت، آزادی، مساوات، رواداری اور سماجی انصاف کے اصولوں پر زور دیتی ہے اور یہ کہہ کر ان اصولوں کی مزید وضاحت کرتی ہے کہ آئین میں ان اصولوں پر عمل، اسلام کے وضع کردہ اصولوں کے مطابق ہونا چاہیئے۔ ان اصطلاحوں کی وضاحت یوں ضروری ہے کیونکہ یہ اصطلاحیں عام طور پر غیر واضح یا مبہم انداز میں استعمال کی جاتی ہیں۔ مثال کے طور پر مغربی طاقتیں اور اشتراکی روس دونوں یکساں طور پر یہ دعویٰ کرتے ہیں کہ ان کے نظام، جمہوریت کی بنیاد پر قائم ہیں۔ تاہم یہ بات عام لوگوں کے علم میں ہے کہ ان کی سیاست بنیادی طور پر مختلف ہے۔“

سامعین! قرارداد پر مباحثے کے آخری دن لیاقت علی خان نے مسٹر چٹوپادھیایا کے اس خدشے کا ذکر کرتے ہوئے کہ کوئی غیر مسلم اس ملک کا سربراہ نہیں ہوسکتا، اسے بالکل غلط قرار دیا اور اس کی جو وضاحت پیش کی اسے سکرین پر دیکھ لیجئے:۔

Sir, my friend said that these people told him that in an Islamic State - that means a State which is established in accordance with this Resolution - no non-Muslim can be the head of the administration. This is absolutely wrong. A non-Muslim can be the head of the administration under a constitutional government with limited authority that is given under the constitution to a person or an institution in that particular State."

Liaquat Ali Khan, 12 March 1949 (CAP Debates Vol. V p.95) (SJPak.p49)

ترجمہ ”جنابِ عالی میرے اس دوست نے کہا ہے کہ ان لوگوں نے انھیں بتایا ہے کہ ایک اسلامی مملکت میں یعنی کہ ایک ایسی مملکت میں جو اس قرارداد کے اصولوں کے مطابق قائم ہوگی، کوئی غیر مسلم انتظامیہ کا سربراہ نہیں بن سکتا۔ یہ بالکل غلط ہے۔ کوئی بھی غیر مسلم، ایک آئینی حکومت کے تحت اس محدود اختیارات کے ساتھ انتظامیہ کا سربراہ ہوسکتا ہے، جو اس مملکت میں آئین کے تحت ایک شخص، یا ایک ادارے کو دیئے گئے ہیں۔“

مسٹر چٹوپادھیایا کے اعتراضات کے جوابات دیتے ہوئے لیاقت علی خان نے یہ بھی کہا کہ:۔

"Liaquat Ali Khan informed Mr. Chattopadhyaya that the material he had used to support his objections had been produced by 'so-called ulemas' who had 'misrepresented the ideology of Islam' and were 'out to disrupt and destroy Pakistan'

Liaquat Ali Khan, 12 March 1949 (CAP Debates Vol. V p.95) (SJPak.p49)

ترجمہ ” لیاقت علی خان نے مسٹر چٹوپادھیایا کو بتایا کہ جن اعتراضات کو صحیح ثابت کرنے کے حق میں انھوں نے جو لوازم استعمال کیے ہیں وہ ان ”نام نہاد“ علماء کے فراہم کردہ ہیں جنھوں نے اسلام کے نظریئے کی غلط طور پر نمائندگی

کی اور پاکستان کو درہم برہم اور تباہ کرنے کے درپے رہے۔"

انھوں نے اپنی بات کو آگے بڑھاتے ہوئے:۔

"He reminded Mr Chattopadhyaya that these views did not represent that of 'the vast majority of Mussalmans'. His sentiments stemmed from the fact these theocratic ideas came from the same religious parties that had opposed the creation of Pakistan and which therefore had no public support in the country.

Liaquat Ali Khan, 12 March 1949 (CAP Debates Vol. V p.95) (SJPak.p49)

ترجمہ "مسٹر چندو پادھیایا کو یاد دلایا کہ یہ خیالات، مسلمانوں کی بڑی اکثریت کی ترجمانی نہیں کرتے۔ دراصل اُن کے احساسات کا ماخذ یہ امر ہے کہ یہ کٹر مذہبی جماعتوں کے ہیں۔ جنھوں نے قیامِ پاکستان کی مخالفت کی۔"

سامعین! ابھی کل ہی ہم نے قراردادِ مقاصد کے مخالف، ایک غیر مسلم سرگرم رکنِ اسمبلی، کے۔ کے۔ دتّہ کا ذکر کیا تھا۔ یہ صاحب قراردادِ مقاصد میں بہت سی تبدیلیاں رونما ہوتے دیکھنا چاہتے تھے۔ لیکن اسمبلی میں لیاقت علی خان کی افتتاحی تقریر کو بغور سننے کے بعد انھوں نے جس بات کو تسلیم کیا، اسے سکرین پر دیکھتے چلیں:۔

"It is a constitution meant for the people of Pakistan-Muslims and non-Muslims. As has been said, I must say the expression is a happy one in the preamble of the resolution itself, that the Almighty Allah has delegated authority to the State of Pakistan through its people.

It has not been limited to any one faith but to anyone and everyone who claims to be a citizen of Pakistan. .... I am not a Muslim but what I understand by this is that the system of Government is also intended to be democratic. Islam recognises no distinction based upon race, colour or birth."

K.K. Datta, 9 March 1949 (CAP Debates Vol. V. p.21; emphasis in original) (SJPak.p49)

ترجمہ "جیسا کہ کہا گیا ہے، یہ آئین پاکستان کے عوام مسلمانوں اور غیر مسلموں کے لئے ہے۔ میں یہ کہنا چاہوں گا کہ اس قرارداد کی تمہید میں یہ بات خوش آئند ہے کہ قادرِ مطلق اللہ نے پاکستان کے عوام کے ذریعے اختیارات مملکتِ پاکستان کو تفویض کئے ہیں۔ اس کا اطلاق کسی ایک اعتقاد تک محدود نہیں ہے بلکہ کسی بھی شخص اور ہر ایک شخص پر جو پاکستان کا شہری ہونے کا دعویدار ہے اِس کا اطلاق ہوتا ہے۔ میں مسلمان نہیں ہوں لیکن اس سے میں یہ سمجھا ہوں کہ حکومت کے نظام کو جمہوری بنانے کی کوشش کی گئی ہے۔ اسلام نسل، رنگ اور جائے پیدائش کی بنا پر کوئی امتیاز تسلیم نہیں کرتا۔"

سامعین! لیاقت علی خان نے جب دستور ساز اسمبلی میں قرارداد پیش کی تھی تو اس پر غیر مسلم اراکینِ اسمبلی کے علاوہ بہت سے مسلمان اراکینِ اسمبلی ایسے بھی تھے جو خوش نہ تھے۔ بہرکیف متنازعہ فیہ مسئلہ اللہ کی حاکمیت بمقابلہ عوام کے اقتدارِ اعلیٰ کا تھا۔ قراردادِ مقاصد کے پہلے پیرے میں یہ لکھا ہے کہ:۔

"Where as sovereignty over the entire universe belongs to God Almighty alone and the authority which He has delegated to the State of Pakistan through its people for being exercised within the limits prescribed by Him is a sacred trust."

Speech of Liaquat Ali Khan on Objectives Resolution, 7 March 1949. (CAP Debates Vol. V, p.7)(SJPak.p45)

ترجمہ ''ہرگاہ کہ پوری کائنات پر اللہ قادرِ مطلق کی حاکمیت مسلّم ہے اور اللہ نے عوام کے توسط سے مملکتِ پاکستان کو جو اختیار سونپا ہے وہ اللہ کی متعین کردہ حدود میں رہتے ہوئے اس کا استعمال کرنا، ایک مقدس امانت ہے۔''

چنانچہ مملکتِ اسلامیہ کا کوئی بھی شہری اللہ کے متعین کردہ قوانین کی حدود سے تجاوز نہیں کرسکتا۔ جہاں تک غیر مسلم ارکانِ اسمبلی کے اعتراضات کا تعلق ہے ہم انھیں دیکھ چکے ہیں۔ لیاقت علی خان اور سردار عبدالرب نشتر نے اپنی تقاریر کے ذریعے ان کی تسلی و تشفی کے لئے جتنی بھی کوششیں کیں وہ ہمارے سامنے ہیں۔ لیکن انسانی حقوق کے متعلق وہ اعتراض جو، کے۔ کے۔ دتّہ نے اٹھایا تھا اور کہا تھا کہ قراردادِ مقاصد کو U.N (اقوامِ متحدہ) کے دیئے گئے انسانی حقوق کے چارٹر کے مطابق ہونا چاہئے۔ اس کا جواب دیتے ہوئے سردار عبدالرب نشتر نے کہا تھا کہ:۔

"Sardar Nishtar pointed out that comparing the text of the whole UN document with a single clause of the Objectives Resolution revealed it already contained 'much more' than the UN document."

Sardar Nishtar's speech, 10 March 1949 (CAP Debates Vol. V, p.60). See also Dr. I.H. Qureshi's speech of 9 March 1949 (CAP Debates Vol. V, p.42), which makes a similar argument. (SJPak.p48)

ترجمہ ''اقوامِ متحدہ کی اس دستاویز کے پورے متن کا قراردادِ مقاصد کی ایک واحد دفعہ (شق) کے موازنہ سے یہ حقیقت سامنے آئی ہے کہ اِس قرارداد میں پہلے ہی اقوامِ متحدہ کی اُس دستاویز سے کہیں زیادہ انسانی حقوق کا خیال رکھا گیا ہے۔''

سامعین! قائدِ اعظم اور ان کے دستِ راست لیاقت علی خان اور عبدالرب نشتر جیسے ممتاز رہنماؤں کی تقاریر سے یہ بات پایۂ ثبوت کو پہنچی ہے کہ پاکستان میں اسلامی نظامِ حکومت سے متعلق ان حضرات کے درمیان مکمل ذہنی ہم آہنگی تھی۔ یہی وجہ تھی کہ پاکستان اور اس کے نظام کے بارے میں انھیں کسی قسم کا کوئی ابہام نہ تھا۔ جہاں تک حزبِ اختلاف کے رہنماؤں کے اعتراضات کا تعلق ہے اُن

میں سے اکثر کے جوابات آپ کے سامنے لائے جا چکے ہیں، سوائے ۱۱، اگست ۱۹۴۷ء کی اُس تقریر کے، جس میں سیکولر نظریئے کی بنیاد فراہم کی جاتی ہے۔ ہم جانتے ہیں کہ آپ کو اس کے جواب کا شدت سے انتظار ہے۔ لیکن ہماری مشکل یہ ہے کہ صحیح وقت آنے سے پہلے ہم اس کا کوئی جواب نہیں دے سکتے۔ جب تک آپ کو اسلام اور اسلامی نظام کے بارے میں پوری طرح سے علم نہیں ہو جاتا، آپ بات کو سمجھ ہی نہیں پائیں گے کہ بات ہو کیا رہی ہے۔ اسی لئے شروع ہی سے ہم نے آپ سے کہہ دیا تھا کہ ہم قدم قدم چل کر اپنی منزل کی جانب بڑھیں گے۔ چنانچہ اس کے لئے ہم سب کو استقلال کا مظاہرہ کرنا ہوگا۔

جہاں تک پاکستان میں صوبوں کی آزادی کا تعلق ہے، اس کو اسلامی نکتۂ نظر سے دیکھنا ضروری ہے۔ یوں تو ہم سب کو علم ہے کہ پاکستان کو صوبوں کی آزادی کے نام پر جتنا نقصان اٹھارویں ترمیم کے بعد پہنچایا گیا شائد ہی اتنا پہلے کسی دور میں پہنچایا گیا ہو۔ سیاست دانوں نے اپنے عیوب کی پردہ پوشی کے لئے عوام میں اس تاثر کو مستحکم کرنے کے لئے ذرائع ابلاغ کو بے دریغ استعمال کیا اور لوگوں کے اذہان وقلوب میں یہ مفروضہ بٹھانے کی کامیاب کوشش کی کہ ان کا یہ اقدام قائدِ اعظم کی خواہش کے عین مطابق ہے اور وہ یہی چاہتے تھے کہ پاکستان کے صوبوں کو مکمل آزادی حاصل ہونی چاہئے۔ اس موضوع پر کل کی نشست میں کھل کر بات کریں گے۔ شکریہ کے ساتھ اللہ حافظ

یہ کائنات چھپاتی نہیں ضمیر اپنا
کہ ذرہ ذرہ میں ہے ذوقِ آشکارائی
کچھ اور ہی نظر آتا ہے کاروبارِ جہاں
نگاہِ شوق اگر ہو شریکِ بینائی

مثالی معاشرہ

ساتویں نشست

اسلام علیکم، خواتین وحضرات! تشریف آوری کا شکریہ۔ آپ کی حاضری کے اندراج سے پتہ چلتا ہے کہ آپ سب لوگ یہاں پر موجود ہیں اور حسبِ معمول وقت سے پہلے ہی تشریف لا چکے ہیں۔ خود مجھے وقت کی پابندی کا خیال رکھنا اچھا لگتا ہے۔ آپ نے وقت کی پابندی سے ثابت کر دیا ہے کہ آپ وقت کے سچے قدردان ہیں۔ یہ حقیقت ہے کہ جو وقت کی قدر نہیں کرتے، وقت انھیں پیچھے چھوڑ کر آگے نکل جاتا ہے۔ یہ حقیقت ہے کہ مجموعی طور پر ہم نے وقت کی قدر نہیں کی اور غلط راہوں پر چل کر اپنا قیمتی وقت ضائع کر بیٹھے۔ ہم نے مغرب سے اس کا جدید جمہوری نظام مستعار لے کر اس کے مطابق اپنی نسل کو ایک ایسا معاشی اور تعلیمی نظام تحفے میں دے دیا، جس سے دور رکھنے کی ہدایات اللہ و رسول کے احکام کے مطابق اقبال اور قائدِ اعظم نے دی تھیں۔ آج جن مشکلات کا ہمیں سامنا ہے اور بظاہر جن سے نکلنے کی کوئی صورت ہمیں نظر نہیں آتی، ہماری اسی بداعمالی اور غلط نظام پر چلنے کا نتیجہ ہے۔ انصاف اور عدل کے تمام تقاضوں کو پامال کرتے ہوئے، ہم مٹی، گارے، چمکتے سنگریزوں اور سونے چاندی کے سکوں کے ڈھیر جمع کرنے کی دوڑ میں ایک دوسرے سے آگے نکل جانے میں جُت گئے۔ اس ابلیسی' قارونی نظام سے نجات حاصل کرنے کا وقت سر پر آن پہنچا ہے۔ ضربِ عضب کی برکت سے ہم دیکھ رہے ہیں کہ جن شیطان صفت لوگوں کی سربراہی اور مدد سے اس نظام کے پنجۂ آہنی نے ہر ذی جان کو اپنی گرفت میں جکڑ رکھا تھا، ان میں سے اکثر ملک سے فرار ہو چکے ہیں اور باقی ماندہ مذہبی پارٹیوں سمیت ملک کے کونے کھدروں میں چپ سادھے بیٹھے ہیں۔ لیکن جلد ہی کھلی کچہریاں لگائی جائیں گی، وہ ساعت ''الساعۃ'' اب دور نہیں جب ان سب کو اکٹھا کیا جائے گا اور ان سے پورا پورا حساب لیا جائے گا۔ چلتے چلتے آپ کو بتاتے چلیں کہ ''الساعۃ'' دراصل ہے کیا؟

الساعۃ ''اعمال کے نتائج کے ظہور کی اُس گھڑی یا وقت کو کہتے ہیں، خواہ وہ اِس دنیا میں سامنے آجائے اور

خواہ مرنے کے بعد۔البتہ،اس دنیا میں اس قسم کے انقلاب انگیز لمحات،انسانی تاریخ میں بڑی اہمیت رکھتے ہیں۔کیونکہ اس سے تاریخ ایک نیا موڑ مڑتی ہے''

بحوالہ تبویب القرآن

چنانچہ ''الساعۃ'' کے لئے قرآنِ حکیم میں ہے:۔

لَّقَد تَّابَ ٱللَّهُ عَلَى ٱلنَّبِيِّ وَٱلۡمُهَٰجِرِينَ وَٱلۡأَنصَارِ ٱلَّذِينَ ٱتَّبَعُوهُ فِي سَاعَةِ ٱلۡعُسۡرَةِ ۹/۱۱۷

''اللہ تعالیٰ نے پیغمبر کے حال پر توجہ فرمائی اور مہاجرین اور انصار کے حال پر بھی جنھوں نے ایسی تنگی کی ''الساعۃ'' گھڑی پیغمبر کا ساتھ دیا۔''

تو سامعین! جولوگ اللہ کی کتاب کے قوانین کے مطابق چلنے والوں کا مشکل گھڑی میں ساتھ دیتے ہیں وہ اللہ کے انعام کے مستحق قرار پاتے ہیں۔اوران ہی جیسے لوگوں کے دم قدم سے تاریخ نیا موڑ مڑتی ہے۔قائدینِ پاکستان اوران کے جاں نثاروں کے معاملے میں بھی یہی کچھ ہوا تھا اور انعام میں اللہ نے انھیں ایک خطۂ زمین عطا کر دیا تھا، دنیا جسے اب مملکتِ خداداد جمہوریہ اسلامیہ پاکستان کے نام سے پہچانتی ہے۔یہ سب فرقہ فری قائدِ اعظم کی مومنانہ فراست اور قیادت کا نتیجہ تھا۔ان کے غیر متزلزل ایمان کا اندازہ اُن کی مختلف تقاریر کے اِن چند اقتباسات سے لگایا جاسکتا ہے، جن میں انھوں نے کہا ہے کہ:۔

"It is the Great Book, Quran, that is the sheet-anchor of Muslim India. I am sure that as we go on and on there will be more and more of oneness - one God, one Book, one Qibla, one Prophet and one Nation."

Concluding address, League Annual Session, Karachi, 26 December 1943. (Yusufi Vol. III, p.1821) (SJPak.p127)

ترجمہ ''یہ عظیم کتاب قُرآن ہے جو ہندوستان کے مسلمانوں کا آخری آسرا ہے...... مجھے یقین ہے کہ ہم جیسے جیسے آگے بڑھتے جائیں گے ہم میں زیادہ سے زیادہ وحدت اور یگانگت پیدا ہوتی جائے گی۔ ہمارا ایک خدا، ایک کتاب، ایک قبلہ، ایک پیغمبر ہے اور ہم ایک قوم ہیں۔''

اس لئے!

"Give up the idea of Shia, Sunni, Wahabi. Unity should be our watchword. ... Some say we are Punjabis and others say that they are Bengalis or Delhiwallas. Such [an] attitude is baneful to Muslims. We are but servants of Islam."

Address at a meeting of Muslim girl students and ladies, New Delhi, 3 November 1946. (Yusufi Vol. IV, p.2444 (SJPak.p126)

ترجمہ "شیعہ، سُنی، وہابی کی تفریق کا خیال چھوڑ دیں۔ اتحاد کو ہمارا رہنما اصول ہونا چاہیے ...... بعض لوگ خود کو پنجابی کہتے ہیں اور دوسرے اپنے آپ کو بنگالی یا دلّی والا کہتے ہیں۔ ایسا رویہ ہی مسلمانوں کے لئے انتہا ہی تکلیف دہ اور نحوست کی علامت ہے۔ ہم سب اسلام کے خادم ہیں۔"

اس لیے یاد رہے کہ!

"Pakistan is the embodiment of the unity of the Muslim nation and so it must remain. That unity we, as true Muslims, must jealously guard and preserve. If we begin to think of ourselves as Bengalis, Punjabis, Sindhis etc., first and Muslims and Pakistanis only incidentally, then Pakistan is bound to disintegrate"

Broadcast speech from Radio Pakistan, Dacca, 28 March 1948. (Yusufi Vol. IV, p.2739) (SJPak.p238)

ترجمہ "پاکستان مسلمان قوم کے اتحاد کی درخشاں مثال ہے اس لئے اسے قائم رہنا چاہیے۔ سچے مسلمان کی طرح ہمیں اس اتحاد کو جذباتی اور حساس طور پر تحفظ دینا چاہیے اور اسے برقرار رکھنا چاہیے اگر ہم نے اپنے آپ کو پہلے بنگالیوں، پنجابیوں، سندھیوں وغیرہ کے طور پر سمجھنا شروع کر دیا اور خود کو مسلمان اور پاکستانی اتفاقی طور پر سمجھنا شروع کر دیا تو پاکستان ٹکڑے ٹکڑے ہو جائے گا۔"

چنانچہ!

"Whatever I have done, I did as a servant of Islam, and only tried to perform my duty and made every possible contribution within my power to help our Nation. It has been my constant endeavour to try to bring about unity among Musalmans, and I hope that in the great task of reconstruction and building up Great and Glorious Pakistan, that is ahead of us, you realise that solidarity is now more essential than it ever was for achieving Pakistan, which by the grace of God we have already done. I am sure that I shall have your fullest support in this mission. I want every Musalman to do his utmost and help me and support me in creating complete solidarity among the Musalmans and I am confident that you will not lag behind any other individual or part of Pakistan. We Musalmans believe in one God, one Book - the Holy Quran - and one Prophet. So we must stand united as one Nation".

Address to the Tribal Jirga at Government House, Peshawar, 17 April 1948. (Yusufi Vol. IV, p.2759) (SJPak.p238)

ترجمہ "میں نے جو کچھ بھی کیا ہے وہ اسلام کے ایک خادم کی حیثیت سے کیا ہے اور صرف اپنا فرض ادا کرنے کی کوشش کی ہے اور اپنی قوم کی مدد کے لئے اپنے اختیار میں ہر ممکن تعاون فراہم کیا ہے۔ میری مسلسل یہ کوشش رہی ہے کہ مسلمانوں میں اتحاد پیدا کیا جائے اور مجھے امید ہے کہ ایک شاندار اور عظیم تر پاکستان کی تعمیرِ نو اور ترقی کا کارِ عظیم ہمیں سر انجام دینا ہے، آپ محسوس کریں گے کہ اب یکجہتی کی پاکستان کے حصول کے وقت سے کہیں زیادہ ضرورت ہے جو ہم اللہ کے فضل سے پہلے ہی حاصل کر چکے ہیں۔ مجھے یقین ہے کہ اس مشن میں مجھے آپ کی بھرپور حمایت حاصل ہوگی، میں چاہتا ہوں کہ ہر مسلمان اس کام میں کوئی دقیقہ فروگزاشت نہ کرے اور مسلمان کے مابین مکمل اتحاد و یگانگت پیدا کرنے میں میری بھرپور مدد و حمایت کرے۔ مجھے پورا یقین ہے کہ اس کام میں آپ پاکستان کے کسی فرد یا حصے سے پیچھے نہیں رہیں گے۔ ہم مسلمان ایک اللہ، ایک کتاب قرآن پاک اور ایک نبی پر ایمان رکھتے ہیں۔ پس ہمیں ایک قوم کی طرح متحد ہو کر ایک دوسرے کے ساتھ شانہ بشانہ کھڑے ہونا چاہئے۔"

سامعین! آپ نے قائدِ اعظم کے فرمودات کو سکرین پر دیکھ لیا ہے کہ انھوں نے ملی اتحاد پر کس قدر زور دیا ہے۔ اس کے باوجود صوبوں کی نام نہاد آزادی کے نام پر قائدِ اعظم کا نام استعمال کرنے والے، انگریزوں کی پیدا کردہ اُس غلام ذہنیت کے حصار سے ابھی تک باہر نہیں نکل سکے، جسے انھوں نے ان کے آباؤ اجداد کے گرد اپنے مفاداتِ ذاتی کی خاطر قوموں اور صوبوں کے نام پر کھینچ رکھا تھا۔ اُن کے لئے شرم کا مقام ہے جو یہ کہنے کی جسارت کرتے ہیں کہ وہ صوبوں کی آزادی کا مطالبہ اس لئے کرتے ہیں کیونکہ ان کے لئے قائدِ اعظم ایسا ہی چاہتے تھے۔ مقامِ تاسف ہے کہ اِس قسم کا الزام وہ ایسے شخص پر لگاتے ہیں جس نے قرآنِ حکیم کے اصولِ اتحاد کے دامن کو کبھی ہاتھ سے نہیں جانے دیا۔ ان کی تقاریر میں سے ہم نے جو اقتباسات آپ کے سامنے پیش کئے ہیں وہ ہمارے اِس دعوے کی تصدیق کرتے ہیں۔

"انسائیکلو پیڈیا قائدِ اعظم" کے بیان کے مطابق بھی یہی کہا گیا ہے کہ:۔

قائدِ اعظم محمد علی جناح نے متعدد مقامات پر اپنی تقاریر میں صوبائیت کو لعنت قرار دیا تھا۔ وہ پاکستانیوں کو تعصب سے پاک رکھنا چاہتے تھے۔ ان کا خیال تھا کہ اگر صوبائیت کو ہوا دی گئی تو پاکستان قائم نہ رہ سکے گا۔ مشرقی پاکستان سے پاکستان کی علیحدگی کا سبب بھی صوبائی تعصب تھا۔ اب سندھ میں جس قسم کے حالات رونما ہو رہے ہیں وہ بھی صوبائی تعصب کا نتیجہ ہیں۔ قائدِ اعظم محمد علی جناح جب قیامِ پاکستان کے بعد دوسری مرتبہ جون ۱۹۴۸ء میں کوئٹہ تشریف لے گئے تو انھوں نے ۱۶ جون ۱۹۴۸ء کو کوئٹہ میونسپلٹی کی جانب سے منعقدہ ایک تقریب میں خطاب کرتے ہوئے فرمایا۔

"ہر شخص کا فرض ہے کہ وہ اپنے شہر سے محبت کرے اور اس کی بہبودی کے لئے کوشاں رہے۔ لیکن یہ بات نہ بھولنی چاہئے کہ شہر یا صوبہ پوری مملکت کا ایک حصہ ہوتا ہے۔ لہٰذا ہر شخص کو اپنے ملک اور قوم کی بہبود کو اولین اہمیت دینی

چاہئے۔میرے لئے یہ انتہائی تکلیف دہ بات ہے کہ صوبہ پرستی کی لعنت پاکستان کے کسی حصے میں پائی جائے۔پاکستان کو اس سے چھٹکارا ملنا چاہئے۔ہم سب پاکستانی ہیں ہم میں سے کوئی شخص بھی پنجابی، بلوچی، سندھی یا بنگالی نہیں۔ہم میں سے ہر ایک کو پاکستانی کی حیثیت سے ہی سوچنا ہے محسوس کرنا ہے اور عمل کرنا ہے۔اور سب کو پاکستانی ہونے پر ہی فخر کرنا چاہئے۔ہر شخص کو اپنے وطن سے محبت اور اس کی خوشحالی کے لئے کوشش کرنی چاہئے لیکن اس کا لازمی تقاضا یہی ہے کہ وہ اپنے ملک سے اور بھی زیادہ محبت کرے اور اس کی فلاح و بہبود کے لئے اور بھی کوشش کرے، کسی خاص جگہ سے اُنس یا تعلق رکھنا بھی ایک ہی معنی رکھتا ہے مگر ایک جزو کی حیثیت اُسی وقت باقی رہتی ہے جب تک وہ کُل کے ساتھ ہے، کُل سے ہٹ کر اُس کی کوئی قدر و قیمت نہیں رہتی۔

یہ حقیقت ہے کہ لوگ بھول میں پڑ جاتے ہیں اور مقامی، صوبائی، فرقہ وارانہ فائدوں کو زیادہ دیکھتے ہیں اور قومی مفاد سے بے پروائی برتتے ہیں۔یہ پرانے نظام کی یادگار ہے۔جب آپ کو صرف صوبائی خودمختاری ملی تھی اور آپ مقامی معاملات کی حد تک برطانوی حاکمیت سے بے پرواہ تھے لیکن اب جب کہ آپ کی اپنی مرکزی حکومت ہے اور وہ بااختیار ہے پرانے انداز میں سوچتے رہنا محض نادانی ہے۔صوبائی تعصب ایک لعنت ہے۔اسی طرح شیعہ سنی وغیرہ کے سلسلے میں فرقہ پرستی بھی۔

میری برابر یہ کوشش رہی ہے کی مسلمانوں میں اتحاد پیدا ہو جائے میں نے اس سلسلے میں جو کچھ کیا ایک خادمِ اسلام کی حیثیت سے کیا۔اور اپنا فرض ادا کیا۔قدرتی طور پر اس بات سے مجھے سخت تکلیف پہنچتی ہے جب میں بعض پاکستانیوں کو دیکھتا ہوں کہ وہ صوبائی تعصب کی لعنت میں مبتلا ہیں۔یہ لعنت تو پاکستان سے دور ہی رہنی چاہئے۔پاکستان جو حال ہی میں بنا ہے اور اندرونی اور بیرونی مشکلات میں مبتلا ہے ایسے نازک وقت میں صوبائی مقامی یا کسی ذاتی غرض کے لئے ملکی مفاد کو بھول جانا خودکشی کے مترادف ہوگا۔سندھی، بنگالی، پٹھان، پنجابی یا بلوچی کی بجائے ہم سب پاکستانی ہیں اور ہمارے لئے یہی کافی ہے۔"

بحوالہ انسائیکلوپیڈیا قائدِ اعظم کوئٹہ ۱۶ جون ۱۹۴۸ء (صفحہ ۴۲۱)

سامعین! اس تقریر سے کوئی دو ماہ قبل قائدِ اعظم صوبہ سرحد تشریف لے گئے اور اسلامیہ کالج پشاور کے طلباء سے خطاب کرتے ہوئے فرمایا:-

"You must learn to distinguish between your love for your Province and your love and duty to the State as a whole. Our duty to the State takes us a stage beyond provincialism. ... Our duty to the State often demands that we must be ready to submerge our individual or provincial interests into the common cause for [the] common good. Our duty to the State comes first; our duty to our Province, to our district, to our town and to our village and ourselves comes next. Remember we are building up a State which is going to play its part in the destinies of the whole Islamic World. We therefore, need a wider outlook, an outlook which transcends the boundaries of provinces, limited nationalism and racialism. We must develop a sense of patriotism which should galvanise and weld us all into one united and strong nation. That is the only way we can achieve our goal, the goal of our struggle, the goal for which millions of Musalmans have lost their all and laid down their lives."

Speech in reply to the address presented by the Students of Islamia College, Peshawar, 12 April 1948. (Yusufi Vol. IV p.2746-7) (SJPak.p248)

ترجمہ

”ہمارا اولین فرض مملکت کی خیرخواہی ہے۔اس کے بعد ہمارا صوبہ، ہمارا ضلع، ہمارا قصبہ اور ہمارا گاؤں اور ہماری ذات، ہماری توجہ کی مستحق ہے، یاد رکھیں کہ ہم ایک مملکت کی تعمیر کر رہے ہیں جو پورے اسلام کی تقدیر بدلنے میں اپنا کردار ادا کرے گی۔اس لئے ہمارا نقطۂ نظر وسیع ہونا چاہئے زیادہ وسعت کا حامل ایک ایسا نقطۂ نظر جو صوبوں، محدود قوم پرستی اور نسلی تعصّبات کی حدود سے بالاتر ہو۔ہمیں جذبۂ حب الوطنی سے سرشار ہونا چاہئے، جو ہمیں ایک متحد اور طاقت ور قوم کے سانچے میں ڈھال سکے۔صرف یہی ایک راستہ ہے جس پر چل کر ہم اپنا مقصد حاصل کر سکتے ہیں۔جو ہماری جدوجہد کا مقصد ہے، ان لاکھوں مسلمانوں کا مقصد ہے جنھوں نے اس مقصد کی خاطر اپنا سب قربان کر دیا اور اپنی زندگیاں نچھاور کر دیں۔“

سامعین، اسلامی نظریات کی پیروی میں قائدِ اعظم اور اقبال کا وحدت اور توحید کے آفاقی اصولِ انسانیت پر مسلسل زور دیئے چلے جانا اُس وقت زیادہ سمجھ میں آتا ہے جب آپ ان دونوں کے اسلامی نظریات کو بیک وقت اپنے سامنے رکھیں، اِس سے پاکستان کی اُن نظریاتی بنیادوں کو بھی سمجھنے میں مدد ملتی ہے، جن پر کہ اسے قائم کرنے کے لئے حاصل کیا گیا تھا۔ چنانچہ اسی اہم نکتہ کو پیشِ نظر رکھ کر ہم اقبال اور قائدِ اعظم دونوں کے افکارِ اسلامی کو ایک دوسرے کے ساتھ ساتھ بیان کرنے کی کوشش کر رہے ہیں۔

اب ذرا اقبال کے افکار پر نظر ڈالتے ہیں:۔

”مسلمانوں کی زندگی کا راز اِتحاد میں مضمر ہے۔میں نے برسوں مطالعہ کیا، راتیں غور و فکر میں گزار دیں تاکہ وہ حقیقت معلوم کروں جس پر کاربند ہو کر عرب حضور سرورِ کائناتؐ کی صحبت میں تیس سال کے اندر اندر دنیا کے امام بن گئے۔ وہ حقیقت اتحاد و اتفاق میں ہے جو ہر شخص کے لبوں پر ہر وقت جاری رہتی ہے، کاش ہر مسلمان کے دل میں بیٹھ جائے۔نسلی اور اعتقادی اختلافات میں تنگ نظری اور تعصب نے مسلمانوں کو تباہ کر دیا۔“

گفتارِ اقبال بحوالہ زمیندار ۲۱، نومبر ۱۹۲۶ء

چنانچہ:۔

"The essence of 'Tauhid' as a working idea is equality, solidarity, and freedom. The state, from the Islamic standpoint, is an endeavour to transform these ideal principles into space-time forces, an aspiration to realise them in a definite human organisation."

Reconstruction, p154 (SJPak.p239)

ترجمہ ''ایک کارگر نظریئے کی حیثیت سے، مساوات یکجہتی اور آزادی ہی توحید کے اصل جوہر ہیں۔ اسلامی نقطۂ نظر سے مملکت کا قیام اِن مثالی اصولوں جو زمان و مکان کی قوتوں میں منقلب کرنے کی ایک کوشش ہے اور ایک امنگ ہے ایک قطعی انسان تنظیم کی شکل میں ان پر عمل پیرا ہو جائے۔''

"[Islam] finds the foundation of world-unity in the principle of 'Tauhid'. Islam, as a polity, is only a practical means of making this principle a living factor in the intellectual and emotional life of mankind. It demands loyalty to God, not to thrones. And since God is the ultimate spiritual basis of all life, loyalty to God virtually amounts to man's loyalty to his own ideal nature."

Reconstruction, p.147 (SJPak.p239)

ترجمہ ''اسلام توحید کے اصول میں عالمی اتحاد کی اساس دریافت کرتا ہے۔ اسلام ایک نظامِ حکومت کی حیثیت سے اس اصول کو بنی نوعِ انسان کی ذہنی اور جذباتی زندگی میں ایک زندہ حقیقت بنانے کا واحد عملی ذریعہ ہے۔ یہ سلطنتوں کی بجائے اللہ کی تابعداری کا تقاضہ کرتا ہے۔ اور چونکہ اللہ ہی ساری حیات کی آخری روحانی اساس ہے اللہ کی تابعداری میں انسان کی اپنی فطرت کامل سے وفاداری کے مترادف ہے۔''

سامعین، بقول اقبال کے، اسلام توحید کے جس اصول میں عالمی اتحاد کی اساس دریافت کرتا ہے، اسے عملی جامہ پہنانے کے لئے پاکستان حاصل کیا گیا تھا۔ شومئی قسمت کہ مملکتِ خداداد کے وجود میں آتے ہی، حریفان اسلام نے اس پر اپنا قبضہ جما لیا اور توحید کے اصل جوہر کو قوم کی نظروں سے اوجھل کر دیا اور اُس کی جگہ زندگی کی ہر سطح پر انسانوں کے درمیان نفاق اور نفرت کی دیواریں کھڑی کر دیں۔ پاکستان بننے سے پہلے، یعنی ہندوستان میں، مسلمانوں کو جب ان کے اکثریتی صوبوں میں آزادی دلوانے کا وقت آیا تو ان کے مخلص قائدین نے ان کے لئے انگریزوں، ہندوؤں اور نیشنلسٹ علماء سے کامیاب جنگ لڑی۔ چنانچہ اقبال کے حوالہ سے قائدِ اعظم نے تحریری طور پر اِس بات کو تسلیم کیا، اور کہا کہ:۔

"Iqbal had 'played a very conspicuous part' behind the scenes in uniting Muslims in minority and majority provinces."

See Jinnah's foreword in M. Iqbal (1974 reprint) Letters of Iqbal to Jinnah Lahore: Sh. Muhammad Ashraf, p.5 (originally published 1942; hereinafter referred to as 'Letters of Iqbal') (SJPak.p20)

ترجمہ ''(اقبال نے) اقلیتی اور اکثریتی صوبوں میں مسلمانوں کو متحد کرنے میں پسِ پردہ رہ کر بہت نمایاں کردار ادا کیا تھا۔''

مسلمانوں کو متحد کرنے کے حوالے سے اقبال کے جس نمایاں کردار کا ذکر قائدِ اعظم نے کیا ہے، اس کی ایک جھلک اقبال

کے اُن خطوط کے آئینے میں دیکھ لیتے ہیں جو قائدِ اعظم کو اُنہوں نے لکھے تھے:۔

......آپ کو چاہیئے کہ دہلی میں جلد از جلد ایک آل انڈیا مسلم کنوینشن منعقد کریں۔ جس میں نئی اسمبلیوں کے ارکان کے علاوہ دوسرے مقتدر مسلم راہنماؤں کو بھی دعوتِ شمولیت دی جائے۔ آپ کو چاہیئے کہ اس اسلامی مئوتمر کی طرف سے پوری قوت اور قطعی وضاحت کے ساتھ ہندوستان میں مسلمانوں کی جداگانہ سیاسی وحدت کا بطورِ نصب العین اعلان کر دیں۔ یہ امر لابدی ہے کہ ہندوستان اور بیرونِ ہندوستان کی دنیا کو صاف صاف بتا دیا جائے کہ ہندوستان میں حل طلب مسئلہ صرف معاشی مسئلہ ہی نہیں ہے بلکہ ہندی مسلمانوں کی اکثریت کی نگاہ میں ہندوستان میں تہذیبِ اسلامی کا مستقبل اگر معاشی مسئلہ سے زیادہ اہم نہیں ہے تو اس سے کم اہمیت کا حامل بھی نہیں۔

بحوالہ اقبال نامہ لاہور ۲۰ مارچ ۱۹۳۷ء قائدِاعظم محمد علی جناح کے نام (انگریزی) بصیغہ راز

اقبال کا وہ خط جو ابھی ابھی ہم نے پڑھا ہے اُس کا جواب ملنے پر اقبال قائدِ اعظم کو لکھتے ہیں کہ:۔

''نوازش نامہ موصول ہوا جس کے لئے سراپا سپاس ہوں۔ یہ اطلاع کہ لیگ کے دستور و پروگرام میں جن تغیرات کی طرف میں نے آپ کی توجہ مبذول کرائی تھی، وہ آپ کے پیشِ نظر رہیں گے، موجبِ مسرت و اطمینان ہوئی۔ مجھے یقینِ کامل ہے کہ اسلامی ہند کی نزاکتِ حالات کا آپ کو پورا پورا احساس ہے۔ لیگ کو انجام کار یہ فیصلہ کرنا ہی پڑے گا کہ وہ مسلمانوں کے اعلیٰ طبقہ کی نمائندہ بنی رہے یا مسلمان عوام کی نمائیندگی کا حق ادا کرے جنہیں اب تک نہایت بجا طور پر لیگ میں کوئی وجہِ دلکشی نظر نہیں آئی۔ میرا ذاتی خیال یہی ہے کہ کوئی سیاسی جماعت جو عام مسلمانوں کی بہبود کی ضامن نہ ہو، عوام کے لئے باعثِ کشش نہیں ہوسکتی...... جواہر لال کی منکرِ خدا اشترا کیت مسلمانوں میں کوئی تاثر پیدا نہ کر سکے گی۔ لہٰذا سوال پیدا ہوتا ہے کہ مسلمانوں کو افلاس سے کیونکر نجات دلائی جاسکتی ہے۔ لیگ کا مستقبل اس امر پر موقوف ہے کہ وہ مسلمانوں کو افلاس سے نجات دلانے کے لئے کیا کوشش کرتی ہے۔ اگر لیگ کی طرف سے مسلمانوں کو افلاس کی مصیبت سے نجات دلانے کی کوئی کوشش نہ کی گئی تو مسلمان عوام پہلے کی طرح اب بھی لیگ سے بے تعلق ہی رہیں گے۔ خوش قسمتی سے اسلامی قانون کے نفاذ میں اس مسئلہ کا حل موجود ہے اور فقئہ اسلامی کا مطالعہ مقتضیاتِ حاضرہ کے پیشِ نظر دوسرے مسائل کا حل بھی پیش کر سکتا ہے۔

شریعتِ اِسلامیہ کے طویل و عمیق مطالعہ کے بعد میں اس نتیجہ پر پہنچا ہوں کہ اسلامی قانون کو معقول طریق پر سمجھا اور نافذ کیا جائے تو ہر شخص کو کم از کم معمولی معاش کی طرف سے اطمینان ہوسکتا ہے۔ ایک مصیبت تو یہ ہے کہ کسی ایک آزاد اسلامی ریاست یا ایسی چند ریاستوں کی عدم موجودگی میں شریعتِ اسلامیہ کا نفاذ اس ملک میں محال ہے۔ سالہا سال سے یہی میرا عقیدہ رہا ہے اور میں اب بھی اسے ہی مسلمانوں کے افلاس اور ہندوستان کے امن کا بہترین حل سمجھتا ہوں۔ اگر ہندوستان میں اس طریقِ کار پر عملدر آمد اور اس مقصد کا حصول ناممکن ہے تو پھر صرف ایک ہی راہ

رہ جاتی ہے، اور وہ خانہ جنگی ہے جو فی الحقیقت ہندو مسلم فسادات کی شکل میں کئی سالوں سے شروع ہے...... اسلام کے لئے سوشل ڈیموکریسی کی کسی موزوں شکل میں ترویج، جب اسے شریعت کی تائید و موافقت حاصل ہو، حقیقت میں کوئی انقلاب نہیں بلکہ اسلام کی حقیقی پاکیزگی کی طرف رجوع کرنا ہوگا۔ مسائلِ حاضرہ کا حل مسلمانوں کے لئے ہندوؤں سے کہیں زیادہ آسان ہے۔ لیکن جیسا اوپر ذکر کر چکا ہوں، اسلامی ہندوستان میں ان مسائل کے حل با آسانی رائج کرنے کے لئے ملک کی تقسیم کے ذریعہ ایک یا زائد اسلامی ریاستوں کا قیام اشد لازمی ہے۔ کیا آپ کی رائے میں اس مطالبہ کا وقت نہیں آن پہنچا؟ شاید جواہر لال کی بے دین اشتراکیت کا آپ کے پاس یہ بہترین جواب ہے...... اسلامی ہندوستان کو امید ہے کہ اس نازک دور میں آپ کی فطانت و فراست ہماری موجودہ مشکلات کا کوئی حل تجویز کر سکے گی۔

بحوالہ اقبال نامہ لاہور ۲۸ مئی ۱۹۳۷ء

قائدِ اعظم کے خط کے جواب میں اقبال کا ایک اور خط:۔

''نوازش نامہ کل موصول ہوا جس کے لئے سراپا سپاس ہوں۔ آپ کی بے پناہ مصروفیت سے آگاہی رکھنے کے باوجود آپ کو اکثر لکھتے رہنے کے لئے معذرت خواہ ہوں۔ اس وقت مسلمانوں کو اس طوفانِ بلاخیز میں جو شمال مغربی ہندوستان اور شاید ملک کے گوشہ گوشہ سے اٹھنے والا ہے، صرف آپ ہی کی ذاتِ گرامی سے راہنمائی کی توقع ہے۔ میں سمجھتا ہوں ہم فی الحقیقت خانہ جنگی میں مبتلا ہو چکے ہیں فوج اور پولیس موجود نہ ہو تو یہ خانہ جنگی چشم زدن میں عالمگیر ہو جائے۔ گزشتہ چند ماہ سے ہندو مسلم فسادات کا ایک سلسلہ قائم ہو چکا ہے۔ صرف شمال مغربی ہند میں ان تین ماہ میں کم از کم تین فرقہ وارانہ فسادات ہو چکے ہیں۔ ہندوؤں اور سکھوں کی طرف سے توہینِ رسول اللہ صلی اللہ علیہ وسلم، کی کم از کم چار وارداتیں پیش آ چکی ہیں۔ توہینِ رسول اللہ صلی اللہ علیہ وسلم کی ان چار وارداتوں میں مجرم فی النار کر دیا گیا۔ سندھ میں قرآنِ کریم کے نذرِ آتش کرنے کے واقعات بھی پیش آئے ہیں۔ صورتِ حال کا لفظ غائر سے مطالعہ کرنے کے بعد میں اس نتیجہ پر پہنچا ہوں کہ ان حالات کے اسباب نہ مذہبی ہیں نہ معاشی بلکہ خالص سیاسی ہیں۔ مسلمانوں کی اکثریت کے صوبوں میں بھی ہندو اور سکھوں کا مقصد مسلمانوں پر خوف و ہراس طاری کر دینا ہے...... فرقہ وارانہ فیصلہ ہندوستان میں مسلمانوں کی سیاسی ہستی کو تسلیم تو کرتا ہے لیکن کسی قوم کی سیاسی ہستی کا ایسا اعتراف جو اس کی معاشی پسماندگی کا کوئی حل نہ تجویز کرتا ہو اور نہ کر سکے، اس کے لئے بے سود ہے۔ کانگرس کے صدر نے تو غیر مبہم الفاظ میں مسلمانوں کی جداگانہ سیاسی حیثیت ہی سے انکار کر دیا ہے۔ ہندوؤں کی دوسری سیاسی جماعت یعنی ہندو مہا سبھا نے جسے میں ہندو عوام کی حقیقی نمائندہ سمجھتا ہوں، بارہا اعلان کیا ہے کہ ہندو اور مسلمانوں کی متحدہ قومیت کا وجود ہندوستان میں ناقابلِ قبول ہے...... اندریں حالات یہ بالکل عیاں ہے کہ ہندوستان کا امن نسل، مذہبی اور لسانی میلانات کی بنا پر ملک کی تقسیم مکرر پر موقوف ہے۔ اکثر برطانوی مدبر بھی اس نظریئے کے قائل ہیں...... اس امر میں میں آپ کا ہم خیال ہوں کہ ہماری قوم ابھی تک نظم وضبط سے محروم ہے اور شاید ایسی کانفرنس کے انعقاد کے لئے ابھی وقت سازگار نہیں لیکن

میں محسوس کرتا ہوں کہ آپ کو اپنے خطبہ میں کم از کم اس طریقِ عمل کی طرف اشارہ ضرور کر دینا چاہیئے، جو شمال مغربی ہندوستان کے مسلمانوں کو انجام کار مجبوراً اختیار کرنا ہی پڑے گا۔'' (بحوالہ اقبال نامہ لاہور ۲۱ جون ۱۹۳۷ء)

قائدِ اعظم کے نام اقبال کا ایک اور خط:۔

''امید ہے آل انڈیا کانگریس کمیٹی کی قرارداد آپ کے ملاحظہ سے گزری ہوگی۔ آپ کی بروقت تدبیر کارگر ثابت ہوئی۔ ہم سب کانگریس کی قرارداد پر آپ کے خیالات کے منتظر ہیں۔ لاہور کے اخبار 'ٹربیون' نے تو اس پر مخالفانہ اظہارِ رائے کر دیا ہے اور مجھے امید ہے ہندو بالعموم اس کی مخالفت ہی کریں گے۔ لیکن جہاں تک مسلمانوں کا تعلق ہے، اس کا اثر خواب آور نہ ہونا چاہیئے۔ ہمیں مسلمانوں کی تنظیم کے لئے اپنی تمام تر قوتیں ہمیشہ سے زیادہ گرم جوشی کے ساتھ وقف کر دینی چاہئیں اور اس وقت تک دم نہ لینا چاہیئے جب تک پانچ صوبوں میں مسلمانوں کی حکومت قائم نہیں ہو جاتی اور بلوچستان کو اصلاحات نہیں ملتیں۔

یہاں افواہ ہے کہ یونینسٹ پارٹی کا ایک حصہ لیگ کے مسلک پر دستخط کرنے کو تیار نہیں۔ ابھی تک سر سکندر اور ان کی پارٹی نے دستخط نہیں کیئے اور آج صبح معلوم ہوا کہ وہ لیگ کے آئندہ اجلاس تک انتظار کریں گے۔ جیسا کہ خود ان میں سے ایک ممبر نے مجھ سے کہا اِن کا منشا صوبائی لیگ کی قوتِ عمل کو معطل کر دینا ہے۔

چند دن تک جملہ حالات و واقعات سے آپ کو آگاہ کروں گا۔ اور پھر عمل کے لئے آپ کی ہدایات کا منتظر رہوں گا۔ مجھے امید ہے کہ آپ اجلاسِ لاہور سے قبل، کم از کم دو ہفتے پنجاب کے دورے کے لئے ضرور وقف کریں گے۔

بحوالہ اقبال نامہ لاہور ۳۰، اکتوبر ۱۹۳۷ء

سامعین! قائدِ اعظم کو لکھے گئے، اقبال کے اِن خطوط سے جو اہم بات پایۂ ثبوت کو پہنچتی ہے وہ یہ ہے کہ اسلامی نکتۂ نگاہ سے دونوں حضرات کے درمیان مسلمانوں کے لئے الگ مملکت حاصل کرنے سے متعلق ذہنی ہم آہنگی کی ایک بے مثال فضا قائم تھی۔ جس کی بنا پر دونوں ہی ایک دوسرے کے مشوروں کا احترام کرتے اور ان پر عمل پیرا ہوتے نظر آتے ہیں۔ اس میں شک نہیں کہ ہماری آزادی، قائدِ اعظم اور اقبال کی ملّی خدمات کی مرہونِ منت ہے۔ البتہ جن اسلامی اقدار کے تصور کے مطابق وہ مسلمانوں کو متحد دیکھنا چاہتے تھے اور جس قسم کا پاکستان بنانے کا عزم اور عہد قائدِ اعظم نے اقبال کی برسی کے موقع پر کیا تھا وہ ابھی تک شرمندۂ تعبیر نہیں ہو سکا۔ اس لئے آئیں ہم سب مل کر یہ عہد کریں، کہ جب تک پاکستان کے حوالے سے اقبال کا خواب اور قائدِ اعظم کا وہ عہد پورا نہیں ہو جاتا، جسے انھوں نے اقبال کی برسی کے موقع پر ملت کے سامنے یہ کہتے ہوئے کیا تھا کہ ''میں دعا گو ہوں کہ جب آزاد مملکت، پاکستان معرضِ وجود میں آئے تو کاش اس میں، ہم اُنہی نصب العین اور تصورات کے مطابق عمل پیرا ہو سکیں جن کی تلقین ہمارے قومی شاعر نے کی ہے۔''

چنانچہ آزاد مملکت حاصل کر لینے کے بعد قائدِ اعظم نے اسلامی نکتۂ نگاہ سے پوری قوم کو تفرقہ بازی کے نقصانات سے متنبہ کرتے ہوئے کہا:۔

''یہ حقیقت ہے کہ لوگ بھول میں پڑ جاتے ہیں اور مقامی، صوبائی، فرقہ وارانہ فائدوں کو زیادہ دیکھتے ہیں اور قومی مفاد سے بے پروائی برتتے ہیں۔ یہ پرانے نظام کی یادگار ہے۔ جب آپ کو صرف صوبائی خودمختاری ملی تھی اور آپ مقامی معاملات کی حد تک برطانوی حاکمیت سے بے پرواہ تھے لیکن اب جب کہ آپ کی اپنی مرکزی حکومت ہے اور وہ بااختیار ہے پرانے انداز میں سوچتے رہنا محض نادانی ہے۔ صوبائی تعصب ایک لعنت ہے۔ اسی طرح شیعہ سنی وغیرہ کے سلسلے میں فرقہ پرستی بھی۔''

(قائدِاعظم کوئٹہ ۱۶ جون ۱۹۴۸ء)

سامعین! قائدِ اعظم اور اقبال کے ان فرمودات کو پڑھنے کے بعد، ہماری نظر میں کسی بھی ہوش مند شخص کو، صوبوں کی آزادی کے نام پر پاکستان کو ٹکڑوں میں تقسیم کرنے کا تقاضہ نہیں کرنا چاہئے تھا۔ لیکن ایسا ہوا، اور غلام قوم کے منتخب نمائندہ خداؤں نے اٹھارویں ترمیم پاس کرتے ہوئے پاکستان کے قائدین کے فرمودات کی سخت توہین کی اور صوبوں کی آزادی کے نام پر مملکت کو چار ٹکڑوں میں تقسیم کر دیا۔ جس پر نہ زمین ہی پھٹی اور نہ آسمان ہی رویا۔ البتہ، ملک کی سلامتی اور یکجہتی کے اس نام نہاد پُر مسرت موقعہ پر جشن منائے گئے، پر رونق ایوانوں کو مزید سجایا اور چمکایا گیا، مٹھائیاں تقسیم ہوئیں، فخر و تکبر سے تنی ہوئی گردنوں میں تازہ پھولوں اور نازک کلیوں کے ہار پہنائے گئے، مبارکبادیاں دی گئیں اور جوشِ جذبات میں ایک دوسرے کے گال چوم لئے گئے۔ البتہ جن لوگوں نے ان کے اس اقدام پر تشویش کا اظہار کیا اور اسلام کے متحدہ قومیت کے اصول کو سمجھانے کی کوشش کی اور مرکز سے جڑے رہنے کا مشورہ دیا انھیں یہ کہہ کر خاموش کر دیا گیا کہ ہم بھی مسلمان ہیں اور ہمیں بھی اسلام کا پتہ ہے، بتاؤ کہ اس خطے میں اسلام پہلے آیا تھا یا کہ یہاں قومیں پہلے بستی تھیں؟ ہم نے وہی کچھ کیا ہے جو قائدِ اعظم چاہتے تھے۔ اور یہاں کی عوام کا بھی یہی تقاضہ تھا۔ ''اٹھارویں ترمیم'' کے ذریعے قانونی طور پر پلٹ جانے کے بعد معصوم عوام کے ہاتھوں کے طوطے اڑ گئے۔ لیکن دیر ہو چکی تھی۔ اب پچھتائے کیا ہوت جب چڑیاں چگ گئی کھیت۔ ترمیم کے پاس ہونے کے اُس منحوس دن کے بعد سے لے کر آج تک صوبوں میں لوٹ مار کا بازار گرم ہے اور ملک پر قرضوں کا بوجھ اس قدر زیادہ ہو گیا ہے کہ اب یہ مزید بوجھ اٹھانے کا متحمل نہیں رہا۔ اگر اور دیر کر دی گئی تو اس مملکتِ خداداد کے تمام قدرتی خزانوں کو مہاجنوں (بنکوں) کے ہاتھ گروی رکھ کر خود یہ لوگ یہاں سے بھاگ جائیں گے۔ ان کے ہاتھ مضبوط کرنے میں ہمیشہ غلام ابنِ غلام جیسے کارکنان کا ہاتھ رہا ہے، انہیں اگر کوئی دیکھنا چاہے تو اُس وقت دیکھ سکتا ہے جب یہ اپنی اپنی پارٹی کے اُن خداؤں کے لئے مارنے اور مرنے کے لئے سڑکوں پر نکل کر اِن کے ہر ناجائز کام کا دفاع کر رہے ہوتے ہیں۔ ایسے بدبخت کروڑوں غلاموں کا آپ کیا کریں گے؟ ربڑ کے ان نازک غباروں میں ہوا بھرنے کے لئے ان کے لیڈران ان کے متعلق جب اتنا کہہ دیتے ہیں کہ اب ملک کو کوئی خطرہ نہیں اب ہماری عوام بہت باشعور ہو چکی ہے اور اپنے لئے خود سوچ سمجھ کر ووٹ دینے کے قابل ہو گئی ہے، تو اُن کی یہ بات سن کر اُن کے یہ غلام پھولے نہیں سماتے کہ اب وہ باشعور ہو گئے ہیں اسی خوشی اور بے خودی میں یہ ڈھول کی تھاپ پر رقص

کرتے اور اپنے آقاؤں کے نام کی دھمال ڈالتے ہیں۔ کیا پاکستان کو ایسے ہی چلنے دیں گے، یا کہ ہوش مند پاکستانیوں کو اب ہوش کے ناخن لینے چاہئیں اور اپنے گھر، اپنے وطن کی حفاظت کا انتظام کرنا چاہئے؟ ان جیسے زندہ درگور، بے ضمیر اور بے روح غلاموں کے متعلق اقبال کا کہنا ہے کہ:۔

غلام علم اور دین کو سستا بیچتا ہے یہاں تک کہ جسم کو زندہ رکھنے کے لئے روح دے ڈالتا ہے۔

حکمران اگر ایک بیڑی کھولتا ہے تو اس کی روح میں دوسری بیڑی ڈال دیتا ہے۔

ایک پیچیدہ آئین بناتا ہے اور کہتا ہے اسے زرہ کی طرح پہن لو!

وہ خدا رزق بھی عطا کرتا ہے اور روح بھی

لیکن یہ خدا رزق دے کر روح لے لیتا ہے

(اقبالؔ)

الغرض، اس حقیقت سے ہر باشعور پاکستانی آگاہ ہے کہ پاکستان کو حاصل کرنے کا سہرہ قائدِ اعظم، ان کے رفقاء اور مجموعی طور پر امتِ مسلمہ کے سر پر ہے، البتہ لاکھوں کی تعداد میں غیر مسلم بھی اس کارِ خیر میں حصہ لینے سے پیچھے نہیں رہے۔ اقبال چونکہ اپریل ۱۹۳۸ء میں اس دنیا سے رخصت ہو چکے تھے اور پاکستان اس کے کئی برس بعد ۱۹۴۷ء میں معرضِ وجود میں آیا تھا۔ البتہ ایک بات جو پورے وثوق کے ساتھ کہی جا سکتی ہے اور وہ یہ ہے کہ ۱۹۳۰ء کے عشرے میں اقبال کے نظریات نے قائدِ اعظم کو اس قدر متاثر کیا کہ اس کے بعد وہ ان کی بقیہ زندگی کا حصہ بن کر رہ گئے۔ انگلستان میں وہ اقبال سے کئی مرتبہ ملے اور ایک عرصہ تک قریب رہے۔ پھر ۱۹۳۶ء سے ۱۹۳۸ء کا وہ دور بھی آیا جب ان دو حضرات کی ذہنی ہم آہنگی کا یہ عالم تھا کہ ان کے اسلامی سیاسی نظریات میں کوئی امتیاز ہی باقی نہ رہا۔ اقبال ۸ ستمبر ۱۹۳۱ء کو لاہور سٹیشن سے جب یورپ کے لئے روانہ ہو رہے تھے، مدیرِ انقلاب عبدالمجید سالکؔ نے اُن سے ''روزنامہ انقلاب'' کے لئے پیغام دینے پر اصرار کیا۔ ان کے اصرار پر اقبال نے جو پیغام دیا اُسے سکرین پر دیکھ لیجئے:۔

''اُس پیغام کے بعد جو مسٹر جناح نے دیا ہے، مسلمانانِ ہند کے لئے کسی مزید پیغام کی ضرورت نہیں''

بحوالہ روزنامہ انقلاب ۸ ستمبر ۱۹۳۱ء

قائدِ اعظم کے جس پیغام کی طرف اقبال نے اشارہ کیا ہے، دو روز بعد، اسے روزنامہ انقلاب نے جن الفاظ میں قلمبند کیا تھا اسے بھی ایک نظر دیکھ لیجئے:۔

''اگر جدید دورِ اساسی میں بعض تحفظات نہ رکھے گئے اور بلا وجہ شرارت کے تدارک کا انتظام نہ کیا گیا تو دستورِ اساسی قائم نہ رہ سکے گا۔ نیز جدید دستورِ اساسی میں مسلمانوں کے لئے مناسب تحفظات ہوں ورنہ یہ نظام یقینی طور پر ٹوٹ جائے گا...... کیا جمہوری حکومت کا یہ مطلب ہے کہ سات کروڑ مسلمانوں کے ہاتھ ایسے دستورِ اساسی میں جکڑ

دیئے جائیں جس میں ہندوؤں کی ایک خاص جماعت ان پر جو مظالم ان کے جی میں آئیں کر سکیں اور جو سلوک چاہیں روا رکھیں۔ کیا حکومتِ خود اختیاری اسی کا نام ہے اور یہی ذمہ دار حکومت کہلاتی ہے؟ حکومت ایسی چیز نہیں جو ہر ایک کو فرداً فرداً دی جا سکے۔ حکومت کرنے کے لئے چند شرائط کی پابندی لازمی ہے اور وہ یہ ہیں کہ لوگوں کی تربیت اس طریق پر کی جائے کہ وہ مل جل کر رہ سکیں اور خواہ کتنے ہی اختلافات اور مشکلات حائل ہوں، وہ انھیں خود ہی دور کر لیں...... یہ پرانی کسوٹی ہے۔ اگر حکومتِ برطانیہ نے ہندوؤں کو ایسا دستور دے دیا جو ان کی مرضی کے مطابق ہے تو قدرتی طور پر مسلمان اس کے مخالف ہوں گے اور اُس دستورِ اساسی کو تباہ کرنے کے لئے لازمی طور پر اپنی تمام قوت صرف کریں گے"

۵ ستمبر ۱۹۳۱ء مسلم سٹوڈنٹ یونین بمبئی "ایٹ ہوم"

روزنامہ انقلاب ۱۰ ستمبر ۱۹۳۱ء ماخوز از (سفرنامہ اقبال) صفحہ ۲۷

سامعین، ان اقتباسات سے، اقبال اور قائدِ اعظم کے مابین ان کی ذہنی ہم آہنگی اور تعلقات کے علاوہ ہندوستان میں مسلمانوں کے ساتھ ہندوؤں کے ناروا سلوک اور برتاؤ پر بھی روشنی پڑتی ہے اور پتہ چلتا ہے کہ ہندو مسلمانوں کے وجود کو تسلیم کرنے کے لئے کسی قیمت پر تیار نہیں تھے۔ اس بات کو سمجھنے کے لئے دوبارہ اقبال کے انگریزی خط سے لئے گئے اقتباس پر غور کیجئے:۔

"The Congress President has denied the political existence of Muslims in no unmistakeable terms. The other Hindu political body, i.e., the Mahasabha, whom I regard as the real representative of the masses of the Hindus, has declared more than once that a united Hindu-Muslim nation is impossible in India."

Iqbal to Jinnah, 21 June 1937. (Letters of Iqbal, p.22-23) (SJPak.p23)

ترجمہ "کانگریس کے صدر نے صاف طور پر مسلمانوں کے سیاسی وجود سے انکار کیا ہے۔ جب کہ ہندوؤں کے دوسرے ادارے یعنی مہا سبھا نے جس کو میں ہندو عوام کی حقیقی جماعت سمجھتا ہوں کئی مرتبہ یہ اعلان کیا ہے کہ ہندوستان میں متحدہ ہندو مسلم قوم کا وجود ناممکن ہے۔"

اکتوبر ۱۹۳۷ء میں لکھنؤ کے جلسۂ عام میں قائدِ اعظم نے ہندو مسلم تعلقات کے بارے میں جو کہا تھا، اُسے بھی دیکھتے چلیئے:۔

"On the very threshold of what little power and responsibility is given, the majority community have clearly shown their hand that [sic] Hindustan is for the Hindus; only the Congress masquerades under the name of nationalism, whereas the Hindu Mahasabha does not mince words.

Presidential address at the League Session, Lucknow, 15 October 1937. (NV Vol. I, p.178) (SJPak.p24)

ترجمہ ''اس تھوڑے اختیارات اور ذمہ داری کی دہلیز پر، اکثریتی فرقے نے واضح طور پر جتا دیا ہے کہ ہندوستان ہندوؤں کا ہے، صرف کانگریس نے قوم پرستی کے نام پر بہروپ اپنایا ہوا ہے۔ جب کہ ہندو مہا سبھا کوئی لگی لپٹی نہیں رکھتی۔''

سامعین! اقبال اور قائدِ اعظم کے بیانات پر یہ اعتراض اٹھایا جا سکتا اور شبہ کیا جا سکتا ہے کہ یہ بیانات تو ان دو مسلم لیڈروں کے ہیں جن کا تعلق مسلم لیگ سے تھا، اس لئے یہ سیاسی قسم کے بیانات تھے، ان میں کوئی حقیقت نہیں۔ اس خیال کے تحت ضروری سمجھا گیا کہ جو شکایت مسلمان لیڈران کو ہندوؤں سے تھی وہی کسی غیر مسلم کے بیان سے ثابت کر دی جائے تا کہ اس بارے میں کوئی ابہام نہ رہے۔ اچھوت طبقے کے سیاسی لیڈر ڈاکٹر امبید کار کے بیان کے مطابق کہا گیا تھا کہ:۔

It is no use saying that the Congress is not a Hindu body. A body which is Hindu in its composition is bound to reflect the Hindu mind and support Hindu aspirations. The only difference between the Congress and the Hindu Maha Sabha is that the latter is crude in its utterances and brutal in its actions while the Congress is politic and polite. Apart from this difference of fact, there is no other difference between the Congress and the Hindu Maha Sabha.

B.R. Ambedkar 1946a, p.30(SJPak.p23)

ترجمہ ''یہ کہنا بے سود ہے کہ کانگریس ایک ہندو جماعت نہیں ہے۔ ایک ادارہ جو اپنے اجزائے ترکیبی کے اعتبار سے ہندو ہے، لازمی طور پر ہندو ذہنیت کی عکاسی کرے گا اور ہندوؤں کی امنگوں کا ساتھ دے گا۔ کانگریس اور مہا سبھا میں صرف یہ فرق ہے کہ موخر الذکر اپنی گفتگو میں اکھڑ اور اپنی کاروائیوں میں وحشی اور ظالم ہے جب کہ کانگریس کی گفتگو سیاسی ہے اور وہ خوش اخلاقی سے پیش آتی ہے۔ اس حقیقی فرق کے سوا کانگریس اور مہا سبھا میں کوئی دوسرا فرق نہیں۔''

سامعین! میں آپ کی توجہ نیو دہلی میں پیش آنے والی اس خبر کی طرف مبذول کروانا چاہوں گا جسے آپ نے بھی ٹیلی ویژن وغیرہ پر سنا اور دیکھا ہو گا کہ وہاں پر راہ چلتے مسلم طلباء کو ہندو انتہا پسندوں نے اس بات پر مجبور کیا کہ وہ جے ماتا کا نعرہ لگائیں، انکار کرنے پر ان طلباء کو اتنا زدوکوب کیا گیا کہ ان کی ہڈیاں توڑ دیں۔ اس خبر کا ذکر میں نے اس لئے کرنا ضروری سمجھا کہ اُس زمانے کی کٹر ہندو ذہنیت میں زمانے کے گزرنے کے ساتھ کوئی تبدیلی رونما نہیں ہوئی بلکہ اس میں اور زیادہ تندی اور شدت آئی ہے۔ لوگوں کے جان و مال اور عبادت گاہیں وہاں پر محفوظ نہیں۔ یہ حال اُس ہندوستان کا ہے جو خود کو دنیا کا سب سے بڑا سیکولر اور جمہوری ملک کہلواتا ہے۔

اس نشست میں صوبوں کو موضوعِ بحث لانے کا مقصد بھی قائدِ اعظم کی ذات پر لگائے گئے اُس غلط الزام کی تردید کرنا مقصود تھا جس کے ذریعے پاکستان میں صوبوں کی نام نہاد آزادی حاصل کرنے کے نعرے لگائے جاتے رہے اور کہا جاتا رہا کہ ان کے لئے قائدِ اعظم ایسا ہی چاہتے تھے۔ لیکن آج کی نشست برخاست کرنے سے پہلے صوبوں سے متعلق آپ کے سامنے ایک ضروری ریفرینس لانے کے بعد آگے بڑھیں گے۔ یہ ریفرینس اُس وقت کی آئین ساز اسمبلی کے مباحثوں کے ریکارڈ کا حصہ ہے۔

یہ ۲۱ ستمبر ۱۹۵۴ء کا ذکر ہے جب پاکستان کی آئین ساز اسمبلی نے اپنے آخری دن کی کاروائیوں کا آغاز کیا تھا۔ اس کے چار اجلاس ہوئے جو حزبِ اختلاف کے کئی اعتراضات پر مشتمل تھے۔ لیکن صوبوں کے متعلق جو کچھ شری دھریندرا ناتھ نے کہا وہ ہمارے لئے باعثِ عبرت بھی ہے اور مقامِ تاسف بھی۔ اب سکرین پر نظر ڈالتے ہوئے آگے بڑھتے ہیں:۔

"Sir, I have not the speech of the Honourable Prime Minister before me, but I remember that he told [me] the other day that "if I had the power, I would have done away with all the provinces." But what have you done? Instead of doing away with the provinces, you have created provinces. ... if you like to do away with the provinces and economise the cost of administration, then do it today."

Mr. Datta was referring to Part V of the BPC Report which declared that the states of Bahawalpur, Khairpur and Baluchistan were to be treated as provinces.

Shri Dhirendra Nath Datta, CAP Debates Vol. XVI, p.537(SJPak.p65)

ترجمہ ”جنابِ عالی! اس وقت میرے سامنے محترم وزیر اعظم (لیاقت علی خان) کی تقریر نہیں ہے لیکن مجھے یاد ہے کہ انھوں نے مجھ سے اگلے دن کہا تھا کہ۔ ”اگر مجھے اختیار ہوتا تو میں تمام صوبے ختم کر دیتا۔“ لیکن آپ نے کیا کیا؟ صوبے ختم کرنے کی بجائے آپ نے صوبے بنائے ہیں...... اگر آپ صوبے ختم کرنا چاہتے ہیں اور انتظامی اخراجات کم کرنا چاہتے ہیں تو آج کر دیں۔“

سامعین! اسمبلی کے ان ریکارڈ بیانات کی روشنی میں ثابت یہ ہوا کہ پاکستان اور اس کے مستقبل کو تباہ کرنے میں حزبِ اختلاف واقدار کے مسلمان اراکینِ اسمبلی کا ہاتھ غیر مسلم اراکینِ اسمبلی سے کہیں زیادہ تھا۔ وہ اِس ملک کی باگ ڈور سیکولر بنیادوں پر رکھ کر چلانا چاہتے تھے۔ بلکہ وہی حال آج بھی ہے، اور یہ اُن لوگوں کے ہاتھوں ہو رہا ہے جن کے آباؤ اجداد نے پاکستان کو بحیثیتِ مملکتِ اسلامیہ کبھی دل سے تسلیم ہی نہیں کیا۔ یہ جتھہ مذہبی پارٹیوں اور بڑے بڑے سرمایہ داروں پر مشتمل ان لوگوں کا ہے جنھیں پاکستان کی سیاست، وراثت میں ملی ہے اس لئے یہ بھی اپنے آباؤ اجداد کے نقشِ قدم پر چل کر اِسے اُنہی اقدار کے مطابق چلانا چاہتے ہیں۔ جب کہ یہ سبھی اقدار قُرآنِ حکیم کے اصولوں اور اُس کی تعلیمات کے صریحاً خلاف ہیں۔ اس لئے ہمیں اپنی بقا کی خاطر اس ظلم کو روکنا ہوگا۔ کل کی نشست میں قائدِ اعظم کے اُن خطبات اور تقاریر کو سامنے لایا جائے گا جہاں قراردادِ پاکستان سے متعلق معاملاتِ زر (اقتصادیات) کے موضوع خاص پر گفتگو کریں گے جس میں ”سود“ شامل ہے۔ آج کی نشست برخاست کی جاتی ہے۔

کل تک کے لئے اللہ حافظ

نہ کر افرنگ کا اندازہ اُس کی تابناکی سے
کہ بجلی کے چراغوں سے ہے اِس جوہر کی براقی!
دلوں میں ولولے آفاق گیری کے نہیں اُٹھتے
نگاہوں میں اگر پیدا نہ ہو اندازِ آفاقی!

مثالی معاشرہ

آٹھویں نشست

اسلام علیکم! خواتین وحضرات! آپ کو یاد ہوگا کہ ہم نے قائدِ اعظمؒ کے ذکرِ خیر کو اُن کے عقائد کے حوالے سے شروع کیا تھا اور بتایا تھا کہ دنیا میں کسی کی اصل شخصیت کو پہچاننے اور سمجھنے کے لئے یہ دیکھنا ضروری ہوتا ہے کہ وہ اپنی زندگی کن نظریات کے مطابق بسر کرتا ہے۔ مثلاً اگر کسی مسلمان کو اپنے نظریات قُرآن کے مطابق کرنے ہوں تو بلا شبہ اسے تفرقہ بازی کی مشرکانہ زندگی ترک کرنی پڑے گی۔ چنانچہ قائدِ اعظم اور ان کی ہمشیرہ فاطمہ جناح کے معاملہ میں ہم نے دیکھا ہے کہ وہ دونوں ہی دنیا کے پہلے قانونی فرقہ فری مسلمان ہیں۔ اگر ہم اُن کے اِس عملِ خیر کی پیروی کرتے اور ''فرقہ فری پاکستان'' کے نام سے قانون پاس کردیتے تو یہاں پر فرقوں اور پارٹیوں کا نام ونشان تک نہ ملتا اور یہاں پر سب لوگ برابری کی سطح پر ایک پاکستانی کی حیثیت سے امن اور سکون کی زندگی گزار رہے ہوتے۔ اور جب دنیا اپنی کھلی آنکھوں سے فرقہ فری پاکستان کو اس کے اس عملِ عظیم سے فیضیاب ہوتے اور پھلتے پھولتے دیکھتی تو وہ بھی اپنے حکمرانوں سے ایسا ہی قانون پاس کرنے کا تقاضہ کرتی، بلکہ UNO کو بھی اس فرقہ فری قانون کو انسانی حقوق کی فہرست میں شامل کرنے پر مجبور کردیتی اور پھر دنیا بھر میں جہاں کہیں بھی لوگوں سے غیر اخلاقی اور غیر انسانی سلوک روا رکھا جاتا ہے اس کا خاتمہ ہوجاتا۔ لیکن کوئی بات نہیں، یہ کارنامہ اب ہم خود سرانجام دے لیں گے۔ سامعین، آپ سے بات کرتے کرتے میرا ذہن قائدِ اعظم کے اُن خطبات کی جانب مبذول ہوگیا جن میں اُنھوں نے پاک فوج کے افسران کو مخاطب کرتے ہوئے کہا تھا:۔

You have fought many a battle on the far-flung battlefields of the globe to rid the world of the Fascist menace and make it safe for democracy. Now you have to stand guard over the development and maintenance of Islamic democracy, Islamic social justice and the equality of manhood in your own native soil.

Address to Officers and men of the 5th Heavy Ack Ack, Malir (Karachi), 21 February 1948. (NV Vol. VII, p.199) (SJPak.p145)

ترجمہ "آپ نے فاشسٹ خطرے سے دنیا کو نجات دلانے اور اسے جمہوریت کے لئے محفوظ بنانے کے لئے اس کرۂ ارض کے دور دراز جنگی میدانوں میں کئی جنگیں لڑی ہیں۔ لیکن اب آپ کو اپنے وطن کی سرزمین پر اسلامی جمہوریت، اسلامی سماجی انصاف اور بنی نوعِ انسان کی مساوات کے فروغ اور اسے برقرار رکھنے کے لئے بطورِ محافظ ڈٹ جانا ہوگا۔"

یاد رہے کہ!

"The establishment of Pakstan, for which we had been striving for the last ten years, is by the grace of God, an established fact today but the creation of a state of our own was a means to an end and not an end in itself,......I fully well realize that a majority of you have worked under a terrible strain during the war years and might need relaxation. But you should remember that for us the war has not ended. It has only just begun and if we are to fight to victory, we shall have to put in supperhuman efforts. This is not the time to thinkin terms of personal advancement and jockeying for positions. It is time for constructive effort, selfless work and steadfast devotion to duty.

THE NATIONS VOICE VII.11 August 1947 (SJPak.p59-6)

ترجمہ "جس پاکستان کے حصول کی خاطر ہم نے دس سال تک انتھک محنت کی، آج وہ اللہ کے کرم سے حقیقتِ ثابتہ بن کر سامنے آ گیا ہے۔ مملکت کا حصول ہی ہمارا نصب العین نہیں، بلکہ یہ اس تک پہنچنے کا ذریعہ ہے...... مجھے اچھی طرح احساس ہے کہ آپ میں سے اکثر کو جنگ کے زمانے میں شدید ذہنی دباؤ کی کیفیت سے سابقہ رہا ہے۔ اب آپ کو کچھ سکون چاہئے لیکن مت بھولئے کہ ہماری جنگ ابھی ختم نہیں ہوئی بلکہ ہمارے لئے جنگ تو اب شروع ہوئی ہے اور اگر ہمیں اس میں فتح یاب ہونا ہے تو سخت محنت سے کام کرنا ہوگا۔ یہ وقت ذاتی فائدوں ترقی کی فکر اور جاہ و منصب کی دوڑ کا نہیں۔ یہ وقت تعمیری جدوجہد کا بے لوث کام کا اور ادائیگی فرض کی مسلسل لگن کا ہے۔"

سامعین، ہم اپنی اِن نشستوں کے اُس اہم موڑ پر پہنچ چکے ہیں جہاں پر ہمیں پہلے سے کہیں زیادہ غور و فکر کے ساتھ اُن نکات کو ذہن نشین کرنا ہوگا جنھیں سامنے رکھے بغیر ہم اپنی گاڑی کو واپس اُس پٹڑی پر نہیں چڑھا سکتے جس پر کہ چل کر ہمیں اپنے اُس نصب العین تک پہنچنا ہے جس کے لئے پاکستان کو حاصل کیا گیا تھا۔ قائدِ اعظم نے افواجِ پاکستان کے نوجوانوں کو خراجِ تحسین پیش کرتے ہوئے بجا طور پر کہا تھا کہ آپ نے فاشسٹ خطرے کے پیشِ نظر جمہوریت (جدید مغربی جمہوریت) کو بچانے کے لئے کئی جنگیں لڑی ہیں لیکن اب ہمیں اپنے نصب العین تک پہنچنے کے لئے پاکستان میں "اسلامی جمہوریت" کے ذریعے اسلامی سماجی انصاف اور بنی نوعِ انسان کی مساوات کو فروغ دینا اور اسے برقرار رکھنا ہے۔ جس پاکستان کے حصول کی خاطر ہم نے دس سال تک اَنتھک محنت کی، آج وہ اللہ کے کرم سے حقیقتِ ثابتہ بن کر سامنے آ گیا ہے۔ مملکت کا حصول ہی ہمارا نصب العین نہیں، بلکہ یہ اُس تک پہنچنے کا ذریعہ ہے۔ مت

بھولئے کہ ہماری جنگ ابھی ختم نہیں ہوئی بلکہ ہمارے لئے جنگ تو اب شروع ہوئی ہے۔

چنانچہ سامعین، اپنے ''نصب العین'' کے بارے میں قائدِ اعظم اور اقبال کو کوئی ابہام نہیں تھا۔ پاکستان کے متعلق جہاں قائدِ اعظم یہ کہتے ہوئے نظر آتے ہیں کہ ''مملکت کا حصول ہی ہمارا نصب العین نہیں، بلکہ یہ اُس تک پہنچنے کا ذریعہ ہے'' تو دوسری طرف اقبال یہ تلقین کرتے ہوئے نظر آتے ہیں کہ اِس (مُملکت) سے ''اِسلام اپنے نصب العین تک پہنچے گا''۔ تو جناب، یہ وہ نصب العین ہے جس تک پہنچنے کے لئے پاکستان حاصل کیا گیا تھا اور ہم سب خوش تھے کہ اِس سے ہمیں یہ موقع میسر آسکے گا کہ کاروانِ انسانیت کو بلاتفریقِ مذہب، رنگ، نسل اور قوم کے ایک ہی لڑی میں پروکر اِسلام کے اصولوں کی روشنی میں آگے بڑھا سکیں گے۔

''چلنے اور چلتے رہنے کی لذت ہی سفر کا مقصود ہے۔ اگر تمہاری آنکھ آشیانے پر لگی ہے تو پرمت کھولو'' (اقبال)

تو سامعین! پاکستان کو حاصل کرنے کی وجہ جواز ہمارے سامنے ہے۔ اب یہ ہمارا کام ہے کہ ہم بلاتخصیصِ مذہب، رنگ، نسل اور قوم کے تمام جاہلانہ امتیازات کو مٹا کر اِس میں اسلامی جمہوریت، اسلامی سماجی انصاف اور بنی نوعِ انسان کی مساوات کو فروغ دیں اور اسے ہر قیمت پر برقرار رکھیں۔ جہاں تک نظامہائے عالم کا تعلق ہے اقبال کی نظر میں سوائے اسلام کے کوئی ایک بھی نظام ایسا نہیں جو بنی نوعِ انسان کی کلی مشکلات کا حل اپنے اندر محفوظ رکھتا ہو، انھوں نے اِس کی نشاندہی آل احمد سرورؔ کے نام ایک خط میں ان الفاظ میں کی تھی:۔

''میرے نزدیک فاشزم، کمیونزم یا زمانۂ حال کے اور ازم کوئی حقیقت نہیں رکھتے۔ میرے عقیدے کی رو سے صرف اسلام ہی ایک حقیقت ہے جو بنی نوعِ انسان کے لئے ہر نقطۂ نگاہ سے موجبِ نجات ہو سکتی ہے''

اقبال نامہ ۱۲ مارچ ۱۹۳۷ء

مرا ساز اگرچہ ستم رسیدہ زخمہ ہائے عجم رہا
وہ شہیدِ ذوقِ وفا ہوں میں کہ نوا مری عربی رہی

''اگرچہ میری زندگی غیر اسلامی ماحول میں بسر ہوئی، لیکن خدا کا شکر ہے کہ میں اپنی زبان سے ساری عمر قُرآنِ مجید ہی کا پیغام دیتا رہا''

اقبال نامہ

الغرض، قائدِ اعظم کے ان خطبات کے پیشِ نظر کسی کو یہ غلط فہمی ہو سکتی ہے، کہ شائد وہ افواجِ پاکستان کو نامساعد اور غیر

معمولی حالات میں فوجی انقلاب لانے کا پروانہ دے رہے ہیں۔لیکن ایسی بات نہیں، اس لئے کہ قرآنِ حکیم کسی بھی طرز کی شخصی حکومت کو تسلیم نہیں کرتا، چاہے وہ بادشاہت کی صورت میں ہو یا ڈکٹیٹرشپ اور یا پھرازم کی کسی اور صورت میں۔اس لئے قائدِ اعظم اور اقبال دونوں کی نظر میں بنی نوعِ انسان کی فلاح و بہبود کی خاطر قابلِ عمل نظام، اسلامی نظامِ جمہوریت کے سوا دوسرا اور کوئی نظام نہیں۔اس کے علاوہ انسائیکلو پیڈیا قائدِ اعظم نے ایک ایسا واقعہ بیان کیا ہے جس سے پتہ چلتا ہے کہ قائدِ اعظم فوجی انقلاب کے خلاف تھے۔سکرین پر ذرا توجہ مرکوز کیجئے:۔

''قائدِ اعظم فوجی انقلاب کے سخت مخالف تھے اس بات کا انکشاف ۲۴ دسمبر ۱۹۶۹ء کو اسلام آباد میں سابق بریگیڈئر گلزار احمد نے پاکستان کونسل کی ایک تقریب میں کیا۔انھوں نے بتایا کہ ۱۹۴۶ء کے آخر میں انھوں نے ایک خفیہ منصوبہ بنایا تھا جس کا مقصد انڈین آرمی کے مسلمان افسروں کی مدد سے طاقت کے بل بوتے پر فوجی انقلاب کے ذریعے پاکستان بنانا تھا جب یہ منصوبہ قائدِ اعظم کے سامنے پیش کیا گیا، تو انھوں نے اسے مسترد کر دیا۔قائدِ اعظم نے پورے اعتماد کے ساتھ کہا کہ:۔

''جو چیز خفیہ ہوتی ہے وہ قابلِ احترام نہیں ہوتی اور غیر محترم چیز غیر اسلامی ہوتی ہے اس لئے میں ہرگز اپنی قوم کو غیر محترم اور غیر اسلامی حرکت کرنے کا مرتکب ہونے کی اجازت نہیں دے سکتا۔اسلام میں مسائل اور مقاصد دونوں شمار ہوتے ہیں۔''

بحوالہ انسائیکلوپیڈیا قائدِ اعظم صفحہ ۵۰۵

سامعین! سرِ راہ قائدِ اعظم کے حوالے سے لوگوں کی اِس شکایت کا ازلہ کرنا نہایت ضروری ہے، جو یہ سمجھتے ہیں کہ اگر قائدِ اعظم قوم کے لئے آئین بنا کر چھوڑ جاتے تو اچھا ہوتا۔ہم جس مصیبت میں گرفتار ہیں نہ صرف یہ کہ اس سے بچ جاتے بلکہ اُس کی راہنمائی میں عملی اقدامات سے ہم دنیا کو ثابت کر سکتے کہ بالآخر اسلامی نظام ہی کیوں بنی نوعِ انسان کی تمام تر مشکلات کا نجات دہندہ ہے۔اس سے ان حضرات کی اُس اضطرابی کیفیت کا اندازہ لگانا مشکل نہیں، جو یہ سمجھتے ہیں کہ جس نصب العین تک پہنچنے کے لئے پاکستان حاصل کیا گیا تھا وہ آج بھی اُس سے کوسوں دور ہیں۔ان حضرات کے جذبات کا جتنا بھی احترام کیا جائے وہ کم ہے، اس لئے کہ یہی وہ لوگ ہیں جو اسلامی اقدار کی قدر و منزلت اور ان کے ذریعے حاصل ہونے والے فیضِ ربانی سے آگاہ ہیں اور چاہتے ہیں کہ غربت و افلاس کے جس عمیق جہنم میں بنی نوعِ انسان کو دھکیل دیا گیا ہے وہ اس میں سے باہر نکل آئے۔لیکن مشکل یہ ہے کہ جب تک لوگ خود اس میں سے نکلنے کے لئے تیار نہیں ہوں گے یہ اس جہنم موجود سے نہیں نکل سکتے۔چنانچہ ہماری کوششیں اُس وقت تک بارآور ثابت نہیں ہوسکتیں جب تک ہم اسلامی نظام کے خدوخال کو اُن پر واضح نہیں کر دیتے اور انھیں یہ اچھی طرح سے سمجھا نہیں دیتے۔

دوسرا یہ کہ اگر قائدِ اعظم ایسے اقدام اٹھا بھی لیتے تو اُن کی وفات کے بعد اُس زمانے کے ارکان اسمبلی نے اُن کے اُس آئین کو کبھی پاس نہیں ہونے دینا تھا، کیونکہ ان میں سے اکثریت قراردادِ مقاصد کے خلاف تھی۔آپ کو یاد ہوگا، یہ وہ اسمبلی تھی جس کے

وزیر اعظم لیاقت علی خان کو یہ کہنا پڑا کہ اگر ان کا کوئی اختیار ہوتا تو وہ صوبوں کو نہ بننے دیتے۔ یہی نہیں بلکہ آگے چل کر آپ کو یہ بھی بتایا جائے گا کہ اُس وقت کے ارکانِ اسمبلی نے سود کے متعلق کیسا غیر ذمہ دارانہ رویہ اختیار کیا تھا۔

چنانچہ اگر قائدِ اعظم ایک اسلامی آئین کو ضبطِ تحریر کروا کر ہمارے لئے چھوڑ بھی جاتے تو یقین جانئے کہ آج تک اُسی ایک بات پر ہم سب آپس میں دست و گریبان ہو رہے ہوتے کہ وہ شریعت کے مطابق نہیں، اس لئے ہم اسے نہیں مانتے۔ یہ سوچے سمجھے اور دیکھے بغیر کہ اس بارے میں اللہ کی کتاب کیا کہتی ہے۔ اللہ کا جتنا بھی شکر ادا کیا جائے اتنا ہی کم ہے کہ قائدِ اعظم نے ایسا نہیں کیا تھا، ورنہ لینے کے دینے پڑ گئے ہوتے۔ بہر حال آپ سکرین پر قائدِ اعظم کے اِس پیغام پر غور کیجئے:۔

"You have asked me to give you a message. What message can I give you? We have got the greatest message in the Quran for our guidance and enlightenment. ... Let us work up to that great ideal. ... Let us forego our personal interests and convenience for the collective good of our people and for a higher and nobler cause. Pakistan aims at it and if we stand united, organised and faithful to our cause, the time is not far off when we shall achieve our goal and prove ourselves worthy of our wonderful and glorious past.

Message to NWFP Muslim Students Federation, 4 April 1943. (Yusufi Vol. III p.1687)(SJPak.p159)

ترجمہ "آپ نے مجھے کوئی پیغام دینے کو کہا ہے۔ میں آپ کو کیا پیغام دے سکتا ہوں؟ آپ کو قرآن میں اپنی رہنمائی اور روشن خیالی کے لئے ایک عظیم ترین پیغام مل چکا ہے۔ آیئے ہم اس عظیم ideal (نظریہ) پر عمل پیرا ہونے کی کوشش کریں اور اپنے عوام کی اجتماعی بھلائی اور زیادہ برتر نیک مقصد کی خاطر اپنے ذاتی مفادات اور سہولتوں سے دستبردار ہو جائیں۔ پاکستان کے قیام کا مقصد یہی ہے اور اگر ہم متحد، منظّم اور اپنے مقصد سے پُرخلوص رہیں تو وہ وقت دور نہیں جب ہم اپنے مقصد کے حصول میں کامیاب ہو جائیں گے اور خود کو انتہائی عمدہ اور شاندار ماضی کے امین ثابت کر دیں گے۔"

الغرض، آئین کے حوالے سے امریکن باشندوں سے خطاب کرتے ہوئے انھوں نے یہ بھی کہا تھا کہ:۔

The constitution of Pakistan has yet to be framed by the Pakistan Constituent Assembly. I do not know what the ultimate shape of this constitution is going to be, but I am sure that it will be of a democratic type, embodying the essential principles of Islam.

Jinnah's broadcast talk on Pakistan to the people of United States of America, Karachi, 26 February 1948. (NV Vol. VII, p.215-6)

ترجمہ "پاکستان کا آئین ابھی پاکستان کی آئین ساز اسمبلی کو تشکیل دینا ہے۔ میں نہیں جانتا کہ آئین کی حتمی شکل کیا ہو گی لیکن مجھے یقین ہے کہ یہ جمہوری طرز کا ہو گا جو اسلام کے بنیادی اور ضروری اصولوں پر مبنی ہو گا"

انگریزی اخبار ڈان نے ایک مضمون میں صحافیوں کے چند سوالات اور قائدِ اعظم کے جوابات شائع کیے تھے۔ پاکستان کے آئین کے بارے میں ان کی ذاتی رائے دریافت کی گئی تو انھوں نے اس کا جواب دیتے ہوئے کہا:۔

"We have to fight a double-edged battle, one against the Hindu Congress and the other against [the] British Imperialist, both of whom are capitalist. The Muslims demand Pakistan, where they could live according to their own code of life, their own cultural growth, traditions and Islamic Laws.

Speech at Frontier Muslim League Conference at Peshawar, 20 November 1945. (K.A.K. Yusufi (1988) Quaid-i-Azam Muhammad Ali Jinnah: Some Rare Speeches and Statements, 1944-1947 Lahore: Punjab University, p.93) (SJPak.p140)

ترجمہ "ہمیں دورخی جنگ لڑنی ہے ایک ہندو کانگریس کے خلاف اور دوسری برطانوی سامراج کے خلاف جو دونوں سرمایہ دار ہیں۔ مسلمان پاکستان کا مطالبہ اس لئے کر رہے ہیں تا کہ وہ اپنے ضابطۂ حیات اپنی ثقافتی نشو ونما، روایات اور اسلامی قوانین کے مطابق زندگی بسر کر سکیں۔"

سامعین! جب قائدِ اعظم کو پیغام دینے کے لئے کہا گیا تھا تو انھوں نے کہا تھا کہ "میں آپ کو کیا پیغام دے سکتا ہوں؟ آپ کو قرآن میں اپنی رہنمائی اور روشن خیالی کے لئے ایک عظیم ترین پیغام مل چکا ہے۔ آیئے ہم اس عظیم ideal (نظریہ) پر عمل پیرا ہونے کی کوشش کریں"۔ ظاہر ہے کہ قرآن سے جو راہنمائی لینے کا ذکر قائدِ اعظم نے کیا ہے، اُس سے اُن کی مراد اسلامی آئیڈیل تو ہو سکتے ہیں، جدید مغربی جمہوریت نہیں ہو سکتی۔ انھوں نے ہماری ساری توجہ اللہ کی کتاب کی جانب مبذول کرواتے ہوئے یہ فیصلہ ہم پر چھوڑا ہے کہ ہم اپنے مستقبل کا فیصلہ کتاب اللہ کے مطابق کریں یا نہیں۔ جہاں تک ملت کے لئے آئین کو لکھ چھوڑنے کا ہے، اس کا اختیار تو اللہ نے اپنے رسول کو بھی نہیں دیا کہ وہ ایسا کر سکتے۔ ورنہ وہ اپنی احادیث کا ایک نسخہ مرتب کروا کر امت کے لئے ضرور چھوڑ جاتے۔ حجۃ الوداع کے الفاظ اس امر کے گواہ ہیں کہ رسول اللہ نے امت کو قرآن کے سوا کسی دوسری کتاب کے اتباع اور پکڑنے کی ہدایت نہیں کی۔ خود اللہ نے قرآن میں رسول اللہ کی زبان مبارک سے یہ کہلوایا کہ:۔

قُلْ مَا يَكُونُ لِيٓ أَنْ أُبَدِّلَهُۥ مِن تِلْقَآيِ نَفْسِيٓ ۖ إِنْ أَتَّبِعُ إِلَّا مَا يُوحَىٰٓ إِلَيَّ ۖ إِنِّيٓ أَخَافُ إِنْ عَصَيْتُ رَبِّي عَذَابَ يَوْمٍ عَظِيمٍ ١٠/١٥

"آپ (صلی اللہ علیہ وسلم) یوں کہہ دیجئے کہ مجھے یہ حق نہیں کہ میں اپنی طرف سے اس میں ترمیم کر دوں۔ بس میں تو اِسی کا اتباع کروں گا جو کہ میرے پاس وحی کے ذریعے پہنچا ہے، اگر میں اپنے رب کی نافرمانی کروں تو میں ایک بڑے دن کے عذاب کا اندیشہ رکھتا ہوں"۔

سامعین، قائدِ اعظم کی تقاریر اور خطابات ہمارے سامنے ہیں۔ آئین بنانے کے حوالے سے انھوں نے کھل کر اس بات کا اظہار کیا اور کہا کہ آئین سازی کا حق صرف قانون ساز اسمبلی کے پاس ہے یعنی کہ مجموعی طور پر امت کے پاس ہے، انفرادی طور پر نہ یہ حق بادشاہ کا ہے اور نہ ہی کسی ڈکٹیٹر کا کہ وہ اپنی مرضی کے قوانین مرتب کروائے اور اُن پر لوگوں کو چلنے کے لئے مجبور کرے۔ یہی قرآنِ حکیم کی تعلیم کے مطابق ہے۔ چنانچہ شخصی حکومتوں میں اور اسلامی حکومت میں یہی وہ واضح فرق ہے جو حق اور باطل کو ایک دوسرے سے الگ کرتا ہے۔ اسلامی جمہوریت میں اُس کی آئین ساز اسمبلی (مجلسِ شوریٰ) اللہ کی کتاب کے مطابق قانون سازی کرتی ہے اور دنیا میں اللہ کی حاکمیت قائم کرتے ہوئے حق کو فروغ دیتی اور اُسے آگے بڑھاتی ہے۔ جب کہ دوسری جانب مفاد پرستوں کے سرغنوں کا ایک ایسا باطل پرست ٹولہ ہوتا ہے جو بنی نوعِ انسان کے حقوق غصب کرنے کے لئے اَپنی مرضی اور منشا کے مطابق آئین بناتا ہے اور اُس کے مطابق لوگوں کو چلنے پر مجبور کرتا ہے۔ چنانچہ ان کا یہی عمل اللہ کے مقابلے میں انھیں حاکم اور خدا بناتا ہے۔ اور جو لوگ اُن کے تراشیدہ قوانین کے مطابق چل کر اپنی زندگی گزارتے ہیں وہی لوگ منافق اور مشرک ہوتے ہیں، چاہے وہ اپنے آپ کو مسلمان ہی کیوں نہ کہلواتے ہوں۔ جب کہ اللہ کی کتاب کے مطابق لاالٰہ الااللہ کے اصول کے تحت عمل میں لائی گئی مملکت میں اللہ کے قوانین کی پیروی کرنے والے لوگ ہی اصل میں مومن اور مسلم ہوتے ہیں۔ قانون سازی کے معاملے میں قُرآنِ حکیم کا یہ واضح ارشاد ہے کہ:-

وَٱلَّذِينَ ٱسْتَجَابُوا۟ لِرَبِّهِمْ وَأَقَامُوا۟ ٱلصَّلَوٰةَ وَأَمْرُهُمْ شُورَىٰ بَيْنَهُمْ وَمِمَّا رَزَقْنَٰهُمْ يُنفِقُونَ ۴۲/۳۸

''(یہ لوگ) اپنے رب کے فرمان کو قبول کرتے ہیں اور صلوٰۃ قائم کرتے ہیں، ان کا ہر کام آپس کے مشورے سے ہوتا ہے اور جو ہم نے انھیں دے رکھا ہے اس میں سے دیتے ہیں''

یعنی کہ مجلسِ شوریٰ کے فرائض میں یہ بات شامل ہے کہ وہ صلوٰۃ کا نظام قائم کریں اور اُس میں قُرآنِ حکیم کے احکامات کے مطابق آئین سازی کریں اور جو اللہ نے انھیں دے رکھا ہے اُس (بیت المال) میں سے ضرورت مندوں کو دیتے رہیں۔ (یعنی بنی نوعِ انسان کے لئے سب کھلا رکھیں) ''انھیں دے رکھا ہے'' کا مطلب یہ ہے کہ وہ سب میرا ہی تو ہے، تمہارا تو کچھ ہے ہی نہیں۔ اس لئے اسے بنی نوعِ انسان کے لئے کھلا رہنا چاہئے۔ چنانچہ ایسے معاشرے میں کسی کو بھی مال و دولت اور اَجناس وغیرہ کو ذخیرہ کرنے کی اجازت نہیں دی جاسکتی۔

جہاں تک اسلامی جمہوریت کے بنیادی اصول کا تعلق ہے وہ یہ ہے کہ اس میں کسی ایک شخص یا گروہ کو اپنی مرضی کے قوانین بنانے یا قُرآنِ حکیم کے قوانین میں تبدیلی لانے کی اجازت نہیں ہوتی۔ کتاب اللہ کے قوانین کی چاردیواری کے اندر رہتے ہوئے اپنے اپنے زمانے کی ضروریات کے مطابق امت باہمی مشورے سے قانون سازی کرتی اور آگے بڑھتی رہتی ہے۔ اسی لئے کہا جاتا ہے کہ اللہ کے بنائے ہوئے قوانین کبھی بھی زوال پذیر نہیں ہو سکتے یعنی کہ ان پر زمانے کے اتار چڑھاؤ یا گردشِ زمانہ کا کوئی برا اثر نہیں پڑ سکتا۔ جب کہ اِس کے برعکس انسانوں کے بنائے ہوئے قوانین کسی کے لئے وقتی طور پر تو سودمند ثابت ہو سکتے ہیں لیکن زمانے کا ساتھ نہ دے

سکنے کی وجہ سے ان پر جمود طاری ہو جاتا ہے اور عمل کے قابل نہیں رہتے۔ اِس قسم کے جمود زدہ قوانین پر عمل پیرا رہنے والی قوموں پر بھی جمود طاری ہو جاتا ہے جس کی وجہ سے وہ دنیا میں جہنم کی زندگی گزارتی ہیں جس کا ایک نقصان یہ بھی ہوتا ہے کہ اس سے ان کی روح مضمحل اور بیکار ہو جاتی ہے اور بعد مرنے کے اگلی منزل میں داخل ہونے کے قابل نہیں رہتی۔ جنت میں داخل ہونا تو بہت ہی بعد کی بات ہے۔

چنانچہ،خواتین وحضرات! اسلامی نظامِ جمہوریت میں ''سود'' کے نام پر کسی دولت مند شخص یا ادارے کو یہ حق حاصل نہیں کہ وہ قرض کے نام پر معاشرے کے ضرورت مند لوگوں کا استحصال کر سکے۔ اقبال نے اس کے انہی مضر اثرات کے پیشِ نظر سود کو لاکھوں انسانوں کے لئے مرگِ مفاجات (اچانک موت سے) تعبیر کیا ہے۔ اور قرآنِ حکیم نے اسے اللہ ورسول کے ساتھ جنگ کرنے کے مترادف قرار دیا ہے۔ ہم اس بات کو پہلے بھی دہرا چکے ہیں کہ ''اللہ ورسول'' کے یہ الفاظ جب بھی ایک دوسرے کے ساتھ آئیں تو اس کا مطلب ''اسلامی نظام'' قرار پاتا ہے۔ الغرض جب قرآنِ حکیم یہ کہتا ہے کہ سود کا کاروبار کرنا اللہ ورسول سے جنگ کے مترادف ہے تو دراصل وہ یہ کہہ رہا ہے کہ اسلامی مملکت میں ایسا کرنا اُس کے قانون کو چیلنج کرنے کے مترادف ہے۔ اس لئے اس کی خلاف ورزی کرنے والوں کا سختی کے ساتھ محاصبہ کیا جائے گا۔

The State Bank Governor, Zahid Hussain, gave his address in which he thanked the guests and in particular Jinnah for attending. During his speech Mr. Hussain explained the importance of having a central bank and the decision of the fledgling state to have one despite the difficulties involved and its lack of trained personnel. He mentioned that the 'people of Pakistan' were demanding' a clarification of the policy of government regarding the ideology which is to guide and inspire us in regulating our political, social and economic life'. Referring to the Islamic 'provision' for 'preventing concentrations of wealth without killing the essential incentive to individual initiative and enterprise', he said that it was 'this ideology which must inspire us in regulating our economic life'. In other words, he envisioned an economic system that took the extreme of neither socialism nor capitalism - similar to what the Leaguers later promised in the Constituent Assembly. (We might add that Hussain later became the chairman of the Pakistan Planning Committee.) He then announced the intention of the State Bank to establish an economic research organisation to 'devote special and unremitting attention to this most important aspect of our ideological problem'.

Zahid Hussain's address at the Opening Ceremony of the State Bank of Pakistan, Karachi, 1 July 1948. (NV Vol. VII, p.423-4 fn) (SJPak.p117)

ترجمہ ''قائدِ اعظم کی موجودگی میں سٹیٹ بنک آف پاکستان کی افتتاحی تقریر میں بنک کے گورنر زاہد حسین نے پہلے تو قائدِ اعظم کی تشریف آوری کا شکریہ ادا کیا۔ اس کے بعد، بنک کے قیام کے سلسلہ میں حائل دشواریوں کا ذکر بھی کیا اور کہا کہ ''پاکستان کے عوام اس نظریئے کے بارے میں حکومت کی پالیسی کی وضاحت چاہ رہے ہیں جو ہماری سیاسی، سماجی اور اقتصادی زندگی کو باضابطہ طور پر چلانے میں ہماری راہنمائی اور حوصلہ افزائی کرے گا'' انفرادی اور

اجتماعی کوششوں کی حوصلہ شکنی کئے بغیر دولت کے ارتکاز کو روکنے کے لئے اسلامی دفعات کا حوالہ دیتے ہوئے انھوں نے کہا کہ ''اسلام کا نظریۂ حیات ہی ہماری اقتصادی زندگی کو باضابطہ بنا کر چلانے میں ہماری حوصلہ افزائی کا سبب بنے گا۔'' بالفاظِ دیگر انھوں نے ایک ایسے اقتصادی نظام کا تصور پیش کیا جو نہ تو اشتراکیت اور نہ ہی سرمایہ دارانہ نظام کی انتہا پسندی کا حامل ہوگا بلکہ اُس جیسا ہوگا جس کا مسلم لیگ کے اراکین نے آئین ساز اسمبلی میں وعدہ کیا تھا۔ پھر انھوں نے اعلان کیا کہ ''سٹیٹ بنک ایک اقتصادی تحقیقی ادارہ قائم کرنا چاہتا ہے جو ہمارے نظریاتی مسئلے کے سب سے اہم پہلو پر خصوصی اور مسلسل توجہ دیتا رہے گا۔''

زاہد حسین گورنر (سٹیٹ بنک آف پاکستان) کراچی ۱، جولائی ۱۹۴۸ء

چنانچہ جس اقتصادی تحقیقی دارے کے قیام کا ذکر زاہد حسین نے اپنی تقریر میں کیا ہے۔ اس کے فوراً بعد قائدِ اعظم نے اپنی تقریر میں کہا کہ:۔

"I shall watch with keenness the work of your Research Organisation in evolving banking practices compatible with Islamic ideals of social and economic life. The economic system of the West has created almost insoluble problems for humanity, and to many of us it appears that only a miracle can save it from [the] disaster that is now facing the world. It has failed to do justice between man and man and to eradicate friction from the international field. On the contrary, it was largely responsible for the two world wars in the last half century. The Western world, in spite of its advantages of mechanisation and industrial efficiency, is today in a worse mess than ever before in history. The adoption of western economic theory and practice will not help us in achieving our goal of creating a happy and contented people. We must work our destiny in our own way, and present to the world [an] economic system based on [the] true Islamic concept of equality of manhood and social justice. We will thereby be fulfilling our mission as Muslims and giving to humanity the message of peace, which alone can save it and secure the welfare, happiness and prosperity of mankind.

Speech on the occasion of the Opening Ceremony of the State Bank of Pakistan, Karachi, 1 July 1948. (SJPak.p142)

ترجمہ ''میں آپ کے اس تحقیقی ادارے کی کارکردگی کا بڑی لگن سے جائزہ لیتا رہوں گا جو ایسے عملی طریقے وضع کرتا رہے گا جو سماجی اور اقتصادی زندگی کے اسلامی نصب العین سے ہم آہنگ ہوں گے۔ مغرب کے اقتصادی نظام نے انسانیت کے لئے تقریباً ناقابلِ حل مسائل کھڑے کر دیئے ہیں اور ہم میں سے بہت سے یہ سمجھنے لگے ہیں کہ اس وقت دنیا کو درپیش تباہی سے کوئی معجزہ ہی بچا سکتا ہے۔ یہ نظام انسانوں کے مابین انصاف کرنے اور اس بین الاقوامی شعبے سے باہمی تصادم کو ختم کرنے میں ناکام ہو چکا ہے اس کے برخلاف گزشتہ نصف صدی میں یہ دونوں عالمی جنگوں کا بھی بڑی حد تک ذمہ دار ہے۔ آج مغربی دنیا میں میکانکی ترقی اور صنعتی مستعدی کے فوائد کے حصول کے باوجود اپنی تاریخ

کے بدترین حالات سے دوچار ہے۔ مغربی اقتصادی نظریہ اپنانے اور اِس پر عمل کرنے سے ہمیں اپنے لوگوں کو خوش اور خوشحال کرنے کے مقصد میں کوئی کامیابی حاصل نہ ہوگی۔

ہمیں اپنے طریقے سے اپنا مقدر سنوارنے کے لئے کام کرنا چاہئے اور دنیا کے سامنے ایک ایسا اقتصادی نظام پیش کرنا چاہئے جو انسانوں کی مساوات اور سماجی انصاف کے سچے اسلامی نظریئے پر مبنی ہو۔ اس طرح ہم بطورِ مسلمان اپنا فریضہ سرانجام دے سکیں گے اور انسانیت کو امن کا پیغام دیں گے جو تنِ تنہا نہ صرف اسے بچا سکتا ہے بلکہ بنی نوعِ انسان کو بہبود، خوشی اور خوشحالی فراہم کرسکتا ہے۔''

سامعین! سٹیٹ بنک آف پاکستان کی افتتاحی تقریب کے موقع پر زاہد حسین نے جو اہم نکات اقتصادی معاملات پر اٹھائے اور عوام کی جانب سے اُن پر قائدِ اعظم کی رہنمائی چاہی انہیں سکرین پر دیکھ لیتے ہیں:۔

1) پاکستان کے عوام اس نظریئے کے بارے میں حکومت کی پالیسی کی وضاحت چاہ رہے ہیں جو ہماری سیاسی سماجی اور اقتصادی زندگی کو باضابطہ طور پر چلانے میں ہماری راہنمائی اور حوصلہ افزائی کرے گا
2) اسلام کا نظریۂ حیات ہی ہماری اقتصادی زندگی کو باضابطہ بنا کر چلانے میں ہماری حوصلہ افزائی کا سبب بنے گا
3) جس کا مسلم لیگ کے ارکان نے آئین ساز اسمبلی میں وعدہ کیا تھا

اس کے بعد قائدِ اعظم نے بنی نوعِ انسان کی تمام تر ناکامیوں، خرابیوں اور مشکلات کا ذمہ دار مغربی اقتصادی نظام کو ٹھہراتے ہوئے پاکستان کے باشندوں کو تاکید کرتے ہوئے کہا تھا کہ:۔

1) مغرب کے اقتصادی نظام نے انسانیت کے لئے تقریباً ناقابلِ حل مسائل کھڑے کر دیئے ہیں
2) مغربی اقتصادی نظریہ اپنانے اور اس پر عمل کرنے سے ہمیں اپنے لوگوں کو خوش اور خوشحال کرنے کے مقصد میں کوئی کامیابی حاصل نہ ہوگی
3) ہمیں اپنے طریقے سے اپنا مقدر سنوارنے کے لئے کام کرنا چاہئے اور دنیا کے سامنے ایک ایسا اقتصادی نظام پیش کرنا چاہئے جو انسانوں کی مساوات اور سماجی انصاف کے سچے ''اسلامی نظریئے'' پر مبنی ہو
4) اس طرح ہم بطورِ مسلمان اپنا فریضہ سرانجام دے سکیں گے اور انسانیت کو امن کا پیغام دیں گے جو تنِ تنہا نہ صرف اسے بچا سکتا ہے بلکہ بنی نوعِ انسان کو بہبود، خوشی اور خوشحالی فراہم کرسکتا ہے
5) میں آپ کے اس تحقیقی ادارے کی کارکردگی کا بڑی لگن سے جائزہ لیتا رہوں گا جو ایسے عملی طریقے وضع کرتا رہے گا جو سماجی اور اقتصادی زندگی کے اسلامی نصب العین سے ہم آہنگ ہوں گے

چنانچہ سامعین! ''ہمیں اپنے طریقہ سے اپنا مقدر سنوارنے کے لئے کام کرنا چاہئے اور دنیا کے سامنے ایک ایسا اقتصادی نظام پیش کرنا چاہئے جو انسانوں کی مساوات اور سماجی انصاف کے سچے اسلامی نظریئے پر مبنی ہو۔'' قائدِ اعظم کے اس حصۂ اقتباس میں اہم ترین الفاظ '' سچے اسلامی نظریئے'' اور ''نصب العین'' کے ہیں۔ اگر قوم ان الفاظ پر غور و فکر سے کام لے کر اپنی منزل کا تعین کر لیتی تو یوں اِسے برے دن نہ دیکھنے پڑتے۔

یاد رہے کہ سٹیٹ بنک آف پاکستان کے افتتاحی موقع پر گورنر آف سٹیٹ بنک پاکستان زاہد حسین اور قائدِ اعظم کی یہ تقریر پاکستان کے مستقبل سے وابستہ اقتصادی نظام کے حوالے سے تھی۔ قائدِ اعظم جب سچے اسلامی نظریئے کی بات کرتے ہیں تو پھر ''سود'' کے خلاف اللہ کا واضح اعلان اور فیصلہ ہمارے سامنے آ جاتا ہے۔ ان واضح تشریحات کے سامنے آ جانے کے باوجود پاکستان میں اقتصادی معاملات کو سود سے پاک کرنے کی تمام کوششیں ناکام ثابت ہوئیں۔ اس ناکامی کی وجہ اس ملک کا سرمایہ دارانہ وہ جدید جمہوری نظامِ حیات ہے جس کی تعریف میں قائدِ اعظم نے کہا تھا کہ مغرب کے اقتصادی نظام نے انسانیت کے لئے تقریباً ناقابلِ حل مسائل کھڑے کر دیئے ہیں، اس وقت دنیا کو درپیش تباہی سے کوئی معجزہ ہی بچا سکتا ہے۔ ساتھ ہی انھوں نے اسے دنیا کی دو بڑی جنگوں کا ذمہ دار بھی ٹھہرایا تھا۔ قائدِ اعظم کے ان فرمودات کی روشنی میں دیکھا جا سکتا ہے کہ وہ پاکستان میں کس طرز کا نظام چاہتے تھے۔ لیکن پاکستان کو جس ''نصب العین'' تک پہنچنے کے لئے حاصل کیا گیا تھا اُسے ناکام بنانے میں اُس وقت کے مسلمان اراکینِ اسمبلی کا بہت بڑا ہاتھ تھا، جو چاہتے تھے کہ اِس ملک کو جدید مغربی جمہوریت کی بنیادوں پر سیکولر نظریات کے مطابق چلایا جائے۔ اور انھوں نے ایسا ہی کیا۔ وہ دن اور آج کا دن، یہاں کے باشندوں کو رہنے کے لئے سکھ اور چین کا ایک پل بھی نصیب نہیں ہوا۔ اِس ملک پر اکثر چوروں، لٹیروں، غاصبوں، بدکرداروں، بدمعاشوں اور عقل سے عاری جاہلوں کا راج رہا ہے۔ جنھوں نے اسے بیچ کھانے کے سوا اور کوئی کام نہیں کیا۔ ان بدبختوں نے سودی نظام کے تحت، آج قوم کے ہر فرد کے سر پر کوئی ڈیڑھ لاکھ روپے سے بھی زیادہ کا قرض چڑھا دیا ہے۔ جو روز افزوں بڑھتا ہی جا رہا ہے۔

سامعین، سٹیٹ بنک کی افتتاحی تقریب پر کی گئی قائدِ اعظم کی تقریر، جولائی ۱۹۴۸ء کی ہے، اس کے کوئی چھ برس بعد ۲۱ ستمبر ۱۹۵۴ء کو آئین ساز اسمبلی کے غیر مسلم رکن پروفیسر راج کمار چکرورتی نے سود سے متعلق مسلمان ارکانِ اسمبلی کے کردار اور غیر سنجیدہ رویئے کے پیشِ نظر انھیں آئینہ دکھاتے ہوئے کہا تھا کہ:۔

"They have laid down in section 4 that nothing should be repugnant to the Holy Quran and Sunnah, but then in section 10 they have provided that for 25 years the money matters should be exempt from the operation of Quranic laws. Sir, the Quran prohibits the giving and taking of interest and many other things regarding money matters [sic], but they are not to be followed by the people and country for twenty-five years. There is no consistency or logic in the Constitution that we are going to adopt today.

Dr Raj Kumar Chakraverty, CAP Debates Vol. XVI, p.508 (SJPak.p64)

ترجمہ

''آئین کے سیکشن چار میں کہا گیا ہے کہ قُرآن اور سنت کے منافی کوئی قانون قابلِ قبول نہیں ہونا چاہئے لیکن اسی آئین کے سیکشن نمبر دس میں اِنھوں (مسلمانوں) نے یہ اہتمام بھی کیا ہے کہ پچیس سال تک معاملاتِ زر کو

قُرآنی قوانین پرعمل درآمد سے استثنیٰ حاصل رہے گا، جنابِ عالی! قُرآن سود کے لین دین اور امورِ زر سے متعلق دوسری چیزوں پر ممانعت کرتا ہے۔ لیکن پچیس سال تک عوام اور ملک ان احکام پرعمل پیرا نہیں ہوسکیں گے۔ آج ہم جس آئین کو منظور کرنے جا رہے ہیں اس کی دفعات میں کوئی مطابقت یا منطقی جواز نہیں ہے۔''

ڈاکٹر راج کمار چکرورتی کی آئین ساز اسمبلی کی اِس بحث کے پیشِ نظر کسی قسم کے ابہام کی کوئی گنجائش نہیں رہتی کہ مسلم اور غیر مسلم دونوں ہی قائدِ اعظم کے حوالے سے، تحریکِ پاکستان کے محرکات اور اس کے اسلامی نظامِ حیات ونظریات سے بخوبی آگاہ تھے۔ اس کے باوجود، نام نہاد مسلم اراکینِ اسمبلی نے منافقت سے کام لیا اور اپنے ذاتی مفادات اور تحفظات کے تحت ایک دوسرے کی حمایت سے مرضی کے قوانین پاس کرتے رہے۔ اور وہی منافقانہ سلسلہ آج تک جاری وساری ہے۔ اِس سیلابِ بلاخیز کو روکنے کا صرف اور صرف ایک ہی طریقہ ہے کہ اِس ملک میں سے اِس مشرکانہ نظام کا پوری طرح سے قلع قمع کر دیا جائے اور اس کی جگہ خالص کتاب اللہ کے قوانین کو نافذ کر دیا جائے۔

سامعین! جس ''اقتصادی تحقیقی ادارے کے قیام کے سلسلہ میں جو حوالہ جات قائدِ اعظم اور گورنر بنک زاہد حسین کی جولائی ۱۹۴۸ء کی تقاریر میں پیش کئے گئے ہیں اور جن کی اہمیت کے پیشِ نظر انھوں نے اسقدر گرمجوشی کا مظاہرہ کرتے ہوئے کہا تھا کہ ہمیں دنیا کے سامنے ایسا اقتصادی نظام پیش کرنا چاہئے جو ''سچے اسلامی نظریئے'' پر مبنی ہو۔'' اب اگر ہم اِسے اقبال کے اُس بیان کو سامنے رکھ کر دیکھیں جس میں انھوں نے اسلامی اقتصادی نظام کی اہمیت کے پیشِ نظر اپنے چند دوستوں سے مشورہ کیا اور بتایا تھا کہ:۔

''مسلمان نوجوانوں کے دلوں میں اسلام کے اقتصادی پہلوؤں کے متعلق ''پرجوش ذہنی انہاک'' پیدا کرنا چاہیے، اس مقصد کے لیے مسلم انڈیا سوسائٹی کے نام سے کوئی تنظیم بنائی جاسکتی ہے، اگر اس قسم کی سوسائٹی کا قیام معرض وجود میں آئے تو میری عمیق ترین ہمدردی اس کے ساتھ ہوگی۔'' (اقبال)

تو اس سے جو بات کھل کر سامنے آتی ہے وہ یہ ہے کہ ان دونوں راہنماؤں کے سامنے ایک مملکت کو چلانے کے لئے اسلامی اقتصادی نظام سے بہتر اور کوئی دوسرا نظام نہ تھا۔ آج ہم دیکھتے ہیں کہ دنیا کے جن ممالک کو اپنے بگڑتے ہوئے اقتصادی حالات کو سہارا دینا پڑتا ہے تو وہ اپنے ہاں سود کی شرع کو کم سے کم سطح پر لے جاتے ہیں۔ لیکن جن مسلمانوں کو اللہ نے صدیوں پہلے اِس سود کے مضرمات سے آگاہ کیا تھا وہ آج تک اس سے باز نہیں آئے۔ یہی نہیں بلکہ دنیا کے تجربات سے بھی کچھ نہیں سیکھا۔ اب آپ اقبال کے اِسی تاریخی اقتباس کو مزید تشریح اور ریفرینس کے ساتھ ایک بار پھر دیکھ لیں جس کا ذکر ہم ابھی ابھی کر چکے ہیں۔

''مسلمان نوجوانوں کے دلوں میں اسلام کے اقتصادی پہلوؤں کے متعلق ''پرجوش ذہنی انہاک'' پیدا کرنا چاہیے۔ اس مقصد کے لیے مسلم انڈیا سوسائٹی کے نام سے کوئی تنظیم بنائی جاسکتی ہے۔''

علامہ کا بیان مئی ۱۹۳۷ء بحوالہ گفتار اقبال

اور جب یہ مضمون کی شکل میں شائع ہوا تو کچھ لوگوں کو یہ شک گزرا کہ اقبال شاید کسی نئی سیاسی پارٹی کی بنیاد رکھنا چاہتے ہیں۔ البتہ میاں شفیع کے دریافت کرنے پر جو توجیہ انھوں نے پیش کی وہ روزنامہ انقلاب میں شائع ہوئی۔ سکرین پر دیکھیئے:۔

''آل انڈیا مسلم لیگ کو توڑنے کا خیال میرے دماغ سے اس قدر بعید ہے جس قدر کہ ممکن ہوسکتا ہے۔ مسلم لیگ مسلمانانِ ہند کی سب سے پرانی سیاسی جماعت ہے جسے تمام مسلمانوں کا مکمل اعتماد حاصل ہونا چاہیے۔ خصوصاً اس وقت جب کہ اِس کی عنانِ قیادت مسٹر محمد علی جناح ایسے رہنما کے ہاتھ میں ہے جنھیں تمام مسلمانوں کا اعتماد حاصل ہے۔
مسلم انڈیا سوسائٹی جس کے متعلق میں نے درّانی صاحب اور دوسرے دوستوں کو مشورہ دیا تھا، میرے خیال میں سیاسی جماعت نہیں ہونا چاہیے۔ درّانی صاحب کو میرا مشورہ مسلمان نوجوانوں کے دلوں میں اسلام کے اقتصادی پہلوؤں کے متعلق پر جوش ذہنی انہماک پیدا کرنے کے متعلق تھا تا کہ ہماری نوخیز نسلیں اخلاقی سرگرمیوں سے بیش از پیش بہرہ مند ہوں۔ اگر اس قسم کی سوسائٹی کا قیام معرضِ وجود میں آئے تو میری عمیق ترین ہمدردی اس کے ساتھ ہوگی۔''

گفتار اقبال بحوالہ انقلاب ۷ مئی ۱۹۳۷ء

حضرات! اسلامی نظام کا معاشی پہلو ہو یا سیاسی و اقتصادی، اس کے حوالے سے، اقبال اور قائدِ اعظم دونوں کی سوچ اور بیانات میں زبردست ہم آہنگی پائی جاتی ہے۔ جس سے اُن کی آپس کی رفاقت کا اندازہ لگایا جاسکتا ہے کہ وہ کس قدر گہری اور پر خلوص تھی۔ ان دونوں رہنماؤں کے بعد اگر قوم کو مخلص اور جہاں دیدہ قیادت میسر آجاتی تو اب تک ملک میں اسلامی جمہوری نظام کا شجرِ طیب کب کا ثمر بار ہو چکا ہوتا۔ لیکن بدقسمتی سے ملک میں جدید جمہوری نظام کو زبردستی پاکستان کی عوام کے سر پر تھوپنے کا جرم چیف جسٹس محمد منیر مرحوم سے سرزد ہوا جنھوں نے اپنی رپورٹ میں ''جدید جمہوری نظام'' کے اختراعی الفاظ کو قائدِ اعظم کی طرف منسوب کیا اور اس سے حریفانِ اسلام اور پاکستان دشمن عناصر نے خوب فائدہ اٹھایا۔ یہ ایک ایسی حقیقت ثابتہ ہے کہ جسے کوئی جھٹلا نہیں سکتا۔ اُن کی علمی بددیانتی نے نہ صرف یہ کہ تحریکِ پاکستان کے نصب العین پر پانی پھیر دیا بلکہ دہائیوں سے اس کے باشندوں کو غربت اور افلاس کی بھٹی میں جلنے پر مجبور کر دیا۔ اس عذاب سے نکلنے کے لئے اب کرنے کا کام یہ ہے کہ پلٹ کر واپس اُس چوراہے پر آیا جائے جہاں سے ہمارے قدم دانستہ یا غیر دانستہ غلط سمت کو اٹھ گئے تھے، اس کے بعد ایک متحدہ قوم کی طرح اپنے پورے ہوش وحواس اور عزم وارادے کے ساتھ صراطِ مستقیم پر نکلتے چلے جانا چاہئے، اور پھر کبھی پیچھے پلٹ کر نہیں دیکھنا چاہئے۔ بالکل اُسی طرح، جس طرح کے حضرت لوط اور ان کے تابعین نے اُس نظام کو پلٹ کر نہیں دیکھا تھا، جس کی نحوست کی بدولت، قانونِ قدرت نے آتش فشاں پہاڑوں کو پھاڑ کر ان پر پتھروں کی بارش کی تھی۔

حضرات! آج کی جدید جمہوریت کے مقابلے میں قومِ لوط کی جمہوریت کہیں زیادہ بڑی اور آزاد تھی، انھوں نے بھی اپنی خواہشات کے تحت جمہوری نظام قائم کر رکھا تھا لیکن اس کا جو انجام ہوا وہ قرآنِ حکیم کی دفتین کے علاوہ تاریخ کے اوراق میں بھی موجود

ہے۔لیکن جب کوئی قوم اپنی لغزشوں اور کوتاہیوں پر نادم ہو کر اللہ سے معافی کی طلب گار ہو کر اس کے نظام کے تحت چلنا شروع کر دیتی ہے تو قوانین الٰہی کے مطابق انھیں دنیا اور آخرت میں ایسی جنتیں میسر آتی ہیں کہ جن پر کوئی زوال نہیں۔

سامعین، اب تک ہم نے قائدِ اعظم کے خطبات اور ان کی تقاریر سے پاکستان کے اقتصادی، معاشی اور سیاسی نظریات کو اُن کے اسلامی نکتۂ نگاہ سے سمجھنے کی کوشش کی ہے۔ آگے چل کر بھی اِن سے مستفید ہوتے رہیں گے۔لیکن اِس نشست کے برخاست ہونے سے پہلے میں چاہوں گا کہ سکرین پر لکھی عابد علی عابدؔ کی یہ خوبصورت نظم جسمیں انھوں نے قائدِ اعظم کو خراجِ عقیدت پیش کیا ہے اُسے پڑھ لیا جائے۔ شکریہ کے ساتھ کل کی نشست تک کے لئے اللہ حافظ۔

قائدِ اعظم

گہنا گیا وہ چاند مگر اُس کے نور سے
دیوار و در وطن کے ہیں تاباں اُسی طرح
مرجھا گیا وہ چاند مگر اُس کے رنگ سے
قوسِ قزح ہے صحنِ گلستاں اُسی طرح
چپ ہو گیا وہ سازگر اُس کے سوز سے
نغمے ہیں وادیوں میں پر افشاں اُسی طرح
لہرا چکی وہ برق مگر اُس کی تاب سے
ذروں میں زندگی ہے غزل خواں اُسی طرح
وہ نقش مٹ گیا مگر اُس کے طلسم سے
صَرفِ چمن ہے فصلِ بہاراں اُسی طرح
وہ شمع بجھ گئی مگر اُس کے فروغ سے
قندیلِ آرزو ہے فروزاں اُسی طرح
دیکھو تو اُس کے کوکبِ اقبال کا عروج
سہمی ہوئی ہے گردشِ دوراں اُسی طرح

مثالی معاشرہ

نویں نشست

اسلام علیکم خواتین و حضرات ۔خوش آمدید ۔گزشتہ نشستوں میں ہم نے اقبال اور قائدِ اعظم کے فرمودات، خطبات اور تقاریر کے ذریعے اسلامی نظریۂ حیات کو سمجھنے کی کوشش کی ہے۔تا کہ قرآنِ حکیم کے عطا کردہ نظامِ حیات کے وہ روشن پہلو ہمارے سامنے آسکیں جنھیں ارادی یا غیر ارادی طور پر دنیوی مفاد اور لالچ میں آ کر کچھ نامُرادلوگوں نے دنیا سے چھپائے رکھا۔اس لئے ضروری ہے کہ کتاب اللہ کی روشنی میں اُس کی ہدایات کے مطابق قدم قدم چل کر ہم اپنے اُس نصب العین کی جانب بڑھتے رہیں، جسے ہمارے لئے اللہ نے منتخب کر رکھا ہے۔اور جس کے ہر پہلو میں خیر اور سلامتی کی سینکڑوں جنتیں پوشیدہ ہیں۔ان کو حاصل کرنے کے لئے صراطِ مستقیم پر چلنے کی جو شرائط عائد کی گئی ہیں اُن میں سے پہلی شرط یہ ہے کہ کتاب اللہ میں دیئے گئے اصولوں کے مطابق معاشرہ قائم کیا جائے۔ چنانچہ اسلامی معاشرہ قائم کرنے کی غرض سے ہمارے آباؤ اجداد نے ہر طرح کی قربانی دے کر پاکستان حاصل کیا تھا۔لیکن جن نظریات کے تحت اسے چلانا مقصود تھا، خود مسلمانوں نے ہی اُن سے اپنا منہ پھیر لیا۔اور نہایت شاطرانہ چالوں سے انھیں ہماری نظروں سے اوجھل کر دیا۔آج ضرورت جس امر کی ہے وہ یہ ہے کہ جن نظریات کو پیشِ نظر رکھ کر یہ ملک حاصل کیا گیا تھا ان پر نظرِ ثانی کی جائے۔جن میں علامہ اقبال کے اسلامی نظریات، نظریۂ پاکستان اور قراردادِ پاکستان شامل ہیں۔

انھیں سمجھنے کے بعد، آپ کے ذہن کے مجلّہ آئینے پر پڑی وہ دھول جس کی وجہ سے اب تک کچھ صاف نظر نہیں آ رہا تھا وہ آہستہ آہستہ خود ہی ہٹتی چلی جائے گی۔اور اصل منظر صاف نظر آنے لگے گا۔حضرات، جیسے کہ آپ جانتے ہیں فرقہ فری قائدِ اعظم کا کوئی مسلک نہیں تھا۔ وہ اور ان کی ہمشیرہ اپنے آپ کو ایک سادہ سے مسلمان کے سوا اور کچھ نہیں سمجھتے تھے۔ اسی طرح سے اقبال بھی غیر مقلد تھے، یعنی کہ تقلیداً وہ کسی بھی مسلک سے وابستہ نہیں تھے۔یہ الگ بات ہے کہ وہ جس گھر میں پیدا ہوئے وہ لوگ سنی مسلک کے پیروکار تھے۔ایسے ہی قائدِ اعظم شیعہ مسلک کے پیروکار گھرانے میں پیدا ہوئے تھے۔لیکن غور و فکر کے نتیجے میں جب قرآنِ حکیم ان کے سامنے

آیا تو یہ سنی اور شیعہ کے محدود دائرے سے نکل کر ایک غیر محدود اور حقیقی اسلامی فضا میں سانس لینے لگے اور اپنے آپ کو صرف مسلمان کہلوانے پر فخر کیا اور خود کو اُس تفرقہ بازی سے الگ کر لیا، جسے اللہ نے شرک قرار دیا ہے۔ اُس عملِ خیر کے نتیجے میں وہ دونوں ہی انسانی مساوات اور وحدت وتوحید کے ایک عظیم پیغامبر بن کر ابھرے اور پاکستان حاصل کرنے کا وہ عظیم کارنامہ سرانجام دیا، دنیا جسے جمہوریہ اسلامیہ پاکستان کے نام سے یاد کرتی ہے۔

آگے بڑھنے سے پہلے اقبال کے غیر مقلد ہونے کے ثبوت میں ان کی اپنی ہی ایک تحریر سے اقتباس پیش کیا جا رہا ہے۔ سکرین پر آپ کی توجہ چاہوں گا :۔

''افسوس ہے کہ زمانۂ حال کے اسلامی فقہا یا تو زمانہ کے میلانِ طبیعت سے بالکل بے خبر ہیں یا قدامت پرستی میں مبتلا ہیں۔ ایران میں مجتہدینِ شیعہ کی تنگ نظری اور قدامت پرستی نے بہاء اللہ کو پیدا کیا جو سرے سے احکامِ قرآنی ہی کا منکر ہے۔ ہندوستان میں عام حنفی اس بات کے قائل ہیں کہ اجتہاد کے تمام دروازے بند ہیں۔ میں نے ایک بہت بڑے عالم کو یہ کہتے ہوئے سنا کہ حضرت امام ابوحنیفہ کا نظیر ناممکن ہے۔ غرض کہ یہ وقت عملی کام کا ہے کیونکہ میری رائے ناقص میں مذہبِ سلام اس وقت گویا زمانے کی کسوٹی پر کسا جا رہا ہے اور شاید تاریخِ اسلام میں ایسا وقت اس سے پہلے کبھی نہیں آیا۔''

اقبال نامہ لاہور ۲رستمبر ۱۹۲۵ء

یہ ہند کے فرقہ ساز اقبال آزری کر رہے ہیں گویا
بچا کے دامن بتوں سے اپنا غبارِ راہِ حجاز ہو جا

پروفیسر گیلانی کے نام اقبال لکھتے ہیں کہ:۔

''......افسوس ہے ہندوستان کے مسلمان عقائد کی جنگ میں مبتلا ہو کر اسلامی دستورِ حیات کو فراموش کر گئے جس کا نتیجہ یہ ہوا کہ رسم پرستی اس قوم میں عام ہوگئی۔ اور اسلامی ممالک میں بھی کم وبیش یہی حال ہوا، مگر چونکہ وہ ممالک نسبتاً آزاد ہیں۔ وہاں قانون کے ذریعے رسم پرستی دور کی جاسکتی ہے۔ اور کی جا رہی ہے۔ ہندوستان میں سوائے مخلصانہ تبلیغ کے اور کوئی ذریعہ نہیں ہے۔''

اقبال نامہ ۱۳ستمبر ۱۹۳۶ء

سامعین، اقبال یہ کہہ رہے ہیں کہ، اسلامی نظام کے راستے کی سب سے بڑی دیوار، مسلمانوں کے وہ خودساختہ عقائد ہیں جن کی بنا پر وہ آپس میں فرقہ پرستی کے شکار ہو گئے، اس کا نقصان یہ ہوا کہ اس کے نتیجے میں وہ اسلامی دستورِ حیات ہی کو بھول گئے اور صراطِ مستقیم سے اس قدر دور جا پڑے کہ ان کے وہ دل، جو اسلامی نظام کی بدولت اللہ نے جوڑ دیئے تھے، وہ ایک دوسرے سے الگ

ہو گئے۔اور پھر یہ ہوا کہ پوری ملت رسم پرستی کی شکار ہوگئی۔اس سے جان چھڑانے کا طریقہ قرآنِ حکیم کی آیات کو لکھ کر گلے میں ڈال لینے سے ممکن نہیں، بلکہ اس کا واحد طریقہ یہی ہے کہ اسلامی دستورِ حیات کے نفاذ کے ذریعے ان کا قلع قمع کیا جائے۔

1) مسلمان عقائد کی جنگ میں مبتلا ہو کر اسلامی دستورِ حیات کو فراموش کر گئے

2) جس کا نتیجہ یہ ہوا کہ رسم پرستی اس قوم میں عام ہوگئی

3) قانون کے ذریعے رسم پرستی دور کی جا سکتی ہے

ان کا یہ بھی کہنا ہے کہ:۔

”تم آج تک اپنی مصیبت کے علاج کے لیے ہزاروں تدبیریں کر چکے ہو، اب ایک تدبیر محمد عربی صلعم کی بھی آزماؤ۔حضور صلعم فرماتے ہیں 'اتحادُ اُمتی حجۃ قاطعۃ (میری امت کا اتحاد برہانِ قاطع ہے)'۔ایک دفعہ اتحاد کر کے دیکھو۔اگرچہ اب تک کی تمام تدابیر ناکام ثابت ہو چکی ہیں لیکن حضرت محمد مصطفیٰ صلعم کا بتلایا ہوا یہ نسخۂ شفا کبھی ناکامیاب نہیں ہوگا۔اتحاد کامیابی کا سرچشمہ ہے اور حصول اتحاد کا راز وَٱعْتَصِمُوا۟ بِحَبْلِ ٱللَّهِ جَمِيعًا ۱۰۲/۳ اللہ کی رسی کو مضبوطی سے پکڑنے میں اور اس کی اطاعت میں مضمر ہے۔'لا اله الا الله محمد رسول الله' ہی وہ رسی ہے۔اگر یہ دل میں اُتر جائے تو دونوں جہاں کی کامیابیاں تمھارے قدموں میں ہیں۔“

جلسۂ صدارت موچی دروازہ ۳ جون ۱۹۳۱ء

سامعین! ہر بیماری کا شافی علاج محمد رسول اللہ صلی اللہ علیہ وسلم کی تدبیر میں مضمر بتایا گیا ہے، جس کی بنیاد ” لا اله الا الله“ پر استوار ہوتی ہے۔جو اسلامی دستورِ حیات کا سرچشمہ ہے۔اس لئے اس دستورِ حیات سے کوئی کافر، منافق اور مشرک فیض حاصل نہیں کر سکتا، سوائے مسلم اور مومن کے۔ایسا کیوں ہے؟ اس کا جواب موقع محل کی مناسبت سے آگے چل کر دیا جائے گا۔آپ سے پہلے بھی عرض کیا تھا اور دوبارہ گزارش ہے کہ آپ یہ نہیں بھولیں گے کہ لا الـه الا الـلـه“ کا مطلب ”نہیں کوئی عبادت کے لائق، سوائے اللہ کے“ صحیح نہیں ہے، بلکہ اس کا صحیح مطلب ”نہیں کوئی الـٰـه (حاکم) سوائے اللہ کے) ہے، یہ اس لئے یاد رکھنا ضروری ہے کیونکہ وقت آنے پر اسی لا اله الا الله کے اصل معنی ومفہوم کی برکت سے آپ کو اسلامی دستورِ حیات کو مکمل طور پر سمجھ لینے کا ملکہ حاصل ہوگا۔یہ وہ واحد ذریعہ ہے جس کے مطابق چل کو بنی نوعِ انسان کو ایک صحت مند معاشرے کی ایک برادری بننا ہے۔البتہ اس کے لئے غیر اسلامی رسوم و عقائد والے اسلام کو چھوڑ کر حقیقی اسلامی قوانین کی پیروی کرنی ہوگی۔

اگرچہ بت ہیں جماعت کی آستینوں میں مجھے ہے حکمِ اذاں لا الہٰ الا اللہ

اتحاد کے مثبت اثرات پر روشنی ڈالتے ہوئے انھوں نے مزید یہ کہا کہ:۔

''مسلمانوں کی زندگی کا راز اِتحاد میں مضمر ہے۔ میں نے برسوں مطالعہ کیا، راتیں غور وفکر میں گذار دیں تا کہ وہ حقیقت معلوم کروں جس پر کار بند ہو کر عرب حضور سرور کائنات ؐ کی صحبت میں تیس سال کے اندر اندر دنیا کے امام بن گئے۔ وہ حقیقت اتحاد و اتفاق میں ہے جو ہر شخص کے لبوں پر ہر وقت جاری رہتی ہے، کاش ہر مسلمان کے دل میں بیٹھ جائے۔ نسلی اور اعتقادی اختلافات میں تنگ نظری اور تعصب نے مسلمانوں کو تباہ کر دیا۔ اختلاف رائے ایک طبعی امر ہے اس لیے کہ طبائع مختلف ہوتی ہیں۔ ہر شخص کی نظر مختلف ہے، اسلوب فکر مختلف ہوتی ہے لیکن اس اختلاف کو اس طریقے پر رکھنا چاہئے جس طرح کہ ہمارے آبا و اجداد نے اسے رکھا۔ اس صورت میں اختلاف رحمت ہے۔ جب لوگوں میں تنگ نظری آ جاتی ہے تو یہ زحمت بن جاتا ہے۔ مسلمانو! میں تمھیں کہتا ہوں کہ اگر زندہ رہنا چاہتے ہو تو متحد ہو جاؤ۔ اختلاف بھی کرو تو اپنے آباء کی طرح، تنگ نظری چھوڑ دو۔ میں کہتا ہوں کہ تنگ نظری چھوڑنے سے سب اختلافات مٹ سکتے ہیں۔''

گفتارِ اقبال ۲۱ نومبر ۱۹۲۶ء

''فرد توحید کی بدولت لاہُوتی ہو جاتا ہے۔ ملت توحید کی برکت سے جبروتی ہو جاتی ہے۔'' (اقبال)

سامعین! ہم نے دیکھا ہے کہ بالآخر وحدتِ انسانیت ہی کو بنی نوعِ انسان کا ''نصب العین'' قرار دیا گیا ہے اور اس تک رسائی حاصل کرنے کے لئے جس قوت کی ضرورت پڑتی ہے وہ ''لا الٰہ الا اللہ'' کی قوت ہے۔ جو سختی سے اس بات کی تردید کرتی ہے کہ کسی انسان کو یہ حق حاصل نہیں کہ وہ اپنے ہی جیسے انسانوں کو اس بات پر آمادہ کرے کہ وہ اس کی غلامی کریں۔ اس لئے دوسروں کی غلامی سے نجات حاصل کرنے اور مقامِ انسانیت پر فائز ہونے کے لئے اس بات کا کھل کر یہ اعلان کرنا پڑتا ہے، کہ اللہ کے سوا ہمارا دوسرا اور کوئی حاکم نہیں جس کے قوانین کی غلامی اور تابعداری کی جائے۔ تب کہیں جا کر ظالم اور اُس کے ظلم کے خلاف کھڑا ہونے اور اپنے حقوق کو حاصل کرنے کے لئے زبان ملتی ہے، ورنہ اس سے پہلے تو سب گونگے اور بہرے ہی ہوتے ہیں۔ البتہ **لا الٰہ الا اللہ** کا زبانی اقرار کسی کام کا نہیں ہوتا، جب تک کہ اس پر وہ عملی اقدامات نہ اٹھائے جائیں جن کی ہدایات قرآنِ حکیم نے دی ہیں۔ دنیا کی جو بھی کوئی قوم اللہ کے قوانین کو لے کر اُن کے مطابق اپنا معاشرہ قائم کرے گی اُسے اِس دنیا میں بھی سرفرازیاں حاصل ہوں گی اور اس کے بعد کی دنیا میں بھی۔ اور اگر کوئی قوم اپنے آپ کو مسلمان تو کہلواتی ہے لیکن وہ کتاب اللہ کے قوانین پر چلنے سے انکار کرتی اور ان سے فرار اختیار کرتی ہے تو بدقسمتی سے اس کا شمار جماعتِ منافقین میں ہوگا، جس کو جہنم کے سب سے نچلے درجے میں رکھا جاتا ہے چاہے وہ اس دنیا کا جہنم ہو یا اس کے بعد کی دنیا کا۔

سامعین، علامہ اقبال کے نزدیک دنیا میں انسانوں کو متحد کرنے میں جو کردار دینِ اسلام ادا کر سکتا ہے وہ دنیا کا کوئی اور نظام ادا نہیں کر سکتا۔ اپنے بیان میں علامہ نے اتحادِ انسانی کے حصول کی جس عملی سکیم کا تذکرہ کیا ہے، دراصل ہم اُسی عملی سکیم کے تحت اپنے

نصب العین کی جانب قدم قدم آگے بڑھ رہے ہیں۔

سکرین پر دیکھیئے:۔

''اسلام ڈاگ میٹک (Dogmatic) (غیر استدلالی) مذہب نہیں ہے۔ اس کا منتہائے مقصود یہ ہے کہ نوع انسانی ایک گھرانا اور ایک خاندان بن جائے۔ شعراء اور فلسفی اس اتحادِ نوعِ انسانی کے محض خواب دیکھتے رہے، لیکن اسلام نے اس مقصد کے حصول کے لیے ایک عملی سکیم پیش کردی۔ کم از کم دنیائے اسلام رنگ، نسل اور قوم کے امتیازات کو بالکل فنا کر چکی ہے۔ آج دنیا میں اسلام کے سوا اور کوئی ایسا طریق نہیں جس پر کاربند ہو کر یہ امتیازات مٹ سکیں۔ اسلام نے جو فرائض، ارکان یا طریق عبادات مقرر کیئے، ان سب کا مدعا یہ ہے کہ انسانی قلوب کو رنگ، نسل اور قوم کے امتیازات سے پاک کردے۔''

گفتارِ اقبال بحوالہ مکتوب مہر مطبوعہ انقلاب ۲۳ اکتوبر ۱۹۳۱ء

سامعین، اقبال کے اِس اقتباس میں، جسے آپ ابھی سکرین پر دیکھنے جا رہے ہیں اس میں دیگر چند اہم نکات کے علاوہ ایک نکتہ ایسا بھی ہے جس میں سمجھایا گیا ہے کہ ہمارے نصب العین کے راستے میں ایسی کون سی وہ طاغوتی قوتیں ہیں کہ جنھیں دور کیئے بغیر نہ تو اسے صاف دیکھا جا سکتا ہے اور نہ ہی اس تک پہنچنے کے لئے کوئی مثبت اقدام ہی اٹھائے جا سکتے ہیں۔ سکرین پر دیکھیئے:۔

''سب سے پہلے مذہب یا بالفاظِ صحیح تر مذہبِ اسلام اور قومیت کی تعریف ہو جانی چاہیے۔ میں سالہا سال کے مطالعے اور غور و فکر کے بعد اِس نتیجے پر پہنچا ہوں کہ اسلام اُن معنوں میں ہرگز مذہب نہیں ہے، جن معنوں میں پرانے مذاہب سمجھے جاتے تھے۔ قرآن کی حقیقت اُس وقت معلوم ہوسکتی ہے جب کہ انسانیت کی تاریخ پر اُس کے عملی اثرات کا مطالعہ کیا جائے۔ میں یہاں تفہیم کی غرض سے صرف ایک مثال دیتا ہوں۔ اسلام سے پہلے انسانیت کو مِلانے اور متحد کرنے کے کئی عوامل موجود تھے۔ جن میں سے ایک عامل خونی و نسلی رشتہ کا تھا، لیکن تمام عامل بیکار ہو چکے تھے۔ اسلام نے انسانیت کو اتحاد کا ایک نیا عامل دیا۔ یعنی اس نے روحانی رشتے پر اتحاد کی بنیاد رکھی۔ ابھی تک انسانیت کا نصب العین حاصل نہیں ہوا اور ابھی تو اِسے دنیا میں آئے ہوئے صرف تیرہ سو سال ہی ہوئے ہیں۔ لیکن اِن تیرہ صدیوں کے تجربے نے بتا دیا ہے کہ عیسائیت اور بدھ مت نے بدرجہا زیادہ مدت میں انسانیت کی اتنی خدمت انجام نہیں دی تھی جتنی کہ اسلام تیرہ سو سال میں دے چکا ہے اور ممکن ہے آئندہ ہزار سال میں یا اس سے کم مدت میں اسلام ساری انسانیت کو متحد کردے اور آدم کی اولاد میں سے غیریت و اجنبیت بالکل دُور ہو جائے۔ اُس وقت اسلام اپنے نصب العین پر پہنچے گا۔ میری رائے میں اِس وقت اسلام کی قوتِ اتحاد و ارتباط میں سب سے بڑی مزاحم قوت جغرافیائی قومیت ہے۔ اس لیے انسانیت کے سچے خادموں کا فرض ہے کہ وہ جغرافیائی قومیت کی مزاحمت کو دُور کریں۔''

بحوالہ روزنامہ انقلاب ۲۹ جون ۱۹۲۸ء حمزہ فاروقی ۱۹۸۸ء

سامعین! آپ نے دیکھ لیا کہ اقبال کی رائے میں اِس وقت اسلام کی قوتِ اتحاد وارتباط میں سب سے بڑی مزاحم قوت جغرافیائی قومیت ہے۔اتحادِ ملی کے حوالے سے اقبال اور قائدِ اعظم نے اتنا کچھ کہا ہے کہ ان نشستوں میں اُس کا احاطہ کرنا ممکن نہیں۔لیکن کبھی ایسا بھی نہیں ہوا کہ آپ کی تسلی وتشفی کئے بغیر ہم نے کوئی نیا موضوع شروع کر دیا ہو اور آگے بڑھ گئے ہوں اس لئے عقیدۂ ختمِ نبوت کے متعلق بھی اقبال کے نظریات کو دیکھ لیتے ہیں۔کیونکہ نبوت کے عقیدے پر ایمان لائے بغیر کتاب اللہ، رسول، آخرت یا قیامت، سب بے معنی ہو کر رہ جاتے ہیں۔اس سے ختمِ نبوت کی اہمیت کا اندازہ لگایا جا سکتا ہے۔لیکن اگر کسی کا یہ خیال ہو کہ اب رسول اللہ کے بعد بھی کوئی نبی آئے گا تو اِس کا مطلب یہ ہے کہ اُس کے لئے آخری نبی اور اللہ کی کتاب کافی نہیں، جب کہ نبوت اور رسالت ایک ہی چیز ہے اور اس پر قُرآنی نکتۂ نگاہ سے ہم یہ بات کر چکے ہیں کہ رسول اور نبی دو الگ حیثیتیں نہیں ہیں۔اس لئے قرآنِ حکیم کے مطابق ہر نبی، رسول اور ہر رسول نبی ہوتا ہے۔ چنانچہ یہاں پر ختمِ نبوت کے حوالے سے اقبال کا بیان قابلِ توجہ ہے۔

''آنحضرتؐ ختم الرسل ہیں۔ نبی اِس لیے بھیجے گئے کہ وہ لوگوں کو جن کی سمجھ ابتدائی حالت میں تھی سمجھائیں۔عین اُس وقت دنیا میں غور وفکر کا شور شروع ہوا اور لوگ تقلید سے نہیں بلکہ اپنے فہم وادراک کی مدد سے نتائج اخذ کرنے لگے گویا تقلیدِ جامد کی جگہ افقِ عالم پر علم وادراک کا آفتاب طلوع ہوا تو اللہ تعالیٰ نے اپنی طرف سے آخری حجت کو اَرسال کر دیا اور کہہ دیا کہ اب کوئی ایسا شخص نہیں آ سکتا جس کی باتوں کو تم تنقید کے بغیر تسلیم کرو۔شہنشاہیت اور نبوّت کا بھی خاتمہ ہو گیا اور دماغی غلامی پر موت چھا گئی۔عقل کے عروج کی ابتدا وہ روزِ سعید ہے جب ختم الرسلؐ مبعوث ہوئے۔اب اگر کوئی شخص نبوّت کا مدعی ہو تو ہم اُس کی دماغی حالت کا اُسی طرح مطالعہ کریں گے جس طرح علم الحیات کا ماہر کسی مینڈک کے اجزا کا مطالعہ کرتا ہے اور کیکڑے کے وجود پر غور وفکر کی نگاہ ڈالتا ہے۔''

بحوالہ سفرنامہ اقبال ۱۶، اپریل ۱۹۲۷ء حمزہ فاروقی

سامعین، اقبال یہ کہہ رہے ہیں کہ ''آنحضرتؐ ختم الرسل ہیں۔ نبی اِس لیے بھیجے گئے کہ وہ لوگوں کو جن کی سمجھ ابتدائی حالت میں تھی سمجھائیں''۔یعنی کہ رسول اللہ سے پہلے تک کے رسولوں کو وحی کی ایک ایک بات لوگوں کو سمجھانا پڑتی تھی کہ اس کے مطابق چلنا اُن کے لئے کیوں ضروری ہے۔لیکن ''عین اُس وقت دنیا میں غور وفکر کا شور شروع ہوا اور لوگ تقلید سے نہیں بلکہ اپنے فہم وادراک کی مدد سے نتائج اخذ کرنے لگے گویا تقلیدِ جامد کی جگہ افقِ عالم پر علم وادراک کا آفتاب طلوع ہوا تو اللہ تعالیٰ نے اپنی طرف سے آخری حجت کو اَرسال کر دیا اور کہہ دیا کہ اب کوئی ایسا شخص نہیں آ سکتا جس کی باتوں کو تم تنقید کے بغیر تسلیم کرو۔''یعنی کہ اِس کے بعد اگر کوئی شخص ایسی بات کرتا ہے جو قُرآنِ حکیم کی تعلیم سے ٹکراتی ہو تو بھیڑ بکریوں کی طرح اس کے پیچھے مت چلا کرو۔ بلکہ اپنے قدم پورے غور وفکر کے بعد اٹھایا کرو۔اسی لئے اقبال نے کہا ہے کہ ''اب اگر کوئی شخص نبوّت کا مدعی ہو تو ہم اُس کی دماغی حالت کا اُسی طرح مطالعہ کریں گے جس طرح علم الحیات کا ماہر کسی مینڈک کے اجزا کا مطالعہ کرتا ہے اور کیکڑے کے وجود پر غور وفکر کی نگاہ ڈالتا ہے۔''

الغرض، کتاب اللہ کے علاوہ ہمیں کسی دوسری کتاب کے ماننے اور اس پر ایمان لانے کے لئے نہ تو اللہ نے کوئی حکم دیا ہے اور نہ ہی اُس کے رسول نے، چنانچہ ہم اتنا ہی کہنے کے مکلّف ہیں کہ ہمارے لئے اللہ کی کتاب کافی ہے۔اس سے باہر نکل کر اگر کوئی شخص اللہ اور اس کے رسول کے نام پر ایسا اسلام پیش کرے جو کتاب اللہ کی تعلیم کے خلاف ہے تو وہ کسی بھی ہوش مند انسان کے لئے قابل قبول نہیں ہوسکتا۔غیر اللہ کی تقلید کرنا اسے خدا مان لینے کے مترادف ہے، چنانچہ شرک ہے۔اسی لئے تقلید کو اقبال روحِ انسانی کی فطری آزادی کو دبانے کے مترادف جانتے تھے۔سکرین پر توجہ کیجئے:۔

''پبلک کے احترام وعقیدت کا خراج ان لوگوں کو حاصل ہوتا ہے جو عوام کے غلط نظریاتِ اخلاق و مذہب کے مطابق زندگی بسر کرتے ہیں۔ مجھے عوام کے احترام کی خاطر ان کے نظریات کو قبول کر کے اپنے آپ کو گرانا اور روحِ انسانی کی فطری آزادی کو دبانا نہیں آتا......وہ خیالات جو میری روح کی گہرائیوں میں ایک طوفان بپا کئے ہوئے ہیں، عوام پر ظاہر ہوں تو پھر مجھے یقینِ واثق ہے کہ میری موت کے بعد میری پرستش ہوگی، دنیا میرے گناہوں کی پردہ پوشی کرے گی اور مجھے اپنے آنسوؤں کا خراجِ عقیدت پیش کرے گی۔''

اقبال نامہ لاہور ۱۷ جولائی ۱۹۰۹ء

ختمِ نبوت کے عقیدے سے متعلق اقبال کے اس اقتباس کے بعد ہم ایک نظر ''امام'' سے متعلق بھی اُن کے خیالات کو آپ کے سامنے لائیں گے۔یہ تو آپ کو معلوم ہی ہے کہ ہم ان نشستوں کے ذریعے اُن تمام غیر اسلامی نظریات و اعتقادات کو سامنے لا رہے ہیں جو نہ صرف یہ کہ غیر قرآنی ہیں بلکہ وہ کسی نہ کسی شکل میں دین کے نظام کی راہ میں بھی حائل ہیں اور اسے سامنے نہیں آنے دیتے۔اسی مشکل کے پیشِ نظر اقبال نے کہا تھا کہ:۔

"There is a crust at the heart of Central Asia, I want to break through it."

Abu-Al-Lais Siddiqui 1977

ترجمہ ''وسط ایشیا کے قلب پر ایک پپڑی جمی ہوئی ہے، میں اس کے ٹکڑے ٹکڑے کر دینا چاہتا ہوں۔''

آگے بڑھنے سے پیشتر ''امامت'' کے معنی ومفہوم کو قرآنِ حکیم کی روشنی میں دیکھ لیتے ہیں کہ وہ اسے کن معنوں میں پیش کرتا ہے۔ابنِ فارس نے کہا ہے کہ امام کے بنیادی معنی چار ہیں:۔

امامت کے معنی، بنیاد اور اصل۔مرجع۔جماعت اور دین بتائے ہیں اور أُمَّةٍ کے معنی قرآن میں۔حالت۔نعمت۔شان۔طریقہ۔سنت۔وقت۔زمانہ۔مدت۔شریعت اور دین۔کے معنوں میں آیا ہے مثلاً۔

وَقَالَ ٱلَّذِى نَجَا مِنۡهُمَا وَٱدَّكَرَ بَعۡدَ أُمَّةٍ أَنَا۟ أُنَبِّئُكُم بِتَأۡوِيلِهِۦ فَأَرۡسِلُونِ ۱۲/۴۵

''ان دوقیدیوں میں سے جو رہا ہوا تھا اسے مدت کے بعد یاد آ گیا اور کہنے لگا میں تمہیں اس کی تعبیر بتلا دوں گا مجھے جانے کی اجازت دے دیجئے۔''

یہاں پر أُمَّةٍ کے معنی امام اور ہادی کے بھی ہیں۔

إِنَّ إِبۡرَٰهِيمَ كَانَ أُمَّةً قَانِتًا لِّلَّهِ حَنِيفًا وَلَمۡ يَكُ مِنَ ٱلۡمُشۡرِكِينَ ۱۶/۱۲۰

''بے شک ابراہیم پیشوا اور اللہ تعالیٰ کے فرمانبردار اور یک طرفہ مخلص تھے۔ وہ مشرکوں میں سے نہ تھے۔''

یہاں پر أُمَّةٍ کے معنی امام کے ہیں۔

ابنِ قطیبہ نے بھی أُمَّةً کے معنی دین۔ جماعت اور امام کے لکھے ہیں۔ لطائف اللغۃ میں اس کے معنی دیئے گئے ہیں۔

''ایسا آدمی جس میں تمام خوبیاں جمع ہوں۔ نیز ''امام''۔

الامامة ۔آگے ہونا۔ امام، وہ شخص جو آگے ہو۔ دراصل اُس دھاگے کو بھی کہتے ہیں جس سے معمار دیکھتے ہیں کہ دیوار کی تمام اینٹیں ایک سیدھ میں آ رہی ہیں یا نہیں۔ (عربی میں اُس آلہ کو 'فادن' اور ہمارے ہاں ساھل کہتے ہیں۔ اس سے امام کا صحیح تصور سامنے آ سکتا ہے۔

یہاں پر ایک بہت بڑی غلطی کا ازالہ کرنا ضروری ہے۔ رسول اللہ صلی اللہ علیہ وسلم سے متعلق عام طور پر یہی سمجھا اور کہا جاتا ہے کہ وہ ''اُمّی'' ان پڑھ تھے۔

''الامّی ایک ایسا لفظ ہے جس کا صحیح مفہوم سمجھ لینے کی ضرورت ہے۔ اس کے بنیادی معنی ہیں ایسا شخص جو اپنی پیدائشی حالت پر ہو (جیسا ماں نے جنا تھا ویسا ہی رہے۔ اسے مادرزاد بھی کہتے ہیں۔) اور لکھنا پڑھنا نہ سیکھے۔ نبی اکرم صلی اللہ علیہ وسلم کو اسی اعتبار سے اُمّی کہا جاتا ہے کہ آپ لکھنا پڑھنا نہیں جانتے تھے۔ لیکن یہ چیز زمانہ قبل از نبوت کی بات ہے۔ نبوت کے بعد آپ نے لکھنا پڑھنا سیکھ لیا تھا۔ اس کی واضح شہادت خود قُرآنِ حکیم میں موجود ہے۔ سورۃ عنکبوت میں ہے کہ:۔

وَمَا كُنتَ تَتْلُوا مِن قَبْلِهِ مِن كِتَابٍ وَلَا تَخُطُّهُ بِيَمِينِكَ

''تو اس (قُر آن کے نزول) سے پہلے نہ کوئی کتاب پڑھ سکتا تھا اور نہ ہی اپنے ہاتھ سے کچھ لکھ سکتا تھا'' ۲۹/۴۸

''اس سے ظاہر ہے کہ نزولِ قُر آن سے پہلے آپ لکھنا پڑھنا نہیں جانتے تھے۔ لیکن نزولِ قُر آن کے بعد یہ کیفیت نہیں رہی تھی۔ اسی لئے قُر آن نے مِن قَبْلِهِ کی تخصیص کر دی ہے۔''

بحوالہ لغات القرآن

چنانچہ قُر آنِ حکیم کے ارشاد کے مطابق یہ صحیح نہیں کہ رسول اللہ لکھنا پڑھنا نہیں جانتے تھے۔ ''امام'' کے معنی و مفہوم بھی آپ کے سامنے ہیں کہ وہ قُر آنِ حکیم کے مطابق کیا ہیں۔ آپ سوچ رہے ہونگے کہ امام کے مفہوم سے کون ہے جو واقف نہیں چنانچہ یہاں اس پر بات کرنا کیوں ضروری تھا۔ بات یہ نہیں کہ امام کے معنی و مفہوم سے آپ ناواقف تھے، بلکہ بات یہ ہے کہ مسلمانوں میں رائج امام کے عقیدے کے مطابق کہا جاتا ہے کہ عنقریب امام مہدی تشریف لانے والے ہیں اور جب وہ تشریف لے آئیں گے تو وہ دینِ اسلام کو دنیا میں دوبارہ قائم کر دیں گے۔ اس عقیدے کی رو سے مسلمانوں میں راہِ عمل مفقود ہو کر رہ گئی۔ وہ یہ سمجھ بیٹھے ہیں کہ یہ کام کسی عام بندے کے کرنے کا نہیں کہ وہ اسے سرانجام دے سکے۔ چنانچہ پوری امت ہاتھ پر ہاتھ رکھ کر امام کے انتظار میں بیٹھ گئی اور اللہ کے دین (نظام) کو چھوڑ کر غیر خدائی نظاموں کو اپنی مشکلات کا نجات دہندہ سمجھ کر اُن کے آگے سجدہ ریز ہو گئی۔ غور فرمایا آپ نے کہ بظاہر اس ایک معصوم اور غیر مضر عقیدے نے مسلمانوں کو کہاں لا کھڑا کیا؟ اسی نقصان کے پیشِ نظر لسان العصر اکبر الہ آبادی کو اقبال نے اپنے ایک خط میں لکھا کہ:۔

''اگر تقلید ضروری ہے تو اولادِ علی مرتضیٰؓ سے بڑھ کر اور کون امام ہوگا، البتہ امامت کے اصول میں ایک نقص ہے، اور وہ یہ کہ عوام کو مجتہدین سے تعلق زیادہ رہتا ہے اور قُر آن سے تعلق کم ہوتا جاتا ہے۔ یہاں تک کہ بالکل کوئی تعلق نہیں رہتا۔''

بحوالہ اقبال نامہ ۱۶ اکتوبر ۱۹۱۵ء

تو نے پوچھی ہے امامت کی حقیقت مجھ سے
حق تجھے میری طرح صاحبِ اسرار کرے
ہے وہی تیرے زمانے کا امامِ برحق
جو تجھے حاضر و موجود سے بیزار کرے

اس عقیدے کی رو سے جو مشکلات اسلامی نظام کے راستے میں کھڑی ہوتی ہیں ان پر اگر امت سوچ و بچار اور غور و فکر سے کام لیتی تو اپنے عقیدے پر قائم رہتے ہوئے بھی خالص اللہ کی کتاب کے مطابق دینِ اسلام (اسلامی نظام) کو قائم کر سکتی تھی۔ اس سے نہ صرف یہ کہ امام کی تشریف آوری تک اسلامی نظام کا بنیادی کام ہی مکمل ہو گیا ہوتا، بلکہ اسلامی نظام کے حوالے سے امام کے کرنے کا بقیہ کام بھی آسان ہو جاتا۔ لیکن اتنا بھی نہیں کیا جا سکا۔ البتہ اسی موضوع پر چوہدری محمد احسن کے سوالات کے جوابات دیتے ہوئے اقبال نے کہا ہے کہ:۔

''میں زیادہ سے زیادہ آپ کو صرف اپنا عقیدہ بتا سکتا ہوں اور بس۔ میرے نزدیک مہدی، مسیحیت اور مجددیت کے متعلق جو احادیث ہیں، وہ ایرانی اور عجمی تخیلات کا نتیجہ ہیں۔ عربی تخیلات اور قرآن کی سپرٹ سے ان کو کوئی سروکار نہیں۔ ہاں یہ ضرور ہے کہ مسلمانوں نے بعض علماء یا دیگر قائدینِ امت کو مجدد یا مہدی کے الفاظ سے یاد کیا ہے۔ مثلاً محمد ثانی فاتح قسطنطنیہ کو مورخین نے مہدی لکھا ہے...... زمانہ حال میں میرے نزدیک اگر کوئی شخص مجدد کہلانے کا مستحق ہے تو وہ صرف جمال الدین افغانی ہے۔ مصر و ایران و ترکی و ہند کے مسلمانوں کی تاریخ جب کوئی لکھے گا تو اسے سب سے پہلے عبدالوہاب نجدی اور بعد میں جمال الدین افغانی کا ذکر کرنا ہوگا۔

بحوالہ اقبال نامہ لاہور، اپریل ۱۹۳۲ء

سامعین! اقبال کے اقتباس کو آپ نے سکرین پر پڑھ لیا ہے۔ اس میں انھوں نے مسیحیت کے عقیدے کی بھی تردید کر دی ہے اور کہا ہے کہ ''ان کے نزدیک مہدی، مسیحیت اور مجددیت کے متعلق جو احادیث ہیں، وہ ایرانی اور عجمی تخیلات کا نتیجہ ہیں۔ عربی تخیلات اور قُرآن کی سپرٹ سے ان کو کوئی سروکار نہیں۔'' چنانچہ ان کے نزدیک یہ اصطلاحات غیر قُرآنی ہیں، اور ان کا اسلام سے کوئی تعلق نہیں۔ اقبال کا حضرت عیسیٰ علیہ السلام کے زندہ آسمانوں پر اٹھائے جانے کے عقیدے کو غیر قُرآنی قرار دینا، قُرآنِ حکیم کی تعلیم کے عین مطابق ہے۔ اس خط سے کوئی تین برس بعد اقبال نے حضرت عیسیٰ کے دوبارہ تشریف لانے سے متعلق سید سلیمان ندوی کو ایک خط میں سوالاً لکھا تھا کہ:۔

''بخاری کی حدیث 'و امامکم منکم' میں واؤ حالیہ ہے کیا؟ اگر حالیہ ہو تو اس حدیث کا یہ مطلب ہوتا ہے کہ مسیح کے دوبارہ آنے سے مسلمانوں کو کوئی تعلق نہیں کیونکہ جس وقت وہ آئیں گے، مسلمانوں کا امام خود مسلمانوں میں سے ہوگا۔''

بحوالہ اقبال نامہ ۱، اگست ۱۹۳۵ء

جواباً سید سلیمان ندوی نے لکھا تھا کہ:۔

''صحیح یہی ہے کہ واؤ حالیہ ہے، اور مطلب یہ ہے کہ حضرت عیسیٰ عیسائیوں پر حجت ہوں گے اور مسلمانوں

کی تائید فرمائیں گے۔ مسلمانوں کا امام الگ ہوگا، حضرت عیسیٰ نہ ہوں گے۔''

بحوالہ اقبال نامہ صفحہ (۱۸۷)

حدیث کے بیان کے مطابق حضرت عیسیٰ مسلمانوں کے امام کی تائید کریں گے۔ لیکن اقبال کے نزدیک یہ سب عجمی تخیلات کا نتیجہ ہیں اور بس۔ اب ہم حضرت عیسیٰؑ کے دوبارہ دنیا میں تشریف لانے سے متعلق قرآنِ حکیم کی روشنی میں بھی دیکھ لیتے ہیں کہ حقیقت بالآخر ہے کیا۔

مَا قُلْتُ لَهُمْ إِلَّا مَآ أَمَرْتَنِي بِهِۦٓ أَنِ ٱعْبُدُوا۟ ٱللَّهَ رَبِّى وَرَبَّكُمْ ۚ وَكُنتُ عَلَيْهِمْ شَهِيدًا مَّا دُمْتُ فِيهِمْ ۖ فَلَمَّا تَوَفَّيْتَنِى كُنتَ أَنتَ ٱلرَّقِيبَ عَلَيْهِمْ ۚ وَأَنتَ عَلَىٰ كُلِّ شَىْءٍ شَهِيدٌ

''میں نے تو ان سے اور کچھ نہیں کہا مگر صرف وہی جو تو نے مجھ سے کہنے کو فرمایا تھا کہ تم اللہ کی عبودیت اختیار کرو جو میرا بھی رب ہے اور تمہارا بھی رب ہے۔ میں ان پر گواہ رہا جب تک ان میں رہا۔ پھر جب تو نے مجھ کو وفات دے دی تو تُو ہی ان پر مطلع رہا۔ اور تو ہر چیز کی پوری خبر رکھتا ہے۔'' ۵/۱۱۷

قیامت کے روز حضرت عیسیٰ علیہ السلام اپنی قوم کے بارے میں فرما رہے ہیں کہ اے اللہ، جب تو نے مجھے وفات دے دی تو میری نگرانی ختم ہوگئی، اس کے بعد تو ہی ان کا نگران رہا۔ ان آیات میں تَوَفَّيْتَنِى ''تو نے مجھے وفات دے دی'' کے الفاظ نے یہ بات واضح کردی کہ حضرت عیسیٰ علیہ السلام کو بھی قانونِ قدرت کے مطابق وفات دی گئی تھی۔ ہمارے ہاں بھی مرنے والے کے متعلق کچھ لوگ یہ کہہ دیتے ہیں کہ اچھا ہوا اللہ نے اسے اٹھا لیا۔ تو اس کا ہرگز یہ مطلب نہیں ہوتا کہ اسے زندہ آسمان پر اٹھا لیا گیا۔ اس کی وفات سے بھی یہی مراد ہے کہ وہ قانونِ قدرت کے مطابق فوت ہوگیا ہے۔ اس لئے کہہ دیا جاتا ہے کہ اللہ متوفی کے درجات بلند کرے۔

سخت مشکل حالات تھے اور اللہ نے حضرت عیسیٰ سے کہا کہ:۔

وَمَكَرُوا۟ وَمَكَرَ ٱللَّهُ ۖ وَٱللَّهُ خَيْرُ ٱلْمَٰكِرِينَ ۳/۵۴

''اور کافروں نے تدبیر کی اور اللہ نے بھی تدبیر کی اور اللہ تعالیٰ سب تدبیر کرنے والوں سے بہتر ہے۔''

''میری (یعنی اللہ کی) تدبیر کا نتیجہ یہ ہوگا کہ یہ لوگ تمہیں نہ گرفتار کرسکیں گے نہ صلیب دے سکیں گے۔ بلکہ تم اپنی طبعی موت مرو گے إِنِّى مُتَوَفِّيكَ۔ یہ لوگ تمہیں صلیب دے کر دنیا کو بتانا چاہتے ہیں کہ تم (معاذ اللہ) رسوا

کن موت مرے۔ ہم تیرے مدارج کو بلند کردیں گے وَرَافِعُكَ إِلَيَّ ۔ اور یہ اس طرح سے ہوگا کہ ہم تجھے ان مخالفین کی دستبرد سے دور لے جائیں گے۔ وَمُطَهِّرُكَ مِنَ الَّذِينَ كَفَرُوا ۳/۵۵۔ چنانچہ تاریخ بتاتی ہے کہ قبل اس کے کہ یہودی حضرت مسیحؑ پر ہاتھ ڈالتے، آپ ایک سوچی سمجھی ہوئی سکیم کے مطابق، وہاں سے ہجرت کر چکے تھے۔ یہ تھی خدا کی تدبیر جو کامیاب ہوئی۔"

بحوالہ لغات القرآن

قارئین، سورۃ المائدہ کی جس آیت میں حضرت عیسیٰ نے کہا ہے کہ "جب تو نے مجھ کو وفات دے دی" ہمارے مفسرین نے اس کا ترجمہ احادیث کی روشنی میں "جب تو نے مجھے اٹھا لیا" کیا ہے۔ صرف یہ ثابت کرنے کے لئے کہ حضرت مسیح زندہ آسمان پر اٹھائے گئے تھے۔ یہ ہے وہ مشکل جس کے پیشِ نظر کہا جاتا ہے کہ جب تک احادیث و روایات کی روشنی میں قُرآنِ حکیم کی تفاسیر رقم ہوتی رہیں گی تب تک ہماری رسائی قُرآنِ حکیم کی اصل تعلیم تک ممکن نہیں۔ آج کی نشست برخاست کرنے سے پہلے آپ کے سامنے چند ایک اور مثالیں بھی پیش کی جاتی ہیں جو حضرت عیسیٰ کی وفات پر مزید روشنی ڈالتی ہیں۔ مثلاً

وَمَا جَعَلْنَا لِبَشَرٍ مِّن قَبْلِكَ الْخُلْدَ ۖ أَفَإِين مِّتَّ فَهُمُ الْخَالِدُونَ ۲۱/۳۴

(اے رسول) "آپ سے پہلے کسی انسان کو بھی ہم نے ہمیشگی نہیں دی، کیا اگر آپ مر گئے تو وہ ہمیشہ کے لئے رہ جائیں گے"۔

یہاں پر "آپ سے پہلے" کے الفاظ پر غور فرمائیں اور پھر حضرت عیسیٰؑ کے متعلق سوچیں کہ وہ رسول اللہ سے پہلے تشریف لائے تھے یا کہ بعد میں؟ تو آپ کو جواب خود ہی مل جائے گا۔ اگر پھر بھی شک کی گنجائش ہو تو سورۃ الانعام کی ۶/۸۴ تا ۶/۸۷ کو پڑھ کر دیکھیں۔ جس میں پہلے تو پیغمبروں کے نام لے کر یہ بتایا گیا کہ:۔

"ہم نے اُن کو اسحاق دیا اور یعقوب ہر ایک کو ہم نے ہدایت کی اور پہلے زمانے میں ہم نے نوح کو ہدایت کی اور اُن کی اولاد میں سے داؤد کو اور سلیمان کو اور ایوب کو اور یوسف کو اور موسیٰ کو اور ہارون کو اور اسی طرح ہم نیک کام کرنے والوں کو جزا دیا کرتے ہیں۔" ۶/۸۴

"اور زکریا کو اور یحییٰ کو اور عیسیٰ کو اور الیاس کو، سب نیک لوگوں میں سے تھے" ۶/۸۵

"اور نیز اسماعیل کو اور یسع کو اور یونس کو اور لوط کو اور ہر ایک کو تمام جہان والوں پر ہم نے فضیلت دی۔" ۶/۸۶

وَمِنْ ءَابَآئِهِمْ وَذُرِّيَّـٰتِهِمْ وَإِخْوَٰنِهِمْ ۖ وَٱجْتَبَيْنَـٰهُمْ وَهَدَيْنَـٰهُمْ إِلَىٰ صِرَٰطٍ مُّسْتَقِيمٍ ٦/٨٧

''اور نیز اِن کے کچھ باپ دادوں کواور کچھ اولاد کواور کچھ بھائیوں کو، اور ہم نے اُن کو مقبول بنایا اور ہم نے اُن کو راہِ راست کی ہدایت دی۔''

سامعین، غور فرمائیں کہ ان تمام پیغمبروں میں حضرت عیسیٰ کا نام بھی شامل ہے اور ان سب کے بارے میں ان کے باپ دادوں کا ذکر بھی موجود ہے۔یعنی کہ یہ سب اپنے باپ رکھتے تھے۔ان میں سے کوئی ایک بھی بغیر باپ کے نہیں تھا۔لیکن کیا کیا جائے اُن لوگوں کا جو یہ کہتے ہیں کہ آدم بھی تو بغیر ماں باپ کے پیدا ہوئے تھے۔لیکن ان سے کوئی پوچھے کہ بھائیو، حضرت عیسیٰ کی والدہ تو تھیں چنانچہ حضرت عیسیٰ کی مانند ہونے کے لئے تو حضرت آدم کی ماں کا ہونا بھی ضروری ہے، اس کے بغیر ان دونوں کی پیدائش کو ایک جیسا نہیں کہا جاسکتا۔الغرض قرآنِ حکیم کا بیان ہمارے سامنے ہے جو اس بات کی تصدیق کرتا ہے کہ حضرت عیسیٰ کا باپ بھی تھا اور ماں بھی جس کا نام مریم تھا۔اس کے بعد قرآنِ حکیم سے حضرت عیسیٰ کی وفات سے متعلق صرف ایک اور مثال دیتے ہوئے آگے بڑھیں گے۔

سکرین پر اس آیت کہ دیکھئے:۔

يَـٰٓأَيُّهَا ٱلنَّاسُ إِنَّا خَلَقْنَـٰكُم مِّن ذَكَرٍ وَأُنثَىٰ وَجَعَلْنَـٰكُمْ شُعُوبًا وَقَبَآئِلَ لِتَعَارَفُوٓا۟ ۚ إِنَّ أَكْرَمَكُمْ عِندَ ٱللَّهِ أَتْقَىٰكُمْ ۚ إِنَّ ٱللَّهَ عَلِيمٌ خَبِيرٌ ٤٩/١٣

''اے لوگو! ہم نے تم سب کو ایک مرد وعورت سے پیدا کیا ہے۔اور اس لئے کہ تم آپس میں ایک دوسرے کو پہچانو کنبے اور قبیلے بنا دیئے ہیں، اللہ کے نزدیک تم سب میں سے باعزت وہ ہے جو سب سے زیادہ ڈرنے والا ہے۔یقین مانو کہ اللہ دانا اور باخبر ہے''۔

سامعین! حضرت عیسیٰؑ کے زندہ آسمانوں پر اٹھائے جانے اور دنیا میں دوبارہ اُن کی واپسی سے متعلق قرآنِ حکیم کا فیصلہ ہمارے سامنے ہے، جس میں اُس نے کہا ہے کہ ''اے لوگو! ہم نے تم سب کو ایک مرد وعورت سے پیدا کیا ہے''۔ اس کے ساتھ ہی ہم یہ بھی دیکھ لیتے ہیں کہ، عقیدہ ختمِ نبوت اور حضرت عیسیٰؑ کی واپسی کے متعلق علامہ اقبال کیا کہتے ہیں۔

''جب اسلام نے ختمِ نبوت کا عقیدہ پیش کیا تو اِنسانی تاریخ میں یہ تصور بہت ہی انوکھا تھا کہ آئندہ خدا کی طرف سے کوئی نبی اِس دنیا میں نہیں آئے گا۔عجمی مزاج اِسے فوری طور پر سمجھ نہ سکا۔اس نے اپنے پچھلے عقائد کی روشنی

میں امام مہدی کا تصور تراشا، عیسائیت سے حضرت عیسیٰ علیہ السلام کی واپسی کا عقیدہ مستعار لیا اور فرضی احادیث تیار کر لیں جن کی مدد سے اِس قسم کی باتیں اسلام میں شامل ہوگئیں۔ کئی صدیاں گزرنے کے بعد دنیا اِس قابل ہوئی کہ ابن خلدون یہ ثابت کریں کہ امام مہدی کے ظہور اور حضرت عیسیٰ علیہ السلام کی واپسی کے متعلق پیش کی ہوئی احادیث کی کوئی صحت نہیں۔'' (اقبال)

چوہدری محمد احسن کے سوالات کے جوابات دیتے ہوئے اقبال نے یہ بھی کہا ہے کہ :۔

''.................میرے نزدیک مہدی، مسیحیت اور مجددیت کے متعلق جو احادیث ہیں، وہ ایرانی اور عجمی تخیلات کا نتیجہ ہیں۔ عربی تخیلات اور قُرآن کی سپرٹ سے ان کو کوئی سروکار نہیں۔.................''

اقبال بحوالہ اقبال نامہ لاہور۔ اپریل ۱۹۳۲ء

یاد رہے کہ اس قسم کا عقیدہ رکھنے والوں کی وجہ سے اُمتِ مسلمہ کو جو سب سے بڑا نقصان پہنچا وہ یہ ہے کہ اُس کے بعد اِسکے دل سے اسلامی مملکت کے قیام کی ضرورت کا جذبہ ہی دم توڑ گیا اور پچھلی کئی صدیوں سے یہ اسی اُمید پر زندہ ہے کہ امام مہدی اور حضرت عیسیٰ دنیا میں واپس تشریف لا کر اسلامی مملکت قائم کریں گے۔ یہی وجہ ہے کہ آج دنیا میں ڈیڑھ بلین مسلمان ہونے کے باوجود کہیں پر کوئی ایک ملک بھی ایسا نہیں جہاں اللہ کا نظام قائم ہو۔ اِسی کے ساتھ ہم آج کی نشست کو برخاست کرتے ہیں، شکریہ

اپنا خیال رکھیئے گا۔ کل تک کے لئے اللہ حافظ۔

فقیہِ شہر بھی رہبانیت پہ ہے مجبور
کہ معرکے ہیں شریعت کے جنگِ دست بدست
گریز کشمکشِ زندگی ہے مُردوں کی
اگر شکست نہیں ہے تو اور کیا ہے شکست

دسویں نشست

خواتین وحضرات، اسلام علیکم! کل رات گئے تک، میں آج کی نشست کے لئے ضروری نوٹ تیار کرتا رہا۔ فارغ ہوا ہی تھا کہ مجھے چیف کا ٹیکسٹ محصول ہوا، انھوں نے مجھ سے پوچھا کہ اگر میں مصروف نہیں ہوں تو میں انھیں فون کرلوں۔ اُسی وقت میں نے فون ملایا، علیک سلیک کے بعد جو پہلی بات انھوں نے مجھ سے پوچھی وہ یہ تھی کہ میں کب تک ان نشستوں کو ختم کرنے والا ہوں، میں نے نہایت ہی معذرت خواہانہ انداز میں انھیں بتایا کہ میں عجلت سے کام نہیں لینا چاہتا۔ قدم قدم آگے بڑھنے کا یہی مطلب ہے کہ ہم اپنے اس پروگرام کے ذریعے اپنے مروجہ عقائد اور نظریات میں سے جتنے بھی غیر قُرآنی اور پوری ملت کے لئے مضرت رساں اور بیکار ہیں اُن کو علیحدہ کرلیا جائے۔ چنانچہ اس قسم کے تربیتی پروگراموں میں تھوڑا بہت وقت تو لگ ہی جاتا ہے۔ ساتھ ہی میں نے اُن سے پوچھ لیا کہ، کیا کوئی خاص بات؟ چیف نے بتایا کہ نہیں ایسی بھی کوئی پریشانی والی بات نہیں۔ آپ کے ٹی وی پروگرام لائیو ود ڈاکٹر شاہد مسعود کو پینتالیس دن کے لئے بند کردیا گیا ہے آپ سے اظہارِ افسوس کرنا تھا۔

میں نے کہا۔ بہت اچھا ہوا، یہ تو اللہ کا کرم ہوا کہ ایسا ہوگیا۔ کیونکہ مجھے اپنے اس پروگرام کے لئے وقت درکار تھا۔ پھر بھی آپ نے رابطہ کیا اور میری دلجوئی کی، اُس کے لئے آپ کا شکر گزار ہوں۔

نہیں نہیں ایسی کوئی بات نہیں، انھوں نے شفقت بھرے لہجے میں کہا۔ اور ہماری ان نشستوں کے بارے میں اطمینان کا اظہار کرتے ہوئے کہا کہ وہ پُر امید ہیں کہ ہم اس پروگرام کے ذریعے جلد ہی پاکستان کے تمام باشندوں کو تسبیح کے دانوں کی طرح وحدت کی لڑی میں پروسکنے کے قابل ہوجائیں گے۔ اور اللہ حافظ کہہ کر فون بند کردیا۔ خواتین وحضرات، میں نے ضروری سمجھا کہ اپنی اس گفتگو کو جو ہمارے درمیان ہوئی اُس میں آپ کو بھی شریک کروں۔ آپ میں سے کسی کو کوئی سوال پوچھنا ہو تو وہ نشست کے آخر میں پوچھ سکتا ہے۔

سامعین! ہم آج کی اس نشست میں اقبال اور اُن کے فلسفۂ خودی پر بات کرتے ہوئے آگے بڑھیں گے۔ اقبال کے فلسفۂ خودی پر لوگوں نے اپنی سوچ اور سمجھ کے مطابق بہت کچھ لکھا ہے اور آئندہ بھی لکھا جاتا رہے گا۔ لیکن آج ہم اسے قرآنِ حکیم کی روشنی میں ایک منفرد زاویہ نگاہ سے دیکھیں گے اس لئے کہ خود اقبال نے خودی کو قرآنِ حکیم سے اخذ کیا ہے۔ بعض لوگوں کا خیال ہے کہ یہ فلسفہ غیروں سے مستعار لیا گیا ہے۔ ہم اس بحث میں نہیں پڑتے کہ لوگ کیا کہتے ہیں، دیکھنا یہ ہے کہ خود اقبال اس بارے میں کیا کہتے ہیں۔

خرم علی شفیقؔ (اقبال اکادمی پاکستان) لکھتے ہیں کہ، یہ اُس زمانے کی بات ہے جب جرمن فلسفی نیٹشےؔ کی غیر مطبوعہ تحریریں منظرِ عام پر آچکی تھیں۔ اُس برس موسمِ گرما میں کسی وقت علامہ اقبالؔ نے سید نذیر نیازی کو اپنے فلسفۂ خودی کی روشنی میں نیٹشےؔ کی فکر کے بارے میں انگریزی میں چند نکات لکھوائے۔

سکرین پر آپ کی توجہ چاہوں گا:۔

- نیٹشےؔ کے نزدیک 'میں' محض افسانہ ہے۔ خالص علمی نقطۂ نگاہ سے یہ نتیجہ ناگزیر ہے۔ کانٹؔ کی عقلِ خالص کی تنقید اس نتیجے پر پہنچ کر ختم ہوتی ہے کہ خدا، ابدیت اور آزادی محض افسانے ہیں اگرچہ عملی اعتبار سے مفید ہیں۔ نیٹشےؔ اس معاملے میں محض کانٹؔ کی پیروی کرتا ہے۔

علامہ اقبالؔ کا نقطۂ نگاہ اِن دونوں سے مختلف ہے:

- داخلی تجربے کے لحاظ سے 'میں' ایک ایسی حقیقت ہے جس پر شبہ نہیں کیا جاسکتا (اِس معاملے پر بریڈلےؔ نے بھی کچھ بحث کی ہے) اور یہ حقیقت سارے علمی تجزیوں کے باوجود ہمارے سامنے ڈٹی رہتی ہے۔
- اِس معاملے میں کانٹؔ یا نیٹشےؔ کی نسبت لب نیزؔ حقیقت سے زیادہ قریب ہے۔ اُس کے لیے اکائی یا 'میں۔ محض' ایک ٹھوس حقیقت ہے۔ تاہم اُس کی غلطی یہ ہے کہ وہ 'میں۔ محض' کو کوئی بند چیز سمجھ لیتا ہے جس میں کوئی کھڑکی دروازے نہ ہوں۔ تجربہ اس کی نفی کرتا ہے کیونکہ ہم جانتے ہیں کہ تعلیم و تربیت کے ذریعے 'میں' وسعت اختیار کرتی ہے۔
- انسانی 'میں' کے بارے میں جو سوال اٹھایا جانا چاہیے وہ یہ نہیں کہ یہ کوئی ٹھوس چیز ہے یا نہیں۔ یہ سوال مسلمان متکلمین نے اٹھایا جن کے فلسفیانہ مباحث سے کچھ حاصل نہ ہوا۔ علامہ کی رائے میں اصل سوال یہ تھا کہ، کیا اِس کمزور کمزور اور مخلوق و مجبور خودی یا 'میں' کو موت کے تجربے سے سلامت گزرنے کے قابل بنایا جاسکتا ہے تاکہ یہ نظامِ کائنات

میں ایک مستقل عنصر بن سکے؟

- نیٹشے کے یہاں سپر مین کا تصور خالص مادی ہے۔ ممکن ہے کہ یورپ میں یہ تصور نیا ہو مگر یہ وہی ایمرسن کے اوور مین والی بات ہے۔ اِس کا امکان موجود ہے کہ نیٹشے نے اسے اسلام یا مشرق کے ادب سے اخذ کر کے مادیت کے ہاتھوں خراب کروا دیا۔
- اسلامی تصوف میں انسانِ برتر کے لیے جو ترکیب استعمال کی جاتی ہے وہ انسانِ کامل ہے۔ کٹر مادہ پرست ہونے کی وجہ سے نیٹشے روح کی اصطلاح استعمال نہیں کر سکتا سوائے اُن مواقع کے جہاں زندگی اپنے مابعد الطبعیاتی مظاہر میں مراد ہو۔ اُس کے نزدیک زندگی کی پہلی قلب ماہیت اونٹ ہے، جو اُس کے نقطۂ نگاہ سے بوجھ اٹھانے والی قوت کی علامت ہے۔ دوسری شیر ہے یعنی طاقت جو ترس کھانے کی صلاحیت سے محروم ہو کیونکہ نیٹشے کے نزدیک ترس کھانا خوبی نہیں بلکہ برائی ہے۔ تیسری بچہ ہے یعنی سپر مین جو بچے کی طرح اچھائی اور برائی سے پرے ہوتا ہے اور اپنے آپ میں ایک قانون بن جاتا ہے۔ اس طرح مادیت انسانی خودی کو ایک عفریت میں تبدیل کر دیتی ہے جو نیٹشے کے تصورِ ابدیت کے مطابق اپنے آپ کو دہرا چکا ہے اور بے شمار مرتبہ دہرائے گا۔
- دنیا کے اپنے آپ کو دہرانے کی اس بنیادی غلطی میں نیٹشے اس سنگین مغالطے کی وجہ سے مبتلا ہوا کہ اُس کے نزدیک گھڑی والا وقت حقیقی تھا۔ وہ مسئلۂ زمان سے کبھی نبرد آزما نہیں ہوا اور اُس نے وقت کے قدیم ہندو اور یونانی تصور کو کسی تنقید کے بغیر قبول کر لیا۔ اُس کے نزدیک وقت کی حرکت دائرے کی شکل میں ہے اِس لیے زندگی اپنے آپ کو دہرائے جانے کا نام ہے۔
- اسلام کے نزدیک انسانِ کامل کی تکمیل وقت کے اُس پہلو کو برتنے کا نام ہے جسے صرف ہمیشہ رہنے والا لمحہ کہا جا سکتا ہے۔ نیٹشے کے لیے ایسا کوئی لمحہ نہیں ہے۔ پھر اُس کا سپر مین ایک حیاتیاتی چیز ہے۔ اسلامی انسانِ کامل اخلاقی اور روحانی قوتوں سے تشکیل پاتا ہے۔

خرم علی شفیق (اقبال اکادمی) رزاقی Razzaqi

سامعین سکرین پر دیئے گئے حوالہ کے مطابق اقبال کے نزدیک:۔

''کٹر مادہ پرست ہونے کی وجہ سے نیٹشے روح کی اصطلاح استعمال نہیں کر سکتا سوائے اُن مواقع کے جہاں زندگی اپنے مابعد الطبعیاتی مظاہر میں مراد ہو۔ اُس کے نزدیک زندگی کی پہلی قلب ماہیت اونٹ ہے، جو اُس کے نقطۂ نگاہ سے بوجھ اٹھانے والی قوت کی علامت ہے۔ دوسری شیر ہے یعنی طاقت جو ترس کھانے کی صلاحیت سے محروم ہو کیونکہ نیٹشے کے نزدیک ترس کھانا خوبی نہیں بلکہ برائی ہے۔ تیسری بچہ ہے یعنی سپر مین جو بچے کی طرح اچھائی اور برائی سے پرے ہوتا ہے اور اپنے آپ میں ایک قانون بن جاتا ہے۔ اس طرح مادیت انسانی خودی کو ایک عفریت میں تبدیل کر دیتی ہے جو نیٹشے کے تصورِ ابدیت کے مطابق اپنے آپ کو دہرا چکا ہے اور بے

شمار مرتبہ دہرائے گا۔

دنیا کے اپنے آپ کو دہرانے کی اس بنیادی غلطی میں نیٹشے اس سنگین مغالطے کی وجہ سے مبتلا ہوا کہ اُس کے نزدیک گھڑی والا وقت حقیقی تھا۔ وہ مسئلۂ زمان سے کبھی نبرد آزما نہیں ہوا اور اُس نے وقت کے قدیم ہندو اور یونانی تصور کو کسی تنقید کے بغیر قبول کر لیا۔ اُس کے نزدیک وقت کی حرکت دائرے کی شکل میں ہے اِس لیے زندگی اپنے آپ کو دہرائے جانے کا نام ہے۔''

نیٹشے اور کانٹ کے نظریئے کے برعکس اقبال کا اسلامی نظریہ حیات یہ ہے کہ:۔

''اسلام کے نزدیک انسانِ کامل کی تکمیل وقت کے اُس پہلو کو برتنے کا نام ہے جسے صرف ہمیشہ رہنے والا (Eternal Now) کہا جا سکتا ہے۔ نیٹشے کے لیے ایسا کوئی لمحہ نہیں ہے۔ پھر اُس کا سپرمین ایک حیاتیاتی چیز ہے۔ اسلامی انسانِ کامل اخلاقی اور روحانی قوتوں سے تشکیل پاتا ہے۔''

کامل اخلاقی اور روحانی قوتوں سے اُن کی مراد کیا ہے؟ سکرین پر دیکھیئے:۔

''دینِ اسلام جو کہ ہر مسلمان کے عقیدہ کی رو سے ہر شے پر مقدم ہے، نفسِ انسانی اور اس کی مرکزی قوتوں کو فنا نہیں کرتا بلکہ ان کے عمل کے لئے حدود معین کرتا ہے۔ ان حدود کے معین کرنے کا نام اصطلاحِ اسلام میں شریعت یا قانونِ الٰہی ہے۔ خودی خواہ مسولینی کی ہو خواہ ہٹلر کی، قانونِ الٰہی کی پابند ہو جائے تو مسلمان ہو جاتی ہے۔ مسولینی نے حبشہ کو محض جوع الارض کی تسکین کے لئے پامال کیا۔ مسلمانوں نے اپنے عروج کے زمانہ میں حبشہ کی آزادی کو محفوظ رکھا۔ فرق اس قدر ہے کہ پہلی صورت میں خودی کسی قانون کی پابند نہیں، دوسری صورت میں قانونِ الٰہی اور اخلاق کی پابند ہے۔ بہر حال حدودِ خودی کے تعین کا نام شریعت ہے اور شریعت اپنے قلب کی گہرائیوں میں محسوس کرنے کا نام طریقت ہے۔ جب احکامِ الٰہی، خودی میں اس حد تک سرایت کر جائیں کہ خودی کی پرائیویٹ امیال و عواطف باقی نہ رہیں اور صرف رضائے الٰہی اس کا مقصود ہو جائے تو زندگی کی اس کیفیت کو بعض اکابر صوفیائے اسلام نے فنا کہا ہے۔ بعض نے اسی کا نام بقا رکھا ہے۔ لیکن ہندی اور ایرانی صوفیہ میں سے اکثر نے مسئلۂ فنا کی تفسیر فلسفۂ ویدانت اور بدھ مت کے زیرِ اثر کی ہے جس کا نتیجہ یہ ہوا کہ مسلمان اس وقت عملی اعتبار سے ناکارۂ محض ہے۔ میرے عقیدہ کی رو سے یہ تفسیر بغداد کی تباہی سے بھی زیادہ خطرناک تھی اور ایک معنی میں میری تمام تحریریں اسی تفسیر کے خلاف ایک قسم کی بغاوت ہیں۔

میں جنگ کا حامی نہیں ہوں، نہ کوئی مسلمان شریعت کے حدودِ معینہ کے ہوتے ہوئے، اس کا حامی ہو سکتا ہے۔ قرآن کی تعلیم کی رو سے جہاد یا جنگ کی صرف دو صورتیں ہیں، محافظانہ اور مصلحانہ۔ پہلی صورت میں، یعنی اس

صورت میں جب کہ مسلمانوں پر ظلم کیا جائے اور ان کو گھروں سے نکالا جائے، مسلمانوں کو تلوار اٹھانے کی اجازت ہے (نہ حکم)، دوسری صورت جس میں جہاد کا حکم ہے۔ وہ یہ ہے کہ:۔

وَإِن طَآئِفَتَانِ مِنَ ٱلْمُؤْمِنِينَ ٱقْتَتَلُوا۟ فَأَصْلِحُوا۟ بَيْنَهُمَا ۖ فَإِنۢ بَغَتْ إِحْدَىٰهُمَا عَلَى ٱلْأُخْرَىٰ فَقَـٰتِلُوا۟ ٱلَّتِى تَبْغِى حَتَّىٰ تَفِىٓءَ إِلَىٰٓ أَمْرِ ٱللَّهِ ۚ فَإِن فَآءَتْ فَأَصْلِحُوا۟ بَيْنَهُمَا بِٱلْعَدْلِ وَأَقْسِطُوٓا۟ ۖ إِنَّ ٱللَّهَ يُحِبُّ ٱلْمُقْسِطِينَ ۹/۴۹

''اور اگر مسلمانوں کی دو جماعتیں آپس میں لڑ پڑیں تو ان میں میل ملاپ کرا دیا کرو۔ پھر اگر ان دونوں میں سے ایک جماعت دوسری جماعت پر زیادتی کرے تو تم اس گروہ سے جو زیادتی کرتا ہے لڑو۔ یہاں تک کہ وہ اللہ کے حکم کی طرف لوٹ آئے۔ اگر لوٹ آئے تو پھر انصاف کے ساتھ صلح کرا دو۔ اور عدل کرو بے شک اللہ انصاف کرنے والوں سے محبت کرتا ہے۔'' ۹/۴۹

ان آیات کو غور سے پڑھیئے تو آپ کو معلوم ہوگا کہ وہ چیز جس کو ''سیموئل ہور'' جمعیتِ اقوام کے اجلاس میں Collective Security کہتا ہے قُرآن نے اس کا اصول کس سادگی اور فصاحت سے بیان کیا ہے۔ اگر گزشتہ زمانہ کے مسلمان مدبرین اور سیاسیین قُرآن پر تدبر کرتے تو اسلامی دنیا میں جمعیتِ اقوام کے بنے ہوئے آج صدیاں گزر گئی ہوتیں۔ جمعیتِ اقوام جو زمانہ حال میں بنائی گئی ہے اس کی تاریخ بھی یہی ظاہر کرتی ہے کہ جب تک اقوام کی خودی قانونِ الٰہی کی پابند نہ ہو، امنِ عالم کی کوئی سبیل نہیں نکل سکتی۔ جنگ کی مذکورہ بالا دو صورتوں کے سوائے میں اور کسی جنگ کو نہیں جانتا۔ جوع الارض کی تسکین کے لیے جنگ کرنا دینِ اسلام میں حرام ہے۔ علیٰ ہٰذ القیاس، دین کی اشاعت کے لئے تلوار اٹھانا بھی حرام ہے۔''

بحوالہ اقبال نامہ مولوی ظفر احمد صدیقی کے نام ۱۲ دسمبر ۱۹۳۶ء

سامعین! آپ نے دیکھ لیا کہ اقبال، کامل اخلاقی اور روحانی قوتوں کا منبع قوانینِ الٰہی کو قرار دیتے ہیں، جن کی پابندی اور اطاعت سے کسی بھی شخص کی خودی مسلمان ہو سکتی ہے، اس کے سوا مسلمان ہونے کا اور کوئی دوسرا راستہ نہیں۔ یعنی کہ ان قوانین کی پابندی کرنے والے شخص کو (مسلمان کہا جائے گا) اور جب وہ ان قوانینِ الٰہی کو دل کی گہرائیوں میں محسوس کرنے لگے تو اِسے (ایمان نصیب ہونا، سے تعبیر کیا جائے گا) اور احکامِ الٰہی جب اس میں اس قدر سرایت کر جائیں کہ اس کی پرائیویٹ امیال وعواطف باقی نہ رہیں بلکہ وہ اپنا ہر کام قوانینِ الٰہی کو اپنے پیشِ نظر رکھ کر زندگی گزارنے لگے تو اسے اس کا (مرتبۂ مومن پر سرفراز ہونا کہیں گے)۔ یہی وہ اسلامی تصوف ہے، جس کی ترجمانی اقبال نے کس خوبصورتی سے اِن چند الفاظ میں کر دی ہے:۔

'' معرفت اور حکومت روح کے رقص سے ہاتھ آتی ہے، زمین بھی قبضے میں آجاتی ہے اور آسمان بھی''

الغرض اقبال اس نتیجے پر پہنچے ہیں کہ:۔

’’اسلامی نقطۂ خیال سے معراج یہی ہے کہ مشاہدۂ ذات کے بعد بھی عبودیت قائم رہے لیکن سرکشی اور تمرد کے لیے نہیں بلکہ خدمت وعبدیت کے لیے۔ مسلم کو کسی چیز میں فنا نہ ہونا چاہئے۔ گو یہ فنا فی اللہ ہی کیوں نہ ہو۔‘‘

۱۶ اپریل ۱۹۲۷ء محمد حنیف شاہد (۱۹۷۶)، ص ۱۱۳- ۱۱۰۔ ان کا ماخذ انجمن حمایتِ اسلام کے سالانہ جلسے کی قلمی روداد ہے۔

تو سامعین! اس اقتباس سے یہ بات پوری طرح واضح ہوگئی کہ اقبال کس قسم کے تصوف کے حامی اور علمبردار ہیں۔ خود ان کا اپنا کہنا یہ ہے کہ:۔

’’ہندی اور ایرانی صوفیاء میں سے اکثر نے مسئلۂ فنا کی تفسیر فلسفۂ ویدانت اور بدھ مت کے زیرِ اثر کی ہے جس کا نتیجہ یہ ہوا کہ مسلمان اس وقت عملی اعتبار سے ناکارۂ محض ہے۔ میرے عقیدہ کی رو سے یہ تفسیر بغداد کی تباہی سے بھی زیادہ خطرناک تھی اور ایک معنی میں میری تمام تحریریں اسی تفسیر کے خلاف ایک قسم کی بغاوت ہیں۔‘‘ (اقبال)

اُن کے اس دعوے کے بعد عجمی تصوف کے عقیدۂ وحدت الوجود (فنا) کی اسلام میں کوئی جگہ نہیں رہتی۔ ان عقائد کو اقبال نے غیر اسلامی اور مسلمانوں کے لئے بغداد کی تباہی سے بھی زیادہ خطرناک قرار دیا ہے۔

سامعین! حقیقی اسلامی خودی پر اقبال کا ایک اور اقتباس دیکھتے چلیں جہاں اقبال اپنے خط میں لسان العصر اکبر الہ آبادی کو لکھتے ہیں کہ:۔

’’میں اس خودی کا حامی ہوں جو سچی بے خودی سے پیدا ہوتی ہے، یعنی جو نتیجہ ہے ہجرت الی الحق کرنے کا، اور جو باطل کے مقابلے میں پہاڑ کی طرح مضبوط ہے...... مگر ایک اور بے خودی ہے جس کی دو قسمیں ہیں۔

ایک وہ جو Lyric Poetry کے پڑھنے سے پیدا ہوتی ہے۔ یہ اُس قسم سے ہے جو افیون و شراب کا نتیجہ ہے دوسری وہ بے خودی ہے جو بعض صوفیہ اسلامیہ اور تمام ہندو جوگیوں کے نزدیک ذاتِ انسانی کو ذاتِ باری میں فنا کر دینے سے پیدا ہوتی ہے، اور یہ فنا ذاتِ باری میں ہے، نہ احکامِ باری تعالیٰ میں۔

پہلی قسم کی بے خودی تو ایک حد تک مفید بھی ہو سکتی ہے مگر دوسری قسم تمام مذہب و اخلاق کے خلاف جڑ کاٹنے والی ہے۔ میں ان دو قسموں کی بے خودی پر معترض ہوں اور بس۔ حقیقی اسلامی بے خودی میرے نزدیک اپنے ذاتی اور شخصی میلانات، رجحانات و تخیلات کو چھوڑ کر اللہ تعالیٰ کے احکام کا پابند ہو جانا ہے۔ اس طرح پر کہ اس پابندی کے

نتائج سے انسان بالکل لاپرواہ ہوجائے اور محض رضا وتسلیم کو اپنا شعار بنائے ۔ یہی اسلامی تصوف کے نزدیک ''فنا'' ہے۔ البتہ عجمی تصوف فنا کے کچھ اور معنی جانتا ہے۔''

بحوالہ اقبال نامہ لاہور ۲۰ جولائی ۱۹۱۸ء

سامعین، ممکن ہے کہ آپ کو اس موضوع سے کوئی دلچسپی نہ ہو لیکن سمجھانے کی غرض سے بدستور یہ بتائے چلے جارہے ہیں کہ کس کس انداز سے غیر اسلامی عقائد نے اسلام کے نظامِ حیات کو دنیا کے سامنے نہیں آنے دیا۔ مزید جاننے کے لئے اس حوالہ کو بھی دیکھ لیتے ہیں:۔

''یہ ایک نہایت Subtle طریقِ تنسیخ ہے اور یہ طریق وہی قومیں اختیار یا ایجاد کرسکتی ہیں جن کی فطرت گوسفندی (لومڑی جیسی چالاکی) ہو۔ شعرائے عجم میں بیشتر وہ شعرا ہیں جو اپنے فطری میلان کے باعث وجودی فلسفے کی طرف مائل تھے۔ اسلام سے پہلے بھی ایرانی قوم میں یہ میلانِ طبیعت موجود تھا اور اگرچہ اسلام نے کچھ عرصہ تک اس کا نشوونما نہ ہونے دیا، تاہم وقت پا کر ایران کا آبائی اور طبعی مذاق اچھی طرح سے ظاہر ہوا، بالفاظِ دیگر مسلمانوں میں ایک ایسے لٹریچر کی بنیاد پڑی جس کی بنا وحدت الوجود تھی۔ ان شعرا نے نہایت عجیب وغریب اور بظاہر دلفریب طریقوں سے شعائرِ اسلام کی تردید وتنسیخ کی ہے اور اسلام کی ہر محمود شے کو ایک طرح سے مذموم بیان کیا ہے۔ اگر اسلام افلاس کو برا کہتا ہے تو حکیم سنائی افلاس کو اعلیٰ درجے کی سعادت قرار دیتا ہے۔ اسلام جہادِ فی سبیل اللہ کو حیات کے لئے ضروری تصور کرتا ہے تو شعرائے عجم اِس شعارِ اسلام کو کوئی اور ہی معنی پہناتا ہے۔''

بحوالہ اقبال نامہ لاہور ۱۰ جولائی ۱۹۱۶ء

سامعین! اسلام میں تصوف کی پوزیشن کو واضح کرتے ہوئے اقبال سید سلیمان ندوی کو لکھتے ہیں:۔

''اس میں ذرا بھی شک نہیں کہ تصوف کا وجود ہی سرزمینِ اسلام میں ایک اجنبی پودا ہے جس نے عجمیوں کی دماغی آب وہوا میں پرورش پائی ہے۔''

بحوالہ اقبال نامہ لاہور ۱۳ نومبر ۱۹۱۷ء

صوفی کی طریقت میں فقط مستیِ احوال
ملّا کی شریعت میں فقط مستیِ گفتار
شاعر کی نوا مردہ و افسردہ و بے ذوق
افکار میں سرمست! نہ خوابیدہ نہ بیدار

وہ مردِ مجاہد نظر آتا نہیں مجھ کو
ہو جس کے رگ و پے میں فقط مستیٔ کردار

خودی اور ''تصوف'' کے اہم نکات کو زیرِ بحث لانے اور یہ جاننے کے بعد کہ اقبال کے نزدیک اسلامی تصوف میں اور دیگر مذاہبِ عالم کے تصوف میں کیا فرق ہے۔ اور جسے اقبال خودی (ذات) سے تعبیر کرتے ہیں وہ دراصل انسانی ذات ہے جس کی نشو ونما تعلیم وتربیت کے ذریعے ممکن ہے، جب کہ مغربی فلاسفروں کے نزدیک خودی یا ذات نام کی کوئی شے اپنا وجود نہیں رکھتی۔ اب ہم مغربی نظامِ جمہوریت کو بھی اقبال کی نظر سے دیکھ لیتے ہیں کہ اِس کے بارے میں اُن کی ذاتی رائے کیا تھی۔

''یورپ کی تقلید سے ایشیا کسی منزل پر نہیں پہنچ سکتا، اسے لازم ہے کہ اپنی دنیا علیحدہ پیدا کرے۔'' (اقبال)

چنانچہ، مسلم لیگ کے لیے انگریزی خطبۂ صدارت میں لکھتے ہیں کہ:۔

''مغرب کی سیاسی فکر نے جن خیالات کو پیش کیا ہے، اُن سے اب ہندوستان اور ہندوستان سے باہر مسلمانوں کی موجودہ نسل کا نقطۂ نظر تیزی سے بدل رہا ہے۔ ہمارے نوجوان ان افکار سے متاثر ہو کر یہ چاہتے ہیں کہ اُن کے ممالک میں بھی ایسے ہی افکار زندہ قوت بن جائیں لیکن وہ ان حقائق پر گہری نگاہ نہیں رکھتے جن کی بنا پر یورپ میں ان افکار نے نشو ونما پایا...... اگر آپ کا مذہب کے بارے میں یہ خیال ہے کہ اس کا تعلق صرف آخرت سے ہے تو عیسائیت کا جو حشر یورپ میں ہوا ہے وہ بالکل قدرتی امر تھا۔ حضرت عیسیٰ علیہ السلام کے عالمگیر اخلاقی نظام کی جگہ سیاسیات اور اخلاقیات کے قومی نظاموں نے لے لی۔ اس سے یورپ اس نتیجے پر پہنچنے پر مجبور ہوا کہ مذہب فرد کا ذاتی معاملہ ہے اور اُس کا دنیاوی زندگی سے کوئی تعلق نہیں ہے...... یہ خیال مت کیجئے کہ جس مسئلے کی طرف میں اِشارہ کر رہا ہوں وہ محض ایک نظری مسئلہ ہے۔ یہ ایک زندہ اور عملی مسئلہ ہے جس سے اِسلام کے دستورِ حیات اور نظامِ عمل کے تارو پود متاثر ہو سکتے ہیں۔ ہندوستان میں ایک ممتاز ثقافتی وحدت کی حیثیت سے صرف اس مسئلے کے حل پر آپ کے مستقبل کا انحصار ہے۔''

ترجمہ از ندیم شفیق ملک (۱۹۹۸)

''وہ نگیں جو تم نے شیطانوں کے ہاتھوں ہار دیا ہے، جبریلِ امیں کے پاس بھی نہیں رکھوایا جا سکتا'' (اقبال)

''اِس شیطانی نظام کے خلاف جو قوت کام آ سکتی تھی وہ اسلام تھا۔ یہ ایک نئی دنیا کو وجود میں لا سکتا تھا جہاں معاشرے میں انسان کا مقام اُس کی ذات، نسل یا آمدنی سے نہیں بلکہ اِس بات سے متعین ہوتا کہ وہ کیسی زندگی گزارتا

ہے۔ جہاں غریب امیر پر ٹیکس لگا سکتے اور معاشرے کی بنیاد پیٹ کی مساوات پر نہیں بلکہ روح کی مساوات پر ہوتی۔ جہاں ایک اچھوت بھی بادشاہ کی بیٹی سے شادی کر سکتا۔ جہاں ذاتی ملکیت ایک امانت سمجھی جاتی اور سرمائے کو یوں اکٹھا نہ ہونے دیا جاتا کہ وہ محنت کش کی غلامی کا سبب بن جائے۔ یہ شاندار تصورات اسلام کی روح میں مضمر تھے بشرطیکہ اسلام کو قرونِ وسطیٰ کے توہمات سے نجات دلائی جاسکتی۔‘‘

خطبۂ صدارت آل انڈیا مسلم کانفرنس ۲۱ مارچ ۱۹۳۲ء Sherwani

’’کعبے کی زندگی کا سامان پھر سے تازہ نہیں ہو جائے گا اگر اس کے لیے یورپ سے لات ومنات آ جائیں‘‘
(اقبال)

’’میں مسلمان ہوں۔ میرا عقیدہ ہے اور یہ عقیدہ دلائل و براہین پر مبنی ہے کہ انسانی جماعتوں کے اقتصادی امراض کا بہترین علاج قرآن نے تجویز کیا ہے۔ اس میں شک نہیں کہ سرمایہ داری کی قوت جب حدِ اعتدال سے تجاوز کر جائے تو دنیا کے لیے ایک قسم کی لعنت ہے لیکن دنیا کو اس کے مضر اثرات سے نجات دلانے کا طریق یہ نہیں کہ معاشی نظام سے اس قوت کو خارج کر دیا جائے۔ جیسا کہ بولشویک تجویز کرتے ہیں۔ قرآن کریم نے اس قوت کو مناسب حدود کے اندر رکھنے کے لیے قانون میراث، حرمتِ رِبا اور زکوٰۃ وغیرہ کا نظام تجویز کیا ہے۔ اور فطرت انسانی کو ملحوظ رکھتے ہوئے یہی طریق قابل عمل بھی ہے۔ روسی بولشوزم یورپ کی ناعاقبت اندیش اور خودغرض سرمایہ داری کے خلاف ایک زبردست ردعمل ہے لیکن حقیقت یہ ہے کہ مغرب کی سرمایہ داری اور روسی بولشوزم دونوں افراط وتفریط کا نتیجہ ہیں۔ اعتدال کی راہ وہی ہے جو قرآن نے ہم کو بتائی ہے۔‘‘

اقبال بحوالہ زمیندار ۲۴ر جون ۱۹۲۳ء

’’تیرے پیمانیوں کا ہے یہ اے مئے مغرب اثر خندہ زن ساقی ہے ساری انجمن بے ہوش ہے‘‘ (اقبال)

’’اسلام تمام عالمِ اسلام کے لئے آخری پناہ گاہ ثابت ہوگا اور جس قدر جلدی مغرب کے مہذب ممالک اس حقیقت کو تسلیم کرلیں اتنا ہی ان کے اور مشرق کے حق میں بہتر ہوگا۔‘‘

اقبال بحوالہ ایسٹرن ٹائمز (خصوصی انٹرویو) سفرنامہ اقبال صفحہ ۲۴۲

عرب کے سوز میں سازِ عجم ہے
حرم کا راز توحیدِ اُمم ہے

تہی وحدت سے ہے اندیشۂ غرب
کہ تہذیبِ فرنگی بے حرم ہے

''اسلام کو اس وقت دو طرف سے خطرہ ہے۔ ایک الحادِ مادی کی طرف سے ہے اور دوسرا وطنی قومیت کی طرف سے۔ ہمارا فرض ہے کہ ان دونوں خطروں کا مقابلہ کریں اور میرا یقین ہے کہ اسلام کی روحِ طاہر ان دونوں خطروں کو شکست دے سکتی ہے۔ وطنی قومیت یا وطنیت بجائے خود بری چیز نہیں ہے، لیکن اگر اس میں خاص اعتدال کو ملحوظ نہ رکھا جائے اور افراط و تفریط پیدا ہو جائے تو اس میں بھی دہریت اور مادہ پرستی پیدا کر دینے کے امکانات موجود ہیں۔ میں آپ کو نصیحت کرتا ہوں کہ آپ دل سے مسلمان بنیں۔ مجھے اسلام کے دشمنوں سے اندیشہ نہیں ہے لیکن خود مسلمانوں سے مجھے اندیشہ ہے۔''

اقبال بحوالہ سفرنامہ اقبال انقلاب ۲۰ دسمبر ۱۹۳۱ء

اقبال کے خطبات سے لئے گئے ان اقتباسات میں جن دو خطروں کا خصوصی طور پر ذکر کیا گیا ہے اُن میں سے ایک الحادِ مادی بتایا گیا ہے اور دوسرا وطنی قومیت۔ بالفاظِ دیگر، اِن دونوں کا خالق مغرب ہے۔ اپنے نظریات کی وجہ سے یہ دونوں ہی بنی نوعِ انسان کے دشمن ہیں۔ ایک کا تعلق نظامِ سرمایہ داری سے ہے، جس میں دولت کی غیر مساوی تقسیم کی وجہ سے غریب، غریب تر اور امیر، امیر ترین ہوتے چلے جاتے ہیں۔ جس کی غیر منصفانہ حکمتِ عملی کی وجہ سے معاشرے میں برائیاں عام ہونے لگتی ہیں اور جہاں تک وطنی قومیت کے نظریئے کا تعلق ہے اس میں بھی انسانوں کو طبقات میں تقسیم کیا جاتا ہے لیکن بڑے پیمانے پر جغرافیائی حدود بندیوں کے ذریعے۔ کون جانتا ہے کہ وطنی قومیت کے بظاہر خوش نما اور سادہ سے الفاظ میں اُن قیامتوں کے علاوہ جو دو عظیم جنگوں کی صورت میں اب تک منظرِ عام پر آ چکی ہیں، مزید کتنی قیامتیں پوشیدہ ہیں۔ اقبال نے مغربی نظامِ جمہوریت کی انہی قیامت خیزیوں کے پیشِ نظر اس کا موازنہ اسلامی نظامِ جمہوریت سے کرتے ہوئے کہا تھا کہ:۔

''ایک دنیا جہاں رنگ و خون کی تفریق نہیں! اُس کی شام فرنگ کی صبح سے زیادہ روشن ہے!'' (اقبال)

اِس لئے!

''جو لوگ نوعِ انسان سے محبت رکھتے ہیں اُن کا فرض ہے کہ ابلیس کی اس اختراع کے خلاف علمِ جہاد بلند کریں۔'' (اقبال بحوالہ اقبال نامہ صفحہ ۳۴۷)

سامعین، جغرافیائی، قومی اور وطنی حدود بندیوں کے خلاف جب اقبال نے آواز اٹھائی تو انھیں مولانا عبدالماجد دریابادی نے اپنے خط کے ذریعے 'امام العصر' کے لقب سے یاد کیا۔ جس پر اقبال نے اُن کا شکریہ ادا کیا۔ سکرین پر دیکھئے:۔

''آپ نے اپنے پہلے خط میں ''وطنیت'' کے اصول پر اسلام کے اصولِ اجتماعی کو ترجیح دینے میں مجھے امام العصر کہا ہے جس کے لئے میں آپ کا شکر گزار ہوں۔ ایک نیشنلسٹ اخبار جس کے چار ایڈیٹر ہیں اور چاروں مسلمان ہیں اور جس کا پہلا نمبر لاہور سے آج ہی نکلا ہے، لکھتا ہے کہ اقبال نے ''وطنیت'' کا عذرِ لنگ تراشا ہے۔ دیکھا، مغربی کالجوں کے پڑھے ہوئے مسلمان نوجوان روحانی اعتبار سے کتنے فرومایہ ہیں! ان کو معلوم نہیں کہ اسلامیت کیا ہے اور وطنیت کیا چیز ہے۔ ''وطنیت'' اِن کے نزدیک لفظ وطن کا محض ایک مشتق ہے اور بس۔''

اقبال بحوالہ اقبال نامہ ۲۷ جولائی ۱۹۳۳ء

خواتین وحضرات! اقبال جب یہ کہتے ہیں کہ:۔

ایک ہوں مسلم حرم کی پاسبانی کے لئے
نیل کے ساحل سے لے کر تا بہ خاکِ کاشغر

تو ان کی یہ بات صرف اُس وقت ہی سمجھ میں آسکتی ہے جب قُرآنِ حکیم آپ کے سامنے بحیثیتِ دین (نظام) کے رکھا ہو، نہ کہ مردوں کے ثواب کے لئے۔ اقبال نے ہی کہا تھا کہ خدائے زندہ ''زندوں کا خدا ہے''۔ البتہ جب ہم اقبال اور قائدِ اعظم کے نظریۂ پاکستان کو خود ان کے اپنے افکار و نظریات کی روشنی میں دیکھتے ہیں تو واضح طور پر ہمیں وہ خالص اسلامی جمہوریت کی طرف دعوتِ فکر دیتے نظر آتے ہیں۔ بدقسمتی سے ہمارے ہاں قائدِ اعظم اور اقبال کے نظریات کے مطابق ملک کو چلانے کے بلند بانگ دعوے تو ہمیشہ ہی کئے گئے، لیکن جب ان کے مطابق عملی اقدامات کے اٹھانے کا وقت آیا تو ان کے فرمودات کو پسِ پشت ڈال کر ان کا مذاق اڑایا گیا۔ لیکن، قوم اب اس قسم کے منافقانہ رویوں کو مزید برداشت کرنے کی متحمل نہیں ہوسکتی۔ اس لئے ضروری ہوگیا ہے کہ جس نام نہاد جمہوریت کے نام پر لوگ گمراہ کن ذرائع اور طریق سے عوام کے سروں پر زبردستی مسلط ہو جاتے ہیں ان کا قلع قمع کیا جائے۔

سامعین! جس جمہوری نظام نے دنیا کو جہنم کے دہانے پر لا کھڑا کر دیا ہے، دیکھتے ہیں کہ اس جمہوریت کے متعلق خود اللہ نے کیا ہدایات صادر فرمائیں؟ پہلے تو یہ واضح کر دیا گیا کہ:۔

وَتَمَّتْ كَلِمَتُ رَبِّكَ صِدْقًا وَعَدْلًا لَّا مُبَدِّلَ لِكَلِمَـٰتِهِۦ ۶/۱۱۵

''آپ کے رب کا کلام سچائی اور انصاف کے اعتبار سے کامل ہے، اس کے کلام کو کوئی بدلنے والا نہیں۔''

وَإِن تُطِعْ أَكْثَرَ مَن فِى ٱلْأَرْضِ يُضِلُّوكَ عَن سَبِيلِ ٱللَّهِ ۚ إِن يَتَّبِعُونَ إِلَّا ٱلظَّنَّ وَإِنْ هُمْ

''اور دنیا میں زیادہ لوگ ایسے ہیں کہ اگر آپ ان کا کہا ماننے لگیں تو وہ آپ کو اللہ کی راہ سے بے راہ کردیں۔ وہ محض بے اصل خیالات پر چلتے ہیں اور بالکل قیاسی باتیں کرتے ہیں۔'' ۶/۱۱۶

یعنی کہ، جس مغربی جمہوریت میں اکثریت کی رائے کو قبول کرنا ضروری قرار دیا جاتا ہے، وہ قرآن حکیم کے نزدیک قابلِ قبول نہیں، البتہ اس آیت میں جہاں رسول اللہ سے یہ کہا گیا ہے کہ، دنیا میں زیادہ لوگ ایسے ہیں کہ اگر آپ ان کا کہا ماننے لگیں تو وہ آپ کو اللہ کی راہ سے بے راہ کردیں، تو یہاں ''دنیا میں'' کے الفاظ قابلِ غور ہیں، اس سے ''پوری دنیا'' مراد ہے۔ اس لئے ہمیں بھی اللہ کے دیئے ہوئے اسی اصول کو اپنا رہنما بنا کر نظام ہائے عالَم کی اَندھا دُھند تقلید سے اِجتناب برتنا چاہئے۔ اس بارے میں اقبال کا کہنا یہ ہے کہ:۔

''میرا ایمان ہے کہ اسلام کا مستقبل اہل عرب کی ذات سے وابستہ ہے اور ان کا مستقبل ان کے باہمی اتحاد پر موقوف ہے۔ ان کے لیے مقدر ہو چکا ہے کہ عظیم الشان طاقت بن جائیں...اسلام کے سوا دنیا کی کوئی طاقت اس الحاد اور مادیت کا مقابلہ کامیابی سے نہیں کرسکتی جو یورپ سے نشر واشاعت حاصل کر رہا ہے...مجھے اسلام کے خارجی دشمنوں سے کوئی خطرہ نہیں۔ میرے خیال میں اگر کوئی خطرہ ہے تو اندرونی دشمنوں سے ہے۔''

اقبال بحوالہ گفتارِ اقبال، روزنامہ انقلاب ۱۸ دسمبر ۱۹۳۱ء

سامعین، مغربی جمہوریت ہو یا پھر دنیا کا کوئی اور نظام، اسلام ان سب کی تردید اور نفی کرتا ہے۔ اس لئے دیکھتے ہیں کہ قُرآن کے نزدیک بنی نوعِ انسان کے لئے کون سا نظام قابلِ قبول اور محترم ہے۔

اپنی اپنی سکرین پر دیکھئے:۔

فَإِمَّا يَأْتِيَنَّكُم مِّنِّى هُدًى فَمَنِ ٱتَّبَعَ هُدَاىَ فَلَا يَضِلُّ وَلَا يَشْقَىٰ ۲۰/۱۲۳

''اب تمہارے پاس جب کبھی میری طرف سے ہدایت پہنچے تو جو میری ہدایت کی پیروی کرے گا نہ تو وہ بھٹکے گا نہ تکلیف میں پڑے گا۔''

چنانچہ، قُرآنِ حکیم کی صورت میں اللہ کی ہدایات ہمارے پاس موجود ہیں، کرنے کا کام صرف اتنا ہے کہ حکومتی سطح پر ملک میں ان ہدایات کے مطابق اسلامی معاشرے کی بنیاد ڈال دی جائے۔ تا کہ پھر نہ تو ہم کہیں بھٹکیں اور نہ کسی تکلیف میں ہی پڑیں

رہی مغربی جمہوریت کی بات، تو اس کے متعلق اقبال کا کہنا یہ ہے کہ:۔

''فرنگیوں کی دانش محض غارتگری ہے۔کفر کے کتنے ہی اڈے حیدرِ کرارؓ کی غیر موجودگی میں خیبر کے قلعے بن گئے'' (اقبال)

اس لئے!

''میں آپ کو نصیحت کرتا ہوں کہ آپ دل سے مسلمان بنیں۔ مجھے اسلام کے دشمنوں سے اندیشہ نہیں ہے لیکن خود مسلمانوں سے مجھے اندیشہ ہے۔'' (اقبال)

خواتین وحضرات! اس کے ساتھ ہی آج کی نشست برخاست کی جاتی ہے۔اس یاددہانی کے ساتھ کہ ہم نے کچھ عرصہ پہلے آپ لوگوں کو کتابیں دی تھیں امید ہے کہ آپ ان کے مطالعہ سے غافل نہیں رہے ہوں گے۔ مجھے یقین ہے کہ اُن کتب پر غور وفکر کرنے اوران نشستوں میں باقائدہ شرکت کی وجہ سے آپ کے اذہان وقلوب میں پرورش پانے والے اُن خدشات میں بڑی حد تک کمی واقع ہوئی ہوگی جو اکثر مذہب اور دین کے حوالے سے علمی سطح پر سیر حاصل مباحث کے فقدان کی بنا پر پائے جاتے ہیں۔ہم عنقریب اپنے نصب العین کے حصول تک رسائی کے مراحل میں داخل ہونے والے ہیں اس لئے ضروری ہے کہ آپ اپنے وہ تمام سوالات جو آج تک آپ کے لئے پریشانی کا باعث بنتے رہے ہوں مجھے ای میل کر دیں تا کہ آخری ایک دو نشستوں سے پہلے اُن کے جوابات دیئے جاسکیں۔شکریہ

اس کے ساتھ ہی آج کی نشست برخاست کرتے ہیں۔کل تک کے لئے اللہ حافظ

وہی ہے صاحبِ امروز جس نے اپنی ہمت سے
زمانے کے سمندر سے نکالا گوہرِ فردا
فرنگی شیشہ گر کے فن سے پتھر ہو گئے پانی
مری اکسیر نے شیشے کو بخشی سختیٔ خارا

گیارہویں نشست

اسلام علیکم خواتین وحضرات! آپ سوچ رہے ہوں گے کہ آج چیف نے آنا تھا لیکن وہ نظر نہیں آ رہے۔ یہ کیسے ہوسکتا ہے کہ وہ وقت پر نہ پہنچیں۔ معاف کیجئے گا، اُنھوں نے مجھے ٹیکسٹ کر دیا تھا کہ آج وہ نہیں آ پائیں گے۔ وہ تشریف لانا چاہ رہے تھے، لیکن پاکستان کے نامساعد حالات کی وجہ سے انھیں کہیں ضروری جانا پڑ گیا ہے۔ لیکن حسبِ معمول، ہم اس نشست کے خاتمے پر انھیں اِس کی تفصیلات سے آگاہ کر دیں گے۔

سامعین، ہم نے اب تک بلا کسی لگی لپٹی کے اسلام میں رائج غیر اسلامی نظریات وعقائد کے اُن نازک ترین معاملات پر بھی کھل کر بات کی ہے، جس میں صلوٰۃ کے دونوں پہلو، عبادت اور نظام کو سامنے لایا گیا ہے۔ ایسا کرتے وقت ہم نے اس بات کا پورا پورا خیال رکھا ہے کہ قُرآنِ حکیم کا دامن ہمارے ہاتھ سے نہ چھوٹنے پائے۔ پچھلے کئی روز سے میں یہ سوچ رہا تھا کہ یاددہانی کے طور پر ہمیں دوبارہ اپنی سابقہ نشستوں پر طاہرانہ سی نگاہ ڈال لینی چاہئے، تاکہ جن قوتوں کے ہاتھوں ہم اس حال کو پہنچے ہیں وہ ذہن نشین رہیں۔ لیکن یہ سمجھ میں نہیں آ رہا تھا کہ اِسے شروع کہاں سے کیا جائے۔ کل شام کے وقت میں اپنی ان نشستوں کی تیاری کے سلسلے میں مزید تحقیق کر رہا تھا کہ احمدیت کے موضوع پر اقبال کا ایک تفصیلی بیان سامنے آیا، اس میں وہ تمام ضروری مواد موجود تھا جو میری مشکل کو آسان بنانے کے لئے کافی تھا۔ اِس کے تاریخی پسِ منظر میں جائے بغیر، علامہ کے اس بیان کے بنیادی نکات کو آپ کے سامنے رکھا جا رہا ہے تاکہ ہمیں ہمارے درپیش مسائل کے حل کے لئے مدد مل سکے۔ اپنی اپنی سکرین پر توجہ مرکوز کیجئے:۔

1) ''اسلام سے پہلے مذہب کے معاملے میں مشرقی مزاج عام طور پر ویسا تھا جسے اسپنگلر نے ''مجوسی'' (Magian) کہا تھا (علامہ عام طور پر عجمی کہتے تھے)۔ اس عجمی ثقافت میں پارسی، یہودی، عیسائی، کلدانی اور سبائی

مذاہب شامل تھے۔ان مذہبی گروہوں کے نزدیک دنیا میں پیغمبروں کا آتے رہنا ضروری تھا چنانچہ عجمی مزاج کی نمایاں خصوصیت یہی تھی کہ ہمیشہ کسی مسیحا کا منتظر رہتا بلکہ اسے اس انتظار میں مزہ آتا۔نتیجہ یہ تھا کہ عجمی گروہوں میں ہمیشہ مذہبی طالع آزماؤں کا بازار گرم رہتا تھا۔آئے دن کسی مذہبی تحریک کے نام پر نیا فرقہ وجود میں آجاتا تھا۔عجمی قومیں مسلسل فرقوں میں بٹ بٹ کر ٹوٹتی رہتی تھیں۔

2) اسلامی مزاج اس کے برعکس ہے لیکن یہ آہستہ آہستہ ظاہر ہو رہا ہے۔وجہ یہ ہے کہ جب اسلام نے ختمِ نبوت کا عقیدہ پیش کیا تو انسانی تاریخ میں یہ تصور بہت ہی انوکھا تھا کہ آئندہ خدا کی طرف سے کوئی نبی اِس دنیا میں نہیں آئے گا۔عجمی مزاج اِسے فوری طور پر سمجھ نہ سکا۔اس نے اپنے پچھلے عقائد کی روشنی میں امام مہدی کا تصور تراشا، عیسائیت سے حضرت عیسیٰ علیہ السلام کی واپسی کا عقیدہ مستعار لیا اور فرضی احادیث تیار کرلیں جن کی مدد سے اِس قسم کی باتیں اسلام میں شامل ہوگئیں۔کئی صدیاں گزرنے کے بعد دنیا اِس قابل ہوئی کہ ابن خلدون یہ ثابت کریں کہ امام مہدی کے ظہور اور حضرت عیسیٰ علیہ السلام کی واپسی کے متعلق پیش کی ہوئی احادیث کی کوئی صحت نہیں اور ختمِ نبوت کا عقیدہ انسانیت کو کسی اور ہی طرف متوجہ کرتا ہے۔

3) اسلام کا مقصد تمام انسانیت کو متحد کرنا ہے۔یہ مذہب بھلا کس طرح گوارا کرسکتا ہے کہ اس کے اپنے معاشرے میں دراڑیں پڑجائیں۔چنانچہ مسلمانوں کے تمام فرقے جن میں سنی، شیعہ اور اسماعیلی وغیرہ شامل ہیں، ہمیشہ اس بات پر متفق رہے کہ آنحضور صلی اللہ علیہ وسلم کے بعد نبی نہیں آسکتا۔خواہ بعض فرقے کتنی ہی عجمی رنگ میں رنگے ہوئے کیوں نہ ہوں اور فرقوں کے باہمی اختلافات کتنے ہی وسیع کیوں نہ ہوجائیں، تمام فرقے ختمِ نبوت پر متفق رہے ہیں۔یہ اسلام ہی کا اثر ہے کہ جدید ذہن مجوسیت سے دُور نکل آیا ہے اور کسی پیغمبر یا مسیحا کی آمد کا منتظر نہیں ہے۔

4) بدقسمتی سے اِس مرحلے پر مسلمان معاشرے میں جاہل اور مفاد پرست مُلّائیت نے فروغ پایا ہے۔جدید ذرائع ابلاغ کی مدد سے یہ لوگ قبل از اسلام کے عجمی رجحانات کو بیسویں صدی کے مسلمانوں پر مسلط کرنا چاہتے ہیں۔بہائیت اور قادیانیت اس کے صرف دو مظاہر ہیں (آیندہ برسوں میں علامہ مزید مظاہر کی نشاندہی کرنے والے تھے)۔قادیانیت کے بنیادی تصورات میں سے ایک متعصب خدا جو اپنے مخالفین پر مسلسل زلزلے اور آسمانی بلائیں نازل کرتا رہتا، پیغمبر محض پیشین گوئیاں کرنے والے کاہن کے رُوپ میں اور مسیح کی رُوح کا تسلسل اتنے مکمل طور پر یہودیانہ ہیں کہ قادیانیت کو باآسانی ابتدائی زمانے کی یہودیت کا احیأ سمجھا جاسکتا ہے۔بہائیت نے قدرے دیانت داری سے کام لے کر خود ہی اعلان کردیا کہ اسلام سے علیحدہ مذہب ہے مگر احمدی اسلام کے بنیادی عقیدے اور تصورِ حیات سے انکار کرنے اور عام مسلمانوں کو کافر قرار دینے کے باوجود اپنے آپ کو مسلمان کہلوانے پر مصر ہیں جس کی وجہ غالباً یہ ہے کہ ملازمتوں اور اسمبلیوں میں مسلم اقلیت کا حصہ مخصوص ہے جس سے احمدی فائدہ اٹھانا چاہتے ہیں ورنہ اُن کی اپنی تعداد صرف چھپن ہزار ہے جو برطانوی ہند کے آئین

میں انہیں ایک اقلیت کی حیثیت بھی نہیں دِلوا سکتی۔

(5) چنانچہ احمدیوں کا اپنے آپ کو مسلمان کہلوانا ایسے حالات میں مسلمان معاشرے کے لیے خطرناک ہے جبکہ مسلمان خود بھی اقلیت ہیں۔ موجودہ سیاسی صورت حال میں برصغیر کا مسلم معاشرہ کسی ریاست کی ملکیت یا کسی خاص نسل پر مبنی ہونے کی وجہ سے نہیں بلکہ محض ایک مخصوص عقیدے اور اُس سے پیدا ہونے والے تصورِ حیات سے وابستہ ہونے پر قائم ہے۔ کم پڑھے لکھے اور ناخواندہ مسلمان ختمِ نبوت کے عقیدے کے شاندار مضمرات سے واقف نہیں کیونکہ ملاّؤں نے اُسے کبھی یہ نہیں سمجھنے دیا کہ کس طرح یہ عقیدہ انسانی ذہن کو سچی آزادی کی دعوت دیتا ہے، پھر بھی ایک عام مسلمان کی اجتماعی بقا کی جبلت اُسے اُکساتی ہے کہ وہ قادیانیت کو اپنے اجتماعی وجود کے لیے خطرہ سمجھ کر اُس کی مخالفت کرے۔ پڑھے لکھے مسلمان عموماً روشن خیالی کے فریب میں آ کر اجتماعی جبلت ہی سے محروم ہو گئے ہیں۔

انگریزوں کے عہد میں برصغیر کا مسلمان معاشرہ اُس سے زیادہ غیر محفوظ ہے جتنا رومن حکومت کے زمانے میں یہودی معاشرہ تھا۔ جہاں تک پنجاب کے مسلمانوں کے اتحاد اور اعلیٰ قیادت کے پیدا ہونے کے امکانات کا تعلق ہے، بنیادی خرابی یہ ہے کہ انگریز حکومت نے اپنے مفاد کی خاطر دیہی اور شہری معاشرے کو تقسیم کر رکھا ہے۔ اِس تقسیم کے خاتمے سے پہلے پنجاب کے مسلمانوں میں سچی قیادت پیدا ہو ہی نہیں سکتی۔''

اقبال بحوالہ خرم علی شفیق (اقبال اکادمی) مئی ۱۹۳۵ء

اس موضوع پر علامہ اقبال کے بیانات بالخصوص 'اسلام اور قادیانیت' مطبوعہ مئی ۱۹۳۵ء سے کا خلاصہ ہے۔ ماخذ Sherwani ہے۔

خواتین وحضرات! اقبال کے اس بیان کو پڑھنے کے بعد، وہ تمام عقائد جنھیں ہم اسلامی سمجھتے چلے آ رہے ہیں لیکن غیر عربی اور عجمی ہیں، یاد دہانی کے طور پر دوبارہ آپ کے سامنے آ گئے ہیں۔ امام مہدی کا تصور ہو یا کہ حضرت عیسیٰ علیہ السلام کا دنیا میں واپس تشریف لانے کا عقیدہ، یا وحی خفی کا وہ غیر قرآنی عقیدہ، جس کے ذریعے قرآنِ حکیم کی تفاسیر کو تاریخ وروایات کی روشنی میں قلم بند کیا جاتا ہے۔ لیکن تاریخ وروایات میں تسلسل نہ ہونے کی وجہ سے ایک مفسر کی تفسیر دوسرے مفسر کی تفسیر سے میل نہیں کھاتی۔ اس کا نقصان یہ ہوا کہ مسلمانوں کے متعدد فرقوں کی تفاسیر الگ الگ ہو گئیں، جس سے ان میں مزید دوریاں بڑھ گئیں۔ اگر اللہ کے بتائے ہوئے طریقۂ تصریفِ آیات کے مطابق قرآن کی تفاسیر لکھی گئی ہوتیں تو اسلام کے ہر معاملے میں مسلمان متفق اور متحد نظر آتے، چنانچہ ان میں اختلافات کی کوئی گنجائش باقی نہ رہتی۔ لیکن احادیث کے نام پر ہر غیر قرآنی نظریئے اور عقیدے کو مجوسیوں، یہودیوں اور عیسائیوں نے اسلام میں داخل کر دیا اور مسلمانوں سے اپنی ہر اس شکست کا بدلہ لے لیا جسے انھوں نے میدانِ جنگ میں ہارا تھا۔ صدیوں سے ایسا ہی ہوتا چلا آ رہا تھا کہ ابنِ خلدون نے ثابت کیا کہ یہ غیر قرآنی عقائد اسلام میں سوچی سمجھی سکیم کے تحت داخل کئے گئے ہیں جس کے لئے مورخ امام طبری کو بھی اس نے موردِ الزام ٹھہرایا ہے، کیونکہ اُسی نے قرآن کی پہلی تفسیر لکھی تھی۔ حقائق سامنے آ جانے کے باوجود مفاد پرست قوتوں نے ابنِ خلدون کی تحقیق پر پردہ ڈال دیا اور غیر قرآنی نظریات اور عقائد کو مسلسل آگے بڑھاتے رہے۔

سوالات و جوابات

سامعین، آپ کے ارسال کردہ سوالات کی فہرست میرے سامنے پڑی ہے۔ جواب ترتیب وار دیئے جائیں گے اور پھر آگے بڑھا جائے گا۔

سوال عبادت اور پرستش کے درمیان پائے جانے والے فرق کو کس طرح سے بیان کریں گے؟ اور الٰہ کو آپ نے صاحبِ اقتدار یا حاکم کے معنوں میں لیا ہے۔ کوئی مثال دے کر وضاحت فرمائیں، ہم نے تو آج تک الٰہ کا ترجمہ معبود (عبادت کے لائق) ہی پڑھا ہے۔

جواب قُرآنِ حکیم کے مطابق نظام اور عبادت دونوں ساتھ ساتھ چلتے ہیں۔ ان دونوں میں سے ایک کو بھی اگر چھوڑ دیا جائے تو پھر دونوں ہی اپنی اہمیت اور افادیت کھو دیتے ہیں۔ سب سے اہم بات جو یاد رکھنے والی ہے وہ یہ ہے کہ، عبادت کے اندر ''نظام'' مضمر نہیں ہوتا، بلکہ نظام کے اندر ''عبادت'' مضمر ہوتی ہے۔ اس لئے کہ ثواب کے تمام لوازمات عمل سے وابستہ ہیں اور اعمال کے نتائج نظام کے تحت زندگی گزارنے کے بعد سامنے آتے ہیں۔ چنانچہ زبانی بلند بانگ دعوے کتنے ہی کیوں نہ کئے جائیں بے کار اور بے نتیجہ ثابت ہوتے ہیں۔ اسی غرض کے پیشِ نظر ہم نے اس بات کا بار بار اعادہ کیا ہے کہ عبادت اور نظام کو ایک دوسرے سے الگ نہیں کیا جاسکتا۔ نظام کے اندر رہ کر کوئی بھی شخص اپنے اعمال کے نتائج کو پرکھ سکتا ہے کہ وہ درست تھے یا نہیں۔ لیکن عبادت میں ایسا ممکن نہیں کہ اس بات کا پتہ لگایا جاسکے کہ اس سے ثواب حاصل ہوا ہے یا کہ نہیں۔ چنانچہ اپنی عبادت کے نتائج کو سامنے دیکھنے کے لئے قیامت کا انتظار کرنا ضروری ہوتا ہے۔

اللہ کی عبادت اور دیوی دیوتاؤں یا طاغوت، یعنی غیر خدائی نظاموں کی اطاعت گزاری میں فرق ہے۔ اس فرق کو قُرآنِ حکیم کی آیات میں ان کے سیاق وسباق کے مطابق پڑھ کر یہ دیکھنا پڑتا ہے کہ وہاں پر اللہ کی عبادت مقصود ہے یا غیر خدائی قوتوں کی پرستش۔ مثلاً:۔

''اللہ کی عبادت'' سے مراد اُس کے قوانین کی اطاعت اور محکومیت ہے۔ جب کہ جہاں کہیں بتوں اور دیوی دیوتاؤں کی عبادت کا ذکر ہوگا وہاں ان کی تو ہم پرستانہ پرستش مفہوم ہوگا۔ ان کی پرستش کا جذبۂ محرکہ بھی وہی ہوتا ہے جو بادشاہوں کے سامنے جھکنے کا ہوتا ہے۔''

بحوالہ لغات القرآن

قُرآنِ حکیم نے بتوں کی پرستش کرنے والوں کو بھی عابدین کہا ہے۔ مثلاً:۔

قَالُواْ وَجَدْنَآ ءَابَآءَنَا لَهَا عَـٰبِدِينَ ۲۱/۵۳

''سب (قومِ ابراھیم) نے جواب دیا کہ ہم نے اپنے باپ دادا کو اِنہی کی عبادت کرتے ہوئے پایا''

جبکہ اللہ کی عبادت کے لئے کہا گیا ہے کہ:۔

قُلْ أَفَغَيْرَ ٱللَّهِ تَأْمُرُوٓنِّىٓ أَعْبُدُ أَيُّهَا ٱلْجَـٰهِلُونَ ۳۹/۶۴

''آپ کہہ دیجئے اے جاہلو! کیا تم مجھ سے اللہ کے سوا اوروں کی عبادت کو کہتے ہو۔''

یہی صورتِ حال ''الٰہ'' کے معاملے میں بھی ہے۔ مثلاً جب فرعون نے حضرت موسیٰؑ سے کہا تھا کہ:۔

قَالَ لَئِنِ ٱتَّخَذْتَ إِلَـٰهًا غَيْرِى لَأَجْعَلَنَّكَ مِنَ ٱلْمَسْجُونِينَ ۲۶/۲۹

''فرعون کہنے لگا سن لے! اگر تو نے میرے سوا کسی اور کو ''الٰہ'' تسلیم کیا تو میں تجھے قید کر دوں گا۔''

تو یہاں ''الٰہ'' کے معنی ''صاحبِ اقتدار'' ہی کے ہوں گے۔

اسی طرح جہاں اللہ کے لئے ہے کہ:۔

وَهُوَ ٱلَّذِى فِى ٱلسَّمَآءِ إِلَـٰهٌ وَفِى ٱلْأَرْضِ إِلَـٰهٌ ۴۳/۸۴

''وہی ہے جو کائنات کی بلندیوں میں بھی الٰہ ہے اور پستیوں میں بھی وہی الٰہ ہے''

تو اس کے معنی بھی صاحبِ اقتدار (حاکم) کے ہیں۔

سوال غیب پر ایمان کیسے لایا جاتا ہے؟

جواب صرف زبان سے اتنا کہہ دینا کہ میں غیب پر ایمان لایا، کافی نہیں۔ ایمان لانے کے لئے اسلامی مملکت کا قائم ہونا ضروری ہے، جہاں پر لا الٰہ الا اللہ کا اقرار کرنے والے کے بیان کو ریکارڈ کیا جاتا ہے۔ اور وہ اس بات کا عہد کرتا ہے کہ وہ اللہ کے سوا کسی اور کو اپنا حاکم تسلیم نہیں کرے گا۔ وہ صرف اور صرف اللہ کے قوانین کی تابعداری کرے گا اور

مملکت میں پُرامن شہری کی حیثیت سے زندگی گزارے گا۔ چنانچہ غیب کے عطا کردہ قوانین پر مکمل بھروسہ کرنے اوران کے مطابق زندگی گزارنے کے عزم کا دوسرا نام غیب پر ایمان لانا کہلاتا ہے۔ اسی کے متعلق کہا گیا ہے کہ یہ ایسا محکم سہارا ہے جو کبھی ٹوٹ نہیں سکتا۔ یہ ایک معاہدہ ہوتا ہے جو اللہ اور بندے کے درمیان طے پاتا ہے۔ اس کے عوض اللہ اپنے بندے کو اِس دنیا میں بھی جنتی زندگی بسر کرنے کی گارنٹی دیتا ہے اوراس کے بعد کی دنیا کے لئے بھی۔

سوال مردوزن میں مساوات کیوں نہیں؟ اسلام میں طلاق کا حق عورت کو کیوں نہیں دیا گیا؟ مرد کوایک سے زائد بیویاں رکھنے کا حق اِسے کس نے دیا ہے؟

جواب علامہ اقبال کہتے ہیں کہ:۔ ''مجھے یہ بتلانے کی ضرورت نہیں کہ اسلام میں مردوزن میں قطعی مساوات ہے۔ میں نے قرآن پاک کی آیت سے یہی سمجھا ہے۔ بعض علما مرد کی فوقیت کے قائل ہیں۔ جس آیت سے شک کیا جاتا ہے وہ مشہور ہے: ''الرجال قوامون علی النساء''۔ عربی محاورے کی رو سے اس کی یہ تفسیر صحیح معلوم نہیں ہوتی کہ مرد کو عورت پر فوقیت حاصل ہے۔ عربی گرامر کی رو سے قائم کا صلہ جب علیٰ پر آئے تو معنی محافظت کے ہو جاتے ہیں۔ ایک دوسری جگہ قرآن حکیم نے فرمایا: ''ھن لباس لکم و انتم لباس لھن''۔ لباس بھی محافظت کے لیے ہوتا ہے۔ مرد عورت کا محافظ ہے۔ دیگر کئی لحاظ سے بھی مردوعورت میں کسی قسم کا فرق نہیں۔

قرون اولیٰ میں عورتیں مردوں کے دوش بدوش جہاد میں شریک ہوئیں۔ حضرت عائشہ پردہ میں بیٹھ کر لوگوں کو درس دیتی رہیں۔ خلفائے عباسیہ کے عہد میں ایک موقع پر خلیفہ کی بہن قاضی القضاۃ کے عہدہ پر مامور تھیں اور خود فتویٰ صادر کرتی تھیں۔ اب یہ مطالبہ ہے کہ عورت کو ووٹ کا حق ملنا چاہیے۔ خلافت اسلامیہ میں خلیفہ کے انتخاب میں ہر شخص کو رائے دینے کا حق حاصل تھا، نہ صرف مرد بلکہ عورتیں بھی خلیفہ کے انتخاب میں اپنی آواز رکھتی تھیں۔ اسلام تمام معاملات میں اعتدال کو مدنظر رکھتا ہے: 'اُمۃ وسطاً لتکونوا شھداء علی الناس' اس کا مطلب یہی ہے کہ تمام افراط وتفریط سے پرہیز کیا جائے۔

جب جنگ میں کسی قوم کے مردوں کی تعداد میں خاص کمی واقع ہو جائے تو آئندہ ملکی حفاظت کے لیے ضروری ہو جاتا ہے کہ ایک مرد ایک سے زائد بیویاں کرے۔ قرآن پاک نے انہی مصالح کو ملحوظ رکھ کر اس قسم کی اجازت دی ہے۔ مردوں کے لیے ضروری ہے کہ وہ حالات کو دیکھیں۔ قرآنی یا شرعی اجازت سے ناجائز فائدہ نہ اٹھائیں۔ اس لیے فقہ میں ''فرض'' اور ''رخصت'' میں فرق کیا گیا ہے۔ ''رخصت'' ترک کی جاسکتی ہے۔ وہ ''فرض'' ہرگز نہیں۔ اگر نکاح کے وقت عورت مرد سے یہ مطالبہ کرے کہ تم اس رخصت کو اپنے حق میں ترک قرار دو، جو تعدد ازدواج کے بارے میں ازروئے قرآن تمھیں حاصل ہے، تو وہ اس مطالبہ کا حق رکھتی ہے۔ اس سلسلے میں ایک الزام میں لڑکیوں کے باپوں کو بھی دوں گا کہ وہ نکاح کے وقت عورتوں کے حقوق پر نگاہ نہیں رکھتے۔ مگر ایک الزام خود عورتوں کو بھی دیے بغیر نہیں رہ سکتا، وہ یہ کہ

کیوں بوقت ضرورت عورتیں مردوں سے قانونی ذریعہ سے حقوق کا مطالبہ نہیں کرتیں؟ کیوں بھائیوں سے جائیداد کا حصہ طلب نہیں کرتیں؟

عورتیں اپنے حقوق کی حفاظت پر پورے طور سے آمادہ ہو جائیں اور وہ حقوق جو شریعت اسلامی نے عورتوں کو دے رکھے ہیں، آپ مردوں سے لے کر رہیں تو میں سچ کہتا ہوں کہ مردوں کی زندگی تلخ ہو جائے، عورتیں بچوں کو دودھ پلانے کی اُجرت طلب کر سکتی ہیں، کھانا پکانے کی اُجرت بذریعہ عدالت حاصل کر سکتی ہیں۔ مردوں کو آپ الزام دیتی ہیں، مگر آپ خود الزام سے بری نہیں ہیں۔ آپ کو اپنے حقوق پر شدت کے ساتھ اصرار کرنا چاہیے۔ جہاں تک شریعت اسلامی کا تعلق ہے، مسلمان عورتیں یہ شکایت نہیں کر سکتیں کہ انھیں شریعت نے حقوق نہیں دیے یا وہ حقوق ایسے ہیں جن سے انھیں مردوں کے ساتھ مساوات کا درجہ حاصل نہیں۔ وہ حق، جس کا عورت انصاف و عقل کے ساتھ کبھی مطالبہ کر سکتی ہے، وہ قرآن پاک نے دے دیا ہے۔ اگر آپ اِس سے جاہل و غافل رہیں یا اِس سے فائدہ نہ اٹھائیں یا اِس کے حاصل کرنے پر اصرار نہ کریں، بوقت ضرورت قانونی چارہ جوئی نہ کریں تو یہ قرآن یا شریعت اِسلام کا قصور نہیں۔

اعتراض کیا جاتا ہے کہ اسلام میں عورت کو (مرد کی طرح) طلاق دینے کا حق نہیں۔ حال میں ترکی میں یہی اعتراض کیا گیا۔ لیکن ہم تو محکوم ہیں، اپنی مرضی کے مطابق اپنی تعلیم کو نہیں چلا سکتے۔ تعجب ہے کہ ترکی میں بھی اِس اعتراض کا جواب نہ دیا گیا۔ اسلام نے اِس مسئلے کو عجیب طرح بیان کیا ہے۔ جو حل اِسلام نے اس مسئلہ کا تجویز کیا ہے، وہ نہایت عمیق تجربے پر مبنی ہے۔ آپ کو شاید معلوم نہیں کہ ہمارے علما نے کبھی اس بات کی توضیح ہی نہیں کی کہ نکاح کے وقت عورت کہہ سکتی ہے کہ جو حق اسلام نے طلاق کا تم کو (مرد کو) دیا ہے، وہی اس وقت مجھے (عورت کو) دے دو تو پھر نکاح ہوگا یا یہ حق میرے کسی قریبی تعلق والے کو دے دیا جائے۔ پنجاب میں آج سے دس سال پہلے کسی کو معلوم نہ تھا کہ عورت کو نکاح کے وقت یہ حق بھی حاصل ہے اور نہ جہالت کی وجہ سے آج تک کسی نے دریافت ہی کیا۔ جب انگلستان میں طلاق کی آسانی ہوئی تو بیشتر عورتیں ہی تھیں جنھوں نے عدالتوں میں طلاق کی درخواستیں دینا شروع کر دیں۔ حالانکہ سمجھا یہ جاتا ہے کہ مرد عورت کو بہت جلد طلاق دے دیتا ہے۔''

(خرم علی شفیق) اقبال اکادمی گفتار اقبال بحوالہ روزنامہ انقلاب ۱۹ جنوری ۱۹۲۹ء

سوال جسٹس محمد منیر مرحوم کی مشہور رپورٹ کے مطابق جماعتِ اسلامی کے مولانا مودودی مرحوم کی رائے یہ تھی کہ نئی مسلم مملکت اگر کبھی وجود میں آئی تو اس کی طرزِ حکومت صرف سیکولر قسم کی ہوگی۔ ابوالکلام آزاد مرحوم نے بھی ایک ٹائم فریم دیتے ہوئے کہا تھا کہ مشرقی پاکستان کی زندگی قائدِ اعظم کی زندگی سے وابستہ ہے کچھ عرصہ کے اندر ہی یہ ختم ہو جائے گا۔ اور مغربی پاکستان بھی صوبوں کی آزادی کے نعروں کی بھینٹ چڑھ جائے گا اور یہ کوئی نئی بات نہیں ہوگی مسلمانوں کی تاریخ کو اٹھا کر دیکھ لیں یہی کچھ دیکھنے میں ملے گا۔ سوال یہ ہے کہ ان دو حضرات نے یہ کس مفروضے کی بنیاد پر ایسا کہا تھا؟

جواب پہلی بات تو یہ ہے کہ یہ دونوں حضرات پاکستان بننے کے سخت مخالف تھے۔ ان کے علاوہ دیو بند کے مولانا حسین احمد مدنی مرحوم جو کہ متشدد قسم کے نیشنلسٹ تھے وہ بھی انہی کے ہم نوا تھے۔ مجموعی طور پر مسلمانوں کے بڑے بڑے مذہبی رہنما پاکستان کے حق میں نہ تھے سوائے چند ایک کے۔ اقبال اور قائدِ اعظم نے جب کہا کہ مسلمان اپنی اسلامی معاشرت اور ثقافت کے لحاظ سے ایک الگ قوم ہیں، تو دیو بند کے مولانا حسین احمد مدنی نے کہا تھا کہ قومیں اوطان سے بنتی ہیں (یعنی کہ وطن کی نسبت سے بنتی ہیں) اس کے علاوہ قوم بننے کے لئے کسی دوسری نسبت کی ضرورت نہیں۔ اُس وقت اقبال بسترِ مرگ پر تھے، یہ سن کر مولانا حسین احمد مدنی کو للکار کر کہا کہ حسین احمد!

عجم ہنوز نداند رموزِ دیں ورنہ
زدیوبند حسین احمد ایں چہ بوالعجبی است
سرود بر سرِ منبر کہ ملّت از وطن است
چہ بیخبرز مقامِ محمدؐ عربی است!
مصطفےٰ برساں خویش را کہ دیں ہمہ اوست
اگر با اُو نرسیدی تمام بولہبی است

اقبال کے انہیں فارسی اشعار کا اُردو ترجمہ کچھ یوں ہے:۔

عجم نے ابھی تک دین کے رموز نہیں سمجھے
ورنہ کیسی بیہودہ بات ہے، جو حسین احمد نے دیو بند سے کہی!
منبر پر گیت گایا کہ قوم وطن سے ہے
محمدِ عربیؐ کے مقام سے کیسا بیخبر ہے!
اپنے آپ کو مصطفےٰؐ تک پہنچاؤ کہ دین بس وہی ہے
اگر نہ پہنچ سکے تو پھر تمام بولہبی ہے

آپ جاننا چاہ رہے ہیں کہ آخر کس مفروضے کی بنیاد پر مودودی صاحب نے پاکستان میں سیکولر نظام کے قیام کی نشاندہی کی تھی اور ابوالکلام آزاد نے پاکستان کے ختم ہونے کا دعویٰ کیا تھا؟ سوال اچھا ہے۔ یہ دونوں ہی مذہب کی دنیا کے بڑے قد کاٹھ کے لوگوں میں سے تھے اور جتنا کچھ وہ اس کے بارے میں جانتے تھے اور کوئی نہیں جانتا تھا۔ انھوں نے جو کچھ بھی کہا اپنے تجربے کی بنیاد پر کہا تھا، وہ جانتے تھے کہ جس بنیاد پر پاکستان حاصل کرنے کے دعوے کئے جا رہے ہیں اور کہا جاتا ہے کہ اُس میں کتاب اللہ کے مطابق دین کا نظام قائم کیا جائے گا، یہ اتنا آسان نہیں ہوگا۔ کیونکہ وقت آنے پر

مسلمانوں کے پانچوں بڑے مسالک حنفی، مالکی، شافی، حنبلی اور جعفریہ سوال اٹھائیں گے کہ ملک میں کس مسلک کے مطابق اسلامی نظام لاگو کیا جائے گا؟ تو اُس وقت اِس بات کا جواب کسی کے پاس بھی نہیں ہوگا۔

اور اس بات سے کون ہے جو واقف نہیں کہ اس ملک میں جب بھی کبھی اسلامی نظام کی کوئی بات چلی، مسلمانوں میں اس بات پر جھگڑا ہو گیا کہ انھیں یہ بتایا جائے کہ کس مسلک کی شریعت کے مطابق ملک کو چلایا جائے گا۔ یہ ہے وہ مشکل جس کی وجہ سے اسلامی جمہوریہ پاکستان سیکولر اور مغربی جمہوری نظام کے تحت چلنے پر آج مجبور ہے۔ مشرقی پاکستان گنوا دینے کے بعد اب اٹھارویں ترمیم کے تحت جس انداز سے ملک کو ٹکڑوں میں تقسیم کر کے راجدھانیاں قائم کرنے کی کوشش کی جاری ہے یہ دیکھتے ہوئے لوگوں کو ابوالکلام آزاد کی پیش گوئی سچی ثابت ہوتی نظر آتی ہے۔ اس سے قوم میں بد دلی پھیلائی جاتی ہے۔ لیکن آپ بے فکر رہیں ہم مل کر اس مملکتِ خداداد میں اللہ کی کتاب کی حکمرانی قائم کر کے دم لیں گے۔ جہاں بلا تخصیصِ رنگ، نسل، قوم اور مذہب کے تمام لوگ جنتی زندگی گزاریں گے۔ دین کے حوالے سے ہمارے پاس اللہ کی کتاب موجود ہے اس کی روشنی میں ہم مذہب کی چیرہ دستیوں کو اسی غرض سے آپ کے سامنے لا رہے ہیں تا کہ اس کے بعد مذہب کا کوئی اجارہ دار آپ کو اسلام کے نام پر گمراہ نہ کر سکے۔ اگر ہمیں اپنی بقا کی کچھ فکر ہے تو پھر ضروری ہو گیا ہے کہ جن اسلامی تصورات کے مطابق پاکستان حاصل کیا گیا تھا انھیں حکومتی سطح پر جلد سے جلد نافذ کر دیا جائے اور جس خود ساختہ جہنم میں ہم زندہ درگور پڑے ہوئے ہیں اس میں سے نکل کر اسلام کی وادیٔ اَمن میں داخل ہو جائیں۔

سوال قُرآن کے جمع کرنے کے بارے میں لوگوں کی مختلف آراء سامنے آتی ہیں۔ جن کی وجہ سے قُرآن کی ابدیت پر بھی سوال اٹھتا ہے اور حقائق کی جن بنیادوں پر دین کی عمارت قائم ہے وہ بھی منہدم ہوتی نظر آتی ہیں۔ یہ ایسا خطرناک عقیدہ ہے کہ اس کی وجہ سے کچھ لوگ یہ تک کہنے پر مجبور ہیں کہ اگر قُرآن میں تبدیلیاں کر دی گئی ہیں تو پھر جب تک قُرآن کا پہلا نسخہ دریافت نہیں ہو جاتا اسلامی نظام کے بارے میں سوچنا بھی صحیح نہیں ہو سکتا، اس لئے کہ اس سے یہ شبہ برقرار رہتا ہے کہ انسانوں کے ہاتھوں عملی طور پر اللہ کے نام پر جو کچھ بھی ہو رہا ہے کہیں وہ غلط ہی نہ ہو۔ اس مشکل کا حل کیا ہے؟

جواب اس مشکل کا حل خود قُرآنِ حکیم میں موجود ہے، پہلی بات تو یہ ہے کہ اگر کوئی شخص مسلمان کہلواتا ہے اور پھر ساتھ ہی یہ عقیدہ بھی رکھتا ہے کہ جو قُرآن رسول اللہ ہمارے پاس چھوڑ گئے ہیں، اُس میں انسانوں نے اپنی مرضی کی چیزیں داخل کر دی ہیں تو پھر اُسے مسلمان کہلوانے کا کوئی حق نہیں رہتا۔ اس لئے کہ وہ قُرآن کے اس بنیادی اصول ہی کی نفی کرتا ہے، جہاں اللہ نے کہا ہے:۔

إِنَّا نَحْنُ نَزَّلْنَا ٱلذِّكْرَ وَإِنَّا لَهُۥ لَحَـٰفِظُونَ ۱۵/۹

''ہم نے ہی اس قُرآن کو نازل فرمایا ہے اور ہم ہی اس کے محافظ ہیں۔''

تَمَّتْ كَلِمَتُ رَبِّكَ صِدْقًا وَعَدْلًا لَّا مُبَدِّلَ لِكَلِمَـٰتِهِۦ ۵/۱۱۵
''آپ کے رب کا کلام سچائی اور انصاف کے اعتبار سے کامل ہے اس کے کلام کو کوئی بدلنے والا نہیں۔''

ان آیات کے ہوتے ہوئے اگر کسی کو موجودہ قرآن کے بارے میں یہ گمان ہے کہ یہ تبدیل شدہ قرآن ہے اور اس کی اصل کاپی کہیں گم ہوگئی ہے تو وہ اسلام کے دائرے سے باہر ہو جاتا ہے۔ اس لئے کہ جو وعدہ اللہ نے اپنی کتاب کی حفاظت کے بارے میں کر رکھا ہے وہ اسے جھٹلاتا ہے۔ قرآن میں ردوبدل کی جس تشویش کا اظہار آپ نے کیا ہے اگر آپ قرآنِ حکیم کا بنظرِ غائر مطالعہ کرتے تو آپ کو اتنی سی بات کسی غیر سے نہ پوچھنی پڑتی۔ قرآنِ حکیم کی محکمیت کا تو یہ عالم ہے کہ رسول بھی اگر اس میں کسی ردوبدل کے مرتکب ہوتے تو سزا کے طور پر ان سے جو سلوک کیا جاتا اس کی خبر دیتے ہوئے اللہ نے کہا ہے کہ:۔

تَنزِيلٌ مِّن رَّبِّ ٱلْعَـٰلَمِينَ ۶۹/۴۳ ''یہ رب العالمین کا اتارا ہوا ہے''

وَلَوْ تَقَوَّلَ عَلَيْنَا بَعْضَ ٱلْأَقَاوِيلِ ۶۹/۴۴ اور اگر یہ (رسول) ہم پر کوئی بھی بات بنا لیتا

لَأَخَذْنَا مِنْهُ بِٱلْيَمِينِ ۶۹/۴۵ ''تو البتہ ہم اس کا داہنا ہاتھ پکڑ لیتے''

ثُمَّ لَقَطَعْنَا مِنْهُ ٱلْوَتِينَ ۶۹/۴۶ ''پھر اس کی شہ رگ کاٹ دیتے''

فَمَا مِنكُم مِّنْ أَحَدٍ عَنْهُ حَـٰجِزِينَ ۶۹/۴۷ ''پھر تم میں سے کوئی بھی مجھے اس سے روکنے والا نہ ہوتا''

ان آیات کی موجودگی میں کوئی صحیح الدماغ شخص اس قسم کی بدگمانی میں مبتلا نہیں ہوسکتا۔ چنانچہ جو اس پر ایمان رکھتا ہے کہ یہ اللہ کا کلام ہے اور اسے کوئی بدل نہیں سکتا، اس لئے کہ اس کی حفاظت کا ذمہ خود اس اللہ نے اپنے اوپر واجب قرار دے رکھا ہے جس نے اسے بذریعہ وحی اپنے رسول پر نازل فرمایا ہے۔ تو وہی اس سے نصیحت حاصل کر سکتا ہے اور پرہیز گار بھی وہی ہے۔

إِنَّهُۥ لَتَذْكِرَةٌ لِّلْمُتَّقِينَ ۶۹/۴۸ ''یقیناً یہ قرآن پرہیز گاروں کے لئے نصیحت ہے''

ساتھ ہی یہ بھی بتا دیا ہے کہ:۔

وَإِنَّا لَنَعْلَمُ أَنَّ مِنكُم مُّكَذِّبِينَ ۴۹/۶۹

''ہمیں پوری طرح معلوم ہے کہ تم میں سے بعض اس کے جھٹلانے والے ہیں''

یعنی کہ قرآن سے وہی نصیحت حاصل کرے گا جس کا اس پر مکمل ایمان ہے کہ جو کتاب رسول اللہ اپنے پیچھے چھوڑ گئے ہیں وہ غیر متبدل بھی ہے اور مکمل بھی ہے۔ اور قرآن کو جھٹلانے والوں کے بارے میں بھی بتا دیا ہے کہ تم میں سے بعض اس کے جھٹلانے والے ہیں۔ البتہ جن شکوک وشبہات کا ذکر آپ نے کیا ہے ان کے سامنے آنے کی وجوہات میں سے سب سے بڑی وجہ وحی خفی کا وہ عقیدہ ہے جس کے ذریعے سے قرآن کی تفاسیر کو تاریخ کی روشنی میں کرتے ہوئے اس میں ملاوٹ کر دی گئی۔ یہ ملاوٹ قرآنِ حکیم میں نہیں تفاسیر میں ہے۔ اس ملاوٹ کی وجہ سے ہی ایک مفسر کی تفسیر دوسرے مفسر سے میل نہیں کھاتی۔ امید ہے کہ اس جواب سے آپ کی تسلی ہوگئی ہوگی۔

سامعین، آپ کو جو کتابیں دی گئی تھیں اگر آپ نے ان کا مطالعہ کر لیا ہوتا تو قرآن کی ابدیت پر سوال نہ اٹھایا جاتا۔ آپ سے دوبارہ گزارش ہے کہ آپ ان کتابوں کو ضرور پڑھ لیں ورنہ جو باتیں آخری نشستوں میں سامنے آنے والی ہیں وہ آپ کے سر پر سے گزر جائیں گی۔ آگے آپ کی اپنی مرضی، ہمیں تو بہرصورت اپنا کام کرنا ہے۔ اگر آپ بات کو سمجھنے کی کوشش نہیں کریں گے تو آپ کے بعد آنے والا کوئی دوسرا انسان اسے سمجھ لے گا، اس لئے کہ یہ قرآن کی باتیں ہیں اور قرآن نے قیامت تک کے انسانوں کی راہنمائی کے لئے اس دنیا میں موجود رہنا ہے۔

سوال حدیث میں آیا ہے کہ رسول اللہ یہودیوں کے تنازعات کے فیصلے ان کی الہامی کتاب کے مطابق کرتے تھے۔ اس بارے میں قرآن کا کیا کہنا ہے؟

جواب اس بارے میں قرآنِ حکیم کا واضح اعلان یہ ہے کہ اہلِ کتاب کے درمیان کتاب اللہ کے مطابق فیصلے کئے جائیں۔ غور تو فرمائیں، کہ مدینہ منورہ میں اسلامی مملکت موجود ہے جس کے سربراہِ اعلیٰ خود رسول اللہ صلی اللہ علیہ وسلم ہیں اور جب وہاں کے باشندوں کے تنازعات کے فیصلے ہوتے ہوں گے تو وہ قرآن کے مطابق ہی ہوتے ہوں گے۔ لیکن جن لوگوں کو اللہ کے دین (نظام) کو مذہب کی سطح پر لا کر گرانا مقصود تھا انھوں نے تو یہی کہنا تھا کہ رسول اللہ لوگوں کی خوشنودی کی خاطر ان کی کتابوں کے مطابق فیصلے کرتے تھے۔ جب کہ دین میں سمجھوتے اور معاملات طے نہیں پاتے، صرف فیصلے ہوتے ہیں اور وہ بھی پورے عدل اور انصاف کے ساتھ۔ اسی قسم کے فیصلوں کے بارے میں کہا گیا ہے کہ:۔

وَأَنِ ٱحْكُم بَيْنَهُم بِمَآ أَنزَلَ ٱللَّهُ وَلَا تَتَّبِعْ أَهْوَآءَهُمْ وَٱحْذَرْهُمْ أَن
يَفْتِنُوكَ عَنۢ بَعْضِ مَآ أَنزَلَ ٱللَّهُ إِلَيْكَ ۖ فَإِن تَوَلَّوْا۟ فَٱعْلَمْ أَنَّمَا يُرِيدُ ٱللَّهُ أَن
يُصِيبَهُم بِبَعْضِ ذُنُوبِهِمْ ۗ وَإِنَّ كَثِيرًا مِّنَ ٱلنَّاسِ لَفَٰسِقُونَ ۵/۴۹

''آپ ان کے معاملات میں اللہ کی نازل کردہ وحی کے مطابق ہی حکم کیا کیجئے، ان کی خواہشوں کی تابعداری نہ کیجئے اور ان سے ہوشیار رہئے کہ کہیں یہ آپ کو اللہ کے اتارے ہوئے کسی حکم سے ادھر ادھر نہ کریں، اگر یہ لوگ منہ پھیر لیں تو یقین کریں کہ اللہ کا ارادہ یہی ہے کہ انھیں ان کے بعض گناہوں کی سزا دے ہی ڈالے۔ اور اکثر لوگ نافرمان ہی ہوتے ہیں''

سوال رسول اللہ صلی اللہ علیہ وسلم کے معجزات کے بارے میں قرآن کیا کہتا ہے؟

جواب لوگوں کی طرف سے معجزات کے رونما ہونے کے تقاضے نے جب شدت اختیار کر لی تو ان کے جواب میں اللہ تعالیٰ نے رسول اللہ صلی اللہ علیہ وسلم سے کہا کہ یہ معجزہ مانگتے ہیں کیا قرآن معجزہ نہیں؟

أَوَلَمْ يَكْفِهِمْ أَنَّآ أَنزَلْنَا عَلَيْكَ ٱلْكِتَٰبَ يُتْلَىٰ عَلَيْهِمْ ۚ إِنَّ فِى ذَٰلِكَ لَرَحْمَةً وَذِكْرَىٰ
لِقَوْمٍ يُؤْمِنُونَ ۲۹/۵۱

''کیا انھیں یہ کافی نہیں؟ کہ ہم نے آپ پر کتاب نازل فرما دی جو ان پر پڑھی جا رہی ہے، اس میں رحمت ہے اور نصیحت ہے اُن لوگوں کے لئے جو ایمان لاتے ہیں۔''

وَلَقَدْ ضَرَبْنَا لِلنَّاسِ فِى هَٰذَا ٱلْقُرْءَانِ مِن كُلِّ مَثَلٍ ۚ وَلَئِن جِئْتَهُم بِـَٔايَةٍ لَّيَقُولَنَّ
ٱلَّذِينَ كَفَرُوٓا۟ إِنْ أَنتُمْ إِلَّا مُبْطِلُونَ ۳۰/۵۸

''بیشک ہم نے اس قرآن میں لوگوں کے سامنے کل مثالیں بیان کر دی ہیں۔ آپ ان کے پاس کوئی بھی نشانی لائیں، یہ کافر تو یہی کہیں گے کہ تم بالکل جھوٹے ہو۔''

یعنی کہ یہ اُن نافرمان لوگوں میں سے ہیں جو اللہ کی آیات کی تکذیب کرنے اور اُنہیں جھٹلانے والے ہیں۔

وَمَا مَنَعَنَآ أَن نُّرْسِلَ بِٱلْـَٔايَٰتِ إِلَّآ أَن كَذَّبَ بِهَا ٱلْأَوَّلُونَ ۚ ۱۷/۵۹

''ہمیں نشانات (معجزات) کے نازل کرنے سے روک صرف اسی کی ہے کہ اگلے لوگ انھیں جھٹلا چکے ہیں۔''

سامعین! رسول اللہ کے معجزات کے بارے میں تاریخ کے جو بیانات ملتے ہیں اگر انہیں درست مان لیا جائے تو پھر قرآن کے بیانات کی جو حقیقت ہمارے سامنے آئی ہے اس پر حرف آتا ہے۔ لیکن اس سے رسول اللہ کی شان اور ذاتِ گرامی پر کوئی فرق نہیں پڑتا، اس لئے لوگوں کو ان کے حال پر چھوڑنا پڑے گا کہ وہ اپنی مرضی اور منشا کے مطابق ان دو بیانات میں سے جس پر چاہیں ایمان لے آئیں۔

محکوم کو پیروں کی کرامات کا سودا
ہے بندۂ آزاد خود اک زندہ کرامات

سوال تاریخ وروایات میں آیا ہے کہ رسول اللہ پر جادو کر دیا گیا تھا۔ اس بارے میں قرآن کا کیا کہنا ہے؟

جواب ''س ح ر'' السحرو۔ صاحبِ محیط نے لکھا ہے کہ اس کے بنیادی معنی موڑنے اور پھیرنے کے ہیں۔ اور اس سے مطلب ہوتا ہے باطل کو حق کی صورت میں پیش کرنا۔ 'تہذیب' میں ہے کہ اس کے اصلی معنی کسی چیز کو اصل حقیقت سے غیر حقیقت کی طرف پھیر دینے کے ہیں۔ صاحبِ تاج العروس نے کہا ہے کہ اس سے مراد وہ چیز ہے جس کا ماخذ لطیف اور دقیق ہو۔ یعنی ایسا دھوکا جس میں پتہ نہ چلے کہ دھوکا کس طرح دیا گیا ہے۔ پھر یہ لفظ عام دھوکے کے معنوں میں بھی استعمال ہونے لگا۔ رَجُلًا مَّسۡحُورًا ۱۷/۴۷ کہتے تھے۔ یعنی جسے دھوکا لگ گیا ہو۔ فریب خوردہ انسان۔ یا جس پر کسی نے جادو کر دیا ہو۔ یا جس کی عقل ماری گئی ہو۔

بحوالہ لغات القرآن

جہاں پر لوگوں نے رسول اللہ کو فریب خوردہ انسان کہا، ملاحظہ کیجئے:۔

نَّحۡنُ أَعۡلَمُ بِمَا يَسۡتَمِعُونَ بِهِۦٓ إِذۡ يَسۡتَمِعُونَ إِلَيۡكَ وَإِذۡ هُمۡ نَجۡوَىٰٓ
إِذۡ يَقُولُ ٱلظَّٰلِمُونَ إِن تَتَّبِعُونَ إِلَّا رَجُلًا مَّسۡحُورًا ۱۷/۴۷

''جس غرض سے وہ لوگ اِسے سنتے ہیں ان (کی نیتوں) سے ہم خوب آگاہ ہیں، جب یہ آپ کی طرف کان لگائے ہوئے ہوتے ہیں تب بھی اور جب یہ مشورہ کرتے ہیں تب بھی، جب یہ ظالم (دوسروں سے) کہتے ہیں کہ تم اس کی تابعداری میں لگے ہوئے ہو جس پر جادو کر دیا گیا ہے۔'' ۱۷/۴۷

ٱنظُرۡ كَيۡفَ ضَرَبُواْ لَكَ ٱلۡأَمۡثَالَ فَضَلُّواْ فَلَا يَسۡتَطِيعُونَ سَبِيلًا ۱۷/۴۸

''دیکھیں تو سہی، آپ کے لئے کیا کیا مثالیں بیان کرتے ہیں، پس وہ بہک رہے ہیں۔ اب تو راہ پانا ان کے بس میں نہیں رہا۔''

پھر اسی بات کو دہرایا گیا، جہاں کہا گیا ہے کہ:۔

ٱنظُرۡ كَيۡفَ ضَرَبُواْ لَكَ ٱلۡأَمۡثَٰلَ فَضَلُّواْ فَلَا يَسۡتَطِيعُونَ سَبِيلٗا ۲۵/۹

''خیال تو کیجئے! کہ یہ لوگ آپ کی نسبت کیسی کیسی باتیں بناتے ہیں۔ پس جس سے خود ہی بہک رہے ہیں اور کسی طرح راہ پر نہیں آسکتے۔''

سامعین! آپ نے دشمنانِ رسول کے فاسد عزائم کا بھی جائزہ لیا اور پھر ان کے اس جواب کا بھی، جو حمایتِ رسول میں اللہ نے اپنی کتاب میں دو بار دیا اور کہا کہ، رسول نہیں بہکے بلکہ وہ تم ہو جو بہک رہے ہو، اور اب تو راہ پانا تمہارے بس میں نہیں رہا۔ قرآن کے اس بیان کے بعد تو کوئی بہکا ہوا انسان ہی اس بات پر یقین کرے گا کہ رسول اللہ پر جادو کر دیا گیا تھا۔ البتہ تاریخ اس بات پر بضد ہے کہ رسول اللہ پر جادو ہوا تھا۔ ذرا سوچیں تو، کیا اللہ کی بات سے زیادہ سچی بات کسی اور کی ہوسکتی ہے؟ یہ سب اللہ کے دین کو بدنام کرنے کے ہتھکنڈے اور بہانے تھے جو وہ استعمال کرتے تھے۔

سامعین، اس من گھڑت حدیث کو جس کے ذریعے یہ بتایا جاتا ہے کہ آپ صلی اللہ علیہ وسلم پر جادو ہوا تھا۔ اُس کا پسِ منظر خود قرآن کی اُس آیت کے ذریعے اچھی طرح سے سمجھ میں آجاتا جس میں کہا گیا ہے کہ:۔

......وَمَآ أُنزِلَ عَلَى ٱلۡمَلَكَيۡنِ بِبَابِلَ هَٰرُوتَ وَمَٰرُوتَۚ وَمَا يُعَلِّمَانِ مِنۡ أَحَدٍ حَتَّىٰ يَقُولَآ إِنَّمَا نَحۡنُ فِتۡنَةٞ فَلَا تَكۡفُرۡۖ فَيَتَعَلَّمُونَ مِنۡهُمَا مَا يُفَرِّقُونَ بِهِۦ بَيۡنَ ٱلۡمَرۡءِ وَزَوۡجِهِۦۚ وَمَا هُم بِضَآرِّينَ بِهِۦ مِنۡ أَحَدٍ إِلَّا بِإِذۡنِ ٱللَّهِۚ...... ۲/۱۰۲

......''اور بابل میں ہاروت ماروت دو فرشتوں پر جو اتارا گیا تھا، وہ دونوں بھی کسی شخص کو اُس وقت تک نہیں سکھاتے تھے جب تک یہ نہ کہہ دیں کہ ہم تو ایک آزمائش ہیں، تو کفر نہ کر، پھر لوگ اُن سے وہ سیکھتے جس سے خاوند بیوی میں جدائی ڈال دیں، اور دراصل وہ بغیر اللہ کی مرضی کے کسی کو کوئی نقصان نہیں پہنچا سکتے۔''......

یہ آیت چونکہ طویل ہے اس لئے یہاں پر اس کا صرف وہی حصہ درج کیا ہے جو ضروری تھا، لیکن آپ اس پوری آیت کو اپنے طور پر ضرور پڑھ لیں۔ اس میں یہ بتایا گیا ہے کہ:۔

1) ہاروت اور ماروت اپنا علم سکھانے سے پہلے لوگوں کو یہ بات واضح طور پر سمجھا دیتے تھے کہ یہ ایک

آزمائش ہے، یعنی کہ اسے استعمال میں لانے سے کفر لاگو ہوتا ہے۔ اسے سیکھنے کے بعد اپنے آپ پر اگر کنٹرول نہ کیا گیا تو اس سے تمہارا ایمان جاتا رہے گا

2) اُس علم کے ذریعے جو کام لیا جاسکتا تھا وہ، خاوند اور بیوی کے درمیان فقط جدائی ڈالنے سے متعلق تھا۔ اور بس

3) سب سے بڑی بات یہ کہ بغیر اللہ کی مرضی کے ہاروت اور ماروت کا علم کسی کو نقصان نہیں پہنچا سکتا

اس ساری بحث کا حاصل یہ ہے کہ اُن کے اس جادو کے ذریعے سے میاں بیوی میں جدائی ڈالنے کا کام لیا جاتا تھا۔ اب ہم اُس حدیث کو دیکھ لیتے ہیں جس کے ذریعے سے یہ کہا جاتا ہے کہ رسول اللہ پر بھی جادو ہوا تھا۔

حدیث کے اِس حوالہ پر غور کیجیے:۔

''ام المومنین حضرت عائشہ بیان کرتی ہیں کہ نبی کریم صلی اللہ علیہ وسلم پر جادو کیا گیا تو آپ کہ یہ کیفیت تھی کہ آپ صلی اللہ علیہ وسلم کو گمان گزرتا کہ آپ ازواجِ مطہرات کے پاس تشریف لے جا چکے ہیں حالانکہ نہ گئے ہوتے ......جس شخص نے جادو کیا تھا وہ بنی زریق میں سے تھا اور اس کا نام لبید بن اعصم تھا......اور یہ جادو کنگھی اور کنگھی سے جڑے ہوئے بالوں سے کیا گیا اور نر کھجور کی بالی کے غلاف میں رکھ کر بیر ذروان کے پتھر کے نیچے دبا دیا گیا تھا......حضور نے فرمایا یہ کنواں ہے جو مجھے دکھایا گیا ہے......پھر آپ کے حکم سے وہ جادو اُس میں سے نکلوایا گیا......''

اللو لوو المرجان صفحہ ۱۴۴ (البخاری) باب ۲۹ ھل یستخرج السحر

الغرض، اُس جادو کی کہانی فقط اتنی ہی ہے۔ اب یہ بتایا جاتا ہے کہ قرآن میں جو چار قل ہیں اُن میں جادو کا توڑ دیا ہوا ہے۔ چونکہ ان آیات میں شر، وسوسہ، گرہ میں پھونکنے والیوں (یعنی کٹنیوں) کے شر اور حسد جیسے الفاظ آئے ہیں، اس لئے ان آیات کو جادو سے جوڑ دیا گیا ہے۔ ان آیات میں سحر کے توڑ کا ذکر تک موجود نہیں۔ لیکن ہاں، اس میں کانا پھوسی کے ذریعے لوگوں میں شر اور فساد پھیلانے کا ذکر ضرور موجود ہے۔ اور یہی ہاروت اور ماروت کے جادو کی اصل جڑ ہے۔ وہ لوگوں کو یہی بتلاتے تھے کہ جس کو شک میں ڈالنا مقصود ہو تم اُس کے سامنے ایک دوسرے کے کان میں سرگوشیاں کرنی شروع کر دیا کرو تا کہ وہ بدگمانی کا شکار ہو جائے۔ اس کے بعد تم ہزار قسمیں اٹھاؤ وہ تمہاری بات کو نہیں مانے گا، یعنی ہمیشہ شک ہی میں رہے گا اور زندگی بھر بھروسہ نہیں کرے گا۔ تو یوں وہ میاں بیوی میں جدائی ڈلوایا کرتے تھے۔ لیکن جو اس قسم کی شرارتوں سے منہ پھیر لے، اللہ اُسے لوگوں کے شر سے بچالے گا۔ لیکن اس میں فیصلہ انسان کا اپنا ہوتا ہے۔

الغرض، قُرآنِ حکیم کی یہ آخری آیات ہیں اور اسلامی نظام کے حوالے سے یہ آخری وحی ہے جو اتاری گئی۔ اس لئے ان کے ذریعے اللہ نے مسلمانوں کو متنبہ کیا اور بتایا کہ اسلام دشمن قوتوں کے شر اور حسد سے اور ان کے اُن

وسوسوں سے جنھیں یہ لوگوں کے دلوں میں تمہارے خلاف بدگمانیاں پھیلانے کی غرض سے عام کرتے ہیں، اُن سے بچنے کے لئے آپ کو پہلے سے بھی زیادہ محتاط رہنے اوراس نظام سے جڑے رہنے کی ضرورت ہے۔

چنانچہ ہم اگر اپنے معاشرے کے سیاست دانوں کے کرداراوران کے رویوں پر ایک نگاہ ڈال کر دیکھیں تو صاف نظر آئے گا کہ اسی قسم کے وہ لوگ تھے جن کے شر سے محفوظ رہنے کی تاکید اللہ نے اپنے رسول کو کی ہے۔اور یہی وہ سیاسی اور مذہبی پارٹیوں کے وہ سربراہان ہیں جنھوں نے اپنے شراور وسوسوں کے ذریعے سے پوری قوم کوٹرک کی بتی کے پیچھے لگا کر پاکستان کو یرغمال بنا رکھا ہے۔

سوال يَوۡمُ ٱلدِّينِ سے کیا مراد ہے؟

جواب ''قادرِ مطلق''''اللہ'' کی ذات ہے۔جس کے حیطۂ اقتدار سے کچھ بھی باہر نہیں،لیکن جب یہ کہا جائے کہ ''اقتدارِاعلیٰ'' Sovereignty belongs to People انسانوں کو حاصل ہے، تو اس کا مطلب یہ ہے کہ'' قادرِ مطلق'' کی طرف سے جن لوگوں کو مملکتِ اسلامیہ میں''اقتدارِاعلیٰ'' کا منصب تفویض ہوا ہے ان کی ذمہ داری یہ ہے کہ وہ قرآنِ حکیم کے قوانین کو حکومتی سطح پر نافذ کریں اور مشاورت کے ذریعے اُن پر خود بھی عملدرآمد کریں اور دوسروں کو بھی اُن پر چلنے کی تلقین کریں۔مجلسِ شوریٰ پر مشتمل انہی لوگوں کو جماعتِ مومنین کے لقب سے یاد کیا جاتا ہے۔جب یہ نظام اپنے ہی زورِ دروں پر آگے بڑھنے لگ جائے تو اُس وقت یہ کہا جاسکتا ہے کہ آج اللہ کا''الدین'' قائم ہوگیا ہے۔بہرصورت اصل میں اقتدارِاعلیٰ ''قرآنِ حکیم''یعنی اللہ کی کتاب کو حاصل ہوتا ہے۔اسی لئے،اسلامی مملکت میں حاکم ومحکوم کا کوئی تصور نہیں پایا جاتا۔اتنا سمجھ لینے کے بعد''يَوۡمِ ٱلدِّينِ'' کی اِس قرآنی اصطلاح کو سمجھنا آسان ہوجاتا ہے جسے قرآنِ حکیم نے اِس کے معنی ومفہوم کوواضح کرنے کے لئے بتایا ہے کہ :۔

مَآ أَدۡرَىٰكَ مَا يَوۡمُ ٱلدِّينِ ۸۲/۱۸ ''تجھے کیا معلوم کہ یوم الدین کیا ہے۔''

اس کے جواب میں کہا گیا کہ:۔

يَوۡمَ لَا تَمۡلِكُ نَفۡسٌ لِّنَفۡسٍ شَيۡـًٔاۖ وَٱلۡأَمۡرُ ۸۲/۱۹

''جس دور میں کوئی انسان کسی دوسرے انسان کے لئے کچھ اقتدار واختیار نہیں رکھے گا۔ اور (تمام معاملات) قانونِ خداوندی کے مطابق فیصل ہوں گے۔''

اتنا تو ہر قاری جانتا ہے کہ کسی بھی کتاب کی حیثیت، اہمیت اور آفادیت کو سمجھنے کے لئے اس کے دیباچے کو پڑھنا اور سمجھنا ضروری ہوتا ہے۔ اور الکتاب (قُرآنِ حکیم) میں سورۃ فاتحہ کی حیثیت ایک دیباچے کی سی ہے۔ جس کے شروع ہی میں اس بات کو واضح کر دیا گیا ہے کہ یہ قانون کی کتاب ہے اور اس کے قوانین کو حکومتی سطح پر لاگو کرنے کا نام اسلام ہے۔

چنانچہ یاد رکھیں، کہ اس میں جو مالِکِ یوم الدین کہا گیا ہے۔ اس کا مطلب یہ ہے کہ ایک وقت ایسا آنے والا ہے جب اللہ کا دین قائم ہو جائے گا اور پھر تمام انسان اپنی زندگی اللہ کے قوانین کے مطابق بسر کریں گے۔ لیکن ہمارے مفسرین نے اس مالِکِ یوم الدین کے معنیٰ ''بدلے کے دن (قیامت) کا مالک ہے'' کر دیئے ہیں۔ جس سے یوں لگتا ہے کہ اس ''دین کے دن'' کا تعلق اِس دنیا سے نہیں بلکہ قیامت کے دن سے ہے۔ ان دونوں باتوں میں زمین آسمان کا فرق ہے۔ آگے چل کر انسانوں کو یہ دعا سکھائی گئی ہے کہ، اے اللہ ہم تیری ہی عبادت کرتے ہیں اور صرف تجھ ہی سے مدد چاہتے ہیں چنانچہ ہمیں سیدھی راہ دکھا۔ ان لوگوں کی راہ جن پر تو نے انعام کیا۔ چنانچہ جب آپ سیدھے راہ پر چلنے کی دعا کریں گے تو اسی دنیا کی زندگی میں چلنے کی دعا کریں گے مرنے کے بعد صراطِ مستقیم پر چلنے کی دعا تو کوئی بھی نہیں کرتا۔ صراطِ مستقیم پر چلنے سے تو مراد ہی یہ ہے کہ اللہ کے دین (قُرآنِ حکیم کے قوانین) پر چلا جائے، چنانچہ اس کے علاوہ کوئی دوسری صراطِ مستقیم ایسی نہیں جس پر چلنے کی دعا اللہ نے انسانوں کو سکھائی ہو۔ یوم الدین کو قیامت کے دن کے لئے بھی استعمال کیا گیا ہے لیکن یہاں پر اس سے مراد دنیا میں نظامِ الٰہی کے قائم ہو جانے سے ہے۔ یہ بھی سچ ہے کہ اس نظام کے مخالفین کے لئے وہ دن کسی قیامت سے کم نہیں ہوگا جب یہ قائم ہوگا۔

اور جو یہ کہا جاتا ہے کہ اسلام خطرے میں ہے یہ نہایت ہی لغو بات ہے جو کی جاتی ہے، اسلام اور دینِ اسلام کو کوئی خطرہ نہیں کیونکہ اسے تو صدیوں سے کسی کے سامنے ہی نہیں آنے دیا گیا، دنیا تو ابھی اس سے متعارف ہی نہیں ہوئی۔ اس لئے کوئی خطرہ اگر ہے تو ان نام نہاد مسلمانوں کو ہے جو اپنے دنیوی مفادات کے پیشِ نظر اللہ کے دین کے راستے میں کوہِ گراں بن کر کھڑے ہیں اور اس کوشش میں رہتے ہیں کہ اللہ کا نظام قائم نہ ہو۔

سامعین! جب ہم آپ سے یہ کہتے ہیں کہ ہمیں اپنے نصب العین تک پہنچنا ہے تو اس سے ہماری مراد صراطِ مستقیم پر چل کر دین کے اسی نظام تک رسائی حاصل کرنے سے ہے۔ چنانچہ جب ہم اپنے نصب العین تک پہنچ جائیں گے تو ہم بھی قُرآنِ حکیم کی پیروی میں ان ظالمین سے یہی کہیں گے کہ:۔

لَا تَرْكُضُوا۟ وَٱرْجِعُوٓا۟ إِلَىٰ مَآ أُتْرِفْتُمْ فِيهِ وَمَسَـٰكِنِكُمْ لَعَلَّكُمْ تُسْـَٔلُونَ ۲۱/۱۳

''بھاگنے کی کوشش مت کرو (تم اب بھاگ کر کہیں نہیں جا سکتے) چلو واپس اپنے عظیم الشان محلوں میں جہاں تمہیں آسودگی دی گئی تھی۔ جاؤ تا کہ تم سے سوال تو کر لیا جائے۔''

نظامِ سرمایہ داری کے سرغنون کے انجام کا جو نقشہ قُرآنِ حکیم نے پیش کیا ہے وقت آنے پر ایسا ہی ہو کر رہے گا۔

کیونکہ یہ اُس اللہ کا فیصلہ ہے جو علیم بھی ہے اور خبیر بھی۔ اس کے قوانین چاہے انسانی زندگی سے متعلق ہوں یا پھر کائناتی زندگی سے متعلق ''الدین'' ہی کہلاتے ہیں۔ چونکہ ان دونوں کا منبع اللہ تعالیٰ ہی کی ذات ہے، اس لئے قوانینِ الٰہی کے مطابق زندگی گزارنے سے معاشرے میں ایسی فضا پیدا ہو جاتی ہے جو کائناتی قوتوں کو کنٹرول کرنے والے قوانین کو اپنی طرف مائل کرنے لگتی ہے، فضا سازگار ہونے سے مراد یہ ہے کہ ایسی فضا جہاں ان دونوں میں کہیں ٹکراؤں کی کسی بھی صورت کا کوئی امکان باقی نہ رہے۔ ان کی اس ہم آہنگی کی بدولت انہیں ایک دوسرے کا رفیق بھی کہا جا سکتا ہے۔ ان کی اس رفاقت کی برکات سے انسانی معاشرے موذی بیماریوں اور زلزلوں جیسی آفاقی تباہیوں سے محفوظ ہو جاتے ہیں۔ اسی کو فرشتوں کی مدد سے تعبیر کیا جاتا ہے۔ جنت میں بھی داخل ہونے کے لئے آپ کی روح کا جنت کی فضا کے مطابق اور سازگار ہونا ضروری ہے جس کے لئے پہلے، دنیا میں جنتی معاشرے کا قیام ناگزیر ہے۔ جس انسان کی روح اس دنیا میں جنتی زندگی گزارنے کی خوگر نہیں، مرنے کے بعد اسے جنت کی فضا رد کر دیتی ہے۔ اسی غرض سے تو حضرت ابراہیم کو دنیا اور آخرت دونوں کے حاصل ہو جانے کی دعا سکھائی گئی تھی۔

سامعین، ہم دیکھتے ہیں کہ جب کہیں کوئی جاں لیوا حادثہ پیش آ جاتا ہو اور اس کے ڈانڈے کسی ایسی تنظیم سے جا ملتے ہوں جو خود کو اسلامی بتاتی ہو تو فوراً ہی مسلمانوں کے ہر مکتبۂ فکر کے رہنما میڈیا پر آ کر معذرت خواہانہ رویہ اختیار کرتے ہوئے یک زباں ہو کر رٹے رٹائے جملوں کے ساتھ کہنا شروع کر دیتے ہیں کہ، اسلام امن کا مذہب ہے اور اس میں ایک انسان کا قتل تمام انسانوں کے قتل کرنے کے برابر ہوتا ہے، اس لئے ہم اس کی مذمت کرتے ہیں۔ اللہ کے بندو! اسلام مذہب نہیں، دین ہے اور دین کا تعلق نظام سے ہوتا ہے۔ اس کے لئے بتا دیا گیا ہے کہ اللہ کا دین (نظام) دنیا کے تمام دوسرے ادیان (نظاموں) پر غالب آ کر رہے گا۔ مذہب کا تو لفظ ہی غیر قرآنی ہے۔ الغرض جب دین قائم کر لیا جائے گا تو اُس وقت قتل و غارت گری تو خود ہی دم توڑ دے گی اور ہر طرف امن و سکون کا دور دورہ ہوگا۔

هُوَ ٱلَّذِىٓ أَرْسَلَ رَسُولَهُۥ بِٱلْهُدَىٰ وَدِينِ ٱلْحَقِّ لِيُظْهِرَهُۥ عَلَى ٱلدِّينِ كُلِّهِۦ وَلَوْ كَرِهَ ٱلْمُشْرِكُونَ ٩/٣٣

''اسی نے اپنے رسول کو ہدایت اور سچے دین کے ساتھ بھیجا ہے کہ اِسے دنیا کے تمام ادیان پر غالب کر دے۔ اگرچہ مشرک برا مانیں۔''

سوال ''دینِ قیم'' کیا ہے؟

جواب حضرات! اس سے پہلے ہم نے صراطِ مستقیم پر بات کی ہے اور بتایا ہے کہ قرآنِ حکیم کے قوانین پر چلنے کو ''صراطِ مستقیم'' سے تعبیر کیا جاتا ہے۔ یہ بھی ساتھ ساتھ بتاتے چلے آئے ہیں کہ قرآنِ حکیم میں جب بھی زکوٰۃ اور صلوٰۃ کے الفاظ ایک ساتھ آئیں تو اس آیت کا تعلق نظام سے ہوتا ہے۔ ''دینِ قیم'' کیا ہے؟ اسے سمجھنے کے لئے اگلی آیت پر غور

کیجئے:۔

وَمَآ أُمِرُوٓاْ إِلَّا لِيَعۡبُدُواْ ٱللَّهَ مُخۡلِصِينَ لَهُ ٱلدِّينَ حُنَفَآءَ وَيُقِيمُواْ ٱلصَّلَوٰةَ وَيُؤۡتُواْ ٱلزَّكَوٰةَۚ وَذَٰلِكَ دِينُ ٱلۡقَيِّمَةِ ۹۸/۵

''انہیں اس کے سوا کوئی حکم نہیں دیا گیا کہ صرف اللہ کی محکومیت اختیار کریں اوراسی کے لئے دین کو خالص رکھیں۔ابراہیم حنیف کے دین پراور صلوٰۃ کو قائم رکھیں اور زکوٰۃ دیتے رہیں یہی ہے ''دینِ قیم'' دین سیدھی ملت کا۔''

اس سے آگے حتمی فیصلہ صادر کرتے ہوئے اللہ نے اس ''دینِ قیم'' کے بارے میں واشگاف الفاظ میں بنی نوعِ انسان کو بتادیا کہ کفار اس کے دین پر کبھی غالب نہیں آسکتے۔

وَلَا يَحۡسَبَنَّ ٱلَّذِينَ كَفَرُواْ سَبَقُوٓاْۚ إِنَّهُمۡ لَا يُعۡجِزُونَ ۸/۵۹

''کافر یہ خیال نہ کریں کہ وہ بھاگ نکلے۔یقیناً وہ عاجز نہیں کرسکتے۔''

سوال آپ کی دی ہوئی کتاب ''ضربِ عضب کے بعد'' کے اندر معراج کا واقعہ درج کیا گیا ہے جس میں ''سدرۃ المنتہیٰ'' نام کے ایک مقام کا ذکر ملتا ہے، اسکے معنی ومفہوم پر روشنی نہیں ڈالی گئی، اس لئے آپ بتائیں کہ یہ کون سا مقام ہے؟

جواب ہمارے ذہن میں اس وقت اسلام کے حوالے سے جب بھی کوئی بات سامنے آتی ہے تو ہم اُسے مذہب کی عینک سے دیکھتے ہیں، اس سے لامحالہ ہمارا ذہن مافوق الفطرت اشیاء کی جانب منتقل ہوجاتا ہے۔آپ کو یاد ہوگا، اقبال نے کہا تھا کہ وحدت الوجود کے عقیدے کی مدد سے شعائرِ اسلام کی تردید وتنسیخ کی گئی ہے اور اسلام کی ہر معمود شے کو مذموم بیان کیا گیا ہے۔حقیقت یہ ہے کہ کسی مذہب یا قوم کے دستور العمل وشعار میں باطنی معنی تلاش کرنا یا باطنی مفہوم پیدا کرنا اصل میں اس دستور العمل کو مسخ کردینا ہے۔

چنانچہ،ان نامساعد اور مشکل حالات کے پیشِ نظر،جن میں ہمارا دستور العمل مسخ ہوچکا ہے ہمیں اللہ کی کتاب کے ساتھ اور زیادہ مضبوطی کے ساتھ جڑے رہنا چاہئے۔اب ہم آپ کے سوال کی طرف آتے ہیں،آپ ''سدرۃ المنتہیٰ'' کے معنی ومفہوم کو جاننا چاہتے ہیں۔سکرین پر دیکھئے:۔

سدرۃ المنتہیٰ

''ابنِ فارس نے کہا ہے کہ "سَدِرَ" کے بنیادی معنی حیرت اور اضطرابِ رائے کے ہیں۔'' اَلسَّدِرُ'' متحیر کو کہتے ہیں۔ سورۃ النجم میں مقامِ نبوت کی کیفیات کو مثالی انداز میں بیان کیا گیا ہے۔ (واضح رہے کہ وحی کی کیفیت مثال کے ذریعے اور یا تشبیہً بیان کی جاسکتی ہے، کیونکہ کوئی غیر از نبی، وحی کی کیفیت اور ماہیت کو جان اور پہچان نہیں سکتا۔ وہ صرف اس کے پیغام کو سمجھ سکتا ہے۔) اس سلسلے میں کہا گیا ہے کہ نبی کو جس مقام سے وحی ملتی ہے وہاں انسانی عقل و فکر کے لئے سوائے انتہائی حیرت کے اور کچھ نہیں ہوتا۔ عقلِ انسانی اس مقام کی ماہیت کو قطعاً نہیں سمجھ سکتی۔ اسے وہاں حیرت ہی حیرت ہوتی ہے۔ اس کے لئے قرآنِ کریم نے عِندَ سِدْرَةِ ٱلْمُنتَهَىٰ ۵۳/۱۴ کے الفاظ استعمال کئے ہیں۔ یعنی وہ مقام جہاں تحیر اپنی انتہا تک پہنچ جائے۔ اس کی تشریح ان الفاظ سے کر دی کہ إِذْ يَغْشَى ٱلسِّدْرَةَ مَا يَغْشَىٰ ۵۳/۱۶ جب سدرہ پر چھا رہا تھا جو کچھ چھا رہا تھا۔ یعنی یہ تمہارے (غیر از نبی انسانوں) کے لئے ممکن نہیں کہ تم جان سکو کہ وہ کیا کیفیت تھی۔ تمہاری نگاہ کے لئے وہ تحیر کی فراوانی تھی جس نے ساری فضا کو ڈھانپ رکھا تھا۔ لیکن اس کے باوجود مَا زَاغَ ٱلْبَصَرُ وَمَا طَغَىٰ ۵۳/۱۷ نبی کی آنکھ کسی قسم کا دھوکہ نہیں کھاتی۔ وہ حقائق کو بالکل واضح اور غیر مبہم طور پر دیکھتی ہے۔ لیکن صرف انہی حقائق کو جو اسے دکھائے جاتے ہیں۔ وہ ان کی حد سے آگے نہیں بڑھتی۔ بڑھ سکتی ہی نہیں۔ کیونکہ اسے یہ چیزیں اس کے ذاتی کسب و ہنر سے نہیں ملتیں کہ وہ جس قدر زیادہ محنت کرتا جائے آگے بڑھتا جائے۔ اُس پر اُسی قدر حقائق منکشف کئے جاتے ہیں، جس قدر منکشف کئے جانے مقصود ہوں۔ انسانوں کے مقابلے میں تو علمِ نبوت (وحی) لا انتہا ہوتا ہے لیکن علمِ خداوندی کے مقابلے میں اس کی ایک حد ہوتی ہے جس سے آگے وہ نہیں بڑھ سکتا۔

راغب نے إِذْ يَغْشَى ٱلسِّدْرَةَ مَا يَغْشَىٰ ۵۳/۱۶ کی تشریح میں لکھا ہے کہ اس میں اُس مکان کی طرف اشارہ ہے جہاں رسول اللہ کو افاضۂ الٰہیہ سے نوازا گیا تھا۔ اور بعض لوگوں کا خیال ہے کہ یہ وہی درخت ہے جس کے نیچے رسول اللہ نے بیعت لی تھی۔

لَّقَدْ رَضِيَ ٱللَّهُ عَنِ ٱلْمُؤْمِنِينَ إِذْ يُبَايِعُونَكَ تَحْتَ ٱلشَّجَرَةِ فَعَلِمَ مَا فِي قُلُوبِهِمْ
فَأَنزَلَ ٱلسَّكِينَةَ عَلَيْهِمْ وَأَثَٰبَهُمْ فَتْحًا قَرِيبًا

''یقیناً اللہ مومنوں سے خوش ہوگیا جب کہ وہ درخت کے تلے تجھ سے بیعت کر رہے تھے۔ان کے دلوں میں جو تھا اس نے اسے معلوم کرلیا اور ان پر اطمینان نازل فرمایا۔اور انہیں قریب کی فتح عنایت فرمائی۔'' ۴۸/۱۸

لیکن ظاہر ہے کہ اس میں مکان کے مقابلے میں کیفیت کا مفہوم زیادہ موزوں ہے۔ ویسے اَلسَّدِیر پانی کے منبع، نہر اور دریا کو بھی کہتے ہیں۔ اَلسَّدِر سمندر کو کہتے ہیں۔ اس اعتبار سے بھی اس کا مفہوم علمِ الٰہی کا سرچشمہ (وحی) زیادہ مناسب معلوم ہوتا ہے۔ لہٰذا سِدْرَةِ الْمُنْتَهَىٰ وحی کا سرچشمہ ہے جہاں عقلِ انسانی کے لئے تحیر ہی تحیر ہوتا ہے لیکن چشمِ نبوت اسے صاف طور پر دیکھتی ہے۔''

بحوالہ لغات القرآن

سامعین، دین کے حوالے سے مزید باتیں آگے چل کر بھی ہوں گی، آج کی نشست یہیں برخاست کرتے ہیں،

کل تک کے لئے

اللہ حافظ

مثالی معاشرہ

بارہویں نشست

اسلام علیکم ! خواتین و حضرات، آپ کی تشریف آوری کا شکریہ۔ آپ کو یاد دلاتے چلیں کہ چیف اس نشست میں بھی ہمارے ساتھ نہیں ہوں گے۔ پاناما لیکس کے مطابق ہمارے ملک کے وزیرِ اعظم بھی کرپشن میں ملوث پائے گئے ہیں۔ عجیب افراتفری کا عالم ہے۔ افغانستان کے حالات آپ کے سامنے ہیں، ایرانی پاسپورٹ کے حامل ہندوستان کے جاسوسوں کا پاکستان کی سرزمین سے پکڑے جانا نہایت ہی تاسف انگیز امر ہے۔ اب اللہ ہی ہے جو مسلمانوں پر رحم کرے، پوری دنیا کے حالات پر چیف گہری نظر رکھے ہوئے ہیں آج وہ اردن میں موجود ہیں۔ ہم نے شروع میں ہی آپ کو بتا دیا تھا کہ ہمارے پاس وقت نہیں بچا اب تمام فیصلے عجلت میں کرنے پڑیں گے۔ اس کے باوجود ہم اُس وقت تک ایک قدم بھی آگے نہیں بڑھا سکتے جب تک کہ اسلامی مملکت کے تمام خدوخال قُرآنِ حکیم کی روشنی میں آپ کے سامنے نہیں آجاتے اور سیکولرازم کے حوالے سے قائدِ اعظم کی ۱۱، اگست ۱۹۴۷ء والی تقریر کا وہ معاملہ بھی کھل کر سامنے نہیں آجاتا جس کی وجہ سے ہمارا روشن خیال طبقہ پاکستان میں اسلامی نظام کی مخالفت کرتا ہے۔

سامعین ! حسبِ معمول، سابقہ نشست میں آپ کے سوالات کے جوابات قُرآنِ حکیم کی روشنی میں دیئے گئے تھے۔ اگر ان جوابات سے آپ میں سے کسی کی تشفی نہ ہوئی ہو تو ای میل پر مطلع کر دیں۔ آج کی نشست میں ہم ان مخصوص الفاظ کو سمجھنے کی کوشش کریں گے جن کو قُرآنِ حکیم نے اصطلاحات کے طور پر استعمال کیا ہے۔ یہ وہ الفاظ ہیں کہ اگر ان کو قُرآنِ حکیم کی روشنی میں دیکھا اور سمجھا نہ جائے تو بھی وہ منہاج یا راستہ ہماری نظروں سے اوجھل رہے گا جس پر چل کر ہمیں اپنی منزلِ مقصود یا نصب العین تک پہنچنا ہے۔ مومن، مسلم، کافر، منافق، اور مشرک جیسے الفاظ کو ہم بلا سوچے سمجھے دن میں کئی کئی بار استعمال کرتے ہیں۔ لیکن آج کی نشست میں ہم ان الفاظ کو قُرآنِ حکیم کی روشنی میں دیکھ کر اِن کے اُس مقام کا تعین کریں گے جو اسلامی معاشرے میں اِن کے لئے قُرآنِ حکیم تجویز کرتا ہے۔ آپ کو قدم قدم چل کر نہایت معاملہ فہمی کے ساتھ نہ صرف اپنے روشن مستقبل کے لئے بلکہ اپنی آنے والی نسلوں کے

مستقبل کے لئے بھی ان کے معنی و مفہوم کو سمجھ کر فیصلے کرنے ہوں گے، اس لئے آپ کی پوری توجہ درکار ہے۔ لفظ مومن، سے شروع کرتے ہیں، اس معذرت کے ساتھ کہ، لغات القُرآن میں مومن وغیرہ کی جو تعریف بیان ہوئی ہے میں اسے من وعن اس کتاب میں نہیں دے سکا۔ اس کے چیدہ چیدہ نکات کو لے کر مختصراً پیش کیا ہے۔ اس لئے کہ لغات میں ان اصطلاحات کے جو معنی مفہوم درج ہیں وہ کئی کئی صفحات پر مشتمل ہیں۔

آگے بڑھنے سے پہلے آپ کو یہ بتانا بھی ضروری ہے کہ ان اصطلاحات کے معنی و مفہوم کو براہِ راست لغات القُرآن سے لینے کے علاوہ اگر دوسرا کوئی اور مستند ذریعہ ہوتا تو میں اس سے بھی مدد لیتا۔ یہ خالص قُرآنی الفاظ کی لغت ہے، لیکن اس میں دیگر مشہور و معروف عربی لغات کی کتب سے بھی مدد لی گئی ہے۔

سامعین! مومن، مسلم اور کافر وغیرہ کی قُرآنی اصطلاحات کو سمجھنے کے لئے اپنی اپنی سکرین پر توجہ مرکوز رکھیں:۔

مومن

"قرآنِ کریم کی رو سے پانچ بنیادی حقیقتیں ہیں جن پر ایمان لانے سے انسان مومن ہو جاتا ہے۔ سورۃ بقرۃ میں ہے:۔

وَلَٰكِنَّ الْبِرَّ مَنْ آمَنَ بِاللَّهِ وَالْيَوْمِ الْآخِرِ وَالْمَلَائِكَةِ وَالْكِتَابِ ۲/۱۷۷

"کشادگی کی راہ اس کی ہے جو اللہ پر، یومِ آخرت پر، ملائکہ پر، کتب پر اور انبیاء پر ایمان لائے۔"

اِن کا (یا اِن میں سے کسی ایک کا) انکار کفر ہے۔

وَمَن يَكْفُرْ بِاللَّهِ وَمَلَائِكَتِهِ وَكُتُبِهِ وَرُسُلِهِ وَالْيَوْمِ الْآخِرِ فَقَدْ ضَلَّ ضَلَالًا بَعِيدًا ۴/۱۳۶

"جو اللہ سے اور اس کے ملائکہ، کتب، رُسل اور یومِ آخرت سے انکار کرتا ہے تو وہ گمراہی میں بہت دور نکل جاتا ہے"۔

اللہ پر ایمان کے معنی، اُس کی ہستی پر یقین، اُس کے قوانین پر پورا پورا اعتماد اور ان قوانین کی اطاعت کا نہ صرف کہ زبانی اقرار بلکہ معاشرے کو جنت نظیر بنانے کے لئے اُن پر عملی طور پر چل کر ثابت کرنے کا نام اللہ پر ایمان لانا کہلاتا ہے۔

یومِ آخرت پر ایمان کے معنی ہیں اللہ کے قانونِ مکافاتِ عمل کی محکمیت پر یقین اور اعتماد۔ اور موت کے بعد تسلسلِ حیات پر یقین، کہ زندگی کے جوئے رواں کی طرح چلتے رہنے کا نام، یومِ آخرت پر ایمان کہلاتا ہے۔

ملائکہ پر ایمان کے معنی یہ ہیں کہ یہ ملکوتی قوتیں نظامِ کائنات میں اللہ تعالیٰ کے پروگرام کو بروئے کار لانے میں اپنی پوری طاقت اور تن دہی سے سرگرمِ عمل رہتی ہیں اور اللہ نے انہیں انسان کے سامنے جھکا دیا ہے، اسی لئے جب انھیں اللہ کے قانون کے تحت مسخر کیا جائے تو یہ خیر و برکت کا موجب بنتی ہیں۔ اس اصول کو جاننے کا نام، ملائکہ پر ایمان لانا کہلاتا ہے۔

انبیاء پر ایمان کے معنی یہ ہیں کہ انسانوں کو شاہراہ زندگی پر چلنے کی جن ہدایات کی ضرورت تھی، انھیں اللہ نے بذریعہ وحی جن برگزیدہ انسانوں کی وساطت سے لوگوں تک پہنچایا ہے ان پر ایمان لایا جائے۔ یعنی کہ ان کے پیغام پر عملی طور پر چلنے کا نام پیغمبروں پر ایمان لانا کہلاتا ہے۔

کتابوں پر ایمان کے معنی ہیں، قرآن پر ایمان لانا۔ چونکہ دیگر تمام انبیاء کی اصل تعلیم بھی اس میں داخل کر دی گئی ہے اور، قیامت تک کے لئے مزید جن ہدایات اور قوانین کی ضرورت تھی وہ بھی اس میں داخل کر دی گئیں اور اس کے بعد وحی کا سلسلہ ختم کر دیا گیا۔ چنانچہ اس کتاب پر ایمان لانا پیغمبروں کی دوسری تمام کتابوں پر ایمان لانے کے مترادف ہے۔ اس طرح کا ایمان، کتابوں پر ایمان لانا کہلاتا ہے۔

یہ وہ ضابطۂ حیات ہے، جو وحی کی صورت میں پیغمبرِ اعظم صلی اللہ علیہ وسلم پر نازل کیا گیا ہے اس کے مطابق زندگی بسر کرنے سے انسان اپنی منزلِ مقصود تک پہنچ سکتا ہے۔ اس کے علاوہ اپنے نصب العین تک رسائی کا کوئی اور ذریعہ نہیں۔ چنانچہ نزولِ قرآن کے بعد کوئی بھی اور کتاب ضابطۂ حیات نہیں بن سکتی۔

لہٰذا مومن (امن کی ضمانت دینے والا) وہ ہے جسے اللہ کے اس قانون کی محکمیت پر بھی پورا پورا بھروسہ ہو جو کائنات میں کارفرما ہے اور اُس قانون پر بھی جو حضرات انبیائے کرام کی وساطت سے وحی کے ذریعے انسانی راہنمائی کے لئے ملا (اور جو قرآن کے اندر ہے) اور انسانی اعمال کی نتیجہ خیزی پر بھی پورا پورا یقین ہو (اس دنیا میں بھی اور اس کے بعد کی زندگی میں بھی) ایسے افراد پر مشتمل جماعت کو قرآن ''يَٰٓأَيُّهَا ٱلَّذِينَ ءَامَنُوٓاْ'' اے ایمان والو! کہہ کر پکارتا ہے۔ لیکن اس کے ساتھ ہی یہ کہہ کر تنبیہ بھی کر دیتا ہے کہ ایسا نہ ہو کہ جماعت کا یہ نام تو باقی رہ جائے اور وہ خصوصیات باقی نہ رہیں جن کی بنا پر انہیں اس خطاب کا حامل قرار دیا گیا تھا۔ اس لئے اس جماعت سے بھی کہہ دیا گیا کہ جس طرح دیگر افرادِ انسانیہ (یہود و نصاریٰ وغیرہ) کے لئے ضروری ہے کہ وہ قوانینِ خداوندی اور مکافاتِ عمل پر پورا پورا یقین رکھیں اسی طرح اِنکے لئے بھی ضروری ہے۔ انہیں اطمینان اور بے خوفی کی زندگی اسی طرح مل سکے گی نہ کہ مسلمانوں کے گھر میں پیدا ہو جانے سے۔

إِنَّ ٱلَّذِينَ ءَامَنُواْ وَٱلَّذِينَ هَادُواْ وَٱلنَّصَٰرَىٰ وَٱلصَّٰبِـِٔينَ مَنْ ءَامَنَ بِٱللَّهِ وَٱلْيَوْمِ ٱلْأَخِرِ وَعَمِلَ صَٰلِحًا فَلَهُمْ أَجْرُهُمْ عِندَ رَبِّهِمْ وَلَا خَوْفٌ عَلَيْهِمْ وَلَا هُمْ يَحْزَنُونَ ٢/٦٢

''یقیناً جو لوگ اپنے آپ کو مومن کہہ کر پکارتے ہیں اور جو یہود و نصاریٰ اور صائبین ہیں، کسے باشد، جو بھی اللہ اور آخرت پر ایمان لائے گا اور اس کے اعمال صالح ہوں گے، تو ایسے لوگوں کا اجر اُن کے رب کے ہاں ہوگا۔ اور انہیں نہ کوئی خوف ہوگا نہ حُزن۔''

اس کے ساتھ ہی یہ بھی کہہ دیا کہ یہود و نصاریٰ وغیرہ کہیں یہ نہ سمجھ لیں کہ وہ تو پہلے ہی اللہ اور آخرت پر ایمان رکھتے ہیں اس لئے انہیں ''مومن'' ہونے کے لئے نئے سرے سے ایمان لانے کی ضرورت نہیں۔ ان سے واضح طور پر کہہ دیا کہ جب تک ان امور پر اس طرح ایمان نہ لایا جائے جس طرح قرآن نے بتایا ہے (یعنی ان کی جو تشریحات قرآن نے بیان کی ہیں انہیں اسی طرح نہ مانا

جائے)(کسی کے بزعم خویش)ایمان کو ایمان نہیں کہا جائے گا۔

$$\text{فَاِنْ اٰمَنُوْا بِمِثْلِ مَآ اٰمَنْتُمْ بِهٖ فَقَدِ اهْتَدَوْا ۚ ٢/١٣٧}$$

''اگر یہ لوگ اس طرح ایمان لائیں جس طرح (اے جماعتِ مومنین)تم ایمان لائے ہو تو پھر سمجھا جائے گا کہ یہ لوگ
صحیح راستے پر ہیں''

ایمان وہی ایمان ہے جو قرآن کے مطابق ہے اور عمل وہی صالح ہے جسے قرآن صالح قرار دے۔قرآن نے یہ بھی بتایا
ہے کہ ایسے لوگ بھی ہیں جو یہ تو مانتے ہیں کہ کائنات کو اللہ نے بنایا ہے اور اُس کا قانون اس میں کارفرما ہے،لیکن اپنی زندگی (یا انسانی
معاملات)میں اللہ کی راہنمائی (وحی)کو ضروری نہیں سمجھتے۔ایسے لوگوں کو وہ مومنین قرار نہیں دیتا اس لئے کہ مومن کے معنی صرف یہی
نہیں کہ وہ اللہ کی ہستی پر ایمان رکھتا ہو۔مومن وہ ہے جو وحی پر بھی ایمان رکھے،یعنی کہ وحی کے ذریعے جو قوانین اور اصول دیئے گئے ہیں
اُن کے مطابق زندگی بھی گزارے۔

یہ بھی یاد رہے کہ کسی مصلحت کی بنا پر، یا جماعتِ مومنین کے غلبہ و اقتدار کے پیشِ نظر، ایمان لے آنا بھی ایمان نہیں
کہلاتا۔ ایمان کے معنی یہ ہیں کہ انسان اپنے دل کی گہرائیوں میں قانونِ خداوندی کی صداقتوں کا یقین اور اس کی محکمیت پر بھروسہ
رکھے۔سورۃ الحجرات میں ہے کہ:۔

$$\text{قَالَتِ الْاَعْرَابُ اٰمَنَّا ۚ قُلْ لَّمْ تُؤْمِنُوْا وَلٰكِنْ قُوْلُوْا اَسْلَمْنَا وَلَمَّا يَدْخُلِ الْاِيْمَانُ فِیْ قُلُوْبِكُمْ ۚ ٤٩/١٤}$$

''اعراب (دیہاتی بدو) کہتے ہیں کہ ہم ایمان لے آئے ۔ان سے کہو کہ تم ایمان نہیں لائے ۔ یہ کہو کہ ہم نے تمہاری
فرمانبرداری اختیار کر لی ہے ۔اس لئے کہ (ابھی تک)تمہارے دلوں میں ایمان داخل نہیں ہوا۔''

دوسری طرف یہ بھی سمجھ لینا چاہئے کہ ایمان صرف ان حقائق کو مان لینے کا نام نہیں۔ان کے سامنے عملاً سرِ تسلیم خم کر دینا بھی
ضروری ہے۔سورۃ روم میں ہے:۔

$$\text{اِنْ تُسْمِعُ اِلَّا مَنْ يُّؤْمِنُ بِاٰيٰتِنَا فَهُمْ مُّسْلِمُوْنَ ٣٠/٥٣}$$

''تو صرف اُنہی کو سنا سکتا ہے جو ہمارے احکام پر ایمان لاتے ہیں اور وہ ان کے سامنے جھکنے والے ہیں ۔''

یہی وجہ ہے کہ جہاں ایمان کو کفر کے مقابل رکھا گیا ہے (مثلاً ۶-۲/۳میں) وہاں اسے ''گریز کی راہیں نکالنے اور پھر جانے'' کے مقابل بھی رکھا گیا ہے، حتیٰ کہ مومن اور فاسق کو بھی ایک دوسرے کی ضد بتایا گیا ہے اور منافقین کی ضد بھی۔ تا کہ وہ مومنوں کو بھی جان لے اوران لوگوں کو بھی جو منافقت برتتے ہیں۔

قُرآن نے اللہ کو بھی ''المومن'' کہا ہے۔ اس لئے کہ وہ تمام کائنات کی حفاظت کا ذمہ دار ہے اور جو اس کے قانون پر بھروسہ کرتا ہے وہ اسے تخریبی قوتوں کی تباہیوں سے محفوظ رکھتا ہے۔ اس اعتبار سے بندۂ مومن وہ ہوگا جس پر تمام انسان اعتماد اور بھروسہ کرسکیں اور جو تمام دنیا میں امن قائم رکھنے کا ذمہ دار ہو۔''

بحوالہ لغات القرآن

••❖••

مسلم

1) ''سَلم'' یہ وہ مادہ ہے جس سے اسلام کا لفظ آیا ہے اس لئے اس کے بنیادی معانی کو سمجھنا ضروری ہے۔ اس لئے کہ انہی معنی سے اسلام'' کے مختلف گوشے واضح ہو جائیں گے۔ سَلِمَ کے بنیادی معنی ہیں وہ ہر قسم کے عیوب ونقائص سے پاک اور صاف ہو گیا۔ اس کی ہر کمی پوری ہو گئی۔ اس طرح مکمل ہو جانا کہ پھر کوئی نقص اور کمی باقی نہ رہے۔ یعنی انسانی صلاحیتوں کی پوری پوری نشو ونما اور تکمیل۔

2) اس مادہ کے دوسرے بنیادی معنی ہیں، ہر قسم کی آفات، خطرات اور حوادث سے محفوظ رہنا۔ ابنِ فارس نے کہا ہے کہ اس مادہ میں زیادہ معنی صحت اور عافیت سے متعلق ہیں۔

3) ''السُّلَّمَ''، سیڑھی کو کہتے ہیں یعنی کسی بلندی تک پہنچنے کا قابلِ اعتماد اور محفوظ ذریعہ۔ لہٰذہ اس مادہ کے تیسرے معنی ہیں وہ ذرائع جن سے کوئی شخص نہایت اعتماد اور حفاظت سے بلندیوں تک پہنچ جائے۔

4) ''السَّلِمُ'' کے معنی ہیں صلح اور صفائی کے ساتھ رہنے والا. ''السِّلم '' کہتے ہی صلح کو ہیں۔ لہٰذا اس مادہ کے چوتھے معنی ہیں، خود بھی امن وسلامتی سے رہنا اور دنیا میں بھی امن وسلامتی قائم رکھنا تَسَا لَمَتالخَیلُ کے معنی ہوتے ہیں گھوڑوں کا ایک ساتھ چلنا (پاؤں ملا کر اس طرح چلنا کہ ان میں مکمل ہم آہنگی ہو) اور کسی گھوڑے کا ایسی حرکت نہ کرنا جس سے گھوڑے بدک جائیں یا مشتعل ہو جائیں۔ اس سے اسلامی معاشرے کا صحیح صحیح تصور سامنے آجاتا ہے۔

ان معنی سے ظاہر ہے کہ ''الاسلام'' اُس نظامِ حیات کا نام ہے جس سے کہ:۔

1) انسان کی تمام کمیاں پوری ہو جائیں۔ اور اس کی صلاحیتیں پوری پوری نشو ونما پالیں۔
2) جس میں وہ زندگی کی تمام تباہیوں اور بربادیوں سے محفوظ رہے۔
3) اپنی ارتقائی منازل طے کرتا ہوا بلندیوں کی طرف بڑھتا چلا جائے۔

4) وہ خود اپنی ذات میں بھی امن وسلامتی اور صلح وآشتی سے رہے اور ساری دنیا میں امن وسلامتی قائم کرنے کا موجب ہو۔ وہ سفرِ زندگی میں دوسرے افرادِ معاشرہ کے ساتھ پوری ہم آہنگی سے چلے اور کوئی حرکت ایسی نہ کرے جس سے کوئی دوسرا مشتعل ہو اور اس طرح معاشرہ کا نظام خراب کردے۔

5) یہ اسی صورت میں ممکن ہے کہ جب انسان قوانینِ خداوندی کی پوری پوری اطاعت کرے اور ان کے سامنے اپنا سر ہی نہیں بلکہ دل بھی جھکا دے۔

6) اور یہ کچھ پورے پورے اعتدال اور توازن سے کرے۔ افراط وتفریط سے کام نہ لے۔

7) اس طرح اس کی کوششیں ثمر بار ہو جائیں گی اور اس کا کوئی عمل رائیگاں نہیں جائے گا۔

8) اور اس کی اپنی ذات میں بھی حسن (توازن) پیدا ہو جائے گا اور پورے معاشرے میں بھی۔

یہ ہے وہ روشِ زندگی جس کے متعلق کہہ دیا کہ جو شخص اس روش کے خلاف کوئی اور روش اختیار کرے گا، تو وہ اس قسم کے نتائج قطعاً پیدا نہیں کر سکے گی اور آخر الامر نقصان اٹھائے گا۔ ان خصوصیات کے حامل انسان کو صاحبِ قلبِ سلیم کہا گیا ہے۔

إِلَّا مَنْ أَتَى ٱللَّهَ بِقَلْبٍ سَلِيمٍ ۲۶/۸۹

''لیکن فائدہ والا وہی ہوگا جو اللہ تعالیٰ کے سامنے قلبِ سلیم لے کر جائے گا۔''

لہٰذا اب، اِس آسمان کے نیچے، اللہ کا تجویز کردہ ضابطۂ حیات جسے اُس نے الاسلام کہہ کر پکارا ہے، قُرآنِ حکیم سے باہر کہیں نہیں۔ اسی دین کے ماننے والوں کو مسلمین کہتے ہیں۔ مسلم وہ ہے جو قُرآنِ کریم کو اللہ کی طرف سے عطا کردہ واحد، مکمل اور آخری ضابطۂ حیات سمجھے۔ یعنی اُس کے قوانین کو آخری سند تسلیم کرے۔

بحوالہ لغات القرآن

••❖••

کافر

کُفرُن کے معنی چھپانے اور ڈھانپنے کے آتے ہیں۔ابنِ فارس نے بھی اس کے بنیادی معنی چھپانے اور ڈھانپنے کے کئے ہیں۔چنانچہ اس شخص کو جو اس طرح ہتھیاروں میں ڈوب جائے کہ اس کا بدن نظر نہ آئے کافِرٌ کہا جاتا ہے۔رات کو بھی کافِر، کہتے ہیں کیونکہ اس کی تاریکی تمام چیزوں پر پردہ ڈال دیتی ہے۔سیاہ بادل کو بھی کافِر، کہتے ہیں۔نیز دریا اور سمندر کو بھی کیونکہ یہ اپنی اندرونی چیزوں کو چھپائے رکھتے ہیں۔کسان کو بھی کافِر، کہتے ہیں کیونکہ وہ بیج کو مٹی میں چھپا دیتا ہے۔ان معانی کے اعتبار سے مومن کے مقابل میں کافِر، اسے کہا جائے گا جو ٹھوس سچائیوں کو پسِ پردہ رکھنا چاہے۔جو اللہ کے دیئے ہوئے ابدی حقائق کو پوشیدہ رکھے اور انھیں ابھر کر سامنے نہ آنے دے۔یا جو اپنی اور دوسروں کی صلاحیتوں کو چھپائے اور انھیں بروئے کار نہ آنے دے' ان کی نشو ونما نہ ہونے دے۔

چھپانے کے مفہوم کی وجہ سے اس کے معنی انکار کرنے کے بھی ہو گئے۔ ایمَان' کے مقابل میں کُفر' کے یہی معنی ہوتے ہیں۔ یعنی قُرآنی صداقتوں کا انکار کرنا۔لہٰذا کفرانِ نعمت کے معنی ہیں نعمتوں کا چھپا لینا۔انہیں نوعِ انسانی کے فائدے کے لئے کھلا نہ رکھنا۔ قُرآنِ حکیم کی رو سے کافر کا لفظ کوئی گالی نہیں بلکہ ایک حقیقتِ نفس الامری کا بیان (Statement of Fact) ہے آپ ایک پارٹی بناتے ہیں، جو لوگ اس میں شامل ہوتے ہیں انھیں اس کا ممبر کہا جاتا ہے۔ جو اس میں شامل نہیں ہوتے وہ غیر ممبر (Non Members) کہلاتے ہیں۔یہی فرق مومن اور کافر کا ہے۔اسلامی معاشرہ کے ممبروں کو مومن کہا جاتا ہے، اور جو اُس معاشرے میں داخل ہونے سے انکار کر دیتے ہیں وہ ''نان ممبرز'' (کافر) کہلاتے ہیں۔

لہٰذا ایمان اور کفر صرف نظری (Theoretical) اعتقاد نہیں بلکہ عمل اور بے عملی (یا صحیح عمل اور غلط عمل) کا نام ہے۔یہی سے سورۃ بقرۃ کی اِس آیت کا مفہوم واضح ہو جاتا ہے جس کے مروجہ ترجمہ اور غلط مفہوم سے طرح طرح کے شکوک اور اعتراضات پیدا ہو جاتے ہیں۔سورۃ بقرۃ کے شروع میں یہ بتایا گیا ہے کہ جو لوگ زندگی کی غلط روش کے تباہ کن نتائج سے بچنے کی خواہش رکھتے ہیں، انھیں قُرآنِ کریم صحیح روش کی طرف راہنمائی دیتا ہے۔اس سے اگلی آیت میں ہے:۔

إِنَّ ٱلَّذِينَ كَفَرُواْ سَوَآءٌ عَلَيۡهِمۡ ءَأَنذَرۡتَهُمۡ أَمۡ لَمۡ تُنذِرۡهُمۡ لَا يُؤۡمِنُونَ ۲/۶

جس کا عام طور پر ترجمہ یہ کیا جاتا ہے کہ:۔

''جولوگ کافر ہو گئے ان کے لئے برابر ہے چاہے تو ان کو ڈرائے یا نہ ڈرائے۔ وہ کبھی ایمان نہیں لائیں گے۔''

(اس آیت میں)''کافروں'' سے مراد لئے جاتے ہیں ''غیر مسلم''۔ یعنی وہ لوگ جو ایمان نہیں لاتے۔ مسلمان نہیں ہوتے۔ اس سے سوال یہ پیدا ہوتا ہے کہ اگر غیر مسلموں (کافروں) کو رسول کا انذار کچھ فائدہ نہیں دے سکتا تو پھر رسالت اور تبلیغ ہے کن لوگوں کے لئے؟ مومنین کو اس کی ضرورت نہیں رہتی اور کافروں کو یہ کچھ فائدہ نہیں دیتا! نیز جب نبی اکرم صلی اللہ علیہ وسلم نے انذار شروع کیا ہے تو اُس وقت ساری دنیا ''کافر'' ہی تھی (کیونکہ ہر طرف غیر خدائی نظام تھے، اسلامی نظام تو بعد میں آیا ہے)۔ اگر حضور کا انذار کفار کے لئے بے سود تھا تو حضور کی بعثت کا مقصد ہی (معاذ اللہ) کچھ نہیں تھا۔

ان تصریحات سے واضح ہے کہ اس آیت میں کفار سے مطلب سب غیر مسلم نہیں۔ یہ غیر مسلموں کے ایک مخصوص گروہ کا نام ہے۔ جہاں تک ''غیر مسلموں'' کا تعلق ہے، افریقہ اور آسٹریلیا کے قدیم قبائلی باشندے، یا قطبِ شمالی کے اسکیمو، جنھوں نے ابھی تک اسلام یا قُرآنِ کریم کا نام بھی نہیں سنا، وہ بھی غیر مسلم ہیں۔ لیکن ان کا شمار کفار کے زمرے میں نہیں ہوگا۔ جیسا کہ اوپر بتایا جا چکا ہے، کفر، ایمان کے مقابلے میں آتا ہے۔ ایک شخص کے سامنے قُرآنِ کریم کی صداقتیں پیش کی جاتی ہیں۔ اسے ان کا مفہوم اور مطلب سمجھایا جاتا ہے۔ وہ اِن پر غور و فکر کرتا ہے اور اس کے بعد برضا و رغبت انھیں تسلیم کر لیتا ہے۔ اِسے ایمان کہتے ہیں۔ اِس کے برعکس دوسرا شخص ہے۔ اُسکے سامنے بھی اِسی طرح قُرآنی صداقتیں پیش کی جاتی ہیں۔ لیکن وہ انھیں تسلیم کرنے سے انکار کر دیتا ہے۔ اُسے کافر کہیں گے۔ اِن لوگوں کے انکار کی کئی وجوہات اور متعدد محرکات ہوتے ہیں۔ قُرآنِ کریم نے مختلف مقامات پر ان کا ذکر کیا ہے۔ نیز یہ بھی بتایا ہے کہ یہ لوگ حق کی مخالفت پر اُتر آتے ہیں۔ اُس سے سرکشی برتتے ہیں۔ خود بھی اُس راستے سے رکتے ہیں اور دوسروں کو بھی اُس کی طرف آنے سے روکتے ہیں۔

اِن مقامات سے واضح ہے کہ حق کے واضح طور پر سامنے آ جانے کے بعد اِس سے انکار کرنا، کفر کہلاتا ہے۔ جن لوگوں کے سامنے حق آیا ہی نہیں وہ غلط راستے (ضلالت) پر تو ہیں لیکن انھیں کافر نہیں کہا جائے گا۔ ان کا شمار ''ضَالّین'' میں ہوگا۔ یعنی راہ گم کردہ۔ غلط راستے پر چلنے والا۔

بحوالہ لغات القُرآن

••✣••

منافق

نَفق" (مادہ کے اعتبار سے) نَفق" اس سرنگ کو کہتے ہیں جس کے داخل ہونے اور نکلنے کے راستے دونوں کھلے ہوں۔ یعنی منافق جب کسی نظام یا سوسائٹی میں داخل ہوتا ہے تو وہ پہلے یہ دیکھ لیتا ہے کہ اس سے نکلنے کا راستہ کون سا ہے۔ قرآن میں (سورۃ منافقون میں) ہے کہ یہ لوگ جب رسول کے پاس آتے ہیں تو کہتے ہیں کہ ہم گواہی دیتے ہیں کہ تو اللہ کا رسول ہے لیکن اللہ گواہی دیتا ہے کہ یہ لوگ جھوٹے ہیں۔

إِذَا جَآءَكَ ٱلْمُنَـٰفِقُونَ قَالُوا۟ نَشْهَدُ إِنَّكَ لَرَسُولُ ٱللَّهِ ۗ وَٱللَّهُ يَعْلَمُ إِنَّكَ لَرَسُولُهُۥ
وَٱللَّهُ يَشْهَدُ إِنَّ ٱلْمُنَـٰفِقِينَ لَكَـٰذِبُونَ ٦٣/١

"تیرے پاس جب منافق آتے ہیں تو کہتے ہیں کہ ہم اس بات کے گواہ ہیں کہ بے شک آپ اللہ کے رسول ہیں۔ اور اللہ جانتا ہے کہ یقیناً آپ اس کے رسول ہیں۔ اور اللہ گواہی دیتا ہے کہ یہ منافق قطعاً جھوٹے ہیں۔"

یعنی منافق وہ ہے جو زبان سے وہ کچھ کہے جس کی تصدیق اس کا دل نہ کرتا ہو۔ سورۃ بقرۃ کی ابتدا ہی میں تین جماعتوں کا ذکر ہے۔ ایک کھلے کھلے مومن۔ دوسرے کھلے کھلے کافر اور تیسرے وہ لوگ جو زبان سے کہتے ہیں کہ ہم اللہ اور آخرت پر ایمان لائے ہیں۔ لیکن وہ مومن ہوتے نہیں۔ یہ لوگ اللہ اور مومنین کو دھوکا دیتے ہیں۔ لیکن درحقیقت وہ اپنے آپ کو دھوکا دیتے ہیں۔

وَمِنَ ٱلنَّاسِ مَن يَقُولُ ءَامَنَّا بِٱللَّهِ وَبِٱلْيَوْمِ ٱلْـَٔاخِرِ وَمَا هُم بِمُؤْمِنِينَ ٢/٨

"بعض لوگ کہتے ہیں کہ اللہ تعالیٰ پر اور قیامت کے دن پر ایمان رکھتے ہیں، لیکن درحقیقت وہ ایمان والے نہیں"۔

يُخَـٰدِعُونَ ٱللَّهَ وَٱلَّذِينَ ءَامَنُوا۟ وَمَا يَخْدَعُونَ إِلَّآ أَنفُسَهُمْ وَمَا يَشْعُرُونَ ٢/٩

"وہ اللہ کو اور ایمان والوں کو دھوکا دیتے ہیں، لیکن دراصل وہ خود اپنے آپ کو دھوکہ دے رہے ہیں، مگر شعور نہیں رکھتے۔"

منافقین کو قرآن نے بدترین خلائق قرار دیا ہے اور ایسا ہونا بھی چاہیئے۔ کھلے ہوئے دشمن سے آپ ہر وقت محتاط رہ سکتے ہیں۔ لیکن جو مارِ آستین بن کر چھپا رہے، اس کے متعلق آپ کو گمان بھی نہیں ہوسکتا کہ وہ دشمن ہے اس لئے قرآنِ حکیم میں منافقین کا بڑی تفصیل سے ذکر آیا ہے اور ان سے محتاط رہنے کی سخت تاکید کی گئی ہے۔

یاد رہے کہ منافقین کا کوئی الگ گروہ نہیں ہوتا۔ جب بھی کسی کی زبان اس کے دل کے ساتھ ہم آہنگ نہ ہو۔ یا اس کا کردار اس کے دعوے کی تصدیق نہ کرے، وہ نفاق کا مرتکب ہوتا ہے۔ قرآن نے اسے "دل کی بیماری" (نفسیاتی مرض) قرار دیا ہے۔ جماعت میں وسوسہ انگیزیاں کرنے والے۔ ان میں بزدلی پیدا کرنے والے۔ لوگوں کو دکھانے کی خاطر نیک کام کرنے والے۔ اُمت میں تفرقہ پیدا کرنے کے لئے مسجدیں تعمیر کرنے والے۔ جنگ سے گریز کی راہیں تلاش کرنے والے۔ مشکل کے وقت بہانے تراشنے والے۔ ہر وقت تنقیدیں اور اعتراضات کرنے والے۔ کچھ دے کر احسان جتاتے رہنے والے۔ یہ اعتراض کرنے والے کہ ہماری بات کیوں نہیں مانی جاتی۔ ہماری مرضی کے مطابق پروگرام کیوں نہیں بنایا جاتا۔ جب اپنا فائدہ نظر آئے تو شریکِ پروگرام۔ جب ذاتی منفعت نہ ہو تو کنارہ کش۔ یہ ہیں مختصراً وہ خصوصیات جن کے حامل منافق کہلاتے ہیں۔ اور قرآن نے اِس خصلت کو کفر سے بھی زیادہ شدید مستوجبِ عذاب قرار دیا ہے۔ جماعت پر تباہیاں آتی ہی منافقین کے ہاتھوں ہیں ہماری ساری تاریخ اِس کی شاہد ہے اور قرآنِ کریم کے اِس معیار کی رو سے کہ زبان سے کہتے ہیں کہ ہم مسلمان ہیں لیکن اُن کا عمل اُن کے اِس دعوے کا ثبوت بہم نہیں پہنچاتا ہمیں خود اپنی حالت پر بھی غور کرنا چاہیئے کہ ہم کس مقام پر کھڑے ہیں۔

بحوالہ تبویب القرآن

••❖••

مشرک

اَلشِر ْک ُ کے بنیادی معنی ہیں چمٹے رہنا۔خلط ملط ہو جانا۔ شَارَ کتُ فُلانًا کے معنے ہیں میں فلاں کا ساتھی ہو گیا۔ اَشتَر کَ الاَمر ُ کے معنے ہیں معاملہ گڈمڈ ہو گیا۔ مُشَا رَ کۃ" کے معنے ہیں ایک کا دوسرے کے ساتھ کسی کام میں شریک ہو جانا۔ شِر ْک" ۔ قُرآنِ کریم کی خاص اصطلاح ہے۔اس کے معنے ہیں غیر خدائی قوتوں کو اللہ کے ہمسر سمجھنا۔جو اختیارات صرف اللہ کے لئے مخصوص ہیں ان کا حامل دوسروں کو بھی سمجھنا۔انسانوں کے خودساختہ قوانین کو، اللہ کے قوانین کے برابر سمجھنا۔اللہ کے حقِ ملکیت میں دوسروں کا حق تسلیم کرنا۔قُرآنِ کریم کی تعلیم یہ ہے کہ اس کائنات میں ہر شے انسان کے لئے تابع فرمان کر دی گئی ہے اور انسان سب برابر ہیں۔کسی کو حق حاصل نہیں کہ کسی دوسرے سے اپنی اطاعت کرائے۔لہٰذا اس کائنات میں، انسان سے برتر کوئی اور قوت نہیں۔(انسان سب برابر اور کائنات کی دیگر اشیاء انسان سے فروتر)۔بس ایک اللہ کی ذات ہے جو انسان سے برتر ہے۔ لہٰذا انسان کا اللہ کے علاوہ کسی اور کو اپنے سے برتر سمجھنا خود اسکی اپنی تذلیل ہے۔اسی کو شرک کہتے ہیں۔شرک سے ذاتِ باری تعالیٰ میں تو کوئی فرق نہیں آتا۔خود انسان اپنے مقامِ انسانیت سے گر جاتا ہے۔اس لئے قُرآنِ کریم کی رو سے شرک سب سے بڑا جرم ہے۔ جو انسان سے اس کا صحیح مقام چھین لیتا ہے۔

وَإِذْ قَالَ لُقْمَـٰنُ لِٱبْنِهِۦ وَهُوَ يَعِظُهُۥ يَـٰبُنَىَّ لَا تُشْرِكْ بِٱللَّهِ ۖ إِنَّ ٱلشِّرْكَ لَظُلْمٌ عَظِيمٌ ۳۱/۱۳

"اور جب کہ لقمان نے نصیحت کرتے ہوئے اپنے لڑکے سے کہا کہ میرے بچے! اللہ کے ساتھ شریک نہ کرنا بے شک شرک بڑا بھاری ظلم ہے۔"

مشرکین وہی ہیں جو مقامِ انسانیت سے گر جاتے ہیں۔اور (اللہ کے علاوہ اور) قوتوں کو اپنے سے برتر سمجھنے لگ جاتے ہیں۔بس ایک اللہ کے قوانین کی اطاعت (جو اس نے وحی کے ذریعے قُرآنِ کریم میں عطا کر دیا ہے) اور ساری کائنات کی تسخیر۔یہ ہے توحید۔اور اس میں ذراسی بھی خرابی، شرک۔

نزولِ قُرآن کے متعلق ایک گروہ تو ان لوگوں کا تھا جو وحی خداوندی کے اتباع کے مدعی تھے۔انھیں اہلِ کتاب کہہ کر پکارا گیا

ہے۔یعنی یہودی، نصرانی وغیرہ۔ دوسرا گروہ ان لوگوں کا تھا جو کسی آسمانی کتاب کے اتباع کے مدعی نہیں تھے۔ وہ اپنے خود ساختہ رسوم و آئین کے متبع تھے۔ وہ اپنے ذہنی تصور کے مطابق خدا کو بھی مانتے تھے۔لیکن اس کے ساتھ اور قوتوں کو بھی شریکِ خیال کرتے تھے۔انہیں مشرکین کہا گیا ہے۔(چونکہ یہ دونوں گروہ قرآنِ کریم کی دعوت سے انکار کرتے تھے اس لئے ان سب کو کافرین، کہا گیا ہے۔) یہ اصطلاحی تعبیریں ان گروہوں میں باہمی امتیاز کے لئے تھیں ورنہ جہاں تک حقیقت کا تعلق ہے خود اہلِ کتاب بھی قانونِ خداوندی کا اتباع نہیں کرتے تھے بلکہ انسانوں کے خود ساختہ قوانین کا اتباع کرتے تھے۔یعنی اپنے احبار و رہبان (علماء ومشائخ) کے مسلک وآئین کا اتباع۔قانونِ خداوندی اپنی اصلی شکل میں ان کے پاس تھا ہی نہیں۔اور جتنا کچھ تھا، وہ بھی محض تبرکاً تھا۔ان کا عمل ان کے علماء ومشائخ کی متعین کردہ شریعت پر تھا۔لہٰذا عملاً یہ لوگ بھی مشرک تھے۔اس اعتبار سے قرآنِ کریم نے انھیں بھی مشرک کہا ہے۔

قَالُواْ كُونُواْ هُودًا أَوْ نَصَـٰرَىٰ تَهْتَدُواْ ۗ قُلْ بَلْ مِلَّةَ إِبْرَٰهِـۧمَ حَنِيفًا ۖ وَمَا كَانَ مِنَ ٱلْمُشْرِكِينَ ۲/۱۳۵

کہتے ہیں کہ یہود و نصاریٰ بن جاؤ تو ہدایت پاؤ گے۔تم کہو بلکہ صحیح راہ پر ملتِ ابراہیمی والے ہیں، اور ابراہیم خالص اللہ کے پرستار تھے اور مشرک نہ تھے۔"

دینِ توحید صراطِ مستقیم ہے۔اور مختلف فرقے وہ چھوٹے چھوٹے راستے ہیں جو انسان کو صراطِ مستقیم سے بہکا کر دوسری طرف لے جاتے ہیں اور تھوڑی دور جا کر بند ہو جاتے ہیں۔اس لئے قرآنِ کریم نے فرقہ بندی کو شرک قرار دیا ہے۔اس لئے کہ فرقوں میں آخری سند انسان ہوتے ہیں۔دین میں سند اور حجت صرف اللہ کی کتاب ہوتی ہے۔چنانچہ۔

1) جو خصوصیات اور قوتیں اللہ کے لئے مختص ہیں، ان میں کسی دوسرے کو شریک سمجھنا، شرک ہے
2) اپنے آپ کو اللہ کے سوا، کائنات کی کسی قوت یا کسی انسان کا محکوم اور تابع فرمان سمجھنا اور اس کے سامنے جھکنا، شرک ہے
3) قُرآنِ کریم کے قوانین کے علاوہ، کسی اور کی محکومی اختیار کرنا شرک ہے۔اس ضابطہ کے علاوہ کسی اور ضابط کو، اپنا حکم ماننا، شرک ہے
4) الدین، ملت میں وحدت پیدا کرتا ہے۔ فرقوں میں بٹ جانا اور گروہ در گروہ ہو جانا، شرک ہے
5) ایک اللہ۔اس کا عطا کردہ ایک ضابطۂ زندگی۔اس پر چلنے والی ایک امت۔اس کا ایک نظام۔یہ ہے توحید اسکے خلاف جو کچھ ہے شرک ہے

جس طرح سارے قُرآنِ کریم میں توحید کی تفاصیل کا تذکرہ ہے اسی طرح اس میں شرک اور اس کی جزئیات وتضمنات کا

ذکر ہے قُرآنِ کریم کی بنیادی تعلیم شرک کومٹانا اور توحید کو قائم کرنا ہے۔ لا الٰہ الا اللہ ، کے معنے یہی ہیں۔ ہر غیر خداوندی قانون و آئین کی اطاعت سے انکار اور قانونِ خداوندی کی اطاعت کا عملی اقرار۔ مسلم اور مشرک ایک دوسرے کی ضد ہیں اور غیر خدائی قوتوں پر بھروسہ کرنے والے اور شیطانی اقتدار کو تسلیم کرنے والے مشرک ہیں۔

بحوالہ لغات القرآن

سامعین! آپ نے مومن، مسلم، کافر، منافق اور مشرک جیسی معروف قُرآنی اصطلاحات کو سمجھ لیا ہے۔ ان کو سمجھے بغیر ممکن ہی نہیں کہ قُرآنِ حکیم کا نظام سمجھ میں آ سکے، اس لئے آپ سے درخواست ہے کہ آپ آج کی نشست کا پروگرام اپنے ساتھ لے جائیں اور ان اصطلاحاتِ قُرآنی پر خوب غور کریں اور انھیں پوری طرح سمجھنے کی کوشش کریں۔ شکریہ

اس درخواست کے ساتھ ہی ہم آج کی نشست کو برخاست کرتے ہیں

کل تک کے لئے اللہ حافظ

تیرہویں نشست

اسلام علیکم، خواتین وحضرات۔ آپ سب لوگ تشریف لا چکے ہیں ہمیں آج کی نشست کو لے کر جلد آگے بڑھنا چاہئے۔ لیکن میں اپنے لیپ ٹاپ کی سکرین پر دیکھ رہا ہوں کہ آپ لوگوں نے کل کی نشست پر اطمینان کا اظہار کرتے ہوئے شکریہ ادا کیا ہے۔ میں سمجھتا ہوں کہ شکریئے کے اصل حقدار تو آپ ہیں، جو باقاعدگی کے ساتھ پورا پورا دن یہاں ان کرسیوں پر بیٹھے میری باتوں کو توجہ اور انہماک کے ساتھ سنتے اور اُن پر غور فرماتے رہے۔ اس کے لئے میں آپ سب کا احسان مند ہوں۔

سامعین، ہماری خوش قسمتی ہے کہ ہمیں آپس میں چند دن مل بیٹھنے کا موقع ملا۔ میں اس کے لئے رب العزت کا جتنا بھی شکر ادا کروں وہ کم ہے۔ آج کسی کو بھی اپنے اردگرد کے کثیف سیاسی اور مذہبی ماحول سے نکلنے کی امید نہیں، لیکن کفر وشرک کے ان گھٹاٹوپ اندھیروں کی چادر کتنی ہی موٹی کیوں نہ ہو، اللہ کے نور کے سامنے ان کی حیثیت ہی کچھ نہیں۔ اس لئے ہمارے کرنے کا کام یہ ہے کہ ہم اس نور (قرآن) کو اِن اندھیروں کے سامنے لا کھڑا کریں۔ اُس کے بعد دیکھئے گا کہ یہ کس قدر تیزی کے ساتھ دیکھتے ہی دیکھتے فضا میں یوں کافور ہو جائیں گے جس طرح سرد موسم کی پڑی دُھند، سورج کے سامنے آتے ہی چھٹ جاتی ہے۔ میں مزید آپ کا قیمتی وقت ضائع نہیں کرنا چاہتا، اس لئے اب آگے بڑھتے ہیں۔

تو سامعین، میں بتانا یہ چاہ رہا ہوں، کہ اب جبکہ قُرآنی نکتۂ نظر سے مومن ومسلم اور کافر ومشرک وغیرہ کی اصطلاحات اپنی تمام تر صفات اور معنی ومفہوم کے ساتھ کھل کر ہمارے سامنے آ گئی ہیں تو اِسکے بعد اِن کو سمجھنے میں دشواری نہیں ہونی چاہئے۔ مومن کے بارے میں مزید کچھ سمجھنے سمجھانے کی کوئی اتنی ضرورت نہیں۔ اِس گوہرِ نایاب کے بارے میں اتنا جان لینا ہی کافی ہے کہ یہ اپنی پوری آب وتاب کے ساتھ اُس وقت تک سامنے نہیں آ سکتا جب تک کہ اسلامی مملکت قائم کرنے کے سلسلے میں خود اُس کی اپنی کوششیں ثمر بار نہیں ہو جاتیں۔ لیکن اِس کی اِن کوششوں کو نا کام بنانے میں ہمہ وقت جو قوت اپنا بھر پور کردار ادا کرتی ہے اور اِس کی سعیٔ پیہم کے

حاصل کو اپنی غلیظ چادر سے ڈھانپ دیتی ہے تا کہ یہ لوگوں کی نظروں کے سامنے نہ آنے پائے، اُس کو کافر کہا جاتا ہے۔

الغرض، اسلامی نظام کے قیام کے سلسلے میں مومن کی ساری زندگی جہدِ مسلسل پر عبارت ہے۔ چنانچہ اگر کبھی اُس کے عمل و حرکت میں جمود طاری ہو جائے تو پھر اُس کی قوم کی جگہ اللہ دوسری کسی قوم کو لے آتا ہے۔

إِلَّا تَنفِرُوا يُعَذِّبْكُمْ عَذَابًا أَلِيمًا وَيَسْتَبْدِلْ قَوْمًا غَيْرَكُمْ وَلَا تَضُرُّوهُ شَيْئًا ۗ وَاللَّهُ عَلَىٰ كُلِّ شَيْءٍ قَدِيرٌ ٩/٣٩

"اگر تم اللہ کی راہ میں (نظامِ خداوندی کے قیام و بقا کی خاطر) نہیں نکلو گے تو تمہیں اللہ دردناک سزا دے گا اور تمہارے سوا اور لوگوں کو بدل لائے گا۔ تم اللہ کو کوئی نقصان نہیں پہنچا سکتے۔ اور اللہ ہر چیز پر قادر ہے۔"

اصولی طور پر بھی یہ بات صحیح ہے کہ زمین کی وراثت اُسی قوم کے حصے میں آتی ہے جس میں اس کی صلاحیت ہو۔ اگر نہ ہو تو وہ مٹا دی جاتی ہے۔ چنانچہ حفظِ ما تقدم کے تحت اللہ نے اسلامی مملکت کی حفاظت کے لئے مسلمانوں سے کہا ہے کہ وہ اپنے گھوڑوں کو ہمیشہ تیار رکھیں۔

سامعین، بات مومن اور کافر میں تفریق کے حوالے سے ہو رہی تھی۔ چنانچہ لغت کے اعتبار سے "مومن کے مقابل میں کافر، اُسے کہا جائے گا جو ٹھوس سچائیوں کو پسِ پردہ رکھنا چاہے۔ جو اللہ کے دیئے ہوئے ابدی حقائق کو پوشیدہ رکھے اور انہیں ابھر کر سامنے نہ آنے دے۔ یا جو اپنی اور دوسروں کی صلاحیتوں کو چھپائے اور انہیں بروئے کار نہ آنے دے، ان کی نشوونما نہ ہونے دے۔" بظاہر تو شکل وصورت اور دیکھنے میں مومن اور کافر دونوں ہی انسان لگتے ہیں لیکن جو چیز انہیں ایک دوسرے سے متمیز کرتی ہے وہ ان کی سوچ اور ذہنیت ہے، جو ایک کو مومن بناتی ہے تو وہی دوسرے کو کافر۔

چنانچہ، ہر اس شخص کو جو اللہ کے قوانین کے مطابق معاشرہ قائم کرنے کے لئے اپنی بھرپور صلاحیتوں کو بروئے کار لائے اسے مومن کہا جائے گا۔ لیکن مومنانہ زندگی گزارنے کے لئے مملکتِ اسلامیہ کا قیام ناگزیر ہے۔ اس سے باہر رہ کر کسی بھی انسان کی زندگی مومنانہ نہیں ہو سکتی۔ بقول اقبال کے:۔

The pure brow of the principle of Tauhid has received more or less an impress of heathenism, and the universal and impersonal character of the ethical ideals of Islam has been lost through a process of localisation. The only alternative open to us, then, is to tear off from Islam the hard crust which has immobilised an essentially dynamic outlook on life, and to rediscover the original verities of freedom, equality, and solidarity with a view to rebuild our moral, social and political ideals out of their original simplicity and universality.

Iqbal's discussion of the thoughts of Said Halim Pasha, the Grand Vizier of Turkey (Op. cit. p.156)(SJPak.p239)

ترجمہ "توحید کے اصول کی خالص اور اعلیٰ ذہنی سطح، کفر سے تھوڑی بہت متاثر ضرور ہوتی ہے اور اسلام کے اخلاقی تصورات اور رفاقی اور ذاتیات سے بالاتر کردار، مقامی ماحول سے متاثر ہو کر اپنے معیار سے گر گئے ہیں۔ پس ہمارے پاس واحد راستہ یہی رہ گیا ہے کہ ہم اسلام کے گرد کفر کی جمی ہوئی سخت گند کو کھرچ کر پھینک دیں جس نے زندگی کے بے حد فعال نظریئے کو جامد کر کے رکھ دیا ہے۔ اور اپنے اخلاقی، سماجی اور سیاسی تصورات کی اپنی اصل سادگی اور حقانیت سمیت تعمیرِ نو کے پیشِ نظر آزادی، مساوات اور یکجہتی کی بنیادی صداقتوں کو نئے سرے سے دریافت کریں۔"

یعنی کہ جب ہم "کفر کے نظام کے تحت کسی بھی ملک میں رہ رہے ہوں تو اُس وقت "توحید کے اصول کی خالص اور اعلیٰ ذہنی سطح تھوڑی بہت متاثر ضرور ہوتی ہے" چنانچہ توحید کے اصول کی خالص اور اعلیٰ ذہنی سطح، کفر سے تھوڑی متاثر ہو یا کہ پھر زیادہ، حقیقت یہی ہے کہ وہ مشرکانہ طرزِ زندگی ہی کہلائے گی مومنانہ نہیں۔ مومنانہ زندگی گزارنے کے لئے کتاب اللہ کے قوانین کے مطابق ایک مملکت کا قیام لازمی ہے۔ اس کے بغیر تو مسلم نام کی بھی کوئی شے اپنا وجود قائم نہیں رکھ سکتی۔ الغرض، جو بھی شخص اللہ کی کتاب کے مطابق اسلامی معاشرہ قائم کرنے کے لئے جدوجہد کرتا ہے وہ مومن ہی کہلائے گا، لیکن اس کی زندگی اس وقت تک مومنانہ نہیں ہوسکتی جب تک کہ وہ مملکتِ اسلامیہ کے اندر رہ کر اللہ کے قوانین کی اطاعت اور تابعداری کے فرائض سرانجام نہیں دیتا۔

یہ وہ وجہ تھی کہ جس کے پیشِ نظر اقبال کہتے ہیں کہ "میرا دل تو مومن ہے لیکن زندگی مومنانہ نہیں"۔ اس لئے کہ وہ جس نظام کے تحت اپنی زندگی بسر کر رہے تھے وہ غیر اسلامی تھی۔ اقبال نے یہ بھی کہا تھا کہ "اگرچہ میری زندگی غیر اسلامی ماحول میں بسر ہوئی، لیکن خدا کا شکر ہے کہ میں اپنی زبان سے ساری عمر قرآنِ مجید ہی کا پیغام دیتا رہا"۔ اقبال کے اس بیان کو سامنے رکھ کر اب آپ اُن کا یہ شعر ملاحظہ فرمائیں:۔

اگر ہو عشق تو ہے کفر بھی مسلمانی
نہ ہو تو مردِ مسلماں بھی کافر و زندیق

یہاں اقبال کہہ رہے ہیں کہ، کفر کے نظام کے تحت، اپنی زندگی بسر کرنے کے باوجود اگر کوئی اپنے آپ کو مسلمان کہلوانے کا حق دار ہوسکتا ہے تو صرف اُس صورت میں کہ وہ اللہ کے نظام کو بروئے کار لانے کا اپنے اندر نہ صرف یہ کہ جذبہ رکھتا ہو بلکہ اُس کے لئے اپنے طور پر لگاتار کوشش بھی کرے۔ لیکن اگر کسی مسلمان کے دل میں سرے سے ایسا کوئی جذبہ ہی بیدار نہیں اور وہ کفر کے نظام کے تحت اپنی زندگی اس لئے بسر کرتا ہے کیونکہ وہاں پر اُسے دنیا کی ہر سہولت میسر ہے، تو نہ صرف یہ کہ وہ مسلمان نہیں، بلکہ کافر اور زندیق بھی ہے۔ اس تمہید کے بعد آپ سمجھ گئے ہوں گے کہ ہندوستان میں برطانوی نظام کے تحت رہتے ہوئے اقبال جب کہتے ہیں کہ "میرا دل تو مومن ہے لیکن زندگی مومنانہ نہیں" تو اِس سے اُن کا مطلب کیا تھا؟

سامعین، اقبال کے اِس شعر کا جو مفہوم میں نے آپ کے سامنے پیش کیا ہے، آپ کو مطمئن کرنے کے لئے شاید کافی نہ ہو۔

اسی سوچ کے تحت مزید چند مثالیں سامنے لانے کی کوشش کرتا ہوں:۔

قوتِ عشق سے ہر پست کو بالا کر دے
اسمِ محمد سے دہر میں اجالا کر دے

کیا کوئی بتا سکتا ہے کہ یہ قوتِ عشق دراصل ہے کیا، کہ جس کے ذریعے سے آپ زمین پر گرے ہوؤں کو اٹھا کر اپنے پاؤں پر کھڑا کر سکتے ہوں؟ یہ کام تو ایک مربوط اور مضبوط نظام کے بغیر ممکن ہی نہیں۔ اور اسمِ محمد سے دہر میں اجالا کر دے۔ یعنی کہ اسلامی نظامِ حیات کے ذریعے انسانیت کو ظلمات سے نکال کر روشنی کی طرف لے آیا جائے۔ آپ حضرات کو اُن کے یہ الفاظ بھی یاد ہوں گے کہ ''تم آج تک اپنی مصیبت کے علاج کے لیے ہزاروں تدبیریں کر چکے ہو، اب ایک تدبیر محمد عربی صلعم کی بھی آزماؤ۔''

تو سامعین، میں نے جب قُرآنِ حکیم کی تعلیم کو سامنے رکھ کر اقبال کی شاعری کا مطالعہ کیا تو میں نے اُن کی شاعری میں ''عشق'' کو بطورِ نظام استعمال ہوتے دیکھا۔ مثال کے طور پر:۔

عقل و دل و نگاہ کا مرشدِ اولیں ہے عشق
عشق نہ ہو تو شرع و دیں بتکدۂ تصورات

کہا یہ گیا ہے کہ، عقل و دل و نگاہ کی تربیت کے لئے جس منبع ہدایت سے راہنمائی حاصل کی جا سکتی ہے وہ اسلامی نظامِ حیات اللہ کا دین ہے۔ اور اگر اس کی جگہ انسانوں کی خود ساختہ شریعت کے مطابق نظام قائم ہے تو وہ مشرکانہ تصورات کا ایک بت کدہ ہے۔

ہوئی نہ عام جہاں میں قوتِ عشق
سبب یہ ہے کہ محبت زمانہ ساز نہیں

اسلامی نظامِ حیات اگر کھل کر دنیا کے سامنے نہیں آ سکا تو اس کی وجہ صرف اور صرف یہ ہے کہ یہ کفر کے ساتھ کسی قسم کا کوئی سمجھوتہ کرنے کو تیار نہیں۔ دنیا جانتی ہے کہ قریش نے رسول اللہ سے سمجھوتہ کرنے کی غرض سے دنیا کی وہ کون سی ایسی شے نہ تھی جو انھیں پیش نہ کی، اور اُن کے جواب میں رسول اللہ نے فرمایا تھا، کہ تم اگر میرے داہنے ہاتھ پر سورج اور بائیں پر چاند لا کر بھی رکھ دو تو بھی میں تم سے کوئی سمجھوتہ اور زمانہ سازی نہیں کر سکتا۔ چنانچہ، جس دن مسلمانوں نے زمانہ سازی چھوڑ کر سنت رسول کی پیروی میں کفار کے ہاتھوں بِکنا بند کر دیا اُس کے بعد دنیا میں قوتِ عشق ہی کا راج ہو گا اور اسی قوتِ عشق کے زور پر آسمان **''قیام الناس''** کا نظارہ کرے

گا۔یعنی کہ اُس دن انسانیت اپنے پاؤں پر کھڑی ہو جائے گی۔

جوہرِ زندگی ہے عشق، جوہرِ عشق ہے خودی
آہ کہ ہے یہ تیغِ تیز پَردگیِ نیام ابھی

''عشق''،یعنی''اسلامی نظامِ حیات'' بذاتِ خود ایک ایسا قائم اور دائم نظام ہے جو کسی بھی غیر سہارے کا محتاج نہیں۔چنانچہ انسان کی ذات (خودی) اپنی پائداری اور استحقامت کو قائم رکھنے کے لئے''عشق'' یعنی''اسلامی نظامِ حیات'' کی مرہونِ منت ہے۔ خودی کی نشوونما اس نظام کے اندر رہ کر ہو سکتی ہے، باہر رہ کر نہیں۔اسلامی نظامِ حیات کی مثال، اُس تیز دھار تلوار کی سی ہے جو کسی بھی کافرانہ ومشرکانہ نظام کو تہہ تیغ کرنے کی اپنے اندر پوری پوری صلاحیت رکھتی ہے۔کافروں نے اِسے اپنے ابلیسی نظام کی غلیظ چادر سے ڈھانپ رکھا ہے، بالکل ویسے ہی، جیسے تاب دار تلوار کو میان میں چھپا کر رکھا جاتا ہے۔

آئی نئی ہوا چمنِ ہست و بود میں
اے دردِ عشق اب نہیں لذت نمود میں

دنیا میں ایک نئے نظام کی ہوا چل نکلی ہے کہ جس کے تحت مادی زندگی،جسم وجاں کو برقرار رکھنا بھی ناممکن ہو گیا ہے۔آہ، اے نظامِ اسلامی تیری غیر موجودگی میں مادی وجود اور حیات کی بقا پر ایسا جمود طاری ہوا، کہ لوگ نشوونما کی لذت سے بھی محروم ہو گئے۔ چنانچہ اے اللہ،تو جانتا ہے کہ میں کیا چاہتا ہوں:۔

تیرے عشق کی انتہا چاہتا ہوں
مری سادگی دیکھ میں کیا چاہتا ہوں

یہاں پر اقبال نے اللہ کے حضور، اسلامی نظامِ حیات کو اسکی انتہائی بلندیوں پر دیکھنے کی خواہش کا اظہار کیا ہے،لیکن جب انھیں اس نظام کے ظہور پذیر ہونے کا دور دور تک کوئی نشان نظر نہیں آیا تو پھر نہایت ہی عجز وانکسار کے ساتھ اپنی سادگی کا اعتراف کرتے ہوئے بے ساختہ پکار اٹھے کہ، اے اللہ تو میری سادگی دیکھ کہ میں کیا چاہتا ہوں۔

اقبال کی تمام عمر اسی پیغام کو عام کرنے میں گزری ہے کہ اسلامی نظامِ حیات کے بغیر دوسرا کوئی ایسا نظام نہیں کہ جس کے تحت زندگی گزار کر انسان اپنی ذات اور جسم دونوں کی پرورش میں توازن قائم رکھ سکے۔ہم روزانہ یہ دیکھتے ہیں کہ جو لوگ اپنے جسم کی پرورش کے لئے اپنا ایمان بیچ دیتے ہیں وہ جسمانی طور پر تو توانا نظر آتے ہیں لیکن اس سے اُن کی ذات مر جاتی ہے۔ اور جو اپنی ذات

کی پرورش کے لئے پہاڑوں اور جنگلوں کا رخ کرتے ہیں اور اللہ سے لو لگانے کی کوشش کرتے ہیں تو اس سے نہ صرف یہ کہ اُن کے جسم پر بُرا اثر پڑتا ہے بلکہ ذات کی نشو ونما بھی رک جاتی ہے۔ان کی ذات کی نشو ونما اس لئے رک جاتی ہے کیونکہ یہ لوگ اپنی اُس ذمہ داری سے فرار کی کوشش کرتے ہیں جس کو نبھانے کے لئے انہیں پیدا کیا گیا تھا۔اور وہ ذمہ داری یہ ہے کہ دنیا میں رہ کر کافرانہ نظام کے خاتمے کے لئے جدو جہد جاری رکھی جائے تا کہ جو انسان دوسرے غلط نظاموں کی وجہ سے غلامی کی زندگی گزار رہے ہیں اُن کو اُس سے نجات دلوائی جا سکے۔لیکن جو لوگ اسلامی نظام کے قیام کے لئے جدو جہد کرتے ہیں اس سے اُن کی ذات کی نشو ونما بھی ہوتی رہتی ہے اور جسم کی بھی۔

عشق تیری انتہا عشق میری انتہا
تو بھی ابھی ناتمام میں بھی ابھی ناتمام

تو سامعین! اگر آپ کے سامنے اقبال کے تصور کا ''اسلامی تصوف'' نہ ہو تو پھر یہ چیز سمجھ میں نہیں آ سکتی۔اس موضوع پر ہم پہلے ہی سیر حاصل بحث کر چکے ہیں۔لیکن آپ کو دوبارہ یاد دلاتے چلیں کہ اُنھوں نے اسلامی اور غیر اسلامی تصوف کو ایک دوسرے سے الگ کرتے ہوئے کہا تھا کہ:۔

''حقیقی اسلامی بے خودی میرے نزدیک اپنے ذاتی اور شخصی میلانات، رجحانات و تخیلات کو چھوڑ کر اللہ تعالیٰ کے احکام کا پابند ہو جانا ہے۔اس طرح پر کہ اس پابندی کے نتائج سے انسان بالکل لاپرواہ ہو جائے اور محض رضا و تسلیم کو اپنا شعار بنائے۔یہی اسلامی تصوف کے نزدیک 'فنا' ہے۔البتہ عجمی تصوف فنا کے کچھ اور معنی جانتا ہے۔'' (اقبال)

اس کی مزید وضاحت کرتے ہوئے اقبال یوں کہتے ہیں کہ:۔

''اس میں ذرا بھی شک نہیں کہ تصوف کا وجود ہی سرزمینِ اسلام میں ایک اجنبی پودا ہے جس نے عجمیوں کی دماغی آب و ہوا میں پرورش پائی ہے۔'' (اقبال)

''خواجہ نقشبند اور مجدد سرہندؒ کی میرے دل میں بہت بڑی عزت ہے مگر افسوس ہے کہ آج یہ سلسلہ بھی عجمیت کے رنگ میں رنگ گیا ہے۔یہی حال سلسلہ قادریہ کا ہے جس میں میں خود بیعت رکھتا ہوں، حالانکہ حضرت محی الدین عبدالقادر گیلانی کا مقصود اسلامی تصوف کو عجمیت سے پاک کرنا تھا۔'' (اقبال)
''ہندی اور ایرانی صوفیاء میں سے اکثر نے مسئلہ فنا کی تفسیر فلسفہ ویدانت اور بدھ مت کے زیرِ اثر کی

ہے جس کا نتیجہ یہ ہوا کہ مسلمان اس وقت عملی اعتبار سے ناکارۂ محض ہے۔ میرے عقیدہ کی رو سے یہ تفسیر بغداد کی تباہی سے بھی زیادہ خطرناک تھی، اور ایک معنی میں میری تمام تحریریں اسی تفسیر کے خلاف ایک قسم کی بغاوت ہیں۔" (اقبال)

اور شعرائے عجم پر تنقید کرتے ہوئے اُنہوں نے یہ بھی کہا کہ:۔

"ان شعرا نے نہایت عجیب وغریب اور بظاہر دلفریب طریقوں سے شعائرِ اسلام کی تردید و تنسیخ کی ہے اور اسلام کی ہر محمود شے کو ایک طرح سے مذموم بیان کیا ہے۔ اگر اسلام افلاس کو برا کہتا ہے تو حکیم سنائی افلاس کو اعلیٰ درجے کی سعادت قرار دیتا ہے۔ اسلام جہادِ فی سبیل اللہ کو حیات کے لئے ضروری تصور کرتا ہے تو شعرائے عجم اس شعارِ اسلام کو کوئی اور ہی معنی پہنا تا ہے۔" (اقبال)

"میں آپ کو نصیحت کرتا ہوں کہ آپ دل سے مسلمان بنیں۔ مجھے اسلام کے دشمنوں سے اندیشہ نہیں ہے لیکن خود مسلمانوں سے مجھے اندیشہ ہے۔"

اقبال بحوالہ اقبال نامہ

شعر گوئی کے حوالے سے اقبال پنے بارے میں کیا کہتے ہیں یہ بھی دیکھ لیجئے:۔

مری نوائے پریشاں کو شاعری نہ سمجھ
کہ میں ہوں محرم، رازِ درونِ خانہ

"شعر محاورہ اور بندش کی درستی اور چستی ہی کا نام نہیں۔ میرا ادبی نصب العین نقاد کے ادبی نصب العین سے مختلف ہے۔ میرے کلام میں شعریت ایک ثانوی حیثیت رکھتی ہے اور میری ہرگز یہ خواہش نہیں کہ اس زمانے کے شعراء میں میرا شمار ہو"

بحوالہ اقبال نامہ (شیخ عطاءاللہ، مسلم یونیورسٹی علی گڑھ) صفحہ ۵۴۶/۳ جنوری ۱۹۲۶ء

جس تصوف کو اقبال نے اسلام کی سرزمین پر ایک اجنبی پودا کہا تھا، اُس اجنبی تصوف کے ماننے والے "عشق" کے ڈانڈے کہیں اور ملاتے ہیں۔ الغرض عشق اور نظام پر درجنوں اور مثالیں بھی دی جاسکتی ہیں، لیکن چونکہ ان نشستوں کا اہتمام اقبال کے کلام کی شرح لکھنے کے لئے نہیں کیا گیا بلکہ اپنے نصب العین تک رسائی حاصل کرنے کی غرض کیا گیا ہے۔ ہمیں آگے بڑھنا چاہئے اور اب یہ سمجھنے کی کوشش کرنی چاہئے کہ جو لوگ اللہ کی کتاب کے مطابق حکومت قائم نہیں کرتے اُن کے متعلق قرآنِ حکیم کے احکامات کیا ہیں۔

وَمَن لَّمْ يَحْكُم بِمَآ أَنزَلَ ٱللَّهُ فَأُوْلَٰٓئِكَ هُمُ ٱلْكَٰفِرُونَ ۵/۴۴

''جولوگ اللہ کی اتاری ہوئی وحی کے مطابق فیصلے نہیں کرتے وہ کافر ہیں۔

اور وہی ظالم بھی ہیں:۔

وَمَن لَّمْ يَحْكُم بِمَآ أَنزَلَ ٱللَّهُ فَأُوْلَٰٓئِكَ هُمُ ٱلظَّٰلِمُونَ ۵/۴۵

''اور جولوگ اللہ کے نازل کئے ہوئے کے مطابق فیصلے نہ کریں وہی لوگ ظالم ہیں۔''

اور وہی فاسق بھی ہیں:۔

وَمَن لَّمْ يَحْكُم بِمَآ أَنزَلَ ٱللَّهُ فَأُوْلَٰٓئِكَ هُمُ ٱلْفَٰسِقُونَ ۵/۴۷

''اور جولوگ اللہ کے نازل کئے ہوئے کے مطابق فیصلے نہ کریں وہی لوگ فاسق ہیں۔''

سامعین، ان فیصلہ کن مراحل میں داخل ہونے کے بعد، مومن اور کافر میں جو تفریق قُرآنی نکتہ نگاہ سے سامنے آئی ہے وہ یہ ہے کہ ''مومن'' کی ساری جدوجہد اللہ کے نظام کو قائم کرنے کے سلسلے پر محیط ہے، مومن اس بات کو اچھی طرح سے سمجھتا ہے کہ جو لوگ وحی کے عطا کردہ قوانین کو دنیا میں نافذ کرنے میں پس وپیش سے کام لیتے ہیں وہی اللہ کی نظر میں کافر بھی ہیں اور ظالم وفاسق بھی۔ چنانچہ ایک عبدِ مومن کفر کے نظام کی مخالفت اپنے تمام مفادات واغراض سے بالاتر ہوکر پوری انسانیت کی فلاح وبہبود کو پیشِ نظر رکھ کر کرتا ہے جب کہ کافر اپنے خود ساختہ نظام کو تحفظ دینے اور اپنی حاکمیت قائم رکھنے کے لئے بڑی بڑی جنگوں کو ترتیب دیتا اور برپا کرتا ہے۔ یہ وہ کشمکش ہے جو حق وباطل کی ان دوقوتوں کے درمیان ازل سے جاری ہے۔ یہاں پر ظالم اور فاسق بھی ہمارے سامنے آگئے ہیں یہ دونوں قوتیں بھی کافر کے شانہ بشانہ چل کر اُس کے ہاتھ مضبوط کرتی ہیں۔

چنانچہ اس کے بعد اسلامی نظام کے راستے میں اگر کوئی مشکل درپیش ہے تو وہ مشرک اور مسلم کی قُرآنی اصطلاح کے سمجھنے میں غلطی کی وجہ سے ہے، جب یہ اپنے کردار کی اصل شکل وصورت کے ساتھ سامنے آجائیں اور ان کے متعلق وہ سارے ابہام دور ہو جائیں تو پھر اسلامی نظام کے راستے میں آنے والی کسی بھی قوت سے باآسانی نمٹا جاسکتا ہے۔

جہاں تک کہ اسلام دشمن قوتوں کی تعداد کا تعلق ہے، ان میں سب سے کم کافر ہیں یہ چند خاندانوں پر مشتمل اُن لوگوں کا جتھہ ہے جو باہم ایک دوسرے سے مل کر اپنے مفادات کا تحفظ کرتے ہیں۔ آپ کو پتہ ہوگا کہ جب اہلِ ثمود کی طرف حضرت صالح بھیجے گئے تو انھوں نے اُس قوم سے کہا تھا کہ تم اپنی غلطیوں پر توبہ کرو، برائی کی جلدی کیوں مچا رکھی ہے؟ اُن کی یہ بات سن کر وہ سخت ناراض

ہوئے اور کہا کہ اے صالح اِس میں ہم تیری اور تیرے ساتھیوں کی بدشگونی دیکھ رہے ہیں۔ تو حضرت صالح نے کہا کہ تمہاری بدشگونی اللہ کے ہاں ہے تم فتنے میں پڑے ہوئے لوگ ہو۔ چنانچہ قرآنِ حکیم میں اللہ نے اُن کے بارے میں بتایا:۔

وَكَانَ فِي ٱلْمَدِينَةِ تِسْعَةُ رَهْطٍ يُفْسِدُونَ فِي ٱلْأَرْضِ وَلَا يُصْلِحُونَ ۴۸/۲۷

''اُس شہر میں نو سردار رہتے تھے جو زمین میں فساد پھیلاتے رہتے تھے اور اصلاح نہیں کرتے تھے۔

قَالُواْ تَقَاسَمُواْ بِٱللَّهِ لَنُبَيِّتَنَّهُۥ وَأَهْلَهُۥ ثُمَّ لَنَقُولَنَّ لِوَلِيِّهِۦ مَا شَهِدْنَا مَهْلِكَ أَهْلِهِۦ وَإِنَّا لَصَٰدِقُونَ ۴۹/۲۷

''انھوں نے آپس میں بڑی قسمیں کھا کھا کر عہد کیا کہ رات ہی کو صالح اور اس کے گھر والوں پر ہم چھاپہ ماریں گے اور اُس کے وارثوں سے صاف کہہ دیں گے کہ ہم اُس کے اہل کی ہلاکت کے وقت موجود نہ تھے اور ہم بالکل سچے ہیں۔''

آگے چل کر بتایا ہے کہ ان کی تمام تدبیریں ناکام بنادی گئیں اور اُن سب کو غارت کر دیا اور ان کے اُجڑے ہوئے مکانات کو دنیا والوں کے لئے نشانِ عبرت بنا دیا گیا۔ اور جو ایمان لائے تھے انھیں بال بال بچا لیا گیا۔

سامعین، اُسی قسم کی ذہنیت کے لوگوں پر مشتمل جدید دور کا یہ جتھہ آج ایک بہت ہی بڑی مشین یا ''نیٹ ورک'' کی صورت اختیار کر گیا ہے اور اتنا طاقتور ہو گیا ہے کہ یہ اپنے خود ساختہ جدید جمہوری نظام کے مقابلے میں دوسرے کسی بھی نظام کو برداشت نہیں کرتا۔ جس جمہوری نظام کو یہ دنیا کا نجات دہندہ بنا کر لوگوں کے سامنے پیش کرتا ہے اس نے اس میں ایسے چور دروازے بنا رکھے ہیں کہ اگر کوئی مشکل سے اس کا ایک دروازہ بند کرنے میں کامیاب ہو بھی جاتا ہے تو یہ دوسرا دروازہ کھول لیتا ہے۔ اسی طرح سے تیسرا اور چوتھا۔ اِس نظام نے انسانوں کے اتحاد کا شیرازہ بکھیر کر رکھ دیا ہے۔ اپنے آپ کو پسِ پردہ رکھ کر اس نے ہر ایک ملک میں مختلف ناموں کی درجنوں پارٹیاں تشکیل دے رکھی ہیں جو اِس کے لئے کام کرتی ہیں۔ اِس کے علاوہ اس نے دنیا بھر میں Human Raghts (انسانی حقوق) کے مقدس نام پر چلائے جانے والی انجمنوں اور اداروں (N.G.Os) کا وسیع جال بچھا رکھا ہے۔ ان میں کام کرنے والے اکثر حضرات، چند سکوں کے عوض اِس کے آلۂ کار بن کر اپنے ہی ملک کیخلاف جاسوسی کے فرائض سرانجام دینے سے بھی گریز نہیں کرتے۔ لیکن بڑے پیمانے پر یہ قارونی جتھہ، ہمیشہ اُن لوگوں پر نظر رکھتا ہے جن کے پیچھے اُسے لوگوں کا ہجوم نظر آئے، جس کے پیچھے بھی زیادہ بھیڑیں لگی ہوں، یہ اُن کو خرید کر کسی نہ کسی پارٹی کا لیڈر بنا دیتا ہے۔ ہر ملک میں اِسی انداز کی درجنوں پارٹیاں ہیں اور ہر پارٹی کا اپنا لیڈر رہے، اور ہر لیڈر ہزاروں لوگوں کا ہجوم اپنے پیچھے لگائے پھرتا ہے۔ اِس نظام کے ذریعے اِس نے ایک ہی گھر کے افراد کو آپس میں تقسیم کر رکھا ہے۔ اگر ایک بھائی ایک پارٹی کا ممبر ہے تو دوسرا دوسری پارٹی کا، جب کہ ان دونوں کی پارٹیوں کے منشور الگ الگ ہیں، ایک کچھ کرنا چاہتا ہے تو دوسرا کچھ اور۔ اِس نے لوگوں کی آنکھوں پر دنیوی مال وزر اور لالچ وہوس کی پٹی باندھ کر ان کے گرد ایک ایسا ابلیسی حصار کھینچ دیا ہے کہ اِس میں سے کوئی باہر نہیں نکل سکتا۔

بتوں سے تجھ کو اُمیدیں خدا سے نومیدی
مجھے بتا تو سہی اور کافری کیا ہے

چنانچہ اس کا نقصان یہ ہو رہا ہے کہ:۔

1) ملک کی تمام چھوٹی بڑی پارٹیاں، جن میں مذہبی پارٹیاں شامل ہیں، غیر خدائی (کافرانہ) نظام کو تحفظ دینے اور اُسے بچانے کے لئے پوری تن دہی سے مصروفِ عمل ہیں
2) یہ لوگ قوم، رنگ، نسل اور لسانی و مذہبی بنیادوں پر پارٹیوں میں تقسیم ہو کر شرک کے مرتکب ہو رہے ہیں
3) اللہ کے نزدیک فرقہ بندی شرک ہے، لیکن جس قسم کے شرک میں یہ قوم مبتلا ہو چکی ہے اللہ کے نزدیک یہی سب سے بڑا شرک ہے۔ کیونکہ یہ اللہ کے حقِ حکومت میں انسانوں کو شریک کرتے اور اللہ کا حق مارتے ہیں
4) پورا ملک منافقت کا شکار ہو چکا ہے
5) اور یہ سب اُن کافرین کے لئے ہو رہا ہے جن کے بارے میں اللہ نے کہا ہے کہ:۔

وَمَثَلُ ٱلَّذِينَ كَفَرُواْ كَمَثَلِ ٱلَّذِى يَنۡعِقُ بِمَا لَا يَسۡمَعُ إِلَّا دُعَآءً وَنِدَآءً ۚ صُمُّۢ بُكۡمٌ عُمۡىٌ فَهُمۡ لَا يَعۡقِلُونَ ٢/١٧١

''کفار کی مثال اُن جانوروں کی طرح ہے جو اپنے چرواہے کی صرف پکار اور آواز ہی سنتے ہیں (سمجھتے نہیں) وہ بہرے، گونگے اور اندھے ہیں، انھیں عقل نہیں''

سامعین، اللہ نے کفار کو جانوروں سے تشبیہ دی ہے، آپ کو یہ تو معلوم ہی ہے کہ انسان اور حیوان میں فرق صرف غیرت کا ہوتا ہے۔ اِس قدر تنبیہ کے باوجود اگر کوئی قوم کفار کو اپنا خدا بنالے، تو ایسی قوم کی جگہ، اگر اللہ کوئی دوسری قوم لے آئے تو پھر اِس میں اچنبھے کی کون سی بات ہے۔ اِنہی کافروں کے بارے میں اللہ کا یہ کہنا ہے کہ:۔

إِنَّ ٱلَّذِينَ كَفَرُواْ وَصَدُّواْ عَن سَبِيلِ ٱللَّهِ ثُمَّ مَاتُواْ وَهُمۡ كُفَّارٌ فَلَن يَغۡفِرَ ٱللَّهُ لَهُمۡ ٤٧/٣٤

''جن لوگوں نے کفر کیا اور اللہ کی راہ سے اوروں کو روکا پھر کفر کی حالت میں ہی مر گئے اللہ انھیں ہرگز نہ بخشے گا۔''

إِنَّهُۥ مَن يُشۡرِكۡ بِٱللَّهِ فَقَدۡ حَرَّمَ ٱللَّهُ عَلَيۡهِ ٱلۡجَنَّةَ وَمَأۡوَىٰهُ ٱلنَّارُ ۖ وَمَا لِلظَّـٰلِمِينَ مِنۡ أَنصَارٍ

''یقین مانو کہ جو شخص اللہ کے ساتھ شریک کرتا ہے اللہ تعالیٰ نے اُس پر جنت حرام کر دی ہے، اس کا ٹھکانہ جہنم ہی ہے

اور گنہگاروں کی مدد کرنے والا کوئی نہیں ہوگا'' ۵/۷۲

انہی تنذیرات کے پیشِ نظر، لقمان نے اپنے بیٹے کو ''شرک'' سے بچنے کی نصیحت کرتے ہوئے کہا تھا کہ:۔

وَإِذْ قَالَ لُقْمَٰنُ لِٱبْنِهِۦ وَهُوَ يَعِظُهُۥ يَٰبُنَىَّ لَا تُشْرِكْ بِٱللَّهِ ۖ إِنَّ ٱلشِّرْكَ لَظُلْمٌ عَظِيمٌ ۳۱/۱۳

''جب لقمان نے نصیحت کرتے ہوئے اپنے لڑکے سے فرمایا کہ میرے بچے! اللہ کے ساتھ شریک نہ کرنا بے شک شرک بڑا بھاری ظلم ہے۔''

سامعین، ہماری بدقسمتی یہ ہے کہ ہم اپنا ایک بہترین نظام رکھتے ہوئے بھی، اس قارونی نظام کے پیچھے ایک بھوکے پیاسے کتے کی طرح زبان لٹکائے اِس اُمید کے ساتھ بھاگ رہے ہیں کہ شاید اس کی بدولت ہماری بھوک اور پیاس بجھ جائے۔ لیکن ایسا تو ہرگز نہیں ہونے والا، لالچ کی یہ وہ بھوک اور پیاس ہے کہ جو قارون کو اُس کے خزانوں کے ساتھ لے ڈوبی تھی۔ چنانچہ جو راستہ اللہ نے ہمارے لئے منتخب کیا ہے، اور جس پر چل کر ہم اپنی تمام مشکلات سے نجات حاصل کر سکتے ہیں وہ اسلام ہے۔ اقبال نے بھی یہی کہا تھا کہ:۔

''اِس شیطانی نظام کے خلاف جو قوت کام آسکتی تھی وہ اسلام تھا۔ یہ ایک نئی دنیا کو وجود میں لا سکتا تھا جہاں معاشرے میں انسان کا مقام اُس کی ذات، نسل یا آمدنی سے نہیں بلکہ اِس بات سے متعین ہوتا کہ وہ کیسی زندگی گزارتا ہے۔ جہاں غریب امیر پر ٹیکس لگا سکتے اور معاشرے کی بنیاد پیٹ کی مساوات پر نہیں بلکہ روح کی مساوات پر ہوتی۔ جہاں ایک اچھوت بھی بادشاہ کی بیٹی سے شادی کر سکتا۔ جہاں ذاتی ملکیت ایک امانت سمجھی جاتی اور سرمائے کو یوں اکٹھا نہ ہونے دیا جاتا کہ وہ محنت کش کی غلامی کا سبب بن جائے۔ یہ شاندار تصورات اسلام کی روح میں مضمر تھے بشرطیکہ اسلام کو قرونِ وسطیٰ کے توہمات سے نجات دلائی جاسکتی۔''

بحوالہ اقبال نامہ

''میرے نزدیک فاشزم، کمیونزم یا زمانۂ حال کے اور ازم کوئی حقیقت نہیں رکھتے۔ میرے عقیدے کی رو سے صرف اسلام ہی ایک حقیقت ہے جو بنی نوعِ انسان کے لئے ہر نقطۂ نگاہ سے موجبِ نجات ہوسکتی ہے''

بحوالہ اقبال نامہ

سامعین یاد دہانی کے طور پر ابھی ابھی ہم نے آپ کے سامنے اقبال کے فرمودات میں سے چند ایک اقتباسات کو پیش کیا ہے، جن کی تفصیل آپ کو کتاب ''ضربِ عضب کے بعد'' میں مل چکی ہے۔اس کے ساتھ ہی قائدِ اعظم اور اُن کے رفقاء کی تقریروں اور فرمودات میں سے بھی چند ایک کو اِختصار کے ساتھ پیش کرتے ہوئے آگے بڑھتے ہیں:۔

''مسلمان پاکستان کا مطالبہ اس لئے کر رہے ہیں تا کہ وہ اپنے ضابطۂ حیات اپنی ثقافتی نشو ونما، روایات اور اسلامی قوانین کے مطابق زندگی بسر کر سکیں۔''

قائدِاعظم ۲۰ نومبر ۱۹۴۵ء

''یہ بات واضح ہو جانی چاہیئے کہ پاکستان اسلامی نظریات پر مبنی ایک مسلم ریاست ہوگی۔ یہ کلیسائی یا مذہبی پیشواؤں کی حکومت نہیں ہوگی۔ اسلام میں مملکت کے تمام باشندے یکساں شہری حقوق رکھتے ہیں اور کسی سے امتیازی سلوک نہیں کیا جاتا۔تمام دنیا کے حتیٰ کہ اقوامِ متحدہ کے ادارے نے بھی پاکستان کو ایک مسلمان مملکت کے طور پر مانا ہے''

قائدِاعظم

''ہم ہندوؤں کو یقین دلاتے ہیں کہ پاکستان میں اقلیتوں کے ساتھ منصفانہ، عادلانہ، اور فراخدلانہ سلوک روا رکھا جائے گا۔آپ یقین کریں کہ آپ اس حکومت کے مقابلے میں جو ایک شخصی نظام پر قائم ہے، ہمارے نظامِ حکومت میں زیادہ محفوظ ہوں گے، اگر وہ اچھا ہے تو اسلام ہے اور اگر برا ہے تو وہ اسلام نہیں ہے۔اسلام انصاف کا نام ہے۔''

قائدِاعظم

''ہر شخص کا فرض ہے کہ وہ اپنے شہر سے محبت کرے اور اس کی بہبودی کے لئے کوشاں رہے۔لیکن یہ بات نہ بھولنی چاہیئے کہ شہر یا صوبہ پوری مملکت کا ایک حصہ ہوتا ہے۔لہٰذا ہر شخص کو اپنے ملک اور قوم کی بہبود کو اولین اہمیت دینی چاہیئے۔ میرے لئے یہ انتہائی تکلیف دہ بات ہے کہ صوبہ پرستی کی لعنت پاکستان کے کسی حصے میں پائی جائے۔ پاکستان کو اس سے چھٹکارا ملنا چاہیئے۔ہم سب پاکستانی ہیں ہم میں سے کوئی شخص بھی پنجابی، بلوچی، سندھی یا بنگالی نہیں۔''

قائدِاعظم

''یہ حقیقت ہے کہ لوگ بھول میں پڑ جاتے ہیں اور مقامی، صوبائی، فرقہ وارانہ فائدوں کو زیادہ دیکھتے ہیں اور قومی مفاد سے بے پروائی برتتے ہیں۔ یہ پرانے نظام کی یادگار ہے۔ جب آپ کو صرف صوبائی خودمختاری ملی تھی اور آپ مقامی معاملات کی حد تک برطانوی حاکمیت سے بے پرواہ تھے لیکن اب جب کہ آپ کی اپنی مرکزی حکومت ہے

اور وہ بااختیار ہے پرانے انداز میں سوچتے رہنا محض نادانی ہے۔ صوبائی تعصب ایک لعنت ہے۔ اِسی طرح شیعہ سنی وغیرہ کے سلسلے میں فرقہ پرستی بھی۔''

قائدِ اعظم جون ۱۹۴۸ء

''میں نے جو کچھ بھی کیا ہے وہ اسلام کے ایک خادم کی حیثیت سے کیا ہے اور صرف اپنا فرض ادا کرنے کی کوشش کی ہے اور اپنی قوم کی مدد کے لئے اپنے اختیار میں ہر ممکن تعاون فراہم کیا ہے۔''

قائدِ اعظم

''جس پاکستان کے حصول کی خاطر ہم نے دس سال تک انتھک محنت کی، آج وہ اللہ کے کرم سے حقیقتِ ثابتہ بن کر سامنے آ گیا ہے۔ مملکت کا حصول ہی ہمارا نصب العین نہیں، بلکہ یہ اس تک پہنچنے کا ذریعہ ہے''

قائدِ اعظم

سردار عبدالرب نشتر مرحوم نے پارلیمنٹ میں مغربی جمہوریت کے بارے میں کہا تھا کہ:۔

''آج کی موجودہ دنیا میں ''جمہوری'' کا لفظ اپنے تمام معنی کھو چکا ہے۔ اب آج کی دنیا میں لفظ ''جمہوری'' کی تشریح کس طرح کی جائے؟ اب جب کہ بادشاہ اور غیر بادشاہ، صدور اور غیر صدور، پارلیمانی نظامِ حکومت اور غیر پارلیمانی نظامِ حکومت اور حتیٰ کہ روس جیسا ملک بھی جس پر نام نہاد جمہوریتیں آمریت کا الزام عائد کرتی ہیں، سب کے سب جمہوری مملکت ہونے کے دعوے دار ہیں۔''

سردار عبدالرب نشتر

''ہر گاہ کہ پوری کائنات پر اللہ قادرِ مطلق کی حاکمیت مسلّم ہے اور اللہ نے عوام کے توسط سے مملکتِ پاکستان کو جو اختیار سونپا ہے وہ اللہ کی متعین کردہ حدود میں رہتے ہوئے اس کا استعمال کرے، یہ ایک مقدس امانت ہے''

شہید لیاقت علی خان

قائدِ اعظم نے افواجِ پاکستان کو مخاطب ہوتے ہوئے کہا تھا کہ:۔

''آپ نے فاشسٹ خطرے سے دنیا کو نجات دلانے اور اسے جمہوریت کے لئے محفوظ بنانے کے لئے اس کرۂ ارض کے دور دراز جنگی میدانوں میں کئی جنگیں لڑی ہیں۔ لیکن اب آپ کو اپنے وطن کی سرزمین پر اسلامی جمہوریت، اسلامی سماجی انصاف اور بنی نوعِ انسان کی مساوات کے فروغ اور اسے برقرار رکھنے کے لئے بطورِ محافظ ڈٹ جانا ہوگا۔'' (قائدِ اعظم)

سامعین، ہم یہاں پر اکٹھے بھی اسی مقصد کے لئے ہوئے ہیں کہ ہم اس ملک میں اسلامی نظامِ حیات کی بنیاد رکھ کر اپنے اخلاقی، سماجی اور سیاسی تصورات کی اپنی اصل سادگی اور حقانیت سمیت، آزادی، مساوات اور یکجہتی کی بنیادی صداقتوں کو نئے سرے سے دریافت کرتے ہوئے اپنے معاشرے میں سے شرک جیسی لعنت کو ہمیشہ ہمیشہ کے لئے دفن کر سکیں۔ جو خطرات آج ہمارے سروں پر منڈھلا رہے ہیں یہ سب اِسی شرک کا شاخسانہ ہیں۔ اسلامی نظامِ حیات کی فیوض و برکات کے سامنے آجانے کے بعد دنیا کے لئے ایک مثال قائم ہو جائے گی۔ پھر دنیا خود ہی وقتاً فوقتاً اِس نظام کو اپنے ہاں رائج کروانے کے لئے اپنے حکمرانوں پر دباؤ ڈالتی رہا کرے گی کہ انھیں بھی اِسی طرز کا نظام درکار ہے۔ ہمیں کسی سے کوئی جنگ نہیں کرنی۔ ہم جیو اور جینے دو کی پالیسی اختیار کریں گے۔ خود کو مضبوط کریں گے تا کہ کوئی دشمن ہمیں ہمارے گھروں سے نکال دینے کی جرات نہ کرے اور بس۔ لیکن ہاں اگر دنیا کے کسی کونے سے بھی ہمیں کسی مظلوم نے مدد کے لئے پکارا تو ہم اُس کی مدد کو پہنچ جایا کریں گے۔ خاموش تماشائی بن کر کبھی نہیں بیٹھیں گے۔

خواتین و حضرات، اِن نشستوں کے خاتمے پر ہم آپ کے مشورے سے اُن سیاسی پارٹیوں کے لیڈران، مذہبی پیشواؤں اور دیگر اداروں کے روشن خیال قائدین، مدبرین اور دانشوروں کو عوام کی کھلی کچہری (میڈیا) پر مدعو کریں گے وہ جو جمہوریت کے نام نہاد روشن چہرہ (جسے اقبال نے چنگیز سے بھی تاریک تر کہا) کے نام پر لوگوں کو لوٹتے رہے۔ ہم اُن کے سامنے نہ صرف، قائدِ اعظم اور اقبال کے اُن فرمودات کو جو پاکستان کو اسلامی فلاحی ریاست بنانے کے حوالے سے ہیں سامنے رکھیں گے بلکہ کتاب اللہ کو بھی اُن کے سامنے رکھ دیں گے۔ اور اُن سے پوچھیں گے کہ اگر یہ سب غلط ہیں تو پھر تم اپنی صداقت کے ثبوت میں کوئی ایک ہی دلیل پیش کرو، اگر ایسا نہ کر سکو، جو کہ یقیناً وہ ایسا نہیں کر سکتے۔ تو پھر انھیں توبہ کرنے اور آئندہ ایسی حرکات سے باز رہنے کی ہدایت کریں گے، اگر وہ ساتھ دینے پر آمادہ ہو گئے تو ہم سب مل کر اِس ملک کو دنیا کا عظیم ترین ملک بنائیں گے۔

سامعین، نظام کے حوالے سے ''مسلم'' کی تعریف بیان کرنا ابھی باقی ہے۔ گو کہ لغات القرآن کے مطابق ہم نے تحریری طور پر اِس کی تعریف پڑھ لی ہے لیکن اسلامی معاشرے میں اس کے منصب و کردار پر ابھی بات نہیں ہوئی۔ یاد رہے کہ اِس وقت چونکہ دنیا کے کسی کونے میں بھی اسلامی نظام کا دور دور تک کہیں کوئی نام ونشان نہیں ملتا جس کو سامنے رکھ کر اِس کی خوبیوں کے متعلق کوئی مثال دی جا سکے۔ اُس کی غیر موجودگی کا فائدہ اٹھاتے ہوئے ہمارے مذہبی پیشوا، لوگوں کو اپنی اپنی مرضی کا اسلام پیش کرتے ہیں اور چونکہ انھیں اس حرکت سے باز رکھنے والی کوئی اتھارٹی موجود نہیں یہ اپنی من مانیاں کرتے اور اپنے ہی جیسے انسانوں کے بنائے ہوئے اسلام کو آگے بڑھائے چلے جا رہے ہیں۔

سامعین، اس کے ساتھ ہی آج کی نشست برخاست کرتے ہیں

کل پھر ملاقات ہوگی، تب تک کے لئے

اللہ حافظ

مثالی معاشرہ

چودہویں نشست

اسلام علیکم خواتین وحضرات، نیشنل سکیورٹی پلان کے تحت پاکستان میں کومبنگ آپریشن جاری ہے۔فوج کے سپہ سالار جنرل راحیل شریف صاحب نے یومِ دفاع کے موقع پر اعلان کر دیا ہے کہ ''ہم ملکی سلامتی کے لئے آخری حد سے بھی آگے جائیں گے۔ ہم دشمن کی چالیں سمجھتے ہیں دنیا کچھ بھی سمجھے یہ ہماری بقا کی جنگ ہے، ہم اسی طرح لڑیں گے''۔ البتہ میں اپنی ذاتی رائے میں یہ سمجھتا ہوں کہ اس طرح کا بیان پاکستان کے وزیرِ اعظم کی جانب سے آنا چاہیئے تھا۔ میں یہ بھی نہیں کہہ رہا کہ جو کچھ چیف نے کہا ہے انھیں وہ نہیں کہنا چاہیئے تھا بلکہ میں آپ کو یہ احساس دلانا چاہ رہا ہوں کہ اس ملک کے حکمرانوں کو اپنے ذاتی مفادات سے بڑھ کر اور کوئی شے عزیز نہیں، چاہے وہ قوم اور ملک کی سلامتی ہی کیوں نہ ہو۔ یہ لوگ اس قدر کم ظرف اور تنگ نظر ہیں کہ یہ چھوٹی چھوٹی باتوں کو اپنی انا کا مسئلہ بنا کر قوم اور ملک کا سودا کرنے پر تُل جاتے ہیں۔ اس فوجی آپریشن کو اب تک کامیابی کے ساتھ مکمل ہو جانا چاہیئے تھا جو کہ نہیں ہو سکا۔ اس میں بھی ہمارے سیاسی اور مذہبی راہنماؤں کی مہربانیاں شامل ہیں۔ اس قومی سکیورٹی پلان کو ناکام بنانے کے لئے اس کے راستے میں جو رکاوٹیں ڈالی جا رہی ہیں وہ آپ سب کے سامنے ہیں۔ بہرحال چیف کی تقریر سے قوم کے حوصلوں میں تازگی کی ایک نئی لہر دوڑ گئی ہے۔ یہ جو خمیازہ ہم بھگت رہے ہیں یہ ان غیر ذمہ دار سیاستدانوں، مذہبی پیشواؤں اور کچھ سابقہ جرنیلوں کے کیئے دھرے کا نتیجہ ہے۔

سامعین، ہماری تمام تر مشکلات اور مصیبتوں کی بنیادی وجہ ہمارے ملک کا وہ کافرانہ نظام ہے جو ان لوگوں کو تحفظ فراہم کرتا ہے۔ بڑے پیمانے پر لوٹ مار کی ہزاروں مثالیں ایسی ہیں جو ہمارے سامنے ہیں، لیکن جب ان لٹیروں کا سامنا کیا جاتا ہے تو یہ بڑی ڈھٹائی اور بے شرمی سے چہرے پر طنزیہ مسکراہٹ بکھیر کر نہایت حقارت سے یہ کہہ دیتے ہیں کہ اگر کسی کے پاس ثبوت ہے تو وہ کورٹ سے رجوع کرے عدالتیں کس لئے ہیں۔ جب کہ عدالتوں کے ہاتھ تو پارلیمنٹ میں بیٹھے انہی لوگوں نے آئین میں ردوبدل کے ذریعے

سے باندھ رکھے ہیں، جج کیا کریں، وہ تو اسی قانون کے پابند ہیں جوان چوروں اور لٹیروں کا بنایا ہوا ہے۔ چنانچہ یہ سلسلہ اگر یوں ہی کچھ دیر اور چلنے دیا گیا تو حقیقی معنوں میں ملک کنگال ہو جائے گا اور اس کا دیوالیہ نکل جائے گا۔ اس سے پہلے کہ وہ منحوس دن قوم کو دیکھنا پڑ جائے ہمیں جلد از جلد اِس طاغوتی نظام کو اسلامی نظام سے بدلنا ہوگا۔

آپ نے جس تشویش کا اظہار کیا ہے اور پوچھا ہے کہ اس وقت پوری دنیا I.S.I.S یا داعش، طالبان اور حزب اللہ جیسی دیگر تنظیموں کی موجودگی میں جو اسلام اور اسلامی ریاست کا نعرہ لگاتی ہیں، دنیا ان کے خلاف سخت احتجاج کر رہی ہے۔ اس راہ میں کون حق پرست ہے اور کون نہیں اس کا فیصلہ شائد دنیا کی کوئی بھی عدالت نہ کر سکے۔ ان حالات میں ہم اپنا کیس کس طرح لڑ سکتے ہیں؟

آپ کا سوال بڑا ہی معنی خیز ہے۔ میں آپ کو یقین دلاتا ہوں اور یہ زبانی کلامی قسم کا یقین نہیں، جیسا کہ آپ نے اب تک ان نشستوں میں اپنی کھلی آنکھوں سے دیکھا ہے کہ جس اسلام کو مذہب کے اجارہ دار دنیا کے سامنے پیش کرتے ہیں اُس اسلام میں اور جو اسلام قُرآنِ حکیم پیش کرتا ہے اس میں، زمین آسمان کا فرق ہے۔ اب تک جتنے بھی حقائق آپ کے سامنے لائے گئے ہیں دنیا کا کوئی مہذب معاشرہ ان کی سچائی اور انسانیت پروری کو مسترد نہیں کر سکتا۔ جب کہ مذہبی پیشواؤں کے اسلام پر خود ہمیں بھی بہت سے ایسے اعتراضات ہیں جن کے تسلی بخش جواب اس لئے نہیں ملتے، کیونکہ وہ قرآنِ حکیم کی تعلیم کے خلاف ہیں۔ چنانچہ ہم توپ و تفنگ اٹھا کر یہ اعلان ہرگز نہیں کرنے جا رہے کہ ہم پاکستان میں کسی خاص طبقے کے اسلام کو لے کر اس میں نافذ کرنے والے ہیں۔ اس وقت میں آپ کو اس سے زیادہ کچھ نہیں بتا سکتا۔ اب تک کی نشستوں میں آپ کو اپنے بہت سے سوالوں کے جواب مل چکے ہیں، ان نشستوں کے خاتمے پر آپ کو اپنے اُن سوالات کے جوابات بھی مل جائیں گے جو اس وقت آپ کے لئے پریشانی کا سبب بن رہے ہیں۔

تو سامعین، اب ہم اپنے نصب العین کی جانب قدم بڑھاتے ہوئے ''مسلم'' کی قرآنی اصطلاح کو خود قرآنِ حکیم کی روشنی میں سمجھنے کی کوشش کرتے ہیں۔ مسلم کے بارے میں کہا یہ گیا ہے کہ حضرت نوح علیہ السلام سے لے کر جو لوگ وحی کے مطابق اللہ کی بتائی ہوئی شریعت پر چلتے تھے انھیں مسلم ہی کہا جاتا تھا۔ یہ کوئی نئی اصطلاح نہیں جو کہ قرآن نے خصوصی طور پر امتِ محمدیہ کے لئے استعمال کی ہو۔

مَا كَانَ إِبْرَاهِيمُ يَهُودِيًّا وَلَا نَصْرَانِيًّا وَلَـٰكِن كَانَ حَنِيفًا مُّسْلِمًا وَمَا كَانَ مِنَ الْمُشْرِكِينَ

''ابراہیم نہ تو یہودی تھے نہ نصرانی تھے بلکہ وہ تو یک طرفہ (خالص) مسلمان تھے، وہ مشرک بھی نہ تھے'' ۳/۶۷

قُرآنِ حکیم نے یہاں پر جو چیز واضح طور پر بیان کی ہے وہ یہ ہے کہ حضرت ابراہیمؑ نہ تو یہودی تھے نا نصرانی، بلکہ خالص مسلمان تھے، اور مشرک بھی نہ تھے۔ یعنی مورتیوں کی پوجا بھی نہیں کرتے تھے، جب کہ خود اُن کے چچا آزر صنم کدوں کے لئے اپنے ہاتھوں سے مورتیاں بنا کر لوگوں کو پوجا پاٹ کے لئے دیا کرتے تھے۔ آپ کو یاد ہوگا کہ جب حضرت موسیٰ کی قوم نے اُن کی غیر موجودگی میں سونے کا بچھڑا بنا کر اُس کی عبادت یا پرستش شروع کر دی تھی۔ اور واپسی پر جب حضرت موسیٰ نے ناراضگی کا اظہار کیا اور اپنے بھائی

ہارونؑ سے اُس کی وضاحت چاہی تو انھوں نے جواب دیا تھا کہ مجھے اندیشہ گزرا کہ اگر میں نے انھیں منع کیا تو اِن کی دو پارٹیاں بن جائیں گی اور یہ تفرقہ میں پڑ جائیں گے، اور یہ انھیں گوارا نہ تھا۔ الغرض، بعد میں اللہ نے اُن مشرکین کی توبہ قبول کرتے ہوئے معاف کر دیا تھا جس سے اُن کے شرک کا اثر زائل ہو گیا۔ یہاں پر جو بات قابلِ غور ہے وہ یہ ہے کہ حضرت ہارونؑ کے نزدیک بچھڑے کی پرستش سے زیادہ بڑا جرم تفرقہ بازی کا تھا۔ اور یہاں پر بھی یہی بتایا گیا ہے کہ اگر حضرت ابراہیمؑ مورتیوں کی پوجا کرتے تو وہ بھی شرک میں مبتلا ہو سکتے تھے۔ چنانچہ سونے اور چاندی کے بنے بچھڑے کی پرستش اور مورتی کی پرستش میں جہاں تک شرک کا تعلق ہے دونوں ہی برابر ہیں۔ لیکن ان کے مقابلے میں جو ان دو میں سے بڑا شرک ہے وہ یہ ہے کہ کوئی انسان اللہ کے قوانین کی اطاعت چھوڑ کر اپنے ہی جیسے انسانوں کے بنائے ہوئے قوانین پر چل کر اللہ کے حقِ حکومت میں اسے شریک کرلے اور تفرقے میں پڑ کر الگ پارٹی بنالے۔ تو یہ وہ شرک ہے جس سے کفر لازم آتا ہے۔ یعنی کہ مورتی اور گائے وغیرہ کی پوجا سے پیدا ہونے والا شرک کم درجے کا شرک ہے جب کہ اپنے ہی جیسے انسان کو خدا بنا کر اُس کے تراشیدہ قوانین کی اطاعت کرنے سے انسان شرکِ عظیم میں مبتلا ہو جاتا ہے۔ جس سے اُس پر کفر لازم آتا ہے، اور وہ کافر کہلاتا ہے۔

تو سامعین، اس سے حضرت ابراہیمؑ کے متعلق یہ بات بھی سامنے آئی ہے کہ وہ نہ تو کبھی کسی بت کی پرستش کرنے کی وجہ سے شرک کے مرتکب ہوئے اور نہ ہی نمرود کے بنائے ہوئے قوانین کی اطاعت کرنے کی بنا پر ہی کبھی شرک میں مُبتلا پائے گئے۔ الغرض، نمرود کے نظام کی مخالفت کی بنا پر وہاں کے لوگوں نے اُن کی زندگی جہنم بنا کر رکھ دی تھی۔ اور جب حالات اتنے دگرگوں اور بدتر ہو گئے کہ وہاں اُن کا مزید رہنا خودکشی کرنے کے مترادف ٹھہر گیا تو اُس وقت اللہ نے اُنھیں وحی کی راہنمائی میں بحفاظت وہاں سے نکال لیا، ویسے ہی جیسے کہ حضرت موسیٰؑ کو فرعون کے چنگل سے وحی کی راہنمائی میں نکال لیا تھا، حضرت صالح اور ان کے گھر والوں کو بھی اور رسول اللہ کو بھی وحی کی راہنمائی میں مسجد الحرام مکہ سے بحفاظت مسجد الاقصیٰ تک لے جایا گیا تھا۔ چنانچہ لوگوں کے دلوں میں جو آتشِ انتقام حضرت ابراہیمؑ کے بارے میں بھڑکی ہوئی تھی اللہ نے اُسے ٹھنڈا کر دیا۔ اگر کسی وجہ سے حضرت ابراہیمؑ نمرود کے قوانین کی غلطی سے بھی پیروی کر بیٹھتے اور بعد میں توبہ کر لیتے تو اللہ کے نزدیک اس بات کا لوگوں پر واضح کر دینا کچھ مشکل نہ تھا۔ حضرت ابراہیم کا مقام باقی تمام انسانوں سے اِس لئے بلند ہے کیونکہ اُن کی ذات نہ تو مورتیوں کی پرستش سے شرک آلودہ ہوئی اور نہ ہی کبھی نمرود کے قائم کئے ہوئے کفر کے نظام پر چل کر۔ اُن کی تمام تر تگ ودو نمرود کی حکومت اور اُس کے نظام کے خلاف تھی۔

بے خطر کود پڑا آتشِ نمرود میں عشق
عقل ہے محوِ تماشائے لبِ بام ابھی

سامعین، یہاں پر شرک کی دو صورتیں ہمارے سامنے آئی ہیں۔ ایک وہ ادنیٰ درجے کا شرک ہے جس کا اثر توبہ کر لینے کے بعد زائل ہو جاتا ہے۔ اور دوسرا شرک وہ ہے جو بڑے درجے کا ہے، گو کہ یہ بھی توبہ سے معاف ہو جاتا ہے لیکن یہ غیر اللہ (انسان) کو اللہ کا درجہ دے دینے سے لاگو ہوتا ہے۔

الغرض، جو قوانین اللہ نے انسانوں کو وحی کے ذریعے عطا کئے ہی اُن ضابطۂ قوانین کو ''الدین'' کہا جائے گا اور جب اِن قوانین کو حکومتی سطح پر عملاً نافذ کر لیا جاتا ہے تو پھر یہ ''الاسلام'' کہلاتا ہے۔ اور اس طریق کے اختیار کرنے والوں کو ''مسلم'' کہا جاتا ہے۔ قرآنِ حکیم کی اصطلاح میں یہ وہ لوگ ہیں جو خود بھی امن اور سلامتی سے رہتے ہیں اور باقی دنیا کو بھی امن اور سلامتی کی ضمانت دیتے ہیں۔ دوسرے لفظوں میں، وحی کی راہنمائی میں چلنے کا نام اسلام ہے۔ اسلام کے معنی یہ بھی ہیں کہ ہر قسم کے عیوب اور نقائص سے پاک اور صاف ہو جانا۔ اِس طرح مکمل ہو جانا کہ اس میں کوئی کمی باقی نہ رہے۔ اِن خصوصیات کے حامل انسان کو ''مسلم'' کہا جاتا ہے۔

ہم دیکھتے ہیں کہ ریاست مدینہ میں عیسائیوں اور یہودیوں کے علاوہ وہاں پر Atheist بھی رہتے تھے، اصطلاحِ عام میں جنھیں (دہریہ) کہہ کر پکارا جاتا ہے۔ ان کے علاوہ دوسرے ممالک سے بھی لوگوں کا وہاں پر کاروبار کی غرض سے آنا جانا لگا رہتا تھا، کچھ Asylum (پناہ) مانگنے والے بھی ہوتے جنھیں پناہ دے دی جاتی تھی، وہاں پر کچھ لوگ مستقل شہریت بھی حاصل کر لیتے۔ کچھ عارضی کنٹریکٹ پر ایک معینہ مدت کے لئے معاہدات پر وہاں رہتے اور واپس چلے جاتے یا انھیں اگر مزید رکنا پڑ جاتا تو اس کے لئے اجازت لے لیتے تھے۔ لیکن اگر کوئی معاہدے کی خلاف ورزی کرتے ہوئے پکڑا جاتا تو اسے مملکت کے قانون کے تحت سزا بھی دی جاتی۔ اس کی تفصیل سورۃ توبہ میں ملتی ہے۔

ریاستِ مدینہ، بلاتخصیصِ مذہب، رنگ، نسل اور عقیدے کے اپنے تمام شہریوں اور باہر سے آنے والے لوگوں کا ''لا الٰہ الاللہ محمد رسول اللہ'' ''نہیں کوئی الٰہ (حاکم) سوائے اللہ کے اور محمد اللہ کے رسول ہیں'' کے منشور کی دستاویز پر حلفیہ بیان کو اپنے ریکارڈ میں رکھتی تھی۔ اور لوگوں کو اس بات کا پورے طور پر ادراک ہوتا تھا کہ اگر اُن میں سے کسی نے اپنے حلفِ وفاداری کی خلاف ورزی کی اور اسے توڑا تو انھیں سزا ہو سکتی ہے۔ لہٰذا وہاں پر سب لوگ مل جل کر اپنا اپنا کاروبارِ زندگی نہایت سکون اور امن کے ساتھ چلاتے رہتے۔ وہاں پر اُن لوگوں کی عبادت گاہیں موجود تھیں اور انھیں ان میں جانے سے کوئی روکتا ٹوکتا بھی نہیں تھا۔ مملکتِ اسلامیہ کے قوانین کی تابعداری اور اطاعت کرنے کی بنا پر وہ لوگ بھی ''مسلم'' ہی کہلاتے تھے۔ اُن میں اور دوسرے مسلمانوں میں، جو کہ دل کی گہرائیوں سے اللہ اور اس کے رسول پر ایمان لا کر مملکتِ اسلامیہ کے قوانین کی پیروی کرتے تھے، دونوں کے درمیان مساویانہ سلوک روا رکھا جاتا تھا اور آدم کا بچہ ہونے کی جہت سے واجب الاحترام سمجھے جاتے تھے۔ اگر آپ کو یاد ہو، تو پاکستان کے شہریوں کے بارے میں قائدِ اعظم نے بھی اسلامی نکتۂ نگاہ کے پیشِ نظر یہی کہا تھا کہ ''ہم دل کی گہرائیوں سے ان سب کا خیر مقدم کرتے ہیں۔ جو اپنے مسلک سے قطعِ نظر پاکستان کے وفادار اور سچے شہریوں کی حیثیت سے اپنا کردار ادا کرنے کو تیار ہیں۔''

سامعین، عربی زبان میں ''مسلم'' کا تو مطلب ہی ''اطاعت گزار'' ہوتا ہے۔ ریاستِ مدینہ میں ''اقلیت'' کی اصطلاح سے تو کوئی واقف بھی نہ تھا۔ بہرحال جہاں تک اس مادی دنیا میں مساویانہ حقوق کا تعلق ہے مملکتِ اسلامیہ کے قوانین کے مطابق ان دو قسم کے مسلم شہریوں کے درمیان کوئی تفریق روا نہیں رکھی جاتی تھی۔ ماسوائے ''روحانی'' درجات کی اُس تفریق کے جسے اللہ نے خود روا رکھا ہے۔ اور اسے قرآنِ حکیم میں کھول کر بیان بھی کر دیا ہے۔ آگے چل کر اس اہم حقیقت کا تفصیلی جائزہ لے کر حقائق کو سامنے لائیں گے۔ بہرحال اِس وقت، پہلی قسم کے مسلم کی تعریف کو سمجھنے کے لئے آپ، SECULAR JINNAH AND PAKISTAN کے (صفحہ ۲۶۱) سے لئے گئے ایک اہم اقتباس کو پڑھتے ہیں:۔

''(1903.1991)(Alvin Robert Cornelious) اے۔آر کورنیلئس جو ۱۹۶۰ء میں پاکستان کے چیف جسٹس کے عہدے پر متعین رہے......وہ ایک عیسائی مذہب کے پیروکار تھے لیکن اُنھیں اسلامی فقہ پر بھی عبور حاصل تھا۔ یہ وہی چیف جسٹس ہیں کہ جب ۱۹۵۴ء میں غلام محمد نے پہلی Constituent Assembly (کانسٹیٹیوئنٹ اسمبلی) توڑی تو اس کی کھل کر مخالفت کی تھی۔۔وہ اپنے آپ کو Constitutional Muslim ''قانونی مسلم کہلوانا پسند کرتے تھے.........''

توسامعین، غور فرمایا آپ نے کہ چیف جسٹس کورنیلئس کیا کہہ رہے ہیں؟ وہ یہ کہہ رہے ہیں کہ بلا تخصیصِ مذہب، نسل اور قوم کے جب اسلامی مملکت میں کوئی شخص ایک پرامن شہری کی حیثیت سے اُس کے قوانین کی اطاعت کرتا ہے تو پھر وہ ''مسلم'' ہی ہوتا ہے، جسے وہ ''قانونی مسلم'' کے الفاظ سے یاد کرتے ہیں۔ یہ ایک ایسی عظیم حقیقت کا اظہار ہے کہ جسے انھوں نے دو لفظوں میں بیان کر دیا ہے۔ یہ وہی چیف جسٹس ہیں جن کے حوالہ سے میں یہاں پر پولیٹیکل سائنس کے پروفیسر Ralph Braibanti کی مشہور کتاب "CHIEF JUSTICE CORNELIUS OF PAKISTAN" ''صفحہ ۱۸'' سے ایک اقتباس پیش کرنا چاہوں گا۔ جس میں وہ لکھتے ہیں کہ:۔

"Cornelius had agreed to serve in Yahya Khan's government as minister of law. When the cabinet was dismissed in February 1971, Yahya asked Cornelius and G.W. Choudhry of East Pakistan to draft a new constitution. Zulfikar Ali Bhutto, then foreign minister, later to be president, objected to this assignment with the comment 'He is *Dhimmi*. How can he make a constitution for a Muslim state?'

ترجمہ ''کورنیلئس نے یحیٰی خان کی درخواست پر حکومت میں وزیر قانون کی حیثیت سے کام کرنے کی حامی بھرلی۔ یہ اُس وقت کی بات ہے جب فروری ۱۹۷۱ء میں کابینہ توڑ دی گئی تھی۔ یحیٰی نے کورنیلئس اور مشرقی پاکستان کے جی۔ ڈبلیو۔ چوہدری کو آئین کا نیا مسودہ تیار کرنے کے لئے کہا، اس کام پر ذلفقار علی بھٹو نے جو اُس وقت وزیر خارجہ تھے اور بعد میں صدر بننے والے تھے، یہ نکتہ اُٹھاتے ہوئے اعتراض کیا کہ ''چونکہ کورنیلئس ''ذمی'' ہیں تو وہ ایک مسلم ریاست کی آئین سازی کیسے کرسکتے ہیں؟''

پروفیسر جان اینڈریو مارو John Andrew Morrow (انکا اسلامی نام ''الیاس عبدالعلیم اسلام'' ہے) جونسلاً ریڈ انڈین ہیں اور اِس زمانے کے نامور سکالروں میں سرِفہرست ہیں، وہ اپنی کتاب میں لکھتے ہیں کہ:۔

"As for Jews and Christians, there seems to have been some confusion among them as to the term *muslim* or submitter. Some communities appear to have the impression that Islam or submission was simply political submission to the Prophet Muhammad and not necessarily submission to the religion he preached."

The Covenants of the Prophet Muhammad with the Christians of the world By John Andrew Morrow p.372

ترجمہ ''کچھ ایسا نظر آتا ہے کہ یہودیوں اور عیسائیوں میں ''مسلم'' اور ''اطاعت گزار'' کی اصطلاح کے معاملہ میں کچھ ابہام پایا جاتا تھا۔ کچھ گروہوں میں یہ خیال پایا جاتا تھا کہ اسلام یا اطاعت گزاری محض سیاسی اطاعت کے طور پر محمد صلی اللہ علیہ وسلم کے لئے ہے اور ضروری نہیں کہ یہ اطاعت گزاری اُس مذہب کی ہے جس کی وہ تلقین کرتے ہیں۔''

اس اقتباس سے جو بات واضح طور پر سامنے آئی ہے، وہ چیف جسٹس کورنیلئس کی اُس بات کی تائید کرتی ہے جس میں اُن کا کہنا ہے کہ وہ Constitutional Muslim ''قانونی مسلم کہلوانا پسند کرتے ہیں۔ بالفاظِ دیگر، ریاستِ مدینہ میں حقیقی طور پر اللہ، آخرت، ملائکہ، کتبِ آسمانی اور انبیاء پر ایمان لانے والے مسلمانوں کے علاوہ، بہت سے لوگ ایسے بھی تھے جو وہاں پر، چیف جسٹس کے الفاظ میں قانونی مسلم کی حیثیت سے رہتے تھے۔ ان دو مختلف حیثیتوں کے مسلمانوں کے متعلق ہم آگے چل کر قرآنِ حکیم کی آیات کی روشنی میں تفصیل کے ساتھ بات کریں گے۔

آگے بڑھنے سے پہلے اسلامی مملکت کے منشور لا الٰہ الااللہ محمد رسول اللہ کے بارے میں یہ جان لینا ضروری ہے کہ اس کے زبانی اقرار سے کوئی مسلمان نہیں ہوجاتا۔ قرآنِ حکیم میں کہیں یہ نہیں آیا کہ تم زبانی کلمہ پڑھ لوگے تو میں تمھیں بخش دوں گا۔ حدیث وروایات میں جہاں اس کی تائید میں اگر کچھ لکھا ملتا ہے تو اِس کی تردید میں بھی بہت کچھ ملتا ہے۔ ہمارے ہاں اس غلط نظریئے کی بِنا پر دوسرے مذاہب کے لوگ اس لئے لا الٰـہ الااللـہ کہنے سے ڈرتے ہیں کہ اس سے وہ مسلمان ہوکر کہیں اپنے مذہب کے عقیدے سے ہی دستبردار یا برگشتہ نہ ہوجائیں۔ یاد رہے کہ یہ اسلامی مملکت کے تمام باشندوں کے لئے ایک حلف نامہ کی حیثیت رکھتا ہے جس پر حلف لینے کے بعد اُن پر یہ فرض عائد ہوجاتا ہے کہ وہ مملکتِ اسلامیہ کے رائج قوانین کی خلاف ورزی نہیں کریں گے۔ اور نہ ہی ریاست کے کسی دشمن کے ساتھ مل کر اس کو نقصان ہی پہنچائیں گے۔ ''دینِ اِسلام'' ایک ایسا نظامِ حیات ہے جس کی بنیادیں لا الٰـہ الااللـہ محـمـد رسول اللہ پر استوار ہوتی ہیں۔ آپ نے لوگوں کو یہ کہتے تو ضرور سنا ہوگا کہ ہم اپنے دین کو مذہب کی سطح پر لے آئے ہیں۔ تو اس کا یہی مطلب ہے کہ جس لا الٰـہ الااللہ محمد رسول اللہ کی بنیاد پر مملکتِ اسلامیہ قائم ہوتی ہے اور عملاً جس کے ذریعے سے لوگ مومن یا مسلم قرار پاتے ہیں اُسی لا الٰـہ الااللـہ محمد رسول اللہ کے زبانی اقرار سے ہمارے پیشواؤں نے لوگوں کو مسلمان ہونے اور جنت میں داخل ہونے کی اسناد بانٹنا شروع کردی ہیں۔ آج بڑے ہی فخر کے ساتھ دنیا کو بتایا جاتا ہے کہ اس وقت سب سے زیادہ تیزی کے ساتھ بڑھنے اور پھیلنے والا مذہب اسلام ہے۔ جب کہ خود ایسا کہنے والے ابھی اس سے میلوں دور ہیں۔

چنانچہ سامعین، ان دونوں طرح کے ''مسلمانوں'' میں جو بنیادی فرق ہے وہ آپ کے سامنے آگیا ہے۔ یعنی کہ ایک وہ مسلم ہے جو دل وجان سے اللہ پر ایمان لے آتا ہے اور دوسرا وہ مسلم ہے جو اُس کی طرح سے ایمان تو نہیں لاتا لیکن کلمہ پڑھ دی گئی اپنی حلف

برداری کا پورا پورا پاس اور لحاظ رکھتا ہے اور اللہ کے قوانین کی حدود شکنی نہیں کرتا، جس کے نتیجہ میں معاشرے کو اُس کی وجہ سے کوئی نقصان نہیں پہنچتا۔ ایسے ہی لوگوں کے لئے مملکتِ اسلامیہ کے فرائض میں یہ شامل ہے کہ وہ تمام سہولیات جو مومن اور ایمان رکھنے والوں کو ملتی ہیں انھیں بھی برابر ملتی رہیں۔ اب ان دونوں گروہوں کی دنیوی (مادی) اور آخرت کی دنیا کے مفادات کے حوالے سے جو پوزیشن قُرآن نے واضح کی ہے وہ نہایت ہی غور طلب ہے۔ سکرین پر دیکھئے۔

مَّن كَانَ يُرِيدُ ٱلْعَاجِلَةَ عَجَّلْنَا لَهُۥ فِيهَا مَا نَشَآءُ لِمَن نُّرِيدُ ثُمَّ جَعَلْنَا لَهُۥ جَهَنَّمَ يَصْلَىٰهَا مَذْمُومًا مَّدْحُورًا ۱۸/۱۷

''جو اس دنیا میں طبیعی مفادِ عاجلہ چاہتا ہے اُسے ہم یہاں جس قدر جس کے لئے چاہئیں سرِ دست دیتے ہیں بالآخر اُس کے لئے ہم جہنم مقرر کر دیتے ہیں جہاں وہ دُھتکارا ہوا داخل ہوگا''۔

وَمَنْ أَرَادَ ٱلْـَٔاخِرَةَ وَسَعَىٰ لَهَا سَعْيَهَا وَهُوَ مُؤْمِنٌ فَأُو۟لَـٰٓئِكَ كَانَ سَعْيُهُم مَّشْكُورًا ۱۹/۱۷

''اور جس کا ارادہ آخرت کا ہو اور جیسی کوشش اس کے لئے ہونی چاہیئے، وہ کرتا بھی ہو اور وہ باایمان بھی ہو، پس یہی لوگ ہیں جن کی کوشش کی اللہ کے ہاں پوری قدردانی کی جائے گی''

یعنی کہ قُرآنِ حکیم کے مطابق اسلامی مملکت میں، بلاتخصیصِ مذہب، رنگ، نسل اور قوم کے، جب تک کوئی اُس کے قوانین کی حدود شکنی کا مرتکب نہیں ہوتا اسے برابر وہ تمام سہولیات اور دنیوی مراعات حاصل ہوں گی جو ایک مومن کو حاصل ہوسکتی ہیں۔ لیکن اِس کے بعد کی، یعنی آخرت کی دنیا میں اُن کے لئے کچھ نہیں ہوگا اور وہ جہنم کے سزاوار قرار پائیں گے، اسی لئے دوسری آیت میں جنت میں داخل ہونے کے لئے ''باایمان'' ہونے کی شرط رکھی گئی ہے، یہی وہ ایک ایسا بنیادی فرق ہے جو ایک اسلامی مملکت کے قوانین پر چلنے والے ''قانونی مسلم'' اور ''باایمان مسلم'' کے مابین بتایا گیا ہے۔

سامعین! انسانوں کے لئے دنیا اور آخرت کی جنت میں داخل ہونے کی جو شرائط اللہ نے رکھی ہیں انھیں سمجھے بغیر ہم ایک قدم بھی آگے نہیں بڑھ سکتے۔ اس لئے ان کا سمجھ لینا ضروری ہے۔ جس طرح زمین پر رہتے ہوئے لا الٰہ کے الہامی منشور کے قوانین کے تحت چلے بغیر اس ''مادی'' دنیا میں جنتی معاشرہ قائم نہیں کیا جا سکتا، ویسے ہی اُس الہامی شرط کے پورا کئے بغیر روحانی دنیا کی جنت میں بھی کوئی داخل نہیں ہوسکتا۔ یہ دونوں شرطیں ایک دوسرے کے لئے لازم وملزوم کی حیثیت رکھتی ہیں۔

سامعین! دنیا میں جنتی معاشرہ قائم کرنے کے لئے اللہ نے ہمیں رسول اللہ ﷺ کی وساطت سے قوانین کی ایک مستند اور لازوال کتاب عطا کی ہے۔ چنانچہ جب بھی کوئی قوم اس کی راہنمائی میں اپنے لئے جنتی معاشرہ قائم کرنا چاہے تو وہ کرسکتی ہے۔ لیکن اُس کے بعد روحانی دنیا کی جنت میں داخل ہونے کی جو شرط عائد کی گئی ہے وہ اگر سمجھ میں نہ آئے تو پھر انسان قُرآن کے قوانین کے مطابق

قائم کردہ معاشرہ کی جنتی فیوض و برکات سے مستفید ہو کر اپنے مادی جسم کی پرورش تو بڑی آسانی سے کرسکتا ہے۔لیکن مرنے کے بعد، جنت میں داخل نہیں ہوسکتا۔

جنت میں داخل ہونے کے لئے پہلی شرط کا پورا کرنا تو بہرصورت ناگزیر ہے اور وہ یہ ہے کہ حکومتی سطح پر اللہ کے قوانین کے مطابق مملکتِ اسلامیہ کا قیام عمل میں لایا جائے، کیونکہ اس کو پورا کئے بغیر جنت میں داخل ہونے والی دوسری شرط پوری کرنے کا تصور بھی نہیں کیا جاسکتا۔اور جب تک یہ دوسری شرط پوری نہیں کی جاتی، تب تک نہ تو کوئی مومن ہوسکتا ہے اور نہ ہی مسلمان۔لیکن مومن اور مسلمان ہونے کے لئے صرف زبانی اقرار سے نہیں بلکہ اُس کا عملی طور پر باایمان ہونا لازمی قرار دیا گیا ہے۔اور باایمان ہونے کے لئے کسی کا، اللہ، آخرت، ملائکہ، کتبِ آسمانی اور انبیاء پر ایمان لانا ضروری ہے۔لیکن کچھ لوگ اس شرط میں ''تقدیر'' کا اضافہ بھی کرتے ہیں جو قرآنِ حکیم کی تعلیم کے منافی ہے۔یہاں پر مشکل یہ ہے کہ ان میں سے، اللہ، آخرت اور ملائکہ تینوں ہی تصورات کی شکل میں ہیں، ٹھوس صورت میں نہیں اس لئے ان پر دل کے پورے سکون اور ذہن کے پورے اطمینان سے یقین کر لینا آسان نہیں۔اس کی وجہ یہ ہے کہ ہم مادی دنیا میں رہتے ہوئے اس بات کے عادی ہیں کہ ہم صرف اسی شے کو پہچانتے اور اس پر ایمان کی حد تک یقین لاتے ہیں جو حقیقتِ ثابتہ بن کر ہمارے سامنے آتی ہے۔اللہ نے اس مشکل کا حل یہ بتایا ہے کہ اُس نے قرآنِ حکیم کو سمجھنے کے لئے اس لئے آسان بنایا ہے تا کہ اس پر غور و فکر کرنے کے بعد اس کے قوانین کو حکومتی سطح پر لاگو کرنے کے کسی معاملہ میں بھی انسانوں کو دشواری کا سامنا نہ کرنا پڑے۔اور پھر جب کبھی یہ نظام اُن کے ہاتھوں قائم ہوجائے، تو اس کے قیام کے بعد دنیا اس کے انصاف پرور قوانین کے مثبت نتائج کے ثمرات کو ٹھوس حقائق کی شکل میں اپنی کھلی آنکھوں سے دیکھ لے۔چنانچہ حقائق کے سامنے آجانے کے بعد فکر و تدبر کرنے والوں کے دلوں میں ایمان کے جذبات خود ہی موجزن ہوجائیں گے، جو انھیں روحانی دنیا کی جنت میں لے جانے کے لئے کافی ہوں گے۔

یاد رہے کہ، اسلامی معاشرہ میں ''دین میں زبردستی نہیں'' کے اصول کے مطابق کسی سے بھی زبردستی اللہ، آخرت، ملائکہ، کتبِ آسمانی اور انبیاء پر ایمان لانے کے لئے دباؤ نہیں ڈالا جاسکتا۔یوں بھی زبردستی لایا ہوا ایمان تو ایمان کہلا ہی نہیں سکتا۔چنانچہ اللہ نے دل سے ایمان نہ لانے والے مملکتِ اسلامیہ کے شہریوں کو متنبہ کرتے ہوئے کہا ہے کہ:۔

> ''جو اس دنیا میں طبیعی مفادِ عاجلہ چاہتا ہے اُسے ہم یہاں جس قدر جس کے لئے چاہیں سرِ دست دیتے ہیں بالآخر اُس کے لئے ہم جہنم مقرر کر دیتے ہیں جہاں وہ دھتکارا ہوا داخل ہوگا''۔۱۸/۱۷

> ''یہی وہ لوگ ہیں جنھوں نے اپنے رب کی آیتوں اور اس کی ملاقات سے کفر کیا، اس لئے اُن کے اعمال غارت ہوگئے پس قیامت کے دن ہم ان کا کوئی وزن قائم نہیں کریں گے۔'' ۱۸/۱۰۵

یعنی کہ مملکتِ اسلامیہ کا شہری ہونے اور اس کے اندر رہتے ہوئے نیک اعمال کرنے کے باوجود، اگر کوئی ایمان لانے کی شرط کو پورا نہیں کرتا تو اسے اس مادی دنیا میں مساویانہ حقوق تو بہرحال پورے طور پر ملتے رہیں گے۔لیکن قیامت کے دن اس کے اعمال

کا کوئی وزن نہیں ہوگا۔ جس کے نتیجہ میں وہ جہنم میں دھتکارا ہوا داخل ہوگا۔

لیکن اس کے برعکس جو باایمان ہوگا اس کے متعلق کہا گیا ہے کہ:۔

''اور جس کا ارادہ آخرت کا ہو اور جیسی کوشش اس کے لئے ہونی چاہیئے، وہ کرتا بھی ہو اور وہ باایمان بھی ہو، پس یہی لوگ ہیں جن کی کوشش کی اللہ کے ہاں پوری قدردانی کی جائے گی۔'' ۱۹/ ۱۷

سامعین! غور فرمایا آپ نے کہ جہاں تک قُرآنِ حکیم کے قوانین پر عمل کرنے اور زندگی گزارنے کا تعلق ہے ''قانونی مسلم'' اور ''باایمان مسلم'' کے درمیان کسی بھی قسم کی کوئی تفریق روا نہیں رکھی جاسکتی، اس لئے مملکتِ اسلامیہ کی نظر میں یہ دونوں ہی مساویانہ طور پر واجب الاحترام ہیں۔ لیکن مرنے کے بعد روحانی دنیا میں اول الذکر کے اعمال ضائع ہو جاتے ہیں اور وہ جہنم کا سزاوار قرار پاتا ہے جب کہ دوسرا باایمان ہونے کی شرط پوری کرنے کی بنا پر جنت میں داخل ہونے کا حقدار قرار پاتا ہے۔

اللہ تعالیٰ کو اپنے بندوں کا کتنا لحاظ اور خیال ہے اس کا اندازہ لگانے کے لئے سکرین پر دیکھیئے۔

أَفَنَجْعَلُ ٱلْمُسْلِمِينَ كَٱلْمُجْرِمِينَ ٦٨/٣٥ ''کیا ہم مسلمانوں کو مثل گناہگاروں کے کردیں گے۔''

غور فرمایا آپ نے، کہ یہ اُن لوگوں کے بارے میں کہا جارہا ہے جو اللہ، آخرت، ملائکہ، کتبِ آسمانی اور انبیاء پر ایمان ہی نہیں رکھتے۔ اس کے باوجود ان کے متعلق کہا گیا ہے کہ کیا ہم انھیں مثل گناہگاروں کے کردیں گے۔ یعنی کہ انصاف کا تقاضہ ہے کہ مملکتِ اسلامیہ کے قوانین کے اطاعت گزار لوگوں کو اور اُن لوگوں کو جو اس کے باغی اور دشمن ہیں ایک درجہ پر نہیں رکھا جاسکتا۔ البتہ ان کے متعلق جو سب سے زیادہ غور طلب بات سامنے آتی ہے وہ یہ ہے کہ اللہ انھیں گناہ گار نہیں بتاتا۔ بلکہ یہ بتایا ہے کہ، یہ وہ لوگ ہیں جو مملکتِ اسلامیہ کے قوانین کے سچے اطاعت گزار ہیں لیکن اپنی اس اطاعت گزاری کے صلہ میں صرف دنیا چاہتے ہیں۔ چنانچہ ان کی اس اطاعت گزاری کے عوض ہم یہاں پر جس قدر جس کے لئے چاہئیں سرِ دست دیتے ہیں۔ لیکن قیامت کے دن ہم ان کے اعمال کا کوئی وزن قائم نہیں کریں گے اور بالآخر اُن کے لئے جہنم مقرر کردیں گے۔ بالفاظ، دیگر ''قانونی مسلم'' کو اُس کے نیک اعمال کا بدلہ پورے انصاف کے ساتھ مملکتِ اسلامیہ کے ہاتھوں دنیا میں ہی دے دیا جاتا ہے۔

لیکن سامعین اُن لوگوں کا کیا کیا جائے جو اسی آیت کے متعلق لوگوں کو یہ بتاتے ہیں کہ، اللہ نے کہا ہے کہ ''جو اس دنیا میں طبیعی مفادِ عاجلہ چاہتا ہے اُسے ہم یہاں جس قدر جس کے لئے چاہئیں سرِ دست دیتے ہیں بالآخر اُس کے لئے ہم جہنم مقرر کردیتے ہیں جہاں وہ دھتکارا ہوا داخل ہوگا'' تو یہ بیان دراصل کافروں کے لئے ہے۔ اسی لئے حدیث شریف میں بھی یہ ہے کہ، دنیا کافروں کے

لئے ہے اور ایمان والوں کے لئے نہیں اللہ ایمان والوں کو جنت عطا کرے گا اور کافر دوزخ میں ہوں گے۔ الغرض، اسی قسم کی قرآنِ حکیم کی غلط تاویلات کے ذریعے سے لوگوں کو اللہ کے نظام سے دور رکھا جاتا ہے اور بتایا جاتا ہے کہ اللہ کا نظام امام مہدی اور حضرت عیسیٰ تشریف لا کر قائم کریں گے۔

سامعین، آپ لوگوں نے یہ بات بھی اکثر سنی ہوگی کہ قیامت کے دن جب اعمال کے وزن کرنے کے لئے میزان قائم ہو گی تو اُس دن اگر اُس کے ایک پلڑے میں زمین اور آسمانوں کے وزن کے برابر بھی کسی امتی کے گناہ ہوں گے تو وہ ''لا الٰہ الا اللہ محمد رسول اللہ'' کے وزن کے مقابلہ میں ہلکے نکلیں گے۔ اس سے بھی اُن کی مراد کلمہ کے زبانی اقرار سے ہی ہوتا ہے، عملی زندگی میں اس کے مطابق اسلامی نظام قائم کرنے سے نہیں ہوتا۔ لیکن قُرآنِ حکیم پر غور و فکر کرنے والے تمام لوگ اس بات سے پوری طرح واقف ہیں کہ ''لا الٰہ الا اللہ محمد رسول اللہ'' کے مطابق اسلامی مملکت کا قیام کسقدر ضروری ہے۔

سامعین! یہاں پہنچنے تک جو حقائق ہمارے سامنے آئے ہیں اُن سے یہ مترشح ہوتا ہے کہ، کسی بات کی سچائی کو دل کے پورے سکون اور ذہن کے کامل اطمینان کے ساتھ تسلیم کر لینا ایمان کہلاتا ہے۔ یعنی کہ بغیر کسی تحقیق اور غور و فکر کے، زبانی اقرار کر لینے کا نام ایمان نہیں۔ مثال کے طور پر لوگوں نے جب منصفانہ حقوق کی علمبردار اسلامی ریاستِ مدینہ کے مسلمانوں کو خوش اور خوشحال دیکھا تو صحرا کے بدوؤں نے بھی اعلانیہ ایماندار ہونے کا دعویٰ کر دیا اور کہنے لگے کہ وہ بھی مومن ہو گئے ہیں۔ جس پر رسول اللہ کو مخاطب کرتے ہوئے کہا گیا کہ:۔

قَالَتِ ٱلْأَعْرَابُ ءَامَنَّا ۖ قُل لَّمْ تُؤْمِنُوا۟ وَلَـٰكِن قُولُوٓا۟ أَسْلَمْنَا وَلَمَّا يَدْخُلِ ٱلْإِيمَـٰنُ فِى قُلُوبِكُمْ ۖ وَإِن تُطِيعُوا۟ ٱللَّهَ وَرَسُولَهُۥ لَا يَلِتْكُم مِّنْ أَعْمَـٰلِكُمْ شَيْـًٔا ۚ إِنَّ ٱللَّهَ غَفُورٌ رَّحِيمٌ ۴۹/۱۴

''دیہاتی لوگ کہتے ہیں کہ ہم ایمان لائے۔ آپ کہہ دیجئے کہ درحقیقت تم ایمان نہیں لائے لیکن تم یوں کہو کہ ہم اسلام لائے (مخالفت چھوڑ کر اطاعت گزار ہو گئے) حالانکہ ابھی تک تمھارے دلوں میں ایمان داخل ہی نہیں ہوا۔ تم اگر اللہ اور رسول (نظام) کی فرمانبرداری کرنے لگو گے تو اللہ تمہارے اعمال میں سے کچھ بھی کم نہ کرے گا۔ بے شک اللہ معاف کرنے والا مہربان ہے۔''

چنانچہ سامعین، یہ اُن اطاعت گزاروں کے لئے کہا گیا ہے جو کسی بھی مذہب سے تعلق نہیں رکھتے تھے، یہ مشرک تھے لیکن جب انھوں نے اعلانیہ مومن ہونے کا اقرار کیا تو اُن سے بھی یہی کہا گیا کہ تم نے ابھی اس مملکت کے سامنے اطاعت گزاری کا حلف لیا ہے ایمان تو تب تمہارے دل میں اترے گا جب تم اللہ و رسول یعنی (نظامِ خداوندی) میں انسانوں کی بھلائی اور منفعت کے لئے کام کرنا شروع کرو گے۔ اور جو نیک کام تم کرو گے تمھیں اس کا بدلہ بھی پورا پورا دیا جائے گا۔ یعنی کہ، زبانی اقرار کر لینے سے کوئی مومن (ایمان والا) نہیں ہوسکتا۔

یہاں پہنچ کر ایک بات واضح ہوگئی کہ ''مسلم'' وہ بھی ہے جو صرف اسلامی حکومت کے قوانین کی اطاعت کرے۔ ایسے ہی جیسے کہ انگلینڈ کی شہریت حاصل کرنے والے کے لئے ضروری ہے کہ وہ ملکہ برطانیہ کی فرمانبرداری اور وہاں کے قوانین کی اطاعت گزاری کا حلفیہ بیان دے کر اس بات کا عہد کرے کہ وہ اس ملک کے رائج قوانین کا پوری طرح سے احترام کرے گا اور انھیں توڑے گا نہیں۔ اس کے بعد اگر وہ وہاں کا قانون توڑے تو اسے ملک بدر تک کی سزا دی جاسکتی ہے۔ یہی معاملہ مملکتِ اسلامیہ میں بھی تھا۔ وہاں کی شہریت کے لئے بھی اللہ کے قوانین کی اطاعت گزاری و فرمانبرداری کا حلف لیا جاتا تھا۔ اور اس کے بعد اگر کوئی اپنی عبادت کے لئے اپنے معبدوں میں جاتا تھا تو اسے اس سے کوئی روکتا نہیں تھا۔ یہی معاملہ برطانیہ میں بھی روا رکھا جاتا ہے۔ بظاہر ان دونوں میں کوئی فرق نظر نہیں آتا، لیکن اگر غور سے دیکھا جائے تو، اک واضح فرق یہ ہے کہ برطانیہ کی پارلیمنٹ کے جتنے بھی قوانین ہیں وہ انسانوں کے اپنے بنائے ہوئے ہیں اور وہ جب چاہیں پارلیمنٹ کے ذریعہ اُن میں تبدیلی لاسکتے ہیں۔ اور ایسا اکثر ہوتا بھی رہتا ہے۔ اِس کے برعکس اسلامی مملکت میں قوانین دو طرح کے ہوتے ہیں ایک وہ جو غیر متبدل (الہامی) ہیں جنھیں کوئی طاقت بدل نہیں سکتی یعنی کہ وہ (مستقل) Permanent ہیں۔ اور دوسرے وہ ضمنی قوانین جنہیں مُستقل قوانین کی چار دیواری کے اندر رہتے ہوئے اپنے زمانہ کے بدلتے ہوئے تقاضوں کے پیشِ نظر بنایا اور بدلا جاسکتا ہے۔ مثال کے طور پر:۔

وَلِلَّهِ مِيرَاثُ السَّمَاوَاتِ وَالْأَرْضِ ۳/۱۸۰ ''آسمانوں اور زمین کی میراث اللہ تعالیٰ کے لئے ہے''۔

قُرآنِ حکیم کی یہ وہ مُستقل قدر ہے جس کے تحت کوئی بھی انسان زمین کا وارث یا مالک نہیں بن سکتا۔ زمین سے پیدا ہونے اور نکلنے والی تمام اشیاء، مملکتِ اسلامیہ کی تحویل میں رہتی ہیں جن میں تمام انسانوں کا حصہ ہوتا ہے اور وہ انہیں ضرورت کے مطابق دی جاتی ہیں، یہ غیر متبدل اصولوں میں سے ایک ہے۔ اور جو قوانین اور اصول ایسے ہیں جن کی اللہ نے کوئی حد مقرر نہیں کی ان میں مشاورت کے ذریعے تبدیلی لائی جاسکتی ہے۔ لیکن اس شرط کے ساتھ کہ وہ تبدیلی ان قوانین اور اصولوں کی حدود کی چار دیواری کے اندر رہ کر لائی جائے جو قُرآن نے دیئے ہیں۔ میں آپ کے سامنے اس کی کئی مثالیں پیش کرسکتا ہوں لیکن یہ حق صرف مجلسِ شوریٰ کا ہے کہ وہ مشاورت کے ذریعے سے قوانین کو ترتیب دے۔

سامعین میں چاہتا ہوں کہ مملکتِ اسلامیہ کی حدود میں بسنے والے لوگوں کے حقوق کے بارے میں وہ تمام شواہد سامنے آجائیں جن کے ذریعے سے اسلام پر لگنے والے اُن غلط الزامات کی تردید ہوجائے، کہ اسلامی مملکت میں غیر مسلموں کو برابر کے حقوق نہیں ملتے۔ کلی طور پر انسانوں کو اس کا فائدہ یہ ہوگا کہ وہ اپنے روشن مستقبل کے پیشِ نظر اس نظام کی مخالفت کرنا ترک کردیں گے۔ یہ بات اپنے دل اور ذہن پر نقش کرلیں کہ اسلامی مملکت کے باشندے چاہے وہ کسی مذہب سے تعلق رکھتے ہوں یا رنگ و نسل سے، جب تک وہ مملکت کے قوانین کا احترام کرتے رہیں وہ ''مسلم'' ہی ہوتے ہیں، غیر مسلم نہیں۔ بات مذہب کی نہیں! نظام کی ہو رہی ہے۔ چنانچہ جس طرح کوئی ڈیموکریسی (جمہوریت) پر چل کر اپنے آپ کو ''ڈیموکریٹ'' اور کیمونزم پر چل کر ''کیمونسٹ'' اور سوشلزم کے تحت چل کر ''سوشلسٹ'' کہلاتا ہے ویسے ہی اسلام کے نظام کے قوانین کے تحت چلنے والا ''مسلم'' کہلاتا ہے۔ خواہ وہ کوئی بھی ہو۔ اِس نکتہ

کی تائید میں قرآنِ حکیم کی یہ آیت دیکھ لیجئے:۔

فَإِن تَابُواْ وَأَقَامُواْ ٱلصَّلَوٰةَ وَءَاتَوُاْ ٱلزَّكَوٰةَ فَإِخْوَٰنُكُمْ فِى ٱلدِّينِ ۗ وَنُفَصِّلُ ٱلْءَايَٰتِ لِقَوْمٍ يَعْلَمُونَ ٩/١١

''اب اگر یہ (غیر مسلم) توبہ کرلیں اور صلوٰۃ کے پابند ہوجائیں اور زکوٰۃ دیتے رہیں، تو یہ تمہارے دینی بھائی ہیں۔ہم تو جاننے والوں کے لئے اپنی آیتیں کھول کھول کر بیان کررہے ہیں۔''

سامعین، یہاں پر''صلوٰۃ اور زکوٰۃ'' کے الفاظ اکھٹے آئے ہیں، آپ جانتے ہیں کہ جب یہ دونوں اکھٹے پڑھنے کو ملیں تو آیت میں اِس سے مراد'' نظام'' ہوتا ہے۔چنانچہ کہا یہ گیا ہے کہ اگر مخالفین اپنی غلط روش ترک کردیں اور تمہارے نظام میں شامل ہوکر زکوٰۃ دیں تو وہ''دین'' میں تمھارے بھائی ہوجائیں گے۔یعنی کہ وہ بھی''مسلم'' ہی ہوں گے۔

یہاں پر اس بات کی وضاحت بھی کرتا چلوں کہ ہمارے مروجہ مذہب کے مطابق جو یہ کہا جاتا ہے کہ اسلامی مملکت میں مشرکوں اور کافروں سے زکوٰۃ نہیں لی جاسکتی اس لئے وہ''جزیہ'' دے کر اس میں رہتے ہیں۔اس آیت کے بارے میں جو کہ ابھی آپ کے سامنے پیش کی گئی ہے اس کے متعلق لوگوں کا یہ کہنا ہے کہ اس آیت کے مخاطبین یہود و نصاریٰ ہیں جو اہلِ کتاب میں سے ہیں۔ چنانچہ یہ حکم مشرکین اور کفار کے لئے نہیں۔اس لئے ضروری ہے کہ اس مقام پر اُن آیات کو سامنے لایا جائے جن میں مشرکوں کے لئے زکوٰۃ دینے کا حکم آیا ہے تاکہ اس غلط فہمی کا ہمیشہ کے لیئے اَزالہ ہوسکے۔سکرین پر دیکھئے۔

قُلْ إِنَّمَآ أَنَا۠ بَشَرٌ مِّثْلُكُمْ يُوحَىٰٓ إِلَىَّ أَنَّمَآ إِلَٰهُكُمْ إِلَٰهٌ وَٰحِدٌ فَٱسْتَقِيمُوٓاْ إِلَيْهِ وَٱسْتَغْفِرُوهُ ۗ وَوَيْلٌ لِّلْمُشْرِكِينَ ٤١/٦

''آپ کہہ دیجئے! کہ میں تو تم ہی جیسا انسان ہوں مجھ پر وحی نازل کی جاتی ہے کہ تم سب کا ''الٰہ'' (حاکم) ایک اللہ ہی ہے سو تم اُس کی طرف متوجہ ہوجاؤ اور اُس سے گناہوں کی معافی چاہو، اور اُن مشرکوں کے لئے خرابی ہے۔''

ٱلَّذِينَ لَا يُؤْتُونَ ٱلزَّكَوٰةَ وَهُم بِٱلْءَاخِرَةِ هُمْ كَٰفِرُونَ ٤١/٧

''جو زکوٰۃ نہیں دیتے اور آخرت کے بھی منکر ہی رہتے ہیں۔''

سامعین، یہاں پر یہ بات بھی واضح ہوگئی کہ اسلامی مملکت کے تمام باشندوں پر بلاتخصیصِ مذہب، رنگ اور نسل وغیرہ کے سب پر لازم ہے کہ اگر وہ وہاں رہنا چاہئیں تو پھر انھیں زکوٰۃ دینی پڑے گی، اگر کوئی ایسا نہیں کرتا تو وہ مملکتِ اسلامیہ کے قوانین کی خلاف ورزی کرنے کا مرتکب ہوتا ہے۔

سامعین، اگر ہم اپنے آپ کو قرآنِ حکیم کی تعلیم کے دائرہ کار میں رکھیں پھر تو مملکتِ اسلامیہ کے باشندوں کو کسی قسم کے فالتو ٹیکس یا ''جزیہ'' کے دینے کی کوئی ضرورت پیش نہیں آتی۔ اور اگر اس کی تعلیم سے تجاوز کریں تو پھر کسی بھی مسئلے کا کوئی حل نہیں نکل سکتا۔ آگے چل کر قُرآنِ حکیم کی تعلیم کی روشنی میں ''جزیہ'' کو بھی دیکھ لیں گے۔ لیکن سرِ راہ ہم مسلم کی اُس پوزیشن کو واضح طور پر سامنے لانے کی کوشش کر رہے ہیں جسے اللہ نے اپنی کتاب میں اس کے لئے مقرر کی ہے۔

چنانچہ، پاکستان میں جو لوگ اس لئے اسلام کی مخالفت کرتے ہیں کہ اسلام لوگوں کو برابر کے حقوق نہیں دیتا، اُن کے خدشات دور ہو جانے چاہئیں، اس لئے کہ قُرآنِ حکیم میں اُن کے تحفظات کا پورا پورا سامان موجود ہے۔ لیکن کتاب اللہ سے دوری کے سبب کچھ لوگ اسلام اور سیکولر اصولوں کے باہمی امتزاج (Synthesis) سے ایک نئی طرز کا اسلام وجود میں لانا چاہتے ہیں تا کہ اس کے بعد شاید ان کے معاشرتی حالات میں کچھ بہتری آ سکے۔ لیکن دورِ مدینہ والا وہ اسلامی نظام تو ہمارے سامنے پھر بھی نہیں آ سکتا جس سے مسلم اور ایمان کی شرط پوری ہوتی ہے۔ اس سے وہ شرک ختم نہیں ہوسکتا جس کو ختم کرنے کے بعد اِس دنیا کا معاشرہ بھی جنتی بنتا ہے اور اِس کے بعد کی زندگی کا بھی۔ اِس کا اصول یہ بتایا گیا ہے کہ اس نظام میں انسانوں کو پورے طور پر داخل ہونا پڑتا ہے اور اس کے علاوہ دوسرا اور کوئی دین (نظام) قبول نہیں کیا جائے گا۔ اور اگر کوئی ایسا نہیں کرتا تو پھر وہ مسلمان کہلوانے کے باوجود بھی مشرک کا مشرک ہی رہتا ہے۔ لیکن اگر کسی کو اسلامی مملکت میں مشرک بن کے ہی رہنا مقصود ہو تو اس میں بھی کوئی زبردستی نہیں۔ ہم اس پر پہلے ہی بات کر چکے ہیں۔ بہر حال ایک عبدِ مومن اور ایماندار مسلم کے لئے اسلامی نظام کیوں ضروری ہے؟ اس کے لئے قُرآنِ حکیم کی ان دو آیات کو بھی سکرین پر دیکھتے چلیں:۔

وَمَن يَبْتَغِ غَيْرَ ٱلْإِسْلَٰمِ دِينًا فَلَن يُقْبَلَ مِنْهُ وَهُوَ فِى ٱلْءَاخِرَةِ مِنَ ٱلْخَٰسِرِينَ ۳/۸۵

''جو شخص اسلام کے سوا اور دین تلاش کرے گا، اس کا دین قبول نہ کیا جائے گا اور وہ آخرت میں نقصان پانے والوں میں سے ہو جائے گا''۔

نہ صرف یہ کہ اللہ کے نزدیک اس دین کے سوا اور کوئی دین (نظام) قابلِ قبول نہیں بلکہ یہ حکم دیا گیا ہے کہ:۔

يَٰٓأَيُّهَا ٱلَّذِينَ ءَامَنُوا۟ ٱدْخُلُوا۟ فِى ٱلسِّلْمِ كَآفَّةً وَلَا تَتَّبِعُوا۟ خُطُوَٰتِ ٱلشَّيْطَٰنِ ۚ إِنَّهُۥ لَكُمْ عَدُوٌّ مُّبِينٌ ۲/۲۰۸

''ایمان والو! اسلام میں پورے پورے داخل ہو جاؤ اور شیطان کے قدموں کی تابعداری نہ کرو وہ تمہارا کھلا دشمن ہے۔''

چنانچہ، ایک مسلم اور مومن کے لئے اسلامی نظام کے اندر رہنا اس لئے ضروری ہے کیونکہ اس کے ایمان کے مطابق اللہ کے ہاں دوسرا اور کوئی نظام قابلِ قبول نہیں۔ اور اگر کوئی ایمان کا دعویٰ کرتا ہے کہ وہ مسلمان ہے تو پھر اسے اسلام کے نظام میں پورے طور پر داخل ہونا پڑتا ہے۔ یہ نہیں ہوسکتا کہ کچھ قوانین اِس میں سے لے لئے جائیں اور کچھ اپنی مرضی کے قانون بنا کر ان دونوں

نظاموں کا آمیزہ تیار کرلیا جائے اور پھر سمجھ لیا جائے کہ اسلامی نظام قائم کرلیا گیا ہے، اور ہم ایمان والے ہو گئے۔ یہ منافقت نہیں چل سکتی۔ نہ صرف یہ بلکہ کسی کی خوشنودی کی خاطر اس میں کچھ لو اور کچھ دو والا معاملہ بھی طے نہیں کیا جا سکتا، چاہے اس کے مخالفین کو یہ بات کتنی ہی بری کیوں نہ لگے۔

موجودہ دور میں ہم سب یہ سمجھتے ہیں کہ ہم ایمان لے آئے ہیں، لیکن اسلامی نظام کے قیام کے لئے کچھ نہیں کرتے بلکہ اللہ کے دین کے سوا انسانوں کے تراشیدہ نظاموں کے تحت زندگی بسر کرتے ہیں اور یا پھر اسلام کے اصولوں کے ساتھ اپنے بنائے ہوئے اصولوں اور قوانین کو آپس میں خلط ملط کر کے نیا نظام تشکیل دینے کی فکر میں رہتے ہیں، اسی قسم کی طرزِ فکر رکھنے والوں کے متعلق اللہ نے یہ کہا ہے کہ:۔

وَمَا يُؤْمِنُ أَكْثَرُهُم بِاللَّهِ إِلَّا وَهُم مُّشْرِكُونَ ۱۲/۱۰۶

''اِن میں سے اکثر لوگ باوجود اللہ پر ایمان رکھنے کے بھی مشرک ہیں۔''

اللہ پر ہمارا ایمان، اُس وقت تک کوئی معنی نہیں رکھتا جب تک کہ ہم اُس کی عطا کردہ کتاب کے مطابق اُس کے نظام کے بروئے کار لانے کے سلسلے میں کوئی ٹھوس اقدامات نہیں اٹھاتے۔ منافقت کی دلدل میں ہم ٹھوڑیوں تک دھنس چکے ہیں دعا ہی کی جا سکتی ہے کہ اللہ ہم مسلمانوں کو اِس میں سے نکلنے کی توفیق عطا فرمائے۔

زباں سے کہہ بھی دیا لاالٰہ تو کیا حاصل
دل و نگاہ مسلماں نہیں تو کچھ بھی نہیں

چنانچہ سامعین، قرآنی نکتۂ نگاہ سے اسلامی معاشرے میں ایک مسلم تو وہ ہے جسے اللہ و رسول اور آخرت وغیرہ پر ایمان ہوتا ہے اور وہ معاشرے کی بہتری کے لئے محنت سے کام کرتا ہے۔ اور دوسرا وہ ہے جو اپنے مذہبی عقائد پر بھی قائم رہتا ہے لیکن وہ اسلامی قوانین کی اطاعت گزاری کے عوض، جسٹس کورنیلئس کے الفاظ میں ''قانونی مسلم'' کہلاتا ہے۔ دونوں پر لازم ہے کہ وہ مملکت کے واجبات زکوٰۃ ادا کریں اور مملکت کی تمام سہولیات سے برابر فائدہ اٹھائیں۔ لیکن اس فرق کے ساتھ کہ آخرت میں ایک کے تمام اعمال ضائع ہو جائیں گے اور اُس میں اس کا کوئی حصہ نہیں ہو گا جب کہ ایمان والے کے لئے اس دنیا کی خوشگواریوں میں بھی حصہ ہے اور آخرت میں بھی اسے اس کے اعمال کا پورا پورا بدلہ ملے گا۔ اسی بات کو اقبال نے اپنی قرآنی فکر و فہم کے مطابق دو اشعار میں کس خوبصورتی سے سمویا ہے۔

اک شرعِ مسلمانی ' اک جذبِ مسلمانی
ہے جذبِ مسلمانی سرِ فلک الا فلاک
اے رہروِ فرزانہ ! بے جذبِ مسلمانی
نے راہِ عمل پیدا نے شاخِ یقیں نمناک

ایک شخص صرف اسلامی قانون کی اطاعت کرنے کی بنا پر مسلمان کہلاتا ہے لیکن شرک میں بھی ملوث رہتا ہے، اور دوسرا دل کی گہرائیوں سے ایمان کے ساتھ مسلمان کہلاتا ہے اور اسلامی معاشرے کا حصہ بنتا ہے، جو اِس طرح سے مسلمان ہو اُس کا مقام آسمانوں سے بھی کہیں آگے اور بڑھ کر ہے۔ چنانچہ اس راستے پر چلنے والے اے دانا مسافر، ایمان وایقان کے بغیر نہ تو عمل کی کوئی راہ نکلتی ہے اور نہ ہی یقین میں پختگی اور جان پڑ سکتی ہے۔ ایمان اور یقین کے بغیر تمام اعمال ضائع ہو جاتے ہیں۔ دنیا پر تو پورے انصاف کے ساتھ سب مل جاتا ہے لیکن آخرت میں کوئی حصہ نہیں ملتا۔

اقبال نے مسلم کی ان دونوں حیثیتوں کو جس طرح سے اپنے شعر میں واضح کیا ہے، ویسے ہی اس کی تشریح نثر میں بھی بیان کر دی ہے اور کہا ہے کہ:۔

''خودی خواہ مسولینی کی ہو خواہ ہٹلر کی، قانونِ الٰہی کی پابند ہو جائے تو مسلمان ہو جاتی ہے۔'' (اقبال)

چنانچہ مملکتِ اسلامیہ کے اندر رہنے والا کوئی ہٹلر ہو یا کوئی مسولینی اگر وہ قانونِ الٰہی کا پابند ہو جائے تو بقول جسٹس کورنیلئس کے بھی وہ ''مسلم'' ہی کہلائے گا۔ اقبال کا کہنا یہ ہے کہ ظالم سے ظالم شخص کی خودی بھی جب قانونِ الٰہی کی پابند ہو جاتی ہے تو وہ مسلم ہو جاتی ہے، اور مسلم تو ہوتا ہی وہ ہے جو قلبِ سلیم کا حامل ہو۔ چنانچہ قلبِ سلیم کے حامل انسان سے ظلم کی توقع ہی نہیں کی جا سکتی۔ اس لئے اقبال کے نزدیک:۔

''جب تک اقوام کی خودی قانونِ الٰہی کی پابند نہ ہو، امنِ عالم کی کوئی سبیل نہیں نکل سکتی۔'' (اقبال)

اور امنِ عالم کی کوئی سبیل نہ نکلنے دینے میں خود اُس قوم کا ہاتھ ہے جس کے ہاتھ میں اِس وقت اللہ کی کتاب ہے۔ یہ قوم نہ تو اِس کتاب کے مطابق اللہ کے نظام کو نافذ کرتے ہوئے خود ''جذبِ مسلمانی'' کی تفسیر بن کر حقیقی معنوں میں ایمان والے ''مسلم'' بننا چاہتی ہے اور نہ ہی یہ قوم دنیا کے دوسرے انسانوں کو کتاب اللہ کے قوانین کے مطابق چلنے کا موقع ہی میسر آنے دیتی ہے کہ کم از کم وہ ''شرعِ مسلمانی'' کی تفسیر بن کر ''قانونی مسلم'' کہلوانے کا اعزاز ہی حاصل کر سکیں۔ البتہ مملکتِ اسلامیہ میں بسنے والا کوئی بھی فرد شرعِ مسلمانی کے تحت مسلمان ہو یا پھر کہ جذبِ مسلمانی کے تحت، اِن متفرق حیثیتوں کے باوجود یہ دونوں مسلم ہی کہلوائیں گے اور اس میں ان سب کے حقوق بھی برابر کی سطح پر ہوں گے۔ چنانچہ مملکتِ اسلامیہ میں اقلیت اور اکثریت وغیرہ کی اصطلاحات کوئی وجود نہیں رکھتیں اس لئے ضروری ہے کہ ''شرعِ مسلمانی'' اور ''جذبِ مسلمانی'' کے زریں اصولِ توحید پر کاربند ہو کر پاک سرزمین پر اسلامی نظامِ حیات کے مطابق معاشرہ قائم کر لیا جائے تاکہ زمانہ خود اپنی آنکھوں سے ''زمین کو اپنے رب کے نور سے جگمگاتا دیکھ لے''۔

سامعین، کل کی نشست میں ہم نے قائدِ اعظم اور اقبال کے فرمودات اور تقاریر میں سے چند ایک اقتباسات کو آپ کے سامنے رکھا تھا۔ آپ سے گزارش ہے کہ آپ انھیں اپنے کمپیوٹر کی سکرین پر ایک بار پھر سے دیکھ لیں اور اس کے بعد اسلامی نظام کے اندر

رہنے والے مسلم کی ان دونوں حیثیتوں کو بھی جو قُرآنِ حکیم کی روشنی میں ہمارے سامنے آئی ہیں اپنے پیشِ نظر رکھیں۔خاص کر قُرآنِ حکیم کے اس سنہرے اصول کے ساتھ، جس میں کہا گیا ہے کہ:۔

وَلَقَدْ كَرَّمْنَا بَنِيٓ ءَادَمَ ۱۷/۷۰ ''یقیناً ہم نے اولادِ آدم کو بڑی عزت دی۔''

چنانچہ آدم کی اولاد ہونے کی حیثیت سے انسان کا ہر بچہ عزت وتکریم کے قابل ہے۔اسلامی معاشرے کے تمام افراد، مملکت کے معاملات میں شریک ہوتے ہیں۔اس کے متعلق آگے چل کر تفصیل سے بات کریں گے۔لیکن فی الحال ہم قائدِ اعظم کی اُس تقریر کو سامنے لائیں گے جس کے ذریعے سے خود مسلمان اس تنازعہ کا شکار ہوگئے اور شور برپا کردیا کہ قائدِ اعظم کی اس تقریر سے ثابت ہوگیا ہے کہ پاکستان کو سیکولر نظام کی بنیادوں پر چلایا جائے گا۔اب جب کہ ہم قُرآنِ حکیم کی روشنی میں قدم قدم چل کر اس مقام تک پہنچ آئے ہیں اور سمجھ چکے ہیں کہ اسلامی معاشرے کے تمام باشندے، بلاتخصیصِ مذہب، رنگ، نسل یا قبیلے کے ''لا الٰہ الا اللہ محمد رسول اللہ'' پر حلف لینے کے بعد مسلم ہوجاتے ہیں اور پھر ان میں سے کسی ایک کے ساتھ بھی غیر مساوی سلوک روا نہیں رکھا جاسکتا۔

چنانچہ مسلم کی اُس حیثیت کو جسے اللہ نے اپنی کتاب میں واضح طور پر سمجھا دیا ہے، اُسے اچھی طرح سمجھ لینے کے بعد اب ہم قائدِ اعظم کی اُس گیارہ اگست ۱۹۴۷ء کی تقریر کو سیاق وسباق کے ساتھ آپ کے سامنے رکھتے ہیں جسے لوگ اِسلامی نظام کے خلاف بطورِ ہتھیار استعمال کرتے ہیں اور قائدِ اعظم کو سیکولر مسلم بتاتے ہیں۔سکرین پر تقریر پڑھنے کے بعد اِس پر مزید بات کرتے ہیں:۔

> You may belong to any religion or caste or creed - that has nothing to do with the business of the State (Hear, hear). ...We are starting in the days when there is no discrimination, no distinction between one community and another, no discrimination between one caste or creed or another. We are starting with this fundamental principle that we are all citizens and equal citizens of one State (Loud Applause).
> ... Now I think you should keep that in front of us as our ideal, and you will find that in [the] course of time Hindus would cease to be Hindus and Muslims would cease to be Muslims, not in the religious sense, because that is the personal faith of each individual but in the political sense as citizens of the State.
> *Presidential Address to the Constituent Assembly of Pakistan, Karachi, 11 August 1947 (SJPak.p180)*

ترجمہ ''آپ کو تعلق کسی مذہب سے ہو یا ذات اور مسلک سے ......اس سے مملکت کو کوئی سروکار نہیں، ہم ان دنوں میں آغاز کر رہے ہیں جب ایک دوسرے کے خلاف کوئی امتیازی سلوک نہیں، ایک طبقے کا دوسرے طبقے کے خلاف کوئی بُرا سلوک اور نہ کسی ذات پات اور مسلک کا امتیاز برتا جارہا ہے۔ہم اس بنیادی اصول سے آغاز کر رہے ہیں ہم سب ایک مملکت کے باشندے ہیں اور یکساں شہری ہیں۔اب میرے خیال میں آپ کو یہ بات بطورِ تصور اپنے پیشِ نظر رکھنی چاہیے آپ کو پتہ چل جائے گا کہ وقت کے ساتھ ساتھ، ہندو، ہندو نہ رہے گا۔ اور مسلمان، مسلمان نہ

رہے گا، مذہبی طور پر نہیں کیونکہ یہ تو ہر فرد کا ذاتی عقیدہ ہے میری مراد ایک مملکت کے شہریوں کے طور پر سیاسی لحاظ سے ہے۔"

سامعین، کیا یہ تقریر قُرآنِ حکیم کی اِس آیت وَلَقَدْ كَرَّمْنَا بَنِيٓ ءَادَمَ ۷۰/۱۷ کے اصول کے مطابق ہے کہ نہیں؟ اور کیا یہ اُن آیاتِ قُرآنی کے مطابق نہیں جس میں اطاعت گزار مسلم اور ایمان والے مسلم کے اعمال کے نتائج کے فرق کو واضح کیا گیا ہے؟ اور کیا، لا اكره في الدين ۔"دین میں کوئی زبردستی نہیں" کے مطابق نہیں؟ بے شک ہے، اس لئے کہ قُرآنِ حکیم کی کسی بات میں تضاد ہو ہی نہیں سکتا۔ چنانچہ اس تقریر میں قائدِ اعظم نے جو یہ کہا ہے کہ:۔

"آپ کو یہ بات بطورِ تصور اپنے پیشِ نظر رکھنی چاہئے آپ کو پتہ چل جائے گا کہ وقت کے ساتھ ساتھ، ہندو، ہندو نہ رہے گا۔ اور مسلمان، مسلمان نہ رہے گا، مذہبی طور پر نہیں کیونکہ یہ تو ہر فرد کا ذاتی عقیدہ ہے میری مراد ایک مملکت کے شہریوں کے طور پر سیاسی لحاظ سے ہے" (قائدِ اعظم)

قائدِ اعظم کی یہ تقریر نہایت ہی معنی خیز ہے۔ اس تقریر میں اسلامی نظام کے حوالے سے اس سے بہتر الفاظ کا چناؤ ممکن ہی نہیں، ایسا بلیغ پیغام وہی شخص دے سکتا ہے جس کی نگاہ اسلامی نظامِ حیات کے تمام سیاسی اور قانونی پہلوؤں پر ہو۔ تاریخ گواہ ہے کہ اقبال اور قائدِ اعظم ۱۹۳۵ء سے ۱۹۳۸ء کے درمیانی عرصہ میں مکمل طور پر ایک دوسرے کے ہمنوا بن چکے تھے۔ اس کی تفصیل ہم پہلے ہی آپ کے سامنے بیان کر چکے ہیں۔ جب ہم اُن کی قربت کے اس دورانیہ پر نگاہ ڈالتے ہیں تو سمجھ میں آتا ہے کہ قُرآنی نکتۂ نگاہ سے اسلامی مملکت کے خدوخال کے متعلق قائدِ اعظم کی باتوں میں نمایاں طور پر اقبال کی اسلامی فکر کے تصور کی چھاپ اتنی گہری کیوں نظر آتی ہے۔ قائدِ اعظم کی اِس تقریر کو پہلے اس لئے آپ کے سامنے نہیں رکھا تھا کیونکہ جب تک آپ کے سامنے اسلامی نظام کا پورا نقشہ سامنے نہ آ جاتا آپ اس تقریر کو اسلامی نکتۂ نگاہ سے کبھی سمجھ ہی نہ پاتے۔ جس طرح اسلامی نظام کو سمجھے بغیر "مسلم" کی تعریف سمجھ میں نہیں آ سکتی، یونہی "مسلم" کی تعریف سمجھے بغیر، قائدِ اعظم کی یہ تقریر سمجھ میں نہیں آ سکتی تھی۔

آگے بڑھنے سے پیشتر، میں یہاں پر قائدِ اعظم کی ایک اور تقریر کا حوالہ دینا چاہوں گا جس میں اسلامی نظم وضبط کے مزید چند پہلو سامنے آتے ہیں۔ اپنی اپنی سکین پر توجہ مرکوز کیجئے۔

The great majority of us are Muslims. We follow the teachings of the Prophet Muhammad (peace be upon him). We are members of the brotherhood of Islam in which all are equal in rights, dignity and self-respect. Consequently, we have a special and a very deep sense of unity. But make no mistake: Pakistan is not a theocracy or anything like it. Islam demands from us the tolerance of other creeds and we welcome in closest association with us all those who, of whatever creed, are themselves willing and ready to play their part as true and loyal citizens of Pakistan.

Broadcast talk to the people of Australia as Governor General, 19 February, 1948. (NVVol.VII, p.190)(SJPak.p152)

ترجمہ "ہماری بڑی اکثریت مسلمان ہے۔ہم اپنے پیغمبر محمدؐ کی تعلیمات پر عمل پیرا ہوتے ہیں۔ہم سب اسلام کے رشتۂ اخوت کی لڑی میں پروئے ہوئے رکن ہیں جس کے تحت ہم سب اپنے حقوق وقار اور عزتِ نفس کے لحاظ سے برابر ہیں۔جس کے نتیجے میں ہمارے مابین آپس میں ایک خصوصی اور بہت گہرا جذبۂ اتحاد موجود ہے۔مگر کوئی غلطی نہ کرے پاکستان کوئی مذہبی پیشواؤں کی حکومت یا اس سے ملتی جلتی حکومت نہیں ہوگی۔اسلام ہمیں دوسرے مسلکوں کے بارے میں رواداری برتنے کا تقاضہ کرتا ہے اور ہم دل کی گہرائیوں سے ان سب کا خیر مقدم کرتے ہیں، جو اپنے مسلک سے قطعٔ نظر پاکستان کے وفادار اور سچے شہریوں کی حیثیت سے اپنا کردار ادا کرنے کو تیار ہیں۔"

سامعین، قائدِ اعظم کے اس اقتباس کو آپ کے سامنے رکھتے ہوئے آج کی یہ نشست برخاست کرتے ہیں، جس میں انھوں نے کہا ہے کہ "ہم دل کی گہرائیوں سے ان سب کا خیر مقدم کرتے ہیں۔ جو اپنے مسلک سے قطعٔ نظر پاکستان کے وفادار اور سچے شہریوں کی حیثیت سے اپنا کردار ادا کرنے کو تیار ہیں۔" اس کے ساتھ ہی کل تک کے لئے اللہ حافظ

نہ تخت و تاج میں نے لشکر و سپاہ میں ہے
جو بات مردِ قلندر کی بارگاہ میں ہے
صنم کدہ ہے جہاں اور مردِ حق ہے خلیل
یہ نکتہ وہ ہے کہ پوشیدہ لا الٰہ میں ہے

پندرہویں نشست

اسلام علیکم خواتین وحضرات۔آپ کی تشریف آوری کا شکریہ۔آپ سب لوگ اس بات سے آگاہ ہیں کہ ہندوستان کی طرف سے مقبوضہ کشمیر کے مسلمانوں پر زمین تنگ کردی گئی ہے چار ماہ سے کرفیو نافذ ہے اور سینکڑوں شہادتوں کے علاوہ، بینائی کھودینے والوں کی تعداد ساڑھے تین سو سے زائد ہو چکی ہے، ہمیشہ کے لئے اپاہج ہونے والوں اور زخمیوں کے بارے میں کسی کو کچھ پتہ نہیں کہ ان کی تعداد کتنی ہے۔دنیا خاموش تماشائی بنی بیٹھی ہے، اگر ہندوستان پر کسی قسم کا دباؤ ہوتا تو یہ بربریت کب کی رک گئی ہوتی لیکن یہ بدستور جاری ہے۔انسانی حقوق کی علمبردار تنظیمیں اپنے آقاؤں کے چشمِ ابرو کے اشارے کی منتظر ہیں کہ انھیں جو حکم اُن کی طرف سے صادر ہو وہ اس کے مطابق قدم اٹھائیں۔میں نے بہت کوشش کی کہ سیاسی نکتۂ نظر سے یہاں پر بات نہ کی جائے لیکن مجبوراً ایسا کرنا پڑا۔ فوج اگر پاکستان کے حالات کو سنبھالنے میں اپنا کردار ادا نہ کرتی تو پھر نہ جانے اب تک حالات کیا رخ اختیار کر چکے ہوتے۔ملک کے بقیہ ادارے انتہائی حد تک کمزور ہو چکے ہیں۔رشوت ستانی کا زور ٹوٹ گیا ہے لیکن خاتمہ نہیں ہوسکا۔حکومت،ظلم وستم کی چکی میں کچلی اور پسی ہوئی قوم پر مزید ٹیکس لگانے جا رہی ہے۔غربت اور امارت کے درمیان توازن قائم رکھنے میں یہ نظام مکمل طور پر ناکام ہو چکا ہے۔ جس منصفانہ نظام کے قیام کے لئے اِن نشستوں میں ہم لگا تار یہاں پر جمع ہوتے اور اِسے سمجھنے کی کوشش کرتے رہے ہیں وہ اختتام پذیر ہونے کو ہیں۔اِن کے خاتمہ پر ہی اسلامی نظام کی جانب پہلا قدم اٹھایا جا سکے گا۔

سامعین، اسلامی نظامِ حیات کے حوالے سے اب تک ہم نے بے شمار موضوعات پر گفتگو کی ہے اور اب بھی بہت کچھ کہنے اور سننے کو باقی ہے۔ قائدِ اعظم اور اقبال کے حوالے سے بھی بہت سی وہ باتیں سامنے آگئی ہیں جنھیں عوام دشمن قوتوں نے ہم سے اس لئے چھپا رکھا تھا کہ اگر وہ سامنے آگئیں تو اُن کا یہاں ٹھہرنا مشکل ہو جائے گا۔بہرکیف اب دیکھتے ہیں کہ کیا ہوتا ہے۔

قائدِ اعظم کی ۱۱ اگست ۱۹۴۷ء کی اُس تقریر کا بھانڈا بھی پھوٹ گیا ہے جس کو ہوّا بنا کر اسلامی نظامِ حیات کے سامنے لا کھڑا کر دیا جاتا تھا۔ اور جسٹس محمد منیر صاحب مرحوم کی علمی بددیانتی کا پول بھی کھل گیا ہے جس کے تحت انھوں نے قائدِ اعظم کو ایک سیکولر

نظریات کا حامی بتانے کی اس لئے کوشش کی تھی تا کہ پاکستان کو سیکولر بنیادوں پر چلایا جائے۔ بہت ساری اُن خود ساختہ روایات اور احادیث کو آپ کے سامنے رکھ دیا گیا ہے کہ جن کو اسلام دشمن قوتیں قُرآنِ حکیم سے بھی زیادہ اہمیت دیتی چلی آ رہی ہیں، صرف اس لئے کہ اللہ کا عطا کردہ نظریۂ حیات کہیں لوگوں کے سامنے نہ آ جائے۔ مذہب کے نام پر انھوں نے احترام کی جس کالی پٹی کو اِن کی آنکھوں پر باندھ رکھا تھا، ہم نے اُس کالی پٹی کو اتار پھینکا ہے، لیکن ظلمتوں کے گھٹا ٹوپ اندھیروں میں اتنا عرصہ گزارنے کے بعد ان کی کمزور بینائی اچانک روشنی کا سامنا کرنے اور اپنے اردگرد کے ماحول کو دیکھنے اور سمجھنے کے قابل ہی نہیں رہی۔ وہ وقت دور نہیں جب یہ اپنے اردگرد کے ماحول کو دوبارہ دیکھنے اور سمجھنے کے قابل ہو جائیں گے۔ ہم نے اِسی مشکل کے پیشِ نظر پورے ملک کے طول وارض سے آپ کا انتخاب کیا، آپ ملک کے وہ خوش قسمت نوجوان ہیں جن کی آنکھوں پر کالی پٹی بندھی ہوئی نہیں۔

چنانچہ آپ لوگوں کو دیکھ بھال اور سوچ سمجھ کر چلنے کے قابل پایا اور اسی جہت سے اپنے اِس پروگرام کا حصہ بناتے ہوئے اِن نشستوں میں شرکت کے لئے مدعو کیا۔ یہ سب قُرآنِ حکیم کا اعجاز ہے کہ طاغوتی قوتوں کی ہر وہ آہنی دیوار جسے اسلامی نظامِ حیات کے سامنے کھڑا کر دیا گیا تھا رائی کا پہاڑ ثابت ہوئی اور آپ کی آنکھوں کے سامنے ایک ایک کر کے گرتی چلی گئی۔ سب سے اہم یہ کہ صدیوں پہلے، کلمہ کے بدل دینے سے جن آفات کو ملت کے سر پر کھڑا کر دیا گیا تھا اور جس کی وجہ سے وہ سر اٹھا کر چلنے کے قابل ہی نہیں رہی، اُس کا انکشاف بھی ہو گیا، گو کہ اس کے لئے ابھی مزید ثبوت آپ کے سامنے لائے جانے باقی ہیں۔ وحی خفی اور وحی جلی کے عقیدہ کو جس مکاری و عیاری کے ساتھ سُلطانوں اور بادشاہوں نے مذہبی پیشواؤں کے ساتھ مل کر اللہ کے دین کو دنیا کے باقی مذاہب کی سطح پر لا کھڑا کیا اُس کی داستان بھی سامنے آ گئی۔ اور ساتھ ہی یہ انکشاف بھی ہو گیا کہ اسلامی مملکت میں اقلیت نام کی کوئی چیز ہوتی ہی نہیں۔ اس میں بسنے والے تمام باشندے بلا تخصیصِ مذہب، رنگ، نسل اور ذات پات کے مسلم ہوتے ہیں اور مساوی حقوق کے حقدار بھی۔ ایسے جنت نظیر معاشرے کی بنیاد ''انصاف اور آزادی'' کے دو اصولوں پر قائم ہوتی ہے۔ اس میں صرف ایک ہی پارٹی ہوتی ہے، حزبِ اختلاف نام کی کسی شیطانی پارٹی یا پارٹیوں کا کوئی وجود نہیں ہوتا جو آپس میں مل کر دھوکے اور فریب دہی کے ساتھ انسانوں کو ذلت اور کسمپرسی کی موت مارتے ہوں۔ اسلامی مملکت کا اقتدار، قادرِ مطلق (اللہ) کے اختیار میں ہوتا ہے۔ اِس میں مجلسِ شوریٰ کی حیثیت بھی ایک امین کی ہوتی ہے، اس سے زیادہ کچھ نہیں۔ اس لئے اللہ کے بندوں پر حکومت کرنے والے طالع آزما خونخوار بھیڑیوں کے لئے اس نظام میں کوئی جگہ نہیں ہوتی۔ ان باتوں کے علاوہ بھی درجنوں باتیں ایسی ہیں جو آپ کے سامنے لائی جا چکی ہیں۔ اب ہمیں آگے بڑھنا چاہئے، وقت ہمارے ہاتھوں سے تیزی کے ساتھ یوں نکل رہا ہے جیسے خشک ریت کو مٹھی میں جتنا بھی کوئی بھینچے وہ اتنی ہی تیزی سے اُس کے ہاتھ سے سرکتی چلی جاتی ہے۔

سامعین! آج ہم اپنی اس نشست کا آغاز قائدِ اعظم کی تقریر کے اُس اقتباس سے کرتے ہیں۔ جس میں انھوں نے کہا ہے کہ:-

''ہماری بڑی اکثریت مسلمان ہے۔ ہم اپنے پیغمبر محمد کی تعلیمات پر عمل پیرا ہوتے ہیں۔ ہم سب اسلام کے رشتۂ اخوت کی لڑی میں پروئے ہوئے رکن ہیں جس کے تحت ہم سب اپنے حقوق وقار اور عزتِ نفس کے لحاظ سے برابر ہیں۔ جس کے نتیجے میں ہمارے مابین آپس میں ایک خصوصی اور بہت گہرا جذبۂ اتحاد موجود ہے۔ مگر کوئی غلطی نہ کرے

پاکستان کوئی مذہبی پیشواؤں کی حکومت یا اس سے ملتی جلتی حکومت نہیں ہوگی۔ اسلام ہم سے دوسرے مسلکوں کے ساتھ رواداری برتنے کا تقاضہ کرتا ہے۔ اور ہم دل کی گہرائیوں سے اُن سب کا خیر مقدم کرتے ہیں، جو اپنے مسلک سے قطعِ نظر پاکستان کے وفادار اور سچے شہریوں کی حیثیت سے اپنا کردار ادا کرنے کو تیار ہیں۔" (قائدِ اعظم)

سامعین، پچھلی کئی دہائیوں سے ہم یہی سنتے چلے آئے ہیں کہ جمہوریت ایک بہترین نظام ہے اِس کو وقت نہیں دیا گیا کہ وہ پھل پھول سکتا، اگر اِسے ایسے ہی چلنے دیا جائے جس طرح سے کہ یہ نظام آج چل رہا ہے تو اگلے پچاس ساٹھ سال میں ہم اس کے متعلق بہت کچھ سیکھ جائیں گے اور اِسے بہتر طور پر چلانے کے قابل ہو جائیں گے، پھر اُسی نشست میں یہ بھی فرما دیا جاتا ہے کہ کیا آپ نہیں دیکھتے کہ انگلینڈ میں ڈیڑھ سو سال کے بعد اب جا کر لوگوں میں اسکی برکات کا فیض عام ہوا ہے، وغیرہ وغیرہ۔ دراصل یہ لوگ چاہتے یہ ہیں کہ جس طرح سے سابقہ ادوار میں طالع آزما ڈیموکریٹ، سوشلسٹ اور ڈکٹیٹروں نے ملک کو دونوں ہاتھوں سے لوٹا اور ملک کی دولت اور وسائل لوٹ کر غیر ملکوں میں لے گئے، اب اگلے پچاس ساٹھ سال کے لئے اُنہی خونخوار بھیڑیوں کی اولادوں کو مزید لوٹنے کے لئے وقت دے دیا جائے۔

خواتین وحضرات 'قرآنِ حکیم کی روشنی میں اسلامی نظام اور اس کی خصوصیات کی جو شکل ہمارے سامنے آئی ہے، وہ ہمارے قائدین اور عمائدین کے فرمودات کے بھی مطابق ہے۔ اس سے پتہ چلتا ہے کہ وہ پاکستان میں کس قسم کے اسلامی نظام کے قیام کے آرزومند تھے۔ چنانچہ اس وقت تک تو ہم نے یہی سمجھا ہے کہ ہمارے لئے جو ضابطۂ حیات اللہ اور اس کے رسول نے پسند کیا ہے وہ اپنی مکمل صورت میں قرآنِ حکیم میں موجود ہے۔ اب مسئلہ یہ ہے کہ اِس نظام کو پوری طرح سے سمجھ لینے کے بعد اسے حکومتی سطح پر نافذ کرنے کے لئے عملی طور پر کچھ کرنا بھی ہے یا کہ اِس کا سمجھ لینا ہی کافی ہے؟ بالآخر ہم اس نتیجے پر پہنچے کہ اس نظام کو سمجھ لینے کے بعد تو ہماری ذمہ داری اور بڑھ گئی ہے کہ اس کو حکومتی سطح پر نافذ کیا جائے۔ اُس کے لئے جن اقدامات کے اٹھانے کی ضرورت تھی ان پر غور وخوص کیا گیا اور جو لائحۂ عمل اختیار کرنا ضروری تھا اس کے بارے میں بھی سوچ بچار کی گئی۔ آج کی نشست میں ہم آپ کو اِس کی تفصیل سمجھانے والے ہیں۔

سامعین، اگر ہماری سیاسی قیادتیں اسلام اور اس کے نظام کے ساتھ مخلص ہوتیں تو آج محدودے چند لوگوں پر مشتمل ہمیں یہ میٹنگ کرنے کی ضرورت ہی نہ پیش آتی۔ بہرحال اس عظیم کام کا بیڑا اٹھانے کے لئے عزم وہمت درکار تھی، یہ کسی ایک فرد یا ایک ادارے کے کرنے کے بس کی بات نہیں تھی جس کے لئے ضروری تھا کہ اس نیک کام میں عدالتِ عظمیٰ کے جج صاحبان بھی شریک ہوں اور اس کے ساتھ فوج کے سپہ سالار اور اس کے کمان دار بھی شریک ہوں۔ میڈیا میں میرے ہم خیال دوستوں نے بھی میری ہمت بندھائی، اور ساتھ دینے کا وعدہ کیا۔ قرآنی اصول کے مطابق اس میں عوام کو شریک کرنا لازمی تھا لیکن فرقوں اور پارٹیوں میں بٹی ہوئی قوم کو ایک پلیٹ فارم پر لا کر اُس سے مشورہ کرنا غیر ممکن تھا، دوسرا یہ کہ اسے اسلامی نظام کے خدوخال کے بارے میں قلیل مدت کے اندر سب کچھ سمجھا دینا بھی جوئے شیر لانے کے مترادف تھا۔ چنانچہ اس حل کے لئے وقتی طور پر امت کی نمائندگی کے فرائض کو اداروں نے اپنے سر لے لیا۔ بہرحال پھر بھی عوام کے کسی ایسے نمائندہ سیاست دان کی شمولیت ضروری تھی جو سیاست کو حقیقی معنوں میں عبادت جانتا ہو اور ملک کے باقی ماندہ سیاست دانوں کی طرح سیاست میں سب جائز ہے پر نہیں، بلکہ جائز اور ناجائز میں تفریق کے اصول

پر یقین رکھتا ہو۔ خصوصی طور پر یہ کہ ملک کے پڑھے لکھے نوجوان اپنی اندھی عقیدت کی بنا پر اسے اپنا لیڈر نہ مانتے ہوں بلکہ اس لئے مانتے ہوں، کہ سیاسی افق پر وہ انصاف کی تحریک کا علمبردار بن کر ابھرا ہے۔ کیونکہ ''انصاف'' ہی وہ پہلا اصول ہے جو اسلامی نظام کا سنگِ بنیاد بنتا ہے۔ ان خوبیوں پر پورا اترنے کی بنا پر ہم نے عمران خان کو اِس مقصد کے لئے منتخب کر لیا۔ اس میں بھی کمزوریاں ہیں لیکن ہماری اطلاع کے مطابق یہ شخص قوم اور ملک سے بہت مخلص ہے، اِسی مخلصی کی بنا پر اُسے تحریکِ اسلامی کا حصہ بننے کی دعوت دے دی گئی، جب کہ ہم یہ بھی جانتے ہیں کہ یہ مغربی جمہوریت سے بہت زیادہ متاثر ہے۔ لیکن اس کا اپنی تقاریر میں مدینہ منورہ کے ماڈل پر مملکت کے قیام کی بات کرنا، اللہ ہی الحق ہے کا نعرہ بلند کرنا اور اپنے لئے اللہ سے انعام یافتہ لوگوں میں شامل ہونے اور گمراہیوں کے راستے سے بچنے کی دعا کرنا، اور جذبے کے ساتھ پاکستان کا مطلب کیا؟ لا الہ الااللہ کا نعرہ لگانا، نہایت ہی خوش آئند ہے۔ اگر اُس نے اور اُس کے قریبی دوستوں نے اپنے اسلاف کے اسلامی نظامِ حیات کا بغور مطالعہ کیا تو یہ نظام اپنی عالمگیر خوبیوں کی وجہ سے انھیں اپنی طرف ضرور متوجہ کرے گا۔ ہمیں یقین ہے کہ اُس کی پارٹی کے امیر لوگ عثمان غنی بن کر اسلامی نظام کے قیام کے لئے اپنی دولت کو اللہ کی راہ میں خرچ کرنے کے لئے تیار ہو جائیں گے۔ اور جو صرف اخلاقی مدد کر سکنے کے قابل ہوں گے وہ اخلاقی مدد کریں گے۔ چنانچہ عمران خان کو قرآنی نظامِ حیات کی تفصیلات پہنچا دی گئیں ہیں۔ اسلامی نظام کے قیام کے سلسلہ میں ملک کے دوسرے سیاسی راہنماؤں سے کچھ زیادہ توقع نہیں کہ وہ اس طرف توجہ دیں گے، اِس لئے کہ اُن کے سیاسی منشور اِس بات کا منہ بولتا ثبوت ہیں کہ انھیں کسی طرح سے بھی اسلامی نظام سے کچھ غرض نہیں۔ یہ الگ بات ہے کہ کبھی کبھار وہ اپنی تقاریر میں عوام کی آنکھوں میں اپنی مخلصی کی دھول جھونکنے کے لئے اسلام کے ساتھ اقبال اور قائدِ اعظم جیسے مُدبر قائدین کا نام بھی لے لیتے ہیں۔ لیکن اِس بات میں بھی ہرگز ہرگز کوئی شک نہیں کہ اُن کی پارٹیوں میں بھی ایسے لوگ موجود ہیں جنھیں اللہ و رسول کا بہت پاس ہے، لیکن اُن کے سامنے کوئی راستہ نہیں۔ وقت آنے پر وہ اللہ الحق کے لئے اپنے اِن باطل خداؤں کو چھوڑ دیں گے، جن کے لئے اُنہوں نے آج تک اپنی زندگیاں برباد کی ہیں۔ پھر بھی وثوق کے ساتھ کچھ کہا نہیں جا سکتا کہ وہ کیا فیصلہ کرتے ہیں۔ لیکن پورے وثوق کے ساتھ جو بات قانونِ قدرت کے متعلق کہی جا سکتی ہے وہ یہ ہے کہ زمین میں وہی بیج نشو و نما پا سکتا ہے جس میں نشو و نما پانے کی صلاحیت موجود ہوتی ہے، اِس لئے اگر یہ لوگ اِس کام کو سر انجام دینے کے قابل نہ پائے گئے تو پھر اِن کی جگہ وہ لوگ لے لیں گے جن میں اللہ کے نظام کو آگے بڑھانے کی قابلیت اور صلاحیت ان سے بدرجہا زیادہ موجود ہوگی اور وہ اپنے جذبۂ حب الوطنی اور ایمان میں بھی ان سے کہیں بڑھ کر ہوں گے۔

اسلام میں چونکہ فرقہ بندی کو شرک قرار دیا گیا ہے اس لئے اصولی طور پر اس میں صرف ایک ہی پارٹی جائز قرار پاتی ہے جسے اللہ نے ''حزب اللہ'' کے نام سے پکارا ہے۔ لیکن آج ہمارے ملک میں سینکڑوں سیاسی اور مذہبی پارٹیاں موجود ہیں۔ چنانچہ ان کی موجودگی میں جب ہم نے سپریم کورٹ سے مدد مانگی تو انھوں نے ہم سے پہلا سوال ہی یہ کیا کہ آپ کس فقہ اور شریعت کے اسلام کے تحت اسلامی نظام لانا چاہتے ہیں؟ سوال مشکل تھا، ہم نے کہا کہ اُس اسلام کے، جس کے مطابق رسول اللہ کے زمانے میں مدینہ منورہ کی اسلامی مملکت کا قیام عمل میں لایا گیا تھا۔ ہمارے اِس جواب پر سپریم کورٹ کے ججز کی طرف سے تاکیدی حکم نامہ جاری کیا گیا کہ کسی مرحلے پر بھی اگر ہم قرآنِ حکیم کے قوانین کی حدود سے باہر نکلے تو وہ اس تحریک سے دستبردار ہو جائیں گے۔ انھوں نے اِس کی وجہ بیان کرتے ہوئے بتایا کہ چونکہ مسلمانوں میں بے شمار فرقے ایسے ہیں جن کی اپنی اپنی مخصوص فقہ ہے جسے وہ اسلامی مانتے ہیں، اور جب کبھی اسلامی نظام کی بات ہو تو یہ اپنی اپنی کتابیں اٹھا کر ہمارے پاس آجاتے ہیں اور کہتے ہیں کہ صرف ان کے عقائد کے مطابق ہی

اسلامی نظام قائم ہونا چاہیئے ۔ مسئلہ یہ پیش آتا ہے کہ اُن کی کتابوں کے اندر ہر آدمی کو اپنی اپنی مرضی کا قانون مل جاتا ہے اور پھر فیصلہ نہیں ہو پاتا کہ کس کی بات مانی جائے اور کس کی بات کو رد کیا جائے۔ چنانچہ ایک ہنگامہ برپا ہو جاتا ہے اور کوئی کسی کی بات سننے کو تیار نہیں ہوتا۔ اس افراتفری کے عالم سے بچنے کے لئے ہمارے سامنے صرف ایک کتاب رکھی جائے تا کہ جب بھی کوئی فیصلہ ہو اس پر تمام لوگ متفق ہو جایا کریں۔ چنانچہ ہم سب نے متفقہ طور پر یہ معاہدہ کر لیا ہے کہ ہم قُرآنِ حکیم سے باہر کہیں نہیں جائیں گے۔ اِن چاروں اداروں میں ہمارا پہلا بڑا ادارہ عدالتِ عظمیٰ پاکستان، دوسرا بڑا ادارہ افواجِ پاکستان، تیسرا پاکستان کا میڈیا اور چوتھا پیپلز آف پاکستان، یعنی عوام کے سیاسی نمائندوں کے مخلص اور صادق و امین سربراہان شامل ہیں۔ اس تحریک کو ہم نے L.A.M.P کے نام سے پکارنا شروع کر دیا۔ L سے مُراد **لاء** یعنی عدالتِ عظمیٰ کے سربراہِ اعلیٰ، A سے مُراد آرمڈ فورسیز یعنی افواجِ پاکستان کے سربراہِ اعلیٰ، M ہے میڈیا آف پاکستان کے مندوبِ اعلی کے لیئے اور P ہے پیپلز آف پاکستان کی پولیٹکل قیادت۔ چنانچہ ''L.A.M.P'' سے مُراد ریاستِ پاکستان کی اُن چار معزز ترین شخصیات پر مشتمل ایک ایسی جماعت ہے جو مملکت کو چراغِ مبین (قُرآن حکیم) کی روشنی میں چلا کر اِسے آگے بڑھائے گی۔ سامعین اب تک جتنی بھی باتیں ہمارے درمیان ہوتی رہی ہیں اُن کی تفاصیل چاروں اداروں کے پاس پہلے سے موجود ہیں۔ اِس پروگرام کی تکمیل کے لئے ہم نے جو لائحۂ عمل تیار کیا ہے اُسے سات مراحل میں تقسیم کر دیا گیا ہے، جسے اب آپ اپنی اپنی اسکرین پر دیکھ سکتے ہیں:۔

پہلا مرحلہ

اس مرحلہ میں پورے ملک سے ایسے لوگوں کا چناؤ کیا جانا تھا جو حقیقی معنوں میں اپنے ملک سے وفادار ہیں اور انھوں نے لوگوں کے کام آنے اور ان کے مسائل حل کرنے میں کبھی بخل سے کام نہیں لیا، اُن کا اعلیٰ تعلیم یافتہ اور غیر سیاسی گھرانوں سے متعلق ہونا بھی ضروری تھا۔ جوہرِ ذاتی کے اصول کو سامنے رکھتے ہوئے یہ فیصلہ بھی کیا گیا کہ انتخاب کے معاملے میں کسی کو مذہب کی بنا پر ترجیح نہیں دی جائے گی، یعنی کہ اُس کا مسلمان ہونا ضروری نہیں، ایک نااہل مسلمان کے مقابلے میں کسی قابل نوجوان کو ترجیح دی جائے، چاہے اس کا مذہب، رنگ، نسل کچھ بھی کیوں نہ ہو۔ اس ضمن میں خواتین کی شمولیت کو بھی لازمی قرار دیا گیا۔ چنانچہ اُن منتخب ہونے والوں میں آپ لوگ سرِفہرست تھے اور اِسی لئے آج ہمارے درمیان بیٹھے ہیں۔ یہاں تک تو ہم کامیابی کے ساتھ پہنچ آئے ہیں لیکن اس کے بعد کے مراحل کے لئے جو لائحۂ عمل ہم نے تیار کیا ہے اُس کا جان لینا بھی آپکے لئے ضروری ہے۔

دوسرا مرحلہ

اس مرحلہ میں، ملکی حالات کے پیشِ نظر، سپریم کورٹ سے درخواست کی جائے گی کہ وہ انصاف کے تقاضوں کے عین مطابق سخت ترین ایکشن لیتے ہوئے انتہائی کرپٹ سیاست دانوں کو نااہل قرار دے کر پاکستان کو اُن سے نجات دلائے۔ اپنے تحفظ کے لئے فوج کی مدد لے اور ملک کے تمام چھوٹے بڑے اداروں کے تمام افسران (بیورو کریٹس) کو ہدایت جاری کرے کہ وہ اپنے روزمرہ کے کام کو پوری دیانت داری سے سرانجام دیتے رہیں۔ کسی کی بھی

ملازمت کو کوئی خطرہ لاحق نہیں ہوگا۔

تیسرا مرحلہ

اس مرحلہ میں آپ میں سے وہ خواتین وحضرات جو اس نظام پر مکمل بھروسہ رکھتے ہوں کہ یہ ملت کی تمام، مشکلات کو حل کرنے کے لئے کافی ہے اور پھر اپنی مرضی سے اس میں حصہ لینا چاہتے ہوں تو انھیں کلمہ پر حلف اٹھانا پڑے گا، یعنی کہ آپ کلمہ پر ہاتھ رکھ کر اس بات کا عہد کریں گے کہ آپ اللہ کے قوانین کی حدود شکنی کے مرتکب نہیں ہوں گے اور کسی انسان کے بنائے ہوئے قانون پر نہ تو خود کبھی چلیں گے اور نہ ہی کبھی کسی دوسرے کو اُن پر چلنے کی اجازت ہی دیں گے۔ اس کے بعد آپ کو، آپ کی تعلیم، فنی مہارت اور تجربہ کے پیشِ نظر، ملک کے اہم اداروں کے انتظامی امور چلانے کی ذمہ داری سونپی جائے گی تا کہ ملک کو مزید لٹنے سے بچایا جا سکے اور اوپر کے طبقہ سے جو رشوت اور بدعنوانیوں کی زہریلی رال ٹپکتی رہتی ہے اس کا ٹپکنا بند ہو جائے۔ آپ کی تنخواہ بہر حال اُن افسران سے کم ہوگی جو پہلے ہی سے وہاں پر سینئر عہدوں پر فائز ہیں۔ تا کہ وہ احساسِ کمتری کا شکار ہو کر کہیں آپ کی دشمنی پر نہ اتر آئیں۔ لیکن آپ کے پاس اختیارات اُن سے زیادہ ہوں گے، تا کہ اگر آپ کے ماتحت افسران کسی غیر ذمہ دارنہ فعل کے مرتکب ہو رہے ہوں تو ان کی اصلاح کرنے کے معاملے میں آپ پوری طرح سے آزاد ہوں۔ اس تمام عرصہ میں ہماری برابر یہی کوشش رہے گی کہ مملکت کے نچلے طبقے کے لوگوں کا معیارِ زندگی سب سے پہلے بلند کیا جائے۔

چوتھا مرحلہ

اس مرحلہ میں ہمیں قُرآنِ حکیم کی اُن مستقل اقدار کی لسٹ تیار کرنی ہوگی جن کی اللہ نے حد مقرر کر دی ہے۔ اور اُن اقدار کی بھی لسٹ تیار کرنی ہوگی جن کی حد اللہ نے مقرر نہیں کی۔ اس کے لئے ہم تمام فرقوں کے جید علمائے کرام کے علاوہ دانشوروں اور پائے کے جج حضرات کو دعوت دیں گے اور اُن سے گزارش کریں گے کہ وہ باہم مل بیٹھ کر اسلامی نظام کے نفاذ کے لئے درکار قُرآنی قوانین کی فہرستیں تیار کرنے میں ہماری مدد کریں، لیکن اس معاملے میں انھیں تاریخ وروایات کی کتابوں سے مدد لینے کی اجازت نہیں ہوگی بلکہ وہ خالص قُرآنِ حکیم سے اَخذ کی جائیں گی۔

پانچواں مرحلہ

اس مرحلہ میں قوانین کی اُن فہرستوں کو جانچ پڑتال کے لئے مجلسِ شوریٰ کو بھیج دیا جائے گا تا کہ اس بات کی پوی تسلی اور اطمینان کر لیا جائے کہ وہ قرآنِ حکیم کے قوانین پر ہی مشتمل ہیں اور ان میں قُرآن سے باہر کی کوئی چیز شامل نہیں۔ اگر اس میں وہ کسی غلطی کی نشاندہی کریں تو پھر اپنی سفارشات کے ساتھ اُسے دوبارہ دانشوروں اور علمائے کرام کو نظر ثانی کے لئے بھیج دیا جائے گا اور تصریفِ آیات کے عمل سے گزارنے کے بعد مجلسِ شوریٰ کے حتمی فیصلے پر عمل درآمد

شروع کر دیا جائے گا۔اس پورے پروسیس میں کسی بھی متعلقہ محکمے کو فیصلہ کن نتائج تک پہنچنے کے لئے دس دن سے زیادہ کا وقت نہیں دیا جائے گا۔اس مملکت میں سب سے قیمتی اگر کوئی شے تصور ہوگی تو وہ ''وقت'' ہوگا۔اس لئے کسی کو بھی فضول وقت ضائع کرنے کی اجازت نہیں دی جائے گی۔

چھٹا مرحلہ

اس مرحلہ میں داخل ہونے تک ملک کے تعلیمی نصاب پر کام مکمل ہو چکا ہوگا جسے اُمت کے سامنے رکھ دیا جائے گا۔یہ دینی اور دنیوی فوائد پر مشتمل ایسا معیاری نصاب ہوگا جو اپنی مثال آپ ہوگا۔اِس کے ذریعے سے پوری قوم کی سوچ کو ایک دھارے پر لایا اور چلایا جائے گا۔اِس قسم کے معیاری نصاب کی غیر موجودگی کی بنا پر مِلت فرقوں اور پارٹیوں میں تقسیم ہو کر ٹکڑے ٹکڑے ہو چکی ہے اور اب تک ایک قوم نہیں بن پائی۔ بلکہ مختلف قسم کی بھیڑوں کے ریوڑ بن کر رہ گئی ہے جن کے سیاسی چرواہوں نے اُن کے لئے شیپر ڈ کتے پال رکھے ہیں جن کا کام ہی یہ ہے کہ وہ ان منتشر بھیڑوں کو اپنی پھرتی اور چالاکی سے اپنے قابو میں رکھیں اور ملنے نہ دیں۔الغرض، اِس مرحلہ پر ضرورت اِس امر کی ہوگی کہ حیوانی سطح پر روک کر رکھی جانے والی اِس قوم کو جہالت کے اندھیروں سے نکال کر روشنی کی طرف لایا جائے اور یوں اِسے انسانیت کے اعلیٰ مقام پر فائز کر دیا جائے۔ چنانچہ مملکت میں مردم شماری کے عمل کو ازسرِنو ترتیب دے کر وظائف اور اِنکم سپورٹ کو مزید کسی تاخیر کے مُستحق (معذور اور محتاج) لوگوں تک پہنچایا جائے گا۔ تا کہ کوئی بھی شخص اپنی احتیاج کو پورا کرنے کے لیئے اپنے ہی جیسے کسی دوسرے انسان کے آگے ہاتھ نہ پھیلائے۔اس کے بعد مساوی حقوق کے مطابق مملکت کے تمام باشندے ایک قوم تصور کیئے جائیں گے اور یوں پاکستان ''ایک اکائی ایک قوم'' کی حیثیت اختیار کر جائے گا۔

ساتواں مرحلہ

ساتویں مرحلہ میں داخل ہونے تک لوگ اسقدر تعلیم یافتہ اور باشعور ہو جائیں گے اور یہ جان جائیں گے کہ انھیں اپنے حقوق کے حصول کے لئے اب کسی انسان کے آگے ہاتھ پھیلانے کی ہرگز ضرورت نہیں رہی۔ کیونکہ مملکتِ اسلامیہ کے فرائض میں یہ شامل ہے کہ وہ اُن کے حقوق کو خود اُن کے گھروں تک پہنچائے۔یوں تو مملکتِ اسلامیہ میں کسی کی حق تلفی کرنے کا سوچا بھی نہیں جا سکتا۔لیکن اگر غلطی سے کبھی ایسا ہو جائے تو لوگ انھیں بطورِ حق حاصل کرنے کا تقاضہ کر سکتے ہیں۔ چنانچہ بھیک مانگنے اور تقاضہ کرنے کے درمیان جو واضح فرق پایا جاتا ہے لوگ اُس سے بخوبی واقف ہو جائیں گے۔الغرض جب انصاف کے تقاضے پورے ہونا شروع ہو جائیں گے تو معاشرے میں حقیقی آزادی کی فضا خود ہی قائم ہونا شروع ہو جائے گی۔عوام شعور کی اِس سطح پر اِنتخابی عمل کے طریقۂ کار کے اُس بنیادی اور واضح فرق سے آگاہ ہو چکے ہوں گے جو مغربی طرزِ جمہوریت اور اسلامی نظامِ مملکت میں پایا جاتا ہے۔

سامعین، اسلامی نظام میں بھی ووٹ کی اتنی ہی اہمیت ہے جتنی کہ اس جمہوری نظام میں لیکن چونکہ اس جمہوری نظام میں ایک تو قوم کے ووٹ چوری ہو جاتے ہیں اور رہی سہی کسر اُس وقت نکل جاتی ہے جب اس کے نمائندے اپنے ووٹ بنک کی بولی لگا کر انھیں کسی بڑی پارٹی کے ہاتھوں بیچ کر اپنی جیب گرم کر لیتے ہیں۔ اس کے علاوہ آزاد امیدواروں کو بھی جو ووٹ دئے جاتے ہیں وہ بھی لوگوں کے ووٹ کا سوادا کر لیتے ہیں جس کی وہ منہ مانگی رقوم بھی وصول کرتے ہیں اور اپنے لئے کروڑوں کے کنٹریکٹ بھی حاصل کر لیتے ہیں۔ اکثر اوقات یہ بڑی پارٹیوں کی ایماء پر ہی الیکشن میں کھڑے ہوتے ہیں تاکہ جب سیٹ ایڈجسٹ کرنے کا وقت آئے تو وہ اُن کی حمایت کریں۔ یہ سب بتانے کی ضرورت اس لئے پیش آئی کہ ان دونوں جمہوریتوں میں جو اصل فرق ہے وہ سامنے لایا جاسکے۔

جدید مغربی جمہوریت میں قوم اپنا ووٹ اس لئے ڈالتی ہے تاکہ اِس پر پانچ سال کے لئے اُس کی مرضی کا حاکم مسلط ہو سکے۔ لیکن اس کے ساتھ ہی دوسری بڑی پارٹی جو حزبِ اختلاف کہلاتی ہے وہ بھی منصفانہ طور پر قوم کی فلاح و بہبود کی بہتری کے لئے اپنا کردار ادا نہیں کرتی۔ بلکہ اس کی پوری کوشش یہ ہوتی ہے کہ کم از کم اگلی باری تو اس کی لگے۔ چنانچہ، یہ باریاں لگانے اور لوٹ کھسوٹ کرنے والا نظام ہے۔

اسلامی نظامِ حیات میں بھی ووٹ دیا جاتا ہے لیکن یہ پانچ سال کے لئے نہیں دیا جاتا، اس لئے کہ یہ ووٹ اللہ اور اس کے رسول (نظامِ خداوندی) کو دیا جاتا ہے اور جب تک مجلسِ شوریٰ کے تمام افراد قُرآنِ حکیم کے قوانین کے تحت خود بھی رہتے ہیں اور دوسروں کو بھی اُن پر چلنے کی تاکید کرتے ہیں اس وقت تک اُن میں سے کسی کو ہٹانے کی ضرورت ہی پیش نہیں آتی۔ آپ سوچ رہے ہوں گے کہ اس کا مطلب تو یہ ہوا کہ ایک بار مجلسِ شوریٰ کا قیام عمل میں آجائے تو پھر زندگی بھر ووٹ دینے کی ضرورت پیش نہیں آتی۔ جی نہیں یہ بات بھی نہیں، بلکہ اسلامی مملکت میں ملک کے مفادات اور بہتری کے لئے جتنے بھی تعمیری پروگرام تشکیل پاتے ہیں جن میں سڑکیں، ڈیم، تعلیمی پروگرام وغیرہ، تو ان میں سے کسی پروگرام پر بھی ملت کے مشورے کے بغیر کام شروع نہیں کیا جاسکتا۔ اس میں قُرآنی اصول کو پیشِ نظر رکھنا بہرحال ضروری ہوتا ہے کہ ایسا کوئی بھی کام نہیں کیا جائے گا جو مجموعی طور پر ملت کے نقصان میں ہو۔ اور انفرادی طور پر یہ بھی ضروری ہے کہ ہر آدمی اجتماعی مفادات کو اپنے ذاتی مفادات پر ترجیح دے۔ اور جہاں تک ووٹ ڈالنے کا تعلق ہے اسلامی نظام میں یہ بھی ہوسکتا ہے کہ مشورے کی غرض سے مملکت آپ سے دن میں چار بار ووٹ کاسٹ کرنے کی درخواست کر ڈالے اور آپ کو چار بار ہی ووٹ دینے پڑیں، اور یہ انٹرنیٹ کے ذریعے لمحوں میں دیئے جاسکیں گے۔ یہی فرق ہے کہ جدید جمہوری نظام میں آپ سے ووٹ لینے کے بعد آپ کو کوئی گھاس بھی نہیں ڈالتا، یعنی کہ مشورے کے لئے کوئی دعوت نہیں دی جاتی بلکہ یہ آزادی آپ کے منتخب نمائندگان کو منتقل ہو جاتی ہے کہ وہ آپ کی جگہ فیصلے کیا کریں۔ اور جس قسم کے فیصلے وہ قوم کے لئے کرتے چلے آئے ہیں وہ سب کو معلوم ہیں۔ لیکن پانچ سال بعد وہی لوگ چائے کی ایک پیالی کے عوض مزید پانچ سال کے لئے آپ سے ووٹ لے کر آپ کے اُن تمام فیصلوں کا حق جو آپ کے لئے محفوظ ہونا چاہئے اسے اپنے لئے محفوظ کر لیتے ہیں اور آپ کا حق مار لیتے ہیں۔ اس کے برعکس اسلامی نظام ہے کہ وہ اپنا کوئی بھی پروگرام اس وقت تک تشکیل نہیں دیتا جب تک کہ وہ آپ سے مشورہ نہ کرلے اور آپ اسے ووٹ کے ذریعے ہاں یا نہ میں جواب نہ دیں۔ جدید جمہوری نظام اور اسلامی نظامِ حیات کے درمیان جو فرق پایا جاتا ہے وہ آپ کے سامنے ہے۔

اِس سے پہلے بھی ہم نے اس موضوع پر بات کرتے ہوئے تفصیل سے بتایا ہے کہ مملکتِ اسلامیہ کے تمام باشندے چاہے

وہ سیاسی لحاظ سے ''مسلم'' کہلواتے ہوں چاہے اللہ اور اس کے رسول کے نظام پر پختہ ایمان رکھنے کی حیثیت سے ''مسلم'' ہوں، اِن سب کے فرائض میں شامل ہے کہ وہ مملکت کے قوانین کی حدود میں رہ کر اُس کا احترام کریں۔ قائدِ اعظم نے چودہ اگست ۱۹۴۷ء کی اپنی مشہورِ زمانہ تقریر میں یہی کہا تھا کہ:-

''آپ کو یہ بات بطورِ تصور اپنے پیشِ نظر رکھنی چاہئے آپ کو پتہ چل جائے گا کہ وقت کے ساتھ ساتھ، ہندو، ہندو نہ رہے گا۔ اور مسلمان، مسلمان نہ رہے گا، مذہبی طور پر نہیں کیونکہ یہ تو ہر فرد کا ذاتی عقیدہ ہے میری مراد ایک مملکت کے شہریوں کے طور پر سیاسی لحاظ سے ہے'' (قائدِ اعظم)

نہ اس میں عصرِ رواں کی حیا سے بیزاری
نہ اس میں عہدِ کوہن کے فسانہ و افسوں

سامعین، اس وقت چونکہ اسلامی نظام کسی کے بھی سامنے نہیں، اس لئے جب بھی نظام کی بات ہو تو ہمارے اذہان میں اس کا نقشہ اور ترتیب موجودہ جمہوریت کا سا ابھر کر سامنے آ جاتا ہے۔ اس لئے اسلامی نظام کے ذکر پر سب سے پہلا سوال اقلیتوں کے تحفظات پر اٹھایا جاتا ہے اور یہ اس لئے نہیں کہ موجودہ جمہوریت میں اُن کے ساتھ بہت اچھا سلوک ہو رہا ہے اور اگر اسلامی نظام قیام پذیر ہو گیا تو ان کے یہ سارے حقوق غصب ہو جائیں گے، بلکہ اس کی وجوہات کچھ اور ہی ہیں۔

اسلامی نظام میں جب کسی انسان کو یہ حق ہی حاصل نہیں کہ وہ اِن الوہیاتی قوانین میں کسی قسم کی پیوندکاری کر سکے تو پھر صرف ایک ہی خطرہ باقی رہ جاتا ہے اور جس پر یہ سوال اٹھایا جاتا ہے کہ آج تک قُرآن حکیم کی جتنی بھی تفاسیر قلمبند کی گئی ہیں وہ اپنے معنی و مفہوم میں ایک دوسرے سے مختلف ہیں اس لئے بتایا جائے کہ اسلامی مملکت میں کس مفسر کی تفسیر کے مطابق قُرآن کے فیصلے کئے جائیں گے؟ کیونکہ اسلامی نظام کے قیام کے راستے میں یہ لاینحل مسئلہ ہمیشہ حائل رہا ہے۔ اسی مشکل کے پیشِ نظر عدالتِ عظمیٰ نے صرف ایک صورت میں ہمارا ساتھ دینے کا وعدہ کیا تھا کہ اسلامی نظام کے قیام کے لئے ہم اُن کے سامنے صرف ایک ہی کتاب رکھیں گے اور ساتھ ہی تفسیر والے مسئلہ کا حل بھی پیش کریں گے۔

چنانچہ، اُن کی اس تشویش کے ازالہ کی غرض سے قُرآنِ حکیم کو سمجھنے کا جو طریقہ خود اللہ نے تجویز کیا ہے اور جسے اس نے ''تصریفِ آیات'' سے تعبیر کیا ہے، اسے عدالتِ عظمیٰ کے سامنے رکھ دیا گیا۔ اُسے پورے طور پر سمجھ لینے کے بعد حتمی فیصلہ یہی ہوا ہے کہ آئندہ قُرآنِ حکیم کے قوانین کو سمجھنے کے لئے اسی طریقہ پر عمل درآمد کیا جاتا رہے گا۔

سامعین، ہمارے مذہبی پیشواؤں میں سے کچھ ایسے بھی ہیں جو دل و جان سے چاہتے ہیں کہ اسلامی نظامِ حیات کو ملک میں نافذ ہونا چاہئے، لیکن ہر ایک کی اپنی اپنی مجبوریاں ہیں جن کی وجہ سے وہ خاموش رہتے ہیں۔ بہرحال پُرانی تفاسیر سے متعلق ہمیں کم از کم یہ تو پتہ ہونا چاہئے کہ یہ معاملہ دراصل شروع کہاں سے ہوا تھا؟ کیا یہ رسول اللہ کے وقت میں شروع ہوا؟ نہیں۔ کیا صحابہ کے دور میں شروع ہوا؟ نہیں۔ کیا تابعین کے وقت میں ایسا ہوا؟ نہیں۔ یعنی کہ ایسا بہت بعد میں ہوا۔ سب سے پہلی قُرآن کی تفسیر تقریباً تین سو

سال ہجری میں امام طبری نے رقم کی اور اس کے بعد کئی جلدوں پر محیط دوسری ابنِ کثیر نے رقم کی، جو تھوڑی سی کمی بیشی کے ساتھ طبری ہی کی نقل ہے۔ اس کے بعد قرآن فہمی کے اصول مقرر کئے بغیر تفسیر پر تفسیر لکھی جانے لگی، زیادہ سے زیادہ اس کے لئے آیت کریمہ کا شانِ نزول معلوم کیا جاتا اور پھر اس سے متعلقہ احادیث مبارکہ تلاش کی جاتیں' پھر اُن کو سامنے رکھ کر مطلوبہ آیت کی تشریح کر دی جاتی۔ اس کے پسِ منظر میں بھی وحی خفی کا وہ عقیدہ کارفرما رہا ہے جس کے مطابق یہ مانا جاتا ہے کہ حدیث ''وحی خفی'' ہے، چنانچہ یہ ''وحی جلی'' یعنی (قرآنِ کریم) کی تفسیر کرتی ہے۔

آپ کو ایک کتاب دی گئی تھی ''ضربِ عضب کے بعد'' اس میں یہ باتیں آچکی ہیں اور آپ کے مطالعہ میں بھی آئی ہوں گی۔ یہاں پر یہ ذکر اس لئے کرنا پڑ گیا تاکہ آپ کو یہ معلوم ہو کہ جو طریقہ انسانوں کو خود اللہ نے تصریفِ آیات کے ذریعے سے اپنی کتاب کو سمجھنے کا بتایا ہے، سابقہ ادوار کے اُن مفسرین نے قرآنِ حکیم کی تفسیر لکھنے میں اِس سے کوئی کام نہیں لیا۔ اور آج تک جو کچھ بھی اسلام کے نام پر ہمارے سامنے رکھا جاتا ہے اس کا بیشتر حصہ وحی خفی کی مرہونِ منت ہے، جس کا وجود قرآنِ حکیم سے ثابت نہیں۔

الغرض مجلسِ شوریٰ قرآنی (آیات) قوانین کو سمجھنے کے لئے ہمیشہ تصریفِ آیات کے طریقہ پر ہی عمل کرے گی۔ جس کی تفصیل اپنی ان نشستوں کے خاتمے پر دے دی جائے گی۔ چنانچہ فیصلہ وہی ہوگا جو تصریفِ آیات کے نتیجے میں سامنے آئے گا۔ اُس کے بعد ہی پھر کونسل اُن قوانین کو حکومتی سطح پر نافذ کرنے کی اجازت دے گی۔ کونسل کے اس عملی اقدام سے اُن تمام فرقوں کے لوگوں کے اعتراضات کا دروازہ ہمیشہ کے لئے بند ہو جائے گا جس کے ذریعے وہ شریعتوں کی آڑ میں داخل ہو کر اسلامی نظام کے راستے میں حائل ہوتے رہے ہیں۔

سورۃ آلِ عمران میں مملکت کے امور چلانے کے لئے جن اصولوں کی ضرورت تھی اُن کے متعلق اللہ نے رسول اللہ صلی اللہ علیہ وسلم کو ہدایات دیتے ہوئے کہا ہے کہ:۔

وَشَاوِرْهُمْ فِي ٱلْأَمْرِ ۳/۱۵۹ ''معاملات میں تم ان سے مشورہ کیا کرو''

فَإِذَا عَزَمْتَ فَتَوَكَّلْ عَلَى ٱللَّهِ ۳/۱۵۹ ''پھر جب آپ عزم (فیصلہ) کرلیں تو اللہ پر بھروسہ کریں۔''

یعنی کہ اے رسول صلی اللہ علیہ وسلم آپ اپنے رفقاء سے مشورہ کیا کریں اور جب کسی فیصلے پر پہنچ جائیں تو اللہ پر بھروسہ کرتے ہوئے اُس پر عمل پیرا ہو جایا کریں۔ چنانچہ بحیثیتِ سربراہِ مملکت اور بحیثیتِ رسول، اس آیت میں فیصلہ کرنے کا اختیار آپ صلی اللہ علیہ وسلم کو دیا گیا ہے۔ اس کے بعد سورۃ الشوریٰ میں جماعتِ مومنین کے متعلق یہ کہا گیا ہے کہ ان کے امورِ مملکت اُن کے باہمی مشورے سے طے پائیں گے۔

وَأَقَامُوا۟ ٱلصَّلَوٰةَ وَأَمْرُهُمْ شُورَىٰ بَيْنَهُمْ ۴۲/۳۸

''صلوٰۃ قائم کرتے ہیں اور ان کا ہر کام آپس کے مشورے سے ہوتا ہے۔'' ۴۲/۳۸

چنانچہ یہاں پر بھی انہی آیات کی روشنی میں مملکتِ اسلامیہ پاکستان کے تمام فیصلے باہمی مشاورت سے طے پایا کریں گے۔لیکن قرآن میں جب یہ کہا جاتا ہے کہ مجلسِ شوریٰ کے ارکان پر مشتمل جماعت کا ایمان کی تمام شرائط پر پورا اترنا ضروری ہے تو یہ اسی غرض سے ہے کہ یہ وہ لوگ ہیں جن کے ہاتھوں سے یہ نظام قائم ہوتا ہے۔مشرکین کے بارے میں تو اللہ کا واضح اعلان ہے کہ اس کا یہ نظام ان کے ہاتھوں کبھی قائم نہیں ہوسکتا۔

چنانچہ یہ مجلسِ شوریٰ کی صوابدید پر ہے کہ وہ اپنی مجلس میں سے کسی ایک کو اپنا امیر منتخب کرلیں، اور اگر نہ چاہیں تو اس میں بھی کوئی غیر اسلامی بات نہیں کیونکہ اس کا امیر بھی قُرآنِ حکیم کے کسی بھی قانون کے تحت اپنے رفقاء پر کوئی فوقیت نہیں رکھتا۔ان میں سے ہر ایک کو اللہ ہی کے قوانین کا پابند رہنا پڑتا ہے۔یہی وہ چیز ہے جس کا مطالبہ اللہ نے قرآن میں لوگوں سے یہ کہہ کر کیا ہے کہ وہ اس کے نظام میں پورے طور پر داخل ہوں، ورنہ ان کا ایمان قبول نہیں کیا جائے گا۔چنانچہ مجلسِ شوریٰ کے ارکان اُن لوگوں میں سے ہوتے ہیں جو اللہ کے دین میں پورے طور پر داخل ہوتے ہیں۔اس نظام کے تحت کوئی انسان کسی دوسرے کا حاکم نہیں ہوتا، قائدِ اعظم نے بھی اس نظام کی خصوصیات کا ذکر کرتے ہوئے یہی کہا تھا کہ:۔

> ''اسلام میں اصلاً نہ کسی بادشاہ کی اطاعت ہے نہ کسی پارلیمان کی، نہ کسی اور شخص یا ادارے کی۔قُرآنِ مجید کے احکام ہی سیاست، معاشرت میں ہماری آزادی اور پابندی کے حدود متعین کرتے ہیں۔ اسلامی حکومت دوسرے الفاظ میں قُرآنی اصولوں اور احکام کی حکمرانی ہے۔آپ جس نوعیت کی بھی حکمرانی چاہتے ہوں بہر حال آپ کو سلطنت اور علاقہ کی ضرورت ہے''۔ (قائدِ اعظم)

سامعین! آج کی نشست کے لئے ہم نے اسلامی فقہ کے ماہر اور نامور سکالر خواجہ ازہر عباس فاضل درسِ نظامی کو مہمانِ خصوصی کے طور پر یہاں تشریف لانے کی دعوت دی تھی، جنھوں نے علالت کے باوجود یہاں پر آنے کی حامی بھرلی۔ اس کے لئے ہم ان کے نہایت شکر گزار ہیں۔ اُن سے گزارش ہے کہ وہ مائک پر تشریف لاکر اپنے خیالات کا اظہار فرمائیں۔

بسم اللہ الرحمن الرحیم

اسلام علیکم خواتین وحضرات

جب مجھے آپ کی اس مجلس کے انعقاد کے مقصدِ وحید کے بارے میں مطلع کیا گیا اور یہاں آنے کی دعوت دی گئی تو میں نے سن رسیدگی اور علالت کی پرواہ کئے بغیر یہاں پر حاضری دینے کی حامی بھرلی۔میں آپ کا بے حد ممنون ہوں کہ آپ نے مجھے اس قابل سمجھا کہ اسلامی نظام کے حوالے سے میں آپ کے سامنے کچھ کہوں۔

قُرآنِ کریم ایک نظام، ایک ضابطۂ حیات کو عملاً جاری کرنے کا داعی اور متقاضی ہے۔ ماضی میں اس کے اس تقاضے کو اس درجہ محسوس نہیں کیا جاتا تھا کیونکہ انسانوں کے خود ساختہ نظامہائے حیات چل رہے تھے اور انسانیت ان سے اگرچہ پوری طرح مطمئن نہیں تھی، تاہم اُن سے امیدیں وابستہ کئے ہوئے تھی۔ آج صورتِ حال بالکل مختلف ہے کمیونزم ہماری نگاہوں کے سامنے ناکام ہوا۔ جمہوری ممالک جس باطنی اضطراب میں مبتلا ہیں، ہمیں تو اس کا اگرچہ صحیح احساس نہیں ہے لیکن وہاں کے مفکرین اس پر واویلا مچا رہے ہیں۔ وہ اپنی آنکھوں سے اپنی تہذیب کا زوال دیکھ رہے ہیں۔ خود مسلمان بھی زوال اور تباہی کے آخری در پر کھڑے ہیں۔ مسلمان اپنی تباہی کی وجہ سے پھر قرآن کے قریب آ رہے ہیں اور اس کو ضابطۂ حیات کے طور پر اختیار کرنا چاہتے ہیں۔ لیکن سب سے بڑی رکاوٹ یہ ہے کہ ہمارے علمائے کرام، بغیر کسی استثناء کے قُرآنِ کریم کو بحیثیتِ دین کے قبول کرنے کو تیار نہیں ہیں۔ اور اس کی وجہ بالکل ظاہر و باہر ہے۔ ان کو جو قُرآنِ کریم کی تعلیم دی جاتی ہے وہ بحیثیت ''مذہب'' کے دی جاتی ہے۔ ہمارا ایک ہزار سال کا سارا لٹریچر قُرآنِ کریم کو بحیثیت مذہب کے پیش کرتا ہے اور ہمارے علماء کرام اور فقہائے عظام کو وہی لٹریچر پڑھایا جاتا ہے تو ظاہر سی بات ہے کہ اُن کے سامنے قُرآن بحیثیت مذہب کے ہی آتا ہے۔ اگرچہ زبانی دعویٰ اُن کو دین کا ہی ہوتا ہے، لیکن ان کے سارے نظریات قُرآن بحیثیت مذہب کے ہوتے ہیں۔ البتہ ہمارے ہاں وہ طبقہ جو اُن دانشوروں اور مفکرین پر مشتمل ہے جو قُرآن کا از خود مطالعہ کر رہے ہیں اور علمائے کرام کے مقرر کردہ نصاب سے زیادہ متاثر بھی معلوم نہیں ہوتے، اُن کے سامنے قُرآن بحیثیت دین کے آتا تو ہے لیکن سابقہ نظریات سے وہ بھی سرِ مو انحراف نہیں کرتے۔ اس نکتہ کی وضاحت رسول اللہ کی اطاعت کا عملی طریقہ متعین کرنے سے ہو جاتی ہے۔ یا اندازِ دیگر دین میں اور مذہب میں حدیث کے مقام میں جو فرق ہے اُس کو نمایاں کرنے سے ہو جاتی ہے۔

مذہب میں اللہ تعالیٰ اور انسان کا براہِ راست تعلق ہوتا ہے جسے عملی زندگی سے کوئی واسطہ نہیں ہوتا لیکن دین میں اللہ کی اطاعت کا مفہوم یہ ہوتا ہے کہ انسانوں کے درمیان جس قدر تنازعات اور جھگڑے پیدا ہوں، اُن کا فیصلہ قوانینِ خداوندی کی رو سے کیا جاتا ہے۔ جس کے لئے ایک حکومت کا قیام لازمی وضروری ہوتا ہے۔ دوسرے الفاظ میں یوں کہئے کہ مذہب میں ہر شخص اللہ کی اطاعت انفرادی طور پر کرتا ہے لیکن دین میں خدا کی اطاعت اجتماعی طور پر ہوتی ہے۔ مذہب میں اطاعت کے لئے صرف قوانین کافی ہوتے ہیں لیکن دین میں اطاعت کے لئے ایک زندہ شخصیت ضروری ہوتی ہے۔ جس کے احکامات سن کر اُن پر عمل کیا جاتا ہے۔ مذہب میں اللہ و رسول کی اطاعت کے لئے قرآن وحدیث کی اطاعت کافی ہوتی ہے، لیکن یہ دین میں کافی نہیں ہے، اس کے لئے مرکزی اتھارٹی لازمی چیز ہے۔ اس کی وضاحت سورۃ النساء کی اس آیت میں ہو جاتی ہے ارشاد حضرت باری عزاسمہ ہے کہ:۔

يَٰٓأَيُّهَا ٱلَّذِينَ ءَامَنُوٓاْ أَطِيعُواْ ٱللَّهَ وَأَطِيعُواْ ٱلرَّسُولَ وَأُوْلِي ٱلۡأَمۡرِ مِنكُمۡۖ فَإِن تَنَٰزَعۡتُمۡ فِي شَيۡءٖ فَرُدُّوهُ إِلَى ٱللَّهِ وَٱلرَّسُولِ إِن كُنتُمۡ تُؤۡمِنُونَ بِٱللَّهِ وَٱلۡيَوۡمِ ٱلۡأٓخِرِۚ ذَٰلِكَ خَيۡرٞ وَأَحۡسَنُ تَأۡوِيلًا ۴/۵۹

''اے ایمان والو اطاعت کرو اللہ کی اور اطاعت کرو رسول کی، اور صاحبانِ امر کی جو تم میں سے ہوں

پھر اگر تم کسی چیز میں تنازعہ کرو تو اُس کو اللہ و رسول کی طرف لوٹا دو
اگر تم اللہ اور یومِ آخر پر ایمان رکھتے ہو۔ یہ اچھا اور متوازن طریقہ ہے۔''

یہ آیت کریمہ بہت مشہور ہے اور خصوصاً ہمارے دو فرقوں کے علمائے کرام کے لئے مناظرہ کا بہت دلچسپ عنوان ہے اور تیرہ سو سال سے مناظرے اور مجادلے کے باوجود اب تک مختلف فیہ ہے۔ لیکن ہمارے نزدیک اس آیت کریمہ کو درست طور پر سمجھنے سے ہی دین اور مذہب کا فرق نمایاں ہو جاتا ہے۔ یہ آیت کریمہ اس درجہ جامع ہے کہ اس ایک ہی آیت میں اسلامی نظام کا پورا نقشہ پیش کر دیا گیا، ''اطاعتِ اللہ و رسول'' یہ قرآنِ کریم کی ایک مخصوص اصطلاح ہے اور اس سے مراد اس نظامِ خداوندی کی اطاعت ہے جسے سب سے پہلے حضور صلی اللہ علیہ وسلم نے متشکل فرمایا تھا۔ اس نظام میں تمام جھگڑے حضور صلی اللہ علیہ وسلم کے سامنے پیش ہوتے تھے۔ لیکن دور دراز کے مقامات کے سارے تنازعات ظاہر ہے کہ حضور صلی اللہ علیہ وسلم کے سامنے نہیں آسکتے تھے، وہ حکومت کے مقامی حکام، صاحبانِ امر کے سامنے پیش ہوتے تھے اور صاحبانِ امر اُن کا فیصلہ کرتے تھے۔ اُن مقامی حکام کی اطاعت، مرکزی حکومت یا دوسرے الفاظ میں رسول اللہ کی ہوتی تھی۔ لیکن یہ فرق ضرور تھا کہ مقامی حکام کے فیصلوں کے خلاف، مرکز میں اپیل ہو سکتی تھی کیونکہ اس بات کی اجازت تھی کہ:۔

فَإِن تَنَـٰزَعۡتُمۡ فِى شَىۡءٍ۬ فَرُدُّوهُ إِلَى ٱللَّهِ وَٱلرَّسُولِ

''اگر تم اور اولی الامر (مقامی افسران) میں کوئی اختلاف ہو، تو اُس کو مرکز کی طرف لوٹا دو،
وہاں سے جو فیصلہ ہو وہ حتمی فیصلہ ہوگا۔

اب ظاہر ہے کہ یہ نظام صرف حضور صلی اللہ علیہ وسلم کی زندگی تک کے لئے نہیں تھا بلکہ اس کو آئندہ بھی چلنا تھا۔ سوال یہ ہے کہ حضور کے بعد تنازعات کا فیصلہ کس طرح کرایا جائے۔ یا دوسرے الفاظ میں رد الی اللہ و الرسول کا عملی طریقہ کیا ہے۔ ہمارے علمائے کرام کے نزدیک اس کا طریقہ یہ ہے کہ:۔

''جب کسی امر میں شریعت کا حکم معلوم کرنا ہو تو پہلے کتاب اللہ کی طرف رجوع کرے۔ اگر اُس میں نہ ملے تو نبی کی سنت کی طرف رجوع کرے اور اگر اُس میں بھی نہ ملے تو پھر اُس کے معلوم کرنے کا راستہ اجتہاد ہے۔ اجتہاد کے آداب و شرائط جو نبی صلی اللہ علیہ وسلم کی تعلیم اور صحابہ کے تعامل سے معلوم ہوئے ہیں وہ اصولِ فقہ کی کتابوں میں موجود ہیں اور ایسے فطری اور عقلی ہیں کہ کسی معقول آدمی کے لئے اس سے انکار کی گنجائش نہیں ہے۔'' نیز تحریر فرمایا گیا ہے کہ ''ظاہر ہے کہ حضور صلی اللہ علیہ وسلم کی وفات کے بعد آپ کی سنت ہی ہے جو آپ کے قائم مقام ہو سکتی ہے۔''

(مشہور و معروف تفسیر تدبر القرآن، جلد دوئم، صفحہ ۳۲۶)

یہ مذہب کی ترجمانی ہے اور سب کا اس پر تیرہ سو سال سے اجماع ہے اور اس طرح اللہ و رسول کی اطاعت

کے لئے ایک زندہ اتھارٹی کی کوئی ضرورت نہیں رہتی ۔ یہ دین کا نکتہ نگاہ نہیں ہے کیونکہ کتابوں کی از خود اطاعت کرنا مذہب میں تو ممکن ہے دین میں ممکن نہیں ہے۔ دین میں جب کتاب اللہ کی اطاعت کرائی جاتی ہے تو اس کے لئے ایک محسوس شخصیت کی ضرورت ہوتی ہے۔

آگے چلنے سے پیشتر سامعین کرام سے ایک سوال نہایت عاجزی اور فروتنی سے کیا جاتا ہے ''ردالی اللہ و الرسول '' کے طریقہ کو قرآنِ کریم نے خیر و احسن تاویلا کہا ہے۔ آپ اپنے سینہ پر ہاتھ رکھ کر نہایت دیانت داری سے بتائیں کہ اس تیرہ سو سال میں مسلمانوں کا کوئی تنازعہ بھی اس طرح کے'' ردالی اللہ و الرسول سے طے پایا ہے۔ اندازہ تو یہ ہے کہ اس عرصہ دراز میں مسلمانوں میں ہزاروں تنازعات پیدا ہوئے ہوں گے، لیکن ایک تنازعہ بھی اس طریقہ ردالی اللہ و الرسول سے کبھی بھی طے نہیں پایا بلکہ ماشاءاللہ اضافہ ہی ہوتا رہا ہے۔ تو پھر یہ طریقہ کیسے خیر و احسن تاویلا ہوسکتا ہے اور امور تو ایک طرف خود اس آیت کریمہ کا ہی متفق علیہ مفہوم اس طریقہ کے ماتحت واضح نہیں ہوسکا اور آج تک امتِ مسلمہ کے دو فرقوں میں اس آیت کے درست مفہوم میں اتفاق نہیں ہوسکا اور نہ ہی کبھی آئندہ ہوسکتا ہے۔ قُرآنِ کریم کو بحیثیت دین سامنے رکھئے تو آیت کریمہ کا مفہوم خود بخود واضح ہو جاتا ہے۔

''اے ایمان والو اس نظام کی پوری پوری اطاعت کرو جسے قوانینِ خداوندی کو نافذ کرنے کے لئے رسول اللہ نے قائم کیا ہے اور اس نظام کے مرکز کے مقرر کردہ نمائندگانِ حکومت (افسرانِ ماتحت) کی بھی اطاعت کرو۔ پھر اگر تم میں اور ان ماتحت افسران میں کسی بات میں تنازعہ پیش آجائے تو اس کے مرکز کی طرف رجوع کرو۔ یعنی مقامی حکام کے فیصلوں کیخلاف مرکزی اتھارٹی سے اپیل کرو جو اس تنازعہ کا قوانینِ خداوندی کے مطابق فیصلہ کردے گی۔ مرکزی اتھارٹی کے فیصلے کے خلاف کہیں اپیل نہیں ہوسکتی۔ اس کا فیصلہ حتمی، آخری اور فائنل ہوگا اور چونکہ وہ فیصلہ قانونِ خداوندی کے مطابق ہوگا، جس پر تم ایمان رکھتے ہو، اس لئے اس فیصلہ کو بخوشی تسلیم کرو اور یہ روش نہایت عمدہ اور معاشرہ کا توازن رکھنے والی ہوگی۔'' ۴/۵۹

فان تنازعتم فی شئی میں اُن تمام متنازعہ امور کا تذکرہ ہے جو مرکز کی طرف سے مقرر کردہ عمال کے خلاف عوام میں پیدا ہوں گے۔ خواہ عدلیہ، انتظامیہ، پانی، بجلی، زراعت، صنعت، ریل، ڈاک، ریونیو ٹیکسز، کسی بھی محکمہ کے خلاف ہوں۔ ان کے ازالہ کے لئے مرکز ہی کی طرف رجوع کرنے کا حکم دیا گیا ہے۔ واضح رہے کہ اس آیت کریمہ سے سابقہ آیت میں۔

أَن تُؤَدُّواْ ٱلْأَمَـٰنَـٰتِ إِلَىٰٓ أَهْلِهَا وَإِذَا حَكَمْتُم بَيْنَ ٱلنَّاسِ أَن تَحْكُمُواْ بِٱلْعَدْلِ ۴/۵۸

کے الفاظ میں مرکزی اتھارٹی کو تاکید کردی گئی ہے کہ رشوت خور، بے ایمان، نااہل عمال عوام کے حکام نہ بننے پائیں اور نہ ہی نااہل افسران قاضی، جج، وغیرہ عہدوں پر متعین کئے جائیں۔

اس تاکید کے بعد زیرِ غور آیت ۴/۵۸ میں عوام کو یہ حق دیا گیا ہے کہ جہاں بھی اور جب بھی، سرکاری عاملوں، افسران اور قاضیوں کے خلاف کوئی شکایت پیدا ہو، تو مرکزی اتھارٹی کی طرف رجوع کر سکتے ہیں۔ اس مرکزی اتھارٹی کو ہر کسی کی شکایت بروقت سننے اور اس کا ازالہ کرنے کا حق ہوگا اور پھر ہر شخص کو اس فیصلہ کی اطاعت کرنی ضروری ہوگی۔ کیونکہ یہ اطاعت اللہ و رسول کی اطاعت ہوگی۔ اس قرآنی مرکز کی سب سے پہلی اتھارٹی رسول اللہ صلی اللہ علیہ وسلم خود تھے اور آپ کے بعد، آپ کے خلفائے کرام، اس مرکزی اتھارٹی کے حامل تھے۔

واضح رہے کہ محدثین کی جمع کردہ ظنی و مشکوک موضوع روایات پر عمل کرنے سے اللہ و رسول کی اطاعت ہرگز ہرگز نہیں ہوتی بلکہ قرآنی اسلامی حکومت کی اطاعت سے اللہ و رسول کی اطاعت ہوتی ہے اسی لئے اس حکومت کا قیام ازبسکہ ضروری، لازمی اور لابُدی ہوتا ہے اسی لئے مومن وہ ہے جو قرآنِ کریم کو اللہ تعالیٰ کی طرف سے عطا کردہ واحد، مکمل، اور آخری ضابطۂ حیات خیال کرے۔ ہر مومن کا فرض ہے کہ وہ اس دنیا میں نظامِ خداوندی کے قیام کے لئے پوری پوری کوشش کرے۔ وہ جس ملک اور مقام میں بھی ہو، وہیں سے اس جدوجہد کو شروع کر دے۔ کیونکہ نظامِ خداوندی کسی مقام یا کسی دور سے مختص نہیں ہے۔ اُس کی پوری پوری کوشش یہی ہو کہ تمام باطل نظامہائے حیات کو جڑِ بنیاد سے اکھیڑ کر پھینک دے اور اللہ کی زمین پر صرف اور صرف اللہ کے قانون اور نظام کو جاری کر دے۔ اس لئے کہ اسی نظام کی اطاعت اللہ و رسول کی اطاعت ہے۔ جو لوگ اللہ و رسول کی اطاعت کرنا چاہتے ہوں اُن کے لئے نہایت ضروری ہے کہ اُن کا دیا ہوا نظام جاری کریں۔ جو لوگ اللہ کے نظام کے علاوہ کسی بھی نظام کے ماتحت زندگی بسر کرنے پر رضامند ہوں وہ اللہ اور رسول کے باغی، نافرمان اور مجرم ہیں خواہ وہ کتنے ہی نماز اور روزوں کے پابند ہوں اور خواہ کتنی ہی نعتیں رو رو کر پڑھتے ہوں، وہ خود بھی دھوکے میں مبتلاء ہیں اور دوسروں کو بھی مغالطہ دے رہے ہیں۔

قرآنِ کریم کی رو سے اللہ و رسول کی اطاعت اسلامی نظام سے ہوتی ہے اس لئے اس کا قائم کرنا ہر مسلمان پر فرض عین ہے۔ اسی مضمون پر دو آیات اور پیش کرنا چاہوں گا۔ جن میں ان لوگوں کو سرزنش اور تنبیہ کی جاتی ہے جو اسلامی نظام کے قیام کی کوشش نہیں کرتے اور جو غیر خداوندی نظام میں زندگی بسر کرنے پر رضامند ہوں۔ ارشادِ ربانی ہے کہ:۔

إِنَّ ٱلَّذِينَ تَوَفَّىٰهُمُ ٱلْمَلَٰٓئِكَةُ ظَالِمِىٓ أَنفُسِهِمْ قَالُوا۟ فِيمَ كُنتُمْ ۖ قَالُوا۟ كُنَّا مُسْتَضْعَفِينَ فِى ٱلْأَرْضِ ۚ قَالُوٓا۟ أَلَمْ تَكُنْ أَرْضُ ٱللَّهِ وَٰسِعَةً فَتُهَاجِرُوا۟ فِيهَا ۚ فَأُو۟لَٰٓئِكَ مَأْوَىٰهُمْ جَهَنَّمُ ۖ وَسَآءَتْ مَصِيرًا ۴/۹۷

''وہ لوگ جو غیر خداوندی نظام کے تحت اطمینان سے زندگی بسر کرتے ہیں اور اس طرح (طاغوت کی اطاعت سے) اپنی ذات کا نقصان کرتے ہیں اگر اس حالت میں اُن کو موت آ جائے تو اُن سے پوچھا جائے گا کہ تمھیں کیا ہو گیا تھا کہ تم غیر خداوندی نظام کی محکومی میں پڑے رہے۔ وہ کہیں گے کہ ہم پست، کمزور و ناتواں اور بے

بس ومعذور تھے اُن سے کہا جائے گا کہ (ٹھیک ہے کہ تم میں اتنی قوت نہیں تھی کہ تم وہاں باطل کا نظام بدل کر، نظامِ خداوندی قائم کر لیتے لیکن) خدا کی زمین اس قدر وسیع تھی کہ تم ہجرت کر کے کسی ایسے مقام کی طرف نہیں جا سکتے تھے جہاں نظامِ خداوندی قائم تھا یا جہاں کی فضا اس کے لئے ساز گار تھی؟ یہ جو لوگ یوں اپنی کمزوری اور ناتوانی کا سہارا لے کر غیر خداوندی نظام کے تابع، قانع اور مطمئن ہو کر بیٹھے رہے، ان کا ٹھکانہ جہنم ہے اور وہ بہت برا ٹھکانہ ہے۔ یہاں بھی جہنم کے لئے طاغوتی نظام کی غلامی میں رہے اور وہاں بھی جہنم میں۔ ان کی انسانی صلاحیتوں کی نشوونما ہی نہیں ہوئی۔''

اس آیت کریمہ سے واضح ہے کہ غیر خداوندی نظام کے تحت زندگی بسر کرنے والے کا ٹھکانہ جہنم ہے۔ نیز دوسری جگہ ارشاد ہوتا ہے:۔

وَكَذَٰلِكَ جَعَلْنَا فِي كُلِّ قَرْيَةٍ أَكَابِرَ مُجْرِمِيهَا لِيَمْكُرُوا فِيهَا ۖ وَمَا يَمْكُرُونَ إِلَّا بِأَنفُسِهِمْ وَمَا يَشْعُرُونَ ۶/۱۲۳

''اسی طرح ہم نے ہر بستی میں اُس کے قصورداروں کو سردار بنایا تا کہ اُس میں مکاری کیا کریں اور وہ لوگ جو کچھ بھی مکاری کرتے ہیں اپنے حق میں برا کرتے ہیں اور سمجھتے نہیں۔''

قُرآنِ کریم غیر خداوندی، طاغوت پر مبنی نظام کے عمائدین ولیڈروں کو ''اکابرین'' کے نام سے موسوم کرتا ہے۔ اس آیت کریمہ کی رو سے مجرم تو اُس نظام کے تمام افراد ہوتے ہیں لیکن اُن میں اکابر مجرمین اربابِ اقتدار ہوتے ہیں۔ قُرآنِ کریم طاغوتی نظام کے لیڈروں اور عوام دونوں کو مجرم قرار دیتا ہے وہ عوام کو بری الذمہ نہیں ٹھہراتا۔ وہ اُن سے کہتا ہے کہ تمھیں کس نے کہا تھا کہ تم اندھوں کی طرح دوسروں کے پیچھے چلو۔ تم پر لازم تھا کہ تم اپنی سوچ اور سمجھ سے کام لیتے اور تباہی و بربادی کے راستے پر اُن کے پیچھے نہ ہو لیتے۔ ان لیڈروں کی اپنی قوت کچھ نہیں تھی تم نے ہی ان کو لیڈر بنایا ہوا تھا۔ لہٰذا یہ اور تم دونوں جہنم کے عذاب کے مستحق ہو۔ مختلف مقامات پر تمثیلی انداز میں قُرآنِ کریم نے واضح طور پر فرما دیا ہے کہ طاغوت میں رہنے والے عوام اور لیڈر، مذہبی پیشوا اور اربابِ اقتدار سب جہنم کے عذاب میں مبتلاء ہیں اور آئندہ بھی جہنم ہی ان کا مقام ہوگا۔

معزز صاحبانِ علم وبصیرت! یاد رہے کہ اللہ ورسول کی اطاعت کرنے کے لئے قُرآنِ کریم کو بحیثیت ایک نظام، ایک ضابطۂ حیات کے متمکن کرنا لازمی وضروری ہے۔ اس نظام کی اطاعت سے اللہ ورسول کی اطاعت ہوتی ہے اور اس نظام کا سربراہ، ایک زندہ اتھارٹی کی شکل میں موجود ہوتا ہے جس کے احکامات پہلے سنے جاتے ہیں اور اُس کے بعد اُن پر عمل کیا جاتا ہے۔ یہ باتیں اُس وقت تک سمجھ میں نہیں آسکتیں جب تک آپ قُرآنِ کریم کے ذریعے پرستش، عبادت اور محکومیت جیسی اصطلاحات کو نہیں سمجھیں گے۔ لیکن اس سے بھی پہلے لفظ '' الٰــہ '' کا مطلب سمجھنا ضروری

ہے۔ارشادِ باری تعالیٰ ہے کہ۔

لَا تَتَّخِذُوٓاْ إِلَـٰهَيۡنِ ٱثۡنَيۡنِۖ إِنَّمَا هُوَ إِلَـٰهٌ وَٰحِدٌۖ ۱۶/۵۱

تم دو اللہ نہ بنالینا، اللہ صرف ایک ہی ہے۔

حضرات یہ آیت کریمہ بڑی عظیم وجلیل ہے جس کا تعلق منکرینِ خدا سے نہیں ہے بلکہ خدا کے ماننے والوں، ہم مسلمانوں سے ہے۔ یہ کفر واسلام، شرک وتوحید کے درمیان حدِ تفریق اور خطِ امتیاز ہے، لیکن اس آیت کریمہ کا ماله' و ما علیه، اس کی عظمت وجلالت، رفعت وشوکت، اس کی تابندگی اور درخشندگی اسی صورت میں سمجھ میں آسکتی ہے جب الـٰہ کا صحیح مفہوم سمجھ میں آجائے اور یہ سمجھ میں آجائے کہ قرآنِ کریم نے الـٰہ کا لفظ حاکم کے معنے میں استعمال کیا ہے۔ جب حضرت موسیٰ علیہ السلام نے فرعون کے علیٰ الرغم بنی اسرائیل کو آزاد کرانے کی کوشش جاری رکھی تو فرعون نے حضرت موسیٰ کو سخت زجر وتوبیخ کی اور اعلان کیا کہ:۔

لَئِنِ ٱتَّخَذۡتَ إِلَـٰهًا غَيۡرِي لَأَجۡعَلَنَّكَ مِنَ ٱلۡمَسۡجُونِينَ ۲۶/۲۹

اگر تم نے میرے سوا کسی کو اپنا حاکم بنایا تو میں ضرور تمھیں قیدی بناؤں گا (موضوح القرآن)

یہاں قرآنِ کریم نے ''الـــہ کا لفظ ٹھیک حاکم کے معنوں میں استعمال کیا ہے اور یہی ترجمہ شاہ عبدالقادر صاحب نے فرمایا ہے۔ مقصد اس آیت کا یہ ہے کہ اطاعت خالص اللہ تعالیٰ کی کی جائے کیونکہ اُس کا حکم ہے کہ:۔

وَلَا يُشۡرِكُ فِي حُكۡمِهِۦٓ أَحَدًا ۱۸/۲۶

وہ اپنے حکم میں کسی کو دخیل نہیں بناتا۔

چونکہ اللہ تعالیٰ کی ہستی مجرد ہے اور ہم سب کی آنکھوں سے اوجھل ہے اور ہمارا اس سے براہِ راست کوئی تعلق قائم نہیں ہوسکتا، اس لئے اُس کی اطاعت کا عملی طریقہ اُسی کی کتاب کی اطاعت اور اُس کتاب کے مطابق نظامِ خداوندی جاری کرنا اور اُس کی اطاعت کرنا ہے۔ قرآنی الـــہ (حاکم) اور اُس کی اطاعت کے سمجھ لینے کے بعد وہ اصطلاحیں بھی جو کہ مذہب نے اس کے لئے اختیار کی ہیں وہ سمجھ میں آتی جائیں گی۔

قُرآنِ کریم نے اطاعت کے لفظ کے علاوہ عبادت کا لفظ بھی استعمال کیا ہے اور اسی دروازے سے ہمارے ہاں پرستش داخل کی گئی ہے۔ ہمارے ہاں عبادت کا ترجمہ پرستش کیا گیا ہے۔ حضرت شیخ الہند نے اپنے مشہور اور مستند ترجمہ میں عبادت کا ترجمہ پوجنا کیا ہے۔ اور دیگر مترجمین عموماً عبادت کا ترجمہ ''بندگی'' کیا کرتے ہیں۔ لیکن یہ لفظ بھی Mislead کرتا ہے کیونکہ فارسی زبان میں بندگی کے معنی تابعداری اور غلامی کے ہیں (لغات کشوری) لیکن ہندی میں اس کے معنی پرستش کرنا ہے۔ اس لئے اردو میں یہ لفظ دونوں معنوں میں استعمال ہوتا ہے لیکن قُرآنِ کریم نے اس کو

صرف اور صرف محکومیت کے معنی میں استعمال کیا ہے۔

جہاں تک لفظ ''عبادت'' کا تعلق ہے، سورۃ بقرہ میں قصاص کے سلسلے میں ارشادِ باری ہے کہ:۔

اَلْقِصَاصُ فِى الْقَتْلٰى ۖ اَلْحُرُّ بِالْحُرِّ وَالْعَبْدُ بِالْعَبْدِ ۲/۱۷۸

یعنی قصاص میں چھوٹے بڑے، آزاد اور غلام کی کوئی تمیز نہیں ہوتی۔

آزاد کے بدلے میں آزاد کو ہی قتل کیا جائے گا اور غلام کے بدلے غلام کو۔

اس آیت کریمہ میں قُرآنِ کریم ''العبد'' کو ''الحر'' کے مقابلے میں لایا ہے حُر آزاد ہوتا ہے اور العبد اس کا غلام ہوتا ہے، وہ اس کی پرستش نہیں کرتا۔ صرف اطاعت کرتا ہے۔ اسی طرح سورۃ یوسف میں ارشادِ باری ہے کہ:۔

إِنِ الْحُكْمُ إِلَّا لِلّٰهِ ۚ ۱۲/۴۰ ''حکومت اللہ کے علاوہ اور کسی کی نہیں ہوسکتی۔''

اس سے اگلے حصۂ آیت میں ہے کہ:۔

أَمَرَ أَلَّا تَعْبُدُوٓا إِلَّآ إِيَّاهُ ۚ ۱۲/۴۰

''اس نے حکم دیا ہے کہ اس کے علاوہ کسی کی عبودیت (محکومیت) اختیار نہ کرو۔''

اس ایک ہی آیت میں قُرآن نے حکومت اور عبادت کے الفاظ کو ایک ہی معنی میں استعمال کر دیا کہ عبادت کے معنی پرستش کے نہیں بلکہ محکومیت کے ہیں۔

پرستش کے موضوع پر غور کرنے اور اس کی تردید کرنے کے ذیل میں صلوٰۃ کا موضوع بہت اہمیت رکھتا ہے۔ اقامت صلوٰۃ کا ترجمہ ''نماز پڑھنا'' کر کے، اس کو پرستش کے زمرہ میں شامل کر دیا گیا ہے۔ حالانکہ اقامۃ کا لفظ خود اس بات کی نشاندہی کر رہا ہے کہ صلوٰۃ کا پرستش سے کوئی تعلق نہیں۔ ہمارے ہاں صلوٰۃ کا ترجمہ نماز کیا جاتا ہے۔ بنو عباس کے دور میں جب ہمارا لٹریچر تحریر کیا گیا تھا، تو اُس میں ایرانیوں کے زیرِ اثر قُرآنِ کریم کی اصطلاحات کے قُرآنی مفہوم کو ترک کر کے غیر قُرآنی مفاہیم اختیار کئے گئے تھے۔ ان اصطلاحات میں صلوٰۃ کا لفظ بھی شامل ہے اور اقامت صلوٰۃ کا ترجمہ ''نماز پڑھنا'' کر دیا گیا۔ ایران کے مجوسیوں کی پرستش کی رسم کا نام بھی نماز تھا اور مجوسی بھی ایک دن میں پانچ وقت اپنی نماز ادا کرتے تھے۔ پہلے اس موضوع پر بات کرنا مشکل تھا لیکن اب بہت آسان ہو گیا ہے۔ آپ GOOGLE پر جائیں اور مجوسی ورشپ تحریر کر کے Click کر دیں تو آپ کو سخت حیرانی ہو گی کہ نماز، درود وغیرہ یہ سب رسوم اُن کے ہاں موجود تھیں جس سے یہ بات بخوبی واضح ہو جاتی ہے کہ صلوٰۃ کا ترجمہ نماز، درود ایرانی مجوسیوں کے زیرِ اثر ہوا۔ یہ ایک الگ موضوع ہے کہ قُرآن کی اصطلاحات کس طرح غیر قُرآنی بنائی گئیں۔

نماز کے سلسلہ میں یہ بات بھی غور طلب ہے کہ ہماری کتب و روایات میں بڑی تفصیل سے یہ بات تحریر ہے کہ نماز معراج شریف کا تحفہ ہے اور معراج شریف میں یہ فرض ہوئی ہے۔ معراج شریف ہجرتِ نبوی سے چند ماہ پیشتر ہوا ہے۔ لیکن اقامتِ صلوٰۃ کا حکم مکی آیات میں بھی موجود ہے جو معراج شریف سے پہلے نازل ہوئی تھیں۔ اور ان آیات میں صلوٰۃ کا مفہوم یہ تھا کہ۔

ٱلَّذِينَ إِن مَّكَّنَّٰهُمۡ فِى ٱلۡأَرۡضِ أَقَامُواْ ٱلصَّلَوٰةَ وَءَاتَوُاْ ٱلزَّكَوٰةَ وَأَمَرُواْ بِٱلۡمَعۡرُوفِ وَنَهَوۡاْ عَنِ ٱلۡمُنكَرِۗ ۲۲/۴۱

''یہ وہ لوگ ہیں کہ اگر ہم اُنھیں زمین پر حکومت دیں تو یہ صلوٰۃ قائم کریں، زکوٰۃ ادا کریں، نیکیوں کا حکم کریں اور برائیوں سے منع کریں۔''

اس آیت کریمہ میں اقامتِ صلوٰۃ کے لئے اقتدار شرط قرار دیا گیا ہے۔ اگر کسی قوم کو اقتدار حاصل نہیں ہے تو وہ قوم اقامتِ صلوٰۃ نہیں کر سکتی۔ چنانچہ عربی گرائمر کے مطابق إِن مَّكَّنَّٰهُمۡ شرط تھا۔ اقامتِ صلوٰۃ اور اس کے بعد کا جملہ اس شرط کا جواب ہے۔ نیز شرط اور جواب الشرط دونوں صلہ ہیں '' الذین ''موصول کے، اس سے قبل ایک مبتداء محذوف ہے۔ اس عربی گرائمر کا مفہوم یہ ہے کہ اقتدار شرط ہے اور اس اقتدار کا جواب الشرط، اقامتِ صلوٰۃ ہے۔ اگر شرط (اقتدار) پوری نہ ہو، تو جواب الشرط خود ختم ہو جاتا ہے۔ کیونکہ اگر شرط ختم ہو جائے، تو مشروط خود ختم ہو جاتا ہے۔ اس تفسیر کا اصرار یہ ہے کہ اقامتِ صلوٰۃ کے لئے اقتدار ضروری ہے۔ اور Prerequisite قرآن کی عائد کردہ اس شرط کے بعد اقامتِ صلوٰۃ کا مفہوم نماز پڑھنا کبھی نہیں ہو سکتا۔ اصل یہ ہے کہ اقامتِ دین اور اقامتِ صلوٰۃ دونوں ایک ہی چیز میں ہے اور دونوں کے لئے اقتدار شرط ہے۔ بغیر اقتدار کے نہ اقامتِ دین ممکن ہے اور نہ ہی اقامتِ صلوٰۃ ممکن ہے اور ہم مسلمانوں کے لئے دونوں کی اقامت فرض ہے۔ وہ معاشرہ جو قوانینِ خداوندی اور اس کی مستقل اقدار کے مطابق Establish ہوتا ہے یہ عمل اقامتِ صلوٰۃ کہلاتا ہے۔

جہاں تک وقتی اجتماعاتِ صلوٰۃ یعنی نماز پڑھنے کا تعلق ہے یہ اجتماعاتِ صلوٰۃ اسی نظام کے ایک حصہ ہیں ارشادِ باری ہے کہ:۔

وَٱلَّذِينَ ٱسۡتَجَابُواْ لِرَبِّهِمۡ وَأَقَامُواْ ٱلصَّلَوٰةَ وَأَمۡرُهُمۡ شُورَىٰ بَيۡنَهُمۡ وَمِمَّا رَزَقۡنَٰهُمۡ يُنفِقُونَ ۴۲/۳۸

''اور جنھوں نے اپنے رب کی پکار کا جواب دیا، اور اقامتِ صلوٰۃ (نماز) کو قائم کیا اور آپس کے مشورے سے کام کیا اور ہمارا دیا ہوا کچھ خرچ کیا۔''

حضرات، اسلامی مملکت کے چلانے کے لئے، مقامی انتظامی یونٹ جب مشورہ کرتے ہیں تو اس سے پہلے یہ نماز ادا کرتے ہیں۔ مشورے سے پیشتر اس نماز کا ادا کرنا اس بات کا اظہار کرنا ہے کہ ہم اس نظام کو دل کی گہرائیوں سے تسلیم کرتے ہیں اور اس کے لئے سجود و رکوع کے ذریعے بھی اس کا اظہار کرتے ہیں۔ یہ اُن اداروں میں ادا کی جائے گی، جہاں اس نظام کو چلانے کے لئے مشورے کئے جاتے ہیں یہ نماز اُس نظام کے تحت ہوگی اور اس نظام کے کارکنان جن کو قرآنِ کریم نے حاملینِ عرشِ الٰہی کہا ہے۔ وہ ہی اس کو Lead کریں گے چونکہ یہ نماز اس نظام کا حصہ ہوگی، اس کے تحت ہوگی، اس لئے پرستش کے زمرہ میں نہیں آسکتی، کیونکہ اُن مشوروں میں نظام کی اطاعت کے طریقوں پر غور کیا جائے گا، اور اُن مشوروں کے نتائج بھی اسی دنیا میں سامنے آجائیں گے۔

نماز میں قیام و رکوع و سجدہ وغیرہ کی جو عملی شکل ہمارے سامنے آتی ہے وہ اسی مقصد کے لئے ہے کہ جب ان جذبات کا اظہار اجتماعی شکل میں ہو تو اظہارِ جذبات کی محسوس حرکات میں ہم آہنگی ہو ورنہ اجتماع میں انتشار دکھائی دے گا۔ اطاعت و فرماں پذیری کے والہانہ جذبات کے اظہار میں نظم و ضبط کا ملحوظ رکھنا بہت بڑی تربیتِ نفس ہے۔

امت کے مختلف فرقے جس طریقے سے نماز پڑھتے چلے آرہے ہیں۔ ان میں ردوبدل کا کسی کو بھی اختیار نہیں۔ اگر مسلمانوں میں پھر سے خلافت علیٰ منہاجِ نبوت قائم ہو جائے اور وہ اجتماعِ صلوٰۃ کی ایک شکل تجویز کر دے تو اُمت میں وحدت پیدا ہو جائے گی۔

آخر میں عرض ہے کہ چونکہ میری ابتدائی زندگی، مدارس عربیہ میں گزری ہے اس لئے میری رگ رگ میں علماء کرام اور خصوصاً حضرت شیخ الہند کی عزت و محبت سرایت کئے ہوئے ہے۔ ان کے اخلاص، جذبۂ قربانی و ایثار میں کسی قسم کا شک و شبہ نہیں ہوسکتا۔ ان حضرات کی ساری عمر قوم کی خدمت میں گزری، اُن کی خامی صرف یہ تھی کہ اُن کے سامنے دین کا تصور نہیں تھا انھوں نے ساری عمر مذہب کی سطح پر ہی گزار دی۔ اور یہ اُن کی مجبوری تھی کہ انہیں تعلیم ہی مذہب کی دی گئی تھی اور اب بھی تمام مدارس عربیہ میں بغیر کسی استثناء کے، مذہب کی تعلیم دی جاتی ہے، دین سے ان کو کیا علاقہ؟ مجھے اس سے زیادہ اور کچھ نہیں کہنا۔ آپ نے مجھے عزت بخشی اس کے لئے شکریہ۔

(تقریر مبنی بر اقتباسات از قُرآنی اور روائتی دین کے فیصلے صفحہ ۶۰۔ ۶۷ اشاعت اول جولائی ۲۰۰۷ء)

محترم خواجہ صاحب، میں اپنی طرف سے اور سامعین کی جانب سے آپ کی تشریف آوری کا شکریہ ادا کرتا ہوں۔ آپ کے اس لیکچر کے دوران مجھے علامہ اقبال بہت یاد آئے جنھوں نے کہا تھا کہ ''میرا دل تو مومن ہے لیکن زندگی مومنانہ نہیں۔'' چنانچہ زندگی کو مومنانہ بنانے کے لئے آپ نے جو نسخہ تجویز کیا ہے، وہی نسخہ انھوں نے بھی تجویز کیا ہے، چنانچہ ملی امراض کے خاتمہ کے لئے ہم نے یہ پروگرام ترتیب ہی اس غرض سے دیا ہے کہ ایک بار اس نسخۂ کیمیا کو ضرور آزمائیں، شکریہ۔

سامعین، خواجہ صاحب نے واپس گھر جانا تھا، وہ چلے گئے ہیں۔ لیکن میں آپ کے سامنے اُس آیت کا مفہوم پیش کرنا چاہتا ہوں جس میں اللہ کے نظام کو بروئے کار لانے والوں کو حاملینِ عرشِ الٰہی کہا گیا ہے۔ یہ وہی آیت ہے جس کا ذکر خواجہ صاحب نے

ابھی تھوڑی ہی دیر پہلے کیا ہے۔ اِس آیت کو ہم سکرین پر دیکھتے ہیں:۔

وَتَرَى ٱلْمَلَٰٓئِكَةَ حَآفِّينَ مِنْ حَوْلِ ٱلْعَرْشِ يُسَبِّحُونَ بِحَمْدِ رَبِّهِمْ ۖ وَقُضِىَ بَيْنَهُم بِٱلْحَقِّ وَقِيلَ ٱلْحَمْدُ لِلَّهِ رَبِّ ٱلْعَٰلَمِينَ ۳۹/۷۵

''اور تو فرشتوں کو اللہ کے عرش کے ارد گرد حلقہ باندھے ہوئے اپنے رب کی حمد و تسبیح کرتے ہوئے دیکھے گا۔ اور اُن میں انصاف کا فیصلہ کیا جائے گا اور کہہ دیا جائے گا کہ ساری خوبی اللہ ہی کے لئے ہے جو تمام جہانوں کا پالنے والا ہے۔''

اب ترجمہ کے بعد اس کا مفہوم بھی دیکھتے چلیں:۔

''اور جملہ کائناتی قوتیں (فرشتے) اور مدبراتِ امورِ الٰہیہ، (جماعتِ مومنین) خدا کے تختِ اجلال (نظام) کے گرد احاطہ کئے ہوں گے، اور اُس کے نظامِ ربوبیت کو درخورِ حمد و ستائش بنانے کے لئے نہایت مستعدی سے سرگرمِ عمل۔ اس وقت تمام انسانی امور کے فیصلے حق کے ساتھ ہوں گے۔ اور خدا کی ربوبیتِ عالمینی اِس حسن و خوبی سے آشکارا ہوگی کہ ہر ایک کی زبان اُس کی حمد و ستائش میں زمزمہ بار اور نغمہ سنج ہوگی۔''

بحوالہ مفہوم القرآن

سامعین، اس کے ساتھ ہی ہم آج کی یہ بابرکت نشست برخاست کرتے ہیں،
آپ کو یاد دلاتے چلیں کہ کل کی نشست ہماری آخری نشست ہوگی۔ کل تک کے لئے اللہ حافظ

گلا تو گھونٹ دیا اہلِ مدرسہ نے ترا
کہاں سے آئے صدا لا الٰہ الا اللہ
خودی میں گم ہے خدائی تلاش کر غافل
یہی ہے تیرے لئے اب صلاحِ کار کی راہ

سولہویں نشست

اسلام علیکم خواتین وحضرات ۔آپ لوگ اس بات سے تو واقف ہیں کہ چیف کی مدتِ ملازمت نومبر کے آخر میں ختم ہونے والی ہے اب تک دوسرے چیف کا اعلان ہوگیا ہوتا اگر حکومتِ وقت نے جان بوجھ کر آرمی کو عالمی سطح پر بدنام کرنے کی غرض سے اعلیٰ سطح پر ہونے والی میٹنگ کے بعد کوئی فرضی کہانی چھپوا کر ملک کی سالمیت کو خطرے میں نہ ڈال دیا ہوتا۔ یہ کوئی پہلا واقعہ نہیں اس سے پہلے بھی ریاست کے بہت سے راز چوری ہوتے رہے ہیں ۔اس سازش میں شریک لوگوں کو ابھی تک سامنے نہیں لایا گیا۔ اگلے تین سے چار ہفتوں میں فیصلہ ہو جائے گا کہ آرمی چیف اپنے عہدے پر برقرار رہیں گے یا کہ ان کی جگہ دوسرے چیف اپنی ذمہ داریاں سنبھالیں گے۔لیکن اس سے L.A.M.P. کی اپنی پالیسیوں میں ہرگز کوئی فرق نہیں پڑے گا۔ اس لئے کہ ایک فرد کی تبدیلی سے دوسرے اہم اداروں کی رائے کو تبدیل نہیں کیا جا سکتا۔ چنانچہ اس بات کی کسی کو بھی فکر نہیں ہونی چاہیئے کہ اس تحریک کے راستے میں اب کوئی رکاوٹ ڈالی جاسکتی ہے۔ چنانچہ ہمیں پورے اطمینان کے ساتھ اپنا کام کرتے رہنا چاہیئے۔

اب ہم کل کی نشست کی طرف آتے ہیں ۔جس میں بتایا گیا تھا کہ دورِ عباسیہ میں اسلام کے ساتھ کیا کیا حادثات پیش آئے ،اور کس طرح مسلمان بادشاہوں نے اپنے حواریوں (ایرانی مجوسیوں) کے ساتھ ساز باز کر کے اللہ کے دین (نظام) کو خطرناک سازش کے تحت مذہب کی سطح پر لا کھڑا کیا۔تاریخ کے حوالہ سے ''اسلامی تاریخ'' اور ''مسلمانوں کی تاریخ'' میں جو فرق ہے اس کو ملحوظِ خاطر نہ رکھنے کی وجہ سے ایسی بے شمار غلط فہمیاں پیدا ہوگئی ہیں کہ جس کی وجہ سے غیر مسلم دنیا، اسلام سے متنفر دکھائی دیتی ہے۔لیکن اگر اس تاریخ کو، جسے اسلامی کہا جاتا ہے قُرآنِ حکیم پر پیش کیا جائے تو پتہ لگایا جا سکتا ہے کہ وہ مسلمانوں کی تاریخ ہے یا کہ پھر اسلامی تاریخ۔یعنی کہ اگر تو وہ قُرآنِ حکیم کی تعلیم کے مطابق نکلے تو اس کے اسلامی ہونے میں کسی کو کوئی شک نہیں ہونا چاہیئے ۔اور اگر اس کی تعلیم کے خلاف ہے تو چاہے اسے کوئی ہزار اسلامی کہے، وہ اسلامی نہیں بلکہ مسلمانوں کی تاریخ ہی کہلائے گی۔

چنانچہ مسلمانوں کی تاریخ میں اور اسلامی تاریخ میں زمین آسمان کا فرق ہے۔ مسلمانوں کی تاریخ کو جس طرح سے صحیح ثابت کرنے کے لئے خود اسی تاریخ کے ذریعہ سے لوگوں کو حوالے مل جاتے ہیں، اسی طرح اسے غلط ثابت کرنے کے لئے بھی مل جاتے ہیں۔ جب کہ اسلامی تاریخ میں ایسا نہیں ہوتا، کیونکہ اسے توڑ موڑ کر پیش نہیں کیا جاسکتا۔

اس قسم کی غلط فہمیوں اور لا حاصل قسم کی مباحث سے بچنے کے لئے جو اہم بات قُرآنِ حکیم نے سمجھائی ہے وہ یہ ہے کہ اس کتاب (قُرآنِ حکیم) کا مطالعہ دورِ حاضر کے حالات کے مطابق Present Moment میں ہی رہ کر کیا جائے ورنہ آپ کے لاشعور نے جو عینک آپ کی آنکھوں پر چڑھا رکھی ہے اور بچپن سے جس کے ذریعے آپ چیزوں کو دیکھنے کے عادی ہیں آپ وہی کچھ دیکھیں گے اور یوں آپ ایک مخصوص اور محدود دائرے سے باہر دیکھ ہی نہیں سکیں گے۔ جس کا نقصان یہ ہوگا کہ آپ جن مشکلات کے حل لئے قُرآنِ حکیم سے مدد لینا چاہتے ہیں وہ سامنے نہیں آئیں گے۔ مسلمانوں کے زوال کے اسباب میں سب سے بڑا سبب یہی ہے کہ وہ قُرآنِ حکیم کو ماضی کی اُس تاریخ کے ذریعے سمجھنے کی کوشش کرتے ہیں جس کے بارے میں انھیں یہ بھی علم نہیں کہ وہ مستند بھی ہے کہ نہیں۔

سامعین، تاریخ کے بارے میں عام تاثر یہی ہے کہ انسانوں کی تاریخ کو ہمیشہ غالب اقوام نے ہی رقم کیا ہے، اور اُس میں اپنی تعریف کے خوب خوب پل باندھے ہیں۔ یہی حال مسلمان کہلوانے والے اسلام دشمن بادشاہوں اور ڈکٹیٹروں نے اسلام کے نام پر کیا ہے۔ لیکن مشکل یہ ہے کہ اُن کو اپنا ہیرو ماننے والوں نے کبھی یہ تکلیف ہی گوارا نہیں کی کہ اُن کے بارے میں اللہ کی کتاب سے رجوع کر کے یہ دیکھ لیا جائے کہ وہ مسلمان ہونے کے معیار پر پورے طور پر اترتے بھی تھے کہ نہیں۔ بہر کیف ہر طرح کی غیر ضروری اور لا حاصل مباحث سے پیچھا چھڑانے کے لئے اللہ نے جس اصول کو اپنانے کا انسانوں کو مشورہ دیا ہے وہ یہ ہے کہ:-

تِلْكَ أُمَّةٌ قَدْ خَلَتْ ۖ لَهَا مَا كَسَبَتْ وَلَكُم مَّا كَسَبْتُمْ ۖ وَلَا تُسْأَلُونَ عَمَّا كَانُوا يَعْمَلُونَ ۲/۱۴۱

''یہ اُمت ہے جو گزر چکی، جو اُنھوں نے کیا اُن کے لئے ہے اور جو تم نے کیا تمھارے لئے، تم اُن کے اعمال کے بارے میں سوال نہ کئے جاؤ گے۔''

چنانچہ بات ختم! ماضی کے جن تاریخی واقعات کی بنا پر ہم جن حضرات کی مدافعت میں ایک دوسرے کے دشمن ہو گئے ہیں وہ لوگ اپنا کردار ادا کر کے اس دنیا سے چلے گئے ہیں۔ اور ہم سب بھی اُسی راہ پر جانے والے ہیں۔ وہ اپنے اعمال کے جواب دہ ہوں گے اور ہم اپنے اعمال کے۔ اس لئے ہمیں اپنے ماضی سے باہر نکل کر اپنے درخشاں مستقبل کے لئے ایک جامع لائحہ عمل تیار کرنا چاہیئے اور پھر اس کے مطابق آگے بڑھنا چاہیئے۔

سامعین، ہم نے اپنی نشستوں میں بارہا یہ دیکھا ہے کہ صدیوں پہلے جن امور کو ہمارے عقائد کا حصہ بنا دیا گیا ہے خواہ وہ کتنے ہی ضرر رساں کیوں نہ ہوں، ہم انھیں چھوڑنے کے لئے تیار نہیں۔ یوں تو وحی خفی کے عقیدہ نے اسلامی نظام کے قیام کے راستے میں سینکڑوں دیواریں کھڑی کی ہیں اور نقصان پہنچایا ہے۔ لیکن عباسیوں نے جب '' الٰـــــہ '' کے اصل معنی (حاکم) کی جگہ ''معبودؔ'' (عبادت کے لائق) کر دیا تو اس سے اسلام کو ایسا ناقابلِ تلافی نقصان پہنچا، جو بیان سے باہر ہے۔ اس کے باوجود اس کے تدارک کا

کوئی تقاضہ امت کے کسی معراب ومنبر یا ایوان سے نہیں کیا جاتا۔ مستقبل قریب میں بھی اس کے خلاف آواز اٹھنے کی کوئی امید نہیں، اس لئے کہ جو اسلام اُن لوگوں نے ایجاد کیا تھا اِن سب کو بھی وہی راس آتا ہے۔

اپنے معنی ومفہوم میں حاکم اور عبادت کے ان دو الفاظ میں جو فرق ہے وہ کسی سے بھی ڈھکا چھپا نہیں یہ ''الٰـہ'' (حاکم) وہ ایسا لفظ ہے جس کی اتنی طاقت ہے کہ یہ ساری کائنات کو سنبھالے ہوئے ہے۔ اور جب اسے اسلامی نظام کے منشور ''کلمہ'' سے نکال دیا جائے اور اس کی جگہ ''عبادت'' کو رکھ دیا جائے تو پھر بتائیں کہ اِس کی غیر موجودگی میں کوئی اللہ کے حاکم ہونے پر ایمان کیسے لائے گا اور پھر اُس کے بعد اُس کی حاکمیت کو قائم کیسے کرے گا؟ اسلامی نظام کی بنیاد کے سب سے بڑے اور مضبوط ستون کو نکال دینے سے ہم پر مصیبتوں کے پہاڑ ٹوٹ پڑے ہیں۔

اس ظلم کی داستان اتنا طول پکڑ گئی ہے کہ اب ملتِ اسلامیہ تقریباً زندہ درگور ہونے کو ہے۔ یوں سمجھئے کہ یہ اپنی آخری سانسوں پر ہے، اللہ کرے کہ اسے کلمہ نصیب ہو جائے اور فنا سے پہلے بقا حاصل کرلے۔

آگے بڑھنے سے پہلے میں آپ کے سامنے انگریزی کتاب سے ایک اقتباس پیش کرنا چاہتا ہوں۔ کتاب کا نام ''The Creed Of Islam Or The Revolutionary Character Of Kalima'' ہے۔ اس کے مصنف مرحوم ابوالہاشم ہیں جو نہ صرف ''سیکرٹری آف بنگال مسلم لیگ'' کے عہدے پر فائز رہ چکے تھے بلکہ مذہبی سکالر ہونے کی بنا پر آپ پاکستان میں ''ڈائریکٹر آف اسلامک اکیڈمی'' کے عہدے پر بھی فائز رہے۔ ان کا آبائی وطن بنگال تھا۔ اقتباس ملاحظہ کیجئے:۔

> **ترجمہ** ''اقتدارِ اعلیٰ کا جو تصور کلمہ کے اندر پایا جاتا ہے اُس سے چھٹکارا حاصل کرنے کے لئے بغداد کے عباسی سلطانوں اور ان کے جاگیرداروں، سرداروں، اور معاشرے کے با اثر لوگوں نے مل کر مذہبی پیشواؤں کو دنیوی مفادات کا لالچ دے کر اور (کبھی خوف زدہ کر کے) اس پر راضی کیا کہ وہ اُن کے غیر اسلامی اقدامات کو جائز بنا کر پیش کرنے کے لئے کلمہ کے اندر تبدیلی پیدا کریں، جس پر انھوں نے عربی کا نیا کلمہ ''لا مَعبودا الاالله محمد الرسول الله'' ''نہیں کوئی عبادت کے لائق سوائے اللہ کے اور محمد اللہ کے رسول ہیں'' ایجاد کیا۔ اس کے بعد اسکے معنی ومفہوم صرف عبادت کرنے تک محدود ہو کر رہ گئے، اور یوں زندگی، دنیوی اور روحانی، دو شعبوں میں تقسیم کر دی گئی، دو خدائی طاقتیں معرضِ وجود میں آ گئیں۔ ایک کو تو علماء نے اپنے ہاتھوں میں رکھ لیا، جس کے ذریعے سے وہ رسول کے جانشین قرار پا گئے۔ اور دوسری سلطانوں کے ہاتھوں میں آ گئی۔ جس کے ذریعے انھوں نے دنیوی کاروبارِ زندگی کو اپنے ہاتھوں میں لے لیا۔ اس کے بعد ان دونوں قوتوں نے متحد ہو کر لوگوں کا بری طرح سے استحصال کیا۔
> اُنھیں بتایا گیا کہ اپنی اُخروی زندگی سنوارنے کے لئے جس طرح سے اپنے ان روحانی خداؤں (پیشواؤں) کی تابعداری وفرمانبرداری کرنا ضروری ہے، یونہی، دنیوی فوائد حاصل کرنے کے لئے اپنے سلطانوں اور حاکموں کی تابعداری کرنا بھی ضروری ہے۔ چنانچہ یہی روزمرہ کا قاعدہ قرار پا گیا۔ رسول اللہ سے منسوب حدیث کا حوالہ دے کر لوگوں کو بتایا گیا کہ ''حاکم زمین پر اللہ کا سایہ (ظلِ الٰہی) ہیں''، جس کا مطلب یہ ہے کہ حاکم بھی انصاف اور

دیانتداری کے ساتھ اُسی طرح رعایا پر اپنا حکم چلائیں اور انھیں اپنے اختیار میں رکھیں جس طرح سے کہ اللہ اپنی مخلوق پر انصاف کے ساتھ حکومت کرتا ہے اور انھیں اپنے دائرہ اختیار میں رکھتا ہے۔ اس خود ساختہ حدیث کے ذریعے بھی سلطانوں کو الوہیاتی اختیارات حاصل ہونے کی سند فراہم کر دی گئی۔ اسی تراشیدہ غیر اسلامی مذہب نے یورپ کے مادی نظریۂ حیات کے لئے بھی راہیں ہموار کیں اور وہاں پر مذہب کا تقریباً خاتمہ ہی کر دیا۔"

(مترجم مصنف)

سامعین، اب آپ اِس اقتباس کا اصل متن جو کہ انگریزی میں ہے، اسے بھی اپنی اپنی سکرین پر دیکھ لیجئے:۔

To be free from the Sovereignty of the contents of the Kalima the Abbaside Sultans of Baghdad and their feudal chiefs, the noblemen and the artistocracy of Baghdad induced the Ulemas or the Pundits of the theology who for material advantages would always manufacture religious sanction for all un-Islamic actions of the Sultans to mutilate the Kalima. They invented a new Arabic version of the Kalima, "LaMa'buda Illallah Muhammad al Rasullullah" or "There is no object of worship but God and Muhamad is his Prophet." Thus Islam was reduced to a mere form of worship and divided life into two water-tight compartments - temporal and spirtual. No time was lost in creating temporal and spirtual lords The Ulemas themselves became the spiritual lords and called themselves representatives of the Prophet. The Sultans became the temporal lords.The temporal and the spiritual lords in perfect harmony and concord with each other conspired to exploit the people. For securing The pleasures of Heaven, obedience to the spiritual lords and for securing pleasures of the earth, obedience to the sultans became the order of the day. There is a saying of the Holy Prophet, "The rulers are shadows of God" which means that the rulers must sustain the people under their charge faithfully in the manners in which God sustains his creatures. This Hadis or the saying of the Prophet was again mutilated to give divine rights to the sultans, This novel and un-Islamic conception of religion found a very congenial seed-bed for its growth and development in materialistic Europe and has very nearly destroyed religion.

The Creed Of Islam Or The Revolutionary Character Of Kalima (page 45)
1950 Dacca, Abul Hashim (1904-1974)

نہادِ زندگی میں ابتدا لا انتہا الّا
پیامِ موت ہے جب لا ہوا الّا سے بیگانہ

سامعین، کلمہ میں "الٰـــہ" کی اہمیت کا اندازہ تو آپ کو ہو گیا ہو گا کہ اسلام میں اللہ کی حاکمیت کا تصور ہی جب ختم کر دیا

جائے تو پھر اسلام ختم ہوجاتا ہے اور کفر بچ رہتا ہے۔ چنانچہ دشمنانِ اسلام نے اللہ کے بارے میں اس کے "الٰہ" (حاکم) ہونے کے تصور کو مسلمانوں کے ذہن سے نکال کر اُس کی عبادت کے تصور کو قائم کردیا ہے۔ اور جب تک یہ تصور قائم رہے گا دنیا میں اللہ کے نظام کے لئے کوئی کوشش کامیاب نہیں ہوسکتی۔ صدیوں سے اللہ کی عبادت کا جو تصور مسلمانوں کے اذہان وقلوب میں گھر کر چکا ہے اُسے نکال کر اس کی جگہ اللہ کے "حاکم" ہونے کے تصور کو قائم کرنے کے لئے وقت درکار ہے، اس حل کے لئے اسلامی نصاب اپنے اندر بہت سی تبدیلیاں چاہتا ہے۔ اگر آپ ایک لحہ کے لئے بھی رک کر فقط کلمہ کی اِس تبدیلی پر ہی غور فرمالیں تو پھر یہ اندازہ لگانا قدرے آسان ہوجاتا ہے کہ قرآنِ حکیم کی آیات کی غلط تاویلات کے ذریعہ مسلمانوں کو اللہ کے "دین" سے کتنا دور اور کسقدر غافل کردیا گیا ہے۔

خواتین وحضرات ہمارے پاس اتنا وقت نہیں بچا اس لئے ہم انتہائی اقدامات اٹھانے پر مجبور ہوگئے ہیں اس کے باوجود اسلامی نظام کے حوالے سے ہماری پوری کوشش یہ ہوگی کہ ہم اسلام کے اصولوں کی حدود میں رہ کر فیصلے کریں۔ چنانچہ اس مشکل کام کے فرائض کی ادائیگی کے لئے مسلمانوں کی نمائندگی کی ذمہ داری ملک کے اعلیٰ اداروں کو سنبھالنی پڑ گئی۔

ہم نے جب اس کام کے لئے بیڑہ اٹھایا تو غور وفکر کے نتیجہ میں جو اہم بات سامنے آئی وہ یہ تھی کہ دنیا کی جتنی بھی اقوام اللہ جیسی قوت کے ماننے والی ہیں اور اپنے عقائد کے مطابق اس کی پرستش یا عبادت کرتی ہیں اُن کی تسلی کے لئے ضروری ہے کہ انھیں بتایا جائے کہ کلمہ پر حلفیہ بیان دینے سے کوئی کبھی مسلمان نہیں ہوسکتا، مسلمان ہونے کے لئے کسی بھی آدمی کا بطیّبِ خاطر دل کی پوری رضامندی سے ان تمام شرائط کو پورا کرنا ضروری ہوتا ہے جنھیں اللہ نے مقرر کیا ہے۔ اس کے بغیر نہ تو کلمہ پر حلفیہ بیان دینے سے کوئی مسلمان ہوسکتا ہے اور نہ ہی اسے زبانی پڑھ لینے سے۔ اور نہ ہی ایسا کرنے سے کوئی اپنے سابقہ مذہب سے دستبردار ہوسکتا ہے۔ اس غلط تاثر کو بھی زائل کرنے کی سخت ضرورت ہے جو یہ کہا جاتا ہے کہ اگر کوئی مسلمان ہونے کے بعد، دوسرا مذہب اختیار کرلے تو وہ مرتد ہو جاتا ہے اور مرتد کی سزا قتل ہے۔

سامعین، ہم اسلامی نظام کے حوالہ سے تفصیل کے ساتھ بحث کر چکے ہیں کہ اس میں دوسرے مذاہب کے باشندوں کی حیثیت برابری کی بنا پر ہے۔ لیکن مرتد کی جو حیثیت ہمارے مروجہ مذہب کے مطابق بتائی جاتی ہے، اسے قُرآنِ حکیم کی روشنی میں لائے بغیر اگر ہم آگے نکل گئے تو اس سے متعلق جو الجھنیں غیر مسلموں کے دل میں ہیں وہ باقی رہ جائیں گی اور بجا طور پر وہ اِس نظام کی مخالفت ترک نہیں کریں گے۔ انسانوں میں اعتماد کی فضا قائم کئے بغیر ان کے درمیان وحدت لانے کا تو سوچا بھی نہیں جاسکتا۔

قتلِ مرتد

''ارتداد۔ اس کا مادہ (ر۔د۔د) ہے اور اس کے معنی ہیں پلٹ جانا، واپس ہو جانا۔ جس راستے سے کوئی آیا ہو، اگر وہ اسی راستے پر پلٹ جائے تو اسے ارتداد کہتے ہیں۔ اگر کوئی مسلمان اسلام چھوڑ کر، کوئی اور مذہب اختیار کر لے تو اُس کے متعلق کہتے ہیں کہ وہ مرتد ہو گیا اور اس کی سزا موت بتائی جاتی ہے۔ لیکن یہ چیز قرآن کریم کی تعلیم کے خلاف ہے۔ اس کی تعلیم یہ ہے کہ ''دین'' کے معاملے میں کوئی جبر نہیں۔ اب یہ ظاہر ہے کہ اگر کسی غیر مسلم کو زبردستی مسلمان نہیں بنایا جا سکتا تو اگر (بدقسمتی) سے کوئی مسلمان، کوئی دوسرا مذہب اختیار کرنا چاہے تو اسے زبردستی مسلمان نہیں رکھا جا سکتا۔ ایمان تو دل و دماغ کی کامل رضامندی سے ابدی صداقتوں کو تسلیم کر لینے کا نام ہے معنوی اعتبار سے بھی اس لفظ کا اطلاق ہر تبدیلیِ مذہب پر نہیں ہو سکتا۔ کیونکہ اس کے معنی ہیں اُس حالت کی طرف پلٹ جانا جس پر کوئی شخص پہلے تھا۔ نبیٔ اکرم صلی اللہ علیہ وسلم کے زمانے میں جتنے لوگ مسلمان ہوئے تھے وہ اسلام لانے سے پہلے غیر مسلم (کافر) تھے۔ ان میں سے اگر کوئی شخص اسلام چھوڑ کر پھر سے کفر اختیار کر لیتا تو اسے صحیح معنوں میں مرتد کہا جا سکتا تھا۔ لیکن اگر آج ایک پیدائشی مسلمان، مثلاً عیسائیت اختیار کر لیتا ہے تو اسے ارتداد (پہلی حالت کی طرف لوٹ جانا) نہیں کہا جائے گا۔ لیکن پہلے معنی لئے جائیں یا دوسرے، مذہب تبدیل کر لینا' قرآن کی رو سے کوئی جرم نہیں جس کی سزا دی جائے۔

جو لوگ مرتد کی سزا قتل بتاتے ہیں، وہ درحقیقت حکومت کے خلاف بغاوت اور ارتداد (مذہبی تبدیلی) میں فرق نہیں کرتے۔ حکومت کے خلاف بغاوت کی سزا تو بے شک موت ہے۔ لیکن تبدیلیِ مذہب کوئی جرم نہیں اس لئے اس کی سزا بھی کچھ نہیں۔''

بحوالہ تبویب القرآن صفحہ ۹۵۔۹۷

''ارتداد'' کی اس شکل کے سامنے آجانے کے بعد۔ اب ہم قرآنِ حکیم کی روشنی میں دیکھ لیتے ہیں کہ اس بارے میں اُس کا فیصلہ کیا ہے۔

إِنَّ ٱلَّذِينَ ءَامَنُواْ ثُمَّ كَفَرُواْ ثُمَّ ءَامَنُواْ ثُمَّ كَفَرُواْ ثُمَّ ٱزْدَادُواْ كُفْرًا لَّمْ يَكُنِ

ٱللَّهُ لِيَغۡفِرَ لَهُمۡ وَلَا لِيَهۡدِيَهُمۡ سَبِيلَۢا ۴/۱۳۷

''جن لوگوں نے ایمان قبول کر کے پھر کفر کیا، پھر ایمان لاکر پھر کفر کیا، پھر اپنے کفر میں بڑھ گئے، اللہ تعالیٰ یقیناً انھیں نہ بخشے گا اور نہ ہی انھیں راہِ ہدایت سجھائے گا۔''

یعنی کہ جو شخص نظامِ خداوندی کی مخالفت میں حد سے بڑھ جائے اور مملکت کے خلاف اس کی بغاوت اور سرکشی ثابت ہو جائے تو اس کے بعد اسے ہدایت کا موقع نہیں ملے گا اور اس کی سزا قتل ہے۔ چنانچہ کافر اسی شخص کو کہا جاتا ہے جو اسلامی نظام کے خلاف اٹھ کھڑا ہو اور یا اِس کے مدِ مقابل کوئی دوسرا نظام لانا چاہتا ہو۔

سامعین، اللہ نے جن کفار کی اطاعت کرنے سے مسلمانوں کو منع کیا ہے، یہ وہ کفار ہیں، جو دنیا میں اپنے اپنے نظاموں (ازموں) کے اجارہ دار ہیں۔ اس وقت ان اجارہ داروں کے سب سے بڑے نظام کو ڈیموکریسی کا نام دیا گیا ہے اور اسی کے مطابق وہ اپنے زرخرید غلاموں کے ذریعے لوگوں کو اس پر چلنے کے لئے مجبور کرتے ہیں۔ اس کو سمجھنے کے لئے پہلے آپ قُرآنِ حکیم کی یہ آیت دیکھ لیں:۔

يَـٰٓأَيُّهَا ٱلَّذِينَ ءَامَنُوٓاْ إِن تُطِيعُواْ ٱلَّذِينَ كَفَرُواْ يَرُدُّوكُمۡ عَلَىٰٓ أَعۡقَـٰبِكُمۡ فَتَنقَلِبُواْ خَـٰسِرِينَ

''اے ایمان والو! اگر تم کافروں کی باتیں مانو گے تو وہ تمھیں ایڑیوں کے بل پلٹا دیں گے (یعنی تمھیں مرتد بنا دیں گے) پھر تم نامراد ہو جاؤ گے۔'' ۳/۱۴۹

اب ہو یہ رہا ہے کہ اس وقت کفر کے سب سے بڑے نظام جسے ڈیموکریسی (جمہوریت) کہا جاتا ہے کافروں نے اسے اپنے زرخرید غلاموں (جنھیں ہم اپنے سیاسی رہنما مانتے ہیں) کے ذریعے ساری دنیا پر مسلط کر رکھا ہے۔ اور مسلمان برضا ورغبت اس کے تحت چلنے پر خوش ہیں۔ جب کہ اللہ کا کہنا یہ ہے کہ قُرآنِ حکیم کے ہوتے ہوئے جو بھی لوگ کافروں کی بات مان کر اُن کے نظام کے مطابق چلیں گے تو وہ درحقیقت مرتدین میں سے ہو جائیں گے۔ چنانچہ ان حقائق کے سامنے آجانے کے باوجود اگر کوئی یہ دعویٰ کرتا ہے کہ وہ مسلمان ہے تو پھر وہ منافقت سے کام لے رہا ہے۔ مملکتِ اسلامیہ میں منافق کے لئے کوئی جگہ نہیں ہوتی اس کے خلاف بھی جنگ کرنے کا حکم دیا گیا ہے۔ اسی اصول کو اپنے سامنے رکھتے ہوئے میں نے آپ کو بتایا تھا کہ دنیا میں کافروں کی تعداد آٹے میں نمک کے برابر بھی نہیں لیکن ان کے نظاموں کی اطاعت کرنے والوں کا تو کوئی شمار ہی نہیں اور وہ سب مشرکین کے زمرہ میں آتے ہیں۔ اور اگر کوئی مسلمان کہلوانے کے باوجود اس نظام کے تحت رہنا پسند کرتا ہے تو وہ منافق ہے۔ اسی لئے جو لوگ اپنے آپ کو سیکولر مسلم کہلانے میں فخر محسوس کرتے ہیں انھیں معلوم ہونا چاہئے کہ غیر خدائی نظام کے تحت رہ کر سیکولر مسلم کہلانا تو ایسے ہی ہے جیسے کہ کوئی یہ کہے کہ وہ کافر مسلم ہے، یا مشرک مسلم ہے اور یا منافق مسلم ہے۔ یہ تو کوئی بات نہ ہوئی۔ یاد رہے کہ اللہ کے دین میں پورے طور پر داخل ہونا پڑتا ہے اور یا

پھر اس سے باہر رہ کر جینا پڑتا ہے۔

اگر تم مسلمان رہنا چاہتے ہو تو پھر اللہ کے نظام کی اطاعت کرنا ضروری ہے۔اس آیت کہ سکرین پر دیکھیں:۔

بَلِ ٱللَّهُ مَوْلَىٰكُمْ ۖ وَهُوَ خَيْرُ ٱلنَّٰصِرِينَ ۳/۱۵۰

''بلکہ اللہ ہی تمہارا مولا ہے اور وہی بہترین مددگار ہے۔''

یعنی کہ ہم مسلمان ہو کر اللہ کے نظام کے سوا کسی دوسرے نظام کی اطاعت نہ کریں۔اور جہاں یہ کہا گیا ہے کہ:۔

يَٰٓأَيُّهَا ٱلَّذِينَ ءَامَنُوا۟ لَا تَتَّخِذُوا۟ ٱلْيَهُودَ وَٱلنَّصَٰرَىٰٓ أَوْلِيَآءَ ۘ بَعْضُهُمْ أَوْلِيَآءُ بَعْضٍ ۚ وَمَن يَتَوَلَّهُم مِّنكُمْ فَإِنَّهُۥ مِنْهُمْ ۗ إِنَّ ٱللَّهَ لَا يَهْدِى ٱلْقَوْمَ ٱلظَّٰلِمِينَ ۵/۱۵۱

''اے ایمان والو! تم یہود و نصاریٰ کو دوست مت بناؤ یہ تو آپس میں ہی ایک دوسرے کے دوست ہیں۔تم میں سے جو بھی ان میں سے کسی سے دوستی کرے گا وہ بے شک انہی میں سے ہے، ظالموں کو اللہ تعالیٰ ہرگز راہِ راست نہیں دکھاتا''

یہاں پر تاکیداً اللہ نے کہا ہے کہ یہ دونوں (یہود و نصاریٰ) آپس میں دوست ہیں۔ دنیا جانتی ہے کہ ان کی یہ دوستی کس لیول یا سطح پر کی ہے۔ ظاہر ہے کہ یہ حکومتی سطح پر کی دوستی ہے اور یہ ان سرکردہ افراد پر مشتمل ایک ایسے گروہ کے درمیان ہے جو نظامہائے عالم کے بنانے اور چلانے میں بہت بڑا کردار ادا کرتے ہیں، حقیقت میں یہی وہ لوگ ہیں جنھیں قرآنِ حکیم نے کافر کہا ہے۔عوامی سطح پر تو یہود و نصاریٰ اپنے انہی آقاؤں کی غلط پالیسیوں اور ظلم و جبر پر سخت تنقید کرتے ہیں اور اُن کے خلاف کھل کر اپنے جذبات کا اظہار بھی کرتے ہیں۔بلکہ مسلمانوں کے حقوق کے لئے بھی کھل کر آواز اٹھاتے ہیں۔اس لئے اگر کوئی یہ کہتا ہے کہ کفار کو جہاں پاؤ قتل کرو تو اس سے یہ غلط تاثر لیا جاتا ہے کہ یہ حق آپ کو قرآن نے دیا ہے۔قرآن اس قسم کے قتل و غارت گری کا سخت مخالف ہے۔یہ اُن لوگوں سے جنگ کی اجازت دیتا ہے جو اس کے نظام کے قائم ہو جانے کے بعد اس کی دشمنی اور مخالفت پر اتر آتے ہیں۔مدینہ منورہ کی اسلامی تاریخ اٹھا کر دیکھیں تو آپ کو پتہ چلے کہ وہاں پر لوگوں کے ساتھ ہمیشہ انصاف کے تقاضوں کے مطابق برابری کا سلوک کیا جاتا رہا۔

تو سامعین، جہاں تک کہ اعلیٰ سطح پر کفار سے تعلقات کا تعلق ہے انھیں برابری کی سطح پر رکھنا چاہئے، کیا ہم دیکھتے نہیں کہ اعلیٰ سطح پر ان سے دوستی کے تعلقات کا نتیجہ ہمارے حق میں ہمیشہ بُرا ہی نکلا ہے۔البتہ جب تک وہ آپ کے ساتھ جنگ کی ابتدا نہ کریں اس وقت تک ان کے ساتھ بھی امن کے ساتھ رہنا چاہئے۔اس لئے کہ یہی اللہ کا حکم ہے:۔

وَقَٰتِلُوا۟ فِى سَبِيلِ ٱللَّهِ ٱلَّذِينَ يُقَٰتِلُونَكُمْ وَلَا تَعْتَدُوٓا۟ ۚ إِنَّ ٱللَّهَ لَا يُحِبُّ ٱلْمُعْتَدِينَ ۲/۱۹۰

''لڑو اللہ کی راہ میں اُن سے جو تم سے لڑتے ہیں اور زیادتی نہ کرو، اللہ زیادتی کرنے والوں کو پسند نہیں کرتا۔''

اسی اہم نکتہ کے پیشِ نظر اقبال نے کہا تھا کہ:۔

''......اگر کوئی شخص کہے کہ کفار کے ساتھ ہر قسم کا میل ملاپ حرام ہے تو وہ حدودِ شرعیہ سے تجاوز کرتا ہے اور اس کے لئے تبلیغِ دین میں دقتوں کا سامنا ہوگا''۔

اقبال نامہ لاہور ۱۲ مئی ۱۹۳۷ء

الغرض! یہاں پہنچنے تک یہ بات پایۂ ثبوت کو پہنچ گئی ہے کہ اسلام لانے کے بعد کسی کا واپس اپنے مذہب کا اختیار کر لینا ایسا جرم نہیں کہ اسے قتل کر دیا جائے۔ یہ صرف بغاوت کی صورت میں ہوتا ہے اور بغاوت کی صورت میں تو کوئی مسلمان کہلوانے والا بھی جب اس میں ملوث پایا جائے گا تو اسے بھی قتل ہی کیا جائے گا۔

اب ہم واپس ''کلمہ'' کے پڑھ لینے اور مسلمان ہو جانے کے موضوع پر آتے ہیں۔ ہمیں یہ بات روزِ روشن کی طرح سب کے سامنے کھول کر بیان کرنی ہوگی کہ کلمہ کے پڑھ لینے سے کسی کے مذہب پر کوئی اثر نہیں پڑتا۔ اس کی حیثیت تو حلفِ وفاداری کی ایک سند سے زیادہ اور کچھ نہیں۔ قانونی طور پر مملکت کے ہر شہری پر لازم ہے کہ وہ مملکت کو اپنی وفاداری کا حلفیہ بیان دے کر اس کا شہری ہونے کی سند حاصل کرے۔ اس کے بعد لوگوں کو جب اپنی آزادی اور فلاحی سہولتوں کا ثمر ملنا شروع ہو جائے گا تو پھر کلمہ پڑھنے کے بعد مسلمان ہو جانے والا جو خوف انھیں آج لاحق ہے وہ کل کو ختم ہو جائے گا۔

سامعین، ملک میں اس نظام کے نافذ ہو جانے اور اس کے ثمرات کے عام ہو جانے کے بعد دنیا میں سب سے پہلے اس نظام کو اگر کوئی اپنے ہاں نافذ کرلے گا تو وہ چین ہوگا۔ کیونکہ وہ ابھی تک '' لا'' کی منزل میں ہے۔ وہ شرک اور منافقت کی اِس غلیظ فضا سے ناآشنا ہے جس میں ہم زندہ رہنے کے عادی ہو گئے ہیں۔ وہ دینِ اسلام کو اس غرض سے نہیں اپنائیں گے کہ وہ مسلمان ہونے کے لئے بے تاب ہیں، بلکہ وہ اسے اس کی خوبیوں کے پیشِ نظر ایک نظام اور نظریۂ حیات کے طور پر اپنالیں گے۔ یہ بعد کی باتیں ہیں کہ اُن میں سے کتنے لوگ دل کی گہرائیوں سے اس نظام کے عطا کرنے والے پر ایمان لاتے ہیں۔ البتہ جو حال اس وقت مسلمان کہلانے والوں کا ہے، وہ اتنا دگرگوں ہے کہ اسے دیکھ کر کوئی باہوش انسان اس قسم کا مسلمان ہونے میں کوئی کشش محسوس نہیں کر سکتا۔

حاملِ قُرآن ہونے کی بنا پر، پوری انسانیت کی بقا کی ذمہ داری ہمارے کندھوں پر ہے، ہمارا ایمان ہے اور یہ ایمان تجربے کی بنیاد پر ہے کہ اس نظام کے علاوہ دوسرا اور کوئی نظام ایسا نہیں جو بنی نوعِ انسان کو ایک قوم اور برادری بنا کر ہر طرح کی غارت گری کو ختم کر سکے۔ ہمارے لئے جس پاکستان کا خواب ہمارے بزرگوں نے دیکھا تھا وہ اسلامی قوانین کے مطابق قائم ہونے والے پاکستان کا تھا۔ لیکن اس کے بننے کے فوری بعد چند لٹیروں نے مل کر اسے یرغمال بنالیا اور سب کے سامنے ڈھٹائی اور بے شرمی سے اسے

لوٹنا شروع کر دیا۔

البتہ، قتلِ مرتد کے غیر قُرآنی نظریئے کو ایک لاینحل مسئلہ بنا کر اس لئے طول دیا جاتا ہے تاکہ اسے ایک ہتھیار کے طور پر اسلامی نظام کے خلاف استعمال کیا جاتا رہے۔ ہمارا تجربہ یہ بتاتا ہے کہ اس قسم کے مسائل کو حل کرنے کی غرض سے جب بھی قُرآنِ حکیم کی بارگاہ میں انھیں پیش کیا گیا، ان کا حل ایک منٹ میں نکل کر سامنے آگیا۔ لیکن افسوس ناک امر یہ ہے کہ جو لوگ نہیں چاہتے کہ اس قسم کے دیرینہ مسائل کا کوئی حل سامنے آئے، وہ دوسروں کو بھی اللہ کی کتاب کی طرف رجوع کرنے کی اجازت نہیں دیتے۔ الغرض قُرآنِ حکیم کی روشنی میں (قتلِ مرتد) کے اس غیر قُرآنی عقیدے کی کوئی حقیقت سامنے نہیں آئی۔

اس کے بعد اسلامی نظام کے راستے میں حائل ہونے والے اُس نظریئے کو بھی اللہ کی کتاب پر پیش کر کے دیکھ لیتے ہیں کہ ''دین'' میں اس کی حیثیت کیا ہے۔ عرفِ عام میں اس کو ''جزیہ'' کے نام سے پکارا جاتا ہے۔ آپ کو کوئی شخص ایسا نہیں ملے گا جو اس کے بارے میں علم نہ رکھتا ہو کہ یہ کیا ہے۔ لوگوں میں اس کے بارے میں مختلف قسم کی آراء پائی جاتی ہیں اس کے باوجود وہ سب ایک ہی نتیجہ پر پہنچتے ہیں کہ یہ ایک قلیل سی رقم پر مشتمل کوئی ٹیکس تھا اور یہ غیر مسلموں سے ان کے عبادت گاہوں کی حفاظت کے عوض وصول کیا جاتا تھا۔ کیوں نہ اس کا مقدمہ بھی قُرآنِ حکیم کی بارگاہ میں پیش کر کے دیکھ لیا جائے۔ تاکہ آئندہ کبھی کوئی اسے اسلامی نظام کے راستے کا پتھر نہ بنائے۔

••❖••

الجِز ُیَۃ

سامعین، جزیہ کا نام سنتے ہی دفعتاً جو پہلا خیال کسی ذہن میں آتا ہے وہ کسی بحث، جھگڑے یا تنازعہ کا آتا ہے کہ جس کا کوئی انجام ہی نہ ہو۔ اس لئے اس بحث سے دور ہی رہنے میں عافیت سمجھی جاتی ہے۔ اسلامی مملکت میں غیر مسلموں سے جزیہ لینے کے بارے میں مختلف آراء پائی جاتی ہیں میں یہاں پر دو متضاد حوالوں کو آپ کے سامنے رکھتا ہوں۔ پہلے حوالہ میں کہا گیا ہے کہ:۔

''یہ دراصل اُس وقت ہوتا تھا، جب مسلمان کسی غیر مسلم ملک کو فتح کرتے تھے تو وہاں کی رعایا اسے مفتوح ہونے کو تسلیم کرنے کے لئے جزیہ بطورِ ایک Token کے ادا کرتے تھے۔ اب حالات ہی تبدیل ہو گئے ہیں نہ اب کوئی کسی ملک کو فتح کرتا ہے اور نہ ہی جزیہ وصول کرنے کی صورت یا ضرورت پیدا ہوتی ہے۔ عیسائیوں کے گرجے، یہودیوں کے معبد Synagouge، خانقاہیں، مساجد، جن میں خدا کا نام لیا جاتا ہے، غیر مسلموں کی تمام عبادت گاہوں کی حفاظت اسلامی حکومت پر فرض و لازمی ہوتی ہے۔''

اور یہ بھی کہا جاتا ہے کہ:۔

''نبی صلی اللہ علیہ وسلم نے فرمایا قسم ہے اُس ذات کی جس کے ہاتھ میں میری جان ہے! ضرور ایک وقت آئے گا کہ تم میں ابنِ مریم حاکم و عادل بن کر نازل ہوں گے، وہ صلیب کو توڑ دیں گے، خنزیر کو قتل کریں گے، جزیہ اٹھا دیں گے اور مال کی اتنی بہتات ہو جائے گی کہ اسے کوئی قبول کرنے والا نہیں ہو گا''

ان دونوں حوالوں میں سے اول الذکر کے مطابق یہ بتایا گیا ہے کہ، اب کوئی کسی ملک کو چونکہ فتح نہیں کرتا اس لئے جزیہ کی ضرورت ہی پیش نہیں آسکتی۔ یعنی کہ اس پر بحث کرنے کا کوئی فائدہ ہی نہیں۔ لیکن دوسری کے مطابق جزیہ لینا اُس وقت تک بند نہیں ہو گا جب تک کہ حضرت عیسیٰ علیہ اسلام واپس نازل ہو کر اس کو خود ختم نہ کریں گے۔ پہلی مثال اس لئے بہتر ہے کیونکہ اس کے سامنے لانے کے بعد مزید بحث کرنے اور تو تو میں میں کرنے سے جان چھوٹ جاتی ہے۔ لیکن حتمی فیصلہ بہر حال پھر بھی سامنے نہیں آتا۔ لیکن دوسری شکل میں بحث کا دروازہ اُس وقت تک کھلا رہے گا جب تک کہ خود عیسیٰ علیہ السلام تشریف لا کر اسے بند نہیں کرتے۔ چنانچہ اسے غیر

مسلموں کے تحفظ کے نام پر اسلامی نظام کے راستے میں ہمیشہ کے لئے کھڑا کر دیا گیا ہے۔ اس کا فائدہ سرمایہ داروں اور ان کے حواریوں کے سوا اور کسی کو نہیں ہوتا۔ اسی لئے جزیہ کے حکم کو متنازعہ بنا کر لوگوں کی آنکھوں پر کالی پٹی باندھ دی گئی ہے۔

الغرض! جب تک اس مشکل اور لاینحل مسئلہ کا آسان حل سامنے نہیں آجاتا اُس وقت تک اسلامی نظام کے قیام کا کوئی مثبت حل بھی سامنے نہیں آسکتا۔ آگے بڑھنے سے پیشتر ہمیں قُرآنِ حکیم کے وہ چند اصول سامنے رکھنے ہوں گے کہ جن کی موجودگی میں حتمی فیصلہ کرنے میں آسانی ہو۔ ہماری ان نشستوں میں بار ہا یہ ذکر کیا گیا ہے کہ قُرآنِ حکیم میں ایک تو وہ قوانین ہیں جن کی حدود مقرر کر دی گئی ہیں اور دوسرے وہ جن کی حدود تو مقرر نہیں کی گئیں لیکن پھر بھی ان کی چار دیواری کے اندر رہ کر اپنے زمانے کے مسائل کو حل کرنے کی اجازت ہے لیکن ایسا کرنے کا حق انفرادی طور پر کسی ایک شخص یا گروپ کو نہیں، بلکہ صرف مجلسِ شوریٰ کے ارکان کو حاصل ہے۔ تا کہ انسان اپنے بدلتے ہوئے حالات اور تقاضوں کے مطابق انھیں آزادانہ طور پر خود حل کریں اور آگے بڑھتے رہیں۔ اسی لئے اس نظام میں کسی کا خلیفہ ہونا بھی ضروری قرار نہیں دیا گیا، یہ مجلسِ شوریٰ کی اپنی صوابدید پر ہے کہ وہ اپنے میں سے اگر کسی ایک کو اپنا امیر یا خلیفہ منتخب کر لے تو اس میں کوئی حرج نہیں۔ خود مجلسِ شوریٰ کے ارکان کی تعداد بھی مقرر نہیں۔ اسی طرح صدقات اور زکوٰۃ کی حد مقرر نہیں کی گئی اور نہ ہی جزیہ کی مقرر کی گئی ہے۔ بلکہ جزیہ کا لفظ تو قُرآنِ حکیم میں آیا ہی صرف ایک بار ہے۔ اگر جزیہ کی حد مقرر کر دی جاتی تو اس سے کیپیٹل ازم کو دوام حاصل ہو جاتا، اور غریب ہمیشہ ہمیشہ کے لئے امیروں کے غلام بن کر زندگی گزارنے پر مجبور ہو جاتے۔ مثلاً ہر سال جزیہ کی مقرر کردہ رقم ادا کرنے کے بعد اگر کوئی مال و دولت جمع کرتا چلا جائے اور اسے جائز قرار دے دیا جائے تو پھر وہی شکل سامنے آجاتی ہے، جو زکوٰۃ کی حد مقرر کرنے اور اس کے ادا کرنے کے بعد آج ہمارے سامنے ہے۔ یعنی کہ اڑھائی فی صد زکوٰۃ دینے کے بعد مال و دولت کے انبار اکھٹے کرتے رہو اس کے بعد آپ کو کوئی روکنے ٹوکنے والا نہیں۔ چنانچہ اللہ نے جس طرح زکوٰۃ کی حد مقرر نہیں کی اسی طرح سے جزیہ کی بھی نہیں کی۔ اگر غور فرمائیں تو پتہ چلے کہ زکوٰۃ کی حد (اڑھائی فی صد) مقرر کر دینے کے بعد قارونیت کے لئے جو دروازہ ہم نے خود اپنے ہاتھوں سے کھول رکھا ہے، جزیہ کا قانون اگر آج موجود نہ ہو تو پھر دوسرا اور کون سا وہ راستہ بچتا ہے جس کے ذریعے سے آپ قارونیت (کیپیٹل ازم) کی جڑ کاٹ سکتے ہیں؟ چنانچہ وقت آنے پر اللہ کے حکم کے خلاف زکوٰۃ کی جس اڑھائی فی صد رقم کو نظامِ سرمایہ داری کے تحفظ کے لئے مقرر کیا گیا تھا اسے بھی ختم کرنا ہوگا۔ پہلے جزیہ سے متعلق قُرآنِ حکیم کی آیت ملاحظہ فرمائیں:۔

قَـٰتِلُواْ ٱلَّذِينَ لَا يُؤْمِنُونَ بِٱللَّهِ وَلَا بِٱلْيَوْمِ ٱلْـَٔاخِرِ وَلَا يُحَرِّمُونَ مَا حَرَّمَ ٱللَّهُ وَرَسُولُهُۥ وَلَا يَدِينُونَ دِينَ ٱلْحَقِّ مِنَ ٱلَّذِينَ أُوتُواْ ٱلْكِتَـٰبَ حَتَّىٰ يُعْطُواْ ٱلْجِزْيَةَ عَن يَدٍ وَهُمْ صَـٰغِرُونَ ۹/۲۹

''اُن لوگوں سے لڑو جو اللہ پر اور قیامت کے دن پر ایمان نہیں لاتے، جو اللہ اور رسول کی حرام کردہ شے کو حرام نہیں مانتے، نہ دینِ حق کو قبول کرتے ہیں اُن لوگوں میں سے جنھیں کتاب دی گئی، یہاں تک کہ وہ ذلیل وخوار ہو کر اپنے ہاتھ سے جزیہ ادا کریں۔'' ۹/۲۹

1) اُن لوگوں سے لڑو جو اللہ پر اور قیامت کے دن پر ایمان نہیں لاتے

2) جو اللہ اور رسول (مملکتِ اسلامیہ) کی حرام کردہ شے کو حرام نہیں مانتے

3) نہ دینِ حق (قُرآن کے قوانین) کو قبول کرتے ہیں

4) اُن لوگوں میں سے جنھیں کتاب دی گئی

5) یہاں تک کہ وہ ذلیل وخوار ہو کر اپنے ہاتھ سے جزیہ ادا کریں

پہلے تو یہاں پر لوگوں کی نافرمانیوں کی ایک فہرست دی گئی ہے اور اس کے بعد ان کے بارے میں کہا گیا ہے کہ ''یہ اُن لوگوں میں سے ہیں جنھیں کتاب دی گئی ہے۔'' تو کیا اس آیت کا یہ مطلب لیا جائے گا کہ یہود ونصاریٰ ہی کتاب دیئے گئے ہیں، اور مسلمان اس میں شریک نہیں جو اللہ کی بتائی ہوئی حدود سے باہر نکلتے ہیں؟ بے شک شریک ہیں، کیونکہ انھیں بھی تو کتاب دی گئی ہے، جس کے بارے میں بتایا گیا ہے کہ یہ قیامت تک کے آنے والے انسانوں کی راہنمائی کے لئے کافی ہے۔ چنانچہ اس آیت میں مسلمان، یہودی اور عیسائی سب شامل ہیں، مسلمانوں کو اس میں کسی قسم کی کوئی استثناء حاصل نہیں۔ اِن میں سے جو بھی اللہ کے قوانین کی خلاف ورزی کرے گا اُس سے جزیہ لیا جائے گا، چاہے وہ کسی بھی زمانے کا مسلمان کیوں نہ ہو۔ اب سوال یہ ہے کہ چونکہ جزیہ کی حد اللہ نے مقرر نہیں کی اس لئے اس کی رقم کا تعین کیسے کیا جائے گا، کیونکہ تاریخ کبھی اسے ٹیکس کی قلیل رقم بتاتی ہے اور کبھی جان و مال کی حفاظت کے عوض ایک معمولی سی رقم۔ چنانچہ اس حل کے لئے اب ہمیں یہ دیکھنا ہے کہ اسلامی مملکت میں دولت جمع کرنے کے بارے میں اللہ نے کیا حکم دیا ہے۔ اس کا جواب ہم سب جانتے ہیں اور وہ جواب 'قُلِ العَفو' میں موجود ہے۔ یعنی کہ ضرورت سے زائد کسی کو جمع کرنے کی اجازت نہیں۔

چنانچہ مملکتِ اسلامیہ (مدینہ) میں ضرورت سے زائد مال و دولت جمع کرنے کی اجازت نہ ہونے کے باوجود۔ جب اُن لوگوں میں سے جنھیں کتاب دی گئی ہے، دولت جمع کرنا شروع کر دی، تو اُن کے لئے یہ حکم جاری کیا گیا کہ اُن پر اِس قدر سخت ہاتھ ڈالا جائے کہ وہ ذلیل وخوار ہو کر اپنے ہاتھ سے جزیہ ادا کریں۔ چنانچہ قانون کی اُس شق کے مطابق، جس میں کہا گیا ہے کہ اسلامی مملکت میں کوئی اپنی ضرورت سے زائد کچھ جمع نہیں کر سکتا، اُن سے وہ سب واپس لے لیا گیا۔ یاد رہے کہ یہ جرمانہ کے طور پر نہیں لیا گیا، بلکہ 'قُلِ العَفو' کے اس قانون کے توڑنے کے جرم کی سزا کے طور پر لیا گیا ہے جس کے تحت کسی کو بھی ضرورت سے زائد دولت جمع کرنے کی اجازت نہیں ہے۔

جو حرفِ قُلِ العَفو میں پوشیدہ ہے اب تک
اِس دور میں شاید وہ حقیقت ہو نمودار

سامعین، جب کبھی یہ کہا جائے کہ قُرآن کے فلاں فلاں حکم کی اب ضرورت نہیں رہی تو اس کا یہ مطلب ہرگز نہیں کہ وہ حکم ہمیشہ کے لئے ختم ہو گیا ہے۔ اللہ نے جب یہ فرما دیا ہے کہ:۔

وَتَمَّتْ كَلِمَتُ رَبِّكَ صِدْقًا وَعَدْلًا لَّا مُبَدِّلَ لِكَلِمَـٰتِهِۦ ۚ وَهُوَ ٱلسَّمِيعُ ٱلْعَلِيمُ ۶/۱۱۵

’’آپ کے رب کا کلام سچائی اور انصاف کے اعتبار سے کامل ہے، اس کے کلام کو کوئی بدلنے والا نہیں۔ اور وہ خوب سننے والا اور خوب جاننے والا ہے۔‘‘

تو پھر تاریخ کے اُس بیان کی کوئی حقیقت ہی باقی نہیں رہ جاتی، جب وہ یہ بتاتی ہے کہ حضرت عیسیٰ علیہ السلام واپس لوٹیں گے تو وہ ’’جزیہ‘‘ کو ختم کردیں گے۔ اور اس کی وجہ یہ بیان کی ہے کہ ’’مال کی اتنی بہتات ہوجائے گی کہ اسے قبول کرنے والا کوئی نہیں ہوگا ‘‘غور فرمایا آپ نے کہ اللہ نے تو یہ بتایا ہے کہ اُس کا کلام سچائی اور انصاف کے اعتبار سے کامل ہے، اس کے کلام کو کوئی بدلنے والا نہیں۔ وہ خوب سننے والا اور خوب جاننے والا ہے۔ جبکہ تاریخ بتاتی ہے کہ نہیں حضرت عیسیٰ کو یہ حق حاصل ہوگا کہ وہ اس میں تبدیلی کر دیں۔ اس تاریخ کے ماننے والوں کا دعویٰ ہے کہ رسول اللہ نے قسم اٹھا کر کہا تھا کہ ایسا ہوگا۔ یاللعجب!

چنانچہ اللہ کا ہر وہ حکم جو قُرآنِ کریم میں اس وقت موجود ہے اسے بدلنے کی کوئی جرات نہیں کرسکتا، کیونکہ اس کے بارے میں خود اللہ نے بتایا ہے کہ یہ غیر متبدل بھی ہے اور مکمل بھی، اور وہی اس کی حفاظت کا ذمہ دار بھی ہے۔ اسکے قوانین کا اطلاق کسی خاص زمانے کے انسانوں پر نہیں ہوتا بلکہ قیامت تک کے انسانوں پر ہوتا ہے۔ قُرآن تو آیا ہی لوگوں کے اختلافات کو مٹانے کے لئے ہے۔ دیکھیے خود قرآن کیا کہتا ہے:۔

قُلِ ٱللَّهُمَّ فَاطِرَ ٱلسَّمَـٰوَٰتِ وَٱلْأَرْضِ عَـٰلِمَ ٱلْغَيْبِ وَٱلشَّهَـٰدَةِ أَنتَ تَحْكُمُ بَيْنَ عِبَادِكَ
فِى مَا كَانُوا۟ فِيهِ يَخْتَلِفُونَ ۳۹/۴۶

’’آپ کہہ دیجئے! کہ اے اللہ! آسمانوں اور زمین کے پیدا کرنے والے، چھپے کھلے کے جاننے والے تو ہی اپنے بندوں میں اُن امور کا فیصلہ فرمائے گا جن میں وہ الجھ رہے تھے۔‘‘

چنانچہ یہ فیصلہ ہوگیا ہے کہ ہر دور کے انسانوں کے اختلافات مٹانے کے لئے صرف قُرآنِ حکیم ہی کی طرف رجوع کیا جائے گا۔ اور یہ بھی کہ اس کا کوئی حکم ایسا نہیں کہ جس کے بارے میں یہ کہا جاسکے کہ اب اس کی ضرورت نہیں رہی۔ اگر تو ہم تاریخ کے بیانات پر جائیں تو پھر سب کچھ ممکن ہے لیکن جب خود کو اللہ کی کتاب تک محدود رکھا جائے تو پھر پورا نقشہ ہی بدل جاتا ہے جیسا کہ آپ نے اِن نشستوں میں خود اپنی آنکھوں سے بدلتے دیکھا ہے۔ اب جزیہ کی مثال بھی ہمارے سامنے ہے، جزیہ کا قانون غربت اور امارت کے درمیان فاصلوں کو کم کرنے اور قارونیت کے خاتمہ کے لئے دیا گیا ہے تاکہ مملکت کی اقتصادی اور معاشی مشکلات پر قابو پایا جا سکے۔ الغرض، جس طرح باقی دنیا کے قوانین، اس وقت تک خاموش رہتے ہیں جب تک کہ اُن کی ضرورت نہیں پڑتی کہ انھیں حرکت میں لایا جائے، ویسے ہی مملکتِ اسلامیہ کے قوانین بھی اُس وقت حرکت میں آتے ہیں جب وہاں کے لوگ قانون شکنی کے مرتکب

ہو رہے ہوں اور اُن کی گرفت کرنی ضروری ہو جائے۔

چنانچہ آج ہم جن اقتصادی اور معاشی مشکلات میں گرفتار ہیں اگر ہم ان سے نکلنا چاہیں تو پھر جزیہ کے حکم کو نافذ کرنا ضروری ہو جائے گا۔ تاکہ غربت اور امارت کے درمیان جو خلیج حائل ہے اُسے پُر کیا جا سکے اور یوں پاکستان کو حقیقی معنوں میں ایک اسلامی فلاحی ریاست بنا دیا جائے۔ وہاں لوگوں سے پہلا سوال ہی یہ پوچھا جائے گا کہ مملکتِ اسلامیہ کے قانون کے مطابق آپ نے اپنی ضرورت سے زائد دولت کے جو انبار لگا رکھے ہیں اُن کے بارے میں ذرہ حساب تو دیں کہ یہ سب آئے کہاں سے ہیں۔ اور پھر انھیں کہا جائے گا کہ تم اسے برضا و رغبت واپس لوٹا دو۔ بصورتِ دیگر ذلیل و خوار ہو کر لوٹانا پڑے گا۔ کیونکہ یہی اللہ کا حکم ہے۔

سامعین! قدم قدم چل کر ہم نے اپنا یہ سفر مکمل کر لیا ہے۔ آج کے بعد آپ کو مذہب کے نام پر کوئی گمراہ نہیں کر سکے گا۔ دین کی طرف جانے والے راستے پر مذہب کے اجارہ داروں نے اس لئے سخت پہرے بٹھا رکھے تھے تاکہ کوئی اس تک پہنچنے میں کامیاب نہ ہو سکے۔ لیکن مذہب کی ہزار ریشہ دوانیوں کے باوجود جب ہم نے قرآنِ حکیم کی راہنمائی میں چلنا شروع کیا تو ہمارے راستے کی تمام رکاوٹیں ایک ایک کر کے دور ہوتی چلی گئیں۔ اب آپ، قرآنِ حکیم کی تعلیم اور اس کے عالمگیر پیغام کو اچھی طرح سے سمجھ چکے ہیں، نشانِ منزل بھی سب کے سامنے ہے۔ اس کے لئے اللہ کا جتنا بھی شکر ادا کیا جائے وہ کم ہے۔ چنانچہ، دو دن کے بعد آپ مجھے اپنی آراء سے آگاہ کریں گے کہ عملی زندگی میں آپ لوگوں میں سے کون کون ہمارے ساتھ چلنے کو تیار ہیں۔ تاکہ طے شدہ پروگرام کے مطابق صراطِ مستقیم پر چلنا شروع کر دیا جائے۔

سامعین، قرآنِ حکیم کو خود قرآنِ حکیم کی آیات سے سمجھنے کے لئے خالقِ کائنات نے جو طریقہ تجویز کیا ہے اس سے بہتر کوئی اور ذریعہ اور طریقہ نہیں ہو سکتا جس سے کہ قرآنِ حکیم کو سمجھا جائے۔ چنانچہ وہ لاینحل مسائل جو صدیوں سے لوگوں کے لئے معمہ بنے ہوئے تھے جب انھیں تصریفِ آیات کی مدد سے قرآنِ حکیم پر پیش کیا گیا تو وہ ایک ایک کر کے حل ہوتے چلے گئے۔ اس کے بعد ہمارے لئے اب کوئی بہانہ نہیں بچا کہ ہم اپنی ذمہ داریوں سے چشم پوشی کریں اور کہیں کہ اگر ہمیں فلاں فلاں مسئلے کا حل معلوم ہوتا تو ہم دنیا کی کایا پلٹ کر رکھ دیتے۔

L.A.M.P ایک لافانی اور عالمگیر پیغام کی حامل تحریک کا نام ہے، اِسکی بقا کا انحصار اس تحریک کے اولین ممبران کی زندگی تک ہی محدود نہیں بلکہ یہ سلسلہ قیامت تک آنے والے عدلیہ، آرمی، میڈیا اور سیاسی اداروں کے سربراہانِ اعلیٰ کے ہاتھوں یونہی چلتا رہے گا، جن کا ایمان ہے کہ بنی نوعِ انسان کی راہنمائی کے لئے اللہ کی کتاب کافی ہے۔ چنانچہ، جب تک ہم اس نورِ حق، نورِ مبین کی روشنی میں چلتے رہیں گے ہمیں اللہ کی بھرپور حمایت حاصل رہے گی چاہے مخالفین کو یہ بات کتنی ہی ناگوار کیوں نہ گزرے:۔

يُرِيدُونَ أَن يُطْفِـُٔوا۟ نُورَ ٱللَّهِ بِأَفْوَٰهِهِمْ وَيَأْبَى ٱللَّهُ إِلَّآ أَن يُتِمَّ نُورَهُۥ وَلَوْ كَرِهَ ٱلْكَـٰفِرُونَ ۹/۳۲

''وہ چاہتے ہیں کہ اللہ کے نور (قرآن) کو پھونکوں سے بجھا دیں اور اللہ ایسا نہیں ہونے دے گا وہ اپنا نور پورا کرے گا گو کافر ناخوش رہیں''۔

انسانوں کو اپنا الٰـــہ (حاکم) ماننے والوں سے مخاطب ہو کر اللہ نے کہا ہے کہ، تم سے کوئی معاوضہ لئے بغیر میں تمھیں آسمان اور زمین سے نوع و اقسام کی روزیاں دیتا ہوں، اور تم ہو کہ مجھے چھوڑ کر، اپنے ہی جیسے انسانوں کو اپنا الٰـہ (حاکم) مانتے ہو جو خود کسی شے کے پیدا کرنے پر قادر نہیں، پھر بھی اگر تم یہی سمجھتے ہو کہ تم جو کر رہے ہو وہ صحیح ہے تو اس کے لئے کوئی دلیل پیش کرو۔ اور بے شک تم کوئی دلیل پیش نہیں کر سکتے۔

هَاتُوا بُرْهَـٰنَكُمْ إِن كُنتُمْ صَـٰدِقِينَ
''اگر تم (اپنے دعوے میں) سچے ہو تو اس کے لئے دلیل پیش کرو۔''

مانگنے والا گدا ہے ! صدقہ مانگے یا خراج
کوئی مانے یا نہ مانے میر و سلطاں سب گدا!

سامعین، حسبِ وعدہ، تحریکِ پاکستان کے گولڈ میڈلسٹ علامہ پرویز کی ''لغات القرآن'' سے منقول تصریفِ آیات کی وہ تفاصیل جن پر عمل پیرا ہو کر قرآنِ حکیم کو سمجھا جا سکتا ہے، وہ آپ لوگوں کو ''ای میل'' کر دی گئی ہیں۔ آپ انھیں کھولیں اور یہیں پر پڑھ لیں، تا کہ اگر کوئی سوال ذہن میں ہو تو اُس کا جواب اِسی نشست میں دیا جا سکے۔ بعد از تحقیق آپ کے علم میں لانا ضروری سمجھتا ہوں کہ علامہ اقبال نے قرآن فہمی کے سلسلے میں علامہ پرویز مرحوم کی زندگی میں اک کُلیدی کردار ادا کیا ہے۔ اِس کے علاوہ علامہ پرویز کو تحریکِ پاکستان کی دینی اَساس سے متعلق قائدِ اعظم کے ذاتی مُشیر اور قابلِ اعتماد ساتھی ہونے کا شرف بھی حاصل ہے۔ ثبوت کے طور پر قائدِ اعظم کے اُس خط کی کاپی آپ کے پیشِ نظر ہے جسے اُنہوں نے علامہ پرویز کو پاکستان بننے سے صرف دو ماہ قبل لکھا تھا۔

10 AURANGZEB ROAD
NEW DELHI

MAJ

14th June, 1947.

Dear Mr. Parvez,

I thank you for your letter of of 13th June. Will you please send me the names of those who, you think, will be the real servants of our future Secretariat?

Yours sincerely,

M A Jinnah

G. A. Parvez, Esq.,
37, Turkman Road,
New Delhi.

◆◆◆✥◆◆◆

تصریفِ آیات

اَلصرَّف، کے معنی ہیں کسی چیز کو ایک حالت سے دوسری حالت کی طرف پھیر دینا یا اسے کسی دوسری چیز کے ساتھ تبدیل کر دینا۔ یعنی یا تو خود اس کی حالت میں تبدیلی پیدا کر دینا یا اسے کسی اور چیز سے بدل دینا۔ (راغب)

صَرَفَ الّرسُولَ. قاصد کو جہاں سے وہ آیا تھا وہیں واپس کر دیا۔ (محیط)

تصاریف الامور۔ معاملات کا الٹ پھیر اور ان کو ایک دوسرے کی جگہ رکھنا۔ (محیط)

وَلَقَدْ صَرَّفْنَا فِى هَـٰذَا ٱلْقُرْءَانِ لِيَذَّكَّرُواْ وَمَا يَزِيدُهُمْ إِلَّا نُفُورًا ۱۷/۴۱

''ہم نے اس قرآن میں (حقائق وقوانین کے مختلف پہلوؤں کو ہر طرح) لوٹا لوٹا کر بیان کر دیا ہے کہ لوگ (انھیں) اچھی طرح سے سمجھ سکیں لیکن اس سے انھیں تو نفرت ہی بڑھتی ہے۔''

سامعین! اس آیت کے آخر میں جو یہ کہا گیا ہے کہ ''اس سے انھیں تو نفرت ہی بڑھتی ہے'' بڑی ہی قابلِ غور بات ہے۔ آیاتِ الٰہی کو سمجھنے کا جو طریقہ اللہ نے بتایا ہے اگر اس پر چل کر قرآنِ حکیم کو سمجھنا شروع کر دیا جائے تو سوچئے کہ اس سے باہر کی اُن تمام تاریخی کتابوں کی کیا وقعت رہ جائے گی، جنھیں قرآنِ حکیم سے بھی زیادہ درجہ دیا جاتا ہے اور جن کے ذریعے سے تفاسیر قلمبند کی جاتی ہیں۔ چنانچہ جب کسی سے اس قسم کی آزادی کو سلب کر لیا جائے تو وہ آپ سے نفرت نہیں کرے گا تو اور کیا کرے گا۔

'' قرآن کریم نے بعض الفاظ کو اصطلاحات کے طور پر استعمال کیا ہے۔ یہ اصطلاحات اس قدر جامع ہیں کہ تنہا لغت سے وہ عظیم تصورات سامنے نہیں آسکتے جنھیں قرآن نے اِن الفاظ میں سمیٹ کر رکھ دیا ہے۔ مثلاً صلوٰۃ۔ زکوٰۃ۔ تقویٰ۔ ایمان۔ اسلام۔ کفر۔ فسق۔ فجور۔ دنیا۔ آخرت۔ وغیرہ۔ ان اصطلاحات میں قرآنی تعلیم کے بنیادی تصورات بڑی جامعیت سے سمودئے گئے ہیں۔ ان کی اس جامعیت کا ایک اعجاز یہ بھی ہے کہ جوں جوں انسانی علم کا دائرہ وسیع ہوتا جاتا ہے ان کے مفہوم میں وسعت پیدا ہوتی چلی جاتی ہے۔ اِن اصطلاحات کا مفہوم خود قرآنِ کریم ہی سے سمجھا جاسکتا ہے۔

قرآن کا انداز یہ ہے کہ اس میں اگر ایک مقام پر ایک بات کہی گئی ہے تو دوسرے مقام پر اس کی وضاحت اس انداز سے کر

دی گئی ہے کہ اُس مقام سے اوّل کی بات خود بخود واضح ہو جاتی ہے اس انداز کو قرآن نے ''تصریفِ آیات'' سے تعبیر کیا ہے۔ یعنی آیات کو مختلف مقامات پر لوٹا کر لانا اور اس طرح مطالب کی وضاحت کر دینا۔ (تا کہ کوئی ابہام نہ رہے)

سورۃ انعام میں ہے کہ:۔

وَكَذَٰلِكَ نُصَرِّفُ ٱلْأَيَٰتِ وَلِيَقُولُواْ دَرَسْتَ وَلِنُبَيِّنَهُۥ لِقَوْمٍ يَعْلَمُونَ ۶/۱۰۶

''اور اس طرح ہم آیات کو لوٹا کر لاتے ہیں تا کہ یہ لوگ کہیں کہ تو نے بات ذہن نشین کرا دی ہے اور تا کہ ہم اسے اُن لوگوں کے لئے واضح کر دیں جو علم و بصیرت سے کام لیں۔''

قرآنِ کریم کا یہ خصوصی انداز ہے جس سے اس کے مطالب واضح طور پر سامنے آجاتے ہیں اور اس کے الفاظ کا مفہوم متعین کرنے میں دقت نہیں ہوتی۔

مثلاً قرآنِ کریم میں ایک جگہ ہے:۔

إِنَّ ٱللَّهَ مَعَ ٱلصَّٰبِرِينَ ۲/۱۵۳ ''یقیناً اللہ صابرین کے ساتھ ہے۔''

یہاں یہ نہیں بتایا گیا کہ الصابرین کن لوگوں کو کہتے ہیں۔ دوسری جگہ ہے:۔

وَكَأَيِّن مِّن نَّبِيٍّ قَٰتَلَ مَعَهُۥ رِبِّيُّونَ كَثِيرٌ فَمَا وَهَنُواْ لِمَآ أَصَابَهُمْ فِى سَبِيلِ ٱللَّهِ وَمَا ضَعُفُواْ وَمَا ٱسْتَكَانُواْ ۗ وَٱللَّهُ يُحِبُّ ٱلصَّٰبِرِينَ ۳/۱۴۵

''کتنے ہی انبیاء (ایسے گزرے) ہیں جن کی معیت میں بہت سے ربانی لوگوں نے (مخالفین کے مقابلے میں) جنگ کی۔ پھر اُن تکالیف کی وجہ سے جو انھیں اس طرح اللہ کی راہ میں پیش آئیں نہ وہ سست گام ہوئے، نہ اُن میں کمزوری آئی، اور نہ ہی وہ مخالفین سے مغلوب ہوئے۔ (یہی وہ) الصابرین ہیں جنھیں اللہ دوست رکھتا ہے۔''

اگلی آیت میں اُن کی اس کیفیت کو وَثَبِّتْ أَقْدَامَنَا ۳/۱۴۶ دعا سے تعبیر کیا گیا ہے۔ یعنی یہ دعا کہ ''ہمارے قدموں کو مضبوط رکھ۔''

عین میدانِ جنگ کی حالت میں کہا ہے کہ:۔

فَإِن يَكُن مِّنكُم مِّائَةٌ صَابِرَةٌ يَغْلِبُواْ مِائَتَيْنِ ۚ ۔۔۔۸/۶۶

''اگر تم میں ایک سو صبر کرنے والے ہوں تو وہ دو سو پر غالب آئیں گے۔''

ان آیات کی روشنی میں یہ حقیقت واضح اور متعین طور پر سامنے آجاتی ہے کہ قرآنِ کریم میں صبر سے مفہوم کیا ہے اور صابر کسے کہتے ہیں۔

یہی کیفیت قرآنی اصطلاحات کی بھی ہے۔قرآنِ کریم ان کے مفہوم کی وضاحت بھی تصریفِ آیات کی رو سے کر دیتا ہے۔لہٰذا کوئی عام لفظ ہو یا قرآنی اصطلاح، اگر وہ تمام آیات بیک وقت سامنے رکھ لی جائیں جن میں قرآن نے انھیں استعمال کیا ہے، یا اُن کے مفہوم کو بیان کیا ہے، تو اُن الفاظ و اصطلاحات کے معنی متعین کرنے میں دشواری نہیں رہتی۔ان مقامات پر غور وفکر سے یہ حقیقت واضح ہو جاتی ہے کہ'' قرآن اپنی تفسیر آپ کرتا ہے۔''

الغرض، قرآنِ کریم کے معنی متعین کرنے کا طریق یہ ہے کہ:۔

(ا) سب سے پہلے متعلقہ لفظ کے مادہ کو دیکھا جائے کہ اس کا بنیادی مفہوم کیا ہے اور خصوصیت کیا۔اس مادہ کی شکلیں کتنی ہی کیوں نہ بدلیں، اس کی خصوصیت کی روح بالعموم ہر پیکر میں جھلکتی رہے گی۔

(ب) اس کے بعد دیکھا جائے کہ صحرا نشین عربوں کے ہاں اس لفظ کا استعمال کس کس انداز سے ہوتا تھا۔ ان کے استعمال کی محسوس مثالوں سے یہ معلوم ہو جائے گا کہ ان کے ہاں اس مادہ کا تصور Concept کیا تھا۔ واضح رہے کہ جب تک تصورات Concepts کا تعین نہ کیا جائے، الفاظ کا صحیح مفہوم سمجھ میں نہیں آسکتا۔یہ وہ بنیادی اصول ہے جس پر دورِ حاضر میں Semantics نے بڑی عمدہ روشنی ڈالی ہے۔علم اللسان کے اس شعبہ کا مطالعہ، الفاظ کی روح تک پہنچنے میں بڑا ممد و معاون ثابت ہوتا ہے۔

(ج) اس کے بعد یہ دیکھنا چاہئے کہ قرآنِ کریم میں وہ لفظ کس کس مقام پر آیا ہے اور اس نے اسے کس کس رنگ میں استعمال کیا ہے۔ان مقامات سے اس لفظ کا قرآنی تصور Quranic Concept سامنے آجائے گا۔

(د) سب سے بڑی چیز یہ کہ قرآنِ کریم کی پوری تعلیم کا مجموعی تصور سامنے ہونا چاہئے۔اور اس بنیادی اصول کو ہمیشہ پیشِ نظر رکھنا چاہئے کہ اس کے مفردات اور اصطلاحات کا مفہوم اس کی مجموعی تعلیم کے خلاف نہ جائے۔اس لئے کہ قرآن کا دعویٰ ہے کہ اس میں کوئی اختلاف نہیں۔یہ اسی صورت میں ہو سکتا ہے کہ ذہن کو خارجی اثرات سے الگ رکھ کر قرآن کا مطالعہ خود قرآن کی روشنی میں کیا جائے۔اللہ تعالیٰ نے قرآن کو نور

(روشنی) کہا ہے اور روشنی اپنے آپ کو دکھانے کے لئے خارجی مدد کی محتاج نہیں ہوتی۔

یہ ہے وہ طریق جس سے قُرآن کے الفاظ اور آیات کا صحیح مفہوم سمجھ میں آسکتا ہے۔اس ضمن میں، علامہ جمال الدین افغانیؒ کے شاگرد رشید۔اور سید رشید رضاؒ کے استاد امام شیخ محمد عبدہ (علیہ الرحمت) نے تفسیر المنار کے مقدمہ میں قُرآن فہمی کے اعلیٰ مراتب کے سلسلہ میں بعض اہم امور بیان کئے ہیں، جن کا خلاصہ یہ ہے۔

''اس سلسلہ میں پہلی چیز یہ ہے کہ قُرآن میں استعمال ہونے والے مفرد الفاظ کے حقیقی معنی سمجھے۔یعنی یہ معلوم کرے کہ ان الفاظ کو اہلِ عرب کیونکر استعمال کرتے تھے اور اسی سلسلہ میں کسی دوسرے کے قول وفہم پر بھروسہ نہ کرے۔نہ اس پر اکتفا کرے۔اس لئے کہ بہت سے الفاظ زمانۂ نزولِ قرآن میں کسی خاص مطلب ومعنی کو ادا کرنے کے لئے استعمال ہوتے تھے۔بعد میں تھوڑا یا زیادہ عرصہ گزرنے پر، اُن کے دوسرے معنی کئے جانے لگے۔مثلاً لفظ ''تاویل'' جو ''تفسیر'' کے معنوں میں مشہور ہوگیا ہے۔لیکن قُرآن میں یہ لفظ دوسرے معنوں میں آیا ہے۔یعنی ''انجام کار''۔''عاقبت''۔''قُرآنِ کریم کے وعدہ وعید کا نتیجہ ظاہر ہونا''۔اس ضمن میں قرآنِ کریم میں غور وفکر کرنے والے کے لئے ضروری ہے کہ وہ ملت میں بعد میں پیدا ہونے والی اصطلاحات کی تحقیق کرے۔اور پھر ان میں اور قُرآن میں آنے والے الفاظ میں فرق کرے۔اکثر مفسرین قُرآنِ کریم کے الفاظ کا ترجمہ اُن اصطلاحات کی رو سے کرتے ہیں جو پہلی تین صدیوں میں ملت میں رائج ہو چکی تھیں۔قُرآن پر غور کرنے والوں کے لئے ضروری ہے کہ وہ قُرآن کے الفاظ کے وہی معنی لیں جو زمانۂ نزولِ قُرآن میں لئے جاتے تھے۔اس سلسلہ میں بہتر طریق یہ ہے کہ الفاظ کے معنی کے تعین میں خود قُرآن سے مدد لے اور مکرر آنے والے الفاظ کا قُرآن میں مطالعہ کرے۔بعض اوقات وہ دیکھے گا کہ ایک ہی لفظ متعدد معنی کے لئے استعمال ہوا ہے۔مثلاً ''ھدایت'' وغیرہ۔ان مقامات پر غور وفکر سے معلوم ہو جائے گا کہ فلاں مقام پر اس لفظ کے صحیح معنی کیا ہیں۔اس لئے کہا گیا ہے کہ اَلقُرآنُ یُفَسِّرُ بَعضُہٗ بَعضاً قُرآن کا ایک مقام دوسرے کی تفسیر کرتا ہے۔اس طرح کسی لفظ کے خاص معنی کو ترجیح دینے کے لئے قانون یہ ہوگا کہ وہ معنی سابقہ عبارت سے مطابقت اور موافقت رکھتے ہوں اور قُرآن کے مجموعی مقصد سے ہم آہنگ ہوں۔''

(مقدمہ تفسیر المنار) بحوالہ لغات القرآن صفحہ ۱۵ تا ۱۹

•••❖•••

سامعین ! قُرآنِ حکیم کو سمجھنے اور اُسکے بعد دوسروں کو سمجھانے کا جو طریقہ خود اللہ نے انسانوں کو تجویز کیا ہے، اُسے آپ کے سامنے پیش کر دیا گیا ہے، اِسکے بعد قرآن کو سمجھنے کے لئے آپ کو باہر سے مدد لینے کی شاید ہی کبھی ضرورت پڑے گی۔ میں اپنے کمپیوٹر کی سکرین پر آپ کا بھیجا ہوا سوال بھی دیکھ رہا ہوں، اِس کا جواب اِسی نشست میں دے دیا جائے گا۔

خواتین وحضرات، جب ہم تک اللہ کی کتاب کے ساتھ متمسک رہیں گے، اللہ کی مدد بھی ہمارے شاملِ حال رہے گی۔ اللہ کی رسی کو مضبوطی سے پکڑ کر رکھنے کا یہی مطلب ہے۔ یہی فلاح کا وہ سیدھا راستہ (صراطِ مستقیم) ہے جس پر چل کر ہمیں اپنے نصب العین تک پہنچنا ہے۔ ابھی کل ہی کی بات ہے، کہ ہمارے وزیرِ اعظم صاحب نے ''رعدالبرق'' کی فوجی مشقوں کے معائنہ کے بعد جو تقریر پڑھی اس میں انھوں نے وہاں پر بیٹھے ہوئے قوم کے ذمہ دار اداروں کے سربراہان کو یاد دلایا کہ ہمیں پاکستان کو قائدِ اعظم اور اقبال کے نظریات کے مطابق آگے بڑھانا ہے۔ یہ وہ الفاظ ہیں جنھیں ہمارا ہر بڑا رہنما اپنی تقریر میں دہراتا ہے اور پھر کوئی تجویز دئے بغیر ہی گھر چلا جاتا ہے۔ آپ ہی بتائیں کہ ہمارے ان راہنماؤں میں سے ایسے کتنے ہوں گے جنھوں نے قائدِ اعظم اور اقبال کی نظریاتی اساس کے مطابق پاکستان کو آگے بڑھایا ہے؟ ظاہر ہے کسی ایک نے بھی نہیں! لیکن قلیل سی مدت میں جس کامیابی کے ساتھ اقبال کی نظریاتی اساس کو ملک کے سیکورٹی تجزیہ کار سید زید حامد صاحب نے قوم کے نوجوانوں کے سامنے پیش کیا ہے اور انھیں اقبال سے متعارف کروایا ہے وہ نہایت ہی قابلِ تحسین ہے، اس کا سارا کریڈٹ انھی کو جاتا ہے۔

الغرض، تحقیق کے نتیجہ میں یہ بات کھل کر ہمارے سامنے آگئی ہے کہ دہائیوں سے قائدِ اعظم کی ۲۱ مئی ۱۹۴۷ء کی تقریر کو سیکولر ثابت کرنے اور اپنے مقدمہ کو سچ ثابت کرنے کے لئے مرحوم چیف جسٹس منیر کے فرضی اور خود ساختہ اقتباس کو استعمال کیا جاتا رہا اور یہی کہا جاتا رہا کہ قائدِ اعظم نے کہا تھا کہ ''نئی مملکت (پاکستان) ایک جدید جمہوری مملکت ہوگی''، یعنی کہ پاکستان کو مغربی جمہوریت کے تحت چلایا جائے گا۔ یہی نہیں بلکہ اپنے اِس فرضی اقتباس کے ساتھ اپنے دعوے کو مزید مستحکم کرنے کے لئے قائدِ اعظم کی ۱۱ اگست ۱۹۴۷ء کی اُس تقریر کو بھی جوڑ دیا گیا جس میں انھوں نے کہا تھا کہ:۔

> ''آپ کو یہ بات بطورِ تصور اپنے پیشِ نظر رکھنی چاہئے آپ کو پتہ چل جائے گا کہ وقت کے ساتھ ساتھ، ہندو، ہندو نہ رہے گا۔ اور مسلمان، مسلمان نہ رہے گا، مذہبی طور پر نہیں کیونکہ یہ تو ہر فرد کا ذاتی عقیدہ ہے میری مراد ایک مملکت کے شہریوں کے طور پر سیاسی لحاظ سے ہے۔'' (قائدِ اعظم)

اُمید ہے کہ وقت آنے پر قرآنِ حکیم کی تعلیمِ خالص پر مشتمل ان نشستوں کو جب عوام کے سامنے لاکر عام کر دیا جائے گا، تو اُس کے بعد پاکستان کے باشندوں کے وہ تمام تحفظات دور ہو جائیں گے جن کی بنا پر وہ اسلامی نظامِ حیات کی مخالفت کیا کرتے تھے۔ جہاں تک ۱۱ اگست ۱۹۴۷ء والی تقریر کی بات ہے، وہ قُرآن کے عین مطابق ہے اِس لیئے قیامِ نظامِ اِسلامی کے بعد پاکستان میں اِسی کے مطابق فیصلے ہوا کریں گے۔ اور بلا تخصیصِ رنگ، نسل، قوم اور عقیدے کے سب کے ساتھ عادلانہ اور مساویانہ سلوک روا رکھا جائے گا۔ ''ایسا مذہبی طور پر نہیں کیونکہ یہ تو ہر فرد کا ذاتی عقیدہ ہے (بلکہ) ایک مملکت کے شہریوں کے طور پر سیاسی لحاظ سے ہوگا۔''

سامعین !اب میں آپ کے سوال کی جانب آتا ہوں، آپ نے پوچھا ہے کہ:۔

سوال جہاں تک زکوٰۃ اور جزیہ کا تعلق ہے اسے آپ پوری طرح سے سمجھ چکے ہیں کہ اللہ نے اُن کی حدود کو اس لئے متعین نہیں کیا کیونکہ اگر ایسا کر دیا جاتا تو پھر قارونی نظام (کیپیٹل ازم) کے ذریعے سرمایہ داروں کو مال و دولت جمع کرنے کی کھلی چھٹی مل جاتی، جس سے غریب ہمیشہ ہمیشہ کے لئے ان کے دستِ نگر بن کر رہ جاتے۔ چنانچہ ان کی حدود متعین نہ کرنے میں جو حکمت پوشیدہ ہے وہ سامنے آ گئی ہے۔ لیکن جہاں پر آپ نے بتایا ہے کہ صلوٰۃ (نماز) کی حدود بھی اللہ نے مقرر نہیں کیں، وہاں یہ نہیں بتایا کہ ایسا کیوں کیا گیا؟ یہ ہے کہ ایسا کرنے میں کون سی حکمت پوشیدہ تھی؟

جواب یہ نہایت ہی اہم سوال ہے مجھے یہ نکتہ آپ کو بہت پہلے سمجھا دینا چاہئے تھا لیکن ذہن سے محو ہو گیا۔ اس کے لئے میں آپ سے معافی کا خواستگار ہو۔ دراصل چند دنوں پر مشتمل ان نشستوں میں اتنا کچھ تھا کہ نوٹ بنا کر رکھنے کے باوجود یہ بات سامنے لانے سے رہ گئی۔ مجھے خوشی اس بات کی ہے کہ آپ نے یہ سوال اٹھا کر ثابت کر دیا ہے کہ آپ نے پورے انہماک کے ساتھ ان نشستوں میں حصہ لیا ہے۔ ہمارے بزرگ کہا کرتے تھے کہ ہاتھ کی لگائی ہوئی گانٹھ کو دانتوں سے کھولنا پڑتا ہے۔ اُن کی یہ بات ہمارے سر پر سے گزر جایا کرتی تھی۔ عمر بڑھنے کے ساتھ اُن کی اِس بات کے پیچھے جو فلسفہ پنہاں ہے جب وہ سمجھ میں آ گیا تو پتہ چلا کہ از خود انسان کو اپنے اوپر ایسی پابندیاں نہیں لگا لینی چاہئیں جن سے اللہ نے منع کر دیا ہے۔ اللہ نے تو انسانوں کی معاشرتی زندگی میں جن امور پر پابندی کا لگانا ضروری سمجھا ہے اُنکی حدود کو خود ہی مقرر کر دیا ہے اور جہاں جن امور کی حدود مقرر کرنے کی ضرورت نہیں تھی انھیں کھلا چھوڑ دیا ہے تاکہ انسان باہمی مشاورت کے ساتھ اپنے زمانے کے تقاضوں کے مطابق اپنے معاملات کو حل کرنے میں اتنا آزاد ضرور رہے کہ اسے قید محسوس نہ ہو۔ تو سامعین، اگر اللہ زمین کی وراثت کو مملکتِ اسلامیہ کی تحویل میں رکھنے کی حد مقرر نہ کر دیتا تو کبھی بھی انسان کو قارونی نظام (نظامِ سرمایہ داری) کے تحت زمین کو اپنی ملکیت میں لے کر خدا بننے سے کوئی نہ روک سکتا۔ بلکہ آج اسلامی نظام سامنے نہ ہونے کی وجہ سے ایسا ہی ہو رہا ہے۔ دوسری جانب زکوٰۃ کی حد اللہ نے مقرر نہیں کی لیکن ہم نے اس کی اڑھائی فی صد حد مقرر کر کے سرمایہ داروں کو دولت جمع کرنے کی کھلی چھٹی دے دی۔ اِس کی بربریت کے نتائج بھی ہمارے سامنے ہیں۔ چنانچہ یہ وہ ایسی دو گانٹھیں ہیں جنھیں اللہ کے حکم کے خلاف ہمارے پیشواؤں نے نظامِ سرمایہ داری کی حمایت میں لگائی ہیں۔ لیکن اب ان کو کھولنے کے لئے نہ جانے کن مضبوط دانتوں کی ضرورت پڑے۔ اسی طرح سے صلوٰۃ (نماز) کی بھی حد مقرر نہیں کی گئی ہے۔ آپ نے جناب اظہر عباس فاضل درسِ نظامی کی تقریر تو سنی ہے جس میں انھوں نے کہا تھا کہ ''امت کے مختلف فرقے جس طریقے سے نماز پڑھتے چلے آ رہے ہیں۔ ان میں رد و بدل کا کسی کو بھی اختیار نہیں۔ اگر مسلمانوں میں پھر سے خلافت علیٰ منہاج نبوت قائم ہو جائے اور وہ اجتماعِ صلوٰۃ کی ایک شکل تجویز کر دے تو اُمت میں وحدت پیدا ہو جائے گی۔'' یعنی کہ مسلمانوں کے جتنے بھی فرقے اپنے اپنے اطوار اور انداز میں اس وقت نماز پڑھتے چلے آ رہے ہیں اور اسی کو رسول اللہ کی سنت مانتے ہیں یہ اس وقت تک ختم نہیں ہو سکتے جب تک کہ مملکتِ اسلامیہ کا قیام عمل میں نہیں آ جاتا اور اس کی مجلسِ شوریٰ تمام مسلمانوں کے لئے اجتماعِ صلوٰۃ کی ایک شکل تجویز نہ کر دے۔ اُس کا فیصلہ

چونکہ اللہ و رسول کے فیصلہ کے مترادف ہوگا اس لئے اُس کے فیصلے سے کسی کو بھی انکار نہیں ہوسکتا اور جو انکار کرے گا وہ مسلمانوں کی جماعت سے خود بخود ہی کٹ جائے گا۔ یوں اُمت جس تفریق میں صدیوں سے مبتلا ہے اُس میں پھر سے وحدت آجائے گی۔

اب آپ سوچیں کہ اگر صلوٰۃ میں مجلسِ شوریٰ کے لئے یہ گنجائش نہ رکھی ہوتی کہ وہ اپنی صوابدید پر مسلمانوں کو ایک پلیٹ فارم پر لانے کے لئے اجتماعِ صلوٰۃ کی ایک شکل خود مرتب کرسکتی ہے، تو پھر اسکے سوا فرقہ بندی کے خاتمہ اور اُمت کو مُتحد کرنے کے لئے اور دوسرا کون ساحل سامنے آسکتا تھا؟ سامعین! اب آپ اِس پر جتنا بھی غور فرمائیں گے آپ اِسی نتیجہ پر پہنچیں گے کہ مسلمانوں میں فرقے ختم کرنے کا اور کوئی دوسرا ذریعہ یا طریقہ نہیں۔

اگلے دو دن کے لئے آپ چھٹی کریں گے، لیکن اِس کا یہ مطلب ہرگز نہیں کہ آپ سوچنا بند کردیں۔ بلکہ سوچ بچار کے نتیجہ میں جو لوگ L.A.M.P (**لیمپ**) میں عملی طور پر حصہ لینا چاہیں وہ ہمیں ای میل کردیں، تاکہ طے شدہ پروگرام کے مطابق عملی اقدامات اٹھانے میں کسی بھی قسم کی تاخیر نہ ہو۔ نشست برخاست کرنے سے پہلے میں آپ تمام حضرات کا دل کی گہرائی سے شکرگزار ہوں کہ آپ نے اس پروگرام میں بھرپور حصہ لیا اور میرے ساتھ قدم قدم چل کر یہاں تک پہنچے۔

جاتے جاتے یاد آیا کہ بچپن کے زمانے میں ہم اقبال کا ایک مشہور شعر ''کافر ہے تو شمشیر پہ کرتا ہے بھروسہ'' بڑے شوق اور جذبے کے ساتھ پڑھا کرتے تھے، غالباً آپ کو بھی یاد ہوگا۔ لیکن اُس وقت وہ سمجھ میں کم ہی آیا کرتا تھا۔ اب جب کہ ہم اِن نشستوں کی بدولت قُرآنِ حکیم کی اِن مخصوص اِصطلاحات، مثلاً مومن، مسلم اور کافر وغیرہ کو اچھی طرح سے سمجھ چکے ہیں۔ میں چاہتا ہوں کہ وہ اشعار آپ اپنے ساتھ لے جائیں اور فرصت کے لمحات میں اِن پر غور وفکر کریں تاکہ مومن، کافر اور مسلم کے مابین جس فرق کو ملحوظِ خاطر رکھنے کی ہدایات اللہ نے دی ہیں وہ ہماری نظروں کے سامنے رہیں۔ اللہ ہم سب کا حامی و ناصر ہو۔

پوچھ اُس سے کہ مقبول ہے فطرت کی گواہی
تو صاحبِ منزل ہے کہ بھٹکا ہوا راہی
کافر ہے مسلماں، تو نہ شاہی، نہ فقیری
مومن ہے تو کرتا ہے فقیری میں بھی شاہی
کافر ہے تو شمشیر پہ کرتا ہے بھروسہ
مومن ہے تو بے تیغ بھی لڑتا ہے سپاہی
کافر ہے تو ہے تابعِ تقدیرِ مسلماں
مومن ہے تو وہ آپ ہے تقدیرِ الٰہی
میں نے تو کیا پردۂ اسرار کو بھی چاک
دیرینہ ہے تیرا مرضِ کور نگاہی

قارئین! قارئین! آنکھیں کھولیں، آنکھیں کھولیں! خدا کے لئے جلدی آنکھیں کھولیں! اونگھنا بند کریں۔ شام ڈھل چکی ہے اور گاڑی نکلنے ہی والی ہے، آپ کے نصب العین تک جانے والی شاید یہ آخری گاڑی ہو! دیر نہ کیجئے! سوار ہو جایئے اور جاگتے رہنا۔ بھولنا مت، جاگتے رہنا!! میں آوازیں دئے چلا جارہا تھا کہ دیکھتے ہی دیکھتے سب لوگ گاڑی میں سوار ہو گئے، اپنی تسلی کے لئے میں نے چاروں اطراف نظر دوڑا کر دیکھا کہ کوئی پیچھے نہ رہ گیا ہو۔ لیکن وہاں کوئی نہ تھا سب سوار ہو چکے تھے۔ میں نے بھی اللہ کا نام لیا اور گاڑی میں سوار ہو گیا۔ تھکاوٹ سے سب لوگ بری طرح نڈھال تھے اُس کے باوجود چاک و چوبند اور خوش نظر آرہے تھے۔ گاڑی برق رفتاری کے ساتھ اپنی پٹڑی پر بھاگتی چلی جارہی تھی۔ کسی کو وقت گزرنے کا احساس ہی نہیں ہوا کہ صبح صادق کی روشنی ظاہر ہونے لگی، مسافروں میں سے کسی نے اپنی آواز کا جادو جگاتے ہوئے مدھم سروں میں کسی نامعلوم شاعر کی غزل گنگنانا شروع کی۔ اُس کی آواز میں بلا کا سوز و گداز تھا، برسوں بیت گئے لیکن اُس غزل کے چند اشعار مجھے آج بھی یاد ہیں۔

جن تک گیا خیال اور اپنی نظر گئی
اُن تک دیارِ یار کی ساری خبر گئی
بامِ حرم سے لے کے درِ میکدہ تلک
تکبیر کی صدا گئی اور بے خطر گئی
توحیدِ حق کے ساز پر جبریل کی نوا
ہر ایک ذی شعور کے دل میں اتر گئی
شبنم اتر کے رحمتِ باری کے دوش پر
دشت و دمن پہ صورتِ افشاں بکھر گئی
جن تک گیا خیال اور اپنی نظر گئی
اُن تک دیارِ یار کی ساری خبر گئی

دُعا

رَبِّ اَجْعَلْنِی
مُقِیمَ اَلصَّلَوٰةِ وَمِن ذُرِّیَّتی
رَبَّنَاوَتَقَبَّلْ دُعَآءِ رَبَّنَااَغْفِرْلِی وَلِوَٰلِدَیَّ وَلِلْمُؤْمِنِینَ
یَوْمَ یَقُومُ اَلْحِسَابُ

حوالہ جات: اِسلامی کُتب

حوالہ جات: اقبال سے متعلق

حوالہ جات: قائدِ اعظم سے متعلق

اقتباس،تقریر یا بیان	صفحہ نمبر	اقتباس،تقریر یا بیان	صفحہ نمبر	اقتباس،تقریر یا بیان	صفحہ نمبر
قائدِ اعظم ۱۳نومبر ۱۹۳۹ء	۱۳۱	قائدِ اعظم Tribute to Iqbal	۲۶۱	قائدِ اعظم ۱۲,اپریل ۱۹۴۸ء	۲۸۶
قائدِ اعظم ۸جنوری ۱۹۴۲ء	۱۶۹	قائدِ اعظم ۸فروری ۱۹۴۲ء	۲۶۶	قائدِ اعظم ۱۶جون ۱۹۴۸ء	۲۹۱
قائدِ اعظم ۱,فروری ۱۹۴۳ء	۲۲۵	قائدِ اعظم اپریل ۱۹۴۳ء	۲۷۱	قائدِ اعظم ۱۵اکتوبر ۱۹۳۷ء	۲۹۳
قائدِ اعظم ۱۴جنوری ۱۹۴۸ء	۲۲۶	قائدِ اعظم ۱,فروری ۱۹۴۳ء	۲۷۲	قائدِ اعظم ۲۱فروری ۱۹۴۸ء	۲۹۷
قائدِ اعظم ۹جنوری ۱۹۴۸ء	۲۲۷	قائدِ اعظم ۵,اپریل ۱۹۴۶ء	۲۷۲	قائدِ اعظم ۱۱,اگست ۱۹۴۷ء	۲۹۸
قائدِ اعظم ۱۴,اپریل ۱۹۴۴ء	۲۲۹	قائدِ اعظم ۱۱مارچ ۱۹۴۲ء	۲۷۲	قائدِ اعظم ۴,اپریل ۱۹۴۳ء	۳۰۱
قائدِ اعظم ۱۱,اگست ۱۹۴۷ء	۲۴۷	قائدِ اعظم ۲۷مارچ ۱۹۴۷ء	۲۷۳	قائدِ اعظم ۲۶فروری ۱۹۴۸ء	۳۰۱
قائدِ اعظم ۱۴,اپریل ۱۹۴۷ء	۲۴۹	قائدِ اعظم ۲۴دسمبر ۱۹۴۳ء	۲۷۳	قائدِ اعظم ۲۰نومبر ۱۹۴۵ء	۳۰۲
قائدِ اعظم ۱۹فروری ۱۹۴۸ء	۲۵۰	قائدِ اعظم ۲۶دسمبر ۱۹۴۳ء	۲۸۲	قائدِ اعظم ۱جولائی ۱۹۴۸ء	۳۰۴
قائدِ اعظم ۱,فروری ۱۹۴۳ء	۲۵۱	قائدِ اعظم ۳نومبر ۱۹۴۶ء	۲۸۳	قائدِ اعظم ۱جولائی ۱۹۴۸ء	۳۰۵
قائدِ اعظم ۱۱,اگست ۱۹۴۷ء	۲۵۱	قائدِ اعظم ۲۸مارچ ۱۹۴۸ء	۲۸۳	قائدِ اعظم ۱۱,اگست ۱۹۴۷ء	۴۰۶
قائدِ اعظم ۱۳,اگست ۱۹۴۷ء	۲۵۲	قائدِ اعظم ۱۷,اپریل ۱۹۴۸ء	۲۸۳	قائدِ اعظم ۱۹فروری ۱۹۴۸ء	۴۰۸
قائدِ اعظم ۱۶نومبر ۱۹۴۷ء	۲۶۰	قائدِ اعظم ۱۶جون ۱۹۴۸ء	۲۸۴		

کتب	صفحہ نمبر	کتب	صفحہ نمبر
(1976) Quaid-i-Azam. *by M. A. Harris*	۲۲۶	عبدالرب نشتر (ڈان) ۳۰دسمبر ۲۰۰۶ء	۲۲۵
Jinnah To Zia (جسٹس منیر)	۲۱۴	عبدالرب نشتر ۱۰,مارچ ۱۹۴۹ء	۲۷۷
جسٹس منیر ۱۱,اگست ۱۹۴۷ء	۲۴۸	عبدالرب نشتر (جی۔ڈبلیو۔چوہدری) ۱۹۶۷ء	۲۷۸
ڈون کیمبل ۲۱مئی ۱۹۴۷ء	۲۱۵	عبدالرب نشتر ۱۰,مارچ ۱۹۴۹ء	۲۸۰
S. Khan دسمبر ۱۹۶۱ء	۲۱۵	لیاقت علی خان (سیکولر جناح اور پاکستان)۸-۱۵۷	۲۳۲
S. latif ۱۵مئی ۱۹۴۱ء	۲۱۵	لیاقت علی خان ۷مارچ ۱۹۴۹ء	۲۷۶
انسائکلو پیڈیا قائدِ اعظم (صفحہ۴۸۰-۴۷۸)	۲۴۴	لیاقت علی خان ۱۲مارچ ۱۹۴۹ء	۲۷۹
Secular Jinnah and pakistan (SJPak.p251)	۲۴۹	لیاقت علی خان ۷مارچ ۱۹۴۹ء	۲۷۹
Hector Bolitho ''جناح پاکستان کا خالق''	۲۵۳	لیاقت علی خان ۱۲مارچ ۱۹۴۹ء	۲۸۰
Sherwani (الہ آباد ایڈریس)	۲۶۲	ڈاکٹر امبیدکر (Dr. B.R. Ambedkar)	۲۳۰
انقلاب ۲مارچ ۱۹۴۱ء	۲۶۷	ڈاکٹر امبیدکر ۱۹۴۶ء (Dr. B.R. Ambedkar)	۲۹۵
Nation's Voice (جلد دوئم)۸جنوری ۱۹۴۲ء	۲۶۸	سلینہ کریم ''سیکولر جناح اور پاکستان'' صفحہ ۲۹	۲۱۳
ایم۔اشرف۔ ۱۹۴۲ء	۲۸۸	فاطمہ جناح دسمبر۱۹۶۱ کراچی	۲۲۸
انسائکلو پیڈیا قائدِ اعظم (انکشاف)	۳۰۱	سید عبداللطیف ۱۵ مئی ۱۹۴۱ء	۲۳۱
روزنامہ انقلاب ''ایٹ ہوم''، بمبئی	۲۹۳	مسٹر کرن شنکر رائے ۱۳اگست ۱۹۴۷ء	۲۵۳
چتو پادھیا۔ (اسمبلی ڈیبیٹ)	۲۱۹	سلینہ کریم ''سیکولر جناح اور پاکستان''	۲۵۴
چتو پادھیا۔ (اسمبلی ڈیبیٹ)	۲۲۰	Mr. Datta (SJPak.p65)	۲۹۶
چتو پادھیا۔ (اسمبلی ڈیبیٹ)	۲۲۱	زائد حسین گورنر سٹیٹ بنک آف پاکستان ا,جولائی ۱۹۴۸ء	۳۰۵
Jinnah To Zia (جسٹس منیر) ۱۹۷۹ء	۲۲۴	ڈاکٹر راج کمار چکروورتی جولائی ۱۹۴۸ء	۳۰۸
(1) Secular Jinnah and pakistan	۲۲۵	چیف جسٹس Alvin Robert Cornelious	۳۹۵
(2) Secular Jinnah and pakistan	۲۲۵	John Andrew Morrow	۳۹۷

حوالہ جات: شاعری